"十二五"普通高等教育本科国家级规划教材

教育部经济管理类主干课程教材

会计与财务系列

Accounting for Government and Nonprofit Entities

政府与非营利组织会计

（第4版）

赵建勇　编著

中国人民大学出版社

·北京·

图书在版编目（CIP）数据

政府与非营利组织会计/赵建勇编著．—4版．—北京：中国人民大学出版社，2018.6
教育部经济管理类主干课程教材．会计与财务系列
ISBN 978-7-300-25859-1

Ⅰ.①政… Ⅱ.①赵… Ⅲ.①单位预算会计-高等学校-教材 Ⅳ.①F810.6

中国版本图书馆CIP数据核字（2018）第114776号

“十二五”普通高等教育本科国家级规划教材
教育部经济管理类主干课程教材·会计与财务系列
政府与非营利组织会计（第4版）
赵建勇　编著
Zhengfu yu Feiyingli Zuzhi Kuaiji

出版发行	中国人民大学出版社		
社　　址	北京中关村大街31号	**邮政编码**	100080
电　　话	010－62511242（总编室）		010－62511770（质管部）
	010－82501766（邮购部）		010－62514148（门市部）
	010－62515195（发行公司）		010－62515275（盗版举报）
网　　址	http://www.crup.com.cn		
	http://www.ttrnet.com（人大教研网）		
经　　销	新华书店		
印　　刷	北京昌联印刷有限公司	**版　　次**	2010年9月第1版
规　　格	185 mm×260 mm　16开本		2018年6月第4版
印　　张	30.75　插页1	**印　　次**	2019年3月第5次印刷
字　　数	710 000	**定　　价**	59.00元

前　言

本书是“十二五”普通高等教育本科国家级规划教材。之前，本书也被列入普通高等教育“十五”“十一五”国家级规划教材。同时，本书也是教育部经济管理类主干课程教材，列入其中的会计与财务系列。本书主要供高等院校会计学专业、公共管理学专业和其他经济管理类专业的本科学生或专科学生使用。本书也可供高等院校会计学专业、公共管理学专业和其他经济管理类专业的硕士研究生、会计学专业硕士（MPAcc）、工商管理硕士（MBA）、公共管理硕士（MPA）的学生使用。在职财会人员尤其是在职政府与非营利组织会计人员在业余专业进修提高时也可使用本教材。

本教材具有如下主要特点：

1. 内容覆盖全面。本教材覆盖了我国政府与非营利组织会计的各个领域和分支，其中包括财政总预算会计、行政事业单位会计和民间非营利组织会计。本教材还对政府与非营利组织会计作为一门相对完整独立的学科作了一个章节的总括概述。通过学习本教材，可以对我国政府与非营利组织会计的知识有一个比较全面完整的了解。

2. 文字阐述通俗。本教材在阐述有关专业内容时，尽量采用最通俗的文字、最简洁的语言将主要意思介绍清楚。近年来随着我国各方面改革的不断深化，政府与非营利组织会计领域出现了不少全新的会计核算内容和会计核算方法，也产生了不少全新的基本概念和核算理念。本教材在对其中的相关内容进行阐述时都力求做到文字通俗、语言简洁、意思清楚。

3. 理论与实务相结合。本教材在介绍有关专业内容时，注重对基本理论的介绍和对主要实务处理的介绍，并努力将基本理论的内容与实务处理的内容紧密结合。新中国政府与非营利组织会计经过半个多世纪的发展，尤其是近十多年来的发展，已经形成了一套基本理论。这套基本理论对实务处理具有指导意义，并且随着实践的发展还在不断地向前发展。将基本理论与主要实务相结合，有利于掌握政府与非营利组织会计的本质内容，也有利于灵活掌握政府与非营利组织会计的基本方法。

第 4 版与第 3 版相比，主要变化如下：

1. 全面按照最新的相关会计准则、会计制度及其他相关法律法规进行编写。这些最新的相关会计准则、会计制度及其他相关法律法规包括：2017 年 10 月由财政部制定发布的《政府会计制度——行政事业单位会计科目和报表》、2015 年 10 月至今由财政部制定发布的《政府会计准则——基本准则》、《政府会计准则第 1 号——存货》、《政府会计准则第 2 号——投资》、《政府会计准则第 3 号——固定资产》、《政府会计准则第 4 号——无形资产》、《政府会计准则第 5 号——公共基础设施》、《政府会计准则第 6 号——政府储备物资》、2017年7月由财政部制定发布的《2018年政府收支分类科目》、2015年10月由财政部制定发布的《财政总预算会计制度》，以及自2015年1月1日起施行的《中华人民共和国预算法》、现行《行政单位财务规则》、《事业单位财务规则》及各行业事业单位财务制度等。

2. 对相关内容的阐述和举例说明进行了适当的浓缩。政府与非营利组织会计的内容非常丰富，具体涉及会计、财务、预算、国有资产管理、国库管理、政府债务管理、政府投资管理、绩效评价等众多领域和方面。除了其中会计的基本概念、核算内容和核算方法日益更新和不断丰富发展外，其他相关方面的内容也是日新月异、不断丰富发展。鉴于教学课时有限，本次修订对其中一些内容的阐述和举例说明做了适当浓缩的处理，以使读者能够在有限的时间内学习到最核心的内容。

本书由上海财经大学会计学院教授赵建勇博士编著。中国人民大学出版社工商管理分社的陈永凤女士对本书的出版一直给予积极的鼓励和大力的帮助，在此，作者表示由衷的感谢。

由于作者的学识和时间限制，本书很可能会存在不足或疏漏，恳请读者以任何方式随时向作者提出批评和建议，或与作者进行交流和讨论。作者将始终追随我国政府与非营利组织会计的改革与发展，并将最新的改革和发展成果纳入教材中，使教材的内容始终与时俱进。电子邮件可发送至作者的如下邮箱：jyzhao@mail. shufe. edu. cn。

本教材配有教学课件和学习指导书，欢迎教师和学生使用。作者和编辑衷心祝您教学工作顺利。

赵建勇

上海财经大学会计学院

目　录

第一篇　政府与非营利组织会计概述

第二篇　财政总预算会计

第三篇　行政事业单位会计

第四篇 民间非营利组织会计

第一篇

政府与非营利组织会计概述

第一章

政府与非营利组织会计概述

第一节　政府与非营利组织会计的概念

一、政府与非营利组织会计的概念和特征

（一）政府与非营利组织会计的概念

政府与非营利组织会计是会计学的一般原理在政府与非营利组织中的运用，是以货币作为主要计量单位对政府与非营利组织的经济活动或会计事项进行记录、核算、反映和监督的一种专门技术方法和专门管理活动，是与营利性企业会计相并列的会计学两大分支之一。

社会组织按照是否以营利为目的可以分成营利性组织和非营利性组织两大类。其中，营利性组织通常也称为营利性企业或营利性公司，其运行的目的是取得利润并使利润最大化。非营利性组织可以包括政府组织和民间非营利组织，其运行的目的是社会经济的整体发展以及慈善或专门援助，而不是取得利润并使利润最大化。营利性组织向社会提供的是私人物品，非营利性组织向社会提供的是公共物品或准公共物品。会计学作为一种专门的技术方法和专门的管理活动，运用在营利性组织中为营利性组织实现运行目的服务即形成营利性组织会计或营利性企业会计，运用在非营利性组织中为非营利性组织实现运行目的服务即形成非营利性组织会计或政府与非营利组织会计。

（二）政府与非营利组织会计的特征

以政府会计为例，相对于营利性企业会计来说，政府会计的主要特征是会计核算方法与预算管理要求紧密结合。由于政府的财务资源主要来源于税收、行政事业性收费等非交换性交易，政府向社会公众提供的服务通常是免费或象征性收费的，即政府服务的接受者和政府组织本身之间的交易也属于非交换性交易，因此，政府组织在取得和运用财务资源时需要受到来自纳税人、社会公众等财务资源提供者和其他利益相关者的约束。这种约束主要表现为政府需要编制预算，编制的预算需要经过人民代表

大会的批准。经批准后的预算，政府需要严格遵照执行。政府会计需要如实反映经批准的预算的执行情况，以满足纳税人、社会公众及其代表等政府会计信息使用者对会计信息的需求。

政府会计除了需要核算预算执行情况外，也需要像营利性企业会计一样核算组织的收入和费用以及资产和负债等情况，以如实反映政府组织的运行成本、盈亏情况和财务状况。由于政府预算是按收付实现制基础编制的，因此，政府会计需要采用预算会计方法核算预算的执行情况，即采用收付实现制基础核算预算收支的执行情况。又由于政府的运行成本和财务状况需要按照权责发生制基础进行反映，因此，政府会计还需要采用财务会计方法核算政府组织的财务运行情况和结果。同时使用预算会计核算预算收支执行情况以及使用财务会计核算运行成本和财务状况，即政府会计由政府预算会计和政府财务会计构成，是政府会计区别于营利性企业会计的一个显著特征。在政府会计中，资产减去负债后的余额为净资产。政府组织没有明确的所有者权益或出资人权益。

民间非营利组织的情况与政府组织的情况类似。民间非营利组织的财务资源主要来源于捐赠人、会费交纳人等，民间非营利组织向特定对象提供的慈善服务或会员服务通常也是免费或象征性收费的，因此，民间非营利组织在取得和运用财务资源时需要受到来自捐赠人、会费交纳人等财务资源提供者和其他利益相关者的约束，主要是财务资源按限定用途使用的约束。在民间非营利组织会计中，资产减去负债后的余额也为净资产。与政府组织一样，民间非营利组织也没有明确的所有者权益或出资人权益。

二、政府与非营利组织会计的组成体系及其关系

政府与非营利组织会计可以由政府会计和非营利组织会计组成。其中，政府会计可以由财政总预算会计和行政事业单位会计组成，非营利组织会计通常指民间非营利组织会计。其中，按独立法人单位区分，行政事业单位会计可以包括行政单位会计和事业单位会计。有时，非营利组织会计也可以同时包括公立非营利组织会计或事业单位会计和民间非营利组织会计。在我国，财政总预算会计、行政事业单位会计和民间非营利组织会计分别执行相应的会计制度，成为单独的会计种类。财政总预算会计和行政事业单位会计还执行统一的政府会计准则，成为一个会计种类。

按照我国《政府会计准则——基本准则》的规定，政府会计由预算会计和财务会计构成。由此，在政府会计的组成体系中，还可以按照政府会计的特定功能将其区分为政府预算会计和政府财务会计。其中，政府预算会计具体可以由政府财政总预算会计和行政事业单位预算会计组成。政府财务会计主要是指行政事业单位财务会计。这样，行政事业单位会计具体还可以由行政事业单位财务会计和行政事业单位预算会计组成。

在政府会计各组成部分中，财政总预算会计和行政事业单位预算会计之间存在密切的关系。例如，财政部门向行政事业单位拨款时，财政总预算会计形成预算支出，行政事业单位会计形成预算收入。财政总预算会计、行政事业单位预算会计共同构筑了政府预算会计信息系统。行政事业单位财务会计相对独立，但与行政事业单位预算会计又相互衔接，两者在信息反映上需要调节相符。

民间非营利组织会计相对比较独立。尽管如此，民间非营利组织在接受政府补助时，财政总预算会计信息与民间非营利组织会计信息也会存在相互联系。

第二节　政府与非营利组织会计目标

政府与非营利组织会计目标是指政府与非营利组织会计最终期望达到的效果，它主要涉及政府与非营利组织会计信息的使用者及其信息需求，以及政府与非营利组织会计应当提供哪些信息以满足信息使用者的信息需求等方面。政府与非营利组织会计目标在政府与非营利组织会计理论体系中占据重要位置，它是政府与非营利组织会计实务工作中的高层次指导思想。

一、政府会计信息的使用者及其信息需求

政府会计信息的使用者包括人民代表大会、政府及其有关部门和其他会计信息使用者。根据《中华人民共和国预算法》（以下简称《预算法》）的规定，全国人民代表大会审查中央和地方预算草案及中央和地方预算执行情况的报告，批准中央预算和中央预算执行情况的报告。县级以上地方各级人民代表大会审查本级总预算草案及本级总预算执行情况的报告，批准本级预算和本级预算执行情况的报告。在现代国家治理中，政府预算作为区别于企业预算的社会公共预算，是对一个国家公共财政收入、公共财政支出的全面预估、统筹和择优抉择，是受民众之托、代民众理财的公共选择行为，是服务于社会公共需要的公共预算。政府预算的最终目的是要保障广大纳税人或人民大众财政利益的最大化。广大纳税人既是公共财政收入的来源者，也是公共财政支出的受益人。为确保政府预算最终目的的实现，广大纳税人或者人民大众需要对政府预算进行全方位的监督。人民代表大会作为由人民大众选举产生的国家权力机构，需要对政府预算及其执行情况依法行使日常化、专业化的审查和批准管理职权。人民代表大会是政府会计信息的最主要使用者。

我国《预算法》规定，各部门预算由本部门及其所属各单位预算组成。各部门编制本部门预算、决算草案，组织和监督本部门预算的执行，定期向本级政府财政部门报告预算的执行情况。各单位编制本单位预算、决算草案，按照国家规定上缴预算收入、安排预算支出，并接受国家有关部门的监督。政府各部门如教育部门、卫生部门、文化部门、公安部门、工商行政管理部门、税务部门、住房和城乡建设部门、民政部门、农业部门、交通运输部门等。政府各单位如教育局及其所属的学校、卫生健康委员会及其所属的医院、文化局及其所属的文化馆等。部门预算执行情况需要向政府财政部门报告，并接受诸如政府审计部门等的监督。政府及其有关部门是政府或行政事业单位会计信息的重要使用者。

政府会计信息的其他使用者范围十分广泛。如政府债券的投资者、相关信用评级机构、政府公共产品的受益人、国际货币基金组织、世界银行、政府会计研究人员等。这些信息使用者从各自的角度需要使用政府会计信息。例如，政府债券的投资者需要使用政府债券发行与偿还的预算、决算信息，政府财务状况的信息等，以决定是否需要购买或持有政府债券；相关信用评级机构需要使用政府收入、支出的预决算信息，

政府财务状况的信息等，以对政府债券信用进行评级或对其他相关信用情况作出评价；国际货币基金组织、世界银行等国际组织需要使用政府会计信息对我国政府的绩效进行评价等。

综上，各种政府会计信息的使用者都需要政府预算执行情况、政府财务状况等信息，以评价政府受托责任的履行情况，并作出相应的经济和社会等方面的决策。

二、政府会计应当提供的信息

（一）政府预算执行情况的信息

政府会计应当提供的信息以满足信息使用者的信息需求作为指导思想。由于各种政府会计信息的使用者都需要政府预算执行情况的信息，因此，政府会计应当从各个角度提供有关政府预算执行情况的信息。

在一级政府层面，政府会计应当提供本级政府预算执行情况的信息，以及本级政府和所属下级政府汇总的预算执行情况的信息。其中，预算执行情况的信息包括收入预算执行情况的信息和支出预算执行情况的信息。由于一级政府的预算包括一般公共预算、政府性基金预算、国有资本经营预算和社会保险基金预算，而且各种类的预算应当保持完整、独立，因此，政府会计应当为各种类的政府预算提供预算执行情况的信息。又由于一般公共预算的支出既需要按照功能分类，分为一般公共服务支出、外交支出、公共安全支出、教育支出、文化体育支出、医疗卫生支出、环境保护支出等，又需要按照经济性质分类，分为工资福利支出、商品和服务支出、资本性支出等，因此，一般公共预算的支出预算执行情况还应当分别按照功能分类要求和经济性质分类要求进行反映。我国《预算法》规定，国家实行财政转移支付制度。财政转移支付包括中央对地方的转移支付和地方上级政府对下级政府的转移支付。因此，对一级地方政府而言，政府会计在提供预算收入执行情况的信息时，需要分别反映地方政府本级收入、上级政府对本级政府的转移支付收入。政府会计在提供预算支出执行情况的信息时，同样需要分别反映地方政府本级支出、对下级政府的转移支付支出。一级政府层面预算执行情况的信息应当按照《预算法》的要求，全面满足人民代表大会等信息使用者的信息需求。

在政府部门层面，政府会计应当提供部门本级预算执行情况的信息，以及部门本级与所属各预算单位汇总的部门预算执行情况的信息。政府部门层面与一级政府层面在收入的来源渠道上有所不同。政府部门层面的收入主要来源于财政拨款，一级政府层面的收入主要来源于税收。尽管如此，政府会计应当提供收入预算执行情况信息的要求是一样的。政府会计提供收入预算执行情况信息的基本方法，是提供收入预算实际执行结果的信息，以及收入预算实际执行结果与经批准的收入预算要求相比较的信息。预算实际执行结果与经批准的预算要求相比较的信息通常采用预算完成百分比表示，它是反映预算执行情况的简单而又重要的指标。政府部门层面的支出也需要同时按照功能和经济性质进行分类。尽管所分具体类别与一级政府层面略有不同，但政府会计应当提供支出预算执行情况信息的要求也是一样的。我国《预算法》规定，地方各级一般公共预算包括本级各部门的预算和税收返还、转移支付预算。这是一级政府层面的一般公共预算与政府部门层面的部门预算之间的基本关系。

在政府单位层面，政府会计应当提供政府单位预算执行情况的信息，其中，政府单位包括行政单位和事业单位。政府单位是政府部门的组成单位。政府单位预算执行情况的信息是政府部门预算执行情况信息的基本来源。即政府部门预算执行情况的信息是通过汇总存在预算管理关系的政府单位预算执行情况的信息形成的。政府单位预算执行情况信息的具体内容如同以上政府部门预算执行情况的信息。

一级政府层面预算执行情况的信息与政府部门预算执行情况的信息，在信息的覆盖范围上并不完全相同。例如，一级政府对国有企业、民间非营利组织等的财政补助支出信息属于一级政府层面预算执行情况的信息，但可能并不属于相关行政事业单位预算执行情况的信息。除此之外，行政事业单位尤其是事业单位，还可能会有一些非财政拨款预算收支。这些预算收支的信息属于政府部门预算执行情况的信息，但并不属于一级政府层面财政预算执行情况的信息。

总之，经批准的政府预算编制到哪里，政府会计信息就应当提供到哪里。只有这样，政府会计才能全面反映政府预算执行情况，从而全面满足人民代表大会等信息使用者的信息需求，实现政府会计目标。

（二）政府运行成本和财务状况的信息

政府会计除了应当全面提供政府预算执行情况的信息外，还应当全面提供有关政府运行成本和财务状况的信息。我国《预算法》规定，各级政府财政部门应当按年度编制以权责发生制为基础的政府综合财务报告，报告政府整体财务状况、运行情况和财政中长期可持续性，报本级人民代表大会常务委员会备案。政府预算执行情况的信息和政府财务状况、运行情况的信息各有侧重点，可以实现各自的会计目标。其中，政府预算执行情况主要反映政府年度预算收支情况。政府财务状况和运行情况主要反映政府的运行效率和政府财政的中长期可持续性。

如同政府预算执行情况的信息可以区分为一级政府层面、政府部门层面和政府单位层面三个层面一样，政府运行成本和财务状况的信息也可以区分为一级政府层面、政府部门层面和政府单位层面三个层面。其中，一级政府层面的运行成本和财务状况也可称为一级政府整体的运行成本和财务状况，如某省政府的运行成本和财务状况、某市政府的运行成本和财务状况。政府部门层面的运行成本和财务状况如某市政府教育部门的运行成本和财务状况、卫生部门的运行成本和财务状况。政府单位的运行成本和财务状况如某市政府教育局的行政运行成本和财务状况、教育局所属某公立学校的事业运行成本和财务状况等。政府的运行情况通常以收入费用来衡量，财务状况通常以资产、负债和净资产来衡量。其中，收入、费用、资产、负债和净资产都以权责发生制基础进行确认和计量。

如同政府单位预算执行情况的信息是政府部门预算执行情况信息的基本来源一样，政府单位层面财务状况和运行情况的信息也是政府部门层面财务状况和运行情况信息的基本来源，同时，也是一级政府层面财务状况和运行情况信息的重要来源。

一般可以认为，一级政府提供的本级政府预算执行情况的信息，以及一级政府中各行政事业单位提供的单位预算执行情况的信息和单位财务状况及运行情况的信息，是政府会计中最基本的信息来源。之后，通过各种汇总或合并，形成一级政府整体的相应信息。

三、民间非营利组织会计目标

民间非营利组织会计信息的使用者主要是捐赠人、会费交纳人等。民间非营利组织会计应当提供的信息也是以满足信息使用者的信息需求作为指导思想。民间非营利组织会计应当提供组织财务状况和业务活动情况的信息，相应信息应当充分反映对限定用途财务资源和非限定用途财务资源的使用情况及其效果。

第三节　政府与非营利组织会计假设和会计基础

一、政府与非营利组织会计假设

政府与非营利组织会计假设是指对政府与非营利组织会计所处的空间和时间环境以及所使用的主要计量单位所作的合理假定或设定。政府与非营利组织会计假设通常有会计主体、持续运行、会计分期和货币计量四个。

（一）会计主体

会计主体是指政府与非营利组织会计工作特定的空间范围。明确会计主体，可以明确提供会计信息的特定边界范围。政府财政总预算会计的主体是各级政府，而不是各级政府的财政部门。因为财政总预算各项收支的收取和分配，是各级政府的职权范围，财政部门只能代表政府执行预算，充当经办人的角色。目前，我国各级政府的财政预算执行情况报告由各级政府的财政部门代表各级政府向人民代表大会及社会有关方面提供。全国财政预算执行情况由财政部汇总后向全国人民代表大会及社会有关方面提供。

行政事业单位会计的主体是各级各类行政事业单位。目前，我国各级各类行政事业单位通过编制单位决算以及部门决算的方式，向人民代表大会提供单位或部门预算执行情况的信息。各级各类行政事业单位还应当编制单位财务报告，并在此基础上编制政府部门财务报告和政府整体财务报告，向相关方面进行报告。

民间非营利组织会计的主体是相应的法人组织。

（二）持续运行

持续运行是指政府与非营利组织会计主体的业务活动能够持续不断地进行下去。政府会计应以各级政府财政以及行政事业单位的业务活动能够持续不断地进行下去作为组织正常会计核算的基本假设。持续运行前提可以保证政府财政以及行政事业单位可以按照正常的会计方法进行会计核算，而不将会计核算建立在非正常的财政财务清算基础之上。尽管一级政府以及行政事业单位也会根据社会经济发展的客观需要进行划转或撤并，但在相应财政财务清算活动尚未开始之前，一级政府财政以及行政事业单位仍然应当按照持续运行的假设对相应的财政财务收支业务及其他相关业务进行会计核算，并得出相应的核算结果。民间非营利组织会计的相应情况也是一样。

（三）会计分期

会计分期是指将政府与非营利组织会计主体持续运行的时间人为地划分成时间阶段，以便分阶段结算账目，编制会计报表。政府会计期间分为年度、半年度、季度和月份。会计年度、半年度、季度和月份采用公历日期。为及时提供预算执行情况和财务状况的信息，政府会计还可以根据需要提供旬报，供政府有关方面及时了解信息。分期提供会计信息，除了可以及时提供信息外，还有利于将各期的会计信息进行比较，从而有利于进行信息分析，提高信息的有用性。目前，我国各级政府在每年第一季度召开的人民代表大会上，财政部门都需要代表政府作上一年度预算执行情况的年度报告。中央政府和大多数地方政府在每年下半年还需要向人民代表大会提供当年度上半年预算执行情况的报告。

（四）货币计量

货币计量是指政府与非营利组织会计核算以人民币作为记账本位币。如果发生外币收支，应当按照中国人民银行公布的人民币外汇汇率折算为人民币核算。对于业务收支以外币为主的行政事业单位，也可以选定某种外币作为记账本位币。但在编制会计报表时，应当按照编报日期的人民币外汇汇率折算为人民币反映。货币计量可以使得各种经济业务在数量上有一个统一的衡量标准，即人民币“元”，从而使得相同或者不同的经济业务在数量上可以进行相加或相减，得出富有意义的财务信息。政府财政以及行政事业单位的财务活动，一方面可以反映政府财政以及行政事业单位的业务意图和工作方向，另一方面，随着人民群众参政议政和民主理财意识的不断增强，相应财务活动的货币数量信息也越来越受到社会各方的关注。

二、政府与非营利组织会计基础

会计基础是指会计确认、计量和报告的基础，主要有收付实现制基础和权责发生制基础两种。其中，收付实现制基础是指以货币资金的实际收支作为依据来确认收入和支出的一种会计基础。在收付实现制基础下，收入应当在实际收到货币资金时予以确认，支出应当在实际支付货币资金时予以确认。权责发生制基础是指以权利和责任是否已经发生，或者以是否应当归属于当期作为依据或标准来确认收入和费用的一种会计基础。在权责发生制基础下，收入应当在实际取得收取款项的权利时予以确认，而不管款项何时收到；支出或者费用应当在实际发生经济资源耗费或者实际承担付费责任时予以确认，而不管款项何时支付。

由于政府预算会计以如实反映预算执行情况作为主要会计目标，因此，政府预算会计采用收付实现制基础。具体来说，财政总预算会计和行政事业单位预算会计采用收付实现制基础进行会计核算。由于政府财务会计以如实反映政府财务状况和运行情况作为主要会计目标，因此，政府财务会计采用权责发生制基础。具体来说，行政事业单位财务会计采用权责发生制基础进行会计核算。行政事业单位是政府的基本组成单位。行政事业单位会计同时采用收付实现制基础和权责发生制基础，实行平行记账的会计核算方法。

民间非营利组织会计以如实反映财务受托责任作为主要会计目标，因此，采用权责发生制会计核算基础。

第四节　政府与非营利组织会计信息质量要求

一、政府会计信息质量要求

政府会计信息质量要求是指政府会计向信息使用者提供的会计信息应当达到的质量标准。政府会计信息属于信息产品，其质量是否达到要求的标准，或者其质量的高低直接影响信息使用者能否作出合理、正确的经济和社会等方面的决策。政府会计信息质量要求通常包括可靠性、全面性、相关性、可比性、可理解性、实质重于形式等。

（一）可靠性

可靠性也称真实性或客观性，是指会计核算应当以实际发生的经济业务为依据，客观真实地记录、反映各项业务活动的实际情况和结果。政府会计不能扭曲经济业务的内容，对相应的经济业务做出不真实、不客观的记录和反映；也不能以尚未发生或可能发生的经济业务为依据，根据人为的估计进行会计核算；更不能故意编造经济业务的内容，并以此为依据进行会计记录和反映。政府会计信息只有真实客观，才能帮助信息使用者做出正确的评价和决策。否则，政府会计信息不仅不能帮助信息使用者做出正确的评价和决策，还会导致信息使用者做出错误的评价和决策，从而影响社会公众的利益。

我国《政府会计准则——基本准则》规定：政府会计主体应当以实际发生的经济业务或者事项为依据进行会计核算，如实反映各项会计要素的情况和结果，保证会计信息真实可靠。

（二）全面性

全面性是指政府会计应当全面反映预算执行情况以及财务状况、运行情况等信息。以财政总预算会计为例，财政总预算会计需要全面反映一般公共预算、政府性基金预算、国有资本经营预算等各种类预算资金的来源和使用情况。在收入方面，需要全面反映税收收入、非税收入、债务收入、转移性收入等情况；在支出方面，需要全面反映按功能分类的支出以及按经济性质分类的支出。按功能分类的支出如公安支出、教育支出、医疗卫生支出等，按经济性质分类的支出如工资福利支出、商品和服务支出、资本性支出等。再以行政事业单位会计为例，行政事业单位会计需要全面反映财政拨款资金收支、非财政拨款资金收支等情况，全面反映财务状况、运行成本等情况。在行政事业单位会计中，既涉及财政拨款资金的来源和使用，也涉及非财政拨款资金的来源和使用，如事业单位面向市场取得的事业收入的来源和使用；既涉及基本运行经费的来源和使用，也涉及项目经费的来源和使用；既需要反映预算执行情况，也需要反映财务状况和运行成本。

我国《政府会计准则——基本准则》规定：政府会计主体应当将发生的各项经济业务或者事项统一纳入会计核算，确保会计信息能够全面反映政府会计主体预算执行情况和财务状况、运行情况、现金流量等。

（三）相关性

相关性是指政府会计主体提供的会计信息，应当与反映政府会计主体公共受托责任履行情况以及报告使用者决策或者监督、管理的需要相关，有助于报告使用者对政府会计主体过去、现在或者未来的情况作出评价或者预测。近年来，我国政府财政预算管理以及行政事业单位预算管理方法取得很大进步，预算管理水平不断提高。在财政总预算层面，政府一般公共预算、政府性基金预算、国有资本经营预算和社会保险基金预算体系全面确立，收支科目体系不断完善。在行政事业单位预算层面，行政事业单位收支综合预算、基本支出预算和项目支出预算等预算内容和方法不断呈现和完善。除此之外，中央和地方政府债券的发行也日趋规范，行政事业单位国有资产管理不断加强。在此过程中，政府会计也不断进行改革和发展。政府会计提供的信息基本满足了人民代表大会评价和考核政府公共受托责任履行情况的需要，并为人民代表大会做出相应的经济和社会决策提供了有力的信息支持。

（四）可比性

可比性是指政府会计信息之间可以相互比较。可比性信息质量要求，同一政府会计主体不同时期发生的相同或者相似的经济业务或者事项，应当采用一致的会计政策，不得随意变更。确需变更的，应当将变更的内容、理由及其影响在附注中予以说明。不同政府会计主体发生的相同或者相似的经济业务或者事项，应当采用一致的会计政策，确保政府会计信息口径一致，相互可比。可比的政府会计信息将大大增加其评价和决策的有用性。

（五）可理解性

可理解性是指政府会计信息易于为人民代表大会等信息使用者理解。政府会计信息只有易于为信息使用者理解，才能帮助信息使用者评价政府财政以及行政事业单位受托责任的履行情况，并作出相应的经济和社会决策。可理解的政府会计信息应当概念清楚明确并通俗易懂。例如，一般公共预算、政府性基金预算、国有资本经营预算应当有明确的概念和区分界线，并且容易为信息使用者普遍理解其内涵和内容。税收收入、非税收入、债务收入等的情况也是如此。可理解的政府会计信息还应当在会计报表及其附注中列示清晰明了。例如，一级政府的本级收入与一级政府从上级政府取得的补助收入在会计报表中应当分开列示。同样，一级政府的本级支出与一级政府对所属下级政府的补助支出在会计报表中也应当分开列示。这样，信息使用者便可一目了然地了解到政府收入总额的来源渠道以及支出总额的使用去向。

可理解性除了要求政府会计信息本身通俗易懂、清晰明了外，也假设人民代表大会等信息使用者具有相应的政府会计专业知识。只要政府会计与其信息使用者共同努力，政府会计就能与其信息使用者拥有很多的共同语言。

（六）实质重于形式

实质重于形式是指政府会计确认、计量和报告更加看重经济业务的经济实质，而不是更加看重经济业务的法律形式。

经济业务的经济实质和法律形式在大多数情况下是相互一致的，但有时也会存在不一致的情况。例如，行政事业单位融资租入固定资产的业务，尽管在法律形式上行政事业单位只拥有融资租入固定资产的使用权，不拥有融资租入固定资产的所有权，但行政事业单位实际控制融资租入的固定资产及其服务能力或经济利益，因此，在会计核算上将融资租入固定资产视同自有固定资产一样确认、计量和报告。按照实质重于形式的质量要求提供的政府会计信息，比纯粹按照法律形式提供的政府会计信息更加具有相关性，从而可以更好地帮助人民代表大会、政府及其有关部门以及政府单位本身等政府会计信息的使用者作出合理正确的经济和社会决策。

我国《政府会计准则——基本准则》规定：政府会计主体应当按照经济业务或者事项的经济实质进行会计核算，不限于以经济业务或者事项的法律形式为依据。

二、民间非营利组织会计信息质量要求

民间非营利组织会计信息的质量要求与政府会计信息的质量要求基本相同，即也可以有可靠性、全面性、相关性、可比性、可理解性、实质重于形式等。只是民间非营利组织会计信息的使用者及其信息需求以及经济业务的具体内容与政府会计存在一些差异，因此，相应会计信息质量要求对应的具体内容也与政府会计存在一些差异。

第五节　政府与非营利组织会计要素及其确认和计量原则

一、政府会计要素及其确认和计量原则

会计要素是构筑财务报表的大类组件。由于政府会计由预算会计和财务会计构成，因此，政府会计要素也分别有政府预算会计要素和政府财务会计要素两大种类。由于政府预算会计和政府财务会计分别针对不同的会计目标，因此，政府预算会计要素和政府财务会计要素分别采用不同的确认和计量原则。

（一）政府预算会计要素及其确认和计量原则

政府预算会计要素包括预算收入、预算支出与预算结余三个，其概念、确认和计量原则分别如下。

1. 预算收入

预算收入是指政府会计主体在预算年度内依法取得的并纳入预算管理的现金流入。预算收入一般在实际收到时予以确认，以实际收到的金额计量。

2. 预算支出

预算支出是指政府会计主体在预算年度内依法发生并纳入预算管理的现金流出。预算支出一般在实际支付时予以确认，以实际支付的金额计量。

3. 预算结余

预算结余是指政府会计主体预算年度内预算收入扣除预算支出后的资金余额，以及历年滚存的资金余额。预算结余包括结余资金和结转资金。其中，结余资金是指年度预算执行终了，预算收入实际完成数扣除预算支出和结转资金后剩余的资金。结转资金是指预算安排项目的支出年终尚未执行完毕或者因故未执行，且下年需要按原用

途继续使用的资金。

政府预算会计要素之间的平衡关系为：

预算收入－预算支出＝预算结余

（二）政府财务会计要素及其确认和计量原则

政府财务会计要素包括资产、负债、净资产、收入和费用五个，其概念、确认和计量原则分别如下。

1. 资产

资产是指政府会计主体过去的经济业务或者事项形成的，由政府会计主体控制的，预期能够产生服务潜力或者带来经济利益流入的经济资源。其中，服务潜力是指政府会计主体利用资产提供公共产品和服务以履行政府职能的潜在能力。经济利益流入表现为现金及现金等价物的流入，或者现金及现金等价物流出的减少。

符合资产定义的经济资源，在同时满足以下条件时，确认为资产：（1）与该经济资源相关的服务潜力很可能实现或者经济利益很可能流入政府会计主体；（2）该经济资源的成本或者价值能够可靠地计量。

资产的计量属性主要包括历史成本、重置成本、现值、公允价值和名义金额。在历史成本计量下，资产按照取得时支付的现金金额或者支付对价的公允价值计量。在重置成本计量下，资产按照现在购买相同或者相似资产所需支付的现金金额计量。在现值计量下，资产按照预计从其持续使用和最终处置中所产生的未来净现金流入量的折现金额计量。在公允价值计量下，资产按照市场参与者在计量日发生的有序交易中出售资产所能收到的价格计量。无法采用上述计量属性的，采用名义金额（即人民币1元）计量。政府会计主体在对资产进行计量时，一般应当采用历史成本。采用重置成本、现值、公允价值计量的，应当保证所确定的资产金额能够持续、可靠计量。

2. 负债

负债是指政府会计主体过去的经济业务或者事项形成的，预期会导致经济资源流出政府会计主体的现时义务。其中，现时义务是指政府会计主体在现行条件下已承担的义务。未来发生的经济业务或者事项形成的义务不属于现时义务，不应当确认为负债。

符合负债定义的义务，在同时满足以下条件时，确认为负债：（1）履行该义务很可能导致含有服务潜力或者经济利益的经济资源流出政府会计主体；（2）该义务的金额能够可靠地计量。

负债的计量属性主要包括历史成本、现值和公允价值。在历史成本计量下，负债按照因承担现时义务而实际收到的款项或者资产的金额，或者承担现时义务的合同金额，或者按照为偿还负债预期需要支付的现金计量。在现值计量下，负债按照预计期限内需要偿还的未来净现金流出量的折现金额计量。在公允价值计量下，负债按照市场参与者在计量日发生的有序交易中转移负债所需支付的价格计量。政府会计主体在对负债进行计量时，一般应当采用历史成本。采用现值、公允价值计量的，应当保证所确定的负债金额能够持续、可靠计量。

3. 净资产

净资产是指政府会计主体资产扣除负债后的净额。净资产金额取决于资产和负债的计量。

4. 收入

收入是指报告期内导致政府会计主体净资产增加的、含有服务潜力或者经济利益的经济资源的流入。

收入的确认应当同时满足以下条件：（1）与收入相关的含有服务潜力或者经济利益的经济资源很可能流入政府会计主体；（2）含有服务潜力或者经济利益的经济资源流入会导致政府会计主体资产增加或者负债减少；（3）流入金额能够可靠地计量。

5. 费用

费用是指报告期内导致政府会计主体净资产减少的、含有服务潜力或者经济利益的经济资源的流出。

费用的确认应当同时满足以下条件：（1）与费用相关的含有服务潜力或者经济利益的经济资源很可能流出政府会计主体；（2）含有服务潜力或者经济利益的经济资源流出会导致政府会计主体资产减少或者负债增加；（3）流出金额能够可靠地计量。

政府财务会计要素之间的平衡关系为：

资产－负债＝净资产

收入－费用＝净资产的增加或减少

综上，政府会计要素共有八个，其中，三个为预算会计要素，五个为财务会计要素。三个预算会计要素构筑政府预算会计报表或政府决算报表，五个财务会计要素构筑政府财务会计报表。

二、民间非营利组织会计要素及其确认和计量原则

民间非营利组织会计要素包括资产、负债、净资产、收入和费用五个，其概念及其确认和计量原则与政府财务会计要素的概念及其确认和计量原则相似。

民间非营利组织会计要素之间的平衡关系与政府财务会计要素之间的平衡关系是一样的，具体为：

资产－负债＝净资产

收入－费用＝净资产的增加或减少

与营利性企业会计相比，政府与非营利组织会计没有所有者权益要素，也没有利润要素。

第六节 政府与非营利组织决算报告和财务报告

政府与非营利组织决算报告和财务报告是政府与非营利组织会计工作的最终产品，是全面系统地反映政府与非营利组织经济活动及其结果的报告性书面文件，是考核政府与非营利组织预算和财务业绩的重要依据，也是政府与非营利组织解除预算和财务受托责任的书面信息载体。

一、政府决算报告和财务报告

（一）政府决算报告

政府决算报告是综合反映政府会计主体年度预算收支执行结果的文件。政府决算报告应当包括决算报表和其他应当在决算报告中反映的相关信息和资料。

在现行实务中，政府决算报表分别由财政总预算会计报表和行政事业单位预算会计报表组成。其中，财政总预算会计报表反映一级政府层面财政预算执行情况，行政事业单位预算会计报表反映行政事业单位预算执行情况。行政事业单位预算会计报表按政府部门汇总后，形成政府部门预算会计报表，反映政府部门预算执行情况。

政府决算报告的编制主要以收付实现制为基础，以预算会计核算生成的数据为准。

有关政府决算报表的具体内容和编制方法将在后续章节中进行详细介绍。

（二）政府财务报告

政府财务报告是反映政府会计主体某一特定日期的财务状况和某一会计期间的运行情况和现金流量等信息的文件。政府财务报告应当包括财务报表和其他应当在财务报告中披露的相关信息和资料。

政府财务报告包括政府综合财务报告和政府部门财务报告。其中，政府综合财务报告是指由政府财政部门编制的，反映各级政府整体财务状况、运行情况和财政中长期可持续性的报告。政府部门财务报告是指政府各部门、各单位按规定编制的财务报告。

在政府财务报告中，财务报表是对政府会计主体财务状况、运行情况和现金流量等信息的结构性表述。财务报表包括会计报表和附注。其中，会计报表至少应当包括资产负债表、收入费用表和现金流量表。在政府财务会计报表中，资产负债表是反映政府会计主体在某一特定日期的财务状况的报表。收入费用表是反映政府会计主体在一定会计期间运行情况的报表。现金流量表是反映政府会计主体在一定会计期间现金及现金等价物流入和流出情况的报表。财务会计报表附注是对在资产负债表、收入费用表、现金流量表等报表中列示项目所作的进一步说明，以及对未能在这些报表中列示项目的说明。

政府会计主体应当根据相关规定编制合并财务报表。

政府财务报告的编制主要以权责发生制为基础，以财务会计核算生成的数据为准。

有关政府财务报表的具体内容和编制方法将在后续章节中进行详细介绍。

二、民间非营利组织财务报告

民间非营利组织财务报告是反映民间非营利组织某一特定日期的财务状况和某一会计期间的运行情况和现金流量等信息的文件。民间非营利组织财务报告应当包括财务报表和其他应当在财务报告中披露的相关信息和资料。

民间非营利组织财务报表包括会计报表和附注。会计报表包括资产负债表、业务活动表或收入费用表、现金流量表三个种类。其中，资产负债表反映民间非营利组织在某一特定时日资产、负债和净资产的情况。业务活动表反映民间非营利组织在某一特定期间收入和费用的实际发生情况。现金流量表反映民间非营利组织在某一特定期间不同种类业务活动的现金流入和流出的情况。

有关民间非营利组织财务报表的具体内容和编制方法将在后续章节中进行详细介绍。

思考题

1. 什么是政府与非营利组织会计？它有哪些主要特征？

2. 政府与非营利组织会计的组成体系是怎样的？

3. 政府会计信息的使用者主要有哪些？政府会计的目标是什么？

4. 政府会计有哪四个假设？分别是什么概念？

5. 政府会计信息有哪些质量要求？分别是什么概念？

6. 政府会计要素有哪几个？分别是什么概念？各要素之间的平衡关系是怎样的？

7. 什么是政府决算报告？政府决算报告的编制主要以收付实现制为基础还是权责发生制为基础？政府决算报告的数据来源是什么？

8. 什么是政府财务报告？政府财务报告的编制主要以收付实现制为基础还是权责发生制为基础？政府财务报告的数据来源是什么？

第二篇

财政总预算会计

第二章

财政总预算会计概述

第一节　财政总预算会计的概念

一、财政总预算概述

（一）财政总预算的概念

政府预算是政府的年度财务收支计划，为政府履行职责、向社会提供公共服务提供财力保障。政府预算按照预算编制主体可以由财政总预算和部门预算两大类组成。其中，财政总预算是以一级政府作为编制主体来编制的政府预算，如省政府财政总预算、市政府财政总预算等。部门预算是以政府组成部门作为预算主体来编制的政府预算，如省政府公安厅部门预算、市政府教育局部门预算等。

（二）财政总预算的组成体系

我国的政府财政总预算按照“统一领导，分级管理，分工负责”的原则，实行一级政府、一级财政、一级财政总预算，设立中央，省、自治区、直辖市，设立区的市、自治州，县、自治县、不设区的市、市辖区，乡、民族乡、镇等五级财政总预算，通常简称为中央、省、市、县、乡等五级财政总预算。其中，省、市、县、乡级财政总预算可统称为地方财政总预算。这样，我国的政府财政总预算也可以说成由中央财政总预算和地方财政总预算组成。各级政府的财政总预算相对独立完整，同时，各级政府的财政总预算又在全国组成一个财政总预算管理体系。例如，市本级财政总预算经过汇总所属县财政总预算，形成市财政总预算；省本级财政总预算经过汇总所属市财政总预算，形成省财政总预算。各级政府的财政总预算经过逐级汇总，最后至国家层面，形成整个国家的财政总预算。

（三）财政总预算的编制形式

政府财政总预算的编制形式可以有单式预算和复式预算两种。其中，单式预算是指将政府全部预算收入和预算支出汇集编入单一的总预算内，不区分各类预算收支的经济性质。我国政府财政总预算采用复式预算的编制形式，即将各种财政收支按照其性质分别编入两个或两个以上的预算。目前，我国各级政府的财政总预算分为一般公共预算、政府性基金预算、国有资本经营预算和社会保险基金预算等四个种类。其中，一般公共预算是指对以税收为主体的财政收入，安排用于保障和改善民生、推动经济社会发展、维护国家安全、维持国家机构正常运转等方面的收支预算。政府性基金预算是指对依照法律、行政法规的规定在一定期限内向特定对象征收、收取或者以其他方式筹集的资金，专项用于特定公共事业发展的收支预算。国有资本经营预算是指对国有资本收益作出支出安排的收支预算。社会保险基金预算是指对社会保险缴款、一般公共预算安排和其他方式筹集的资金，专项用于社会保险的收支预算。

在我国现行政府复式预算的种类中，一般公共预算是最基本的一种预算，它涉及政府活动的各个领域，并且在政府财政资金总额中也占据最大的份额。与一般公共预算相比，政府性基金预算处于补充的位置，它是对一般公共预算资金不足的领域进行的必要补充，并且都具有专款专用的性质。例如，政府征收的铁路建设基金、城市基础设施配套费等都是如此。国有资本经营预算主要适用于国有资本经营领域，为国有资本能够实现保值增值和结构调整提供稳定可靠的资金保障，同时又可以不增加一般公共预算的支出压力，使一般公共预算更好地用于民生等社会公共需求领域。社会保险基金预算具体可细分为养老保险基金预算、医疗保险基金预算、失业保险基金预算、工伤保险基金预算等种类。社会保险基金预算对于促进经济社会协调发展、明确政府责任、保障民生等具有重要意义。与一般公共预算、政府性基金预算和国有资本经营预算不同，社会保险基金预算中的资金实际上是政府受托管理的资金，它归参加社会保险的公民所有，用于向参加社会保险的公民支付养老金、医疗费等社会保险领域，不可以用于其他由政府安排的公共支出领域，如国防、外交、义务教育、公安、城乡建设等领域。

复式预算是在政府职能逐渐扩大、预算收支规模不断增大以及收支性质日趋复杂的情况下，政府为进一步加强预算管理和监督而产生的。政府财政总预算按照复式预算的形式编制，有利于提高预算编制的质量和透明度，满足社会各方对预算收支的信息需求。

（四）财政总预算的收支分类

政府财政总预算按预算内容来分，有收入预算和支出预算两种。其中，收入预算和支出预算的具体分类，是政府财政总预算编制、执行、决算以及会计核算、财政统计分析的基础。在我国现行实务中，政府财政总预算的收支分类以财政部每年制定发布的《政府收支分类科目》为依据。按照我国现行《政府收支分类科目》，政府的收支科目分别一般公共预算、政府性基金预算、国有资本经营预算和社会保险基金预算制定。收入科目按照来源渠道设置，分设“类”“款”“项”“目”四级，各级科目在内容上逐级细化、具体。支出科目同时按照功能和经济用途设置。支出的功能分类科目分设“类”“款”“项”三级，各级科目在内容上逐级细化、具体。支出的经济分类科目分设“类”“款”二级，二级科目在内容上逐级细化、具体。

以一般公共预算收入科目为例，收入四级科目的设置如“税收收入——增值税——国内增值税——国有企业增值税”“非税收入——罚没收入——一般罚没收入——交通罚没收入”等。以一般公共预算支出功能分类科目为例，支出三级科目的设置如“一般公共服务支出——人大事务——行政运行”“教育支出——普通教育——高等教育”等。财政总预算支出经济分类科目的设置如“机关工资福利支出——工资奖金津贴补贴”“机关商品和服务支出——办公经费”等。

二、财政总预算会计及其特点

财政总预算会计是各级政府财政部门核算、反映和监督政府财政总预算执行情况和结果的一门专业会计，是政府会计的一个分支。

财政总预算会计在政府预算会计体系中居主导地位。它具有如下主要特点：

（1）财政总预算会计的主体是一级政府，如省政府、市政府、县政府等。财政总预算会计反映的会计信息是以一级政府作为特定的空间范围的。例如，财政总预算会计反映的税收收入是属于本级政府取得的税收收入，而不是上级政府或下级政府取得的税收收入，也不是财政部门或税务部门取得的税收收入。财政部门和税务部门是政府的职能部门，它们代表政府管理政府的财政税收事务。上级政府对本级政府的财政补助，对本级政府来说，形成转移性收入，属于本级政府取得的财政收入内容范围；对上级财政来说，形成转移性支出，属于上级政府的财政支出内容范围。各级政府的财政总预算是相对独立完整的，相应的财政总预算会计信息也是相对独立完整的。

（2）财政总预算会计核算政府财政总预算的执行情况及其结果。政府的财政总预算由本级政府的财政部门综合各方面情况后负责编制预算草案，然后上报本级政府。经本级政府核准后，预算草案提请本级人民代表大会审查批准。经人民代表大会审查批准的政府财政总预算具有法律效力，相关各方应当依法组织执行。在政府预算执行的组织体系中，各级政府是负责预算执行的组织领导机构，它们负责组织本级政府预算的执行，并监督本级政府各部门和下级政府的预算执行；各级政府的财政部门是预算执行的具体负责和管理机构，是执行预算收支的主管机构；各部门各单位是部门预算和单位预算执行的主体，负责本部门本单位预算的执行；参与政府预算执行的机构有财政部门、税务部门、海关等征收机关，以及人民银行、商业银行等金融机构，它们分别负责预算收入的征收和监缴，以及预算支出的拨付和结算等具体业务。

政府财政总预算的执行情况由财政总预算会计予以记录和反映。例如，政府财政总预算收入中的税收收入预算是对未来一年内本级政府可能取得的税收收入的一个预测，在该年度内，税收收入的实际取得情况，即税收收入预算的实际执行情况，由财政总预算会计在实际取得税收收入时予以记录和反映。再如，政府财政总预算支出中的一般公共服务支出预算，是对未来一年内本级政府可能发生的一般公共服务支出的一个预测，在该年度内，一般公共服务支出的实际发生情况，即一般公共服务支出预算的实际执行情况，由财政总预算会计在实际发生一般公共服务支出时予以记录和反映。政府财政总预算具有预测性的特征，财政总预算会计则可以反映政府财政总预算的实际执行情况和结果。将财政总预算会计记录和反映的年末收支预算执行数据与年初报经批准的政府财政总预算的收支预算数据进行比较，是考核政府年度财政总预算执行情况的常用方法。在考核时，预算数与实际数的重大差异，政府通常需要对人民代表大会做出专门的解释和说明。

(3) 财政总预算的编制形式和收支分类是财政总预算会计组织会计核算的主要依据。目前，我国的政府财政总预算采用复式预算的编制形式，分成一般公共预算、政府性基金预算、国有资本经营预算和社会保险基金预算四个种类，各种类的预算相对独立完整。为如实反映各种类预算的执行情况，财政总预算会计需要分别为相应种类的财政总预算核算其相对独立完整的收支内容。在有关种类的预算发生资金调剂使用时，如将部分政府性基金预算的资金转入一般公共预算时，尽管一级政府的财力总数并没有发生变化，但财政总预算会计需要分别在有关种类的预算中核算收入和支出。

财政总预算收支分类反映政府财政总预算收支的内容，具体表现为财政总预算收支科目。财政总预算收支科目是财政总预算会计设置会计核算科目的直接依据。在政府财政总预算与财政总预算会计的关系上，政府财政总预算的编制形式和内容总体上决定了财政总预算会计核算的形式和内容。在一定意义上，财政总预算会计附属于政府财政总预算，财政总预算的编制形式和内容发生变化，财政总预算会计随之发生相应的变化。

(4) 财政总预算会计核算的对象是财政总预算资金的运动，具体包括财政总预算资金的收入和支出，以及由此形成的财政总预算资金的结转结余等内容。由于财政总预算只是对所取得的财政资金进行分配，例如分配给工商局、教育局、卫生局、学校、医院等行政事业单位使用，因此，财政总预算会计中没有诸如库存物品、固定资产、公共基础设施、专利权等实物资产和无形资产的核算内容，也没有库存现金的核算内容。由财政总预算会计分配使用财政资金而形成的诸如库存物品、固定资产、公共基础设施、专利权等实物资产和无形资产，在相应的行政事业单位会计中核算。库存现金的相关业务，也在行政事业单位会计中核算。由于政府财政总预算围绕财政资金的收入和分配业务展开，因此，财政总预算会计中也没有成本核算的内容。与行政事业成本或费用相关的内容，在行政事业单位会计中安排处理。

(5) 财政总预算会计除了需要核算财政总预算收入和财政总预算支出的内容外，还需要核算有关资产和负债的内容。政府的财政总预算由财政总预算收入和财政总预算支出两部分内容组成。但在财政总预算会计的核算内容中，除了有财政总预算收入和财政总预算支出外，还有诸如国库存款、财政专户存款、与上级往来、与下级往来等资产和负债的内容。因此，财政总预算会计的核算内容也并不是与财政总预算的内容完全一致的，它比财政总预算的内容要广泛一些。另外，财政总预算会计中资产减去负债后的余额为净资产。财政总预算会计中净资产的内容，与财政总预算收入减去财政总预算支出后的余额，即财政总预算结转结余的内容也不完全一致。从这个意义上说，财政总预算与财政总预算会计又是两个并不相同的学科，两者都具有相对独立的内容和方法。

(6) 财政总预算会计对部分经济业务采用“双轨制”或“双分录”会计记录方法。以政府发行和偿还债券的业务为例，政府财政在发行政府债券时，形成政府财政的收入，同时，也形成政府财政的负债。因此，政府财政发行政府债券取得债券发行收入时，应当按照收付实现制确认债务收入，同时，再按照权责发生制确认应付政府债券负债。相应的会计分录为：借记“国库存款”科目，贷记“债务收入”科目；同时，借记“待偿债净资产——应付短期政府债券/应付长期政府债券”科目，贷记“应付短期政府债券”“应付长期政府债券”科目。政府财政到时偿还政府债券本金时，形成政府财政的支出，同时，也减少政府财政的应付政府债券负债。因此，政府财政偿还政府债券本金时，应当按照收付实现制确认债务还本支出，同时，再按照权责发生制转销应付政府债券负债。相应的会计分录为：借记“债务还本支出”科目，贷记“国库存款”科目；同时，借记“应付短期政府债券”“应付长期政府债券”科目，贷记“待偿债净资产——应付短期政府债券/应付长期政府债券”科目。

再以由政府长期股权投资形成的应收股利业务为例，在权益法的核算方法下，政府持有股权投资期间，被投资主体宣告发放现金股利或利润时，财政总预算会计借记“应收股利”科目，贷记“资产基金——应收股利”科目；同时，借记“资产基金——股权投资”科目，贷记“股权投资——损益调整”科目。政府财政实际收到现金股利或利润时，财政总预算会计借记“国库存款”科目，贷记“一般公共预算本级收入”“国有资本经营预算本级收入”等科目；同时，借记“资产基金——应收股利”科目，贷记“应收股利”科目。

在财政总预算会计中，“双轨制”或“双分录”会计记录方法广泛应用于政府债券发行、政府债券转贷、政府债券还本、政府股权投资、应收股利、政府借入主权外债、借入主权外债转贷、政府偿还主权外债等业务。“双轨制”或“双分录”会计记录方法可以同时提供政府财政资产、负债、收入、支出等多层次的会计信息，从而有利于加强政府财政管理，满足相关各方的信息需求。

（7）财政总预算会计的组成体系。财政总预算会计是政府财政总预算的一个组成部分，其组成体系与政府财政总预算组成体系相一致。由于我国的政府财政总预算设立中央、省、市、县、乡等五级，各级政府财政总预算设立相应的财政总预算会计，负责核算、反映和监督本级政府财政总预算的执行，因此，财政总预算会计也有中央、省、市、县、乡等五级。即中央政府财政部设立中央财政总预算会计，省政府财政厅设立省财政总预算会计，市政府财政局设立市财政总预算会计，县政府财政局设立县财政总预算会计，乡政府财政所设立乡财政总预算会计。各级财政总预算会计在编制完成本级财政总预算执行情况的信息后，除了需要向本级政府和人民代表大会报告外，还需要向上级财政总预算部门报告，供上级财政总预算会计汇总财政总预算执行情况的信息，直至形成全国财政总预算执行情况的信息。各级财政总预算会计在全国组成一个相互联系的财政总预算执行情况信息网络。

第二节　财政总预算会计科目

一、财政总预算会计科目表

财政总预算会计科目是对财政总预算会计要素作进一步分类的一种方法。它是财政总预算会计设置账户、核算和归集经济业务的依据，也是汇总和检查财政总预算资金活动情况及其结果的依据。按照财政总预算会计要素的类别，财政总预算会计科目可分为资产、负债、净资产、收入和支出等五类。根据现行《财政总预算会计制度》的规定，各级财政总预算会计统一适用的会计科目表可如表 2-1 所示。

表2-1 财政总预算会计科目表

序号	科目编号	科目名称	科目核算内容
		一、资产类	
1	1001	国库存款	政府财政存放在国库单一账户的款项。
2	1003	国库现金管理存款	政府财政实行国库现金管理业务存放在商业银行的款项。
3	1004	其他财政存款	政府财政未列入"国库存款""国库现金管理存款"科目反映的各项存款。
4	1005	财政零余额账户存款	财政国库支付执行机构在代理银行办理财政直接支付的业务。财政国库支付执行机构未单设的地区不使用该科目。
5	1006	有价证券	政府财政按照有关规定取得并持有的有价证券金额。
6	1007	在途款	决算清理期和库款报解整理期内发生的需要通过本科目过渡处理的属于上年度收入、支出等业务的资金数。
7	1011	预拨经费	政府财政预拨给预算单位尚未列为预算支出的款项。
8	1021	借出款项	政府财政按照对外借款管理相关规定借给预算单位临时急需的，并需按期收回的款项。
9	1022	应收股利	政府因持有股权投资应当收取的现金股利或利润。
10	1031	与下级往来	本级政府财政与下级政府财政的往来待结算款项。
11	1036	其他应收款	政府财政临时发生的其他应收、暂付、垫付款项。项目单位拖欠外国政府和国际金融组织贷款本息和相关费用导致相关政府财政履行担保责任，代偿的贷款本息费，也通过本科目核算。
12	1041	应收地方政府债券转贷款	本级政府财政转贷给下级政府财政的地方政府债券资金的本金及利息。
13	1045	应收主权外债转贷款	本级政府财政转贷给下级政府财政的外国政府和国际金融组织贷款等主权外债资金的本金及利息。
14	1071	股权投资	政府持有的各类股权投资。包括国际金融组织股权投资、投资基金股权投资和企业股权投资等。
15	1081	待发国债	为弥补中央财政预算收支差额，中央财政预计发行国债与实际发行国债之间的差额。
		二、负债类	
16	2001	应付短期政府债券	政府财政部门以政府名义发行的期限不超过1年（含1年）的国债和地方政府债券的应付本金和利息。

续前表

序号	科目编号	科目名称	科目核算内容
17	2011	应付国库集中支付结余	政府财政采用权责发生制列支，预算单位尚未使用的国库集中支付结余资金。
18	2012	与上级往来	本级政府财政与上级政府财政的往来待结算款项。
19	2015	其他应付款	政府财政临时发生的暂收、应付和收到的不明性质款项。税务机关代征入库的社会保险费、项目单位使用并承担还款责任的外国政府和国际金融组织贷款，也通过本科目核算。
20	2017	应付代管资金	政府财政代为管理的、使用权属于被代管主体的资金。
21	2021	应付长期政府债券	政府财政部门以政府名义发行的期限超过1年的国债和地方政府债券的应付本金和利息。
22	2022	借入款项	政府财政部门以政府名义向外国政府和国际金融组织等借入的款项，以及经国务院批准的其他方式借入的款项。
23	2026	应付地方政府债券转贷款	地方政府财政从上级政府财政借入的地方政府债券转贷款的本金和利息。
24	2027	应付主权外债转贷款	本级政府财政从上级政府财政借入的主权外债转贷款的本金和利息。
25	2045	其他负债	政府财政因有关政策明确要求其承担支出责任的事项而形成的应付未付款项。
26	2091	已结报支出	政府财政国库支付执行机构已清算的国库集中支付支出数额。财政国库支付执行机构未单设的地区，不使用该科目。
		三、净资产类	
27	3001	一般公共预算结转结余	政府财政纳入一般公共预算管理的收支相抵形成的结转结余。
28	3002	政府性基金预算结转结余	政府财政纳入政府性基金预算管理的收支相抵形成的结转结余。
29	3003	国有资本经营预算结转结余	政府财政纳入国有资本经营预算管理的收支相抵形成的结转结余。
30	3005	财政专户管理资金结余	政府财政纳入财政专户管理的教育收费等资金收支相抵后形成的结余。
31	3007	专用基金结余	政府财政管理的专用基金收支相抵形成的结余。
32	3031	预算稳定调节基金	政府财政设置的用于弥补以后年度预算资金不足的储备资金。
33	3033	预算周转金	政府财政设置的用于调剂预算年度内季节性收支差额周转使用的资金。

续前表

序号	科目编号	科目名称	科目核算内容
34	3081	资产基金	政府财政持有的应收地方政府债券转贷款、应收主权外债转贷款、股权投资和应收股利等资产（与其相关的资金收支纳入预算管理）在净资产中占用的金额。
	308101	应收地方政府债券转贷款	
	308102	应收主权外债转贷款	
	308103	股权投资	
	308104	应收股利	
35	3082	待偿债净资产	政府财政因发生应付政府债券、借入款项、应付地方政府债券转贷款、应付主权外债转贷款、其他负债等负债（与其相关的资金收支纳入预算管理）相应需在净资产中冲减的金额。
	308201	应付短期政府债券	
	308202	应付长期政府债券	
	308203	借入款项	
	308204	应付地方政府债券转贷款	
	308205	应付主权外债转贷款	
	308206	其他负债	
		四、收入类	
36	4001	一般公共预算本级收入	政府财政筹集的纳入本级一般公共预算管理的税收收入和非税收入。
37	4002	政府性基金预算本级收入	政府财政筹集的纳入本级政府性基金预算管理的非税收入。
38	4003	国有资本经营预算本级收入	政府财政筹集的纳入本级国有资本经营预算管理的非税收入。
39	4005	财政专户管理资金收入	政府财政纳入财政专户管理的教育收费等资金收入。
40	4007	专用基金收入	政府财政按照法律法规和国务院、财政部规定设置或取得的粮食风险基金等专用基金收入。
41	4011	补助收入	上级政府财政按照财政体制规定或因专项需要补助给本级政府财政的款项，包括税收返还、转移支付等。
42	4012	上解收入	按照财政体制规定由下级政府财政上交给本级政府财政的款项。
43	4013	地区间援助收入	受援方政府财政收到援助方政府财政转来的可统筹使用的各类援助、捐赠等资金收入。
44	4021	调入资金	政府财政为平衡某类预算收支、从其他类型预算资金及其他渠道调入的资金。
45	4031	动用预算稳定调节基金	政府财政为弥补本年度预算资金的不足，调用的预算稳定调节基金。
46	4041	债务收入	政府财政按照国家法律、国务院规定以发行债券等方式取得的，以及向外国政府、国际金融组织等机构借款取得的纳入预算管理的债务收入。
47	4042	债务转贷收入	省级以下（不含省级）政府财政收到上级政府财政转贷的债务收入。

续前表

序号	科目编号	科目名称	科目核算内容
		五、支出类	
48	5001	一般公共预算本级支出	政府财政管理的由本级政府使用的列入一般公共预算的支出。
49	5002	政府性基金预算本级支出	政府财政管理的由本级政府使用的列入政府性基金预算的支出。
50	5003	国有资本经营预算本级支出	政府财政管理的由本级政府使用的列入国有资本经营预算的支出。
51	5005	财政专户管理资金支出	政府财政用纳入财政专户管理的教育收费等资金安排的支出。
52	5007	专用基金支出	政府财政用专用基金收入安排的支出。
53	5011	补助支出	本级政府财政按财政体制规定或因专项需要补助给下级政府财政的款项，包括对下级的税收返还、转移支付等。
54	5012	上解支出	本级政府财政按照财政体制规定上交给上级政府财政的款项。
55	5013	地区间援助支出	援助方政府财政安排用于受援方政府财政统筹使用的各类援助、捐赠等资金支出。
56	5021	调出资金	政府财政为平衡预算收支、从某类资金向其他类型预算调出的资金。
57	5031	安排预算稳定调节基金	政府财政按照有关规定安排的预算稳定调节基金。
58	5041	债务还本支出	政府财政偿还本级政府财政承担的纳入预算管理的债务本金支出。
59	5042	债务转贷支出	本级政府财政向下级政府财政转贷的债务支出。

现行《财政总预算会计制度》对政府财政总预算中的一般公共预算收支、政府性基金预算收支和国有资本经营预算收支的会计核算方法进行了规范。社会保险基金收支的会计核算方法，由专门的《社会保险基金会计制度》规定。

二、财政总预算会计科目的使用要求

按照现行《财政总预算会计制度》的规定，各级财政总预算会计在使用会计科目时应当遵循如下要求：

（1）应当对有关法律、法规允许进行的经济活动，按照该制度的规定使用会计科目进行核算；不得以该制度规定的会计科目及使用说明作为进行有关经济活动的依据。

（2）应当按照该制度的规定设置和使用会计科目，不需使用的总账科目可以不用；在不影响会计处理和编报会计报表的前提下，可以根据实际情况自行增设该制度规定以外的明细科目，或者自行减少、合并该制度规定的明细科目。

（3）应当使用该制度统一规定的会计科目编号，不得随意打乱重编。

思考题

1. 什么是财政总预算？财政总预算的组成体系是怎样的？

2. 什么是复式预算？按照复式预算，我国各级政府的财政总预算分为哪几个种类？

3. 什么是财政总预算会计？它有哪些主要特点？

4. 财政总预算会计科目分为哪五类？

第三章

财政总预算会计的资产

在财政总预算会计中，资产是指政府财政占有或控制的能以货币计量的经济资源，包括财政存款、有价证券、应收股利、借出款项、暂付及应收款项、预拨经费、应收转贷款和股权投资等。财政总预算会计核算的资产按照流动性，分为流动资产和非流动资产。流动资产是指预计在1年内（含1年）变现的资产；非流动资产是指流动资产以外的资产。

第一节 财政存款

一、财政存款的概念

财政存款是指政府财政部门代表政府管理的国库存款、国库现金管理存款以及其他财政存款等。财政存款的支配权属于同级政府财政部门，并由财政总预算会计负责管理，统一在国库或选定的银行开立存款账户，统一收付，不得透支，不得提取现金。

二、财政存款的账户管理制度

（一）国库单一账户制度

政府的财政存款实行国库单一账户制度管理。所谓国库单一账户制度，简单地说，是指将政府所有财政资金，包括存放在国库的财政资金和存放在财政专户的其他财政资金，集中在国库或国库指定的代理银行开设账户，所有财政收入直接缴入这一账户，所有财政支出直接通过这一账户进行拨付的财政资金管理制度。

实行国库单一账户制度，从收入方面讲，意味着所有财政收入将直接缴入国库，而不通过有关部门或单位设置的收入过渡账户；从支出方面讲，意味着财政资金将在实际使用时从国库账户直接划入供货商或劳务提供者，而不通过有关部门或单位设置的支出过渡账户。实行国库单一账户制度，对于从根本上解决由于财政资金分散管理而形成的财政资金使用效率和效益不高、财政宏观调控能力不强等问题，具有重要的现实意义。

（二）国库单一账户体系

在国库单一账户制度下，为加强财政存款的管理，财政部门设置一系列专门的银行账户，形成一个完整的以国库存款账户为核心的国库单一账户体系。目前，国库单一账户体系由财政部门开设的银行账户、财政部门为预算单位开设的银行账户以及特设银行账户组成。

1. 财政部门开设的银行账户

（1）国库存款账户。该账户在中国人民银行开设，为国库单一账户，用于记录、核算和反映纳入财政预算管理的财政收入和支出，并用于与财政部门在商业银行开设的财政部门零余额账户以及财政部门为预算单位在商业银行开设的预算单位零余额账户进行清算，实现支付。

（2）财政部门零余额账户。该账户也简称财政零余额账户，在商业银行开设，用于财政直接支付以及与国库单一账户进行清算。该账户为过渡性质的账户。代理银行在根据财政部门开具的支付指令向有关货品或劳务供应者支付款项，并按日向国库单一账户申请清算后，该账户的余额即为零。因此，称为财政部门零余额账户。

（3）财政专户。该账户在商业银行开设，用于记录、核算和反映实行财政专户管理的资金收入和支出，并用于财政专户管理资金日常收支清算。

2. 财政部门为预算单位开设的银行账户

（1）预算单位零余额账户。该账户是财政部门为预算单位在商业银行开设的零余额账户。该账户用于财政授权支付，以及与国库单一账户进行清算。该账户为过渡性质的账户，是预算单位的一个授权支付用款额度。代理银行在根据预算单位开具的支付指令向有关货品或劳务供应者支付款项，并按日向国库单一账户申请清算后，该账户的余额即为零。因此，称为预算单位零余额账户。

（2）财政汇缴零余额账户。该账户也可简称为财政汇缴专户，是财政部门为预算单位在商业银行开设的零余额账户。该账户用于反映预算单位作为执收单位收取的应当汇缴财政国库或财政专户的财政资金收入。由于执收单位收取的相关收费等财政资金收入应当在汇总缴入财政汇缴零余额账户后的当日即转入财政国库存款账户或财政专户，财政汇缴零余额账户每日汇缴后的余额为零，因此，称为零余额账户。设置财政汇缴零余额账户的目的，是为了方便执收单位收取相应的财政资金，并及时将收取的款项汇总缴入财政国库或财政专户，纳入财政部门的管理范围。

3. 特设银行账户

特设银行账户是指经国务院和省级人民政府批准或授权财政部门开设的特殊过渡性专户。该账户用于记录、核算和反映预算单位的特殊专项支出活动，并用于与国库单一账户进行清算。一般情况下，该账户为实存资金账户。

根据相关规定，财政部门零余额账户和预算单位零余额账户的用款额度具有与人民币存款相同的支付结算功能。财政部门零余额账户可以办理转账等支付结算业务，但不得提取现金。预算单位零余额账户可以办理转账、汇兑、委托收款和提取现金等支付结算业务。

三、财政存款的核算

财政存款的内容主要包括国库存款、国库现金管理存款和其他财政存款。为核算财政存款业务，财政总预算会计应设置“国库存款”、“国库现金管理存款”和“其他财政存款”三个总账科目。

（一）国库存款的核算

国库存款是指政府财政存放在国库单一账户的款项。

为核算国库存款业务，财政总预算会计应设置“国库存款”总账科目。收到预算收入时，借记该科目，贷记有关预算收入科目。当日收入数为负数时，以红字记入；采用计算机记账的，用负数反映。收到国库存款利息收入时，借记该科目，贷记“一般公共预算本级收入”科目。收到缴入国库的来源不清的款项时，借记该科目，贷记“其他应付款”等科目。国库库款减少时，按照实际支付的金额，借记有关科目，贷记该科目。该科目期末借方余额反映政府财政国库存款的结存数。

例 3－1

某市财政收到人民银行国库报来的预算收入日报表等凭证，当日共收到财政预算收入 383 800 元。其中，一般公共预算本级收入 255 000 元，政府性基金预算本级收入 65 500 元，国有资本经营预算本级收入 23 300 元；上级政府财政补助收入 40 000 元。财政总预算会计应编制如下会计分录：

借：国库存款	383 800	
贷：一般公共预算本级收入		255 000
政府性基金预算本级收入		65 500
国有资本经营预算本级收入		23 300
补助收入		40 000

国库存款增加的业务主要有财政总预算会计收到本级财政预算收入、收到上级财政补助收入、收到下级财政上解收入等。财政总预算会计在收到本级财政预算收入、上级财政补助收入或下级财政上解收入时，应根据国库报来的预算收入日报表、有关财政结算凭证等入账。

例 3－2

某市财政总预算会计收到财政国库支付执行机构报来的预算支出结算清单，财政国库支付执行机构以财政直接支付的方式，通过财政零余额账户支付有关预算单位的属于一般公共预算本级支出的款项共计 138 000 元，属于政府性基金预算本级支出的款项共计 55 000 元，属于国有资本经营预算本级支出的款项共计 16 300 元；有关预算单位通过财政授权支付方式从预算单位零余额账户中支付属于一般公共预算本级支出的款项共计 51 000 元。当日财政国库支付执行机构和有关预算单位支付属于一般公共预算本级支出的款项共计 189 000 元（138 000＋51 000）。财政总预算会计还通过财政国库账户向所属下级财政拨付财政补助资金 42 000 元。财政总预算会计经与中国人民银行报来的财政直接支付申请划款凭证、财政授权支付申请划款凭证及其他有关凭证核对无误。财政总预算会计应编制如下会计分录：

借：一般公共预算本级支出	189 000
政府性基金预算本级支出	55 000
国有资本经营预算本级支出	16 300

补助支出　　42 000

贷：国库存款　　302 300

国库存款减少的业务主要有财政总预算会计办理库款拨付、上解上级财政支出、对下级财政补助支出等。财政总预算会计在办理库款拨付、上解上级财政款项、对下级财政进行补助时，应根据预算支出结算清单、财政直接支付申请划款凭证、财政授权支付申请划款凭证、有关财政结算凭证等相关凭证入账。

我国现行《预算法》规定，各级国库库款的支配权属于本级政府财政部门。除法律、行政法规另有规定外，未经本级政府财政部门同意，任何部门、单位和个人都无权冻结、动用国库库款或者以其他方式支配已入国库的库款。

（二）国库现金管理存款的核算

国库现金管理存款是指政府财政实行国库现金管理业务存放在商业银行的款项。

为核算国库现金管理存款业务，财政总预算会计应设置“国库现金管理存款”总账科目。按照国库现金管理有关规定，将库款转存商业银行时，按照存入商业银行的金额，借记该科目，贷记“国库存款”科目。国库现金管理存款收回国库时，按照实际收回的金额，借记“国库存款”科目，按照原存入商业银行的存款本金金额，贷记该科目，按照两者的差额，贷记“一般公共预算本级收入”科目。该科目期末借方余额反映政府财政实行国库现金管理业务持有的存款。

例3-3

某省财政总预算会计根据国库现金管理的有关规定，将库款500 000元转存商业银行。转存期满后，国库现金管理存款收回国库，实际收到金额506 000元。财政总预算会计应编制如下会计分录：

（1）将库款转存商业银行时。

借：国库现金管理存款　　500 000

贷：国库存款　　500 000

（2）国库现金管理存款收回国库时。

借：国库存款　　506 000

贷：国库现金管理存款　　500 000

一般公共预算本级收入　　6 000

国库现金管理是指在确保国库现金安全和资金支付需要的前提下，为提高财政资金使用效益，运用金融工具有效运作库款的管理活动。国库现金管理应当遵循安全性、流动性、收益性相统一的原则。即在确保财政资金安全、财政支出支付流动性需求的基础上，实现财政资金的保值和增值。

国库现金管理与国库存款计付利息的方法相关。按照现行国库存款计付利息的相关方法，国库存款计付利息利率按现行中国人民银行规定的单位活期存款利率计付。因此，国库存款的利息远低于商业银行定期存款的利息。

（三）其他财政存款的核算

其他财政存款是指政府财政未列入“国库存款”“国库现金管理存款”科目反映的

各项存款，包括未设国库的乡镇财政在专业银行的预算资金存款、由财政部指定存入专业银行的专用基金存款、经批准开设的特设账户存款、未纳入预算并实行财政专户管理的资金存款等。

为核算其他财政存款业务，财政总预算会计应设置“其他财政存款”总账科目。该科目应当按照资金性质和存款银行等进行明细核算。财政专户收到款项时，按照实际收到的金额，借记该科目，贷记有关科目。其他财政存款产生的利息收入，除规定作为专户资金收入外，其他利息收入都应缴入国库纳入一般公共预算管理。取得其他财政存款利息收入时，按照实际获得的利息金额，根据以下情况分别处理：按规定作为专户资金收入的，借记该科目，贷记“应付代管资金”或有关收入科目；按规定应缴入国库的，借记该科目，贷记“其他应付款”科目。将其他财政存款利息收入缴入国库时，借记“其他应付款”科目，贷记该科目；同时，借记“国库存款”科目，贷记“一般公共预算本级收入”科目。其他财政存款减少时，按照实际支付的金额，借记有关科目，贷记该科目。该科目期末借方余额反映政府财政持有的其他财政存款。

例 3-4

某市财政收到按规定实行财政专户管理的教育收费共计 278 000 元。同日，通过财政专户向有关教育单位拨付教育收费共计 145 000 元。财政总预算会计应编制如下会计分录：

（1）收到财政专户管理资金时。

借：其他财政存款	278 000	
贷：财政专户管理资金收入		278 000

（2）拨付财政专户管理资金时。

借：财政专户管理资金支出	145 000	
贷：其他财政存款		145 000

目前，纳入财政专户管理的资金主要是教育收费。财政部门对教育单位拨付教育收费可以是实拨资金，也可以是集中支付，或财政专户直接支付。纳入财政专户管理的资金，一旦纳入财政预算管理、需要缴入财政国库的，应当及时将相应资金从其他财政存款账户转入国库存款账户，并做出相应的会计转账处理。

例 3-5

某省财政根据中央专项资金特设账户代理银行转来的收款凭证，收到中央专项资金 226 000 元。省财政总预算会计应编制如下会计分录：

借：其他财政存款	226 000	
贷：与上级往来		226 000

财政总预算会计收到上级专项转移支付资金时，先做与上级往来处理，年终根据相关文件再转补助收入。

例 3-6

某省财政通过财政专户办理中央专项资金财政直接支付业务，向有关货品和服务供应商支付金额 78 000 元。省财政总预算会计应编制如下会计分录：

借：一般公共预算本级支出　　78 000
　　贷：其他财政存款　　78 000

第二节　有价证券、应收股利和借出款项

一、有价证券

有价证券是指政府财政按照有关规定取得并持有的政府债券。政府财政可以采用发行政府债券的方式筹集财政资金，还可以采用购买政府债券的方式对财政资金进行管理。

为核算有价证券业务，财政总预算会计应设置“有价证券”总账科目。该科目应当按照有价证券种类和资金性质进行明细核算。购入有价证券时，按照实际支付的金额，借记该科目，贷记“国库存款”“其他财政存款”等科目。转让或到期兑付有价证券时，按照实际收到的金额，借记“国库存款”“其他财政存款”等科目，按照该有价证券的账面余额，贷记该科目，按其差额，贷记“一般公共预算本级收入”等科目。该科目期末借方余额反映政府财政持有的有价证券金额。

例 3-7

某市财政用暂时闲置的一般公共预算结余资金 85 000 元购买政府债券。3 个月之后，将购买的该政府债券转让，收到款项合计 85 400 元。财政总预算会计应编制如下会计分录：

（1）购买政府债券时。

借：有价证券　　85 000
　　贷：国库存款　　85 000

（2）转让政府债券时。

借：国库存款　　85 400
　　贷：有价证券　　85 000
　　　　一般公共预算本级收入　　400

财政部门使用财政预算结余资金购买有价证券并获得相应的利息收入，是财政部门对国库现金进行管理的一种方法。目前，财政国库现金管理的方法还有短期、定期转存商业银行账户，以取得相应的商业银行存款利息收入。财政国库现金管理应在确保财政国库支付需要的前提下，实现财政国库余额最小化和投资收益最大化的目标。

二、应收股利

应收股利是指政府因持有股权投资应当收取的现金股利或利润。

政府持有股权投资的单位可以是国有独资企业，也可以是国有控股企业或者是政府参股企业等单位。相关被投资主体宣告发放现金股利或利润时，对于政府财政应分得的部分，财政总预算会计采用权责发生制进行处理，以如实反映政府财政拥有的相应应收股利或利润债权。但应收的现金股利或利润暂时还不能用来安排财政支出，因此，财政总预算会计暂时不确认财政收入。财政总预算会计需要等到实际收到相应现

金股利或利润时，才确认一般公共预算本级收入等财政收入。也即财政总预算会计对于因持有股权投资而形成的现金股利或利润，采用权责发生制确认应收股利债权，但采用收付实现制确认财政预算收入。应收股利的核算需要采用“双轨制”或“双分录”会计处理方法。

为核算应收股利业务，财政总预算会计应设置“应收股利”总账科目。该科目应当按照被投资主体进行明细核算。持有股权投资期间被投资主体宣告发放现金股利或利润的，按应上缴政府财政的部分，借记该科目，贷记“资产基金——应收股利”科目；按照相同的金额，借记“资产基金——股权投资”科目，贷记“股权投资——损益调整”科目。实际收到现金股利或利润，借记“国库存款”等科目，贷记有关收入科目；按照相同的金额，借记“资产基金——应收股利”科目，贷记该科目。该科目期末借方余额反映政府尚未收回的现金股利或利润。

例3-8

某市政府持有A企业80%的股权，有权决定A企业的财务和经营政策，该股权投资作为长期股权投资管理，采用权益法核算。A企业宣告发放现金股利100 000元，该市政府财政按持股比例应分得其中的80 000元。1个月后，A企业支付宣告的现金股利100 000元，市政府财政同时收到相应的股利数额80 000元。根据相关规定，该部分现金股利纳入该市政府财政的国有资本经营预算。财政总预算会计应编制如下会计分录：

(1) A企业宣告现金股利时。

借：应收股利	80 000	
贷：资产基金——应收股利		80 000
同时：		
借：资产基金——股权投资	80 000	
贷：股权投资——损益调整		80 000

(2) 市财政收到现金股利时。

借：国库存款	80 000	
贷：国有资本经营预算本级收入		80 000
同时：		
借：资产基金——应收股利	80 000	
贷：应收股利		80 000

根据《政府会计准则第2号——投资》的规定，长期股权投资在持有期间，通常应当采用权益法进行核算。政府会计主体无权决定被投资单位的财务和经营政策或无权参与被投资单位的财务和经营政策的，应当采用成本法进行核算。在权益法下，被投资主体宣告发放现金股利或利润时，政府的股权投资资产数额减少。

三、借出款项

借出款项是指政府财政按照对外借款管理相关规定借给预算单位临时急需的，并需按期收回的款项。

为核算借出款项业务，财政总预算会计应设置“借出款项”总账科目。该科目应当按照借款单位等进行明细核算。将款项借出时，按照实际支付的金额，借记该科目，贷记“国库存款”等科目。收回借款时，按照实际收到的金额，借记“国库存款”等科目，贷记该科目。该科目期末借方余额反映政府财政借给预算单位尚未收回的款项。

例3-9

某市财政因某所属单位临时急需资金，借给该单位一般公共预算款项15 000元。半个月后，市财政全额收回了向该所属单位借出的款项15 000元。财政总预算会计应编制如下会计分录：

（1）借出款项时。

借：借出款项　　15 000

　贷：国库存款　　15 000

（2）收回款项时。

借：国库存款　　15 000

　贷：借出款项　　15 000

在财政国库集中支付制度下，财政部门借给所属预算单位临时急需的款项，其实现方式可以是采用财政直接支付的方式为所属预算单位支付财政资金，或者向所属预算单位零余额账户拨付用款额度供其采用财政授权支付的方式使用。由于没有相应的预算安排，因此，所属预算单位在使用临时急需财政资金时，财政总预算会计不能列报支出，应当做借出款项处理。

借出款项属于财政部门的债权，财政总预算会计应及时组织清理，不能长期挂账。借出款项年终一般应当清理完成。

第三节　与下级往来和其他应收款

一、与下级往来

与下级往来是指本级政府财政与下级政府财政的往来待结算款项。

在财政体制结算中，会发生下级财政应向上级财政上解资金或上级财政应向下级财政补助资金的业务。在平时财政上下级之间，由于财政资金周转调度的需要，也会发生下级财政向上级财政借款周转的业务。这类业务属于上下级财政间的待结算业务。对于上级财政来说，这类业务即属于与下级往来业务。与下级往来的款项应及时清理结算。应转作补助支出的部分，应在当年结清。

为核算与下级往来业务，财政总预算会计应设置“与下级往来”总账科目。该科目应当按照下级政府财政、资金性质等进行明细核算。借给下级政府财政款项时，借记该科目，贷记“国库存款”科目。体制结算中应当由下级政府财政上交的收入数，借记该科目，贷记“上解收入”科目。借款收回、转作补助支出或体制结算应当补助下级政府财政的支出，借记“国库存款”“补助支出”等有关科目，贷记该科目。发生上解多交应当退回的，按照应当退回的金额，借记“上解收入”科目，贷记该科目。发生补助多补应当退回的，按照应当退回的金额，借记该科目，贷记“补助支出”科目。该科目期末借方余额反映下级政府财政欠本级政府财政的款项；期末贷方余额反映本级政府财政欠下级政府财政的款项。

例 3-10

在财政体制结算中，某市财政计算应由所属下级某县财政上解款项 35 000 元。10 天后，市财政收到所属该县财政上解的款项 35 000 元。市财政总预算会计应编制如下会计分录：

（1）计算应收所属下级某县财政款项时。

借：与下级往来　35 000

　贷：上解收入　35 000

（2）收到所属下级某县财政款项时。

借：国库存款　35 000

　贷：与下级往来　35 000

例 3-11

在财政体制结算中，某市财政计算应补助所属某县财政款项 94 000 元。15 天后，市财政通过国库单一账户向所属该县财政拨付补助款项 94 000 元。市财政总预算会计应编制如下会计分录：

（1）计算应向所属下级某县财政补助款项时。

借：补助支出　94 000

　贷：与下级往来　94 000

（2）向所属下级某县财政拨付补助款项时。

借：与下级往来　94 000

　贷：国库存款　94 000

各级政府间的一般转移支付业务和专项转移支付业务，都会形成与下级往来和与上级往来的核算内容。转移支付资金的性质可以有一般公共预算资金、政府性基金预算资金和国有资本经营预算资金等。各级政府间的转移支付收入和转移支付支出纳入本级政府预算，经法定程序批准后组织实施。

二、其他应收款

其他应收款是指政府财政临时发生的其他应收、暂付、垫付款项。项目单位拖欠外国政府和国际金融组织贷款本息和相关费用导致相关政府财政履行担保责任，代偿的贷款本息费，也属于政府财政的其他应收款。

为核算其他应收款业务，财政总预算会计应设置“其他应收款”总账科目。该科目应当按照资金性质、债务单位等进行明细核算。发生其他应收款项时，借记该科目，贷记“国库存款”“其他财政存款”等科目。收回或转作预算支出时，借记“国库存款”“其他财政存款”或有关支出科目，贷记该科目。政府财政对使用外国政府和国际金融组织贷款资金的项目单位履行担保责任，代偿贷款本息费时，借记该科目，贷记“国库存款”“其他财政存款”等科目。政府财政行使追索权，收回项目单位贷款本息费时，借记“国库存款”“其他财政存款”等科目，贷记该科目。政府财政最终未收回项目单位贷款本息费，经核准列支时，借记“一般公共预算本级支出”等科目，贷记该科目。该科目应及时清理结算。年终，原则上应无余额。

例3-12

某省财政代所属某市财政发行一批地方政府债券。该批地方政府债券由该市财政负责偿付本息，但由省财政负责统一办理。即偿付债券的资金由市财政负责提供，省财政负责向债券投资者支付。该批市政府债券到达支付利息的时间，但市财政尚未向省财政提供支付利息的资金。省财政通过垫付资金的方式，向市政府债券投资者支付到期利息42 000元。2个月后，该市财政向省财政偿还了垫付的市政府债券利息42 000元。省财政总预算会计应编制如下会计分录：

（1）为所属市财政垫付市政府债券到期利息时。

借：其他应收款　42 000

　贷：国库存款　42 000

（2）收到所属市财政偿还的市政府债券利息时。

借：国库存款　42 000

　贷：其他应收款　42 000

根据现行地方政府债券预算管理的相关规定，省、自治区、直辖市政府为政府债券的发行主体，具体发行工作由省级财政部门负责。市县级政府确需发行政府债券的，应纳入本省、自治区、直辖市政府债券规模内管理，由省级财政部门代办发行，并统一办理还本付息。由省政府代办发行市县级政府债券，可以提高市县级政府债券的信用等级。当市县级财政暂时无力偿付债券本息时，省财政先垫付资金代其偿付，之后再与市县财政进行结算。

目前，我国正在能源、交通运输、水利、环境保护、农业、林业、科技、保障性安居工程、医疗、卫生、养老、教育、文化等公共服务领域推广政府和社会资本合作（public-private partnership，PPP）模式。政府和社会资本合作模式是公共服务供给机制的重大创新，即政府采取竞争性方式择优选择具有投资、运营管理能力的社会资本，双方按照平等协商原则订立合同，明确责权利关系，由社会资本提供公共服务，政府依据公共服务绩效评价结果向社会资本支付相应对价，保证社会资本获得合理收益。在政府与社会资本合作模式下，各级政府财政部门从“补建设”向“补运营”转变，建立动态补贴机制，将财政补贴等支出分类纳入同级政府预算。政府和社会资本合作模式有利于充分发挥市场机制作用，提升公共服务的供给质量和效率，实现公共利益最大化。政府和社会资本合作模式实际上是政府向社会力量购买服务，相关程序应当符合预算法、政府采购法、合同法等法律法规的规定。

在政府和社会资本合作模式下，社会资本可依法设立项目公司，对合作项目进行包括设计、融资、建造、运营、维护直至终止移交在内的全生命周期管理。政府可指定相关机构依法参股项目公司。项目融资由社会资本或项目公司负责。项目公司的收入来源包括使用者付费、政府付费、可行性缺口补助等。由于政府与社会资本合作项目的合作期限少则10年，多则20年甚至更长时间，因此，政府的相关支出责任应当纳入中长期财政规划，确保政府按约向社会资本或项目公司支付款项，保证其长期取得合理稳定的收益。根据地方政府性债务管理的相关规定，投资者或项目公司可以通过银行借款、企业债、项目收益债券、资产证券化等市场化方式举借并承担偿债责任。政府对投资者或项目公司按约定规则依法承担特许经营权、合理定价、财政补贴等相关责任，不承担投资者或项目公司的偿债责任。财政部门和项目实施机构应做好监督管理工作，防止企业债务向政府转移。因此，一般情况下，政府财政不会为相关项目单位代偿债务，之后再向其追索。

目前，政府和社会资本合作模式在新能源汽车充电桩、城市轨道交通、地面道路、污水处理、集中供热、园林绿化、生活垃圾焚烧发电、医院改扩建、养老院搬迁、公租房等方面已有不少成功实践。政府和社会资本合作项目由政府或社会资本发起，以政府发起为主。项目运作方式主要包括委托运营、建设—运营—移交、转让—运营—移交、改建—运营—移交等。其中，建设—运营—移交（build-operate-transfer，BOT）是指由社会资本或项目公司承担新建项目设计、融资、建造、运营、维护和用户服务职责，合同期满后项目资产及相关权利等移交给政府的项目运作方式。转让—运营—移交（transfer-operate-transfer，TOT）是指政府将存量资产所有权有偿转让给社会资本或项目公司，并由其负责运营、维护和用户服务，合同期满后资产及其所有权等移交给政府的项目运作方式。改建—运营—移交（rehabilitate-operate-transfer，ROT）是指政府在 TOT 模式的基础上，增加改扩建内容的项目运作方式。BOT、TOT、ROT 的合同期限一般均为 20～30 年。

第四节　在途款和预拨经费

一、在途款

为清理和核实一年的财政收支，保证属于当年的财政收支能全部反映到当年的财政决算中，根据国库制度的规定，年度终了后，支库应设置十天的库款报解整理期。在设置决算清理期的年度，库款报解整理期相应顺延。在库款报解整理期和决算清理期内，有些属于上年度的收入需要补充缴库，有些不合规定的支出需要收回。这些资金活动虽发生在新年度，但其会计事项应属于上一年度。在途款是指在规定的库款报解整理期和决算清理期内，收到的应属于上年度收入的款项和收回的不应在上年度列支的款项或其他需要作为在途款过渡的资金数。

为核算在途款业务，财政总预算会计应设置“在途款”总账科目。决算清理期和库款报解整理期内收到属于上年度收入时，在上年度账务中，借记该科目，贷记有关收入科目；收回属于上年度拨款或支出时，在上年度账务中，借记该科目，贷记“预拨经费”或有关支出科目。冲转在途款时，在本年度账务中，借记“国库存款”科目，贷记该科目。该科目期末借方余额反映政府财政持有的在途款。

例 3－13

某市财政在库款报解整理期内收到属于上一年度的一般公共预算本级收入 36 000 元。财政总预算会计应编制如下会计分录：

（1）在上年度账上。

借：在途款	36 000	
贷：一般公共预算本级收入		36 000

（2）在新年度账上。

借：国库存款	36 000	
贷：在途款		36 000

通过在途款的过渡，一般公共预算本级收入的增加归入了上一财政年度，国库存款的增加归入了本财政年度。

例3-14

某市财政在决算清理期内收回上年度已列支的一般公共预算本级支出15 200元。财政总预算会计应编制如下会计分录：

（1）在上年度账上。

借：在途款	15 200	
贷：一般公共预算本级支出		15 200

（2）在新年度账上。

借：国库存款	15 200	
贷：在途款		15 200

通过在途款的过渡，一般公共预算本级支出的减少归入了上一财政年度，国库存款的增加归入了本财政年度。

二、预拨经费

预拨经费是指财政部门预拨给预算单位但尚未列为预算支出的款项。预拨经费是在财政实拨资金方式下的业务内容。在财政国库集中支付方式下，没有预拨经费的业务内容。

为核算预拨经费业务，财政总预算会计应设置“预拨经费”总账科目。该科目应当按照预拨经费种类、预算单位等进行明细核算。拨出款项时，借记该科目，贷记“国库存款”科目。转列支出或收回预拨款项时，借记“一般公共预算本级支出”“政府性基金预算本级支出”“国库存款”等科目，贷记该科目。该科目借方余额反映政府财政年度末尚未转列支出或尚待收回的预拨经费数。

例3-15

某县财政尚未进行国库单一账户制度改革。该县财政7月末按照经批准的预算，采用财政实拨资金方式预拨给其所属某预算单位8月份的日常运行经费20 000元。该县财政8月份经审核，核销其在上月末预拨给所属该预算单位的日常运行经费20 000元，将其转为一般公共预算本级支出。县财政总预算会计应编制如下会计分录：

（1）预拨给其所属某预算单位款项时。

借：预拨经费	20 000	
贷：国库存款		20 000

（2）将预拨经费转列支出时。

借：一般公共预算本级支出	20 000	
贷：预拨经费		20 000

在财政国库集中支付方式下，各级政府财政部门可以通过向有关预算单位下达零余额账户用款额度的方式，满足其对使用财政资金的需求。

第五节　应收转贷款

应收转贷款是指政府财政将借入的资金转贷给下级政府财政的款项，包括应收地方政府债券转贷款、应收主权外债转贷款等。

一、应收地方政府债券转贷款

应收地方政府债券转贷款是指本级政府财政转贷给下级政府财政的地方政府债券资金。本级政府财政在向下级政府财政转贷地方政府债券款项时，形成应收地方政府债券转贷款；与此相对应，下级政府财政形成应付地方政府债券转贷款。地方政府债券转贷资金属于地方政府间的转移性收入或转移性支出，它是地方各级政府间分工与合作的一种表现。

为核算应收地方政府债券转贷款业务，财政总预算会计应设置“应收地方政府债券转贷款”总账科目。该科目核算本级政府财政转贷给下级政府财政的地方政府债券资金的本金及利息。该科目下应当设置“应收地方政府一般债券转贷款”和“应收地方政府专项债券转贷款”明细科目，其下分别设置“应收本金”和“应收利息”两个明细科目，并按照转贷对象进行明细核算。

本级政府财政向下级政府财政转贷地方政府债券资金时，按照转贷的金额，借记“债务转贷支出”科目，贷记“国库存款”科目；根据债务管理部门转来的相关资料，按照到期应收回的转贷本金金额，借记“应收地方政府债券转贷款”科目，贷记“资产基金——应收地方政府债券转贷款”科目。期末确认地方政府债券转贷款的应收利息时，根据债务管理部门计算出的转贷款本期应收未收利息金额，借记“应收地方政府债券转贷款”科目，贷记“资产基金——应收地方政府债券转贷款”科目。

收回下级政府财政偿还的转贷款本息时，按照收回的金额，借记“国库存款”等科目，贷记“其他应付款”或“其他应收款”科目；根据债务管理部门转来的相关资料，按照收回的转贷款本金及已确认的应收利息金额，借记“资产基金——应收地方政府债券转贷款”科目，贷记“应收地方政府债券转贷款”科目。扣缴下级政府财政的转贷款本息时，按照扣缴的金额，借记“与下级往来”科目，贷记“其他应付款”或“其他应收款”科目；根据债务管理部门转来的相关资料，按照扣缴的转贷款本金及已确认的应收利息金额，借记“资产基金——应收地方政府债券转贷款”科目，贷记“应收地方政府债券转贷款”科目。

“应收地方政府债券转贷款”科目期末借方余额反映政府财政应收未收的地方政府债券转贷款本金和利息。

例 3－16

某省财政发行一批地方政府债券。同时，向所属下级某市财政转贷 500 000 元，用以支持该市政府的一项公共设施建设。该转贷款项每年利息费用为 6 000 元，转贷期限为 3 年，每年支付一次利息。省财政总预算会计应编制如下会计分录：

（1）向下级市政府财政转贷省政府债券款项时。

借：债务转贷支出　　500 000

　贷：国库存款　　500 000

同时：

借：应收地方政府债券转贷款　　500 000

　贷：资产基金——应收地方政府债券转贷款　　500 000

(2) 每年确认省政府债券转贷款的应收利息时。

借：应收地方政府债券转贷款　　6 000

　贷：资产基金——应收地方政府债券转贷款　　6 000

(3) 按时收到下级市政府财政支付的省政府债券转贷款利息时。

借：国库存款　　6 000

　贷：其他应付款　　6 000

同时：

借：资产基金——应收地方政府债券转贷款　　6 000

　贷：应收地方政府债券转贷款　　6 000

(4) 按时收回下级市政府财政偿还的省政府债券转贷款本金时。

借：国库存款　　500 000

　贷：其他应付款　　500 000

同时：

借：资产基金——应收地方政府债券转贷款　　500 000

　贷：应收地方政府债券转贷款　　500 000

本级政府财政转贷给下级政府财政地方政府债券款项时，应当采用“双轨制”或“双分录”会计记录方法。即按照收付实现制确认债务转贷支出，同时，按照权责发生制确认应收地方政府债券转贷款债权。本级政府财政收回地方政府债券转贷款项时，不形成本级政府财政的收入，而形成应向地方政府债券投资者偿付债券本息的负债。

二、应收主权外债转贷款

应收主权外债转贷款是指本级政府财政转贷给下级政府财政的外国政府和国际金融组织贷款等主权外债的资金。

为核算应收主权外债转贷款业务，财政总预算会计应设置“应收主权外债转贷款”总账科目。该科目核算本级政府财政转贷给下级政府财政的外国政府和国际金融组织贷款等主权外债资金的本金及利息。该科目下应当设置“应收本金”和“应收利息”两个明细科目，并按照转贷对象进行明细核算。

本级政府财政向下级政府财政转贷主权外债资金，且主权外债最终还款责任由下级政府财政承担的，相关账务处理为：（1）本级政府财政支付转贷资金时，根据转贷资金支付相关资料，借记“债务转贷支出”科目，贷记“其他财政存款”科目；根据债务管理部门转来的相关资料，按照实际持有的债权金额，借记“应收主权外债转贷款”科目，贷记“资产基金——应收主权外债转贷款”科目。（2）外方将贷款资金直接支付给用款单位或供应商时，本级政府财政根据转贷资金支付相关资料，借记“债务转贷支出”科目，贷记“债务收入”或“债务转贷收入”科目；根据债务管理部门转来的相关资料，按照实际持有的债权金额，借记“应收主权外债转贷款”科目，贷记“资产基金——应收主权外债转贷款”科目；同时，借记“待偿债净资产”科目，贷记“借入款项”或“应付主权外债转贷款”科目。

期末确认主权外债转贷款的应收利息时，根据债务管理部门计算出转贷款的本期应收未收利息金额，借记“应收主权外债转贷款”科目，贷记“资产基金——应收主权外债转贷款”科目。

收回转贷给下级政府财政主权外债的本息时，按照收回的金额，借记“其他财政存款”科目，贷记“其他应付款”或“其他应收款”科目；根据债务管理部门转来的相关资料，按照实际收回的转贷款本金及已确认的应收利息金额，借记“资产基金——应收主权外债转贷款”科目，贷记“应收主权外债转贷款”科目。扣缴下级政府财政的转贷款本息时，按照扣缴的金额，借记“与下级往来”科目，贷记“其他应付款”或“其他应收款”科目；根据债务管理部门转来的相关资料，按照扣缴的转贷款本金及已确认的应收利息金额，借记“资产基金——应收主权外债转贷款”科目，贷记“应收主权外债转贷款”科目。

“应收主权外债转贷款”科目期末借方余额反映政府财政应收未收的主权外债转贷款本金和利息。

例 3－17

某省政府向某国际金融组织贷款 650 000 元，用于该省范围内的公共基础设施建设。该省政府将相应贷款的一部分资金计 280 000 元转贷给所属某市政府，用以具体落实在该市范围内的相应建设项目。根据约定，相应贷款的期限为 5 年，每年的贷款利息为 3 080 元，该市政府应按期向省政府偿付贷款本息。省财政总预算会计应编制如下会计分录：

（1）向下级市政府财政转贷省政府主权外债资金时。

借：债务转贷支出　280 000
　贷：其他财政存款　280 000

同时：

借：应收主权外债转贷款　280 000
　贷：资产基金——应收主权外债转贷款　280 000

（2）每年确认省政府主权外债转贷款的应收利息时。

借：应收主权外债转贷款　3 080
　贷：资产基金——应收主权外债转贷款　3 080

（3）按时收到下级市政府财政支付的省政府主权外债转贷款利息时。

借：其他财政存款　3 080
　贷：其他应付款　3 080

同时：

借：资产基金——应收主权外债转贷款　3 080
　贷：应收主权外债转贷款　3 080

（4）省政府主权外债转贷款到期，所属市政府财政未按时偿还贷款本金，省政府财政予以扣缴时。

借：与下级往来　280 000
　贷：其他应付款　280 000

同时：

借：资产基金——应收主权外债转贷款　　280 000

　　贷：应收主权外债转贷款　　280 000

被省政府财政扣缴后，所属市政府财政可以从上级省政府财政获得的财政补助资金数额减少。

如同应收地方政府债券转贷款，本级政府财政转贷给下级政府财政主权外债款项时，也应当采用“双轨制”或“双分录”会计记录方法。

利用国际金融组织贷款是我国对外开放的重要组成部分，对我国经济的发展具有积极的推动作用。充分利用国际金融组织的资源和平台，可以建设更加开放的市场经济。目前，随着以政府债券为主体的地方政府举债融资机制的建立，国际金融组织贷款作为补充性融资，可以发挥利率低、期限长等特点，可以与地方政府债券融资配合使用。无论是来自国际金融组织贷款的外债，还是来自国内地方政府债券的内债，财政部门都应当加强管理，有效防控政府债务风险。

与国际金融组织贷款、发行地方政府债券相比，在政府和社会资本合作模式下，由于通常由社会资本承担设计、建设、运营、维护公共基础设施的大部分工作，并通过使用者付费及必要的政府付费获得合理投资回报，政府部门负责公共基础设施及公共服务价格和质量的监管，以保证公共利益最大化，因此，政府对项目建设及其运营资金的需求较小，对微观事务的参与度也较低。尽管如此，国际金融组织贷款、发行地方政府债券以及政府和社会资本合作都会给政府带来较长时期的财政负担。为确保财政中长期可持续性，财政部门应根据项目全生命周期内的财政支出、政府债务等因素，对部分政府付费或财政补贴的项目，开展财政承受能力论证，每年政府付费或政府补贴等财政支出不应超出当年财政收入的一定比例。

第六节　股权投资和待发国债

一、股权投资

股权投资是指政府持有的各类股权投资资产，包括国际金融组织股权投资、投资基金股权投资、国有企业股权投资等。

为核算股权投资业务，财政总预算会计应设置“股权投资”总账科目。股权投资一般采用权益法进行核算。该科目应当按照“国际金融组织股权投资”“投资基金股权投资”“企业股权投资”设置一级明细科目，在一级明细科目下，可根据管理需要，按照被投资主体进行明细核算。对每一被投资主体还可按“投资成本”“收益转增投资”“损益调整”“其他权益变动”进行明细核算。

国际金融组织股权投资的主要账务处理为：政府财政代表政府认缴国际金融组织股本时，按照实际支付的金额，借记“一般公共预算本级支出”等科目，贷记“国库存款”科目；根据股权投资确认相关资料，按照确定的股权投资成本，借记“股权投资”科目，贷记“资产基金——股权投资”科目。从国际金融组织撤出股本时，按照收回的金额，借记“国库存款”科目，贷记“一般公共预算本级支出”科目；根据股权投资清算相关资料，按照实际撤出的股本，借记“资产基金——股权投资”科目，贷记“股权投资”科目。

投资基金股权投资的主要账务处理为：政府财政对投资基金进行股权投资时，按照实际支付的金额，借记“一般公共预算本级支出”等科目，贷记“国库存款”等科目；根据股权投资确认相关资料，按照实际支付的金额，借记“股权投资——投资成本”科目，按照确定的在被投资基金中占有的权益金额与实际支付金额的差额，借记或贷记“股权投资——其他权益变动”科目，按照确定的在被投资基金中占有的权益金额，贷记“资产基金——股权投资”科目。年末，根据政府财政在被投资基金当期净利润或净亏损中占有的份额，借记或贷记“股权投资——损益调整”科目，贷记或借记“资产基金——股权投资”科目。政府财政将归属财政的收益留作基金滚动使用时，借记“股权投资——收益转增投资”科目，贷记“股权投资——损益调整”科目。

被投资基金宣告发放现金股利或利润时，按照应上缴政府财政的部分，借记“应收股利”科目，贷记“资产基金——应收股利”科目；同时按照相同的金额，借记“资产基金——股权投资”科目，贷记“股权投资——损益调整”科目。被投资基金发生除净损益以外的其他权益变动时，按照政府财政持股比例计算应享有的部分，借记或贷记“股权投资——其他权益变动”科目，贷记或借记“资产基金——股权投资”科目。

投资基金存续期满、清算或政府财政从投资基金退出需收回出资时，政府财政按照实际收回的资金，借记“国库存款”等科目，按照收回的原实际出资部分，贷记“一般公共预算本级支出”等科目，按照超出原实际出资的部分，贷记“一般公共预算本级收入”等科目；根据股权投资清算相关资料，按照因收回股权投资而减少在被投资基金中占有的权益金额，借记“资产基金——股权投资”科目，贷记“股权投资”科目。

企业股权投资的账务处理，根据管理条件和管理需要，参照投资基金股权投资的账务处理。

“股权投资”科目期末借方余额反映政府持有的各种股权投资金额。

例 3－18

某市政府为支持本市创新创业活动，决定出资设立创新创业投资引导基金。该引导基金旨在发挥财政资金的杠杆效应和引导作用，采用市场化运作方式，通过参股投资企业的方式吸引社会资本参与，并使相应投资企业对处于初创期的创新创业企业进行股权投资，同时向其提供高水平创新创业指导及其配套服务，从而助推处于初创期的创新创业企业快速成长。根据引导基金的相关要求，申请引导基金参股支持的投资企业，应当主要投资于政府扶持和鼓励的产业领域中的初创期企业。该市政府设立创新创业引导基金理事会，作为该引导基金的决策机构。经相关选聘程序，该引导基金选择在创新创业投资领域具有丰富投资经验和良好投资业绩的某投资管理公司作为受托管理机构，具体负责引导基金的日常投资运作，并代持相应的股份。相关决策机构对受托管理的某投资管理公司进行投资业绩考核，并据此向其支付相应的管理费用。管理费用在引导基金中列支。当年，该引导基金通过公开征集、尽职调查、专家评审、媒体公示、最终决策等程序，吸引社会资本共同发起设立了 5 家创新创业投资企业，引导基金在每个投资企业中的出资额均不超过相应投资企业认缴出资总额的50%。引导基金对这些投资企业投资后，不参与这些投资企业的日常经营和管理，但对其拥有监督权。市财政根据当年预算安排，使用一般公共预算资金向由某投资管理公司负责日常投资运作的市创新创业投资引导基金拨付款项225 000元，作为对该引导基金的投资。当年末，该创新创业投资引导基金向市财政报告当年共实现投资收益11 250元。经相关决策机构研究决定，将一部分投资收益计10 000元留作基金滚动使用。2年后，引导基金通过向投资企业股东按原始投资额转让相应股权的方式，从2家投资企业退出。转让股权取得的资金，计划用于参股设立新的投资企业。市财政总预算会计应编制如下会计分录：

（1）向市创新创业投资引导基金拨付款项时。

借：一般公共预算本级支出	225 000	
贷：国库存款		225 000

同时：

借：股权投资——投资成本	225 000	
贷：资产基金——股权投资		225 000

（2）市创新创业投资引导基金报告实现投资收益时。

借：股权投资——损益调整	11 250	
贷：资产基金——股权投资		11 250

（3）将一部分投资收益留作基金滚动使用时。

借：股权投资——收益转增投资	10 000	
贷：股权投资——损益调整		10 000

根据政府投资基金相关管理办法，政府投资基金是指由各级政府通过预算安排，以单独出资或与社会资本共同出资设立，采用股权投资等市场化方式，引导社会各类资本投资经济社会发展的重点领域和薄弱环节，支持相关产业和领域发展的基金。政府投资基金是政策性基金，不是商业性基金，它不以营利为目的，但也不是通过非市场化方式无偿转让。设立政府投资基金，可采用公司制、有限合伙制和契约制等不同组织形式。政府投资基金一般应当在存续期满后终止。

例3-19

某市政府财政为支持国有企业战略性重组和产业结构调整，推动国有资本投向重点行业和关键领域，根据经批准的预算，使用国有资本经营预算资金向某国有企业拨付款项366 000元，作为对该国有企业注入的资本金。市财政总预算会计应编制如下会计分录：

借：国有资本经营预算本级支出	366 000	
贷：国库存款		366 000

同时：

借：股权投资——投资成本	366 000	
贷：资产基金——股权投资		366 000

为如实反映由股权投资业务形成的政府预算支出以及政府股权投资资产，股权投资业务应当采用“双轨制”或“双分录”会计记录方法。

二、待发国债

待发国债是指为弥补中央财政预算收支差额，中央财政预计发行国债与实际发行国债之间的差额。

为核算待发国债业务，财政总预算会计应设置“待发国债”总账科目。年度终了，实际发行国债收入用于债务还本支出后，小于为弥补中央财政预算收支差额中央财政预计发行国债时，按两者的差额，借记该科目，贷记相关科目；实际发行国债收入用于债务还本支出后，大于为弥补中央财政预算收支差额中央财政预计发行国债时，按两者的差额，借记相关科目，贷记该科目。该科目期末借方余额反映中央财政尚未使用的国债发行额度。

思考题

1. 什么是财政总预算会计的资产？财政总预算会计的资产主要有哪些种类？
2. 什么是财政存款？财政存款主要包括哪些内容？
3. 什么是国库单一账户制度？国库单一账户体系中包含了哪些账户？各账户的用途分别是什么？
4. 国库存款增加的业务主要有哪些？国库存款减少的业务主要有哪些？
5. 什么是其他财政存款？其他财政存款主要包括哪些内容？
6. 什么是应收股利？应收股利的核算为什么要采用“双轨制”或“双分录”核算方法？还有哪些资产在核算时需要采用“双轨制”或“双分录”核算方法？
7. 与下级往来的业务是如何形成的？应当如何核算？
8. 什么是应收地方政府债券转贷款？应当如何核算？
9. 什么是股权投资？应当如何核算？
10. 什么是在途款？为什么要设置“在途款”总账科目？在途款应当如何核算？

练习题

练习一

一、目的：练习国库存款和其他财政存款的核算。

二、资料：某省财政 20×4 年至 20×5 年发生如下经济业务：

(1) 收到人民银行国库报来的预算收入日报表等凭证，当日共收到财政预算收入 61 800 元。其中，一般公共预算本级收入 35 500 元，政府性基金预算本级收入 8 400 元，国有资本经营预算本级收入 6 600 元；上级财政补助收入 10 200 元；下级财政上解收入 1 100 元。

(2) 财政国库支付执行机构以财政直接支付的方式，通过财政零余额账户支付有关预算单位的属于一般公共预算本级支出的款项共计 29 000 元，属于政府性基金预算本级支出的款项共计 7 950 元，属于国有资本经营预算本级支出的款项共计 6 100 元；有关预算单位通过财政授权支付方式从预算单位零余额账户中支付属于一般公共预算本级支出的款项共计1 800元。当日财政国库支付执行机构和有关预算单位支付属于一般公共预算本级支出的款项共计30 800元（29 000+1 800）。财政总预算会计还通过财政国库账户向所属下级财政拨付财政补助资金13 500元，向所属下级财政转贷地方政府债券资金4 500元，向上级财政上解财政资金500元。

（3）期末确认地方政府债券转贷款应收利息共计1 300元。

（4）收到地方政府债券转贷款应收利息共计1 300元。

（5）收到实行财政专户管理的资金收入共计6 800元。

（6）通过财政专户向有关预算单位拨付财政专户管理资金共计4 950元。

三、要求：根据以上经济业务，为该省财政总预算会计编制有关的会计分录。

练习二

一、目的：练习与下级往来的核算。

二、资料：某市财政20×4年至20×5年发生如下经济业务：

（1）在上下级财政资金结算中，应补助所属某县财政款项134 000元。

（2）以国库存款拨付与下级往来款项134 000元。

（3）在上下级财政资金结算中，应获得所属某县财政上解财政资金5 200元。

（4）收到与下级往来款项5 200元。

三、要求：根据以上经济业务，为该市财政总预算会计编制有关的会计分录。

练习三

一、目的：练习其他应收款的核算。

二、资料：某省财政20×4年至20×5年发生如下经济业务：

（1）所属B市财政未按时向省财政上缴由省财政代发的市政府债券到期本金20 000元及其利息560元，省财政为其垫付了相应资金20 560元（20 000+560），用以代为偿付到期市政府债券本息。

（2）省财政与所属B市财政进行结算，省财政对B市财政扣缴到期债券本息20 560元，并处罚款300元。

（3）省财政收到所属B市财政缴来的垫付市政府债券本金20 000元及其利息560元，同时还收到了对其所处的迟缴罚款300元。

三、要求：根据以上经济业务，为该省财政总预算会计编制有关的会计分录。

练习四

一、目的：练习股权投资和应收股利的核算。

二、资料：某省财政20×4年至20×5年发生如下经济业务：

（1）使用一般公共预算资金向省创新创业投资引导基金拨付款项50 000元，作为对该基金公司的股权投资。

（2）基金公司报告实现投资收益，省财政确认相应收益2 500元。

（3）将一部分基金公司的投资收益1 000元留作基金滚动使用。

（4）基金公司宣告现金股利，省财政确认相应收益880元。

（5）收到基金公司宣告的现金股利880元，该股利收入纳入省财政一般公共预算本级收入。

三、要求：根据以上经济业务，为该省财政总预算会计编制有关的会计分录。

第四章

财政总预算会计的负债

在财政总预算会计中，负债是指政府财政承担的能以货币计量、需以资产偿付的债务，包括应付国库集中支付结余、暂收及应付款项、应付政府债券、借入款项、应付转贷款、其他负债、应付代管资金等。财政总预算会计核算的负债按照流动性，分为流动负债和非流动负债。流动负债是指预计在 1 年内（含 1 年）偿还的负债；非流动负债是指流动负债以外的负债。

第一节　应付短期政府债券和应付国库集中支付结余

一、应付短期政府债券

（一）应付短期政府债券的概念

应付政府债券是指政府财政采用发行政府债券方式筹集资金而形成的负债，包括应付短期政府债券和应付长期政府债券。其中，应付短期政府债券是指政府财政部门以政府名义发行的期限不超过 1 年（含 1 年）的应付国债和地方政府债券。

发行政府债券是政府筹集财政资金的重要方式。政府债券按照发行和偿还主体，可分为国债和地方政府债券。其中，国债是指由中央政府发行和偿还的政府债券，地方政府债券是指由省、自治区、直辖市等地方政府发行和偿还的政府债券。

按照发行对象、利率确定方式、流通属性、变现方式等标准，目前我国国债有储蓄国债和记账式国债两大品种。其中，记账式国债的主要特点是：（1）面向全社会发行，个人投资者只可以购买部分期次记账式国债。（2）利率通过记账式国债承销团成员招投标确定。（3）可以上市流通，交易价格随市场变化波动。

目前，记账式国债可进一步分为记账式贴现国债和记账式附息国债。其中，记账式贴现国债是指财政部以低于面值的价格贴现发行、到期按面值还本、期限为 1 年（不含 1 年）以下的记账式国债。记账式附息国债是指财政部发行的定期支付利息、到期还本付息、期限为 1 年（含 1 年）以上的记账式国债。

地方政府债券按照预算管理方式，分为一般债券和专项债券两大品种。其中，地方政府一般债券是指省、自治区、直辖市政府为没有收益的公益性项目发行的、约定一定期限内主要以一般公共预算收入还本付息的政府债券。地方政府专项债券是指省、自治区、直辖市政府为有一定收益的公益性项目发行的、约定一定期限内以公益性项目对应的政府性基金或专项收入还本付息的政府债券。目前，地方政府一般债券和专项债券都采用记账式固定利率附息形式。

（二）应付短期政府债券的核算

为核算应付短期政府债券业务，财政总预算会计应设置“应付短期政府债券”总账科目。该科目核算政府财政部门以政府名义发行的期限不超过1年（含1年）的国债和地方政府债券的应付本金和利息。该科目下应当设置“应付国债”“应付地方政府一般债券”“应付地方政府专项债券”等一级明细科目，在一级明细科目下，再分别设置“应付本金”“应付利息”明细科目，分别核算政府债券的应付本金和利息。债务管理部门应当设置相应的辅助账，详细记录每期政府债券金额、种类、期限、发行日、到期日、票面利率、偿还本金及付息情况等。

财政部门实际收到短期政府债券发行收入时，按照实际收到的金额，借记“国库存款”科目，按照短期政府债券实际发行额，贷记“债务收入”科目，按照发行收入和发行额的差额，借记或贷记有关支出科目；根据债券发行确认文件等相关债券管理资料，按照到期应付的短期政府债券本金金额，借记“待偿债净资产——应付短期政府债券”科目，贷记“应付短期政府债券”科目。期末确认短期政府债券的应付利息时，根据债务管理部门计算出的本期应付未付利息金额，借记“待偿债净资产——应付短期政府债券”科目，贷记“应付短期政府债券”科目。

实际支付本级政府财政承担的短期政府债券利息时，借记“一般公共预算本级支出”或“政府性基金预算本级支出”科目，贷记“国库存款”等科目；实际支付利息金额中属于已确认的应付利息部分，还应根据债券兑付确认文件等相关债券管理资料，借记“应付短期政府债券”科目，贷记“待偿债净资产——应付短期政府债券”科目。实际偿还本级政府财政承担的短期政府债券本金时，借记“债务还本支出”科目，贷记“国库存款”等科目；根据债券兑付确认文件等相关债券管理资料，借记“应付短期政府债券”科目，贷记“待偿债净资产——应付短期政府债券”科目。

省级财政部门采用定向承销方式发行短期地方政府债券置换存量债务时，根据债权债务确认相关资料，按照置换本级政府存量债务的额度，借记“债务还本支出”科目，贷记“债务收入”科目；根据债务管理部门转来的相关资料，按照置换本级政府存量债务的额度，借记“待偿债净资产——应付短期政府债券”科目，贷记“应付短期政府债券”科目。

“应付短期政府债券”科目期末贷方余额，反映政府财政尚未偿还的短期政府债券本金和利息。

例4-1

中央财政发行一批3个月期记账式贴现国债，经招投标程序确定的发行价格为99.50元/100元面值，实际发行债券面值金额为210 000元，实际收到债券发行收入208 950元，折合年收益率为2%，实际债券发行额为208 950元，经确认的到期应付债券本金金额为208 950元。该期债券发行后上市交易。3个月后，该期国债到期，中央财政按债券面值偿还210 000元。该期债券的发行日期与偿还日期在同一财政年度，到期实际支付的利息金额中没有已确认的应付利息。财政总预算会计应编制如下会计分录：

（1）实际收到短期政府债券发行收入时。

借：国库存款　　208 950

　贷：债务收入　　208 950

同时：

借：待偿债净资产——应付短期政府债券　　208 950

　贷：应付短期政府债券　　208 950

（2）实际偿付短期政府债券本息时。

借：债务还本支出　　208 950

　　一般公共预算本级支出　　1 050

　贷：国库存款　　210 000

同时：

借：应付短期政府债券　　208 950

　贷：待偿债净资产——应付短期政府债券　　208 950

记账式贴现国债属于到期一次还本付息的国债。

债务收入纳入政府的预算收入。为如实反映由发行政府债券业务形成的债务收入以及应付政府债券负债，发行政府债券的业务应当采用“双轨制”或“双分录”会计记录方法。

例 4－2

某省财政发行一批 1 年期记账式固定利率附息地方政府一般债券，计划发行面值 600 000 元，到期一次还本付息，采用单一价格招标方式，标的为利率，各中标承销团成员按债券面值承销。经招投标程序确定的债券票面利率为 2.34%，实际发行债券面值金额为 600 000 元，实际收到债券发行收入 600 000 元，经确认的到期应付债券本金全额为 600 000 元，债券实际发行额为 600 000 元。该期债券发行后上市交易。省财政向相关债券承销团成员按承销债券面值的 0.05%支付债券发行手续费共计 300 元。4 个月后到达期末，该期债券计算 4 个月的应付利息 4 680 元。1 年后该期债券到期，省财政按债券面值偿还本金 600 000 元，并支付 1 年的到期债券利息 14 040 元（600 000×2.34%）。财政总预算会计应编制如下会计分录：

（1）实际收到短期政府债券发行收入时。

借：国库存款　　600 000

　贷：债务收入　　600 000

同时：

借：待偿债净资产——应付短期政府债券　　600 000

　贷：应付短期政府债券　　600 000

（2）向债券承销团成员支付债券发行手续费时。

借：一般公共预算本级支出　　300

　贷：国库存款　　300

（3）期末确认短期政府债券的应付利息时。

借：待偿债净资产——应付短期政府债券　　4 680

　贷：应付短期政府债券　　4 680

(4) 实际偿付短期政府债券本息时。

借：债务还本支出　　600 000
　　一般公共预算本级支出　　14 040
　贷：国库存款　　614 040

同时：

借：应付短期政府债券　　604 680
　贷：待偿债净资产——应付短期政府债券　　604 680

为促进政府债券的顺利发行和政府债券市场稳定发展，各级政府需要按照一定的规则组建政府债券承销团。政府债券承销团的组建应当遵循公开、公平、公正的市场化原则，并采用存量考核、增量竞争的方式不断优化承销团成员。政府债券承销团成员应当保持一定的数量。政府财政部门、债券承销团成员等相关方面应当严格按照政府债券招投标及兑付相关办法的规定，行使各自的权利，履行各自的义务，保证政府债券发行及兑付工作的顺利完成。

二、应付国库集中支付结余

（一）应付国库集中支付结余的概念

应付国库集中支付结余是指国库集中支付中，按照财政部门批复的部门预算，当年未支而需结转下一年度支付的款项采用权责发生制列支后形成的债务。

国库集中支付结余是预算单位国库集中支付预算指标数与实际支出数的差额，是预算单位尚未使用的预算资金额度。如果预算单位经批准的可使用预算资金额度由于政策性因素或用款进度等原因在当年未支用，但需要结转下一年度支付使用，此时，财政总预算会计需要采用权责发生制基础确认一项支出，同时，确认一项应付国库集中支付结余负债。预算单位按经批准的预算在第二年度实际支付使用上一年度末结转下来的国库集中支付结余资金时，财政总预算会计转销应付国库集中支付结余负债。

（二）应付国库集中支付结余的核算

为核算应付国库集中支付结余业务，财政总预算会计应设置“应付国库集中支付结余”总账科目。该科目核算政府财政采用权责发生制列支，预算单位尚未使用的国库集中支付结余资金。该科目应当根据管理需要，按照政府收支分类科目等进行相应明细核算。

年末，对当年形成的国库集中支付结余采用权责发生制列支时，借记有关支出科目，贷记“应付国库集中支付结余”科目。以后年度实际支付国库集中支付结余资金时，分以下情况处理：按原结转预算科目支出的，借记“应付国库集中支付结余”科目，贷记“国库存款”科目；调整支出预算科目的，应当按原结转预算科目作冲销处理，借记“应付国库集中支付结余”科目，贷记有关支出科目，同时，按实际支出预算科目作列支账务处理，借记有关支出科目，贷记“国库存款”科目。“应付国库集中支付结余”科目期末贷方余额反映政府财政尚未支付的国库集中支付结余。

例 4-3

年末，某省工商行政管理部门的工商行政管理专项任务，由于工商行政管理改革的因素没有全部按计划完成，工商行政管理部门在工商行政管理专项任务上存在尚未使用的国库集中支付结余资金 13 200 元，资金性质为一般公共预算资金。省财政经分析后决定，省工商行政管理部门的该笔工商行政管理专项结余资金 13 200 元由省工商行政管理部门在次年继续用于改革后的相关工商行政管理专项任务。次年 3 月，省工商行政管理部门按照经批准的单位预算，通过财政国库集中支付方式将该笔专项结余资金 13 200 元全部用于单位的相关工商行政管理专项任务。财政总预算会计应编制如下会计分录：

(1) 年末，对当年形成的国库集中支付结余采用权责发生制列支时。

借：一般公共预算本级支出　　13 200

　贷：应付国库集中支付结余　　13 200

(2) 次年，实际支付国库集中支付结余资金时。

借：应付国库集中支付结余　　13 200

　贷：国库存款　　13 200

财政总预算会计通过年末采用权责发生制基础确认一项支出，相应减少当年末财政资金的结转结余数额，从而使下一年度可用来安排预算的财政资金数额得以如实反映，避免下一年度超额分配使用财政资金。根据规定，地方各级财政除国库集中支付结余外，一律不得按权责发生制列支。

第二节　与上级往来、其他应付款和应付代管资金

一、与上级往来

与上级往来业务和与下级往来业务相对应，它也是由于上下级财政之间由于财政资金借款周转或年终财政体制结算发生应上解或应补助财政资金的业务而引起的。这类业务对于下级财政来说就属于与上级往来业务。

为核算与上级往来业务，财政总预算会计应设置“与上级往来”总账科目。该科目属于往来性质的科目，核算本级政府财政与上级政府财政的往来待结算款项。该科目应当按照往来款项的类别和项目等进行明细核算。本级政府财政从上级政府财政借入款或体制结算中发生应上交上级政府财政款项时，借记“国库存款”“上解支出”等科目，贷记该科目。本级政府财政归还借款、转作上级补助收入或体制结算中应由上级补给款项时，借记该科目，贷记“国库存款”“补助收入”等科目。该科目期末贷方余额反映本级政府财政欠上级政府财政的款项；借方余额反映上级政府财政欠本级政府财政的款项。

例 4-4

在财政体制结算中，某市财政应上交上级某省财政一般公共预算款项 35 000 元。

市财政总预算会计应编制如下会计分录：

借：上解支出 35 000

贷：与上级往来 35 000

例4-5

在财政体制结算中，某省财政应对所属某市财政作一般公共预算补助188 000元。市财政总预算会计应编制如下会计分录：

借：与上级往来 188 000

贷：补助收入 188 000

财政体制结算通常在年终进行。在财政体制结算中，上下级财政应当按照财政管理体制的要求进行结算。结算后，应当及时划转国库款项。财政体制结算应当体现财权与事权相一致的原则。

二、其他应付款

其他应付款是指政府财政临时发生的暂收、应付和收到的不明性质款项。税务机关代征入库的社会保险费、项目单位使用并承担还款责任的外国政府和国际金融组织贷款，也属于其他应付款的核算内容。

为核算其他应付款业务，财政总预算会计应设置"其他应付款"总账科目。该科目应当按照债权单位或资金来源等进行明细核算。收到暂存款项时，借记"国库存款""其他财政存款"等科目，贷记该科目。将暂存款项清理退还或转作收入时，借记该科目，贷记"国库存款""其他财政存款"或有关收入科目。社会保险费代征入库时，借记"国库存款"科目，贷记该科目。社会保险费国库缴存社保基金财政专户时，借记该科目，贷记"国库存款"科目。收到项目单位承担还款责任的外国政府和国际金融组织贷款资金时，借记"其他财政存款"科目，贷记该科目；付给项目单位时，借记该科目，贷记"其他财政存款"科目。收到项目单位偿还贷款资金时，借记"其他财政存款"科目，贷记该科目；付给外国政府和国际金融组织项目单位还款资金时，借记该科目，贷记"其他财政存款"科目。该科目期末贷方余额反映政府财政尚未结清的其他应付款项。

例4-6

某市财政国库存款账户收到某单位性质不明的缴款8 400元。该市财政经查明，该单位性质不明的缴款8 400元属于误入，予以退回。财政总预算会计应编制如下会计分录：

（1）收到某单位性质不明的缴款时。

借：国库存款 8 400

贷：其他应付款 8 400

（2）退回误入款项时。

借：其他应付款 8 400

贷：国库存款 8 400

财政总预算会计对于收到的款项，应当核实其性质。对于属于预算收入范围内的款项，应当确认为收入。对于不属于预算收入范围内的款项，应当查明原因，属于误入的，应当予以退回。

例 4－7

某省财政收到所属某市财政缴来的转贷省政府债券按年付息资金 18 000 元，准备按规定向省政府债券投资者支付。省财政在上年末对该批转贷债券确认了应收利息 6 000元。当年收到利息后，省财政按时通过相关代办付息机构向省政府债券投资者支付了一年的债券利息 18 000 元。省财政总预算会计应编制如下会计分录：

（1）收到所属某市财政缴来的转贷省政府债券按年付息资金时。

借：国库存款　18 000

　贷：其他应付款　18 000

同时：

借：资产基金——应收地方政府债券转贷款　6 000

　贷：应收地方政府债券转贷款　6 000

（2）通过相关代办机构向省政府债券投资者支付一年的债券利息时。

借：其他应付款　18 000

　贷：国库存款　18 000

省财政收到所属地方财政缴来转贷省政府债券还本资金并向投资者偿付债券本金的会计处理方法，与以上收到债券利息并向投资者支付利息的会计处理方法相同。

三、应付代管资金

应付代管资金是指政府财政代为管理的、使用权属于被代管主体的资金。

为核算应付代管资金业务，财政总预算会计应设置“应付代管资金”总账科目。该科目应当根据管理需要进行相关明细核算。收到代管资金时，借记“其他财政存款”等科目，贷记该科目。支付代管资金时，借记该科目，贷记“其他财政存款”等科目。代管资金产生的利息收入按照相关规定仍属于代管资金的，借记“其他财政存款”等科目，贷记该科目。该科目期末贷方余额反映政府财政尚未支付的代管资金。

例 4－8

某市财政对市级行政事业单位等预算单位的有关非财政拨款收入进行财政代管改革。财政部门为市级预算单位在商业银行统一开设一个代管银行存款账户，并在该代管银行存款账户之下为每个预算单位开设一个分账户。与此同时，取消相关预算单位各自在商业银行开设的用于存放非财政拨款资金的银行存款账户。行政事业单位等预算单位取得的相关事业收入、上级补助收入、附属单位缴款收入、经营收入和其他收入等，统一存入财政部门开设的代管银行存款账户。财政代管改革后，预算单位的相应非财政拨款资金，其所有权和使用权仍然归相应的预算单位，财政部门对相应资金的使用负有监督责任。财政部门在商业银行开设的财政代管银行存款账户，采用财政一体化管理信息系统，相关收支信息在财政部门、预算单位和代理银行之间实时共享。预算单位按经批准的单位预算使用财政代管账户中的存款资金。某日，财政代管银行存款账户收到预算单位缴入的代管资金 7 550 元。次日，有关预算单位使用财政代管资金，财政部门通过财政代管银行存款账户为其支付代管资金 3 220 元。财政总预算会计应编制如下会计分录：

（1）收到代管资金时。

借：其他财政存款　　7 550

　　贷：应付代管资金　　7 550

（2）支付代管资金时。

借：应付代管资金　　3 220

　　贷：其他财政存款　　3 220

事业单位事业收入中实行财政专户返还方式管理的资金，不属于财政部门的应付代管资金，而属于财政部门的财政专户管理资金收入。例如，有关的教育收费等通常采用财政专户管理资金方式进行管理，它们属于财政部门的非税收入，而不属于财政部门的应付代管资金。

第三节　应付长期政府债券和借入款项

一、应付长期政府债券

应付长期政府债券是指政府财政部门以政府名义发行的期限超过1年的应付国债和地方政府债券。

为核算应付长期政府债券业务，财政总预算会计应设置“应付长期政府债券”总账科目。该科目核算政府财政部门以政府名义发行的期限超过1年的国债和地方政府债券的应付本金和利息。该科目明细科目的设置方法如同“应付短期政府债券”总账科目。

财政部门实际收到长期政府债券发行收入、期末确认长期政府债券的应付利息、实际支付本级政府财政承担的长期政府债券利息、实际偿还本级政府财政承担的长期政府债券本金时，相应的会计处理方法如同“应付短期政府债券”总账科目。

本级政府财政偿还下级政府财政承担的地方政府债券本息时，借记“其他应付款”或“其他应收款”科目，贷记“国库存款”科目；根据债券兑付确认文件等相关债券管理资料，按照实际偿还的长期政府债券本金及已确认的应付利息金额，借记“应付长期政府债券”科目，贷记“待偿债净资产——应付长期政府债券”科目。

省级财政部门采用定向承销方式发行长期地方政府债券置换存量债务时，根据债权债务确认相关资料，按照置换本级政府存量债务的额度，借记“债务还本支出”科目，按照置换下级政府存量债务的额度，借记“债务转贷支出”科目，按照置换存量债务的总额度，贷记“债务收入”科目；根据债务管理部门转来的相关资料，按照置换存量债务的总额度，借记“待偿债净资产——应付长期政府债券”科目，贷记“应付长期政府债券”科目。同时，按照置换下级政府存量债务额度，借记“应收地方政府债券转贷款”科目，贷记“资产基金——应收地方政府债券转贷款”科目。

“应付长期政府债券”科目期末贷方余额，反映政府财政尚未偿还的长期政府债券本金和利息。

例4-9

中央财政发行一批3年期电子式储蓄国债，票面年利率为3.8%，实际发行债券面值金额为 450 000 元，实际收到债券发行收入 450 000 元，实际债券发行额为 450 000 元，经确认的到期应付债券本金金额为 450 000 元。该期债券每年支付一次利息，到期偿还本金并支付最后一年利息。中央财政向相关债券承销团成员按承销债券面值的 0.1%支付债券发行手续费共计 450 元。债券发行 3 个月后到达期末，该期债券计算 3 个月的应计利息 4 275 元。1 年后，该期债券支付 1 年的利息 17 100 元（450 000×3.8%）。3 年后，该期债券偿还本金 450 000 元并支付最后一年利息 17 100 元。财政总预算会计应编制如下会计分录：

（1）实际收到长期政府债券发行收入时。

借：国库存款	450 000	
贷：债务收入		450 000

同时：

借：待偿债净资产——应付长期政府债券	450 000	
贷：应付长期政府债券		450 000

（2）向债券承销团成员支付债券发行手续费时。

借：一般公共预算本级支出	450	
贷：国库存款		450

（3）期末确认长期政府债券的应付利息时。

借：待偿债净资产——应付长期政府债券	4 275	
贷：应付长期政府债券		4 275

（4）实际支付长期政府债券利息时。

借：一般公共预算本级支出	17 100	
贷：国库存款		17 100

同时：

借：应付长期政府债券	4 275	
贷：待偿债净资产——应付长期政府债券		4 275

（5）实际偿付长期政府债券本金并支付最后一年利息时。

借：债务还本支出	450 000	
一般公共预算本级支出	17 100	
贷：国库存款		467 100

同时：

借：应付长期政府债券	454 275	
贷：待偿债净资产——应付长期政府债券		454 275

储蓄国债的利率通常高于同期银行存款的利率。中央政府发行储蓄国债，一方面可以吸收个人储蓄资金，支持国民经济和社会事业发展，另一方面可以满足个人储蓄投资需求，增加居民收入。

如同应付短期政府债券，应付长期政府债券的业务也应当采用“双轨制”或“双分录”会计记录方法。

例 4－10

某省财政发行一批 5 年期记账式固定利率附息地方政府一般债券，计划发行面值

800 000元，每年支付一次利息，到期偿还本金并支付最后一年利息。该期债券采用单一价格招标方式，标的为利率，各中标承销团成员按债券面值承销。经招投标程序确定的债券票面利率为2.45%，实际发行债券面值金额为800 000元，实际收到债券发行收入800 000元，经确认的到期应付债券本金金额为800 000元，债券实际发行额为800 000元。该期债券发行后上市交易。省财政向相关债券承销团成员按承销债券面值的0.1%支付债券发行手续费共计800元。3个月后到达期末，该期债券计算3个月的应付利息4 900元。1年后该期债券到达付息日，省财政支付1年的到期债券利息19 600元（800 000×2.45%）。5年后该期债券到达还本付息日，省财政按债券面值偿还本金800 000元，并支付最后一年的到期债券利息19 600元。财政总预算会计应编制如下会计分录：

（1）实际收到长期政府债券发行收入时。

借：国库存款	800 000	
贷：债务收入		800 000

同时：

借：待偿债净资产——应付长期政府债券	800 000	
贷：应付长期政府债券		800 000

（2）向债券承销团成员支付债券发行手续费时。

借：一般公共预算本级支出	800	
贷：国库存款		800

（3）期末确认长期政府债券的应付利息时。

借：待偿债净资产——应付长期政府债券	4 900	
贷：应付长期政府债券		4 900

（4）实际支付长期政府债券利息时。

借：一般公共预算本级支出	19 600	
贷：国库存款		19 600

同时：

借：应付长期政府债券	4 900	
贷：待偿债净资产——应付长期政府债券		4 900

（5）实际偿付长期政府债券本息时。

借：债务还本支出	800 000	
一般公共预算本级支出	19 600	
贷：国库存款		819 600

同时：

借：应付长期政府债券	804 900	
贷：待偿债净资产——应付长期政府债券		804 900

地方政府一般债券纳入地方政府的一般公共预算管理，地方政府专项债券纳入地方政府的政府性基金预算管理。根据地方政府债券发行管理的相关要求，各地应积极扩大地方政府债券投资者范围，鼓励社会保险基金、住房公积金、企业年金、职业年金、保险公司等机构投资者和个人投资者在符合法律法规等相关规定的前提下投资地方政府债券。

近年来，地方政府通过发行政府债券筹资的财政资金，从投向来看，主要用于市政建设、土地收储、交通运输设施建设、保障性住房、生态建设等基础性、公益性项目支出，较好地保障了地方经济社会发展的需要，推动了民生改善和社会事业发展，并且形成了大量优质资产。

二、借入款项

借入款项是指政府财政部门以政府名义向外国政府、国际金融组织等借入的款项，以及通过经国务院批准的其他方式借款形成的负债。

为核算借入款项业务，财政总预算会计应设置“借入款项”总账科目。该科目下应当设置“应付本金”“应付利息”明细科目，分别对借入款项的应付本金和利息进行明细核算，还应当按照债权人进行明细核算。债务管理部门应当设置相应的辅助账，详细记录每笔借入款项的期限、借入日期、偿还及付息情况等。

本级政府财政收到借入的主权外债资金时，借记“其他财政存款”科目，贷记“债务收入”科目；根据债务管理部门转来的相关资料，按照实际承担的债务金额，借记“待偿债净资产——借入款项”科目，贷记“借入款项”科目。

本级政府财政借入主权外债，且由外方将贷款资金直接支付给用款单位或供应商时，应根据以下情况分别处理：（1）本级政府财政承担还款责任，贷款资金由本级政府财政同级部门（单位）使用的，本级政府财政部门根据贷款资金支付相关资料，借记“一般公共预算本级支出”等科目，贷记“债务收入”科目；根据债务管理部门转来的相关资料，按照实际承担的债务金额，借记“待偿债净资产——借入款项”科目，贷记“借入款项”科目。（2）本级政府财政承担还款责任，贷款资金由下级政府财政同级部门（单位）使用的，本级政府财政部门根据贷款资金支付相关资料及预算指标文件，借记“补助支出”科目，贷记“债务收入”科目；根据债务管理部门转来的相关资料，按照实际承担的债务金额，借记“待偿债净资产——借入款项”科目，贷记“借入款项”科目。（3）下级政府财政承担还款责任，贷款资金由下级政府财政同级部门（单位）使用的，本级政府财政部门根据贷款资金支付相关资料，借记“债务转贷支出”科目，贷记“债务收入”科目；根据债务管理部门转来的相关资料，按照实际承担的债务金额，借记“待偿债净资产——借入款项”科目，贷记“借入款项”科目；同时，借记“应收主权外债转贷款”科目，贷记“资产基金——应收主权外债转贷款”科目。

期末确认借入主权外债的应付利息时，根据债务管理部门计算出的本期应付未付利息金额，借记“待偿债净资产——借入款项”科目，贷记“借入款项”科目。偿还本级政府财政承担的借入主权外债本金时，借记“债务还本支出”科目，贷记“国库存款”“其他财政存款”等科目；根据债务管理部门转来的相关资料，按照实际偿还的本金金额，借记“借入款项”科目，贷记“待偿债净资产——借入款项”科目。偿还本级政府财政承担的借入主权外债利息时，借记“一般公共预算本级支出”等科目，贷记“国库存款”“其他财政存款”等科目；实际偿还利息金额中属于已确认的应付利息部分，还应根据债务管理部门转来的相关资料，借记“借入款项”科目，贷记“待偿债净资产——借入款项”科目。偿还下级政府财政承担的借入主权外债的本息时，借记“其他应付款”或“其他应收款”科目，贷记“国库存款”“其他财政存款”等科目；根据债务管理部门转来的相关资料，按照实际偿还的本金及已确认的应付利息金额，借记“借入款项”科目，贷记“待偿债净资产——借入款项”科目。

被上级政府财政扣缴借入主权外债的本息时，借记“其他应收款”科目，贷记“与上级往来”科目；根据债务管理部门转来的相关资料，按照实际扣缴的本金及已确认的应付利息金额，借记“借入款项”科目，贷记“待偿债净资产——借入款项”科目。列报支出时，对应由本级政府财政承担的还本支出，借记“债务还本支出”科目，贷记“其他应收款”科目；对应由本级政府财政承担的利息支出，借记“一般公共预算本级支出”等科目，贷记“其他应收款”科目。

债权人豁免本级政府财政承担偿还责任的借入主权外债本息时，根据债务管理部门转来的相关资料，按照被豁免的本金及已确认的应付利息金额，借记“借入款项”科目，贷记“待偿债净资产——借入款项”科目。债权人豁免下级政府财政承担偿还责任的借入主权外债本息时，根据债务管理部门转来的相关资料，按照被豁免的本金及已确认的应付利息金额，借记“借入款项”科目，贷记“待偿债净资产——借入款项”科目；同时，借记“资产基金——应收主权外债转贷款”科目，贷记“应收主权外债转贷款”科目。

其他借入款项的账务处理可参照以上借入主权外债业务的账务处理。

“借入款项”科目期末贷方余额反映本级政府财政尚未偿还的借入款项本金和利息。

例4－11

某省财政收到向某国际金融组织借入的一笔主权外债款项880 000元，借款用途为该省范围内的生态环境保护，实际承担的债务金额880 000元。年末，省财政确认该笔借入主权外债的应付利息2 200元。次年，省财政向该国际金融组织支付本级政府财政承担的借入主权外债年度利息8 800元。5年后借款到期，省财政向该国际金融组织偿还借入主权外债本金880 000元。由于该生态环境保护项目实施效果良好，对周边地区的生态环境保护也产生了溢出效应，即周边地区的生态环境也得到了有效保护，该国际金融组织经评估豁免了由该省政府财政承担偿还责任的最后一年借款利息8 800元。财政总预算会计应编制如下会计分录：

（1）收到向某国际金融组织借入的主权外债款项时。

借：其他财政存款	880 000	
贷：债务收入		880 000
同时：		
借：待偿债净资产——借入款项	880 000	
贷：借入款项		880 000

（2）年末确认借入主权外债的应付利息时。

借：待偿债净资产——借入款项	2 200	
贷：借入款项		2 200

（3）次年支付借入主权外债利息时。

借：一般公共预算本级支出	8 800	
贷：国库存款		8 800

同时：

借：借入款项 2 200

贷：待偿债净资产——借入款项 2 200

（4）到期偿还借入主权外债本金时。

借：债务还本支出 880 000

贷：国库存款 880 000

同时：

借：借入款项 880 000

贷：待偿债净资产——借入款项 880 000

省政府财政也可以将借入的一部分主权外债款项转贷给所属市政府财政，由市政府财政分享相应生态环境保护项目的资金数额。这样，就会产生债务转贷支出、应收主权外债转贷款等相应业务。

第四节 应付转贷款和其他负债

应付转贷款是指地方政府财政向上级政府财政借入转贷资金而形成的负债，包括应付地方政府债券转贷款和应付主权外债转贷款等。

一、应付地方政府债券转贷款

应付地方政府债券转贷款是指地方政府财政从上级政府财政借入地方政府债券转贷资金而形成的负债。在业务内容上，应付地方政府债券转贷款与应收地方政府债券转贷款相对应。即地方政府财政从上级政府财政借入地方政府债券转贷资金时，上级政府财政形成应收地方政府债券转贷款，本级政府财政形成应付地方政府债券转贷款。

为核算应付地方政府债券转贷款业务，财政总预算会计应设置“应付地方政府债券转贷款”总账科目。该科目核算地方政府财政从上级政府财政借入的地方政府债券转贷款的本金和利息。该科目下应当设置“应付地方政府一般债券转贷款”和“应付地方政府专项债券转贷款”一级明细科目，在一级明细科目下再分别设置“应付本金”和“应付利息”两个明细科目，分别对应付本金和利息进行明细核算。

地方政府财政收到上级政府财政转贷的地方政府债券资金时，借记“国库存款”科目，贷记“债务转贷收入”科目；根据债务管理部门转来的相关资料，按照到期应偿还的转贷款本金金额，借记“待偿债净资产——应付地方政府债券转贷款”科目，贷记“应付地方政府债券转贷款”科目。期末确认地方政府债券转贷款的应付利息时，根据债务管理部门计算出的本期应付未付利息金额，借记“待偿债净资产——应付地方政府债券转贷款”科目，贷记“应付地方政府债券转贷款”科目。偿还本级政府财政承担的地方政府债券转贷款本金时，借记“债务还本支出”科目，贷记“国库存款”等科目；根据债务管理部门转来的相关资料，按照实际偿还的本金金额，借记“应付地方政府债券转贷款”科目，贷记“待偿债净资产——应付地方政府债券转贷款”科目。偿还本级政府财政承担的地方政府债券转贷款的利息时，借记“一般公共预算本级支出”或“政府性基金预算本级支出”科目，贷记“国库存款”等科目；实际支付利息金额中属于已确认的应付利息部分，还应根据债务管理部门转来的相关资料，借记“应付地方政府债券转贷款”科目，贷记“待偿债净资产——应付地方政府债券转贷款”科目。

偿还下级政府财政承担的地方政府债券转贷款的本息时，借记“其他应付款”或“其他应收款”科目，贷记“国库存款”等科目；根据债务管理部门转来的相关资料，按照实际偿还的本金及已确认的应付利息金额，借记“应付地方政府债券转贷款”科目，贷记“待偿债净资产——应付地方政府债券转贷款”科目。

被上级政府财政扣缴地方政府债券转贷款本息时，借记“其他应收款”科目，贷记“与上级往来”科目；根据债务管理部门转来的相关资料，按照实际扣缴的本金及已确认的应付利息金额，借记“应付地方政府债券转贷款”科目，贷记“待偿债净资产——应付地方政府债券转贷款”科目。列报支出时，对本级政府财政承担的还本支出，借记“债务还本支出”科目，贷记“其他应收款”科目；对本级政府财政承担的利息支出，借记“一般公共预算本级支出”或“政府性基金预算本级支出”科目，贷记“其他应收款”科目。

采用定向承销方式发行地方政府债券置换存量债务时，省级以下（不含省级）财政部门根据上级财政部门提供的债权债务确认相关资料，按照置换本级政府存量债务的额度，借记“债务还本支出”科目，按照置换下级政府存量债务的额度，借记“债务转贷支出”科目，按照置换存量债务的总额度，贷记“债务转贷收入”科目；根据债务管理部门转来的相关资料，按照置换存量债务的总额度，借记“待偿债净资产——应付地方政府债券转贷款”科目，贷记“应付地方政府债券转贷款”科目。同时，按照置换下级政府存量债务额度，借记“应收地方政府债券转贷款”科目，贷记“资产基金——应收地方政府债券转贷款”科目。

“应付地方政府债券转贷款”科目期末贷方余额反映本级政府财政尚未偿还的地方政府债券转贷款的本金和利息。

例 4-12

某省财政发行一批地方政府一般债券。同时，向所属下级某市财政转贷 500 000 元，用以支持该市政府的一项公共设施建设。该转贷款项每年利息费用为 6 000 元，转贷期限为 3 年，每年支付一次利息。市财政总预算会计应编制如下会计分录：

(1) 收到上级省政府财政转贷的地方政府债券资金时。

借：国库存款	500 000	
贷：债务转贷收入		500 000

同时：

借：待偿债净资产——应付地方政府债券转贷款	500 000	
贷：应付地方政府债券转贷款		500 000

(2) 每年确认省政府债券转贷款的应付利息时。

借：待偿债净资产——应付地方政府债券转贷款	6 000	
贷：应付地方政府债券转贷款		6 000

(3) 按时支付由市政府财政承担的省政府债券转贷款利息时。

借：一般公共预算本级支出	6 000	
贷：国库存款		6 000

同时：

借：应付地方政府债券转贷款 6 000
　贷：待偿债净资产——应付地方政府债券转贷款 6 000

（4）按时偿还由市政府财政承担的省政府债券转贷款本金时。

借：债务还本支出 500 000
　贷：国库存款 500 000

同时：

借：应付地方政府债券转贷款 500 000
　贷：待偿债净资产——应付地方政府债券转贷款 500 000

市政府财政从上级省政府财政借入的地方政府债券转贷款资金，如果再转贷给所属县政府财政或区政府财政，相应的县政府财政或区政府财政应当按时向上级市政府财政偿还由其承担的地方政府债券转贷款本息。市政府财政按时收到的所属县政府财政或区政府财政偿还的地方政府债券转贷款本息资金，应当作为其他应付款记录，到时向上级省政府偿还。如果市政府财政未按时收到由所属县政府财政或区政府财政偿还的地方政府债券转贷款本息资金，市政府财政应当先代所属县政府财政或区政府财政向省政府财政偿还到期地方政府债券转贷款本息，之后再与县政府财政或区政府财政进行结算。

债务转贷收入和债务还本支出都纳入政府预算管理。为同时反映债务转贷收入的取得和应付地方政府债券转贷款负债的形成，以及同时反映债务还本支出的发生和应付地方政府债券转贷款负债的偿还，债务转贷业务和债务还本业务都应当采用“双轨制”或“双分录”会计记账方法。

二、应付主权外债转贷款

应付主权外债转贷款是指本级政府财政从上级政府财政借入主权外债转贷资金而形成的负债。在业务内容上，应付主权外债转贷款与应收主权外债转贷款相对应。即本级政府财政从上级政府财政借入主权外债转贷资金时，上级政府财政形成应收主权外债转贷款，本级政府财政形成应付主权外债转贷款。

为核算应付主权外债转贷款业务，财政总预算会计应设置“应付主权外债转贷款”总账科目。该科目核算本级政府财政从上级政府财政借入的主权外债转贷款的本金和利息。该科目下应当设置“应付本金”和“应付利息”两个明细科目，分别对应付本金和利息进行明细核算。

本级政府财政收到上级政府财政转贷的主权外债资金时，借记“其他财政存款”科目，贷记“债务转贷收入”科目；根据债务管理部门转来的相关资料，按照实际承担的债务金额，借记“待偿债净资产——应付主权外债转贷款”科目，贷记“应付主权外债转贷款”科目。

从上级政府财政借入主权外债转贷款，且由外方将贷款资金直接支付给用款单位或供应商时，应根据以下情况分别处理：（1）本级政府财政承担还款责任，贷款资金由本级政府财政同级部门（单位）使用的，本级政府财政根据贷款资金支付相关资料，借记“一般公共预算本级支出”等科目，贷记“债务转贷收入”科目；根据债务管理部门转来的相关资料，按照实际承担的债务金额，借记“待偿债净资产——应付主权外债转贷款”科目，贷记“应付主权外债转贷款”科目。（2）本级政府财政承担还款责任，贷款资金由下级政府财政同级部门（单位）使用的，本级政府财政部门根据贷款资金支付相关资料及预算指标文件，借记“补助支出”科目，贷记“债务转贷收入”科目；根据债务管理部门转来的相关资料，按照实际承担的债务金额，借记“待偿债净资产——应付主权外债转贷款”科目，贷记“应付主权外债转贷款”科目。（3）下级政府财政承担还款责任，贷款资金由下级政府财政同级部门（单位）使用的，本级政府财政部门根据贷款资金支付相关资料，借记“债务转贷支出”科目，贷记“债务转贷收入”；根据债务管理部门转来的相关资料，按照实际承担的债务金额，借记“待偿债净资产——应付主权外债转贷款”科目，贷记“应付主权外债转贷款”科目；同时，借记“应收主权外债转贷款”科目，贷记“资产基金——应收主权外债转贷款”科目。

期末确认主权外债转贷款的应付利息时，按照债务管理部门计算出的本期应付未付利息金额，借记“待偿债净资产——应付主权外债转贷款”科目，贷记“应付主权外债转贷款”科目。偿还本级政府财政承担的借入主权外债转贷款的本金时，借记“债务还本支出”科目，贷记“其他财政存款”等科目；根据债务管理部门转来的相关资料，按照实际偿还的本金金额，借记“应付主权外债转贷款”科目，贷记“待偿债净资产——应付主权外债转贷款”科目。偿还本级政府财政承担的借入主权外债转贷款的利息时，借记“一般公共预算本级支出”等科目，贷记“其他财政存款”等科目；实际偿还利息金额中属于已确认的应付利息部分，还应根据债务管理部门转来的相关资料，借记“应付主权外债转贷款”科目，贷记“待偿债净资产——应付主权外债转贷款”科目。

偿还下级政府财政承担的借入主权外债转贷款的本息时，借记“其他应付款”或“其他应收款”科目，贷记“其他财政存款”等科目；根据债务管理部门转来的相关资料，按照实际偿还的本金及已确认的应付利息金额，借记“应付主权外债转贷款”科目，贷记“待偿债净资产——应付主权外债转贷款”科目。被上级政府财政扣缴借入主权外债转贷款的本息时，借记“其他应收款”科目，贷记“与上级往来”科目；根据债务管理部门转来的相关资料，按照被扣缴的本金及已确认的应付利息金额，借记“应付主权外债转贷款”科目，贷记“待偿债净资产——应付主权外债转贷款”科目。列报支出时，对本级政府财政承担的还本支出，借记“债务还本支出”科目，贷记“其他应收款”科目；对本级政府财政承担的利息支出，借记“一般公共预算本级支出”等科目，贷记“其他应收款”科目。

上级政府财政豁免主权外债转贷款本息时，根据以下情况分别处理：（1）豁免本级政府财政承担偿还责任的主权外债转贷款本息时，根据债务管理部门转来的相关资料，按照豁免转贷款的本金及已确认的应付利息金额，借记“应付主权外债转贷款”科目，贷记“待偿债净资产——应付主权外债转贷款”科目。（2）豁免下级政府财政承担偿还责任的主权外债转贷款本息时，根据债务管理部门转来的相关资料，按照豁免转贷款的本金及已确认的应付利息金额，借记“应付主权外债转贷款”科目，贷记“待偿债净资产——应付主权外债转贷款”科目；同时，借记“资产基金——应收主权外债转贷款”科目，贷记“应收主权外债转贷款”科目。

“应付主权外债转贷款”科目期末贷方余额反映本级政府财政尚未偿还的主权外债转贷款本金和利息。

“应付主权外债转贷款”科目的会计处理方法与“借入款项”“应付地方政府债券转贷款”科目的会计处理方法比较相似。但由于业务内容存在一些差异，它们的会计处理方法也不完全相同。

例 4－13

某省政府向某国际金融组织贷款 650 000 元，用于该省范围内的公共基础设施建设。该省政府将相应贷款的一部分资金计 280 000 元转贷给所属某市政府，用以具体落实在该市范围内的相应建设项目。根据约定，相应贷款的期限为 5 年，每年的贷款利息为 3 080 元，该市政府应按期向省政府偿付贷款本息。市财政总预算会计应编制如下会计分录：

(1) 收到上级省政府财政转贷的主权外债资金时。

借：其他财政存款	280 000	
贷：债务转贷收入		280 000

同时：

借：待偿债净资产——应付主权外债转贷款	280 000	
贷：应付主权外债转贷款		280 000

(2) 每年确认市政府主权外债转贷款的应付利息时。

借：待偿债净资产——应付主权外债转贷款	3 080	
贷：应付主权外债转贷款		3 080

(3) 按时向上级省政府财政支付主权外债转贷款利息时。

借：一般公共预算本级支出	3 080	
贷：其他财政存款		3 080

同时：

借：应付主权外债转贷款	3 080	
贷：待偿债净资产——应付主权外债转贷款		3 080

(4) 上级省政府主权外债转贷款到期，市政府财政未按时偿还贷款本金，被省政府财政扣缴时。

借：其他应收款	280 000	
贷：与上级往来		280 000

同时：

借：应付主权外债转贷款	280 000	
贷：待偿债净资产——应付主权外债转贷款		280 000

(5) 列报债务还本支出时。

借：债务还本支出	280 000	
贷：其他应收款		280 000

被上级省政府财政扣缴后，市政府财政可以从上级省政府财政获得的其他财政补助资金数额相应减少。

三、其他负债

其他负债是指政府财政因有关政策明确要求其承担支出责任的事项而形成的应付未付款项。

为核算其他负债业务，财政总预算会计应设置“其他负债”总账科目。该科目应当按照债权单位和项目等进行明细核算。有关政策已明确政府财政承担的支出责任，按照确定应承担的负债金额，借记“待偿债净资产”科目，贷记该科目。实际偿还负债时，借记有关支出等科目，贷记“国库存款”等科目；同时，按照相同的金额，借记该科目，贷记“待偿债净资产”科目。该科目贷方余额反映政府财政承担的尚未支付的其他负债余额。

思考题

1. 什么是财政总预算会计的负债？财政总预算会计的负债主要有哪些种类？

2. 什么是应付政府债券？应付政府债券按偿还时间长短分为哪两个种类？各自是什么含义？

3. 应付政府债券是如何进行双分录会计处理的？

4. 什么是与上级往来？它和与下级往来在业务内容上有什么关系？

5. 什么是借入款项？借入款项在业务内容上与应付政府债券有什么不同？

6. 什么是应付地方政府债券转贷款？它在业务内容上与应收地方政府债券转贷款是什么关系？

7. 什么是应付主权外债转贷款？它在业务内容上与应付地方政府债券转贷款有什么不同？在会计处理方法上，两者有什么相同和不同？

练习题

练习一

一、目的：练习与上级往来的核算。

二、资料：某市财政20×4年发生如下经济业务：

(1) 在上下级财政资金结算中，应上解上级某省财政款项6 600元。

(2) 以国库存款上缴与上级往来款项6 600元。

(3) 在上下级财政资金结算中，应获得上级某省财政补助资金38 000元。

(4) 收到与上级往来款项38 000元。

三、要求：根据以上经济业务，为该市财政总预算会计编制有关的会计分录。

练习二

一、目的：练习应付国库集中支付结余和其他应付款的核算。

二、资料：某省及其所属某市财政20×4年发生如下经济业务：

(1) 省财政按时收到所属市财政上缴的省政府债券转贷款还本资金60 000元、债券付息资金1 000元，收到款项共计61 000元（60 000+1 000）。收到的转贷款利息中，已确认的应收利息金额为250元。

(2) 年末，省统计部门的经济普查专项活动尚在进行中。由于用款进度的原因，当年未能实现支出3 200元，形成国库集中支付结余资金3 200元，资金性质为一般公共预算资金。省财政经分析后决定，省统计部门的该专项普查活动结余资金 3 200 元在次年继续用于相关的专项普查活动。

三、要求：根据以上经济业务，为该省财政总预算会计编制有关的会计分录。

练习三

一、目的：练习应付长期政府债券的核算。

二、资料：某省财政 20×4 年至 20×7 年发生如下经济业务：

省财政发行一批 3 年期记账式固定利率附息地方政府一般债券，计划发行面值 650 000元，每年支付一次利息，到期偿还本金并支付最后一年利息。该期债券采用单一价格招标方式，标的为利率，各中标承销团成员按债券面值承销。经招投标程序确定的债券票面利率为 2.44%，实际发行债券面值金额为 650 000 元，实际收到债券发行收入 650 000 元，经确认的到期应付债券本金金额为 650 000 元，债券实际发行额为 650 000 元。该期债券发行后上市交易。省财政向相关债券承销团成员按承销债券面值的 0.1%支付债券发行手续费共计 650 元。3 个月后到达期末，该期债券计算 3 个月的应付利息 3 965 元。1 年后该期债券到达付息日，省财政支付 1 年的到期债券利息 15 860元（650 000×2.44%）。3 年后该期债券到达还本付息日，省财政按债券面值偿还本金 650 000 元，并支付最后一年的到期债券利息 15 860 元。

三、要求：根据以上经济业务，为省财政总预算会计编制有关的会计分录。

练习四

一、目的：练习应付地方政府债券转贷款的核算。

二、资料：某市财政 20×4 年至 20×7 年发生如下经济业务：

上级某省财政发行一批地方政府一般债券。同时，向本市财政转贷 450 000 元，用以支持本市政府的一项公共设施建设。该转贷款项每年利息费用为 5 600 元，转贷期限为 3 年，每年支付一次利息。

三、要求：根据以上经济业务，为市财政总预算会计编制有关的会计分录。

第五章

财政总预算会计的收入

在财政总预算会计中，收入是指政府财政为实现政府职能，根据法律法规等所筹集的资金。财政总预算会计核算的收入包括一般公共预算本级收入、政府性基金预算本级收入、国有资本经营预算本级收入、财政专户管理资金收入、专用基金收入、转移性收入、债务收入、债务转贷收入等种类。各种收入都是政府的资金来源，可以安排发生相应的支出。

第一节　一般公共预算本级收入

一、一般公共预算本级收入的概念和分类

一般公共预算本级收入是指政府财政筹集的纳入本级一般公共预算管理的税收收入和非税收入。财政总预算会计核算的一般公共预算本级收入，应当按照《政府收支分类科目》中的一般公共预算收入科目进行分类，并且仅包括一般公共预算收入科目中的税收收入和非税收入科目，不包括债务收入和转移性收入科目。按照现行《政府收支分类科目》，一般公共预算收入科目分设类、款、项、目四级，各级科目逐级递进，内容也逐级细化。

（一）税收收入

税收收入反映政府通过征税取得的一般公共预算收入。该类级科目分设如下款级科目：

（1）增值税。反映按《中华人民共和国增值税暂行条例》征收的国内增值税、进口货物增值税和经审批退库的出口货物增值税。该科目分设国内增值税、进口货物增值税、出口货物退增值税等项级科目。

（2）消费税。反映按《中华人民共和国消费税暂行条例》征收的国内消费税、进口消费品消费税和经审批退库的出口消费品消费税。该科目分设国内消费税、进口消费品消费税、出口消费品退消费税等项级科目。

（3）企业所得税。反映按《中华人民共和国企业所得税法》征收的企业所得税。该科目分设国有电力工业所得税、国有石油和化学工业所得税、国有机械工业所得税、

国有汽车工业所得税、国有银行所得税、国有电信企业所得税、集体企业所得税、股份制企业所得税、港澳台和外商投资企业所得税、私营企业所得税等项级科目。

（4）企业所得税退税。反映财政部门按“先征后退”政策审批退库的企业所得税。其口径与“企业所得税”相同。

（5）个人所得税。反映按《中华人民共和国个人所得税法》等法律法规征收的个人所得税。

（6）资源税。反映按《中华人民共和国资源税暂行条例》等文件征收的资源税。

（7）城市维护建设税。反映按《中华人民共和国城市维护建设税暂行条例》征收的城市维护建设税。

（8）房产税。反映按《中华人民共和国房产税暂行条例》征收的房产税。该科目分设国有企业房产税、集体企业房产税、股份制企业房产税、港澳台和外商投资企业房产税、私营企业房产税等项级科目。

（9）印花税。反映按《中华人民共和国印花税暂行条例》征收的印花税。该科目分设证券交易印花税、其他印花税等项级科目。

（10）城镇土地使用税。反映按《中华人民共和国城镇土地使用税暂行条例》征收的城镇土地使用税。该科目分设国有企业城镇土地使用税、集体企业城镇土地使用税、股份制企业城镇土地使用税、港澳台和外商投资企业城镇土地使用税、私营企业城镇土地使用税等项级科目。

（11）土地增值税。反映按《中华人民共和国土地增值税暂行条例》征收的土地增值税。

（12）车船税。反映按《中华人民共和国车船税法》征收的车船税。

（13）船舶吨税。反映按《中华人民共和国船舶吨税暂行条例》征收的船舶吨税。

（14）车辆购置税。反映按《中华人民共和国车辆购置税暂行条例》征收的车辆购置税。

（15）关税。反映按《中华人民共和国进出口关税条例》等有关法律法规征收的关税、反倾销税、反补贴税、保障措施关税以及财政部按“先征后退”政策审批退税的关税。

（16）耕地占用税。反映按《中华人民共和国耕地占用税暂行条例》征收的耕地占用税。

（17）契税。反映按《契税暂行条例》征收的契税。

（18）烟叶税。反映按《烟叶税暂行条例》征收的烟叶税。

（19）其他税收收入。反映除上述项目以外的其他税收收入。

税收收入类级科目按税种开设款级科目，有利于反映一级政府在各税种上取得的税收收入信息。在增值税、消费税、企业所得税、城市维护建设税、房产税等税种下区分企业的所有制性质设置项级或目级科目，主要区分成国有企业、集体企业、股份制企业、港澳台和外商投资企业、私营企业等，有利于反映各种税收收入的来源结构，或者各种所有制企业对政府税收收入的贡献。个人所得税、资源税、印花税、关税等税种按照各自的特点设置项级和目级科目。在税收收入类级科目下，税款滞纳金和罚款收入、退税等通过单独设置科目予以反映。

（二）非税收入

非税收入反映各级政府及其所属部门和单位依法利用行政权力、政府信誉、国家资源、国有资产或提供特定公共服务征收、收取、提取、募集的除税收和政府债务收入以外的财政收入。该类级科目分设如下款级科目：

（1）专项收入。反映按照有关规定，如按照《残疾人就业保障金管理暂行规定》等规定征收的有专项用途的非税收入。该科目分设教育费附加收入、残疾人就业保障金收入等项级科目。

（2）行政事业性收费收入。反映依据法律、行政法规、国务院有关规定、国务院财政部门会同价格主管部门共同发布的规章或者规定，以及省、自治区、直辖市的地方性法规、政府规章或者规定，省、自治区、直辖市人民政府财政部门会同价格主管部门共同发布的规定，收取的各项收费收入。该科目分设公安行政事业性收费收入、法院行政事业性收费收入、工商行政事业性收费收入、财政行政事业性收费收入、教育行政事业性收费收入等项级科目。

（3）罚没收入。反映执法机关依法收缴的罚款、没收款、赃款，没收物资、赃物的变价款收入。该科目分设一般罚没收入、缉私罚没收入、缉毒罚没收入等项级科目。其中，一般罚没收入科目再分设公安罚没收入、检察院罚没收入、法院罚没收入、工商罚没收入、证监会罚没收入、交通罚没收入等目级科目。

（4）国有资本经营收入。反映各级人民政府及其部门、机构履行出资人职责的企业上缴的国有资本收益。该科目分设利润收入、股利股息收入、产权转让收入、清算收入等项级科目。

（5）国有资源（资产）有偿使用收入。反映有偿转让国有资源（资产）使用费而取得的收入。该科目分设利息收入、非经营性国有资产收入、转让政府还贷道路收费权收入等项级科目。其中，利息收入科目再分设国库存款利息收入、有价证券利息收入等目级科目；非经营性国有资产收入科目再分设行政单位国有资产出租出借收入、行政单位国有资产处置收入、事业单位国有资产出租出借收入、事业单位国有资产处置收入等目级科目。

（6）捐赠收入。反映以政府名义接受的捐赠收入。该科目分设国外捐赠收入、国内捐赠收入等项级科目。

（7）政府住房基金收入。反映按《住房公积金管理条例》等规定收取的政府住房基金收入。该科目分设上缴管理费用、计提公共租赁住房资金、公共租赁住房租金收入、配建商业设施租售收入等项级科目。

（8）其他收入。反映除上述各种收入以外的其他收入。

非税收入类级科目首先按收入来源渠道设置专项收入、行政事业性收费收入、罚没收入、国有资本经营收入、国有资源（资产）有偿使用收入、捐赠收入、政府住房基金收入等款级科目。在款级科目下，专项收入再按专项收入的种类设置项级和目级科目，确保专款专用。行政事业性收费收入按执收部门设置项级科目，如按公安、法院、工商、财政、税务、教育、卫生等设置项级科目；项级科目下按收费项目设置目级科目。这样，行政事业性收费收入可以清晰地反映收费部门和收费项目，便于监督和管理。罚没收入在区分一般、缉私和缉毒后，按罚没主体设置目级科目，如一般罚没收入项级科目下设置公安、检察院、法院、工商、食品药品监督、证监会、物价等罚没收入目级科目。这样，罚没收入科目既可以反映罚没的种类，也可以反映执罚的主体，便于监督和管理。国有资本经营收入、国有资源（资产）有偿使用收入、捐赠收入和政府住房基金收入等都按收入的来源渠道设置项级和目级科目，以清楚地反映一级政府财政从相应渠道收取的财政收入数额。

现简要举例说明一般公共预算本级收入分类四级科目的设置情况如表 5－1 所示。

表 5－1　　一般公共预算本级收入分类四级科目的设置举例

预算科目编号				科目名称	说明
类	款	项	目		
101				税收收入	
	01			增值税	
		01		国内增值税	反映国家税务局征收的国内增值税和财政部、财政部驻各地财政监察专员办事机构、国家税务局按"先征后退"政策审批退库的国内增值税。
			01	国有企业增值税	反映对国有企业征收的国内增值税。
			02	集体企业增值税	反映对集体企业征收的国内增值税。
			03	股份制企业增值税	反映对有限责任公司、股份有限公司征收的国内增值税。
				……	
103				非税收入	
	04			行政事业性收费收入	
		01		公安行政事业性收费收入	反映公安部门收取的行政事业性收费收入。
			01	外国人签证费	反映公安部门收取的外国人签证费。
			10	居民身份证工本费	反映公安部门收到的居民身份证工本费。
			16	驾驶证工本费	反映公安部门收取的驾驶证工本费。
				……	

二、一般公共预算本级收入的收缴方式和程序

在财政国库单一账户制度下，包括一般公共预算本级收入在内的各种财政收入的收缴采用国库集中收缴的方式。一般公共预算本级收入的收缴方式相应有直接缴库和集中汇缴两种。

（一）直接缴库

直接缴库是指缴款单位或缴款人按照有关法律法规的规定，直接将应缴预算收入缴入财政国库存款账户的收缴方式。在直接缴库方式下，直接缴库的税收收入，由纳税人或税务代理人提出纳税申报，经征收机关审核无误后，由纳税人通过其在商业银行开设的银行存款账户将税款直接缴入财政国库存款账户。财政总预算会计根据国库存款账户的入库数额，做出相应的会计处理，确认国库存款的增加，同时确认相应的一般公共预算本级收入。

直接缴库的非税收入，比照上述程序缴入财政国库存款账户。

（二）集中汇缴

集中汇缴是指由征收机关按照有关法律法规的规定，将所收取的应缴预算收入汇总缴入财政国库存款账户的收缴方式。在集中汇缴方式下，小额零散税收收入，由征收机关于收缴收入的当日汇总缴入财政国库存款账户。财政总预算会计根据国库存款账户的入库数额，做出相应的会计处理，确认国库存款的增加，同时确认相应的一般公共预算本级收入。

非税收入中的现金缴款，比照上述程序缴入财政国库存款账户。

在国库集中收缴方式下，税收收入收缴工作的重点是推进财税库银电子缴库横向联网。税收收入实行电子缴库，财政、税务、人民银行国库、纳税人开户银行网络实行横向联网，建立网络信息系统，实行税款缴库信息共享。在办理税收收入电子缴库时，税务部门应将应税信息同时发送给人民银行国库和财政部门，人民银行国库应将税款入库信息同时发送给税务部门和财政部门。

非税收入的收缴应当在收缴管理信息系统中运行，并确保收缴管理信息系统统一规范、运行高效、监督有力，财政部门、执收单位、人民银行国库、非税收入代收银行实行非税收入收缴信息共享。财政部门应当不断优化非税收入收缴流程，提升收缴管理信息系统的功能和收缴效率，加强系统安全管理，更好地满足缴款人和执收单位的需要。同时，财政部门应当加强对非税收入收缴代理银行的管理，充分利用代理银行现代网络技术和先进支付结算工具，建立以电子信息为基础的非税收入收缴管理信息系统，支持POS机刷卡缴款、网上银行缴款等新型缴款方式。由税务机关征收或代征的非税收入，可通过财税库银横向联网系统收缴，并实现收入收缴信息共享。在非税收入收缴管理过程中，应当严格收缴程序，确保非税收入按规定的程序及时足额上缴国库，防止隐瞒、截留、挤占、坐支和挪用政府非税收入。

三、一般公共预算本级收入的列报基础

一般公共预算本级收入的列报基础也称一般公共预算本级收入的列报口径，是指财政总预算会计确认和报告一般公共预算本级收入的基本依据或基本原则。根据现行财政总预算会计制度的规定，一般公共预算本级收入应当按照实际收到的金额入账。财政总预算会计凭中国人民银行国库报来的预算收入日报表及其所附有关凭证，列报一般公共预算本级收入。即一般公共预算本级收入采用收付实现制基础确认，税收收入、非税收入以及退税等都以人民银行国库实际入库或实际退库的数额为依据。这样，一般公共预算本级收入的确认数额比较接近于财政可以调度使用的财政资金数额，这与政府预算采用收付实现制基础编制的主要原因相符合。一般公共预算收入日报表的参考格式可如表5-2所示。

表5-2 一般公共预算收入日报表

20×4年1月5日

单位：元

预算科目编号				预算科目名称	本日收入金额
类	款	项	目		
101	01	01	01	税收收入——增值税——国内增值税——国有企业增值税	35 000
101	04	06		税收收入——企业所得税——国有机械工业所得税	15 000

续前表

预算科目编号				预算科目名称	本日收入金额
类	款	项	目		
103	04	01	10	非税收入——行政事业性收费收入——公安行政事业性收费收入——居民身份证工本费	200
103	05	01	03	非税收入——罚没收入——一般罚没收入——法院罚没收入	4 200
				本日收入合计	54 400

国库（盖章） 复核： 制表：

四、一般公共预算本级收入的核算

为核算一般公共预算本级收入业务，财政总预算会计应设置“一般公共预算本级收入”总账科目。该科目应当根据《政府收支分类科目》中“一般公共预算收入科目”规定进行明细核算。政府财政收到款项时，根据当日预算收入日报表所列一般公共预算本级收入数，借记“国库存款”等科目，贷记该科目。年终转账时，该科目贷方余额全数转入“一般公共预算结转结余”科目，借记该科目，贷记“一般公共预算结转结余”科目。结转后，该科目无余额。该科目平时贷方余额反映一般公共预算本级收入的累计数。

（一）收到税收收入

例 5－1

某市财政收到人民银行国库报来的一般公共预算收入日报表，当日共收到一般公共预算本级收入 330 100 元。其中，“税收收入——增值税”158 200 元，“税收收入——企业所得税”122 000 元，“税收收入——城市维护建设税”17 900 元，“税收收入——房产税”32 000 元。财政总预算会计应编制如下会计分录：

借：国库存款 330 100

　　贷：一般公共预算本级收入 330 100

同时，在“一般公共预算本级收入”总账科目的贷方登记明细账如下：

增值税 158 200

企业所得税 122 000

城市维护建设税 17 900

房产税 32 000

税收收入是政府为了满足社会公共需要，凭借其政治权力，强制、无偿地向有关纳税人征收取得的一种财政收入。税收是政府取得财政收入的最基本形式，其本质是一种分配关系，是国家凭借其政治权力参与社会产品价值分配的一种法定形式。国家征收税款的目的是满足社会公共需要。与其他财政收入取得的形式相比，税收具有强制性、无偿性和固定性三大特征。

政府在编制年度预算时，需要对税收收入进行预测。预测时需要考虑的因素可以有历史数据、政策变化以及对未来年度经济形势的判断等。不同税种的税收收入，由于影响其变化的因素可能存在差异，可能会采用不同的预测方法。相比较而言，增值税和所得税税收收入的预测及其实现受经济形势的影响较大，房产税税收收入则相对比较稳定可靠。纯粹从会计方法上讲，房产税税收收入适合于使用权责发生制基础确认，以防纳税人漏缴或者少缴房产税。当然，从政府预算要求来看，按权责发生制基础确认的房产税收入，暂时还不能用来安排发生有关的财政支出。

根据对政府预算的基本认识，政府的税收收入预算数应当是一个预期数，而不是一项税收任务。税收收入应当做到应收尽收，实际收到多少即为多少。在经济发展较好的年度，政府不应当因为已经完成了税收收入的预算数而放松对应收税收的收取。同样，在经济发展较为困难的年度，政府也不应当因为需要完成税收收入的预算数而收过头税。至于税收收入的超收或短收对当年预算支出的影响，则可以通过适当的跨年度预算安排、建立预算稳定调节基金等方法来解决。

（二）收到非税收入

例5-2

某市财政收到人民银行国库报来的一般公共预算收入日报表，当日共收到一般公共预算本级收入94 500元。其中，“非税收入——行政事业性收费收入”6 300元，“非税收入——罚没收入”69 800元，“非税收入——国有资源（资产）有偿使用收入”18 400元。财政总预算会计应编制如下会计分录：

借：国库存款	94 500	
贷：一般公共预算本级收入		94 500

同时，在“一般公共预算本级收入”总账科目的贷方登记明细账如下：

行政事业性收费收入	6 300
罚没收入	69 800
国有资源（资产）有偿使用收入	18 400

非税收入是政府财政收入的重要组成部分。各种非税收入尽管取得的渠道有所不同，具体的管理要求也有所差异，但都应当依法收取，不能通过随意收费、随意处罚、随意征收等方式收取非税收入。

政府非税收入是政府的财政收入，不是各执收单位的自有收入。因此，政府非税收入应当纳入政府财政管理，实行收支脱钩的管理办法，即收支两条线的管理办法。按照收支两条线的管理办法，非税收入各执收单位应当将按规定收取的非税收入及时足额地上缴财政；财政将收到的非税收入统一纳入政府预算。各执收单位在开展业务活动中需要使用的财政资金，应当纳入单位预算。财政部门依据经批准的单位预算，向相关单位拨付财政资金。在收支两条线的管理方法下，非税收入各执收单位实际执收的非税收入数额，与其实际可以使用的财政资金数额没有关系。

（三）一般公共预算本级收入的年终结转

例5-3

某市财政年终“一般公共预算本级收入”总账科目贷方余额为2 558 000元，财政总预算会计将其全数转入“一般公共预算结转结余”总账科目。财政总预算会计应编制如下会计分录：

借：一般公共预算本级收入	2 558 000	
贷：一般公共预算结转结余		2 558 000

同时，财政总预算会计应结清所有一般公共预算本级收入明细账的余额。

第二节 政府性基金预算本级收入

一、政府性基金预算本级收入的概念和分类

政府性基金收入是指各级政府及其所属部门根据法律、行政法规规定并经国务院或财政部批准，向公民、法人和其他组织征收的政府性基金，以及参照政府性基金管理或纳入政府性基金预算、具有特定用途的财政资金。其中，政府性基金是指各级政府及其所属部门根据法律、行政法规和中共中央、国务院文件规定，为支持特定公共基础设施建设和公共事业发展，向公民、法人和其他组织无偿征收的具有专项用途的财政资金。政府性基金预算本级收入是指政府财政筹集的纳入本级政府性基金预算管理的非税收入。政府性基金预算纳入政府的财政预算。

财政总预算会计核算的政府性基金预算本级收入，应当按照《政府收支分类科目》中的政府性基金预算收入科目进行分类，并且仅包括政府性基金预算收入科目中的非税收入科目，不包括债务收入和转移性收入科目。按照《政府收支分类科目》，政府性基金预算收入科目分设类、款、项、目四级，各级科目逐级递进，内容也逐级细化。根据现行《政府收支分类科目》，非税收入类级科目下分设政府性基金收入、专项债券对应项目专项收入两个款级科目。其中，政府性基金收入款级科目下按政府性基金的种类或项目名称设项级科目，项级科目下再分设目级科目。现行政府性基金收入款级科目下的项级科目共有20多个，例举如下：

（1）农网还贷资金收入。反映按《农网还贷资金征收使用管理办法》征收的农网还贷资金收入。

（2）铁路建设基金收入。反映铁路运输部门按《铁路建设基金管理办法》征收的铁路建设基金。

（3）民航发展基金收入。反映按《民航发展基金征收使用管理暂行办法》征收的民航发展基金收入。

（4）港口建设费收入。反映交通运输部门按《港口建设费征收办法》征收的港口建设费。

（5）旅游发展基金收入。反映按《旅游发展基金管理暂行办法》征收的旅游发展基金收入。

（6）国家电影事业发展专项资金收入。反映广电部门按《国家电影事业发展专项资金征收使用管理办法》从电影票房收入中收取的国家电影事业发展专项资金。

（7）国有土地收益基金收入。反映从招标、拍卖、挂牌和协议方式出让国有土地使用权所确定的总成交价中按照规定比例计提的国有土地收益基金收入。

（8）农业土地开发资金收入。反映从招标、拍卖、挂牌和协议方式出让国有土地使用权所确定的总成交价中按照规定比例计提的农业土地开发资金收入。

（9）国有土地使用权出让收入。反映不含计提和划转部分的国有土地使用权出让收入。

（10）大中型水库移民后期扶持基金收入。反映按《大中型水库移民后期扶持基金征收使用管理暂行办法》规定征收的大中型水库移民后期扶持基金收入。

（11）大中型水库库区基金收入。反映按《大中型水库库区基金征收使用管理暂行办法》征收的大中型水库库区基金收入。

（12）彩票公益金收入。反映按《彩票公益金管理办法》征收的彩票公益金收入。

（13）城市基础设施配套费收入。反映地方政府按《财政部关于城市基础设施配套费性质的批复》规定，经财政部批准征收的城市基础设施配套费。

（14）车辆通行费。反映交通部门收到的用于偿还公路等建设债务的车辆通行费。

（15）可再生能源电价附加收入。反映按《可再生能源发展基金征收使用管理暂行办法》征收的可再生能源发展基金。

（16）污水处理费收入。反映住房城乡建设部门收取的污水处理费。

（17）彩票发行机构和彩票销售机构的业务费用。反映彩票发行机构和彩票销售机构上缴财政的业务费用。

（18）其他政府性基金收入。反映除上述项目以外的其他政府性基金收入。

专项债券对应项目专项收入款级科目反映地方政府专项债券对应项目形成的可用于偿付专项债券本息的经营收入。该款级科目再分设土地储备专项债券对应项目专项收入、政府收费公路专项债券对应项目专项收入等款级科目，分别反映相应内容的专项债券对应项目专项收入。

现简要举例说明政府性基金预算本级收入分类四级科目的设置情况如表5-3所示。

表5-3　政府性基金预算本级收入分类四级科目的设置举例

预算科目编号				科目名称	说明
类	款	项	目		
103				非税收收入	
	01			政府性基金收入	
		01		农网还贷资金收入	
			01	中央农网还贷资金收入	反映缴入中央国库的农网还贷资金收入。
			02	地方农网还贷资金收入	反映缴入地方国库的农网还贷资金收入。
		55		彩票公益金收入	
			01	福利彩票公益金收入	反映福利彩票公益金收入。
			02	体育彩票公益金收入	反映体育彩票公益金收入。
				……	

政府性基金预算本级收入的收缴方式和程序以及列报基础等，均比照一般公共预算本级收入。政府性基金预算收入日报表的参考格式如同一般公共预算收入日报表。

二、政府性基金预算本级收入的核算

为核算政府性基金预算本级收入业务，财政总预算会计应设置“政府性基金预算本级收入”总账科目。该科目应当根据《政府收支分类科目》中“政府性基金预算收入科目”规定进行明细核算。财政部门收到款项时，根据当日预算收入日报表所列政府性基金预算本级收入数，借记“国库存款”等科目，贷记该科目。年终转账时，该科目贷方余额全数转入“政府性基金预算结转结余”科目，借记该科目，贷记“政府性基金预算结转结余”科目。结转后，该科目无余额。该科目平时贷方余额反映政府性基金预算本级收入的累计数。

例 5-4

某市财政收到人民银行国库报来的政府性基金预算收入日报表，当日共收到政府性基金预算本级收入 432 500 元。其中，“非税收入——政府性基金收入——彩票公益金收入”56 500 元，“非税收入——政府性基金收入——国有土地使用权出让收入”356 000 元，“非税收入——政府性基金收入——城市基础设施配套费收入”20 000 元。财政总预算会计应编制如下会计分录：

借：国库存款　　432 500

　贷：政府性基金预算本级收入　　432 500

同时，在“政府性基金预算本级收入”总账科目的贷方登记明细账如下：

彩票公益金收入　　56 500

国有土地使用权出让收入　　356 000

城市基础设施配套费收入　　20 000

政府性基金预算本级收入属于政府的非税收入，应当按照政府非税收入的基本管理要求进行管理。例如，政府性基金收入应当依法征收，征收时应当开具财政票据，征收的款项应当全额纳入财政预算，收入款项应当及时足额缴入国库、实行收支两条线管理等。

政府性基金实行中央一级审批制度，遵循统一领导、分级管理的原则。各级财政部门是政府性基金管理的职能部门。政府性基金收支纳入政府性基金预算管理。政府性基金预算编制遵循“以收定支、专款专用、收支平衡、结余结转下年安排使用”的原则。

例 5-5

某市财政年终“政府性基金预算本级收入”总账科目贷方余额为 986 600 元，财政总预算会计将其全数转入“政府性基金预算结转结余”总账科目。财政总预算会计应编制如下会计分录：

借：政府性基金预算本级收入　　986 600

　贷：政府性基金预算结转结余　　986 600

同时，财政总预算会计应结清所有政府性基金预算本级收入明细账的余额。

第三节　国有资本经营预算本级收入

一、国有资本经营预算本级收入的概念和分类

国有资本经营预算收入是指各级政府及其部门以所有者身份依法取得的国有资本收益，主要包括国有独资企业按规定上交国家的利润、国有控股或参股企业国有股权股份获得的股利股息、企业国有产权或国有股份的转让收入以及国有独资企业清算净收入、国有控股或参股企业国有股权股份分享的公司清算净收入等。国有资本经营预

算本级收入是指政府财政筹集的纳入本级国有资本经营预算管理的非税收入。

财政总预算会计核算的国有资本经营预算本级收入，应当按照《政府收支分类科目》中的国有资本经营预算收入科目进行分类，并且仅包括国有资本经营预算收入科目中的非税收入科目，不包括转移性收入科目。按照现行《政府收支分类科目》，国有资本经营预算收入科目分设类、款、项、目四级，各级科目逐级递进，内容也逐级细化。国有资本经营预算收入科目的类级科目为非税收入，款级科目为国有资本经营收入。款级科目下按国有资本经营收入的来源渠道设置项级科目和目级科目。现行国有资本经营预算收入设置的项级科目包括：

（1）利润收入。反映中国人民银行、国有独资企业等按规定上缴国家的利润。该科目下设石油石化企业利润收入、电力企业利润收入、电信企业利润收入、煤炭企业利润收入、房地产企业利润收入、医药企业利润收入、教育文化广播企业利润收入等目级科目，分别反映不同渠道的利润收入来源。

（2）股利、股息收入。反映国有控股、参股企业国有股权股份上缴的股利股息收入。该科目下设国有控股公司股利股息收入、国有参股公司股利股息收入等目级科目，分别反映不同渠道的股利股息收入来源。

（3）产权转让收入。反映国有资产、国有股权转让或出售收入。该科目下设国有股权股份转让收入、国有独资企业产权转让收入、金融企业产权转让收入等目级科目，分别反映不同渠道的产权转让收入来源。

（4）清算收入。反映国有独资企业清算收入（扣除清算费用），以及国有控股参股企业国有股权股份分享的公司清算收入（扣除清算费用）。该科目下设国有股权股份清算收入、国有独资企业清算收入等目级科目，分别反映不同渠道的清算收入来源。

（5）其他国有资本经营预算收入。反映除以上内容外的其他国有资本经营预算收入。

在现行《政府收支分类科目》中，国有资本经营预算收入科目和一般公共预算收入科目中都设置有国有资本经营收入科目。即国有资本收益中的一部分上缴一般公共预算，主要用于社会保障、改善民生等一般公共预算目的；另一部分上缴国有资本经营预算，主要用于国有经济结构调整、国有企业改革成本等国有资本经营预算目的。

现简要举例说明国有资本经营预算本级收入分类四级科目的设置情况如表5-4所示。

表5-4　　国有资本经营预算本级收入分类四级科目的设置举例

预算科目编号				科目名称	说明
类	款	项	目		
103				非税收收入	
	06			国有资本经营收入	
		01		利润收入	
			04	石油石化企业利润收入	反映石油石化企业按规定上缴国家的利润。
			20	房地产企业利润收入	反映房地产企业按规定上缴国家的利润。
				……	
		02		股利股息收入	
			02	国有控股公司股利股息收入	反映国有控股公司上缴的股利、股息等。
			03	国有参股公司股利股息收入	反映国有参股公司上缴的股利、股息等。
				……	

国有资本经营预算本级收入的收缴方式和程序以及列报基础等，均比照一般公共预算本级收入。国有资本经营预算收入日报表的参考格式如同一般公共预算收入日报表。

二、国有资本经营预算本级收入的核算

为核算国有资本经营预算本级收入业务，财政总预算会计应设置“国有资本经营预算本级收入”总账科目。该科目应当根据《政府收支分类科目》中“国有资本经营预算收入科目”规定进行明细核算。财政部门收到款项时，根据当日预算收入日报表所列国有资本经营预算本级收入数，借记“国库存款”等科目，贷记该科目。年终转账时，该科目贷方余额全数转入“国有资本经营预算结转结余”科目，借记该科目，贷记“国有资本经营预算结转结余”科目。结转后，该科目无余额。该科目平时贷方余额反映国有资本经营预算本级收入的累计数。

例5-6

某市财政收到人民银行国库报来的国有资本经营预算收入日报表，当日共收到国有资本经营预算本级收入101 500元。其中，“非税收入——国有资本经营收入——利润收入”36 300元，“非税收入——国有资本经营收入——股利股息收入”25 200元，“非税收入——国有资本经营收入——产权转让收入”40 000元。财政总预算会计应编制如下会计分录：

借：国库存款	101 500	
贷：国有资本经营预算本级收入		101 500

同时，在“国有资本经营预算本级收入”总账科目的贷方登记明细账如下：

利润收入	36 300
股利股息收入	25 200
产权转让收入	40 000

随着国有企业改革的不断深入，国有企业的资产规模不断扩大，盈利能力不断增强，税后利润也不断增多。在此基础上，部分企业盲目投资、重复建设的问题突出，造成国有经济布局和结构不尽合理，影响了国有经济的整体发展。建立国有资本经营预算制度，国家通过适度集中部分国有资本收益，并通过实施国有企业以及国有企业之间、国有企业与非国有企业之间的兼并联合、重组改制、关闭破产等改革措施，可以增强政府的宏观调控能力，促进国有经济结构的战略性调整，增强国有经济的活力、控制力和影响力，从而使国有经济更加健康地发展。

除此之外，建立国有资本经营预算制度，还有利于完善复式预算制度，使一般公共预算与国有资本经营预算各司其职，相互不混淆使用，从而可以各自实现自身的预算目标。

例5-7

某市财政年终“国有资本经营预算本级收入”总账科目贷方余额为715 500元，财政总预算会计将其全数转入“国有资本经营预算结转结余”总账科目。财政总预算会计应编制如下会计分录：

借：国有资本经营预算本级收入	715 500	
贷：国有资本经营预算结转结余		715 500

同时，财政总预算会计应结清所有国有资本经营预算本级收入明细账的余额。

第四节 财政专户管理资金收入和专用基金收入

一、财政专户管理资金收入

（一）财政专户管理资金收入的概念

财政专户管理资金收入是指政府财政纳入财政专户管理的资金收入，目前主要是各种教育收费收入。

按照《政府收支分类科目》，目前反映教育部门教育收费的科目主要有公办幼儿园保育费、公办幼儿园住宿费、普通高中学费、普通高中住宿费、中等职业学校学费、中等职业学校住宿费、高等学校学费、高等学校住宿费、高等学校委托培养费、函大电大夜大及短训班培训费等。教育部门收取的各种教育收费属于教育行政事业性收费收入，相应款项缴入财政专户，实行财政专户管理。财政部门通过财政专户返还给教育部门的教育收费，教育部门作为事业收入处理。

其他相关部门的教育收费，分别在相应的行政事业性收费收入科目下开设教育收费明细科目。如公安行政事业性收费收入、法院行政事业性收费收入、财政行政事业性收费收入、审计行政事业性收费收入、税务行政事业性收费收入、海关行政事业性收费收入、体育行政事业性收费收入、卫生行政事业性收费收入等科目下分别开设教育收费明细科目，反映相应部门收取的缴入财政专户、实行专项管理的教育收费。

党校行政事业性收费收入科目下开设了函授学院办学收费、委托培养在职研究生学费、短期培训进修费、教材费、高等学校学费等教育收费明细科目，分别反映各项纳入财政专户管理的资金收入。其中，“高等学校学费”科目反映各级党校收取的全日制学术学位硕士、博士研究生学费和全日制专业学位硕士研究生学费等收入。

缴入财政专户的教育收费也属于政府的非税收入，但相应款项缴入财政部门在商业银行开设的财政专户中，而不是缴入财政部门在人民银行开设的国库中。

财政专户管理资金收入应当按照实际收到的金额入账。

（二）财政专户管理资金收入的核算

为核算财政专户管理资金收入业务，财政总预算会计应设置“财政专户管理资金收入”总账科目。该科目应当按照《政府收支分类科目》中收入分类科目规定进行明细核算。同时，根据管理需要，按部门（单位）等进行明细核算。财政部门收到财政专户管理资金时，借记“其他财政存款”科目，贷记该科目。年终转账时，该科目贷方余额全数转入“财政专户管理资金结余”科目，借记该科目，贷记“财政专户管理资金结余”科目。结转后，该科目无余额。该科目平时贷方余额反映财政专户管理资金收入的累计数。

例 5－8

某市财政收到财政专户管理的资金收入共计 65 500 元。其中，“非税收入——行政事业性收费收入——教育行政事业性收费收入——普通高中学费”35 500 元，“非税收入——行政事业性收费收入——卫生行政事业性收费收入——教育收费”10 000 元，“非税收入——行政事业性收费收入——体育行政事业性收费收入——教育收费”20 000元。财政总预算会计应编制如下会计分录：

借：其他财政存款　65 500

　贷：财政专户管理资金收入　65 500

同时，在“财政专户管理资金收入”总账科目的贷方登记明细账如下：

教育行政事业性收费收入	35 500
卫生行政事业性收费收入	10 000
体育行政事业性收费收入	20 000

卫生部门收取的教育收费如隶属于卫生部门的卫生学校收取的学费、住宿费等，体育部门收取的教育收费如隶属于体育部门的体育学校收取的学费、住宿费等。

例 5－9

某省财政年终“财政专户管理资金收入”总账科目贷方余额为 492 000 元，财政总预算会计将其全数转入“财政专户管理资金结余”总账科目。财政总预算会计应编制如下会计分录：

借：财政专户管理资金收入　492 000

　贷：财政专户管理资金结余　492 000

同时，财政总预算会计应结清所有财政专户管理资金收入明细账的余额。

二、专用基金收入

（一）专用基金收入的概念

专用基金是指财政总预算会计管理的各项具有专门用途的资金，目前主要是粮食风险基金。专用基金收入是财政部门取得的作为专用基金管理的资金收入。

专用基金收入必须专款专用，不能随意改变用途。在管理要求上需要做到先收后支，量入为出。专用基金收入的款项一般要求进行专户存储，存入财政部门按规定在有关银行开设的财政专户。

专用基金收入应当按照实际收到的金额入账。

（二）专用基金收入的核算

为核算专用基金收入业务，财政总预算会计应设置“专用基金收入”总账科目。该科目核算政府财政按照法律法规和国务院、财政部规定设置或取得的粮食风险基金等专用基金收入。该科目应当按照专用基金的种类进行明细核算。财政部门通过预算支出安排取得专用基金收入转入财政专户的，借记“其他财政存款”科目，贷记该科目；同时，借记“一般公共预算本级支出”等科目，贷记“国库存款”“补助收入”等科目。退回专用基金收入时，借记该科目，贷记“其他财政存款”科目。通过预算支出安排取得专用基金收入仍存在国库的，借记“一般公共预算本级支出”等科目，贷记“专用基金收入”科目。年终转账时，该科目贷方余额全数转入“专用基金结余”科目，借记该科目，贷记“专用基金结余”科目。结转后，该科目无余额。该科目平时贷方余额反映取得专用基金收入的累计数。

例5-10

某省财政通过本级一般公共预算安排取得粮食风险基金69 000元。相应款项已从财政国库转入粮食风险基金财政专户。省财政总预算会计应编制如下会计分录：

借：一般公共预算本级支出	69 000	
贷：国库存款		69 000

同时：

借：其他财政存款	69 000	
贷：专用基金收入		69 000

同时，在“专用基金收入”总账科目的贷方登记明细账如下：

粮食风险基金	69 000

为保护农民种粮的积极性，确保粮食生产的稳定增长，促进粮食流通体制改革，加强宏观调控，稳定粮食市场，防止粮食价格大幅波动，根据国家有关规定，中央和地方政府应当建立粮食风险基金。粮食风险基金收入主要来源于上级政府的专项拨款以及本级政府的预算安排，除此之外，粮食风险基金银行存款的利息收入应当增加粮食风险基金的本金，不能挪作他用。建立粮食风险基金，对于防范国家粮食风险具有重要意义。粮食风险基金主要用于对种粮农民进行直接补贴等方面。

例5-11

某省财政年终“专用基金收入”总账科目贷方余额为158 000元，财政总预算会计将其全数转入“专用基金结余”总账科目。财政总预算会计应编制如下会计分录：

借：专用基金收入	158 000	
贷：专用基金结余		158 000

同时，财政总预算会计应结清所有专用基金收入明细账的余额。

第五节 转移性收入

一、转移性收入的概念和分类

转移性收入是指在各级政府财政之间进行资金调拨以及在本级政府财政不同类型资金之间调剂所形成的收入，包括补助收入、上解收入、调入资金、地区间援助收入等。例如，本级财政收到上级财政的一般性转移支付收入、专项转移支付收入，本级一般公共预算从政府性基金预算中调入一部分资金等，都会形成转移性收入，相对应的一方形成转移性支出。

按照《政府收支分类科目》，转移性收入是与税收收入、非税收入、债务收入相并列的一个收入种类，属于类级科目。按照政府财政总预算的种类，转移性收入还可以分别有属于一般公共预算的转移性收入、属于政府性基金预算的转移性收入、属于国有资本经营预算的转移性收入和属于社会保险基金预算的转移性收入。

1. 一般公共预算中的转移性收入分类

根据现行《政府收支分类科目》，一般公共预算中的转移性收入类级科目设置如下款级科目：

（1）返还性收入。反映下级政府收到上级政府的返还性收入。该科目分设所得税基数返还收入、增值税税收返还收入、消费税税收返还收入等项级科目，分别反映不同来源渠道的返还性收入。

（2）一般性转移支付收入。反映政府间一般性转移支付收入。该科目分设体制补助收入、均衡性转移支付收入、县级基本财力保障机制奖补资金收入、结算补助收入、资源枯竭型城市转移支付补助收入、企业事业单位划转补助收入、基层公检法司转移支付收入、城乡义务教育转移支付收入、重点生态功能区转移支付收入、固定数额补助收入、革命老区转移支付收入、民族地区转移支付收入、边疆地区转移支付收入、贫困地区转移支付收入等项级科目，分别反映下级政府收到上级政府相应原因的一般性转移支付补助收入。

（3）专项转移支付收入。反映政府间专项转移支付收入。该科目分设一般公共服务、外交、国防、公共安全、教育、科学技术、文化体育与传媒、社会保障和就业、医疗卫生与计划生育、节能环保、城乡社区、农林水、交通运输、金融、住房保障、粮油物资储备等项级科目，分别反映下级政府收到上级政府的相应专项补助收入。

（4）上解收入。反映上级政府收到下级政府的上解收入。该科目分设体制上解收入、专项上解收入两个项级科目，分别反映上级政府收到下级政府相应原因的转移性上解收入。

（5）调入资金。反映不同性质资金之间的调入收入。该科目设调入一般公共预算资金项级科目，反映从其他预算调入一般公共预算的资金。调入一般公共预算资金项级科目再分设调入预算稳定调节基金、从政府性基金预算调入一般公共预算、从国有资本经营预算调入一般公共预算等目级科目，分别反映调入一般公共预算的资金来源渠道。

（6）接受其他地区援助收入。反映受援方政府接受的可统筹使用的各类援助、捐赠等资金收入。

2. 政府性基金预算中的转移性收入分类

根据现行《政府收支分类科目》，政府性基金预算中的转移性收入类级科目设置如下款级科目：

（1）政府性基金转移收入。反映政府性基金的转移收入。该科目分设政府性基金补助收入、政府性基金上解收入两个项级科目，分别反映下级政府收到的上级政府性基金补助收入，以及上级政府收到的下级政府性基金上解收入。

（2）调入资金。反映不同性质资金之间的调入收入。该科目分设调入政府性基金预算资金、调入专项收入两个项级科目，分别反映从其他预算调入政府性基金预算的资金，以及地方政府为弥补基金收入不足从公益性项目单位调入的用于偿付债务本金的收入。调入专项收入项级科目下再设国家电影事业发展专项资金调入专项收入、国有土地使用权出让金调入专项收入、彩票公益金调入专项收入、车辆通行费调入专项收入等目级科目，分别反映地方政府为弥补相关政府性基金收入不足从有关的公益性项目单位调入的用于偿付债务本金的收入。

3. 国有资本经营预算中的转移性收入分类

根据现行《政府收支分类科目》，国有资本经营预算中的转移性收入类级科目设置国有资本经营预算转移支付收入款级科目，反映下级政府收到上级政府的国有资本经营预算转移支付收入。

现行《政府收支分类科目》将债务转贷收入列入转移性收入类别。但现行《财政总预算会计制度》没有将债务转贷收入列入转移性收入类别，而是将债务转贷收入列入与债务收入并列的收入类别。债务转贷收入与补助收入、上解收入等转移性收入的重要区别是：债务转贷收入需要偿还，而补助收入、上解收入等不需要偿还。就需要偿还这一特点，债务转贷收入与债务收入是相同的。就财政资金在上下级政府财政之间转移这一特点，债务转贷收入与补助收入、上解收入等是相同的。就都可以用来安排发生预算支出这一特点，补助收入、上解收入、债务转贷收入、债务收入都是相同的，它们都是一级政府的财政收入。

现行《政府收支分类科目》将从预算稳定调节基金调入一般公共预算归类为调入资金。但现行《财政总预算会计制度》没有将从预算稳定调节基金调入一般公共预算归类为调入资金，而是将其单独归类为动用预算稳定调节基金。"动用预算稳定调节基金""安排预算稳定调节基金""预算稳定调节基金"科目分别属于财政总预算会计核算预算稳定调节基金的收入、支出和净资产类科目，它们分别核算预算稳定调节基金的增加、减少和余额。

现简要举例说明转移性收入分类四级科目的设置情况如表5-5所示。

表5-5 转移性收入分类四级科目的设置举例

预算科目编号				科目名称	说明
类	款	项	目		
110				转移性收入	
	02			一般性转移支付收入	
		01		体制补助收入	反映下级政府收到的上级政府的体制补助收入。
		02		均衡性转移支付收入	反映下级政府收到的上级政府均衡性转移支付补助。
	03			专项转移支付收入	
		01		一般公共服务	反映下级政府收到的上级政府的一般公共服务专项补助收入。
		04		公共安全	反映下级政府收到的上级政府的公共安全专项补助收入。
	04			政府性基金转移收入	
		01		政府性基金补助收入	反映下级政府收到的上级政府性基金补助收入。
		02		政府性基金上解收入	反映上级政府收到的下级政府性基金上解收入。
	05			国有资本经营预算转移支付收入	
	09			调入资金	

续前表

预算科目编号				科目名称	说明
类	款	项	目		
		01		调入一般公共预算资金	
			01	调入预算稳定调节基金	反映从预算稳定调节基金调入一般公共预算的资金。
			02	从政府性基金预算调入一般公共预算	反映政府性基金预算调入一般公共预算的资金。
		02		调入政府性基金预算资金	反映从其他预算调入政府性基金预算的资金。
				……	

汇总以上相关政府预算收入科目及其相应的会计核算科目，政府预算收入科目与财政总预算会计核算科目可简要对照如表 5－6 所示。政府预算收入科目的主要种类可简要如表 5－7 所示。

表 5－6　政府预算收入科目与相应会计核算科目对照表

财政总预算会计核算科目	政府预算收入科目
一般公共预算本级收入、政府性基金预算本级收入、国有资本经营预算本级收入	税收收入、非税收入
补助收入、上解收入、地区间援助收入、调入资金等	转移性收入
债务收入	债务收入
债务转贷收入	转移性收入

表 5－7　政府预算收入科目

类级科目编号	一般公共预算收入	政府性基金预算收入	国有资本经营预算收入
101	税收收入		
103	非税收入	非税收入	非税收入
105	债务收入	债务收入	
110	转移性收入	转移性收入	转移性收入

二、转移性收入的核算

为核算转移性收入业务，财政总预算会计应设置“补助收入”、“上解收入”、“地区间援助收入”、“调入资金”和“动用预算稳定调节基金”总账科目。财政总预算会计设置的转移性收入会计科目与《政府收支分类科目》中设置的转移性收入预算科目的比较情况可如表 5－8 所示。

表 5－8　转移性收入会计科目与预算科目的比较

会计科目	预算科目
补助收入	返还性收入、一般性转移支付收入、专项转移支付收入、政府性基金补助收入、国有资本经营预算转移支付收入
上解收入	上解收入、政府性基金上解收入
地区间援助收入	接受其他地区援助收入
调入资金	调入资金
动用预算稳定调节基金	调入资金

转移性收入应当按照财政体制的规定或实际发生的金额入账。

在财政总预算会计中，本级政府从上级政府取得的补助收入会增加本级政府可用财政资金的数额，但它不会增加本级政府与上级政府合计可用的财政资金数额。因此，上级政府在编制本级政府与下级政府的合并会计报表时，需要将本级政府的“补助支出”科目与所属下级政府的“补助收入”科目进行抵销。“上解收入”科目与“上解支出”科目的情况也是如此。

（一）补助收入

补助收入是指上级政府财政按照财政体制规定或因专项需要补助给本级政府财政的款项，包括上级税收返还、转移支付等。

为核算补助收入业务，财政总预算会计应设置“补助收入”总账科目。该科目下应当按照不同的资金性质设置“一般公共预算补助收入”“政府性基金预算补助收入”等明细科目。

本级政府财政部门收到上级政府财政拨入的补助款时，借记“国库存款”“其他财政存款”等科目，贷记“补助收入”科目。专项转移支付资金实行特设专户管理的，政府财政应当根据上级政府财政下达的预算文件确认补助收入。年度当中收到资金时，借记“其他财政存款”科目，贷记“与上级往来”等科目；年度终了，根据专项转移支付资金预算文件，借记“与上级往来”科目，贷记“补助收入”科目。

从“与上级往来”科目转入“补助收入”科目时，借记“与上级往来”科目，贷记“补助收入”科目。

有主权外债业务的财政部门，贷款资金由本级政府财政同级部门（单位）使用，且贷款的最终还款责任由上级政府财政承担的，本级政府财政部门收到贷款资金时，借记“其他财政存款”科目，贷记“补助收入”科目；外方将贷款资金直接支付给供应商或用款单位时，借记“一般公共预算本级支出”，贷记“补助收入”科目。

年终与上级政府财政结算时，根据预算文件，按照尚未收到的补助款金额，借记“与上级往来”科目，贷记“补助收入”科目。退还或核减补助收入时，借记“补助收入”科目，贷记“国库存款”“与上级往来”等科目。

年终转账时，“补助收入”科目贷方余额应根据不同资金性质分别转入对应的结转结余科目，借记“补助收入”科目，贷记“一般公共预算结转结余”“政府性基金预算结转结余”等科目。结转后，“补助收入”科目无余额。

“补助收入”科目平时贷方余额反映补助收入的累计数。

例 5－12

某省财政收到人民银行国库报来的一般公共预算收入日报表，当日共收到中央一般公共预算转移性收入 157 500 元。其中，“转移性收入——一般性转移支付收入”152 000 元，“转移性收入——专项转移支付收入” 5 500 元。财政总预算会计应编制如下会计分录：

借：国库存款	157 500	
贷：补助收入		157 500

同时，在“补助收入”总账科目的贷方登记明细账如下：

一般性转移支付收入	152 000

专项转移支付收入　　5 500

政府间转移支付是以各级政府间存在的财政能力差异为基础，以实现各地公共服务水平均等化为主旨而实行的一种财政平衡制度，是在政府间第一次财政分配即分税的基础上，按政府间财政能力差异与公共服务水平均等化目标的要求所进行的第二次分配。

在政府间转移支付收入中，一般性转移支付收入可以提高下级政府的基本财政能力，是缩小地区间财力差距、促进社会公平、实现财政能力均等化的主要形式。

专项转移支付属于有条件补助。在这种补助方式下，上级政府在拨付补助资金时附带了一定的条件，下级政府只有满足了这些条件，才能获得相应的补助。上级政府在拨付资金时附带的条件通常可以有规定资金使用方向或具体用途，如专项用于教育、社会保障、节能环保等；要求下级政府提供配套资金，如下级政府应当提供相应数额或相应比例的配套资金。规定资金使用方向或具体用途的补助，有利于上级政府实现特定的政策目标，如建设国民经济主干工程。要求下级政府提供配套资金，主要目的在于加强上级政府与下级政府的合作，共同承担提供某些公共服务的职责。专项转移支付可能会降低下级政府自主安排财权和事权的能力，降低下级政府可以自主安排的财政资金数额，由此也可能会降低下级政府根据自身需求统筹安排财政资金、实现相应目标的能力。为此，上级政府应当合理确定一般性转移支付和专项转移支付之间的比例，发挥它们各自的作用与优势。

例 5－13

某市财政年终与上级省政府财政进行结算，根据预算文件，尚未收到的补助款金额为 25 000 元。具体情况为："转移性收入——一般性转移支付收入" 10 000 元，"转移性收入——政府性基金转移收入——政府性基金补助收入" 15 000 元。市财政总预算会计应编制如下会计分录：

借：与上级往来　　25 000

　贷：补助收入　　25 000

同时，在"补助收入"总账科目的贷方登记明细账如下：

一般性转移支付收入　　10 000

政府性基金补助收入　　15 000

财政总预算会计年终根据预算文件确认的补助收入，上下级财政之间应当按照规定及时予以结清。

转移性收入应当纳入政府预算，实行预算管理。目前，中央财政对地方财政的一般性转移支付制度都有明确的规定和计算方法，地方财政在将一般性转移支付收入纳入财政预算时不存在制度和技术层面的问题。专项转移支付存在政策和年度的变化，但这些变化是逐渐发生的，因而也是可以预测的。与此同时，上级财政应当与下级财政及时沟通，尽早安排次年的专项转移支付，以便于下级财政在编制次年政府预算时将相应的专项转移支付收入纳入其中。转移性收入的预算应当连同本级财政收入的预算一起，提交同级人民代表大会审议和批准。转移性收入的决算也应当连同本级财政收入的决算一起，提交同级人民代表大会审查和批准。只有这样，转移性收入才能减少随意性，才能在规范有效的运行环境中发挥其应有的作用。

例5-14

某市财政年终“补助收入”总账科目贷方余额为686 000元。其中，属于一般公共预算资金的补助收入为650 000元，属于政府性基金预算资金的补助收入为36 000元。财政总预算会计将其分别转入“一般公共预算结转结余”“政府性基金预算结转结余”总账科目。财政总预算会计应编制如下会计分录：

借：补助收入	686 000	
贷：一般公共预算结转结余		650 000
政府性基金预算结转结余		36 000

同时，财政总预算会计应结清所有补助收入明细账的余额。

（二）上解收入

上解收入是指按照财政体制规定由下级政府财政上交给本级政府财政的款项。

为核算上解收入业务，财政总预算会计应设置“上解收入”总账科目。该科目下应当按照不同资金性质设置“一般公共预算上解收入”“政府性基金预算上解收入”等明细科目。同时，还应当按照上解地区进行明细核算。

本级政府财政收到下级政府财政的上解款时，借记“国库存款”等科目，贷记“上解收入”科目。年终与下级政府财政结算时，根据预算文件，按照尚未收到的上解款金额，借记“与下级往来”科目，贷记“上解收入”科目。退还或核减上解收入时，借记“上解收入”科目，贷记“国库存款”“与下级往来”等科目。年终转账时，“上解收入”科目贷方余额应根据不同资金性质分别转入对应的结转结余科目，借记“上解收入”科目，贷记“一般公共预算结转结余”“政府性基金预算结转结余”等科目。结转后，“上解收入”科目无余额。“上解收入”科目平时贷方余额反映上解收入的累计数。

例5-15

某省财政收到人民银行国库报来的一般公共预算收入日报表，当日共收到所属某市财政一般公共预算转移性收入28 600元。其中，“转移性收入——上解收入——体制上解收入”22 000元，“转移性收入——上解收入——专项上解收入”6 600元。省财政总预算会计应编制如下会计分录：

借：国库存款	28 600	
贷：上解收入		28 600

同时，在“上解收入”总账科目的贷方登记明细账如下：

体制上解收入	22 000
专项上解收入	6 600

我国实行分级分税预算管理体制，一级政府，一级预算主体，各级预算相对独立，自求平衡。在收入划分比例上，中央预算居主导地位，以保证中央的调控权和调控力度。因此，大多数转移性收入为上级政府对下级政府的补助。但转移性收入具有双向性的特征，即转移性收入既包括上级政府对下级政府的资金补助，也包括下级政府对上级政府的资金上解，转移性收入资金的这种上下双向流动构成了转移性收入体系。

例 5－16

某省财政年终与下级某市政府财政进行结算，根据预算文件，尚未收到的上解款金额为 36 700 元。具体情况为："转移性收入——上解收入——体制上解收入" 32 200元，"转移性收入——政府性基金转移收入——政府性基金上解收入" 4 500 元。省财政总预算会计应编制如下会计分录：

借：与下级往来　36 700

　贷：上解收入　36 700

同时，在"上解收入"总账科目的贷方登记明细账如下：

体制上解收入　32 200

政府性基金上解收入　4 500

上级财政确认的上解收入应当与下级财政确认的上解支出在数额上相等。

例 5－17

某省财政年终"上解收入"总账科目贷方余额为 176 600 元。其中，属于一般公共预算资金的上解收入为 155 600 元，属于政府性基金预算资金的上解收入为 21 000 元。财政总预算会计将其分别转入"一般公共预算结转结余""政府性基金预算结转结余"总账科目。财政总预算会计应编制如下会计分录：

借：上解收入　176 600

　贷：一般公共预算结转结余　155 600

　　　政府性基金预算结转结余　21 000

同时，财政总预算会计应结清所有上解收入明细账的余额。

（三）地区间援助收入

地区间援助收入是指受援方政府财政收到援助方政府财政转来的可统筹使用的各类援助、捐赠等资金收入。地区间援助收入的使用主体为各级政府财政部门，其他部门不能使用。

为核算地区间援助收入业务，财政总预算会计应设置"地区间援助收入"总账科目。该科目应当按照援助地区及管理需要进行相应的明细核算。财政部门收到援助方政府财政转来的资金时，借记"国库存款"科目，贷记该科目。年终转账时，该科目贷方余额全数转入"一般公共预算结转结余"科目，借记该科目，贷记"一般公共预算结转结余"科目。结转后，该科目无余额。该科目平时贷方余额反映地区间援助收入的累计数。

例 5－18

甲市财政收到乙市财政转来的一笔可统筹使用的援助资金，具体情况为"转移性收入——接受其他地区援助收入" 65 500 元。甲市财政总预算会计应编制如下会计分录：

借：国库存款　65 500

　贷：地区间援助收入　65 500

同时，在"地区间援助收入"总账科目的贷方登记明细账如下：

接受其他地区援助收入　65 500

例5-19

甲市财政年终“地区间援助收入”总账科目贷方余额为128 000元，财政总预算会计将其全数转入“一般公共预算结转结余”总账科目。财政总预算会计应编制如下会计分录：

借：地区间援助收入	128 000	
贷：一般公共预算结转结余		128 000

同时，财政总预算会计应结清所有地区间援助收入明细账的余额。

（四）调入资金

调入资金是指政府财政为平衡某类预算收支，从其他类型预算资金及其他渠道调入的资金。例如，为平衡一般公共预算收支，从政府性基金预算调入一般公共预算的资金，对一般公共预算来说，形成一般公共预算调入资金。

为核算调入资金业务，财政总预算会计应设置“调入资金”总账科目。该科目下应当按照不同资金性质设置“一般公共预算调入资金”“政府性基金预算调入资金”等明细科目。

财政部门从其他类型预算资金及其他渠道调入一般公共预算时，按照调入的资金金额，借记“调出资金——政府性基金预算调出资金”“调出资金——国有资本经营预算调出资金”“国库存款”等科目，贷记“调入资金——一般公共预算调入资金”科目。从其他类型预算资金及其他渠道调入政府性基金预算时，按照调入的资金金额，借记“调出资金——一般公共预算调出资金”“国库存款”等科目，贷记“调入资金——政府性基金预算调入资金”科目。年终转账时，“调入资金”科目贷方余额分别转入相应的结转结余科目，借记“调入资金”科目，贷记“一般公共预算结转结余”“政府性基金预算结转结余”等科目。结转后，“调入资金”科目无余额。“调入资金”科目平时贷方余额反映调入资金的累计数。

例5-20

某市财政为平衡一般公共预算，从政府性基金预算中调入一笔资金，具体情况为“转移性收入——调入资金——调入一般公共预算资金”58 000元。财政总预算会计应编制如下会计分录：

借：调出资金	58 000	
贷：调入资金		58 000

同时，在“调入资金”总账科目的贷方登记明细账如下：

调入一般公共预算资金		58 000

一般公共预算与政府性基金预算是两个相对独立的政府财政总预算种类。财政资金在两种不同性质资金之间调剂使用时，一方记录的调入资金与另一方记录的调出资金应当在数额上相等，一级政府的可用财政资金总额没有发生变化。

例5-21

某市财政年终“调入资金”总账科目贷方余额为76 000元。具体情况为：“调入一般公共预算资金”76 000元。财政总预算会计将其转入“一般公共预算结转结余”总账科目。财政总预算会计应编制如下会计分录：

借：调入资金　76 000

　　贷：一般公共预算结转结余　76 000

同时，财政总预算会计应结清所有调入资金明细账的余额。

（五）动用预算稳定调节基金

动用预算稳定调节基金是指政府财政为弥补短收年份预算资金的不足，调用的预算稳定调节基金。财政收入与经济形势密切相关。在经济形势较好的年份，财政收入的实收数额会比较多，可能会超过预算的数额，即形成超收。对于超收的财政收入，除非人民代表大会修订当年预算，相应增加财政支出，否则，政府财政不能随意安排使用。由于经济具有波动性，因此，超收的财政收入可以安排进入预算稳定调节基金，以备财政短收年份调入安排使用。近年来，我国进行了跨年度预算平衡改革。通过改革，政府财政更加稳健，运行也更加规范。

为核算动用预算稳定调节基金业务，财政总预算会计应设置“动用预算稳定调节基金”总账科目。政府财政调用预算稳定调节基金时，借记“预算稳定调节基金”科目，贷记该科目。年终转账时，该科目贷方余额全数转入“一般公共预算结转结余”科目，借记该科目，贷记“一般公共预算结转结余”科目。结转后，该科目无余额。该科目平时贷方余额反映动用预算稳定调节基金的累计数。

例 5－22

某市财政发生财政短收，即财政收入小于财政支出，决定调用预算稳定调节基金 35 000 元，相应的预算科目为“转移性收入——调入资金——调入一般公共预算资金”。财政总预算会计应编制如下会计分录：

借：预算稳定调节基金　35 000

　　贷：动用预算稳定调节基金　35 000

“动用预算稳定调节基金”科目属于收入类科目，但它不会带来国库存款的增加。通过调用预算稳定调节基金，以前年度累积的预算稳定调节基金减少，当年的财政总收入增加，当年的财政收支缺口减少。

例 5－23

某市财政年终“动用预算稳定调节基金”总账科目贷方余额为 41 000 元。财政总预算会计将其转入“一般公共预算结转结余”总账科目。财政总预算会计应编制如下会计分录：

借：动用预算稳定调节基金　41 000

　　贷：一般公共预算结转结余　41 000

第六节　债务收入和债务转贷收入

一、债务收入

（一）债务收入的概念和分类

债务收入是指政府通过发行债券或借款等方式取得的资金收入。债务收入形成政府可以安排使用的财政资金，与此同时，债务收入又列入政府财政预算，因此，债务收入与税收收入、非税收入、转移性收入等并列为政府一般公共预算收入、政府性基金预算收入的资金来源或收入种类。目前，中央政府的一般公共预算可以编制赤字预算，即一般公共预算收不抵支的差额，可以通过发行政府债券弥补。地方各级政府的预算按照量入为出、收支平衡的原则编制，不列赤字。经国务院批准，省、自治区、直辖市政府可以在国务院确定的限额内，通过发行地方政府债券举借债务。举借的债务列入本级预算调整方案，报本级人民代表大会常务委员会批准。债务收入还形成政府需要偿还的债务，因此，债务收入也需要作为政府的负债予以记录，包括正式的会计分录记录以及其他辅助的记录。

财政总预算会计核算的债务收入，应当按照《政府收支分类科目》中一般公共预算收入和政府性基金预算收入科目下的债务收入科目进行分类。按照现行《政府收支分类科目》，债务收入是与税收收入、非税收入、转移性收入等相并列的类级科目。债务收入类级科目下的科目设置情况如下：

1. 一般公共预算收入中的债务收入科目

（1）中央政府债务收入。反映中央政府取得的债务收入。该款级科目分设中央政府国内债务收入、中央政府国外债务收入两个项级科目，分别反映中央政府从国内和国外或境外取得的债务收入。其中，中央政府国外债务收入科目再分设中央政府境外发行主权债券收入、中央政府向外国政府借款收入、中央政府向国际组织借款收入等目级科目，分别反映中央政府国外债务收入的资金来源。

（2）地方政府债务收入。反映地方政府取得的债务收入。该款级科目下设一般债务收入项级科目，该项级科目下再分设地方政府一般债券收入、地方政府向外国政府借款收入、地方政府向国际组织借款收入等目级科目，分别反映地方政府一般债务收入的资金来源。

2. 政府性基金预算收入中的债务收入科目

设置地方政府债务收入款级科目。该款级科目下再设置专项债务收入项级科目。项级科目下再分设国家电影事业发展专项资金债务收入、国有土地使用权出让金债务收入、彩票公益金债务收入、城市基础设施配套费债务收入、车辆通行费债务收入、污水处理费债务收入、政府收费公路专项债券收入等目级科目，分别反映以相应政府性基金收入为偿债来源举借的专项债务收入。

现简要举例说明债务收入分类四级科目的设置情况如表5-9所示。

表5-9 债务收入分类四级科目的设置举例

预算科目编号				科目名称	说明
类	款	项	目		
105				债务收入	
	04			地方政府债务收入	
		01		一般债务收入	
			01	地方政府一般债券收入	反映地方政府取得的一般债券收入。
				……	
		02		专项债务收入	

续前表

预算科目编号				科目名称	说明
类	款	项	目		
			15	彩票公益金债务收入	反映地方政府以彩票公益金为偿债来源举借的专项债务收入。
			20	污水处理费债务收入	反映地方政府以污水处理费为偿债来源举借的专项债务收入。
				……	

（二）债务收入的核算

为核算债务收入业务，财政总预算会计应设置“债务收入”总账科目。该科目核算政府财政按照国家法律、国务院规定以发行债券等方式取得的，以及向外国政府、国际金融组织等机构借款取得的纳入预算管理的债务收入。该科目应当按照《政府收支分类科目》中“债务收入”科目的规定进行明细核算。

省级以上政府财政收到政府债券发行收入时，按照实际收到的金额，借记“国库存款”科目，按照政府债券实际发行额，贷记“债务收入”科目，按照发行收入和发行额的差额，借记或贷记有关支出科目；根据债务管理部门转来的债券发行确认文件等相关资料，按照到期应付的政府债券本金金额，借记“待偿债净资产——应付短期政府债券/应付长期政府债券”科目，贷记“应付短期政府债券”“应付长期政府债券”等科目。

政府财政向外国政府、国际金融组织等机构借款时，按照借入的金额，借记“国库存款”“其他财政存款”等科目，贷记“债务收入”科目；根据债务管理部门转来的相关资料，按照实际承担的债务金额，借记“待偿债净资产——借入款项”科目，贷记“借入款项”科目。

年终转账时，“债务收入”科目下“专项债务收入”明细科目的贷方余额应按照对应的政府性基金种类分别转入“政府性基金预算结转结余”相应明细科目，借记“债务收入——专项债务收入有关明细科目”科目，贷记“政府性基金预算结转结余”科目；“债务收入”科目下其他明细科目的贷方余额全数转入“一般公共预算结转结余”科目，借记“债务收入——其他明细科目”科目，贷记“一般公共预算结转结余”科目。结转后，“债务收入”科目无余额。

“债务收入”科目平时贷方余额反映债务收入的累计数。

债务收入应当按照实际发行额或借入的金额入账。

例 5－24

某省财政发行一批 3 年期记账式固定利率附息地方政府专项债券，相应的预算科目为“债务收入——地方政府债务收入——专项债务收入”，计划发行面值 560 000 元，每年支付一次利息，到期偿还本金并支付最后一年利息。该期债券采用单一价格招标方式，标的为利率，各中标承销团成员按债券面值承销。经招投标程序确定的债券票面利率为 2.25%，实际发行债券面值金额为 560 000 元，实际收到债券发行收入560 000元，经确认的到期应付债券本金金额为 560 000 元，债券实际发行额为 560 000 元。该期债券发行后上市交易。财政总预算会计应编制如下会计分录：

借：国库存款　　560 000
　　贷：债务收入　　560 000

同时：

借：待偿债净资产　　560 000
　　贷：应付长期政府债券　　560 000

同时，在“债务收入”总账科目的贷方登记明细账如下：

专项债务收入　　560 000

例 5-25

某省财政年终“债务收入”总账科目贷方余额为 552 000 元。其中，“一般债务收入”340 000 元，“专项债务收入”212 000 元。财政总预算会计分别将其转入“一般公共预算结转结余”“政府性基金预算结转结余”总账科目。财政总预算会计应编制如下会计分录：

借：债务收入　　552 000
　　贷：一般公共预算结转结余　　340 000
　　　　政府性基金预算结转结余　　212 000

同时，财政总预算会计应结清所有债务收入明细账的余额。

二、债务转贷收入

（一）债务转贷收入的概念和分类

债务转贷收入是指本级政府财政收到的上级政府财政转贷的债务收入。

按照地方政府债券预算管理的相关办法，地方政府债券收入可以用于省级直接支出，也可以转贷市、县级政府使用。市、县级政府使用省级政府债券收入的，由省级财政转贷，纳入市、县级财政预算，实行预算管理。

债务转贷收入与债务收入并不完全相同。债务转贷收入反映债务收入的资金在上下级政府之间的转移，因此，上下级政府财力总数不变。债务收入是政府面向社会投资者或其他机构取得的资金收入，它不是资金在上下级政府之间的转移，因此，上下级政府财力总数会增加。债务转贷收入与债务收入的共同点是：它们都是政府可供使用的财政资金流入，同时，取得资金的政府都需要在未来偿还取得的资金数额，并支付相应的利息费用。

财政总预算会计核算的债务转贷收入，应当按照《政府收支分类科目》中一般公共预算收入和政府性基金预算收入科目下的债务转贷收入科目进行分类。按照现行《政府收支分类科目》，债务转贷收入属于转移性收入类级科目下的款级科目，其明细科目的设置情况如下：

1. 一般公共预算收入中的债务转贷收入科目

设置地方政府一般债务转贷收入项级科目，反映下级政府收到的上级政府转贷的一般债务收入。该项级科目下再分设地方政府一般债券转贷收入、地方政府向外国政府借款转贷收入、地方政府向国际组织借款转贷收入等目级科目，分别反映地方政府一般债务转贷收入的资金来源。

2. 政府性基金预算收入中的债务转贷收入科目

设置地方政府专项债务转贷收入项级科目，反映下级政府收到的上级政府转贷的专项债务收入。该项级科目下再分设国家电影事业发展专项资金债务转贷收入、国有土地使用权出让金债务转贷收入、彩票公益金债务转贷收入、城市基础设施配套费债务转贷收入、车辆通行费债务转贷收入、污水处理费债务转贷收入、政府收费公路专项债券转贷收入等目级科目，分别反映下级政府收到的上级政府转贷的相应政府性基金专项债务收入。

现简要举例说明债务转贷收入分类四级科目的设置情况如表 5－10 所示。

表 5－10　债务转贷收入分类四级科目的设置举例

预算科目编号				科目名称	说明
类	款	项	目		
110				转移性收入	
	11			债务转贷收入	
		01		地方政府一般债务转贷收入	
			01	地方政府一般债券转贷收入	反映下级政府收到的上级政府转贷的一般债券收入。
				……	
		02		地方政府专项债务转贷收入	
			15	彩票公益金债务转贷收入	反映下级政府收到的上级政府转贷的彩票公益金专项债务收入。
			20	污水处理费债务转贷收入	反映下级政府收到的上级政府转贷的污水处理费专项债务收入。
				……	

（二）债务转贷收入的核算

为核算债务转贷收入业务，财政总预算会计应设置“债务转贷收入”总账科目。该科目核算省级以下（不含省级）政府财政收到上级政府财政转贷的债务收入。该科目下应当设置“地方政府一般债务转贷收入”“地方政府专项债务转贷收入”明细科目。

省级以下（不含省级）政府财政收到地方政府债券转贷收入时，按照实际收到的金额，借记“国库存款”科目，贷记“债务转贷收入”科目；根据债务管理部门转来的相关资料，按照到期应偿还的转贷款本金金额，借记“待偿债净资产——应付地方政府债券转贷款”科目，贷记“应付地方政府债券转贷款”科目。

省级以下（不含省级）政府财政收到主权外债转贷资金时，借记“其他财政存款”科目，贷记“债务转贷收入”科目；根据债务管理部门转来的相关资料，按照实际承担的债务金额，借记“待偿债净资产——应付主权外债转贷款”科目，贷记“应付主权外债转贷款”科目。

年终转账时，“债务转贷收入”科目下“地方政府一般债务转贷收入”明细科目的贷方余额全数转入“一般公共预算结转结余”科目，借记“债务转贷收入”科目，贷记“一般公共预算结转结余”科目。“债务转贷收入”科目下“地方政府专项债务转贷收入”明细科目的贷方余额按照对应的政府性基金种类分别转入“政府性基金预算结转结余”相应明细科目，借记“债务转贷收入”科目，贷记“政府性基金预算结转结余”科目。结转后，“债务转贷收入”科目无余额。

“债务转贷收入”科目平时贷方余额反映债务转贷收入的累计数。

债务转贷收入应当按照实际收到的转贷金额入账。

例 5-26

某省财政发行一批地方政府专项债券。同时，向所属下级某市财政转贷 250 000 元，用以支持该市政府的一项公共设施建设，市财政相应的预算科目为“转移性收入——债务转贷收入——地方政府专项债务转贷收入”。市财政总预算会计应编制如下会计分录：

借：国库存款　　250 000

　贷：债务转贷收入　　250 000

同时：

借：待偿债净资产　　250 000

　贷：应付地方政府债券转贷款　　250 000

同时，在“债务转贷收入”总账科目的贷方登记明细账如下：

地方政府专项债务转贷收入　　250 000

例 5-27

某市财政年终“债务转贷收入”总账科目贷方余额为 732 000 元。其中，“地方政府一般债务转贷收入”322 000 元，“地方政府专项债务转贷收入”410 000 元。财政总预算会计分别将其转入“一般公共预算结转结余”“政府性基金预算结转结余”总账科目。财政总预算会计应编制如下会计分录：

借：债务转贷收入　　732 000

　贷：一般公共预算结转结余　　322 000

　　　政府性基金预算结转结余　　410 000

同时，财政总预算会计应结清所有债务转贷收入明细账的余额。

思考题

1. 什么是财政总预算会计的收入？财政总预算会计核算的收入包括哪些内容？

2. 什么是一般公共预算本级收入？按照现行《政府收支分类科目》，一般公共预算本级收入可分成哪些主要类别？

3. 什么是政府性基金预算本级收入？按照现行《政府收支分类科目》，政府性基金预算本级收入可分成哪些主要类别？

4. 什么是国有资本经营预算本级收入？按照现行《政府收支分类科目》，国有资本经营预算本级收入可分成哪些主要类别？

5. 什么是转移性收入？按照现行《政府收支分类科目》，转移性收入可分成哪些主要类别？

6. 什么是财政专户管理资金收入？什么是专用基金收入？试举例说明。

7. 什么是债务收入？什么是债务转贷收入？两者有什么相同和不同的地方？

练习题

练习一

一、目的：练习一般公共预算本级收入的核算。

二、资料：某市财政20×4年发生如下经济业务：

(1) 收到人民银行国库报来的一般公共预算收入日报表，当日共收到一般公共预算本级收入193 000元。其中，“税收收入——增值税”78 200元，“税收收入——企业所得税”45 600元，“税收收入——房产税”69 200元。

(2) 收到人民银行国库报来的一般公共预算收入日报表，当日共收到一般公共预算本级收入130 500元。其中，“非税收入——专项收入”44 500元，“非税收入——行政事业性收费收入”8 200元，“非税收入——罚没收入”77 800元。

(3) 收到人民银行国库报来的一般公共预算收入日报表，当日共收到一般公共预算本级收入181 300元。其中，“非税收入——国有资本经营收入”152 100元，“非税收入——国有资源（资产）有偿使用收入”25 800元，“非税收入——政府住房基金收入”3 400元。

三、要求：根据以上经济业务，为该市财政总预算会计编制有关的会计分录。同时，登记有关一般公共预算本级收入账户的明细账。

练习二

一、目的：练习政府性基金预算本级收入和国有资本经营预算本级收入的核算。

二、资料：某市财政20×4年发生如下经济业务：

(1) 收到人民银行国库报来的政府性基金预算本级收入日报表，当日共收到政府性基金预算本级收入121 700元。其中，“非税收入——政府性基金收入——国有土地使用权出让收入”63 200元，“非税收入——政府性基金收入——彩票公益金收入”58 500元。

(2) 收到人民银行国库报来的国有资本经营预算收入日报表，当日共收到国有资本经营预算本级收入165 000元。其中，“非税收入——国有资本经营收入——利润收入”23 000元，“非税收入——国有资本经营收入——产权转让收入”142 000元。

三、要求：根据以上经济业务，为该市财政总预算会计编制有关的会计分录。同时，登记有关政府性基金预算本级收入和国有资本经营预算本级收入账户的明细账。

练习三

一、目的：练习财政专户管理资金收入和专用基金收入的核算。

二、资料：某省财政20×4年发生如下经济业务：

(1) 收到财政专户管理的资金收入共计273 200元。其中，“非税收入——行政事业性收费收入——教育行政事业性收费收入——高等学校学费”235 000元，“非税收入——行政事业性收费收入——卫生行政事业性收费收入——教育收费”38 200元。

(2) 通过预算支出安排取得专用基金收入36 000元，具体为粮食风险基金，相应款项仍存在国库。

三、要求：根据以上经济业务，为该省财政总预算会计编制有关的会计分录。同时，登记有关财政专户管理资金收入和专用基金收入账户的明细账。

练习四

一、目的：练习转移性收入的核算。

二、资料：某省财政20×4年发生如下经济业务：

（1）收到人民银行国库报来的一般公共预算收入日报表，当日共收到一般公共预算转移性收入285 000元。其中，“转移性收入——一般性转移支付收入”250 000元，“转移性收入——专项转移支付收入”35 000元。

（2）收到人民银行国库报来的一般公共预算收入日报表，当日收到所属某市一般公共预算转移性收入36 000元。具体为：“转移性收入——上解收入——专项上解收入”36 000元。

（3）为平衡一般公共预算，从政府性基金预算中调入资金85 000元。

（4）收到人民银行国库报来的政府性基金预算收入日报表，当日共收到中央政府性基金预算转移性收入45 600元。具体情况为：“转移性收入——政府性基金转移收入——政府性基金补助收入”45 600元。

三、要求：根据以上经济业务，为该省财政总预算会计编制有关的会计分录。同时，登记有关转移性收入账户的明细账。

练习五

一、目的：练习动用预算稳定调节基金的核算。

二、资料：某省财政20×4年发生如下经济业务：

（1）发生财政短收，即财政收入小于财政支出，决定调用预算稳定调节基金50 000元。

（2）年终转账，将“动用预算稳定调节基金”科目贷方余额50 000元全数转入“一般公共预算结转结余”科目。

三、要求：根据以上经济业务，为该省财政总预算会计编制有关的会计分录。

练习六

一、目的：练习债务收入的核算。

二、资料：某省财政20×4年发生如下经济业务：

（1）收到人民银行国库报来的一般公共预算收入日报表，当日收到地方政府长期一般债券发行收入600 000元。具体情况为：“债务收入——地方政府债务收入——一般债务收入”600 000元。

（2）收到人民银行国库报来的政府性基金预算收入日报表，当日收到地方政府长期专项债券发行收入450 000元。具体情况为：“债务收入——地方政府债务收入——专项债务收入”450 000元。

三、要求：根据以上经济业务，为该省财政总预算会计编制有关的会计分录。同时，登记有关债务收入账户的明细账。

练习七

一、目的：练习债务转贷收入的核算。

二、资料：某市财政20×4年发生如下经济业务：

(1) 通过向上级某省政府债务转贷方式取得一笔地方政府一般债务转贷收入，具体情况为："转移性收入——债务转贷收入——地方政府一般债务转贷收入"320 000元。

(2) 通过向上级某省政府债务转贷方式取得一笔地方政府专项债务转贷收入，具体情况为："转移性收入——债务转贷收入——地方政府专项债务转贷收入"54 000元。

三、要求：根据以上经济业务，为该市财政总预算会计编制有关的会计分录。同时，登记有关债务转贷收入账户的明细账。

练习八

一、目的：练习财政总预算会计年终收入结账的核算。

二、资料：某市财政20×4年末有关财政总预算会计收入类账户结账前的余额如表5-11所示。

表5-11　某市财政总预算会计收入类账户结账前余额

20×4年末　单位：元

一般公共预算本级收入	2 580 000
政府性基金预算本级收入	890 000
国有资本经营预算本级收入	122 000
财政专户管理资金收入	115 000
专用基金收入	5 500
债务转贷收入——地方政府一般债务转贷收入	60 000
补助收入——一般性转移支付收入	210 000
补助收入——专项转移支付收入	185 000
上解收入——体制上解收入	36 400
上解收入——政府性基金上解收入	20 000
调入资金——调入一般公共预算资金	45 000
动用预算稳定调节基金	23 000
合计	4 291 900

三、要求：根据以上经济业务，为该市财政总预算会计编制有关年终结账的会计分录。

练习九

一、目的：综合练习财政总预算会计收入的核算。

二、资料：某省财政20×4年发生如下经济业务：

(1) 一般公共预算收到税收收入，具体为增值税收入423 300元，款项已存入国库。

(2) 一般公共预算收到税收收入，具体为企业所得税收入668 800元，款项已存入国库。

(3) 一般公共预算收到非税收入，具体为行政事业性收费收入12 800元，款项已存入国库。

(4) 一般公共预算收到非税收入，具体为罚没收入31 700元，款项已存入国库。

(5) 一般公共预算收到转移性收入，具体为一般性转移支付收入153 300元，款项已存入国库。

(6) 一般公共预算收到债务收入，具体为地方政府发行长期债券取得的收入，适用的预算科目为“地方政府债务收入”，金额为56 000元，款项已存入国库。

(7) 政府性基金预算收到非税收入，具体为城市基础设施配套费收入75 500元，款项已存入国库。

(8) 国有资本经营预算收到非税收入，具体为利润收入123 000元，款项已存入国库。

三、要求：根据以上经济业务，为该省财政总预算会计编制有关的会计分录。同时，登记有关收入账户的明细账。相关明细账按照《政府收支分类科目》设置。其中，“一般公共预算本级收入”“补助收入”“债务收入”科目明细账仅写出“款”级科目即可，“政府性基金预算本级收入”“国有资本经营预算本级收入”科目明细账仅写出“项”级科目即可。

第六章

财政总预算会计的支出

在财政总预算会计中，支出是指政府财政为实现政府职能，对财政资金的分配和使用。财政总预算会计核算的支出包括一般公共预算本级支出、政府性基金预算本级支出、国有资本经营预算本级支出、财政专户管理资金支出、专用基金支出、转移性支出、债务还本支出和债务转贷支出等。

第一节　一般公共预算本级支出

一、一般公共预算本级支出的概念和分类

一般公共预算本级支出是指政府财政管理的由本级政府使用的列入一般公共预算的支出。一般公共预算本级支出是政府对集中的一般公共预算收入有计划地进行分配和使用而发生的支出。其中，一般公共预算收入包括税收收入、非税收入、债务收入和转移性收入等种类。同时，一般公共预算本级支出是由本级政府使用的支出，而不是转移给上级政府或下级政府的支出，也不是向其他地区援助的支出。一般公共预算本级支出纳入政府的一般公共预算管理，它是各级政府最主要的财政资金支出。

财政总预算会计核算的一般公共预算本级支出，应当按照《政府收支分类科目》中的一般公共预算支出功能分类科目进行分类，并且仅包括其中的一般公共服务支出、外交支出、国防支出、公共安全支出、教育支出、科学技术支出等反映财政资金由本级政府使用的相关科目，不包括其中的转移性支出和债务还本支出相关科目。同时，财政总预算会计核算的一般公共预算本级支出，还应当按照《政府收支分类科目》中的政府预算支出经济分类科目进行分类，并且也仅包括其中的机关工资福利支出、机关商品和服务支出、机关资本性支出、对事业单位经常性补助、对事业单位资本性补助等反映财政资金由本级政府使用的相关科目，不包括其中的转移性支出和债务还本支出相关科目。也即财政总预算会计核算的一般公共预算本级支出，应当同时按照一般公共预算支出功能分类科目和政府预算支出经济分类科目进行分类。

（一）一般公共预算本级支出的功能分类

按照现行《政府收支分类科目》，一般公共预算支出功能分类科目分设类、款、项

三级，各级科目逐级递进，内容也逐级细化。

1. 一般公共服务支出

一般公共服务支出科目反映政府提供一般公共服务的支出。该类级科目分设人大事务、政协事务、政府办公厅（室）及相关机构事务、发展与改革事务、统计信息事务、财政事务、税收事务、审计事务、海关事务、纪检监察事务、商贸事务、知识产权事务、工商行政管理事务、质量技术监督与检验检疫事务、档案事务、群众团体事务、党委办公厅（室）及相关机构事务、组织事务、宣传事务、统战事务等款级科目，分别反映相应内容的一般公共服务支出。

2. 外交支出

外交支出科目反映政府外交事务支出。该类级科目分设外交管理事务、驻外机构、对外援助、国际组织、对外合作与交流等款级科目，分别反映相应内容的外交支出。

3. 国防支出

国防支出科目反映政府用于国防方面的支出。该类级科目分设现役部队、国防科研事业、专项工程、国防动员等款级科目，分别反映相应内容的国防支出。

4. 公共安全支出

公共安全支出科目反映政府维护社会公共安全方面的支出。该类级科目分设武装警察、公安、国家安全、检察、法院、司法、监狱、国家保密、缉私警察、海警等款级科目，分别反映相应内容的公共安全支出。

5. 教育支出

教育支出科目反映政府教育事务支出。该类级科目分设教育管理事务、普通教育、职业教育、成人教育、广播电视教育、留学教育、特殊教育、进修及培训、教育费附加安排的支出等款级科目，分别反映相应内容的教育支出。

6. 科学技术支出

科学技术支出科目反映用于科学技术方面的支出。该类级科目分设科学技术管理事务、基础研究、应用研究、技术研究与开发、科技条件与服务、社会科学、科学技术普及、科技交流与合作、科技重大项目等款级科目，分别反映相应内容的科学技术支出。

7. 文化体育与传媒支出

文化体育与传媒支出科目反映政府在文化、文物、体育、广播影视、新闻出版等方面的支出。该类级科目分设文化、文物、体育、新闻出版广播影视等款级科目，分别反映相应内容的文化体育与传媒支出。

8. 社会保障和就业支出

社会保障和就业支出科目反映政府在社会保障和就业方面的支出。该类级科目分设人力资源和社会保障管理事务、民政管理事务、补充全国社会保障基金、行政事业单位离退休、企业改革补助、就业补助、抚恤、退役安置、社会福利、残疾人事业、自然灾害生活救助、红十字事业、最低生活保障、财政对基本养老保险基金的补助、财政对其他社会保险基金的补助等款级科目，分别反映相应内容的社会保障和就业支出。

9. 医疗卫生与计划生育支出

医疗卫生与计划生育支出科目反映政府医疗卫生与计划生育管理方面的支出。该类级科目分设医疗卫生与计划生育管理事务、公立医院、基层医疗卫生机构、公共卫生、中医药、计划生育事务、食品和药品监督管理事务、行政事业单位医疗、财政对基本医疗保险基金的补助等款级科目，分别反映相应内容的医疗卫生与计划生育支出。

10. 节能环保支出

节能环保支出科目反映政府节能环保支出。该类级科目分设环境保护管理事务、环境监测与监察、污染防治、自然生态保护、天然林保护、退耕还林、风沙荒漠治理、退牧还草、能源节约利用、污染减排、可再生能源、循环经济、能源管理事务等款级科目，分别反映相应内容的节能环保支出。

11. 城乡社区支出

城乡社区支出科目反映政府城乡社区事务支出。该类级科目分设城乡社区管理事务、城乡社区规划与管理、城乡社区公共设施、城乡社区环境卫生、建设市场管理与监督等款级科目，分别反映相应内容的城乡社区支出。

12. 农林水支出

农林水支出科目反映政府农林水事务支出。该类级科目分设农业、林业、水利、南水北调、农业综合开发、农村综合改革等款级科目，分别反映相应内容的农林水支出。

13. 交通运输支出

交通运输支出科目反映交通运输和邮政业方面的支出。该类级科目分设公路水路运输、铁路运输、民用航空运输、邮政业支出、车辆购置税支出等款级科目，分别反映相应内容的交通运输支出。

14. 资源勘探信息等支出

资源勘探信息等支出科目反映资源勘探、制造业、建筑业、工业信息等方面的支出。该类级科目分设资源勘探开发、制造业、建筑业、工业和信息产业监管、安全生产监管、国有资产监管等款级科目，分别反映相应内容的资源勘探信息等支出。

15. 商业服务业等支出

商业服务业等支出科目反映商业服务业等方面的支出。该类级科目分设商业流通事务、旅游业管理与服务支出、涉外发展服务支出等款级科目，分别反映相应内容的商业服务业等支出。

16. 金融支出

金融支出科目反映金融方面的支出。该类级科目分设金融部门行政支出、金融部门监管支出、金融发展支出、金融调控支出等款级科目，分别反映相应内容的金融支出。

17. 援助其他地区支出

援助其他地区支出科目反映援助方政府安排并管理的对其他地区各类援助、捐赠等资金支出。该类级科目分设一般公共服务、教育、文化体育与传媒、医疗卫生、节能环保、农业、交通运输、住房保障等款级科目，分别反映相应内容的援助其他地区支出。

18. 国土海洋气象等支出

国土海洋气象等支出科目反映政府用于国土资源、海洋、测绘、地震、气象等公益服务事业方面的支出。该类级科目分设国土资源事务、海洋管理事务、测绘事务、地震事务、气象事务等款级科目，分别反映相应内容的国土海洋气象等支出。

19. 住房保障支出

住房保障支出科目反映政府用于住房方面的支出。该类级科目分设保障性安居工程支出、住房改革支出、城乡社区住宅等款级科目，分别反映相应内容的住房保障支出。

20. 粮油物资储备支出

粮油物资储备支出科目反映政府用于粮油物资储备方面的支出。该类级科目分设粮油事务、物资事务、能源储备、粮油储备、重要商品储备等款级科目，分别反映相应内容的粮油物资储备支出。

21. 其他支出

其他支出科目反映不能划分到上述功能科目的其他政府支出。

22. 债务付息支出

债务付息支出科目反映用于归还债务利息所发生的支出。该类级科目分设中央政府国内债务付息支出、中央政府国外债务付息支出、地方政府一般债务付息支出等款级科目，分别反映相应内容的债务付息支出。

23. 债务发行费用支出

债务发行费用支出科目反映用于债务发行兑付费用的支出。该类级科目分设中央政府国内债务发行费用支出、中央政府国外债务发行费用支出、地方政府一般债务发行费用支出等款级科目，分别反映相应内容的债务发行费用支出。

以上一般公共预算本级支出科目的设置主要是按政府的职能或功能来分类的，它们着重反映政府在做什么。例如，政府在做一般公共服务、外交、国防、公安、教育、科学技术、文化、社会保障、医疗卫生、节能环保、农业、水利、城乡社区规划、交通运输设施建设、金融监管、气象服务、住房保障等。这种一般公共预算本级支出的分类方法，称为按职能或功能分类的方法，所形成的一般公共预算本级支出科目也相应称为一般公共预算本级支出功能分类科目。在以上各支出科目中，“债务付息支出”和“债务发行费用支出”科目通常难以划分至具体的政府功能，从而区别于其他有关功能分类科目。

一般公共预算本级支出科目中的项级科目即第三级科目继续按照政府的职能或功能来分类，只是相应的职能或功能区分得更加细致。一般来说，政府在开展各种职能活动时，首先需要保证相关职能部门的日常运行。由此，项级科目中最常用的科目就是行政运行科目。行政运行科目反映行政单位（包括实行公务员管理的事业单位）的基本支出。在保证相关职能部门日常运行的基础上，政府还需要有针对性地开展相应的专项活动，以完成相关的专门任务，实现有关的专门目的或目标。由此，项级科目还会再根据各政府职能的具体专项活动进行设置。例如，财政事务款级科目下设置预算改革业务、财政国库业务、财政监察等项级科目，税收事务款级科目下设置税务办案、税务登记证及发票管理、税务宣传等项级科目，普通教育款级科目下设置小学教育、初中教育、高中教育、高等教育等项级科目，文化款级科目下设置图书馆、文化展示及纪念机构、文化活动等项级科目，以分别反映各专项活动或专门职能的支出。为各行政单位提供后勤服务的各类后勤服务中心、医务室等附属事业单位的支出，在统一设置的机关服务项级科目中进行归集和反映。行政单位附属不实行公务员管理的事业单位（不包括为行政单位提供后勤服务的各类后勤服务中心、医务室等）的基本支出，在相应设置的事业运行项级科目中进行归集和反映。

现以一般公共服务支出、公共安全支出、教育支出类级科目为例，简要举例说明一般公共预算本级支出功能分类三级科目的设置情况如表6-1所示。

表6-1　一般公共预算本级支出功能分类三级科目的设置举例
——以一般公共服务支出、公共安全支出、教育支出类级科目为例

科目编码			科目名称	说明
类	款	项		
201			一般公共服务支出	
	06		财政事务	反映财政事务方面的支出。
		01	行政运行	反映行政单位（包括实行公务员管理的事业单位）的基本支出。
		02	一般行政管理事务	反映行政单位（包括实行公务员管理的事业单位）未单独设置项级科目的其他项目支出。
		03	机关服务	反映为行政单位（包括实行公务员管理的事业单位）提供后勤服务的各类后勤服务中心、医务室等附属事业单位的支出。
		04	预算改革业务	反映财政部门用于预算改革方面的支出。
		05	财政国库业务	反映财政部门用于财政国库集中收付业务方面的支出。
		06	财政监察	反映财政监察派出机构的专项业务支出。
		07	信息化建设	反映财政部门用于“金财工程”等信息化建设方面的支出。
		50	事业运行	反映事业单位的基本支出，不包括行政单位（包括实行公务员管理的事业单位）后勤服务中心、医务室等附属事业单位。
		99	其他财政事务支出	反映除上述项目以外其他财政事务方面的支出。
204			公共安全支出	
	02		公安	反映公安事务及管理支出。
		01	行政运行	同以上“一般公共服务支出——财政事务——行政运行”科目。
		02	一般行政管理事务	同以上“一般公共服务支出——财政事务——一般行政管理事务”科目。
		03	机关服务	同以上“一般公共服务支出——财政事务——机关服务”科目。
		04	治安管理	反映各级公安机关开展治安管理工作的支出。
		06	刑事侦查	反映各级公安机关开展打击刑事犯罪活动的支出。
		07	经济犯罪侦查	反映各级公安机关开展打击经济犯罪活动的支出。
		12	道路交通管理	反映各级公安机关开展各类道路交通管理工作的支出。
		13	网络侦控管理	反映各级公安机关开展各类网络安全侦查的支出。
		19	信息化建设	反映各级公安机关用于“金盾工程”等信息化建设方面的支出。
		50	事业运行	同以上“一般公共服务支出——财政事务——事业运行”科目。

续前表

科目编码			科目名称	说明
类	款	项		
		99	其他公安支出	反映除上述项目以外其他用于公安方面的支出。
205			教育	
	01		教育管理事务	反映教育管理方面的支出。
		01	行政运行	同以上“一般公共服务支出——财政事务——行政运行”科目。
		02	一般行政管理事务	同以上“一般公共服务支出——财政事务——一般行政管理事务”科目。
		03	机关服务	同以上“一般公共服务支出——财政事务——机关服务”科目。
		04	其他教育管理事务支出	反映除上述项目以外其他用于教育管理事务方面的支出。
	02		普通教育	反映各类普通教育支出。
		01	学前教育	反映各部门举办的学前教育支出。
		02	小学教育	反映各部门举办的小学教育支出。政府各部门对社会中介组织等举办的小学的资助，如各类捐赠、补贴等，也在本科目中反映。
		03	初中教育	反映各部门举办的初中教育支出。政府各部门对社会中介组织等举办的初中教育的资助，如捐赠、补贴等，也在本科目中反映。
		04	高中教育	反映各部门举办的高级中学教育支出。政府各部门对社会中介组织等举办的高级中学的资助，如捐赠、补贴等，也在本科目中反映。
		05	高等教育	反映经国家批准设立的中央和省、自治区、直辖市各部门所属的全日制普通高等院校的支出。政府各部门对社会中介组织等举办的各类高等院校的资助，如捐赠、补贴等，也在本科目中反映。
		99	其他普通教育支出	反映除上述项目以外其他用于普通教育方面的支出。

功能分类不同于部门分类。部门分类是机构分类，着重明确支出的责任主体；功能分类是职能分类，着重说明政府在做什么。例如，高等学校归入教育职能，高等学校所属的医院归入医疗卫生职能，高等学校所属的出版社归入文化体育与传媒职能；公安部门归入公共安全职能，公安部门所属的公安学校归入教育职能；财政部门归入一般公共服务职能，实行归口管理的由财政部门开支的离退休经费支出归入社会保障和就业职能，由财政部主办并承担的国际会议支出归入外交职能。另外，同时包含小学教育和初中教育的实验学校等学校，需要按照学生人数比例等方法将有关的公共支出在小学教育职能与初中教育职能间进行拆分；同时包含初中教育和高中教育的完全中学，也需要按照学生人数比例等方法将有关的公共支出在初中教育职能和高中教育职能间进行拆分。

政府支出的功能分类与政府向社会提供的公共物品或公共服务的种类相关。例如，外交、国防、公共安全、教育、科学技术、文化体育与传媒、社会保障和就业、医疗卫生与计划生育、节能环保、交通运输、金融监管、住房保障等通常都是政府向社会提供的大类公共物品或公共服务。不能形成明显的大类公共物品或公共服务的，归入一般公共服务类别，如人大事务、财政事务、税收事务、纪检监察事务等。

（二）一般公共预算本级支出的经济分类

按照现行《政府收支分类科目》，政府预算支出经济分类科目分设类、款二级，二级科目逐级递进，内容也逐级细化。

1. 机关工资福利支出

机关工资福利支出科目反映机关和参照公务员法管理的事业单位（以下简称参公事业单位）在职职工和编制外长期聘用人员的各类劳动报酬，以及为上述人员缴纳的各项社会保险费等。该类级科目分设工资奖金津贴补贴、社会保障缴费、住房公积金、其他工资福利支出等款级科目。

2. 机关商品和服务支出

机关商品和服务支出科目反映机关和参公事业单位购买商品和服务的各类支出，其中不包括用于购置固定资产、战略性和应急性物资储备等资本性支出。该类级科目分设办公经费、会议费、培训费、专用材料购置费、委托业务费、公务接待费、因公出国出境费用、公务用车运行维护费、维修维护费、其他商品和服务支出等款级科目。

3. 机关资本性支出

机关资本性支出科目反映机关和参公事业单位的资本性支出。该类级科目分设房屋建筑物购建、基础设施建设、公务用车购置、土地征迁补偿和安置支出、设备购置、大型修缮、其他资本性支出等款级科目。

4. 对事业单位经常性补助

对事业单位经常性补助科目反映对事业单位（不含参公事业单位）的经常性补助支出。该类级科目分设工资福利支出、商品和服务支出、其他对事业单位补助等款级科目。

5. 对事业单位资本性补助

对事业单位资本性补助科目反映对事业单位（不含参公事业单位）的资本性补助支出。

6. 对企业补助

对企业补助科目反映政府对各类企业的补助支出。对企业资本性支出不在此科目反映。该类级科目分设费用补贴、利息补贴、其他对企业补助等款级科目。

7. 对企业资本性支出

对企业资本性支出科目反映政府对各类企业的资本性支出。

8. 对个人和家庭的补助

对个人和家庭的补助科目反映政府用于对个人和家庭的补助支出。该类级科目分设社会福利和救助、助学金、个人农业生产补贴、离退休费、其他对个人和家庭补助等款级科目。

9. 对社会保障基金补助

对社会保障基金补助科目反映政府对社会保险基金的补助以及补充全国社会保障基金的支出。该类级科目分设对社会保险基金补助、补充全国社会保障基金等款级科目。

10. 债务利息及费用支出

债务利息及费用支出科目反映政府债务利息及费用支出。该类级科目分设国内债务付息、国外债务付息、国内债务发行费用、国外债务发行费用等款级科目。

11. 其他支出

其他支出科目反映不能划分到上述经济科目的其他支出。该类级科目分设赠与、国家赔偿费用支出、对民间非营利组织和群众性自治组织补贴等款级科目。

现以机关工资福利支出、机关资本性支出类级科目为例，简要举例说明一般公共预算本级支出经济分类二级科目的设置情况如表6-2所示。

表6-2　一般公共预算本级支出经济分类二级科目的设置举例

——以机关工资福利支出、机关资本性支出类级科目为例

科目编码		科目名称	说明
类	款		
501		机关工资福利支出	
	01	工资奖金津贴补贴	反映机关和参公事业单位按规定发放的基本工资、津贴补贴、奖金。
	02	社会保障缴费	反映机关和参公事业单位为职工缴纳的基本养老保险缴费、职业年金缴费、职工基本医疗保险缴费、公务员医疗补助缴费，以及失业、工伤、生育、大病统筹和其他社会保障缴费。
	03	住房公积金	反映机关和参公事业单位按规定为职工缴纳的住房公积金。
	99	其他工资福利支出	反映机关和参公事业单位伙食补助费、医疗费和其他工资福利支出。
503		机关资本性支出	
	01	房屋建筑物购建	反映机关和参公事业单位用于购买、自行建造办公用房、仓库、职工生活用房、教学科研用房、学生宿舍、食堂等建筑物的支出。
	02	基础设施建设	反映机关和参公事业单位用于农田设施、道路、铁路、桥梁、水坝和机场、车站、码头等公共基础设施建设方面的支出。
		……	

《政府收支分类科目》中的一般公共预算支出功能分类科目和政府预算支出经济分类科目，各自都是一个内容完整的政府支出科目体系。这两套政府支出科目体系，分别从不同的角度对政府的支出进行了全面系统的分类。而且，这两套政府支出科目体系还可以相互配合，同时对有关的支出进行反映。例如，某公安部门购买了一批办公用品，用作日常行政运行。该购买办公用品的支出可以同时在“一般公共预算本级支出——公共安全”科目和“一般公共预算本级支出——机关商品和服务支出”科目中反映。前者反映为政府的功能支出或职能支出，后者反映为政府的经济支出或用途支出。或者前者反映政府在做什么，后者反映政府是怎么做的。一般公共预算支出功能分类科目和政府预算支出经济分类科目的相互配合关系可简要如表6-3所示。

表6-3 支出功能分类科目和支出经济分类科目的相互配合关系

	机关工资福利支出	机关商品和服务支出	…	合计
一般公共服务支出	1 560	3 120		348 000
外交支出	630	1 120		185 000
国防支出	1 850	2 530		358 000
公共安全支出	2 160	3 220		558 000
教育支出	2 350	3 410		606 000
……				
合计	745 000	1 310 000		2 055 000

二、一般公共预算本级支出的支付方式和程序

在财政国库集中支付方式下，一般公共预算本级支出的支付方式有财政直接支付和财政授权支付两种。两种支付方式的概念和支付程序分别如下。

（一）财政直接支付

财政直接支付是指由财政部门开具支付令，通过国库单一账户体系，直接将财政资金支付到商品或劳务供应者账户的支付方式。实行财政直接支付的支出主要包括工资支出、工程采购支出、物品和服务采购支出、转移支出等。财政直接支付的具体支出项目，由财政部门在确定部门预算时，或制定财政资金支付管理办法时确定。

在财政直接支付方式下，预算单位按照经批复的部门预算和资金使用计划，在相应的经济业务发生后向财政国库支付执行机构提交“财政直接支付申请书”。财政国库支付执行机构根据经批复的部门预算和资金使用计划及相关要求对预算单位提交的“财政直接支付申请书”审核无误后，开具“财政直接支付清算汇总通知单”和“财政直接支付凭证”，经财政国库管理机构盖章后，分别送中国人民银行和相应的代理银行（商业银行）。代理银行根据收到的“财政直接支付凭证”，以垫付资金的方式将资金直接支付给有关预算单位的商品或劳务供应者。之后，代理银行于当日填写“财政直接支付申请划款凭证”，向中国人民银行提出资金清算申请；同时，代理银行再开具“财政直接支付入账通知书”，发给有关的预算单位，作为预算单位取得财政拨款的依据。中国人民银行将代理银行发来的“财政直接支付申请划款凭证”与财政国库支付执行机构发来的“财政直接支付清算汇总通知单”核对无误后，于当日办理资金清算手续，将资金划给代理银行，以偿还代理银行垫付的资金。代理银行应当在将资金支付到收款人后，于支付资金的当日将加盖转讫章的“财政直接支付凭证”相应联次退回财政国库支付执行机构，以向财政国库支付执行机构反馈财政资金支付信息。财政国库支付执行机构应当按日向财政国库管理机构报送“预算支出结算清单”。其中，列明财政直接支付的内容、数额和其他相关信息。

财政总预算会计根据财政国库支付执行机构报来的“预算支出结算清单”，经与中

国人民银行报来的“财政直接支付申请划款凭证”及其他有关凭证核对无误后，做出相应的会计处理，确认国库存款的减少，并确认相应的预算支出。

在财政直接支付方式下，财政部门选择有关的商业银行作为代理银行，并在相应的代理银行开设财政零余额账户，用以办理财政直接支付业务。财政零余额账户不是实存财政资金的账户，它只是财政部门与代理银行间的一个临时结算过渡账户。每日终了，该账户的余额为零。

（二）财政授权支付

财政授权支付是指预算单位根据财政部门的授权，自行开具支付令，通过国库单一账户体系将资金支付到货品或劳务供应者账户的支付方式。实行财政授权支付的支出主要包括未纳入财政直接支付的购买支出和零星支出。财政授权支付的具体支出项目，由财政部门在确定部门预算时，或制定财政资金支付管理办法时确定。

在财政授权支付方式下，预算单位根据经批复的部门预算和资金使用计划，按照规定的时间和程序向财政部门申请授权支付用款限额。财政部门批准后，分别向中国人民银行和相应的代理银行（商业银行）签发“财政授权支付汇总清算额度通知书”和“财政授权支付额度通知书”。代理银行凭据“财政授权支付额度通知书”受理预算单位签发的支付指令，并与国库单一账户进行资金清算。代理银行在收到“财政授权支付额度通知书”后，向有关的预算单位发送“财政授权支付额度到账通知书”，作为预算单位财政授权支付用款额度增加的依据。预算单位凭据“财政授权支付额度到账通知书”，自行签发财政授权支付指令即“财政授权支付凭证”，交给代理银行办理资金支付业务。代理银行根据预算单位提交的财政授权支付指令，对其审核后，办理现金支付或转账支付的资金支付业务。之后，代理银行根据已办理支付的资金，于当日填写“财政授权支付申请划款凭证”，向中国人民银行提出资金清算申请。中国人民银行以收到的“财政授权支付汇总清算额度通知书”为依据，在对“财政授权支付申请划款凭证”审核无误后，通过国库单一账户与代理银行进行资金清算，将款项划给代理银行，以偿还代理银行垫付的资金。代理银行应当按规定向财政国库支付执行机构和预算单位报送“财政支出日报表”。财政国库支付执行机构应当按日向财政国库管理机构报送“预算支出结算清单”。其中，列明财政授权支付的内容、数额和其他相关信息。

财政总预算会计根据财政国库支付执行机构报来的“预算支出结算清单”，经与中国人民银行报来的“财政授权支付申请划款凭证”及其他有关凭证核对无误后，做出相应的会计处理，确认国库存款的减少，并确认相应的预算支出。

在财政授权支付方式下，财政部门选择有关的商业银行作为代理银行，并在相应的代理银行开设预算单位零余额账户，用以办理财政授权支付业务。预算单位零余额账户也不是实存财政资金的账户，它也只是财政部门与代理银行间的一个临时结算过渡账户。每日终了，该账户的余额也为零。

以上财政直接支付和财政授权支付两种财政资金支付方式为财政国库单一账户制度下的财政资金支付方式。这两种财政资金支付方式可合称为财政资金集中支付方式或财政国库集中支付方式。在财政国库集中支付过程中，“预算支出结算清单”的参考格式可如表6-4所示。

表 6-4　　预算支出结算清单

20×4 年 1 月 12 日　　单位：元

支出功能分类科目		政府预算支出经济分类科目		预算部门		支出总计	财政直接支付	财政授权支付
编号	名称	编号	名称	编号	名称			
20107	一般公共服务支出——税收事务	501	机关工资福利支出	（略）	市税务局	4 800	4 800	
20402	公共安全支出——公安	502	机关商品和服务支出		市公安局	1 200		1 200
20502	教育支出——普通教育	505	对事业单位经常性补助		市教育局	3 200	3 200	
	支出合计					9 200	8 000	1 200

国库支付执行机构负责人：　　国库支付执行机构经办人：

除财政国库集中支付方式外，财政资金的另一种支付方式为财政实拨资金支付方式。财政实拨资金是指财政部门通过国库存款账户将财政资金实际拨付到预算单位在商业银行开设的银行存款账户上，供预算单位使用的财政资金支付方式。财政实拨资金是一种传统的财政资金支付方式。它与现代财政国库单一账户制度下的财政资金支付方式即财政直接支付方式和财政授权支付方式形成对比。

三、一般公共预算本级支出的列报基础

财政总预算会计一般采用收付实现制确认和列报一般公共预算本级支出。即一般公共预算本级支出通常在财政总预算会计从财政国库拨付财政资金时确认和列报。具体来说，在财政直接支付方式下，财政总预算会计应根据财政国库支付执行机构每日报来的“预算支出结算清单”，在与中国人民银行报来的“财政直接支付申请划款凭证”核对无误后，列报预算支出。在财政授权支付方式下，财政总预算会计应根据财政国库支付执行机构每日报来的“预算支出结算清单”，在与中国人民银行报来的“财政授权支付申请划款凭证”核对无误后，列报预算支出。在财政实拨资金支付方式下，财政总预算会计应根据经审核批准的“预算经费请拨单”，按实际财政拨款数列报预算支出。凡是属于预拨经费的款项，到期转列支出时，应当按照预拨经费的列支口径列报支出。

财政总预算会计一般采用收付实现制确认和列报一般公共预算本级支出并不意味着财政总预算会计完全不采用权责发生制确认和列报一般公共预算本级支出。根据现行《财政总预算会计制度》的规定，一般公共预算本级支出、政府性基金预算本级支出、国有资本经营预算本级支出一般应当按照实际支付的金额入账，年末可采用权责发生制将国库集中支付结余列支入账。从本级预算支出中安排提取的专用基金，按照实际提取金额列支入账。对于收回当年已列支出的款项，应冲销当年支出。对于收回以前年度已列支出的款项，除财政部门另有规定外，应冲销当年支出。对于各项支出的账务处理必须以审核无误的国库划款清算凭证、资金支付凭证和其他合法凭证为依据。地方各级财政部门除国库集中支付结余外，不得采用权责发生制列支。权责发生

制列支只限于年末采用，平时不得采用。

四、一般公共预算本级支出的核算

为核算一般公共预算本级支出业务，财政总预算会计应设置“一般公共预算本级支出”总账科目。该科目应当根据《政府收支分类科目》中支出功能分类科目设置明细科目。同时，根据管理需要，按照支出经济分类科目、部门等进行明细核算。政府财政实际发生一般公共预算本级支出时，借记该科目，贷记“国库存款”“其他财政存款”等科目。年度终了，对纳入国库集中支付管理的、当年未支而需结转下一年度支付的款项（国库集中支付结余），采用权责发生制确认支出时，借记该科目，贷记“应付国库集中支付结余”科目。年终转账时，该科目借方余额应全数转入“一般公共预算结转结余”科目，借记“一般公共预算结转结余”科目，贷记该科目。结转后，该科目无余额。该科目平时借方余额反映一般公共预算本级支出的累计数。

（一）行政运行与事业运行支出

例6-1

某市财政总预算会计收到财政国库支付执行机构报来的预算支出结算清单，财政国库支付执行机构以财政直接支付的方式，通过财政零余额账户支付有关预算单位的属于一般公共预算本级支出的款项共计216 600元。具体支付情况为：“一般公共服务支出——财政事务——行政运行（机关工资福利支出）”121 000元，“公共安全支出——公安——行政运行（机关商品和服务支出）”80 600元，“一般公共服务支出——财政事务——事业运行（对事业单位经常性补助）”15 000元。财政总预算会计经与中国人民银行报来的财政直接支付申请划款凭证及其他有关凭证核对无误后，列报一般公共预算本级支出。财政总预算会计应编制如下会计分录：

借：一般公共预算本级支出　　216 600

　贷：国库存款　　216 600

同时，在“一般公共预算本级支出”总账科目的借方登记明细账如下：

一般公共服务支出——财政事务——行政运行（机关工资福利支出）　121 000

公共安全支出——公安——行政运行（机关商品和服务支出）　80 600

一般公共服务支出——财政事务——事业运行（对事业单位经常性补助）　15 000

在政府收支分类科目中，行政运行科目反映行政单位（包括实行公务员管理的事业单位）的基本支出。其中，基本支出是指为保障机构正常运转、完成日常工作任务而发生的人员支出和公用支出。行政运行的经费应当定期优先保证支付，以确保行政单位日常业务的正常运行。以财政部为例，实行公务员管理的事业单位包括国库支付中心、关税政策研究中心、干部教育中心、财政票据监管中心等。

在政府收支分类科目中，事业运行科目反映事业单位（不包括实行公务员管理的事业单位）的基本支出。以财政部为例，相应的直属事业单位包括信息网络中心、中国会计学会、中国注册会计师协会、全国预算与会计研究会、会计资格评价中心、预算评审中心、会计准则委员会等。

（二）专项支出

例 6－2

某市财政总预算会计收到财政国库支付执行机构报来的预算支出结算清单，财政国库支付执行机构以财政直接支付的方式，通过财政零余额账户支付有关预算单位的属于一般公共预算本级支出的款项共计 497 300 元。具体支付情况为："一般公共服务支出——财政事务——预算改革业务（机关商品和服务支出）" 152 300 元，"公共安全支出——公安——信息化建设（机关资本性支出）" 260 000 元，"交通运输支出——公路水路运输——公路建设（机关资本性支出）" 85 000 元。财政总预算会计经与中国人民银行报来的财政直接支付申请划款凭证及其他有关凭证核对无误后，列报一般公共预算本级支出。财政总预算会计应编制如下会计分录：

借：一般公共预算本级支出　　497 300

　贷：国库存款　　497 300

同时，在"一般公共预算本级支出"总账科目的借方登记明细账如下：

一般公共服务支出——财政事务——预算改革业务（机关商品和服务支出）　　152 300

公共安全支出——公安——信息化建设（机关资本性支出）　　260 000

交通运输支出——公路水路运输——公路建设（机关资本性支出）　　85 000

以上政府使用在"预算改革业务""信息化建设"方面的财政资金，属于政府在开展相应专门活动时自身耗用的财政资金。"交通运输支出——公路水路运输——公路建设"科目反映新建公路、公路改建、特大型桥梁建设、公路客货运站建设的支出。政府使用在"公路建设"方面的财政资金，属于政府直接投向社会相应方面的财政资金。它与以上政府使用在"预算改革业务""信息化建设"方面的财政资金是属于政府在开展相应专门活动时自身耗用的财政资金，可以形成一个对比。

（三）公益事业支出

例 6－3

某市财政总预算会计收到国库支付执行机构报来的预算支出结算清单，有关预算单位通过财政授权支付方式从预算单位零余额账户中支付属于一般公共预算本级支出的款项共计 328 200 元。具体支付情况为："教育支出——普通教育（对事业单位资本性补助）" 182 000 元，"文化体育与传媒支出——文化（对事业单位经常性补助）" 41 200 元，"医疗卫生与计划生育支出——公立医院（对事业单位资本性补助）" 105 000元。财政总预算会计经与中国人民银行报来的财政授权支付申请划款凭证及其他有关凭证核对无误后，列报一般公共预算本级支出。财政总预算会计应编制如下会计分录：

借：一般公共预算本级支出　　328 200

　贷：国库存款　　328 200

同时，在"一般公共预算本级支出"总账科目的借方登记明细账如下：

教育支出——普通教育（对事业单位资本性补助）　　182 000

文化体育与传媒支出——文化（对事业单位经常性补助） 41 200

医疗卫生与计划生育支出——公立医院（对事业单位资本性补助） 105 000

“文化体育与传媒支出——文化”科目反映政府用于公用文化设施、艺术表演团体及文化艺术活动等方面的支出。“医疗卫生与计划生育支出——公立医院”科目反映政府用于公立医院方面的支出。

教育、科学技术、文化、文物、体育、新闻出版广播影视、医疗卫生与计划生育等行业通常是公益性事业单位集中的行业。政府收支分类科目为这些行业设置了专门的支出功能分类科目。通过这些科目的归集和核算，政府在相应社会公益行业方面的支出数额可以得到全面完整的反映。例如，“教育支出——普通教育——高等教育”科目可以全面完整地反映政府在普通高等教育方面的支出数额，其中包括日常经费支出、基本建设支出、专项事业活动支出、对公办高等院校的支出、对其他组织举办高等院校的资助支出等。由于财政教育支出、科学技术支出等都有法定比例的要求，例如，根据国家相关法规规定，国家财政性教育经费支出占国内生产总值的比例应当达到4%，因此，设置相应的财政功能支出科目，集中归集相应功能的财政资金支出信息，可以较好地满足反映有用信息的需求。

（四）政府采购支出

例6-4

某市财政总预算会计收到财政国库支付执行机构报来的预算支出结算清单，财政国库支付执行机构以财政直接支付的方式，为相关预算单位采用政府集中采购方式购买货物、工程和服务支付财政预算资金共计160 000元。具体支付情况为：“节能环保支出——自然生态保护（对事业单位经常性补助）”25 000元，“农林水支出——水利（机关资本性支出）”135 000元。财政总预算会计经与中国人民银行财政直接支付申请划款凭证及其他有关凭证核对无误后，列报一般公共预算本级支出。财政总预算会计应编制如下会计分录：

借：一般公共预算本级支出 160 000

　贷：国库存款 160 000

同时，在“一般公共预算本级支出”总账科目的借方登记明细账如下：

节能环保支出——自然生态保护（对事业单位经常性补助） 25 000

农林水支出——水利（机关资本性支出） 135 000

“节能环保支出——自然生态保护”科目反映生态保护、生态修复、生物多样性保护、农村环境保护和生物安全管理等方面的支出。“农林水支出——水利”科目反映政府用于水利方面的支出。

政府采购是指各级国家机关、事业单位和团体组织，使用财政性资金采购依法制定的集中采购目录以内的或者采购限额标准以上的货物、工程和服务的行为。政府采购是市场经济条件下公共财政支出的一项管理制度，通过确立竞争、公开、公正、公平的支出使用规则，实现财政资金使用的规范性和有效性。政府采购应当单独编制预算，并严格按照批准的预算执行。政府采购制度建立后，有关预算单位所需的有些物品和服务被纳入政府集中采购目录，由政府采购管理部门统一计划，实行集中采购，并由财政部门直接向供应商支付货款。

（五）年终按权责发生制处理的支出

例 6-5

某市财政总预算会计年终核定当年确实无法实现拨款、按规定应留归预算单位在下一年度继续使用的本年终国库集中支付结余资金共计 33 600 元。具体情况为："国土海洋气象等支出——国土资源事务（机关商品和服务支出）"5 600 元，"住房保障支出——保障性安居工程支出（机关资本性支出）"28 000 元。财政总预算会计应编制如下会计分录：

借：一般公共预算本级支出　　33 600

　贷：应付国库集中支付结余　　33 600

同时，在"一般公共预算本级支出"总账科目的借方登记明细账如下：

国土海洋气象等支出——国土资源事务（机关商品和服务支出）　　5 600

住房保障支出——保障性安居工程支出（机关资本性支出）　　28 000

"国土海洋气象等支出——国土资源事务"科目反映政府用于国土资源管理等方面的支出。"住房保障支出——保障性安居工程支出"科目反映政府用于保障性住房方面的支出。

财政总预算会计实行收付实现制，但对于年终国库集中支付结余资金，应当按照规定采用权责发生制处理。在财政国库集中支付制度下，预算单位在年终尚未使用的财政预算资金留存在财政总预算会计账上，这部分财政预算资金形成预算单位的年终结转和结余资金。由于预算单位年终国库集中支付结余资金仍然归预算单位使用，并需要结转下一年度支付，财政总预算会计为不虚增当年度财政结转结余数额，年终对这部分资金数额应当按规定采用权责发生制，确认预算支出，减少预算结转结余。由于年终财政总预算会计并未实际从国库拨付这部分财政资金，因此，将相应的数额作为应付国库集中支付结余负债予以记录。预算单位在次年使用上年国库集中支付结余资金时，财政总预算会计尽管拨付财政预算资金，但不确认预算支出，而是冲减上年年终记录的应付国库集中支付结余负债数额。财政总预算会计在平时不对预算单位的财政预算资金结转结余数额做账务处理，年终一次核定。

（六）财政实拨资金支出

例 6-6

某市财政对尚未纳入财政国库集中支付制度改革的有关预算单位采用财政实拨资金支付方式，拨付属于一般公共预算本级支出的资金共计 41 000 元。根据经批准的预算经费请拨单及其他相关凭证，具体拨付情况为："资源勘探信息等支出——安全生产监管（机关工资福利支出）"16 000 元，"科学技术支出——科学技术普及（对事业单位经常性补助）"25 000 元。财政总预算会计应编制如下会计分录：

借：一般公共预算本级支出　　41 000

　贷：国库存款　　41 000

同时，在"一般公共预算本级支出"总账科目的借方登记明细账如下：

资源勘探信息等支出——安全生产监管（机关工资福利支出）　　16 000

科学技术支出——科学技术普及（对事业单位经常性补助）　　25 000

“资源勘探信息等支出——安全生产监管”科目反映国家安全生产监管部门、煤矿安全监察部门的支出。“科学技术支出——科学技术普及”科目反映科学技术普及方面的支出。

在财政实拨资金支付方式下，财政总预算会计以拨作支，即以实际拨付数确认预算支出。预算单位在实际使用了财政资金后，仍然需要向财政部门核销。

（七）一般公共预算本级支出的年终结转

例6-7

某市财政年终“一般公共预算本级支出”总账科目借方余额为1 556 000元，财政总预算会计将其全数转入“一般公共预算结转结余”总账科目。财政总预算会计应编制如下会计分录：

借：一般公共预算结转结余　　1 556 000

　贷：一般公共预算本级支出　　1 556 000

同时，财政总预算会计应结清所有一般公共预算本级支出明细账的余额。

第二节　政府性基金预算本级支出

一、政府性基金预算本级支出的概念和分类

政府性基金预算本级支出是指政府财政管理的由本级政府使用的列入政府性基金预算的支出。与一般公共预算本级支出相比，政府性基金预算本级支出具有专款专用的特征。政府性基金预算本级支出纳入政府预算管理。按照我国《预算法》的规定，政府性基金预算应当根据基金项目收入情况和实际支出需要，按基金项目编制，做到以收定支。

财政总预算会计核算的政府性基金预算本级支出，应当按照《政府收支分类科目》中的政府性基金预算支出功能分类科目进行分类。同时，财政总预算会计核算的政府性基金预算本级支出，还应当按照《政府收支分类科目》中的政府预算支出经济分类科目进行分类。相关具体分类要求如同一般公共预算本级支出的分类。

（一）政府性基金预算本级支出的功能分类

按照现行《政府收支分类科目》，政府性基金预算支出功能分类科目分设类、款、项三级，各级科目逐级递进，内容也逐级细化。现行政府性基金预算支出的功能分类科目例举如下。

1. 文化体育与传媒支出

文化体育与传媒支出科目反映政府在文化、文物、体育、广播影视、新闻出版等方面的支出。该类级科目分设如下款级科目：

国家电影事业发展专项资金及对应专项债务收入安排的支出。反映用国家电影事

业发展专项资金及对应专项债务收入安排的支出。

2. 社会保障和就业支出

社会保障和就业支出科目反映政府在社会保障和就业方面的支出。该类级科目分设如下款级科目：

大中型水库移民后期扶持基金支出。反映用大中型水库移民后期扶持基金安排的支出。

3. 节能环保支出

节能环保支出科目反映政府节能环保支出。该类级科目分设如下款级科目：

可再生能源电价附加收入安排的支出。反映用可再生能源电价附加收入安排的支出。

4. 城乡社区支出

城乡社区支出科目反映政府城乡社区事务支出。该类级科目分设如下款级科目：

(1) 国有土地使用权出让收入及对应专项债务收入安排的支出。反映用不含计提和划转部分的国有土地使用权出让收入及对应专项债务收入安排的支出。

(2) 国有土地收益基金及对应专项债务收入安排的支出。反映从国有土地收益基金及对应专项债务收入中安排用于土地收购储备等支出。

(3) 农业土地开发资金及对应专项债务收入安排的支出。反映从计提的农业土地开发资金及对应专项债务收入中安排用于农业土地开发的支出。

(4) 城市基础设施配套费及对应专项债务收入安排的支出。反映用城市基础设施配套费及对应专项债务收入安排的支出。

(5) 污水处理费及对应专项债务收入安排的支出。反映污水处理费及对应专项债务收入安排的支出。

5. 农林水支出

农林水支出科目反映政府农林水事务支出。该类级科目分设如下款级科目：

大中型水库库区基金及对应专项债务收入安排的支出。反映用大中型水库库区基金及对应专项债务收入安排的支出。

6. 交通运输支出

交通运输支出科目反映交通运输和邮政业方面的支出。该类级科目分设如下款级科目：

(1) 车辆通行费及对应专项债务收入安排的支出。反映用车辆通行费及对应专项债务收入安排的支出。

(2) 港口建设费及对应专项债务收入安排的支出。反映用港口建设费及对应专项债务收入安排的支出。

(3) 铁路建设基金支出。反映用铁路建设基金安排的支出。

(4) 民航发展基金支出。反映用民航发展基金收入安排的支出。

7. 资源勘探信息等支出

资源勘探信息等支出科目反映资源勘探、制造业、建筑业、工业信息等方面的支出。该类级科目分设如下款级科目：

农网还贷资金支出。反映用农网还贷资金收入安排用于农村电网改造贷款还本付息的支出。

8. 商业服务业等支出

商业服务业等支出科目反映商业服务业等方面的支出。该类级科目分设如下款级科目：

旅游发展基金支出。反映用旅游发展基金安排的支出。

9. 其他支出

其他支出科目反映不能划分到上述功能科目的其他政府支出。该类级科目分设如下款级科目：

（1）其他政府性基金及对应专项债务收入安排的支出。反映其他政府性基金及对应专项债务收入安排的支出。

（2）彩票发行销售机构业务费安排的支出。反映彩票发行销售机构的业务费用安排的支出。

（3）彩票公益金及对应专项债务收入安排的支出。反映用彩票公益金及对应专项债务收入安排的支出。

10. 债务付息支出

债务付息支出科目反映用于归还债务利息所发生的支出。该类级科目分设如下款级科目：

地方政府专项债务付息支出。反映地方政府用于归还专项债务利息所发生的支出。

11. 债务发行费用支出

债务发行费用支出科目反映用于债务发行兑付费用的支出。该类级科目分设如下款级科目：

地方政府专项债务发行费用支出。反映用于地方政府专项债务发行兑付费用的支出。

在以上有关政府性基金预算支出的款级科目下，再分设若干项级科目。例如，在农网还贷资金支出款级科目下，再分设中央农网还贷资金支出、地方农网还贷资金支出项级科目，分别反映中央农网还贷资金安排用于农村电网改造贷款还本付息的支出和地方农网还贷资金安排用于农村电网改造贷款还本付息的支出。在彩票公益金及对应专项债务收入安排的支出款级科目下，再分设用于社会福利的彩票公益金支出、用于体育事业的彩票公益金支出、用于教育事业的彩票公益金支出等项级科目，分别反映用彩票公益金及对应专项债务收入安排的具体支出用途。在地方政府专项债务付息支出款级科目下，再按照政府性基金的种类分设国家电影事业发展专项资金债务付息支出、国有土地使用权出让金债务付息支出、车辆通行费债务付息支出等项级科目，分别反映地方政府以相应的政府性基金安排的专项债务付息支出。

现以城乡社区支出、交通运输支出类级科目为例，简要举例说明政府性基金预算本级支出功能分类三级科目的设置情况如表6-5所示。

表6-5　政府性基金预算本级支出功能分类三级科目的设置举例

——以城乡社区支出、交通运输支出类级科目为例

科目编码			科目名称	说明
类	款	项		
212			城乡社区支出	
	08		国有土地使用权出让收入及对应专项债务收入安排的支出	

续前表

科目编码			科目名称	说明
类	款	项		
		01	征地和拆迁补偿支出	反映地方人民政府在征地和收购土地过程中支付的土地补偿费、安置补偿费、地上附着和青苗补偿费、拆迁补偿费支出。
		03	城市建设支出	反映土地出让收入用于完善国有土地使用功能的配套设施建设和城市基础设施建设支出。
		04	农村基础设施建设支出	反映土地出让收入用于农村饮水、环境、卫生、教育以及文化等基础设施建设支出。
		05	补助被征地农民支出	反映土地出让收入用于补助被征地农民社会保障支出以及保持被征地农民原有生活水平支出。
		07	廉租住房支出	反映从土地出让收入中安排用于城镇廉租住房建设和保障方面的支出。
			……	
214			交通运输支出	
	62		车辆通行费及对应专项债务收入安排的支出	
		01	公路还贷	反映车辆通行费安排用于偿还政府还贷公路建设贷款、有偿集资款本息的支出。
		02	政府还贷公路养护	反映车辆通行费安排用于政府还贷公路养护的支出。
		03	政府还贷公路管理	反映车辆通行费安排用于政府还贷公路运行和管理工作的支出。
			……	

从以上政府性基金预算支出的功能分类科目可以看出，政府性基金预算支出与一般公共预算支出在分类时所使用的政府职能或功能的大类名称即类级科目名称是一样的。按照我国现行预算管理方法，一般公共预算支出与政府性基金预算支出是分别运行的。但在汇总政府职能支出或功能支出时，它们又可以汇总在同一大类职能或功能下。这样，政府的职能支出或功能支出在大类方面可以得到全面完整的反映。

政府性基金预算支出的主要用途是城乡公共设施的建设和维护、社会公益事业等，如公路的建设和养护、污水处理设施的建设和运营、保障性住房的建设、水库建设、城市影院的建设和运行、城市防洪设施的建设和维护、农村电网改造、社会福利事业、体育事业等。政府的一般公共服务、外交、国防、公共安全等活动通常全额由一般公共预算保障。因此，政府性基金预算支出科目中通常没有一般公共服务支出、外交支出、国防支出、公共安全支出等科目。城乡社区、农林水、交通运输、资源勘探信息、节能环保以及社会保障和就业、文化体育与传媒等领域中的专项公共资金需求，是政府性基金预算本级支出的主要用途。

（二）政府性基金预算本级支出的经济分类

政府性基金预算本级支出经济分类科目的设置情况如同一般公共预算本级支出经济分类科目的设置情况。

政府性基金预算本级支出的支付方式和程序、列报基础等，均比照一般公共预算本级支出。

二、政府性基金预算本级支出的核算

为核算政府性基金预算本级支出业务，财政总预算会计应设置“政府性基金预算本级支出”总账科目。该科目应当按照《政府收支分类科目》中支出功能分类科目设置明细科目。同时，根据管理需要，按照支出经济分类科目、部门等进行明细核算。政府财政实际发生政府性基金预算本级支出时，借记该科目，贷记“国库存款”科目。年度终了，对纳入国库集中支付管理的、当年未支而需结转下一年度支付的款项（国库集中支付结余），采用权责发生制确认支出时，借记该科目，贷记“应付国库集中支付结余”科目。年终转账时，该科目借方余额应全数转入“政府性基金预算结转结余”科目，借记“政府性基金预算结转结余”科目，贷记该科目。结转后，该科目无余额。该科目平时借方余额反映政府性基金预算本级支出的累计数。

例6-8

某市财政总预算会计收到财政国库支付执行机构报来的预算支出结算清单，财政国库支付执行机构以财政直接支付的方式，通过财政零余额账户支付有关预算单位的属于政府性基金预算本级支出的款项共计172 600元。具体支付情况为：“城乡社区支出——国有土地使用权出让收入及对应专项债务收入安排的支出（机关资本性支出）”152 000元，“资源勘探信息等支出——农网还贷资金支出（债务利息及费用支出）”8 600元，“其他支出——彩票公益金及对应专项债务收入安排的支出（对事业单位资本性补助）”12 000元。财政总预算会计经与中国人民银行报来的财政直接支付申请划款凭证及其他有关凭证核对无误后，列报政府性基金预算本级支出。财政总预算会计应编制如下会计分录：

借：政府性基金预算本级支出　　172 600

　　贷：国库存款　　172 600

同时，在“政府性基金预算本级支出”总账科目的借方登记明细账如下：

国有土地使用权出让收入及对应专项债务收入安排的支出（机关资本性支出）　　152 000

农网还贷资金支出（债务利息及费用支出）　　8 600

彩票公益金及对应专项债务收入安排的支出（对事业单位资本性补助）12 000

政府性基金预算本级支出主要用于城乡公共设施的建设和维护以及其他公共物品的提供。这些城乡公共设施和其他公共物品直接惠及社会公众，而不是由政府部门单独使用和消耗。政府性基金预算本级支出通常不安排用于政府的行政运行。例如，农网还贷资金只能安排用于农村电网改造贷款的还本付息，不能安排用于农业部门或其他相关政府部门的行政运行。农业部门或其他相关政府部门的行政运行经费由一般公共预算安排。农村电网改造贷款的主要原因，是一般公共预算在安排农村电网改造建设项目时存在资金缺口。

例6-9

某市财政年终“政府性基金预算本级支出”总账科目借方余额为368 000元，财政总预算会计将其全数转入"政府性基金预算结转结余"总账科目。财政总预算会计应编制如下会计分录：

借：政府性基金预算结转结余 368 000

贷：政府性基金预算本级支出 368 000

同时，财政总预算会计应结清所有政府性基金预算本级支出明细账的余额。

第三节 国有资本经营预算本级支出

一、国有资本经营预算本级支出的概念和分类

国有资本经营预算本级支出是指政府财政管理的由本级政府使用的列入国有资本经营预算的支出。国有资本经营预算本级支出按照支出的性质，可以分为资本性支出、费用性支出和其他支出。其中，资本性支出指根据产业发展规划、国有经济布局和结构调整、国有企业发展要求，以及国家战略、安全等需要，安排的资本性支出，具体包括新设企业注入国有资本、补充企业国有资本、认购股权股份和其他资本性支出。费用性支出指用于弥补国有企业改革成本等方面的费用性支出。国有资本经营预算本级支出的范围依据国家宏观经济政策以及不同时期国有企业改革和发展的任务，统筹安排确定。根据我国《预算法》的规定，国有资本经营预算应当按照收支平衡的原则编制，不列赤字，并安排资金调入一般公共预算。

财政总预算会计核算的国有资本经营预算本级支出，应当按照《政府收支分类科目》中的国有资本经营预算支出功能分类科目进行分类。同时，财政总预算会计核算的国有资本经营预算本级支出，还应当按照《政府收支分类科目》中的政府预算支出经济分类科目进行分类。相关具体分类要求如同一般公共预算本级支出和政府性基金预算本级支出的分类。

（一）国有资本经营预算本级支出的功能分类

按照现行《政府收支分类科目》，国有资本经营预算支出功能分类科目分设类、款、项三级，各级科目逐级递进，内容也逐级细化。

1. 社会保障和就业支出

社会保障和就业支出科目反映政府在社会保障和就业方面的支出。该类级科目分设如下款级科目：

补充全国社会保障基金。反映用于补充全国社会保障基金的支出。

2. 国有资本经营预算支出

国有资本经营预算支出科目反映用国有资本经营预算收入安排的支出。该类级科目分设如下款级科目：

（1）解决历史遗留问题及改革成本支出。反映用国有资本经营预算收入安排的解决历史遗留问题及改革成本支出。

（2）国有企业资本金注入。反映用国有资本经营预算收入安排的国有企业资本金注入支出。

(3) 国有企业政策性补贴。反映用国有资本经营预算收入安排的用于国有企业政策性补助方面的支出。

(4) 金融国有资本经营预算支出。反映用金融企业国有资本经营预算收入安排的支出。

(5) 其他国有资本经营预算支出。反映用国有资本经营预算收入安排的其他国有资本经营预算支出。

在以上有关国有资本经营预算支出的款级科目下，再分设若干项级科目。例如，在国有企业资本金注入款级科目下，再分设国有经济结构调整支出、公益性设施投资支出、前瞻性战略性产业发展支出、生态环境保护支出、支持科技进步支出、保障国家经济安全支出等项级科目，分别反映用国有资本经营预算收入安排的国有企业资本金注入支出具体用途。

现以国有资本经营预算支出类级科目为例，简要举例说明国有资本经营预算本级支出功能分类三级科目的设置情况如表6-6所示。

表6-6　国有资本经营预算本级支出功能分类三级科目的设置举例
——以国有资本经营预算支出类级科目为例

科目编码			科目名称	说明
类	款	项		
223			国有资本经营预算支出	
	01		解决历史遗留问题及改革成本支出	
		05	国有企业退休人员社会化管理补助支出	反映用国有资本经营预算收入安排的支持国有企业退休人员移交社区实现社会化管理的支出。
		07	国有企业改革成本支出	反映用国有资本经营预算收入安排的用于国有企业改革中职工安置等方面的支出。
	02		国有企业资本金注入	
		01	国有经济结构调整支出	反映用国有资本经营预算收入安排的支持国有企业战略性重组、产业结构调整、推动国有资本投向重点行业和关键领域等方面的支出。
		02	公益性设施投资支出	反映用国有资本经营预算收入安排的公益性企业公共服务设施的投资支出，包括油气管道支出、交通运输设施支出、通信设施支出、市政服务设施支出等。
		03	前瞻性战略性产业发展支出	反映用国有资本经营预算收入安排的支持前瞻性战略性产业发展的支出。
			……	

（二）国有资本经营预算本级支出的经济分类

国有资本经营预算本级支出经济分类科目的设置情况如同一般公共预算本级支出、政府性基金预算本级支出经济分类科目的设置情况。

国有资本经营预算本级支出的支付方式和程序、列报基础等，均比照一般公共预算本级支出。

二、国有资本经营预算本级支出的核算

为核算国有资本经营预算本级支出业务，财政总预算会计应设置“国有资本经营预算本级支出”总账科目。该科目应当按照《政府收支分类科目》中支出功能分类科目设置明细科目。同时，根据管理需要，按照支出经济分类科目、部门等进行明细核算。政府财政实际发生国有资本经营预算本级支出时，借记该科目，贷记“国库存款”科目。年度终了，对纳入国库集中支付管理的、当年未支而需结转下一年度支付的款项（国库集中支付结余），采用权责发生制确认支出时，借记该科目，贷记“应付国库集中支付结余”科目。年终转账时，该科目借方余额应全数转入“国有资本经营预算结转结余”科目，借记“国有资本经营预算结转结余”科目，贷记该科目。结转后，该科目无余额。该科目平时借方余额反映国有资本经营预算本级支出的累计数。

例 6－10

某市财政总预算会计收到财政国库支付执行机构报来的预算支出结算清单，财政国库支付执行机构以财政直接支付的方式，通过财政零余额账户支付有关预算单位的属于国有资本经营预算本级支出的款项共计 218 800 元。具体支付情况为：“国有资本经营预算支出——解决历史遗留问题及改革成本支出（对企业补助）”52 000 元，“国有资本经营预算支出——国有企业资本金注入（对企业资本性支出）”166 800 元。财政总预算会计经与中国人民银行报来的财政直接支付申请划款凭证及其他有关凭证核对无误后，列报国有资本经营预算本级支出。财政总预算会计应编制如下会计分录：

借：国有资本经营预算本级支出　　218 800
　贷：国库存款　　218 800

同时，在“国有资本经营预算本级支出”总账科目的借方登记明细账如下：

解决历史遗留问题及改革成本支出（对企业补助）　　52 000
国有企业资本金注入（对企业资本性支出）　　166 800

例 6－11

某市财政年终“国有资本经营预算本级支出”总账科目借方余额为 615 500 元，财政总预算会计将其全数转入“国有资本经营预算结转结余”总账科目。财政总预算会计应编制如下会计分录：

借：国有资本经营预算结转结余　　615 500
　贷：国有资本经营预算本级支出　　615 500

同时，财政总预算会计应结清所有国有资本经营预算本级支出明细账的余额。

与一般公共预算资金、政府性基金预算资金的使用单位是行政事业单位不同，国有资本经营预算资金的使用单位为国有企业。因此，行政事业单位的部门决算中有一般公共预算资金收支决算和政府性基金预算资金收支决算，但没有国有资本经营预算资金收支决算。财政总预算会计以一级政府财政预算资金收支作为核算对象，其中既包括一般公共预算资金收支决算、政府性基金预算资金收支决算，也包括国有资本经营预算资金收支决算。在这一方面，财政总预算会计反映的财政预算资金收支范围与行政事业单位会计反映的财政预算资金收支范围存在差异。

第四节 财政专户管理资金支出和专用基金支出

一、财政专户管理资金支出

（一）财政专户管理资金支出的概念

财政专户管理资金支出是指政府财政用纳入财政专户管理的资金安排的支出，目前主要是用各种教育收费安排的支出。

各种教育收费由各教育单位按规定标准收取，并按规定缴入财政专户，实行收支两条线管理。财政部门通常采用返还教育收费的方式向有关教育单位拨付财政专户资金，并监督其按部门预算的规定用途使用。

尽管教育收费的收入科目按照收费单位所属预算部门可以有教育行政事业性收费收入、公安行政事业性收费收入、法院行政事业性收费收入、财政行政事业性收费收入、审计行政事业性收费收入等，但用教育收费安排的支出均属于教育支出，如属于普通教育、职业教育、成人教育等支出，它们不属于公安、法院、财政事务等支出。

（二）财政专户管理资金支出的核算

为核算财政专户管理资金支出业务，财政总预算会计应设置“财政专户管理资金支出”总账科目。该科目应当按照《政府收支分类科目》中支出功能分类科目设置相应明细科目。同时，根据管理需要，按照支出经济分类科目、部门（单位）等进行明细核算。财政部门发生财政专户管理资金支出时，借记该科目，贷记“其他财政存款”等有关科目。年终转账时，该科目借方余额全数转入“财政专户管理资金结余”科目，借记“财政专户管理资金结余”科目，贷记该科目。结转后，该科目无余额。该科目平时借方余额反映财政专户管理资金支出的累计数。

例 6-12

某市财政通过财政专户向有关教育单位拨付教育收费共计171 000元。其中，“教育支出——普通教育——高中教育”23 000元，“教育支出——普通教育——高等教育”148 000元。财政总预算会计应编制如下会计分录：

借：财政专户管理资金支出	171 000	
贷：其他财政存款		171 000

同时，在“财政专户管理资金支出”总账科目的借方登记明细账如下：

教育支出——普通教育——高中教育	23 000
教育支出——普通教育——高等教育	148 000

财政向教育单位返还教育收费，可以采用财政实拨资金的方式，也可以采用财政集中支付的方式。采用财政实拨资金的方式，即财政部门将存放在财政专户中的教育收费直接拨入有关教育收费单位的银行存款账户，供其按预算管理要求使用。采用财政集中支出的方式，即财政部门通过财政零余额账户或预算单位零余额账户垫付资金，再通过财政专户向财政零余额账户或预算单位零余额账户归还垫付资金。广义的财政

国库集中支付制度，包括通过国库集中支付和通过财政专户集中支付财政资金。这样，财政总预算会计可以统一调度包括国库和财政专户在内的所有财政资金。

例 6-13

某省财政年终“财政专户管理资金支出”总账科目借方余额为 278 000 元，财政总预算会计将其全数转入“财政专户管理资金结余”总账科目。财政总预算会计应编制如下会计分录：

借：财政专户管理资金结余　　278 000

　贷：财政专户管理资金支出　　278 000

同时，财政总预算会计应结清所有财政专户管理资金支出明细账的余额。

二、专用基金支出

（一）专用基金支出的概念

专用基金支出是指政府财政用专用基金收入安排的支出，目前主要是用粮食风险基金收入安排的相应支出。财政总预算会计在拨付专用基金时，应做到先收后支，量入为出，并做到按规定的用途拨付。

（二）专用基金支出的核算

为核算专用基金支出业务，财政总预算会计应设置“专用基金支出”总账科目。该科目应当根据专用基金的种类设置明细科目。同时，根据管理需要，按部门等进行明细核算。政府财政发生专用基金支出时，借记该科目，贷记“其他财政存款”等有关科目。退回专用基金支出时，做相反的会计分录。年终转账时，该科目借方余额全数转入“专用基金结余”科目，借记“专用基金结余”科目，贷记该科目。结转后，该科目无余额。该科目平时借方余额反映专用基金支出的累计数。

例 6-14

某乡财政使用粮食风险基金对种粮农民进行直接补贴，从粮食风险基金财政专户拨付资金 46 200 元。财政总预算会计应编制如下会计分录：

借：专用基金支出　　46 200

　贷：其他财政存款　　46 200

同时，在“专用基金支出”总账科目的借方登记明细账如下：

粮食风险基金——对种粮农民的直接补贴　　46 200

保护粮食安全、维护粮食价格基本稳定是政府的重要职责。政府除了使用粮食风险基金宏观调控粮食市场外，一般公共预算资金仍然专门安排粮油事务、粮油储备支出。国有资本经营预算资金也可以安排投入国有粮食企业，增强其发展能力。

例 6-15

某省财政年终“专用基金支出”总账科目借方余额为 79 500 元，财政总预算会计将其全数转入“专用基金结余”总账科目。财政总预算会计应编制如下会计分录：

借：专用基金结余　　79 500

　贷：专用基金支出　　79 500

同时，财政总预算会计应结清所有专用基金支出明细账的余额。

第五节 转移性支出

一、转移性支出的概念和分类

转移性支出与转移性收入相对应，是指在各级政府财政之间进行资金调拨以及在本级政府财政不同类型资金之间调剂所形成的支出，包括补助支出、上解支出、调出资金、地区间援助支出等。例如，本级财政支付给下级财政的一般性转移支付、专项转移支付，本级政府从政府性基金预算中调出一部分资金给一般公共预算使用等，都会形成转移性支出，相对应的一方形成转移性收入。各级政府财政的转移性支出可以与各级政府财政的本级支出形成对照。

财政总预算会计核算的转移性支出，应当按照《政府收支分类科目》中的支出功能分类科目进行分类，并且应当分别一般公共预算转移性支出、政府性基金预算转移性支出、国有资本经营预算转移性支出进行分类。同时，财政总预算会计核算的转移性支出，还应当按照《政府收支分类科目》中的政府预算支出经济分类科目进行分类，分成转移性支出类别。即如同一般公共预算本级支出、政府性基金预算本级支出、国有资本经营预算本级支出，财政总预算会计核算的转移性支出也应当同时按照支出功能分类科目和支出经济分类科目进行分类。

（一）转移性支出的功能分类

1. 一般公共预算中的转移性支出分类

根据现行《政府收支分类科目》，一般公共预算中的转移性支出类级科目分设如下款级科目：

（1）返还性支出。反映上级政府对下级政府的税收返还和所得税基数返还等支出。该科目分设所得税基数返还支出、增值税税收返还支出、消费税税收返还支出等项级科目，分别反映不同内容的返还性支出。

（2）一般性转移支付。反映政府间一般性转移支付支出。该科目分设体制补助支出、均衡性转移支付支出、县级基本财力保障机制奖补资金支出、结算补助支出、资源枯竭型城市转移支付补助支出、企业事业单位划转补助支出、基层公检法司转移支付支出、城乡义务教育转移支付支出、基本养老金转移支付支出、城乡居民医疗保险转移支付支出、重点生态功能区转移支付支出、固定数额补助支出、革命老区转移支付支出、民族地区转移支付支出、边疆地区转移支付支出、贫困地区转移支付支出等项级科目，分别反映上级政府对下级政府相应原因的一般性转移支付补助支出。

（3）专项转移支付。反映政府间专项转移支付支出。该科目分设一般公共服务、外交、国防、公共安全、教育、科学技术、文化体育与传媒、社会保障和就业、医疗卫生与计划生育、节能环保、城乡社区、农林水、交通运输、金融、住房保障、粮油物资储备等项级科目，分别反映上级政府对下级政府的相应专项补助支出。

（4）上解支出。反映下级政府对上级政府的上解支出。该科目分设体制上解支出、专项上解支出两个项级科目，分别反映下级政府对上级政府相应原因的转移性上解支出。

（5）调出资金。反映不同预算性质的资金之间相互调出。该科目分设补充预算稳定调节基金、补充预算周转金两个项级科目，分别反映从一般公共预算调出用于补充预算稳定调节基金、预算周转金的支出。

（6）援助其他地区支出。反映援助方政府安排的由受援方政府统筹使用的各类援助、捐赠等资金支出。

2. 政府性基金预算中的转移性支出分类

根据现行《政府收支分类科目》，政府性基金预算中的转移性支出类级科目分设如下款级科目：

（1）政府性基金转移支付。反映政府性基金预算中的上级补助支出和下级上解支出。该科目分设政府性基金补助支出、政府性基金上解支出两个项级科目，分别反映上级政府对下级政府的政府性基金补助支出，以及下级政府对上级政府的政府性基金上解支出。

（2）调出资金。反映不同预算性质的资金之间相互调出。该科目分设政府性基金预算调出资金项级科目，反映从政府性基金预算调出的资金。

3. 国有资本经营预算中的转移性支出分类

根据现行《政府收支分类科目》，国有资本经营预算中的转移性支出类级科目分设如下款级科目：

（1）国有资本经营预算转移支付。反映国有资本经营预算转移支付支出。该科目分设国有资本经营预算转移支付支出项级科目，反映上级政府对下级政府的国有资本经营预算转移支付支出。

（2）调出资金。反映不同预算性质的资金之间相互调出。该科目分设国有资本经营预算调出资金项级科目，反映从国有资本经营预算调出的资金。

现以一般公共预算中的转移性支出为例，简要举例说明转移性支出功能分类三级科目的设置情况如表 6－7 所示。

表 6－7　转移性支出功能分类三级科目的设置举例

——以一般公共预算为例

科目编码			科目名称	说明
类	款	项		
230			转移性支出	
	02		一般性转移支付	
		01	体制补助支出	反映上级政府对下级政府的体制补助。
		02	均衡性转移支付支出	反映上级政府对下级政府的均衡性转移支付补助。
		21	城乡义务教育转移支付支出	反映上级政府对下级政府的义务教育补助支出。
		26	重点生态功能区转移支付支出	反映上级政府对下级政府的重点生态功能区转移支付支出。
		31	贫困地区转移支付支出	反映上级政府对下级政府的财政扶贫支出。
	03		专项转移支付	
		04	公共安全	反映上级政府对下级政府的公共安全专项补助支出。
		05	教育	反映上级政府对下级政府的教育专项补助支出。
			……	

（二）转移性支出的经济分类

根据现行《政府收支分类科目》，政府预算支出经济分类科目中设置转移性支出类级科目，反映政府间和不同性质预算间的转移性支出。该类级科目分设如下相关款级科目。

（1）上下级政府间转移性支出。该科目反映上下级政府间的转移性支出。

（2）援助其他地区支出。该科目反映援助方政府安排的由受援方政府统筹使用的各类援助、捐赠等资金支出。

（3）调出资金。该科目反映不同性质预算间的转移性支出。

与债务转贷收入的情况相似，现行《政府收支分类科目》将债务转贷支出列入转移性支出类别。但现行《财政总预算会计制度》没有将债务转贷支出列入转移性支出类别，而是将债务转贷支出单独列为一个支出种类，与一般公共预算本级支出、政府性基金预算本级支出、补助支出、债务还本支出相并列。

在《政府收支分类科目》中，相关政府预算支出功能分类科目、政府预算支出经济分类科目都是内容相对独立完整的支出科目体系。在政府预算支出经济分类科目中，转移性支出是与机关工资福利支出、机关商品和服务支出、机关资本性支出、对事业单位经常性补助、对事业单位资本性补助等相并列的类级科目。

汇总以上相关政府预算支出科目及其相应的会计核算科目，政府预算支出功能分类科目、政府预算支出经济分类科目与财政总预算会计核算科目可简要对照如表6-8所示。

表6-8　　政府预算支出科目与相应会计核算科目对照表

财政总预算会计核算科目	政府预算支出功能分类科目	政府预算支出经济分类科目
一般公共预算本级支出、政府性基金预算本级支出、国有资本经营预算本级支出	一般公共服务支出、外交支出、国防支出、公共安全支出、教育支出、科学技术支出、文化体育与传媒支出、社会保障和就业支出、医疗卫生与计划生育支出、节能环保支出、城乡社区支出、农林水支出、交通运输支出、资源勘探信息等支出、商业服务业等支出、金融支出、援助其他地区支出、国土海洋气象等支出、住房保障支出、粮油物资储备支出、国有资本经营预算支出、其他支出	机关工资福利支出、机关商品和服务支出、机关资本性支出、对事业单位经常性补助、对事业单位资本性补助、对企业补助、对企业资本性支出、对个人和家庭的补助、对社会保障基金补助、其他支出
	债务付息支出、债务发行费用支出	债务利息及费用支出
补助支出、上解支出、地区间援助支出、调出资金等	转移性支出	转移性支出
债务还本支出	债务还本支出	债务还本支出
债务转贷支出	转移性支出	转移性支出

二、转移性支出的核算

为核算转移性支出业务，财政总预算会计应设置“补助支出”、“上解支出”、“地区间援助支出”、“调出资金”和“安排预算稳定调节基金”总账科目。财政总预算会计设置的这些转移性支出会计科目与《政府收支分类科目》中设置的转移性支出预算科目的比较情况可如表6-9所示。

表6-9 转移性支出会计科目与预算科目的比较

会计科目	预算支出功能分类科目	预算支出经济分类科目
补助支出	返还性支出、一般性转移支付、专项转移支付、政府性基金补助支出、国有资本经营预算转移支付	上下级政府间转移性支出
上解支出	上解支出、政府性基金上解支出	
地区间援助支出	援助其他地区支出	援助其他地区支出
调出资金	调出资金	调出资金
安排预算稳定调节基金	调出资金	调出资金

转移性支出应当按照财政体制的规定或实际发生的金额入账。

（一）补助支出

补助支出是指本级政府财政按财政体制规定或因专项需要补助给下级政府财政的款项，包括对下级的税收返还、转移支付等。补助支出与补助收入相互对应。

为核算补助支出业务，财政总预算会计应设置“补助支出”总账科目。该科目下应当按照不同资金性质设置“一般公共预算补助支出”“政府性基金预算补助支出”等明细科目，同时还应当按照补助地区进行明细核算。

政府财政发生补助支出或从“与下级往来”科目转入时，借记“补助支出”科目，贷记“国库存款”“其他财政存款”“与下级往来”等科目。专项转移支付资金实行特设专户管理的，本级政府财政应当根据本级政府财政下达的预算文件确认补助支出，借记“补助支出”科目，贷记“国库存款”“与下级往来”等科目。

有主权外债业务的财政部门，贷款资金由下级政府财政同级部门（单位）使用，且贷款最终还款责任由本级政府财政承担的，本级政府财政部门支付贷款资金时，借记“补助支出”科目，贷记“其他财政存款”科目；外方将贷款资金直接支付给用款单位或供应商时，借记“补助支出”科目，贷记“债务收入”“债务转贷收入”等科目；根据债务管理部门转来的相关外债转贷管理资料，按照实际支付的金额，借记“待偿债净资产”科目，贷记“借入款项”“应付主权外债转贷款”等科目。

年终与下级政府财政结算时，按照尚未拨付的补助金额，借记“补助支出”科目，贷记“与下级往来”科目。退还或核减补助支出时，借记“国库存款”“与下级往来”等科目，贷记“补助支出”科目。年终转账时，“补助支出”科目借方余额应根据不同资金性质分别转入对应的结转结余科目，借记“一般公共预算结转结余”“政府性基金预算结转结余”等科目，贷记“补助支出”科目。结转后，“补助支出”科目无余额。

“补助支出”科目平时借方余额反映补助支出的累计数。

例6－16

某省财政通过财政国库拨付一笔一般公共预算资金196 600元，具体适用“转移性支出——一般性转移支付——均衡性转移支付支出（上下级政府间转移性支出）”预算科目；同时，该省财政还通过财政直接支付的方式，为所属某市财政支付一笔一般公共预算资金35 800元，具体适用“转移性支出——专项转移支付——医疗卫生与计划生育（上下级政府间转移性支出）”预算科目。以上两项业务共发生转移性支出232 400元（196 600＋35 800）。省财政总预算会计应编制如下会计分录：

借：补助支出　　232 400

　贷：国库存款　　232 400

同时，在“补助支出”总账科目的借方登记明细账如下：

一般性转移支付（上下级政府间转移性支出）　　196 600

专项转移支付（上下级政府间转移性支出）　　35 800

均衡性转移支付的目的是促进地区间基本公共服务均等化，它可以弥补政府间财力分配的纵向不均衡和地区间财力分配的横向不均衡，确保公民无论居住在哪里都可以享受到基本相同的公共服务。均衡性转移支付的资金由接受转移支付的下级政府统筹安排使用。

“转移性支出——专项转移支付——医疗卫生与计划生育”科目反映上级政府对下级政府的医疗卫生与计划生育专项补助支出。专项转移支付具有明确的支付内容，通常属于购买支出，上级财政可采用财政直接支付的方式将财政资金支付给货品或服务供应商，与此同时，完成对所属下级政府的财政补助。

例6－17

某市财政与其所属某县财政年终进行财政体制结算，经计算，市财政应给予所属县财政补助款项共计106 200元，具体情况为：“转移性支出——一般性转移支付——体制补助支出（上下级政府间转移性支出）”18 200元，“转移性支出——政府性基金转移支付——政府性基金补助支出（上下级政府间转移性支出）”88 000元。其中，政府性基金补助支出来源于市政府的国有土地使用权出让收入，补助给所属县政府专项用于农村生态环境保护建设。以上两项业务共发生转移性支出106 200元（18 200＋88 000）。市财政总预算会计应编制如下会计分录：

借：补助支出　　106 200

　贷：与下级往来　　106 200

同时，在“补助支出”总账科目的借方登记明细账如下：

一般性转移支付（上下级政府间转移性支出）　　18 200

政府性基金补助支出（上下级政府间转移性支出）　　88 000

当下级财政的财政收入不足以抵补其支出时，上级财政应对其收不抵支的部分给予相应的财政补助。财政体制结算通常可以在年终进行，次年拨款。此时，财政总预算会计采用权责发生制，在年终确认相应的补助支出。政府间财政转移支付大多为逐级转移支付，但中央财政设立的县级基本财力保障机制奖补资金、农村义务教育专项资金等，直接补助对象为县级财政，省级财政具有监管管理职责。

“政府性基金补助支出”科目反映上级政府对下级政府的政府性基金补助支出。县政府在开展农村生态保护工作的同时，意味着放弃引入加工制造业等产业，同时也意味着减少地区国民生产总值和财政收入。此时，上级市政府或者省政府就需要相应安排转移支付资金，以确保县政府日常运行以及保障和改善民生的资金需要。同时，上级市政府或省政府也可以实现辖区内整体合理布局的目标。

例 6－18

某省财政年终“补助支出”总账科目借方余额为 703 000 元。其中，属于一般公共预算的补助支出共计 660 000 元；属于政府性基金预算的补助支出共计 43 000 元。财政总预算会计按预算资金性质将其分别转入“一般公共预算结转结余”“政府性基金预算结转结余”总账科目。财政总预算会计应编制如下会计分录：

借：一般公共预算结转结余	660 000	
政府性基金预算结转结余	43 000	
贷：补助支出		703 000

同时，财政总预算会计应结清所有补助支出明细账的余额。

（二）上解支出

上解支出是指本级政府财政按照财政体制规定上交给上级政府财政的款项。上解支出与上解收入相互对应。

为核算上解支出业务，财政总预算会计应设置“上解支出”总账科目。该科目下应当按照不同资金性质设置“一般公共预算上解支出”“政府性基金预算上解支出”等明细科目。政府财政发生上解支出时，借记该科目，贷记“国库存款”“与上级往来”等科目。年终与上级政府财政结算时，按照尚未支付的上解金额，借记该科目，贷记“与上级往来”科目。退还或核减上解支出时，借记“国库存款”“与上级往来”等科目，贷记该科目。年终转账时，该科目借方余额应根据不同资金性质分别转入对应的结转结余科目，借记“一般公共预算结转结余”“政府性基金预算结转结余”等科目，贷记该科目。结转后，该科目无余额。该科目平时借方余额反映上解支出的累计数。

例 6－19

某市财政按财政管理体制规定通过财政国库向上级某省财政上解一笔款项 45 000 元，具体适用“转移性支出——上解支出——体制上解支出（上下级政府间转移性支出）”预算科目。市财政总预算会计应编制如下会计分录：

借：上解支出	45 000	
贷：国库存款		45 000

同时，在“上解支出”总账科目的借方登记明细账如下：

体制上解支出（上下级政府间转移性支出）	45 000

“体制上解支出”科目反映下级政府对上级政府的体制上解支出。地方政府在事权划定后，其财力不足以完成相应事务的，由上级财政给予补助；其财力超过正常支出需求的，应按规定采用定额或比例等方法上缴上级财政。

例 6－20

某市财政与上级某省财政年终进行财政体制结算，经计算，市财政应向上级省财政上解款项12 800元，具体适用“转移性支出——上解支出——专项上解支出（上下级政府间转移性支出）”预算科目。市财政总预算会计应编制如下会计分录：

借：上解支出	12 800	
贷：与上级往来		12 800

同时，在“上解支出”总账科目的借方登记明细账如下：

专项上解支出（上下级政府间转移性支出）	12 800

“专项上解支出”科目反映下级政府对上级政府的专项上解支出。各级财政在年终时应当与上下级财政进行全面的结算，计算出应补助和应上解的款项，之后，按照权责发生制的方法确认补助支出或上解支出，同时确认与下级往来或与上级往来。

例6-21

某省财政年终“上解支出”总账科目借方余额为38 500元。其中，属于一般公共预算的上解支出共计36 000元；属于政府性基金预算的上解支出共计2 500元。财政总预算会计按预算资金性质将其分别转入“一般公共预算结转结余”“政府性基金预算结转结余”总账科目。财政总预算会计应编制如下会计分录：

借：一般公共预算结转结余	36 000	
政府性基金预算结转结余	2 500	
贷：上解支出		38 500

同时，财政总预算会计应结清所有上解支出明细账的余额。

（三）地区间援助支出

地区间援助支出是指援助方政府财政安排用于受援方政府财政统筹使用的各类援助、捐赠等资金支出。地区间援助支出与地区间援助收入相互对应。

为核算地区间援助支出业务，财政总预算会计应设置“地区间援助支出”总账科目。该科目应当按照受援地区及管理需要进行相应明细核算。政府财政发生地区间援助支出时，借记该科目，贷记“国库存款”科目。年终转账时，该科目借方余额全数转入“一般公共预算结转结余”科目，借记“一般公共预算结转结余”科目，贷记该科目。结转后，该科目无余额。该科目平时借方余额反映地区间援助支出的累计数。

例6-22

甲省财政通过财政国库向乙省财政拨付地区间援助资金45 500元，供乙省财政统筹安排使用，相应适用“转移性支出——援助其他地区支出”预算科目。甲省财政总预算会计应编制如下会计分录：

借：地区间援助支出	45 500	
贷：国库存款		45 500

同时，在“地区间援助支出”总账科目的借方登记明细账如下：

援助其他地区支出	45 500

与“地区间援助支出——援助其他地区支出”科目反映援助方政府安排的由受援方政府统筹使用的各类援助、捐赠等资金支出不同的是，“一般公共预算本级支出——援助其他地区支出”科目反映援助方政府安排并管理的对其他地区各类援助、捐赠等资金支出。

例 6-23

甲省财政年终“地区间援助支出”总账科目借方余额为 126 500 元，财政总预算会计将其全数转入“一般公共预算结转结余”总账科目。财政总预算会计应编制如下会计分录：

借：一般公共预算结转结余 126 500

　　贷：地区间援助支出 126 500

同时，财政总预算会计应结清所有地区间援助支出明细账的余额。

（四）调出资金

调出资金是指政府财政为平衡预算收支、从某类资金向其他类型预算调出的资金。例如，为平衡一般公共预算收支，从政府性基金预算调入一般公共预算的资金，对政府性基金预算来说，形成政府性基金预算调出资金。调出资金与调入资金相互对应。

为核算调出资金业务，财政总预算会计应设置“调出资金”总账科目。该科目下应当设置“一般公共预算调出资金”、“政府性基金预算调出资金”和“国有资本经营预算调出资金”等明细科目。政府财政从一般公共预算调出资金时，按照调出的金额，借记“调出资金——一般公共预算调出资金”科目，贷记“调入资金”相关明细科目。从政府性基金预算调出资金时，按照调出的金额，借记“调出资金——政府性基金预算调出资金”科目，贷记“调入资金”相关明细科目。从国有资本经营预算调出资金时，按照调出的金额，借记“调出资金——国有资本经营预算调出资金”科目，贷记“调入资金”相关明细科目。年终转账时，该科目借方余额分别转入相应的结转结余科目，借记“一般公共预算结转结余”、“政府性基金预算结转结余”和“国有资本经营预算结转结余”等科目，贷记该科目。结转后，该科目无余额。该科目平时借方余额反映调出资金的累计数。

例 6-24

某省财政经批准从国有资本经营预算中调出一笔资金 55 000 元至一般公共预算，专门用于一般公共预算的社会保障项目，相应适用“转移性支出——调出资金——国有资本经营预算调出资金”预算科目。财政总预算会计应编制如下会计分录：

借：调出资金 55 000

　　贷：调入资金 55 000

同时，在“调出资金”总账科目的借方登记明细账如下：

国有资本经营预算调出资金 55 000

根据国有资本经营预算的有关规定，国有资本经营预算支出主要安排用于国有企业改革成本、国有经济结构调整等有关国有企业改革发展的重要方面。根据规定，国有资本经营预算支出在必要时可部分安排用于社会保障等项支出。

例 6-25

某市财政年终“调出资金”总账科目借方余额为 76 600 元。具体情况为：“政府性基金预算调出资金”76 600 元。财政总预算会计将其转入“政府性基金预算结转结余”总账科目。财政总预算会计应编制如下会计分录：

借：政府性基金预算结转结余 76 600

　　贷：调出资金 76 600

同时，财政总预算会计应结清所有调出资金明细账的余额。

（五）安排预算稳定调节基金

安排预算稳定调节基金是指政府财政按照有关规定安排的预算稳定调节基金。例如，从财政超收收入中安排的预算稳定调节基金。由于经济具有波动性，与年初预算数相比，财政收入可能会超收，也可能会短收。对于财政收入超收的年度，通常可以将超收的财政收入作为调入预算稳定调节基金予以储备，留待财政短收的年度使用。通过预算稳定调节基金，各年的财政收入可以相互调节，各年预定的支出目标更加有保证实现，政府财政运行更加平稳。安排预算稳定调节基金与动用预算稳定调节基金相互对应。

为核算安排预算稳定调节基金业务，财政总预算会计应设置"安排预算稳定调节基金"总账科目。政府财政补充预算稳定调节基金时，借记该科目，贷记"预算稳定调节基金"科目。年终转账时，该科目借方余额全数转入"一般公共预算结转结余"科目，借记"一般公共预算结转结余"科目，贷记该科目。结转后，该科目无余额。该科目平时借方余额反映安排预算稳定调节基金的累计数。

例6-26

某市财政年终发生财政超收，即财政收入大于财政支出，决定安排预算稳定调节基金25 800元，相应适用"转移性支出——调出资金——补充预算稳定调节基金"预算科目。财政总预算会计应编制如下会计分录：

借：安排预算稳定调节基金	25 800	
贷：预算稳定调节基金		25 800

"补充预算稳定调节基金"科目反映从一般公共预算调出用于补充预算稳定调节基金的支出。"安排预算稳定调节基金"科目属于支出类科目，但它不会带来国库存款的减少。通过安排预算稳定调节基金，以前年度累积的预算稳定调节基金增加，当年的财政总支出增加，当年的财政收支结余减少。

例6-27

某市财政年终"安排预算稳定调节基金"总账科目借方余额为56 600元。财政总预算会计将其转入"一般公共预算结转结余"总账科目。财政总预算会计应编制如下会计分录：

借：一般公共预算结转结余	56 600	
贷：安排预算稳定调节基金		56 600

第六节　债务还本支出和债务转贷支出

一、债务还本支出

（一）债务还本支出的概念

债务还本支出是指政府财政偿还本级政府财政承担的纳入预算管理的债务本金支出。由于政府债务的发生存在不同的情况，或者政府债务收入存在不同的来源渠道，如中央政府发行债券、地方政府发行债券、中央政府向国际组织借款、地方政府向国际组织借款等，因此，偿还债务本金的具体内容也有所不同。

财政总预算会计核算的债务还本支出，应当按照《政府收支分类科目》中的支出功能分类科目进行分类，并且应当分别一般公共预算债务还本支出、政府性基金预算债务还本支出进行分类。同时，财政总预算会计核算的债务还本支出，还应当按照《政府收支分类科目》中的政府预算支出经济分类科目进行分类，分成债务还本支出类别。也即如同转移性支出，财政总预算会计核算的债务还本支出，也应当同时按照支出功能分类科目和支出经济分类科目进行分类。

（二）债务还本支出的功能分类

1. 一般公共预算支出科目中的债务还本支出科目

根据现行《政府收支分类科目》，一般公共预算支出科目中的债务还本支出类级科目分设如下款级科目：

（1）中央政府国内债务还本支出。反映中央政府用于归还国内债务本金所发生的支出。

（2）中央政府国外债务还本支出。反映中央政府用于归还国外债务本金所发生的支出。

（3）地方政府一般债务还本支出。反映地方政府用于归还一般债务本金所发生的支出。该款级科目分设地方政府一般债券还本支出、地方政府向外国政府借款还本支出、地方政府向国际组织借款还本支出等项级科目，分别反映地方政府用于归还相应种类一般债务本金所发生的支出。

2. 政府性基金预算支出科目中的债务还本支出科目

根据现行《政府收支分类科目》，政府性基金预算支出科目中的债务还本支出类级科目分设如下款级科目：

地方政府专项债务还本支出。反映地方政府用于归还专项债务本金所发生的支出。该款级科目按照政府性基金的种类，分设国家电影事业发展专项资金债务还本支出、国有土地使用权出让金债务还本支出、车辆通行费债务还本支出等项级科目，分别反映地方政府用于归还相应政府性基金债务本金所发生的支出。

现简要举例说明债务还本支出功能分类三级科目的设置情况如表 6－10 所示。

表 6－10 债务还本支出功能分类三级科目的设置举例

科目编码			科目名称	说明
类	款	项		
231			债务还本支出	
	01		中央政府国内债务还本支出	
	03		地方政府一般债务还本支出	
		01	地方政府一般债券还本支出	反映地方政府用于归还一般债券本金所发生的支出。
	04		地方政府专项债务还本支出	
		11	国有土地使用权出让金债务还本支出	反映地方政府用于归还国有土地使用权出让金债务本金所发生的支出。
		15	彩票公益金债务还本支出	反映地方政府用于归还彩票公益金债务本金所发生的支出。
			……	

（三）债务还本支出的经济分类

根据现行《政府收支分类科目》，政府预算支出经济分类科目中分设债务还本支出类级科目，反映政府债务还本支出。该类级科目分设如下款级科目：

（1）国内债务还本。该科目反映用于国内债务还本的支出。

（2）国外债务还本。该科目反映用于国外债务还本的支出。

（四）债务还本支出的核算

为核算债务还本支出业务，财政总预算会计应设置“债务还本支出”总账科目。该科目应当根据《政府收支分类科目》中“债务还本支出”有关规定设置明细科目。

政府财政偿还本级政府财政承担的政府债券、主权外债等纳入预算管理的债务本金时，借记“债务还本支出”科目，贷记“国库存款”“其他财政存款”等科目；根据债务管理部门转来相关资料，按照实际偿还的本金金额，借记“应付短期政府债券”、“应付长期政府债券”、“借入款项”、“应付地方政府债券转贷款”和“应付主权外债转贷款”等科目，贷记“待偿债净资产”科目。

年终转账时，“债务还本支出”科目下“专项债务还本支出”明细科目的借方余额应按照对应的政府性基金种类分别转入“政府性基金预算结转结余”相应明细科目，借记“政府性基金预算结转结余”科目，贷记“债务还本支出——专项债务还本支出”科目。“债务还本支出”科目下其他明细科目的借方余额全数转入“一般公共预算结转结余”科目，借记“一般公共预算结转结余”科目，贷记“债务还本支出——其他明细科目”科目。结转后，“债务还本支出”科目无余额。

“债务还本支出”科目平时借方余额反映本级政府财政债务还本支出的累计数。

债务还本支出应当按照实际偿还的金额入账。

例6-28

某省财政通过财政国库偿还本级政府财政承担的省政府长期债券本金共计455 000元。相应适用的预算科目和金额为：“债务还本支出——地方政府一般债务还本支出——地方政府一般债券还本支出（国内债务还本）”240 000元，“债务还本支出——地方政府专项债务还本支出——国有土地使用权出让金债务还本支出（国内债务还本）”215 000元。省财政总预算会计应编制如下会计分录：

借：债务还本支出　　455 000

　　贷：国库存款　　455 000

同时，在“债务还本支出”总账科目的借方登记明细账如下：

地方政府一般债务还本支出（国内债务还本）　　240 000

地方政府专项债务还本支出（国内债务还本）　　215 000

同时：

借：应付长期政府债券　　455 000

　　贷：待偿债净资产　　455 000

与债务收入一样，由于债务还本支出需要安排预算资金予以偿还，因此，从政府财政总预算角度看，它是政府的财政支出，它与支付政府的一般公共服务支出等没有什么不一样。但债务还本支出来源于债务收入，债务收入在取得时除了形成可供使用的财政资金即财政资金收入外，也形成政府在以后需要偿还的负债。因此，从政府主体角度看，债务还本支出也是政府负债的减少或偿还，它与支付政府的一般公共服务支出等又很不一样。财政总预算会计为全面反映债务收入和债务还本支出的相关信息，应当采用“双轨制”或“双分录”会计记录方法。即同时记录收入和负债的增加、支出和负债的减少。

例 6-29

某市财政通过财政国库偿还本级政府财政承担的上级省政府长期债券转贷资金本金 187 600 元，相应的预算科目为“债务还本支出——地方政府专项债务还本支出——城市基础设施配套费债务还本支出（国内债务还本）”。相应款项已划给省政府财政，由省政府财政向政府债券投资者偿付。市财政总预算会计应编制如下会计分录：

借：债务还本支出　187 600

　贷：国库存款　187 600

同时，在“债务还本支出”总账科目的借方登记明细账如下：

地方政府专项债务还本支出（国内债务还本）　187 600

同时：

借：应付地方政府债券转贷款　187 600

　贷：待偿债净资产　187 600

“地方政府专项债务还本支出——城市基础设施配套费债务还本支出”科目反映地方政府用于归还城市基础设施配套费债务本金所发生支出。

例 6-30

某省财政年终“债务还本支出”总账科目借方余额为 854 000 元。其中，“地方政府一般债务还本支出”554 000 元，“地方政府专项债务还本支出”300 000 元。财政总预算会计将其分别转入“一般公共预算结转结余”“政府性基金预算结转结余”总账科目。财政总预算会计应编制如下会计分录：

借：一般公共预算结转结余　554 000

　　政府性基金预算结转结余　300 000

　贷：债务还本支出　854 000

同时，财政总预算会计应结清所有债务还本支出明细账的余额。

二、债务转贷支出

（一）债务转贷支出的概念

债务转贷支出是指本级政府财政向下级政府财政转贷的债务支出。

按照地方政府债券预算管理的相关办法，省级政府通过发行债券取得的债务收入可以用于省级直接支出，也可以转贷给市、县级政府使用。债务转贷支出属于财政资金在上下级政府之间的转移。与补助支出相比，债务转贷支出的特点是取得转贷资金的下级政府需要在未来偿还取得的贷款资金，并支付相应的贷款利息。债务转贷支出与债务转贷收入相互对应。

财政总预算会计核算的债务转贷支出，应当按照《政府收支分类科目》中的支出功能分类科目进行分类，并且应当分别一般公共预算债务转贷支出、政府性基金预算债务转贷支出进行分类。同时，财政总预算会计核算的债务转贷支出，还应当按照《政府收支分类科目》中的政府预算支出经济分类科目进行分类，分成债务转贷支出类别。也即如同债务还本支出，财政总预算会计核算的债务转贷支出，也应当同时按照支出功能分类科目和支出经济分类科目进行分类。

（二）债务转贷支出的功能分类

1. 一般公共预算支出中的债务转贷支出科目

根据现行《政府收支分类科目》，一般公共预算支出科目中的转移性支出类级科目下分设债务转贷支出款级科目，反映本级政府向下级政府转贷的债务支出。债务转贷支出款级科目下再分设地方政府一般债券转贷支出、地方政府向外国政府借款转贷支出、地方政府向国际组织借款转贷支出等项级科目，分别反映本级政府向下级政府转贷的相关一般债务支出。

2. 政府性基金预算支出中的债务转贷支出科目

根据现行《政府收支分类科目》，政府性基金预算支出科目中的转移性支出类级科目下分设债务转贷支出款级科目，反映本级政府向下级政府转贷的债务支出。债务转贷支出款级科目下再按政府性基金的种类分设国家电影事业发展专项资金债务转贷支出、国有土地使用权出让金债务转贷支出、彩票公益金债务转贷支出、车辆通行费债务转贷支出等项级科目，分别反映本级政府向下级政府转贷的相应政府性基金专项债务支出。

现简要举例说明债务转贷支出功能分类三级科目的设置情况如表6－11所示。

表6－11　债务转贷支出功能分类三级科目的设置举例

科目编码			科目名称	说明
类	款	项		
230			转移性支出	
	11		债务转贷支出	
		01	地方政府一般债券转贷支出	反映向下级政府转贷的一般债券支出。
		15	国有土地使用权出让金债务转贷支出	反映向下级政府转贷的国有土地使用权出让金专项债务支出。
		19	彩票公益金债务转贷支出	反映向下级政府转贷的彩票公益金专项债务支出。
			……	

（三）债务转贷支出的经济分类

根据现行《政府收支分类科目》，政府预算支出经济分类科目中的转移性支出类级科目下分设债务转贷支出款级科目，反映上下级政府间的债务转贷支出。

（四）债务转贷支出的核算

为核算债务转贷支出业务，财政总预算会计应设置“债务转贷支出”总账科目。该科目下应当设置“地方政府一般债务转贷支出”“地方政府专项债务转贷支出”明细科目，同时还应当按照转贷地区进行明细核算。

本级政府财政向下级政府财政转贷地方政府债券资金时，借记“债务转贷支出”科目，贷记“国库存款”科目；根据债务管理部门转来的相关资料，按照到期应收回的转贷款本金金额，借记“应收地方政府债券转贷款”科目，贷记“资产基金——应收地方政府债券转贷款”科目。

本级政府财政向下级政府财政转贷主权外债资金，且主权外债最终还款责任由下级政府财政承担的，相关账务处理为：（1）本级政府财政支付转贷资金时，根据转贷资金支付相关资料，借记“债务转贷支出”科目，贷记“其他财政存款”科目；根据债务管理部门转来的相关资料，按照实际持有的债权金额，借记“应收主权外债转贷款”科目，贷记“资产基金——应收主权外债转贷款”科目。（2）外方将贷款资金直接支付给用款单位或供应商时，本级政府财政根据转贷资金支付相关资料，借记“债务转贷支出”科目，贷记“债务收入”“债务转贷收入”科目；根据债务管理部门转来的相关资料，按照实际持有的债权金额，借记“应收主权外债转贷款”科目，贷记“资产基金——应收主权外债转贷款”科目；同时，借记“待偿债净资产”科目，贷记“借入款项”“应付主权外债转贷款”等科目。

年终转账时，“债务转贷支出”科目下“地方政府一般债务转贷支出”明细科目的借方余额全数转入“一般公共预算结转结余”科目，借记“一般公共预算结转结余”科目，贷记“债务转贷支出——地方政府一般债务转贷支出”科目。“债务转贷支出”科目下“地方政府专项债务转贷支出”明细科目的借方余额全数转入“政府性基金预算结转结余”科目，借记“政府性基金预算结转结余”科目，贷记“债务转贷支出——地方政府专项债务转贷支出”科目。结转后，“债务转贷支出”科目无余额。

“债务转贷支出”科目平时借方余额反映债务转贷支出的累计数。

债务转贷支出应当按照实际转贷的金额入账。

例 6－31

某省财政发行一批地方政府一般债券。同时，向所属下级某市财政转贷 355 000 元，用以支持该市政府的一项公共设施建设，相应的预算科目为“转移性支出——债务转贷支出——地方政府一般债券转贷支出（债务转贷支出）”。省财政总预算会计应编制如下会计分录：

借：债务转贷支出　　355 000
　贷：国库存款　　355 000

同时，在“债务转贷支出”总账科目的借方登记明细账如下：

地方政府一般债券转贷支出（债务转贷支出）　　355 000

同时：

借：应收地方政府债券转贷款　　355 000
　贷：资产基金　　355 000

省级财政部门应当按照地方政府债券收入的规定用途，向下级财政部门转贷债务资金，确保债务资金用于公益性项目建设，不能用于安排经常性开支。

债务转贷支出纳入政府预算管理。为同时反映由债务转贷业务发生的债务转贷支出以及由此形成的应收转贷款债权，债务转贷业务应当采用“双轨制”或“双分录”会计记录方法。即同时记录支出和债权资产的增加。

例6-32

某省财政年终“债务转贷支出”总账科目借方余额为691 000元。其中，“地方政府一般债券转贷支出”411 000元，“地方政府专项债券转贷支出”280 000元。财政总预算会计将其分别转入“一般公共预算结转结余”“政府性基金预算结转结余”总账科目。财政总预算会计应编制如下会计分录：

借：一般公共预算结转结余　　411 000
　　政府性基金预算结转结余　　280 000
　贷：债务转贷支出　　691 000

同时，财政总预算会计应结清所有债务转贷支出明细账的余额。

思考题

1. 什么是财政总预算会计的支出？财政总预算会计核算的支出包括哪些内容？

2. 什么是一般公共预算本级支出？按照现行《政府收支分类科目》，一般公共预算本级支出可分成哪些主要类别？

3. 在财政国库集中支付方式下，一般公共预算本级支出的支付方式有哪两种？

4. 什么是政府性基金预算本级支出？按照现行《政府收支分类科目》，政府性基金预算本级支出可分成哪些主要类别？

5. 什么是国有资本经营预算本级支出？按照现行《政府收支分类科目》，国有资本经营预算本级支出可分成哪些主要类别？

6. 什么是转移性支出？按照现行《政府收支分类科目》，转移性支出可分成哪些主要类别？

7. 一般公共预算本级支出的列报基础是怎样的？

8. 什么是财政专户管理资金支出？什么是专用基金支出？

9. 什么是债务还本支出？什么是债务转贷支出？两者有什么相同和不同的地方？

练习题

练习一

一、目的：练习一般公共预算本级支出的核算。

二、资料：某市财政20×4年发生如下经济业务：

(1) 以财政直接支付的方式，通过财政零余额账户支付有关预算单位的属于一般公共预算本级支出的款项共计53 300元。具体支付情况为：“一般公共服务支出——税收事务——行政运行（机关工资福利支出）”22 300元，“一般公共服务支出——审计事务——行政运行（对个人和家庭的补助）”31 000元。

(2) 有关预算单位通过财政授权支付方式从预算单位零余额账户中支付属于一般公共预算本级支出的款项共计41 100元。具体支付情况为：“公共安全支出——公安——行政运行（机关资本性支出）”28 100元，“公共安全支出——法院——行政运行（机关商品和服务支出）”13 000 元。

(3) 有关预算单位通过财政授权支付方式从预算单位零余额账户中支付属于一般公共预算本级支出的款项共计 64 300 元。具体支付情况为：“一般公共服务支出——工商行政管理事务——执法办案专项（机关资本性支出）”38 100 元，“节能环保支出——环境监测与监察——建设项目环评审查与监督（机关商品和服务支出）”26 200元。

(4) 以财政直接支付的方式，通过财政零余额账户支付有关预算单位的属于一般公共预算本级支出的款项共计 576 000 元。具体支付情况为：“教育支出——普通教育——高等教育（对事业单位经常性补助）”355 000 元，“医疗卫生与计划生育支出——公立医院——综合医院（对事业单位资本性补助）”221 000 元。

(5) 以财政直接支付的方式，通过财政零余额账户支付财政对基本养老保险基金和基本医疗保险基金的一般公共预算补助款项共计 236 000 元。具体支付情况为：“社会保障和就业支出——财政对基本养老保险基金的补助（对社会保障基金补助）”135 000元，“医疗卫生与计划生育支出——财政对基本医疗保险基金的补助（对社会保障基金补助）”101 000 元。

(6) 年终核定当年确实无法实现拨款、按规定应留归预算单位在下一年度继续使用的本年终一般公共预算国库集中支付结余资金共计 86 200 元。具体情况为：“文化体育与传媒支出——文物——文物保护（对事业单位经常性补助）”63 000 元，“农林水支出——农业——农业生产支持补贴（对个人和家庭的补助）”23 200 元。

三、要求：根据以上经济业务，为该市财政总预算会计编制有关的会计分录。同时，登记有关一般公共预算本级支出账户的明细账。

练习二

一、目的：练习政府性基金预算本级支出和国有资本经营预算本级支出的核算。

二、资料：某市财政 20×4 年发生如下经济业务：

(1) 以财政直接支付的方式，通过财政零余额账户支付有关预算单位的属于政府性基金预算本级支出的款项共计 88 800 元。具体支付情况为：“其他支出——彩票公益金及对应专项债务收入安排的支出——用于社会福利的彩票公益金支出（对事业单位的经常性补助）”68 800 元，“其他支出——彩票公益金及对应专项债务收入安排的支出——用于教育事业的彩票公益金支出（对事业单位的资本性补助）”20 000 元。

(2) 有关预算单位通过财政授权支付方式从预算单位零余额账户中支付属于政府性基金预算本级支出的款项共计 137 500 元。具体支付情况为：“文化体育与传媒支出——国家电影事业发展专项资金及对应专项债务收入安排的支出——资助城市影院（对企业的资本性支出）”72 000 元，“城乡社区支出——国有土地使用权出让收入及对应专项债务收入安排的支出——公共租赁住房支出（对企业的资本性支出）”65 500元。

(3) 以财政直接支付的方式，通过财政零余额账户支付有关预算单位的属于国有资本经营预算本级支出的款项共计 127 000 元。具体支付情况为：“国有资本经营预算支出——解决历史遗留问题及改革成本支出——国有企业改革成本支出（对个人和家庭的补助）”42 000 元，“国有资本经营预算支出——企业资本金注入——支持科技进步支出（对企业的补助）”85 000 元。

(4) 年终核定当年确实无法实现拨款、按规定应留归预算单位在下一年度继续使用的本年终国有资本经营预算国库集中支付结余资金共计175 000元。具体情况为："国有资本经营预算支出——国有企业政策性补贴（对企业的补助）"175 000元。

三、要求：根据以上经济业务，为该市财政总预算会计编制有关的会计分录。同时，登记有关政府性基金预算本级支出和国有资本经营预算本级支出账户的明细账。

练习三

一、目的：练习财政专户管理资金支出和专用基金支出的核算。

二、资料：某省财政20×4年发生如下经济业务：

(1) 通过财政专户向有关教育单位拨付教育收费共计125 800元。具体拨付情况为："教育支出——普通教育——高等教育——某高等学校"76 000元，"教育支出——职业教育——高等职业教育——某高等职业学校"49 800元。

(2) 使用粮食风险基金对省级储备粮油的利息费用进行补贴，从粮食风险基金财政专户拨付资金45 000元。

三、要求：根据以上经济业务，为该市财政总预算会计编制有关的会计分录。同时，登记有关财政专户管理资金支出和专用基金支出账户的明细账。

练习四

一、目的：练习转移性支出的核算。

二、资料：某省财政20×4年发生如下经济业务：

(1) 通过财政国库向所属某市财政拨付一般公共预算资金共计220 000元。其中，属于向该市财政拨付的均衡性转移支付资金145 000元，相应适用"转移性支出——一般性转移支付——均衡性转移支付支出（上下级政府间转移性支出）"预算科目；属于向该市财政拨付的专项用于节能环保方面的资金75 000元，相应适用"转移性支出——专项转移支付——节能环保（上下级政府间转移性支出）"预算科目。

(2) 通过财政直接支付的方式，为所属某市财政支付一笔政府性基金预算资金125 200元，用于专项补助该市政府在城乡社区建设方面发生的专项采购支出，相应适用"转移性支出——政府性基金转移支付——政府性基金补助支出（上下级政府间转移性支出）"预算科目。

(3) 按财政管理体制规定通过财政国库向中央财政上解款项共计75 300元，具体为体制上解款项，相应适用"转移性支出——上解支出——体制上解支出（上下级政府间转移性支出）"预算科目。

(4) 与所属某市财政进行年终结算，经计算，应给予所属该市财政结算补助款项85 500元，相应适用"转移性支出——一般性转移支付——结算补助支出（上下级政府间转移性支出）"预算科目。

(5) 年终发生公共财政超收，即财政收入大于财政支出，决定安排预算稳定调节基金50 000元。

三、要求：根据以上经济业务，为该市财政总预算会计编制有关的会计分录。同时，登记有关转移性支出账户的明细账。

练习五

一、目的：练习债务还本支出和债务转贷支出的核算。

二、资料：某省财政20×4年发生如下经济业务：

（1）通过财政国库偿还本级政府财政承担的省政府长期债券本金共计606 000元。其中，“债务还本支出——地方政府一般债务还本支出——地方政府一般债券还本支出”450 000元，“债务还本支出——地方政府专项债务还本支出——车辆通行费债务还本支出”156 000元。

（2）发行一批地方政府一般债券。同时，向所属下级某市财政转贷225 000元，用以支持该市政府的一项环保公共设施建设，相应的预算科目为“转移性支出——债务转贷支出——地方政府一般债券转贷支出”。

（3）年终，“债务还本支出”总账科目借方余额为970 000元。其中，“地方政府一般债务还本支出”650 000元，“地方政府专项债务还本支出”320 000元。财政总预算会计将其分别转入“一般公共预算结转结余”“政府性基金预算结转结余”总账科目。

（4）年终，“债务转贷支出”总账科目借方余额为825 000元。其中，“地方政府一般债券转贷支出”485 000元，“地方政府专项债券转贷支出”240 000元，“地方政府向国际组织借款转贷支出”100 000元。财政总预算会计将其分别转入“一般公共预算结转结余”“政府性基金预算结转结余”总账科目。

三、要求：根据以上经济业务，为该市财政总预算会计编制有关的会计分录。同时，登记有关债务还本支出和债务转贷支出账户的明细账。

练习六

一、目的：练习财政总预算会计年终支出结账的核算。

二、资料：某市财政20×4年末有关财政总预算会计支出类账户结账前的余额如表6-12所示。

表6-12　　某市财政总预算会计支出类账户结账前余额

20×4年末　　单位：元

一般公共预算本级支出	452 000
政府性基金预算本级支出	221 000
国有资本经营预算本级支出	88 500
财政专户管理资金支出	25 200
专用基金支出	2 500
补助支出——一般性转移支付	153 000
补助支出——专项转移支付	82 300
补助支出——政府性基金补助支出	114 000
上解支出——体制上解支出	3 600
调出资金——政府性基金预算调出资金	16 600
安排预算稳定调节基金	5 000
债务还本支出——地方政府一般债务还本支出	80 000
债务转贷支出——地方政府一般债务转贷支出	79 600
债务转贷支出——地方政府专项债务转贷支出	20 000
合计	1 343 300

三、要求：根据以上经济业务，为该市财政总预算会计编制有关年终支出结账的会计分录。

练习七

一、目的：综合练习财政总预算会计支出的核算。

二、资料：某省财政20×4年发生如下经济业务：

(1) 一般公共预算发生一般公共服务支出28 600元，具体为审计事务支出，经济用途为机关工资福利支出，款项已从国库支付。

(2) 一般公共预算发生教育支出66 300元，具体为普通教育支出，经济用途为对事业单位经常性补助，款项已从国库支付。

(3) 一般公共预算发生医疗卫生与计划生育支出22 250元，具体为基层医疗卫生机构支出，经济用途为对事业单位资本性补助，款项已从国库支付。

(4) 政府性基金预算发生城市基础设施配套费及对应专项债务收入安排的支出145 000元，经济用途为机关资本性支出，款项已从国库支付。

(5) 国有资本经营预算发生国有资本经营预算支出23 100元，具体为国有企业资本金注入，经济用途为对企业资本性支出，款项已从国库支付。

(6) 一般公共预算发生债务还本支出12 500元，具体为地方政府一般债务还本支出，经济用途为债务还本支出，款项已从国库支付。

(7) 一般公共预算发生转移性支出36 800元，具体为一般性转移支付，经济用途为转移性支出，款项已从国库支付。

(8) 一般公共预算发生社会保障和就业支出25 800元，具体为财政对基本养老保险基金的补助，经济用途为对社会保障基金补助，款项已从国库支付。

(9) 一般公共预算发生债务转贷支出85 000元，具体为地方政府一般债券转贷支出，经济用途为转移性支出，款项已从国库支付。

三、要求：根据以上经济业务，为该省财政总预算会计编制有关的会计分录。同时，登记有关支出账户的明细账。相关明细账按照《政府收支分类科目》设置。其中，“一般公共预算本级支出”科目明细账同时写出“类”“款”级功能分类科目，“政府性基金预算本级支出”、“国有资本经营预算本级支出”、“补助支出”和“债务还本支出”科目明细账仅写出“款”级功能分类科目即可，“债务转贷支出”科目明细账仅写出“项”级功能分类科目即可；经济分类科目仅写出“类”级科目即可。

第七章

财政总预算会计的净资产

在财政总预算会计中，净资产是指政府财政资产减去负债的差额。财政总预算会计核算的净资产包括各项结转结余、预算稳定调节基金、预算周转金、资产基金和待偿债净资产等。

第一节　结转结余

结转结余是指政府各种性质财政资金的收支执行结果，数额上等于各种性质财政资金的收入减去支出的差额。财政总预算会计核算的结转结余包括一般公共预算结转结余、政府性基金预算结转结余、国有资本经营预算结转结余、财政专户管理资金结余和专用基金结余等。按照现行财政预算管理模型和财政预算资金管理方式，一般公共预算、政府性基金预算、国有资本经营预算、财政专户管理资金、专用基金等实行分别管理、各自平衡的管理方式。因此，一般公共预算结转结余、政府性基金预算结转结余、国有资本经营预算结转结余、财政专户管理资金结余和专用基金结余等各种结转结余也相对独立，不能混淆。财政总预算会计核算的各项结转结余每年年终结算一次，平时不结算。

一、一般公共预算结转结余

（一）一般公共预算结转结余的概念

一般公共预算结转结余是指一般公共预算收支的执行结果。它是政府财政纳入一般公共预算管理的收支相抵形成的结转结余。

政府财政纳入一般公共预算管理的收入包括一般公共预算本级收入、一般公共预算补助收入、一般公共预算上解收入、地区间援助收入、一般公共预算调入资金、一般债务收入、一般债务转贷收入、动用预算稳定调节基金等。政府财政纳入一般公共预算管理的支出包括一般公共预算本级支出、一般公共预算补助支出、一般公共预算上解支出、地区间援助支出、一般公共预算调出资金、一般债务还本支出、一般债务转贷支出、安排预算稳定调节基金等。

一般公共预算结转结余的计算公式如下：

一般公共预算结转结余＝一般公共预算收入－一般公共预算支出

（二）一般公共预算结转结余的核算

为核算一般公共预算结转结余业务，财政总预算会计应设置“一般公共预算结转结余”总账科目。年终转账时，将一般公共预算的有关收入科目贷方余额转入“一般公共预算结转结余”科目的贷方，借记“一般公共预算本级收入”、“补助收入——一般公共预算补助收入”、“上解收入——一般公共预算上解收入”、“地区间援助收入”、“调入资金——一般公共预算调入资金”、“债务收入——一般债务收入”、“债务转贷收入——地方政府一般债务转贷收入”和“动用预算稳定调节基金”等科目，贷记“一般公共预算结转结余”科目；将一般公共预算的有关支出科目借方余额转入“一般公共预算结转结余”科目的借方，借记“一般公共预算结转结余”科目，贷记“一般公共预算本级支出”、“上解支出——一般公共预算上解支出”、“补助支出——一般公共预算补助支出”、“地区间援助支出”、“调出资金——一般公共预算调出资金”、“安排预算稳定调节基金”、“债务转贷支出——地方政府一般债务转贷支出”和“债务还本支出——一般债务还本支出”等科目。

设置和补充预算周转金时，借记“一般公共预算结转结余”科目，贷记“预算周转金”科目。

“一般公共预算结转结余”科目年终贷方余额反映一般公共预算收支相抵后的滚存结转结余。

例7-1

某省财政年终结账时，有关一般公共预算收入科目的贷方余额如表7-1所示，有关一般公共预算支出科目的借方余额如表7-2所示。

表7-1　一般公共预算收入科目贷方余额表　单位：元

一般公共预算本级收入	457 000
补助收入——一般性转移支付收入	108 000
补助收入——专项转移支付收入	22 000
上解收入——体制上解收入	3 300
调入资金——调入一般公共预算资金	5 600
动用预算稳定调节基金	4 500
债务收入——地方政府一般债务收入	60 000
合计	660 400

表7-2　一般公共预算支出科目借方余额表　单位：元

一般公共预算本级支出	462 000
补助支出——一般性转移支付	89 000
补助支出——专项转移支付	18 000
上解支出——专项上解支出	40 000
债务还本支出——地方政府一般债务还本支出	30 000
债务转贷支出——地方政府一般债务转贷支出	20 000
合计	659 000

根据表 7-1，财政总预算会计应编制如下结转一般公共预算收入科目余额的会计分录：

借：一般公共预算本级收入　457 000
　　补助收入——一般性转移支付收入　108 000
　　　　　　——专项转移支付收入　22 000
　　上解收入——体制上解收入　3 300
　　调入资金——调入一般公共预算资金　5 600
　　动用预算稳定调节基金　4 500
　　债务收入——地方政府一般债务收入　60 000
　贷：一般公共预算结转结余　660 400

同时，财政总预算会计应结清所有一般公共预算收入明细账的余额。

根据表 7-2，财政总预算会计应编制如下结转一般公共预算支出科目余额的会计分录：

借：一般公共预算结转结余　659 000
　贷：一般公共预算本级支出　462 000
　　　补助支出——一般性转移支付　89 000
　　　　　　　——专项转移支付　18 000
　　　上解支出——专项上解支出　40 000
　　　债务还本支出——地方政府一般债务还本支出　30 000
　　　债务转贷支出——地方政府一般债务转贷支出　20 000

同时，财政总预算会计应结清所有一般公共预算支出明细账的余额。

该省财政一般公共预算收入减去一般公共预算支出后的差额为 1 400 元（660 400－659 000），即为当年一般公共预算结转结余的数额。该 1 400 元为一般公共预算收入总计减去一般公共预算支出总计后的余额，其中包含了债务收入、债务还本支出、转移性收支等内容。

在财政总预算会计中，结转资金和结余资金是两个不完全一样的概念。按照规定，预算单位的基本经费收支余额应当全部结转下年继续使用，即应当作为年终收支结转处理。预算单位的项目经费收支余额，需要区分情况进行处理。对于目标已经完成的项目经费收支余额，应当统筹安排用于次年的预算，即应当作为年终收支结余处理。对于目标尚未完成、需要在次年继续使用的项目经费收支余额，应当结转次年继续用于相应的项目，即应当作为年终收支结转处理。财政总预算会计的年终结转资金和结余资金数额，应当以预算单位经批复的部门预算数与年度内实际支出数为依据，分别基本支出和项目支出进行计算，之后，再通过对相关的项目进行具体分析后确定。

一般公共预算结转结余的组成情况或计算公式如下：

一般公共预算结转结余＝一般公共预算结转＋一般公共预算结余
　　　　　　　　　　＝一般公共预算基本支出结转
　　　　　　　　　　　＋一般公共预算项目支出结转
　　　　　　　　　　　＋一般公共预算项目支出结余

政府性基金预算结转结余和国有资本经营预算结转结余的组成情况如同一般公共

预算结转结余。

我国现行《预算法》规定，各级政府上一年度预算的结转资金，应当在下一年用于结转项目的支出；连续两年未用完的结转资金，应当作为结余资金管理。各级一般公共预算的结余资金，应当补充预算稳定调节基金。

二、政府性基金预算结转结余

（一）政府性基金预算结转结余的概念

政府性基金预算结转结余是指政府性基金预算收支的执行结果。它是政府财政纳入政府性基金预算管理的收支相抵形成的结转结余。

政府财政纳入政府性基金预算管理的收入包括政府性基金预算本级收入、政府性基金预算补助收入、政府性基金预算上解收入、政府性基金预算调入资金、专项债务收入、专项债务转贷收入等。政府财政纳入政府性基金预算管理的支出包括政府性基金预算本级支出、政府性基金预算补助支出、政府性基金预算上解支出、政府性基金预算调出资金、专项债务还本支出、专项债务转贷支出等。

政府性基金预算结转结余的计算公式如下：

政府性基金预算结转结余＝政府性基金预算收入－政府性基金预算支出

（二）政府性基金预算结转结余的核算

为核算政府性基金预算结转结余业务，财政总预算会计应设置“政府性基金预算结转结余”总账科目。该科目应当根据管理需要，按照政府性基金的种类进行明细核算。年终转账时，应将政府性基金预算的有关收入科目贷方余额按照政府性基金种类分别转入该科目下相应明细科目的贷方，借记“政府性基金预算本级收入”、“补助收入——政府性基金预算补助收入”、“上解收入——政府性基金预算上解收入”、“调入资金——政府性基金预算调入资金”、“债务收入——专项债务收入”和“债务转贷收入——地方政府专项债务转贷收入”等科目，贷记该科目；将政府性基金预算的有关支出科目借方余额按照政府性基金种类分别转入该科目下相应明细科目的借方，借记该科目，贷记“政府性基金预算本级支出”、“上解支出——政府性基金预算上解支出”、“补助支出——政府性基金预算补助支出”、“调出资金——政府性基金预算调出资金”、“债务还本支出——专项债务还本支出”和“债务转贷支出——地方政府专项债务转贷支出”等科目。该科目年终贷方余额反映政府性基金预算收支相抵后的滚存结转结余。

例7－2

某市财政年终结账时，有关政府性基金预算收入科目的贷方余额可如表7－3所示，有关政府性基金预算支出科目的借方余额可如表7－4所示。

表7－3　政府性基金预算收入科目贷方余额表　　单位：元

政府性基金预算本级收入	223 800
补助收入——政府性基金补助收入	86 000
债务转贷收入——地方政府专项债务转贷收入	11 000
合计	320 800

表 7－4　　政府性基金预算支出科目借方余额表　　单位：元

政府性基金预算本级支出	219 300
补助支出——政府性基金补助支出	88 000
调出资金——政府性基金预算调出资金	1 500
债务还本支出——地方政府专项债务还本支出	10 000
合计	318 800

根据表 7－3，财政总预算会计应编制如下结转政府性基金预算收入科目余额的会计分录：

借：政府性基金预算本级收入　　223 800
　　补助收入——政府性基金补助收入　　86 000
　　债务转贷收入——地方政府专项债务转贷收入　　11 000
　贷：政府性基金预算结转结余　　320 800

同时，财政总预算会计应结清所有政府性基金预算收入明细账的余额。

根据表 7－4，财政总预算会计应编制如下结转政府性基金预算支出科目余额的会计分录：

借：政府性基金预算结转结余　　318 800
　贷：政府性基金预算本级支出　　219 300
　　　补助支出——政府性基金补助支出　　88 000
　　　调出资金——政府性基金预算调出资金　　1 500
　　　债务还本支出——地方政府专项债务还本支出　　10 000

同时，财政总预算会计应结清所有政府性基金预算支出明细账的余额。

该市财政政府性基金预算收入减去政府性基金预算支出后的差额为 2 000 元（320 800－318 800），即为当年政府性基金预算结转结余的数额。

与政府一般公共预算结转结余是收支综合结转结余不同，政府性基金预算结转结余是各个种类的政府性基金收支结转结余，如是农网还贷资金结转结余、民航发展基金结转结余、彩票公益金结转结余、国有土地使用权出让金结转结余等。有多少个种类的政府性基金，就会有多少个种类的政府性基金预算结转结余。各种类政府性基金预算结转结余之和即为政府性基金预算结转结余总数。

政府一般公共预算存在年终收支结转和收支结余的情况，政府性基金预算年终也存在一样的情况。正确区分收支结转和收支结余，有利于安排次年的政府预算。即收支结余可以根据需要安排新一年度的财政预算，收支结转只能用于完成上一年度的财政预算。在上一年度的财政预算项目取消等情况下，相应的财政预算资金应当作为收支结余处理。

三、国有资本经营预算结转结余

（一）国有资本经营预算结转结余的概念

国有资本经营预算结转结余是指国有资本经营预算收支的执行结果。它是政府财政纳入国有资本经营预算管理的收支相抵形成的结转结余。

政府财政纳入国有资本经营预算管理的收入包括国有资本经营预算本级收入、国有资本经营预算转移支付收入等。政府财政纳入国有资本经营预算管理的支出包括国有资本经营预算本级支出、国有资本经营预算转移支付支出、国有资本经营预算调出资金等。

国有资本经营预算结转结余的计算公式如下：

国有资本经营预算结转结余＝国有资本经营预算收入－国有资本经营预算支出

（二）国有资本经营预算结转结余的核算

为核算国有资本经营预算结转结余业务，财政总预算会计应设置“国有资本经营预算结转结余”总账科目。年终转账时，应将国有资本经营预算的有关收入科目贷方余额转入该科目贷方，借记“国有资本经营预算本级收入”等科目，贷记该科目；将国有资本经营预算的有关支出科目借方余额转入该科目借方，借记该科目，贷记“国有资本经营预算本级支出”“调出资金——国有资本经营预算调出资金”等科目。该科目年终贷方余额反映国有资本经营预算收支相抵后的滚存结转结余。

例7-3

某市财政年终结账时，有关国有资本经营预算收入科目的贷方余额为：“国有资本经营预算本级收入”155 000元，有关国有资本经营预算支出科目的借方余额为：“国有资本经营预算本级支出”153 500元。财政总预算会计应编制如下结转国有资本经营预算收入科目和国有资本经营预算支出科目余额的会计分录：

借：国有资本经营预算本级收入　　155 000
　贷：国有资本经营预算结转结余　　155 000

同时，财政总预算会计应结清所有国有资本经营预算收入明细账的余额。

借：国有资本经营预算结转结余　　153 500
　贷：国有资本经营预算本级支出　　153 500

同时，财政总预算会计应结清所有国有资本经营预算支出明细账的余额。

该市财政国有资本经营预算收入减去国有资本经营预算支出后的差额为1 500元（155 000－153 500），即为当年国有资本经营预算结转结余的数额。

与政府性基金预算存在很多种类的基金、每种基金都有一个单独的结转结余数额不同，国有资本经营预算是一个各种收入综合安排使用的预算，因此，其结转结余也是一个综合结转结余。

四、财政专户管理资金结余和专用基金结余

（一）财政专户管理资金结余

财政专户管理资金结余是指纳入财政专户管理的教育收费等资金收支的执行结果。它是政府财政纳入财政专户管理的教育收费等资金收支相抵后形成的结余。

为核算财政专户管理资金结余业务，财政总预算会计应设置“财政专户管理资金结余”总账科目。该科目应当根据管理需要，按照部门（单位）等进行明细核算。年终转账时，将财政专户管理资金的有关收入科目贷方余额转入该科目贷方，借记“财政专户管理资金收入”等科目，贷记该科目；将财政专户管理资金的有关支出科目借

方余额转入该科目借方，借记该科目，贷记“财政专户管理资金支出”等科目。该科目年终贷方余额反映政府财政纳入财政专户管理的资金收支相抵后的滚存结余。

例 7-4

某市财政年终结账时，有关财政专户管理资金收入科目的贷方余额为“财政专户管理资金收入”238 100 元，有关财政专户管理资金支出科目的借方余额为“财政专户管理资金支出”237 740 元。财政总预算会计应编制如下结转财政专户管理资金收入科目和财政专户管理资金支出科目余额的会计分录：

借：财政专户管理资金收入　　238 100
　贷：财政专户管理资金结余　　238 100

同时，财政总预算会计应结清所有财政专户管理资金收入明细账的余额。

借：财政专户管理资金结余　　237 740
　贷：财政专户管理资金支出　　237 740

同时，财政总预算会计应结清所有财政专户管理资金支出明细账的余额。

该市财政专户管理资金收入减去财政专户管理资金支出后的差额为 360 元（238 100－237 740），即为当年财政专户管理资金结余的数额。

由于财政专户管理资金通常需要返还给缴款单位，因此，财政总预算会计通常需要为每个缴款单位结算出财政专户管理资金年终结余数额。

（二）专用基金结余

专用基金结余是指专用基金收支的执行结果。它是政府财政管理的专用基金收支相抵形成的结余。

为核算专用基金结余业务，财政总预算会计应设置“专用基金结余”总账科目。该科目应当根据专用基金的种类进行明细核算。年终转账时，将专用基金的有关收入科目贷方余额转入该科目贷方，借记“专用基金收入”等科目，贷记该科目；将专用基金的有关支出科目借方余额转入该科目借方，借记该科目，贷记“专用基金支出”等科目。该科目年终贷方余额反映政府财政管理的专用基金收支相抵后的滚存结余。

例 7-5

某省财政年终结账时，有关专用基金收入科目的贷方余额为“专用基金收入”50 100 元，有关专用基金支出科目的借方余额为“专用基金支出”49 800 元。财政总预算会计应编制如下结转专用基金收入科目和专用基金支出科目余额的会计分录：

借：专用基金收入　　50 100
　贷：专用基金结余　　50 100

同时，财政总预算会计应结清所有专用基金收入明细账的余额。

借：专用基金结余　　49 800
　贷：专用基金支出　　49 800

同时，财政总预算会计应结清所有专用基金支出明细账的余额。

该省财政专用基金收入减去专用基金支出后的差额为 300 元（50 100－49 800），即为当年专用基金结余的数额。

第二节 预算稳定调节基金和预算周转金

一、预算稳定调节基金

（一）预算稳定调节基金的概念

预算稳定调节基金是指政府财政设置的用于弥补以后年度预算资金不足的储备资金。它是各级财政为平衡各预算年度之间预算收支的差异，保证各年度预算资金的收支平衡和预算稳定而设置的调节基金。在数额上，预算稳定调节基金等于由安排预算稳定调节基金等形成的预算稳定调节基金减去动用预算稳定调节基金后的差额。其中，安排预算稳定调节基金是指从财政超收收入中安排或从一般公共预算结余补充的预算稳定调节基金；动用预算稳定调节基金是指为弥补财政短收年份预算执行收支缺口而调用的预算稳定调节基金。

（二）预算稳定调节基金的核算

为核算预算稳定调节基金业务，财政总预算会计应设置“预算稳定调节基金”总账科目。政府财政使用超收收入或一般公共预算结余补充预算稳定调节基金时，借记“安排预算稳定调节基金”科目，贷记该科目。将预算周转金调入预算稳定调节基金时，借记“预算周转金”科目，贷记该科目。调用预算稳定调节基金时，借记该科目，贷记“动用预算稳定调节基金”科目。该科目期末贷方余额反映预算稳定调节基金的规模。

例7-6

某市财政年终发生财政超收，即财政收入大于财政支出，决定将一部分超收安排预算稳定调节基金，安排金额为135 000元。财政总预算会计应编制如下会计分录：

借：安排预算稳定调节基金	135 000	
贷：预算稳定调节基金		135 000

安排了预算稳定调节基金，该部分数额就不再可以安排次年的预算，只能用于以后年度发生短收情况下弥补收支缺口。

例7-7

某市财政年终发生一般公共预算结余34 600元，决定将其补充预算稳定调节基金。财政总预算会计应编制如下会计分录：

借：安排预算稳定调节基金	34 600	
贷：预算稳定调节基金		34 600

一般公共预算结余全数补充预算稳定调节基金后，“一般公共预算结转结余”总账科目的余额仅反映一般公共预算结转资金。

例7-8

某市财政年终发生财政短收，即财政收入小于财政支出，决定动用以前年度从财政超收等中安排的一部分预算稳定调节基金，动用金额为 24 500 元。财政总预算会计应编制如下会计分录：

借：预算稳定调节基金　　24 500

　　贷：动用预算稳定调节基金　　24 500

政府的财政收入必须依法征收。当经济不景气、税收收入减少时，政府不能为满足支出预算的需求而强行征税。此时，动用预算稳定调节基金，可以保证支出预算的需求仍然得到满足，预算收支得到跨年平衡。

二、预算周转金

（一）预算周转金的概念

预算周转金是指政府财政设置的用于调剂预算年度内季节性收支差额周转使用的资金。

各级财政的预算收支往往存在季节性差异。虽然预算年度内的预算收支可以做到基本平衡，但年度内各月份或各季度之间的预算收支通常是不平衡的，不是收大于支，就是支大于收。各级财政为了平衡预算收支的季节性差异，保证按计划及时供应预算资金，需要设置相应的预算周转金。

预算周转金的来源渠道一般有两个：一是从本级财政的年度一般公共预算结转结余中设置或补充；二是由上级财政部门拨入。一般来说，新成立的一级财政，由于原来没有预算周转金，上级财政在财力许可的范围内会拨入相应数额的预算周转金。之后，新成立的一级财政，其财政收支逐步增大，对预算周转金的需求也逐步增加，该级财政应从本级的一般公共预算结转结余中逐步补充预算周转金。

由于预算周转金是供预算周转使用的，因此，它不能用来安排支出，也不能随意减少。预算周转金存入国库存款账户，不另设存款户。动用预算周转金时，作为国库存款的减少，不作为预算周转金的减少。预算周转金余额过大时，可以调入预算稳定调节基金。

（二）预算周转金的核算

为核算预算周转金业务，财政总预算会计应设置“预算周转金”总账科目。政府财政设置和补充预算周转金时，借记“一般公共预算结转结余”科目，贷记该科目。将预算周转金调入预算稳定调节基金时，借记该科目，贷记“预算稳定调节基金”科目。该科目期末贷方余额反映预算周转金的规模。

例 7－9

某市财政年终用一般公共预算结转结余 15 000 元补充预算周转金。市财政总预算会计应编制如下会计分录：

借：一般公共预算结转结余　　15 000

　　贷：预算周转金　　15 000

年终用一般公共预算结转结余补充预算周转金，在增加预算周转金数额的同时，会减少一般公共预算结转结余的数额。

各级财政在临时缺少预算周转金时，可能需要向上级财政临时借入预算周转金。相应业务通过“与上级往来”会计科目核算。

例 7－10

某市财政年终将一部分预算周转金调入预算稳定调节基金，调入金额为 6 600 元。市财政总预算会计应编制如下会计分录：

借：预算周转金　　6 600

　　贷：预算稳定调节基金　　6 600

设置预算周转金和预算稳定调节基金的目的，都是为了满足预算资金收支平衡的需要。财政部门应当加强对财政资金的管理，既不能出现不能及时供应财政资金的情况，也不能留有太多的财政资金储备或存量数额。不能及时供应财政资金，会导致政府的正常业务活动难以开展，影响经济社会发展，甚至影响社会稳定。留有太多的财政资金储备或存量数额，会导致相应的财政资金不能发挥应有的作用，形成资源浪费。

第三节　资产基金和待偿债净资产

一、资产基金

资产基金是指政府财政持有的应收地方政府债券转贷款、应收主权外债转贷款、股权投资和应收股利等资产（与其相关的资金收支纳入预算管理）在净资产中占用的金额。

为核算资产基金业务，财政总预算会计应设置“资产基金”总账科目。该科目下应当设置“应收地方政府债券转贷款”、“应收主权外债转贷款”、“股权投资”和“应收股利”等明细科目，进行明细核算。

资产基金的账务处理参见“应收地方政府债券转贷款”、“应收主权外债转贷款”、“股权投资”和“应收股利”等科目的使用说明。

“资产基金”科目期末贷方余额，反映政府财政持有应收地方政府债券转贷款、应收主权外债转贷款、股权投资和应收股利等资产（与其相关的资金收支纳入预算管理）在净资产中占用的金额。

二、待偿债净资产

待偿债净资产是指政府财政因发生应付政府债券、借入款项、应付地方政府债券转贷款、应付主权外债转贷款、其他负债等负债（与其相关的资金收支纳入预算管理）相应需在净资产中冲减的金额。

为核算待偿债净资产业务，财政总预算会计应设置“待偿债净资产”总账科目。该科目下应当设置“应付短期政府债券”、“应付长期政府债券”、“借入款项”、“应付地方政府债券转贷款”、“应付主权外债转贷款”和“其他负债”等明细科目，进行明细核算。

待偿债净资产的账务处理参见“应付短期政府债券”、“应付长期政府债券”、“借入款项”、“应付地方政府债券转贷款”、“应付主权外债转贷款”和“其他负债”等科目的使用说明。

“待偿债净资产”科目期末借方余额，反映政府财政承担应付政府债券、借入款项、应付地方政府债券转贷款、应付主权外债转贷款和其他负债等负债（与其相关的资金收支纳入预算管理）而相应需冲减净资产的金额。

思考题

1. 什么是财政总预算会计的净资产？财政总预算会计核算的净资产包括哪些内容？
2. 什么是结转结余？财政总预算会计核算的结转结余包括哪些种类？
3. 什么是预算稳定调节基金？各级财政为什么要设置预算稳定调节基金？
4. 什么是预算周转金？各级财政为什么要设置预算周转金？
5. 什么是资产基金？“资产基金”总账科目下应当设置哪些明细科目？
6. 什么是待偿债净资产？“待偿债净资产”总账科目下应当设置哪些明细科目？

练习题

练习一

一、目的：练习结转结余的核算。

二、资料：某市财政20×4年末有关收入和支出科目的结账前余额如下：

(1) 一般公共预算收支科目的结账前余额如表7-5所示。

表7-5 一般公共预算收支科目余额表 单位：元

收支科目	借方余额	贷方余额
一般公共预算本级收入		682 000
补助收入——一般性转移支付收入		342 000
补助收入——专项转移支付收入		210 000
上解收入——体制上解收入		15 200
调入资金——调入一般公共预算资金		6 900
债务转贷收入——地方政府一般债务转贷收入		65 000
收入合计		1 321 100
一般公共预算本级支出	523 000	
补助支出——一般性转移支付	420 000	
补助支出——专项转移支付	325 000	
上解支出——专项上解支出	2 200	
安排预算稳定调节基金	4 000	
债务还本支出——地方政府一般债务还本支出	45 000	
支出合计	1 319 200	

(2) 政府性基金预算收支科目的结账前余额如表7-6所示。

表7-6　　政府性基金预算收支科目余额表　　单位：元

收支科目	借方余额	贷方余额
政府性基金预算本级收入		188 000
补助收入——政府性基金补助收入		32 200
债务转贷收入——地方政府专项债务转贷收入		56 300
收入合计		276 500
政府性基金预算本级支出	206 000	
补助支出——政府性基金补助支出	5 500	
调出资金——政府性基金预算调出资金	6 900	
债务还本支出——地方政府专项债务还本支出	52 000	
支出合计	270 400	

(3) 国有资本经营预算收支科目的结账前余额如表7-7所示。

表7-7　　国有资本经营预算收支科目余额表　　单位：元

收支科目	借方余额	贷方余额
国有资本经营预算本级收入		312 200
国有资本经营预算本级支出	305 000	

(4) 财政专户管理资金收支科目的结账前余额如表7-8所示。

表7-8　　财政专户管理资金收支科目余额表　　单位：元

收支科目	借方余额	贷方余额
财政专户管理资金收入		89 600
财政专户管理资金支出	88 500	

(5) 专用基金收支科目的结账前余额如表7-9所示。

表7-9　　专用基金收支科目余额表　　单位：元

收支科目	借方余额	贷方余额
专用基金收入		15 000
专用基金支出	12 400	

三、要求：根据以上资料，为该市财政总预算会计编制有关年终收支结账的会计分录，并分别计算当年各类资金结转结余数额。

练习二

一、目的：练习预算稳定调节基金和预算周转金的核算。

二、资料：某市财政20×4年发生如下经济业务：

(1) 年终发生财政短收，即财政收入小于财政支出安排，决定动用一部分预算稳定调节基金，动用金额为66 000元。

(2) 年终存在一般公共预算结余资金5 200元，将其全部用来补充预算稳定调节基金。

(3) 年终存在闲置不用的预算周转金3 000元，决定将其调入预算稳定调节基金。

三、要求：根据以上经济业务，为该市财政总预算会计编制有关的会计分录。

第八章

财政总预算会计报表

财政总预算会计报表是反映政府财政预算执行结果和财务状况的书面文件。包括资产负债表、收入支出表、一般公共预算执行情况表、政府性基金预算执行情况表、国有资本经营预算执行情况表、财政专户管理资金收支情况表、专用基金收支情况表等会计报表和附注。其中，一般公共预算执行情况表、政府性基金预算执行情况表、国有资本经营预算执行情况表属于预算执行情况表，或纳入预算管理的财政资金收支决算报表，这些报表及其相关附注说明需要提请同级人民代表大会审查和批准。

第一节 资产负债表

一、资产负债表的概念和格式

资产负债表是反映政府财政在某一特定日期财务状况的报表。资产负债表应当按照资产、负债和净资产分类、分项列示。资产负债表采用“资产＝负债＋净资产”的平衡等式。资产负债表中的金额，应当根据有关资产、负债与净资产账户的期末余额计算填列。各级政府财政编制的资产负债表的格式如表 8－1 所示。表中数字作为释例，均为假设。其他会计报表的情况也是如此。

表 8－1 资产负债表

编制单位：某省财政厅　　　　20××年　月　日　　　　单位：元

资产	年初余额	期末余额	负债和净资产	年初余额	期末余额
流动资产：			流动负债：		
国库存款	（略）	5 520	应付短期政府债券	（略）	1 220
国库现金管理存款		1 250	应付利息		220
其他财政存款		490	应付国库集中支付结余		130
有价证券		310	与上级往来		1 450
在途款		120	其他应付款		1 360
预拨经费		150	应付代管资金		160
借出款项		130	一年内到期的非流动负债		800
应收股利		540	流动负债合计		5 340

续前表

资产	年初余额	期末余额	负债和净资产	年初余额	期末余额
应收利息		670	非流动负债：		
与下级往来		1 200	应付长期政府债券		41 200
其他应收款		520	借入款项		16 500
流动资产合计		10 900	应付地方政府债券转贷款		
非流动资产：			应付主权外债转贷款		
应收地方政府债券转贷款		38 500	其他负债		
应收主权外债转贷款		15 500	非流动负债合计		57 700
股权投资		1 780	负债合计		63 040
待发国债			一般公共预算结转结余		1 350
非流动资产合计		55 780	政府性基金预算结转结余		2 690
			国有资本经营预算结转结余		1 220
			财政专户管理资金结余		310
			专用基金结余		180
			预算稳定调节基金		780
			预算周转金		60
			资产基金		56 990
			减：待偿债净资产		−59 940
			净资产合计		3 640
资产总计		66 680	负债和净资产总计		66 680

二、资产负债表的列报方法

（一）资产负债表中年初余额栏的列报方法

资产负债表中年初余额栏的相关项目，应当根据上年末资产负债表“期末余额”栏内数字填列。如果本年度资产负债表规定的各个项目的名称和内容同上年度不相一致，应对上年年末资产负债表各项目的名称和数字按照本年度的规定进行调整，然后再填入“年初余额”栏内。

（二）资产负债表中期末余额栏的内容和列报方法

1. 资产类项目

（1）“国库存款”项目，反映政府财政期末存放在国库单一账户的款项金额。该项目应当根据“国库存款”科目的期末余额填列。

（2）“国库现金管理存款”项目，反映政府财政期末实行国库现金管理业务持有的存款金额。该项目应当根据“国库现金管理存款”科目的期末余额填列。

（3）“其他财政存款”项目，反映政府财政期末持有的其他财政存款金额。该项目应当根据“其他财政存款”科目的期末余额填列。

（4）“有价证券”项目，反映政府财政期末持有的有价证券金额。该项目应当根据“有价证券”科目的期末余额填列。

（5）“在途款”项目，反映政府财政期末持有的在途款金额。该项目应当根据“在途款”科目的期末余额填列。

（6）“预拨经费”项目，反映政府财政期末尚未转列支出或尚待收回的预拨经费金额。该项目应当根据“预拨经费”科目的期末余额填列。

（7）“借出款项”项目，反映政府财政期末借给预算单位尚未收回的款项金额。该项目应当根据“借出款项”科目的期末余额填列。

（8）“应收股利”项目，反映政府期末尚未收回的现金股利或利润金额。该项目应当根据“应收股利”科目的期末余额填列。

（9）“应收利息”项目，反映政府财政期末尚未收回应收利息金额。该项目应当根据“应收地方政府债券转贷款”科目和“应收主权外债转贷款”科目下“应收利息”明细科目的期末余额合计数填列。

（10）“与下级往来”项目，正数反映下级政府财政欠本级政府财政的款项金额；负数反映本级政府财政欠下级政府财政的款项金额。该项目应当根据“与下级往来”科目的期末余额填列，期末余额如为借方则以正数填列；如为贷方则以“－”号填列。

（11）“其他应收款”项目，反映政府财政期末尚未收回的其他应收款的金额。该项目应当根据“其他应收款”科目的期末余额填列。

（12）“应收地方政府债券转贷款”项目，反映政府财政期末尚未收回的地方政府债券转贷款的本金金额。该项目应当根据“应收地方政府债券转贷款”科目下“应收本金”明细科目的期末余额填列。

（13）“应收主权外债转贷款”项目，反映政府财政期末尚未收回的主权外债转贷款的本金金额。该项目应当根据“应收主权外债转贷款”科目下的“应收本金”明细科目的期末余额填列。

（14）“股权投资”项目，反映政府期末持有的股权投资的金额。该项目应当根据“股权投资”科目的期末余额填列。

（15）“待发国债”项目，反映中央政府财政期末尚未使用的国债发行额度。该项目应当根据“待发国债”科目的期末余额填列。

2. 负债类项目

（1）“应付短期政府债券”项目，反映政府财政期末尚未偿还的发行期限不超过1年（含1年）的政府债券的本金金额。该项目应当根据“应付短期政府债券”科目下的“应付本金”明细科目的期末余额填列。

（2）“应付利息”项目，反映政府财政期末尚未支付的应付利息金额。该项目应当根据“应付短期政府债券”、“借入款项”、“应付地方政府债券转贷款”和“应付主权外债转贷款”科目下的“应付利息”明细科目期末余额，以及属于分期付息到期还本的“应付长期政府债券”的“应付利息”明细科目期末余额计算填列。

（3）“应付国库集中支付结余”项目，反映政府财政期末尚未支付的国库集中支付结余金额。该项目应当根据“应付国库集中支付结余”科目的期末余额填列。

（4）“与上级往来”项目，正数反映本级政府财政期末欠上级政府财政的款项金额；负数反映上级政府财政欠本级政府财政的款项金额。该项目应当根据“与上级往来”科目的期末余额填列，如为借方余额则以“－”号填列。

（5）“其他应付款”项目，反映政府财政期末尚未支付的其他应付款的金额。该项目应当根据“其他应付款”科目的期末余额填列。

（6）“应付代管资金”项目，反映政府财政期末尚未支付的代管资金金额。该项目应当根据“应付代管资金”科目的期末余额填列。

(7)“一年内到期的非流动负债”项目，反映政府财政期末承担的1年以内（含1年）到偿还期的非流动负债。该项目应当根据“应付长期政府债券”、“借入款项”、“应付地方政府债券转贷款”、“应付主权外债转贷款”和“其他负债”等科目的期末余额及债务管理部门提供的资料分析填列。

(8)“应付长期政府债券”项目，反映政府财政期末承担的偿还期限超过1年的长期政府债券的本金金额及到期一次还本付息的长期政府债券的应付利息金额。该项目应当根据“应付长期政府债券”科目的期末余额分析填列。

(9)“应付地方政府债券转贷款”项目，反映政府财政期末承担的偿还期限超过1年的地方政府债券转贷款的本金金额。该项目应当根据“应付地方政府债券转贷款”科目下“应付本金”明细科目的期末余额分析填列。

(10)“应付主权外债转贷款”项目，反映政府财政期末承担的偿还期限超过1年的主权外债转贷款的本金金额。该项目应当根据“应付主权外债转贷款”科目下“应付本金”明细科目的期末余额分析填列。

(11)“借入款项”项目，反映政府财政期末承担的偿还期限超过1年的借入款项的本金金额。该项目应当根据“借入款项”科目下“应付本金”明细科目的期末余额分析填列。

(12)“其他负债”项目，反映政府财政期末承担的偿还期限超过1年的其他负债金额。该项目应当根据“其他负债”科目的期末余额分析填列。

3. 净资产类项目

(1)“一般公共预算结转结余”项目，反映政府财政期末滚存的一般公共预算结转金额。该项目应当根据“一般公共预算结转结余”科目的期末余额填列。

(2)“政府性基金预算结转结余”项目，反映政府财政期末滚存的政府性基金预算结转结余金额。该项目应当根据“政府性基金预算结转结余”科目的期末余额填列。

(3)“国有资本经营预算结转结余”项目，反映政府财政期末滚存的国有资本经营预算结转结余金额。该项目应当根据“国有资本经营预算结转结余”科目的期末余额填列。

(4)“财政专户管理资金结余”项目，反映政府财政期末滚存的财政专户管理资金结余金额。该项目应当根据“财政专户管理资金结余”科目的期末余额填列。

(5)“专用基金结余”项目，反映政府财政期末滚存的专用基金结余金额。该项目应当根据“专用基金结余”科目的期末余额填列。

(6)“预算稳定调节基金”项目，反映政府财政期末预算稳定调节基金的余额。该项目应当根据“预算稳定调节基金”科目的期末余额填列。

(7)“预算周转金”项目，反映政府财政期末预算周转金的余额。该项目应当根据“预算周转金”科目的期末余额填列。

(8)“资产基金”项目，反映政府财政期末持有的应收地方政府债券转贷款、应收主权外债转贷款、股权投资和应收股利等资产在净资产中占用的金额。该项目应当根据“资产基金”科目的期末余额填列。

(9)“待偿债净资产”项目，反映政府财政期末因承担应付短期政府债券、应付长期政府债券、借入款项、应付地方政府债券转贷款、应付主权外债转贷款、其他负债等负债相应需在净资产中冲减的金额。该项目应当根据“待偿债净资产”科目的期末借方余额以“-”号填列。

在资产负债表中，资产项目中的“应收股利”、“应收利息”、“应收地方政府债券转贷款”、“应收主权外债转贷款”和“股权投资”等项目，与净资产项目中的“资产基金”项目在金额上存在相互联系。负债项目中的“应付短期政府债券”、“应付利息”、“一年内到期的非流动负债”、“应付长期政府债券”、“借入款项”、“应付地方政府债券转贷款”、“应付主权外债转贷款”和“其他负债”等项目，与净资产项目中的“待偿债净资产”项目在金额上存在相互联系。

第二节 收入支出表

一、收入支出表的概念和格式

收入支出表是反映政府财政在某一会计期间各类财政资金收支余情况的报表。收入支出表根据资金性质按照收入、支出、结转结余的构成分类、分项列示。收入支出表中的金额，应当根据有关收入、支出与结转结余账户的本期发生额计算填列。各级政府财政编制的收入支出表的格式如表 8-2 所示。

表 8-2 收入支出表

编制单位：某省财政厅 20××年 月 日 单位：元

项目	一般公共预算		政府性基金预算		国有资本经营预算		财政专户管理资金		专用基金	
	本月数	本年累计数	本月数	本年累计数	本月数	本年累计数	本月数	本年累计数	本月数	本年累计数
年初结转结余		1 610		2 100		1300		360		210
收入合计		590 100		96 490		19 020		7 880		20
本级收入		235 000		78 500		19 020		7 880		20
其中：来自预算安排的收入	—	—	—	—	—	—	—	—		20
补助收入		125 000		3 590	—	—	—	—	—	—
上解收入		85 000			—	—	—	—	—	—
地区间援助收入			—	—	—	—	—	—	—	—
债务收入		145 000		14 400	—	—	—	—	—	—
债务转贷收入					—	—	—	—	—	—
动用预算稳定调节基金			—	—	—	—	—	—	—	—
调入资金		100			—	—	—	—	—	—
支出合计		590 350		95 900		19 100		7 930		50
本级支出		316 600		37 200		19 100		7 930		50
其中：权责发生制列支		250		370		120	—	—	—	—
预算安排专用基金的支出		20	—	—	—	—	—	—	—	—
补助支出		97 300		36 800	—	—	—	—	—	—

续前表

项目	一般公共预算		政府性基金预算		国有资本经营预算		财政专户管理资金		专用基金	
	本月数	本年累计数	本月数	本年累计数	本月数	本年累计数	本月数	本年累计数	本月数	本年累计数
上解支出		18 800			—	—	—	—	—	—
地区间援助支出			—	—	—	—	—	—	—	—
债务还本支出		146 200		12 000	—	—	—	—	—	—
债务转贷支出		11 250		9 800	—	—	—	—	—	—
安排预算稳定调节基金		200	—	—	—	—	—	—	—	—
调出资金				100			—		—	
结余转出		210	—	—	—	—	—	—	—	—
其中：增设预算周转金		10	—	—	—	—	—	—	—	—
年末结转结余		1 350		2 690		1 220		310		180

注：表中有“—”的部分不必填列。

收入支出表“本月数”栏反映各项目的本月实际发生数。在编制年度收入支出表时，应将本栏改为“上年数”栏，反映上年度各项目的实际发生数；如果本年度收入支出表规定的各个项目的名称和内容同上年度不一致，应对上年度收入支出表各项目的名称和数字按照本年度的规定进行调整，填入本年度收入支出表的“上年数”栏。

收入支出表“本年累计数”栏反映各项目自年初起至报告期末止的累计实际发生数。编制年度收入支出表时，应当将本栏改为“本年数”。

二、收入支出表的列报方法

收入支出表“本月数”栏各项目的内容和填列方法如下：

1. 年初结转结余项目

“年初结转结余”项目，反映政府财政本年初各类资金结转结余金额。其中，一般公共预算的“年初结转结余”应当根据“一般公共预算结转结余”科目的年初余额填列；政府性基金预算的“年初结转结余”应当根据“政府性基金预算结转结余”科目的年初余额填列；国有资本经营预算的“年初结转结余”应当根据“国有资本经营预算结转结余”科目的年初余额填列；财政专户管理资金的“年初结转结余”应当根据“财政专户管理资金结余”科目的年初余额填列；专用基金的“年初结转结余”应当根据“专用基金结余”科目的年初余额填列。

2. 收入类项目

（1）“收入合计”项目，反映政府财政本期取得的各类资金的收入合计金额。其中，一般公共预算的“收入合计”应当根据属于一般公共预算的“本级收入”、“补助收入”、“上解收入”、“地区间援助收入”、“债务收入”、“债务转贷收入”、“动用预算稳定调节基金”和“调入资金”各行项目金额的合计填列；政府性基金预算的“收入合计”应当根据属于政府性基金预算的“本级收入”、“补助收入”、“上解收入”、“债务收入”、“债务转贷收入”和“调入资金”各行项目金额的合计填列；国有资本经营预算的“收入合计”应当根据属于国有资本经营预算的“本级收入”项目的金额填列；财政专户管理资金的“收入合计”应当根据属于财政专户管理资金的“本级收入”项目的金额填列；专用基金的“收入合计”应当根据属于专用基金的“本级收入”项目的金额填列。

(2)“本级收入”项目，反映政府财政本期取得的各类资金的本级收入金额。其中，一般公共预算的“本级收入”应当根据“一般公共预算本级收入”科目的本期发生额填列；政府性基金预算的“本级收入”应当根据“政府性基金预算本级收入”科目的本期发生额填列；国有资本经营预算的“本级收入”应当根据“国有资本经营预算本级收入”科目的本期发生额填列；财政专户管理资金的“本级收入”应当根据“财政专户管理资金收入”科目的本期发生额填列；专用基金的“本级收入”应当根据“专用基金收入”科目的本期发生额填列。

(3)“补助收入”项目，反映政府财政本期取得的各类资金的补助收入金额。其中，一般公共预算的“补助收入”应当根据“补助收入”科目下的“一般公共预算补助收入”明细科目的本期发生额填列；政府性基金预算的“补助收入”应当根据“补助收入”科目下的“政府性基金预算补助收入”明细科目的本期发生额填列。

(4)“上解收入”项目，反映政府财政本期取得的各类资金的上解收入金额。其中，一般公共预算的“上解收入”应当根据“上解收入”科目下的“一般公共预算上解收入”明细科目的本期发生额填列；政府性基金预算的“上解收入”应当根据“上解收入”科目下的“政府性基金预算上解收入”明细科目的本期发生额填列。

(5)“地区间援助收入”项目，反映政府财政本期取得的地区间援助收入金额。该项目应当根据“地区间援助收入”科目的本期发生额填列。

(6)“债务收入”项目，反映政府财政本期取得的债务收入金额。其中，一般公共预算的“债务收入”应当根据“债务收入”科目下除“专项债务收入”以外的其他明细科目的本期发生额填列；政府性基金预算的“债务收入”应当根据“债务收入”科目下的“专项债务收入”明细科目的本期发生额填列。

(7)“债务转贷收入”项目，反映政府财政本期取得的债务转贷收入金额。其中，一般公共预算的“债务转贷收入”应当根据“债务转贷收入”科目下“地方政府一般债务转贷收入”明细科目的本期发生额填列；政府性基金预算的“债务转贷收入”应当根据“债务转贷收入”科目下的“地方政府专项债务转贷收入”明细科目的本期发生额填列。

(8)“动用预算稳定调节基金”项目，反映政府财政本期调用的预算稳定调节基金金额。该项目应当根据“动用预算稳定调节基金”科目的本期发生额填列。

(9)“调入资金”项目，反映政府财政本期取得的调入资金金额。其中，一般公共预算的“调入资金”应当根据“调入资金”科目下“一般公共预算调入资金”明细科目的本期发生额填列；政府性基金预算的“调入资金”应当根据“调入资金”科目下“政府性基金预算调入资金”明细科目的本期发生额填列。

3. 支出类项目

(1)“支出合计”项目，反映政府财政本期发生的各类资金的支出合计金额。其中，一般公共预算的“支出合计”应当根据属于一般公共预算的“本级支出”、“补助支出”、“上解支出”、“地区间援助支出”、“债务还本支出”、“债务转贷支出”、“安排预算稳定调节基金”和“调出资金”各行项目金额的合计填列；政府性基金预算的“支出合计”应当根据属于政府性基金预算的“本级支出”、“补助支出”、“上解支出”、

“债务还本支出”、“债务转贷支出”和“调出资金”各行项目金额的合计填列；国有资本经营预算的“支出合计”应当根据属于国有资本经营预算的“本级支出”和“调出资金”项目金额的合计填列；财政专户管理资金的“支出合计”应当根据属于财政专户管理资金的“本级支出”项目的金额填列；专用基金的“支出合计”应当根据属于专用基金的“本级支出”项目的金额填列。

(2)“补助支出”项目，反映政府财政本期发生的各类资金的补助支出金额。其中，一般公共预算的“补助支出”应当根据“补助支出”科目下的“一般公共预算补助支出”明细科目的本期发生额填列；政府性基金预算的“补助支出”应当根据“补助支出”科目下的“政府性基金预算补助支出”明细科目的本期发生额填列。

(3)“上解支出”项目，反映政府财政本期发生的各类资金的上解支出金额。其中，一般公共预算的“上解支出”应当根据“上解支出”科目下的“一般公共预算上解支出”明细科目的本期发生额填列；政府性基金预算的“上解支出”应当根据“上解支出”科目下的“政府性基金预算上解支出”明细科目的本期发生额填列。

(4)“地区间援助支出”项目，反映政府财政本期发生的地区间援助支出金额。该项目应当根据“地区间援助支出”科目的本期发生额填列。

(5)“债务还本支出”项目，反映政府财政本期发生的债务还本支出金额。其中，一般公共预算的“债务还本支出”应当根据“债务还本支出”科目下除“专项债务还本支出”以外的其他明细科目的本期发生额填列；政府性基金预算的“债务还本支出”应当根据“债务还本支出”科目下的“专项债务还本支出”明细科目的本期发生额填列。

(6)“债务转贷支出”项目，反映政府财政本期发生的债务转贷支出金额。其中，一般公共预算的“债务转贷支出”应当根据“债务转贷支出”科目下“地方政府一般债务转贷支出”明细科目的本期发生额填列；政府性基金预算的“债务转贷支出”应当根据“债务转贷支出”科目下的“地方政府专项债务转贷支出”明细科目的本期发生额填列。

(7)“安排预算稳定调节基金”项目，反映政府财政本期安排的预算稳定调节基金金额。该项目根据“安排预算稳定调节基金”科目的本期发生额填列。

(8)“调出资金”项目，反映政府财政本期发生的各类资金的调出资金金额。其中，一般公共预算的“调出资金”应当根据“调出资金”科目下“一般公共预算调出资金”明细科目的本期发生额填列；政府性基金预算的“调出资金”应当根据“调出资金”科目下“政府性基金预算调出资金”明细科目的本期发生额填列；国有资本经营预算的“调出资金”应当根据“调出资金”科目下“国有资本经营预算调出资金”明细科目的本期发生额填列。

(9)“增设预算周转金”项目，反映政府财政本期设置和补充预算周转金的金额。该项目应当根据“预算周转金”科目的本期贷方发生额填列。

4. 年末结转结余项目

“年末结转结余”项目，反映政府财政本年末的各类资金的结转结余金额。其中，一般公共预算的“年末结转结余”应当根据“一般公共预算结转结余”科目的年末余额填列；政府性基金预算的“年末结转结余”应当根据“政府性基金预算结转结余”科目的年末余额填列；国有资本经营预算的“年末结转结余”应当根据“国有资本经营预算结转结余”科目的年末余额填列；财政专户管理资金的“年末结转结余”应当根据“财政专户管理资金结余”科目的年末余额填列；专用基金的“年末结转结余”应当根据“专用基金结余”科目的年末余额填列。

在收入支出表中，“年初结转结余”、“收入合计”、“支出合计”、“增设预算周转金”和“年末结转结余”项目之间，在金额上存在相互联系。另外，收入支出表中的“年初结转结余”“年末结转结余”项目与资产负债表中的相关结转结余项目年初余额、年末余额，在金额上存在相互联系。例如，收入支出表中一般公共预算栏的“年末结转结余”项目金额，应当与资产负债表中“一般公共预算结转结余”项目的年末数相等。

第三节 预算执行情况表和资金收支情况表

一、一般公共预算执行情况表

一般公共预算执行情况表是反映政府财政在某一会计期间一般公共预算收支执行结果的报表，它是各级财政收支决算的主体表。该表应当按照《政府收支分类科目》中一般公共预算收支科目列示。

一般公共预算执行情况表的格式如表 8-3 所示。

表 8-3 一般公共预算执行情况表

编制单位：某省财政厅 20××年 月 旬 单位：元

项目	本月（旬）数	本年（月）累计数
一般公共预算本级收入	（略）	
101 税收收入		189 800
10101 增值税		112 000
1010101 国内增值税		96 600
101010101 国有企业增值税		45 200
……		
一般公共预算本级收入合计		235 000
一般公共预算本级支出——功能分类		
201 一般公共服务支出		32 000
20101 人大事务		1 550
2010101 行政运行		250
……		
一般公共预算本级支出（功能分类）合计		316 600
一般公共预算本级支出——经济分类		
501 机关工资福利支出		
50101 工资奖金津贴补贴		6 300
……		
一般公共预算本级支出（经济分类）合计		316 600

一般公共预算执行情况表中，“一般公共预算本级收入”项目及所属各明细项目，应当根据“一般公共预算本级收入”科目及所属各明细科目的本期发生额填列。“一般

公共预算本级支出”项目及所属各明细项目，应当根据“一般公共预算本级支出”科目及所属各明细科目的本期发生额填列。

一般公共预算执行情况表是对收入支出表中一般公共预算本级收入和本级支出具体情况的展开。它们在金额上存在相互联系。

二、政府性基金预算执行情况表

政府性基金预算执行情况表是反映政府财政在某一会计期间政府性基金预算收支执行结果的报表。该表应当按照《政府收支分类科目》中政府性基金预算收支科目列示。

政府性基金预算执行情况表的格式如表8-4所示。

表8-4　　政府性基金预算执行情况表

编制单位：某省财政厅　　20××年　月　旬　　单位：元

项目	本月（旬）数	本年（月）累计数
政府性基金预算本级收入	（略）	
10301 政府性基金收入		
1030102 农网还贷资金收入		680
103010202 地方农网还贷资金收入		680
……		
政府性基金预算本级收入合计		78 500
政府性基金预算本级支出——功能分类		
207 文化体育与传媒支出		
20707 国家电影事业发展专项资金及对应专项债务收入安排的支出		630
2070701 资助国产影片放映		280
……		
政府性基金预算本级支出（功能分类）合计		37 200
政府性基金预算本级支出——经济分类		
501 机关工资福利支出		
50101 工资奖金津贴补贴		
……		
政府性基金预算本级支出（经济分类）合计		37 200

政府性基金预算执行情况表中，“政府性基金预算本级收入”项目及所属各明细项目，应当根据“政府性基金预算本级收入”科目及所属各明细科目的本期发生额填列。“政府性基金预算本级支出”项目及所属各明细项目，应当根据“政府性基金预算本级支出”科目及所属各明细科目的本期发生额填列。

政府性基金预算执行情况表是对收入支出表中政府性基金预算本级收入和本级支出具体情况的展开。它们在金额上存在相互联系。

三、国有资本经营预算执行情况表

国有资本经营预算执行情况表是反映政府财政在某一会计期间国有资本经营预算收支执行结果的报表。该表应当按照《政府收支分类科目》中国有资本经营预算收支科目列示。

国有资本经营预算执行情况表的格式如表 8-5 所示。

表 8-5　　国有资本经营预算执行情况表

编制单位：某省财政厅　　20××年　月　旬　　单位：元

项目	本月（旬）数	本年（月）累计数
国有资本经营预算本级收入	（略）	
10306 国有资本经营收入		
1030601 利润收入		
103060103 烟草企业利润收入		
103060104 石油石化企业利润收入		760
……		
国有资本经营预算本级收入合计		19 020
国有资本经营预算本级支出——功能分类		
208 社会保障和就业支出		
20804 补充全国社会保障基金		
223 国有资本经营预算支出		
22301 解决历史遗留问题及改革成本支出		2 850
2230101 厂办大集体改革支出		130
……		
国有资本经营预算本级支出（功能分类）合计		19 100
国有资本经营预算本级支出——经济分类		
501 机关工资福利支出		
50101 工资奖金津贴补贴		
……		
国有资本经营预算本级支出（经济分类）合计		19 100

国有资本经营预算执行情况表中，“国有资本经营预算本级收入”项目及所属各明细项目，应当根据“国有资本经营预算本级收入”科目及所属各明细科目的本期发生额填列。“国有资本经营预算本级支出”项目及所属各明细项目，应当根据“国有资本经营预算本级支出”科目及所属各明细科目的本期发生额填列。

国有资本经营预算执行情况表是对收入支出表中国有资本经营预算本级收入和本级支出具体情况的展开。它们在金额上存在相互联系。

四、财政专户管理资金收支情况表

财政专户管理资金收支情况表是反映政府财政在某一会计期间纳入财政专户管理的财政专户管理资金全部收支情况的报表。该表应当按照相关政府收支分类科目列示。

财政专户管理资金收支情况表的格式如表 8-6 所示。

表 8-6　　财政专户管理资金收支情况表

编制单位：某省财政厅　　20××年　月　　单位：元

项目	本月数	本年累计数
财政专户管理资金收入	（略）	
教育收费：		
103040171 公安行政事业性收费收入——教育收费		

续前表

项目	本月数	本年累计数
103040271 法院行政事业性收费收入——教育收费		
103040371 司法行政事业性收费收入——教育收费		
103040471 外交行政事业性收费收入——教育收费		
……		
财政专户管理资金收入合计		7 880
财政专户管理资金支出		
教育收费：		
205 教育支出		
20502 普通教育		
2050204 高中教育		
2050205 高等教育		
……		
财政专户管理资金支出合计		7 930

财政专户管理资金收支情况表中，“财政专户管理资金收入”项目及所属各明细项目，应当根据“财政专户管理资金收入”科目及所属各明细科目的本期发生额填列。“财政专户管理资金支出”项目及所属各明细项目，应当根据“财政专户管理资金支出”科目及所属各明细科目的本期发生额填列。

财政专户管理资金收支情况表是对收入支出表中财政专户管理资金本级收入和本级支出具体情况的展开。它们在金额上存在相互联系。

五、专用基金收支情况表

专用基金收支情况表是反映政府财政在某一会计期间专用基金全部收支情况的报表。该表应当按照不同类型的专用基金分别列示。

专用基金收支情况表的格式如表8-7所示。

表8-7 专用基金收支情况表

编制单位：某省财政厅 20××年 月 单位：元

项目	本月数	本年累计数
专用基金收入	（略）	
粮食风险基金		
……		
专用基金收入合计		20
专用基金支出		
粮食风险基金		
……		
专用基金支出合计		50

专用基金收支情况表中，“专用基金收入”项目及所属各明细项目，应当根据“专用基金收入”科目及所属各明细科目的本期发生额填列。“专用基金支出”项目

及所属各明细项目，应当根据“专用基金支出”科目及所属各明细科目的本期发生额填列。

专用基金收支情况表是对收入支出表中专用基金本级收入和本级支出具体情况的展开。它们在金额上存在相互联系。

按照要求，一般公共预算执行情况表、政府性基金预算执行情况表、国有资本经营预算执行情况表应当按旬、月度和年度编制，财政专户管理资金收支情况表和专用基金收支情况表应当按月度和年度编制，收入支出表按月度和年度编制，资产负债表和附注应当至少按年度编制。旬报、月报的报送期限及编报内容应当根据上级政府财政具体要求和本行政区域预算管理的需要办理。财政总预算会计应当根据《财政总预算会计制度》的规定编制并提供真实、完整的会计报表，切实做到账表一致，不得估列代编，弄虚作假。

第四节 预算执行情况说明和绩效评价

一、预算执行情况说明

预算执行情况说明也称财政收支决算说明，是对预算执行过程及其结果或者预算与决算数据所作的简要文字解释与数字分析。预算执行情况说明是各种财政预算执行情况表或财政收支决算表的有机组成部分。

在实务中，预算执行情况说明通常针对财政预算执行情况表中具体的收入和支出项目，通过比较预算数与决算数的差异进行解释说明与数字分析，内容简明扼要。

以某市一般公共预算收入中的部分税收收入预算执行情况说明为例，常见的说明方法如下：

(1) 增值税，预算数为 306 万元，决算数为 265 万元，完成预算的 87%。未完成预算主要是受本市经济增长放缓、工业企业效益下降等因素影响，增值税增长低于年初预期。

(2) 企业所得税，预算数为 391 万元，决算数为 365 万元，完成预算的 93%。未完成预算主要是受外部经济环境等因素影响，本市工业企业效益下降，企业所得税增长低于年初预期。

(3) 个人所得税，预算数为 162 万元，决算数为 153 万元，完成预算的 94%。未完成预算主要是受国家提高个人所得税起征点、本市存量房交易量下降等因素影响，个人所得税增长低于年初预期。

(4) 房产税，预算数为 21 万元，决算数为 23 万元，完成预算的 110%。超过预算主要是部分企业拓展发展空间，生产经营性用房有所增加，以及本市加强房产税征管等，带动房产税增长高于年初预期。

以某市一般公共预算支出中的部分一般公共服务支出预算执行情况说明为例，常见的说明方法如下：

(1) 人大事务，预算数为 42 万元，决算数为 45 万元，完成预算的 107%，主要用于市人大人员经费及日常运行、人大立法、人大会议、人大监督、代表工作、人大信访工作等经费支出。超过预算主要是增加安排人大代表培训设施购置及修缮等经费支出。

（2）政协事务，预算数为36万元，决算数为36万元，完成预算的100%，主要用于市政协人员经费及日常运行、政协会议、委员视察、参政议政等经费支出。

（3）统计信息事务，预算数为28万元，决算数为28万元，完成预算的100%，主要用于统计部门人员经费及日常运行、信息事务、专项统计业务、统计管理等经费支出。

（4）财政事务，预算数为43万元，决算数为39万元，完成预算的91%，主要用于财政部门人员经费及日常运行、预算改革业务、财政国库业务、信息化建设等经费支出。未完成预算主要是在预算执行中严格控制并进一步压缩部门一般性支出。

（5）审计事务，预算数为38万元，决算数为36万元，完成预算的95%，主要用于审计部门人员经费及日常运行、审计业务、审计管理、信息化建设等经费支出。未完成预算主要是在预算执行中严格控制并进一步压缩部门一般性支出。

政府性基金以及国有资本经营预算执行情况的说明方法与一般公共预算执行情况的说明方法相似。以某市政府性基金收入和政府性基金支出预算执行情况说明为例，常见的说明方法如下：

（1）彩票公益金收入，预算数为6万元，决算数为7万元，完成预算的117%。超过预算主要是福利彩票发行收入高于年初预期，带动按规定提取的彩票公益金收入相应增加。

（2）彩票公益金支出，预算数为7万元，决算数为6万元，完成预算的86%，主要用于落实新增养老床位、为经济困难家庭老人提供社区居家养老服务、新建老年人日间服务中心、新设社区老年人助餐服务点、为老年人提供社区援助服务等市政府实事项目，资助社会福利院基础设施更新改造、标准化老年活动室建设、社区市民综合帮扶项目、社区公益服务项目、补助市级医疗救助资金等社会福利事业，举办市民运动会、新建社区公共运动场等经费支出。未完成预算主要是部分养老机构设施改造等项目建设进度慢于年初预期，按项目实施进度据实拨付的支出相应减少。

各级财政在说明当年预算执行情况时最常用的分析指标是完成预算的百分比。该指标是指收支决算数除以收支预算数后的百分比。除此之外，各级财政也经常使用收支增减百分比反映当年预算执行情况。该指标为辅助指标，是指与去年相比，当年收支增减额与去年收支决算数的百分比比率。

预算执行情况说明是财政总预算会计报表附注的重要组成部分。根据规定，财政总预算会计报表附注应当至少披露下列内容：遵循《财政总预算会计制度》的声明；本级政府财政预算执行情况和财务状况的说明；会计报表中列示的重要项目的进一步说明，包括其主要构成、增减变动情况等；或有负债情况的说明；有助于理解和分析会计报表的其他需要说明的事项。

二、预算绩效评价

预算绩效评价是预算管理的重要组成部分。目前，我国正在全面推进预算绩效管理工作，并已经取得了初步成效。预算绩效管理工作的总体目标，是要牢固树立“讲绩效、重绩效、用绩效”“用钱必问效、无效必问责”的绩效管理理念，从根本上改变“重分配、轻管理，重支出、轻绩效”的传统预算管理观念，建立一个“预算编制有目标、预算执行有监控、预算完成有评价、评价结果有反馈、反馈结果有应用”的全过程预算绩效管理机制，实现预算绩效管理与预算编制、执行、监督的有机结合。

全面推行预算绩效管理工作需要建立一个预算绩效评价体系，并在实践中不断完善这个预算绩效评价体系。目前，我国已经初步建立起了一个财政预算绩效评价共性指标体系框架。该指标体系框架由投入、过程、效果三个一级指标组成。其中，投入指标的二级指标即为预算安排指标，三级指标包括人员经费保障率、公用经费保障率等若干个。过程指标的二级指标即为预算执行指标，三级指标包括收入完成率、支出完成率等若干个。效果指标的二级指标包括经济效益、社会效益、生态效益和社会公众满意度四个。其中，经济效益指标的三级指标包括财政总收入占 GDP 的比重、税收收入占比等若干个。社会效益指标的三级指标包括城镇居民人均可支配收入变动率、农村居民人均纯收入变动率等若干个。生态效益指标的三级指标包括空气质量变动率、人均公共绿地面积变动率等若干个。财政预算绩效评价共性指标体系框架的简要内容可如表 8-8 所示。

表 8-8　财政预算绩效评价共性指标体系框架简表

一级指标	二级指标	三级指标	计算公式
投入	预算安排	人员经费保障率	(在职人均人员经费/在职人员经费标准) ×100%。
		公用经费保障率	人均公用经费/人均公用经费标准。
		人均公用经费变动率	[(本年度人均公用经费－上年度人均公用经费) /上年度人均公用经费] ×100%。
		民生支出占比	(民生支出数/当年公共财政预算支出数) ×100%。
		民生支出占比变动率	[(本年度民生支出占比－上年度民生支出占比) /上年度的民生支出占比] ×100%。
		“三公经费”变动率	[(本年度“三公经费”支出总额－上年度“三公经费”支出总额) /上年度“三公经费”支出总额] ×100%。
		预算完整性	评价要点： ①公共财政预算是否纳入政府预算管理； ②国有资本经营预算是否纳入政府预算管理； ③政府性基金预算是否纳入政府预算管理； ④社会保障预算是否纳入政府预算管理。
		预算平衡性	预算净结余＝预算收入数－预算支出数。
		财政供养人员控制率	[(实际在职财政供养人员数－标准在职财政供养人数) /标准在职财政供养人数] ×100%。
		债务率	(本年末本级政府性债务余额/本年本地综合财力) ×100%。 其中，综合财力：即政府公共财政预算支出、政府性基金支出、国有资本经营预算支出之和。

续前表

一级指标	二级指标	三级指标	计算公式
过程	预算执行	收入完成率	（预算收入实际完成数/收入预算数）×100%。
		支出完成率	（预算支出完成数/支出预算数）×100%。
		支出均衡率	（支出执行进度/支出进度标准）×100%。
		资金结转率	（结转资金总额/公共财政支出预算）×100%。
		资金结转变动率	[（本年度结转资金总额－上年度结转资金总额）/上年度结转资金总额]×100%。
		“三公经费”控制率	（本年度“三公经费”实际支出数/“三公经费”预算数）×100%。
		总预算暂存暂付率	（总预算暂存款、暂付款期末余额/当年公共财政支出预算）×100%。
效果	经济效益	财政总收入占GDP的比重	财政总收入/GDP。
		税收收入占比	（税收收入/公共财政预算收入）×100%。
		税收收入占比变动率	[（本年度税收收入占比－上年度税收收入占比）/上年度税收收入占比]×100%。
		非税收入占比	（非税收入/公共财政预算收入）×100%。
		非税收入占比变动率	[（本年度非税收入占比－上年度非税收入占比）/上年度非税收入占比]×100%。
		财政支出乘数	当地GDP变动量/公共财政预算支出变动量。
	社会效益	城镇居民人均可支配收入变动率	[（本年城镇居民人均可支配收入－上年城镇居民人均可支配收入）/上年城镇居民人均可支配收入]×100%。
		农村居民人均纯收入变动率	[（本年农村居民人均纯收入－上年农村居民人均纯收入）/上年农村居民人均纯收入]×100%。
		人均受教育年限变动率	[（本年人均受教育年限－上年人均受教育年限）/上年人均受教育年限]×100%。
		人均期望寿命变动率	[（本年人均期望寿命－上年人均期望寿命）/上年人均期望寿命]×100%。
		城镇登记失业率变动率	[（本年城镇登记失业率－上年城镇登记失业率）/上年城镇登记失业率]×100%。
	生态效益	空气质量变动率	[（当年空气质量监测均值－上年空气质量监测均值）/上年空气质量监测均值]×100%。
		人均公共绿地面积变动率	[（当年人均公共绿地面积－上年人均公共绿地面积）/上年人均公共绿地面积]×100%。
		万元GDP能耗变动率	[（当年万元GDP能耗－上年万元GDP能耗）/上年万元GDP能耗]×100%。
	社会公众满意度		一般采取社会调查的方式。

思考题

1. 什么是财政总预算会计报表？财政总预算会计报表主要包括哪些种类？

2. 什么是一般公共预算执行情况表？财政总预算会计应当如何编制一般公共预算执行表？

3. 什么是政府性基金预算执行情况表？财政总预算会计应当如何编制政府性基金预算执行情况表？

4. 什么是国有资本经营预算执行情况表？财政总预算会计应当如何编制国有资本经营预算执行情况表？

5. 什么是财政专户管理资金收支情况表？财政总预算会计应当如何编制财政专户管理资金收支情况表？

6. 什么是专用基金收支情况表？财政总预算会计应当如何编制专用基金收支情况表？

7. 什么是收入支出表？财政总预算会计应当如何编制收入支出表？

8. 什么是资产负债表？财政总预算会计应当如何编制资产负债表？

9. 什么是预算执行情况说明？在实务中，通常如何对预算执行情况进行说明？

练习题

练习一

一、目的：练习资产负债表的编制。

二、资料：某市财政 20×4 年末有关收入和支出账户结账后财政总预算会计资产、负债和净资产账户的余额如表 8-9 所示。

表 8-9　　账户余额表　　单位：元

账户名称	借方余额	账户名称	贷方余额
国库存款	5 320	应付短期政府债券	
国库现金管理存款	250	应付利息	150
其他财政存款	730	应付国库集中支付结余	290
有价证券		与上级往来	1 230
在途款	150	其他应付款	160
预拨经费	220	应付代管资金	
借出款项		应付长期政府债券	
应收股利	230	借入款项	
应收利息		应付地方政府债券转贷款	3 010
与下级往来	1 160	应付主权外债转贷款	
其他应收款	310	其他负债	
应收地方政府债券转贷款		一般公共预算结转结余	1 150
应收主权外债转贷款		政府性基金预算结转结余	2 260
股权投资	1 880	国有资本经营预算结转结余	1 220
待发国债		财政专户管理资金结余	660
待偿债净资产	3 160	专用基金结余	70
		预算稳定调节基金	820
		预算周转金	280
		资产基金	2 110
合计	13 410	合计	13 410

“应付地方政府债券转贷款”账户余额中，一年内到期的部分为860元。

三、要求：根据以上资料，为该市财政总预算会计编制20×4年末的资产负债表。年初余额从略。

练习二

一、目的：练习收入支出表的编制。

二、资料：某市财政20×4年末有关收入和支出账户结账前的本期发生额如表8-10所示。

表8-10　　收支账户本期发生额表　　单位：元

账户名称	贷方	账户名称	借方
一般公共预算收入账户：		一般公共预算支出账户：	
一般公共预算本级收入	48 920	一般公共预算本级支出	55 680
补助收入	32 210	补助支出	29 800
上解收入	12 500	上解支出	12 500
地区间援助收入		地区间援助支出	
债务收入		债务还本支出	23 100
债务转贷收入	26 800	债务转贷支出	
动用预算稳定调节基金		安排预算稳定调节基金	200
调入资金	350	调出资金	
合计	120 780	合计	121 280
政府性基金预算收入账户：		政府性基金预算支出账户：	
政府性基金预算本级收入	21 200	政府性基金预算本级支出	28 800
补助收入	9 800	补助支出	1 270
上解收入		上解支出	
债务收入		债务还本支出	7 800
债务转贷收入	7 600	债务转贷支出	
调入资金		调出资金	350
合计	38 600	合计	38 220
国有资本经营预算收入账户：		国有资本经营预算支出账户：	350
国有资本经营预算本级收入	18 650	国有资本经营预算本级支出	18 890
		调出资金	
合计	18 650	合计	18 890
财政专户管理资金收入	9 200	财政专户管理资金支出	9 330
专用基金收入	20	专用基金支出	30

各项结转结余的年初数额为：一般公共预算结转结余1 650元，政府性基金预算结转结余1 880元，国有资本经营预算结转结余1 460元，财政专户管理资金结余790元，专用基金结余80元。

当年权责发生制列支的情况为：一般公共预算360元，政府性基金预算210元，国有资本经营预算150元。

当年通过一般公共预算安排的专用基金支出为20元。

当年一般公共预算结余转出100元。

三、要求：根据以上资料，为该市财政总预算会计编制20×4年度的收入支出表。

上年数从略。

练习三

一、目的：练习一般公共预算执行情况表的编制。

二、资料：某市财政20×4年末有关一般公共预算收入和支出账户结账前的本期发生额简要如表8-11所示。

表8-11 一般公共预算收支账户本期发生额表 单位：元

账户名称	贷方	账户名称	借方
一般公共预算本级收入账户：		一般公共预算本级支出（功能分类）账户：	
税收收入	42 470	一般公共服务支出	5 600
增值税	18 900	外交支出	
消费税		国防支出	
企业所得税	11 850	公共安全支出	8 560
企业所得税退税		教育支出	9 200
个人所得税	230	科学技术支出	2 650
资源税		文化体育与传媒支出	1 890
城市维护建设税	4 100	社会保障和就业支出	3 650
房产税	3 320	医疗卫生与计划生育支出	4 560
印花税	450	节能环保支出	2 560
城镇土地使用税	960	城乡社区支出	2 840
土地增值税	380	农林水支出	2 680
车船税	240	交通运输支出	4 250
船舶吨税		资源勘探信息等支出	1 580
车辆购置税		商业服务业等支出	1 630
关税		金融支出	1 250
耕地占用税	260	援助其他地区支出	
契税	1 780	国土海洋气象等支出	630
烟叶税		住房保障支出	670
其他税收收入		粮油物资储备支出	460
非税收入	6 450	其他支出	510
专项收入	2 650	债务付息支出	390
行政事业性收费收入	1 120	债务发行费用支出	120
罚没收入	920	功能分类支出合计	55 680
国有资本经营收入	310	一般公共预算本级支出（经济分类）账户：	
国有资源（资产）有偿使用收入	740	机关工资福利支出	2 800
捐赠收入		机关商品和服务支出	5 500
政府住房基金收入	530	机关资本性支出	13 600
其他收入	180	对事业单位经常性补助	8 400
		对事业单位资本性补助	9 600
		对企业补助	3 710

续前表

账户名称	贷方	账户名称	借方
		对企业资本性支出	6 300
		对个人和家庭的补助	850
		对社会保险基金补助	3 900
		债务利息及费用支出	510
		其他支出	510
一般公共预算本级收入账户合计	48 920	经济分类支出合计	55 680

三、要求：根据以上资料，为该市财政总预算会计编制20×4年度的一般公共预算执行情况表。上年数从略。

练习四

一、目的：练习政府性基金预算执行情况表的编制。

二、资料：某市财政20×4年末有关政府性基金预算收入和支出账户结账前的本期发生额简要如表8-12所示。

表8-12　政府性基金预算收支账户本期发生额表　单位：元

账户名称	贷方	账户名称	借方
政府性基金预算本级收入账户：		政府性基金预算本级支出（功能分类）账户：	
		文化体育与传媒支出	
国家电影事业发展专项资金收入	400	国家电影事业发展专项资金及对应专项债务收入安排的支出	650
		城乡社区支出	
城市基础设施配套费收入	1 300	城市基础设施配套费及对应专项债务收入安排的支出	2 350
国有土地收益基金收入	1 500	国有土地收益基金及对应专项债务收入安排的支出	2 500
农业土地开发资金收入	1 200	农业土地开发资金及对应专项债务收入安排的支出	1 600
国有土地使用权出让收入	15 200	国有土地使用权出让收入及对应专项债务收入安排的支出	17 200
污水处理费收入	700	污水处理费及对应专项债务收入安排的支出	2 250
		交通运输支出	
车辆通行费	300	车辆通行费及对应专项债务收入安排的支出	900
		其他支出	
彩票公益金收入	600	彩票公益金及对应专项债务收入安排的支出	1 350
		债务付息支出	220
		债务发行费用支出	100
		功能分类支出合计	29 120

续前表

账户名称	贷方	账户名称	借方
		政府性基金预算本级支出（经济分类）账户：	
		机关资本性支出	27 440
		对事业单位资本性补助	1 210
		对企业资本性支出	470
合计	21 200	经济分类支出合计	29 120

三、要求：根据以上资料，为该市财政总预算会计编制 20×4 年度的政府性基金预算执行情况表。上年数从略。

练习五

一、目的：练习国有资本经营预算执行情况表的编制。

二、资料：某市财政 20×4 年末有关国有资本经营预算收入和支出账户结账前的本期发生额简要如表 8－13 所示。

表 8－13　　国有资本经营预算收支账户本期发生额表　　单位：元

账户名称	贷方	账户名称	借方
国有资本经营预算本级收入账户：		国有资本经营预算本级支出（功能分类）账户：	
		国有资本经营预算支出	
利润收入	7 850	解决历史遗留问题及改革成本支出	2 630
股利股息收入	7 270	国有企业资本金注入	15 680
产权转让收入	2 320	国有企业政策性补贴	580
清算收入	1 210	功能分类支出合计	18 890
		国有资本经营预算本级支出（经济分类）账户：	
		对企业补助	790
		对企业资本性支出	18 100
合计	18 650	经济分类支出合计	18 890

三、要求：根据以上资料，为该市财政总预算会计编制 20×4 年度的国有资本经营预算执行情况表。上年数从略。

练习六

一、目的：练习一般公共预算支出执行情况表的编制。

二、资料：某市财政 20×4 年末有关一般公共预算支出账户中公共安全支出和教育支出一级明细账结账前的本期发生额简要如表 8－14 所示。

表 8－14　　一般公共预算支出账户本期发生额表

——公共安全支出和教育支出　　单位：元

账户名称	借方
公共安全支出（机关工资福利支出）	25 300
公共安全支出（机关商品和服务支出）	32 100

续前表

账户名称	借方
公共安全支出（机关资本性支出）	44 300
公共安全支出（对事业单位经常性补助）	5 600
公共安全支出（对事业单位资本性补助）	6 800
公共安全支出（对个人和家庭的补助）	880
公共安全支出（其他支出）	50
公共安全支出合计	115 030
教育支出（机关工资福利支出）	13 200
教育支出（机关商品和服务支出）	12 800
教育支出（机关资本性支出）	7 500
教育支出（对事业单位经常性补助）	58 500
教育支出（对事业单位资本性补助）	26 300
教育支出（对个人和家庭的补助）	2 900
教育支出（其他支出）	120
教育支出合计	121 320

三、要求：根据以上资料，为该市财政总预算会计编制20×4年度一般公共预算支出中公共安全支出和教育支出执行情况表。

练习七

一、目的：练习财政专户管理资金收支情况表的编制。

二、资料：某市财政20×4年末有关财政专户管理资金收入和支出账户结账前的本期发生额简要如表8-15所示。

表8-15　　财政专户管理资金收支账户本期发生额表　　单位：元

账户名称	贷方	账户名称	借方
财政专户管理资金收入账户：		财政专户管理资金支出账户：	
公安行政事业性收费收入——教育收费	220	普通教育	
工商行政事业性收费收入——教育收费	180	——学前教育	450
文化行政事业性收费收入——教育收费	320	——高中教育	1 130
教育行政事业性收费收入		——高等教育	3 390
——公办幼儿园保育费	260	职业教育	
——公办幼儿园住宿费	190	——初等职业教育	280
——普通高中学费	580	——职业高中教育	2 730
——普通高中住宿费	550	——高等职业教育	1 350
——中等职业学校学费	1 250		
——中等职业学校住宿费	980		
——高等学校学费	2 560		
——高等学校住宿费	1 830		
体育行政事业性收费收入——教育收费	280		
合计	9 200	合计	9 330

三、要求：根据以上资料，为该市财政总预算会计编制20×4年度的财政专户管理资金收支情况表。上年数从略。

练习八

一、目的：练习专用基金收支情况表的编制。

二、资料：某市财政20×4年末有关专用基金收入和支出账户结账前的本期发生额简要如表8-16所示。

表8-16　专用基金收支账户本期发生额表　单位：元

账户名称	贷方	账户名称	借方
专用基金收入账户：		专用基金支出账户：	
粮食风险基金	20	粮食风险基金	
		——对种粮农民的直接补贴	25
		——储备粮油的利息费用补贴	5
合计	20	合计	30

三、要求：根据以上资料，为该市财政总预算会计编制20×4年度的专用基金收支情况表。上年数从略。

第三篇

行政事业单位会计

第九章

行政事业单位会计概述

第一节　行政事业单位会计的概念

一、行政事业单位及其种类

在行政事业单位会计中，行政单位泛指各级各类国家机关和政党组织，具体包括：

（1）各级人民代表大会及其常务委员会机关。例如，全国人民代表大会及其常务委员会、各级地方人民代表大会及其常务委员会。人民代表大会属于国家立法机关。

（2）各级人民政府及其所属工作机构。例如，中央人民政府、地方各级人民政府。再如，国务院所属各部门，如外交部、国防部、国家发展和改革委员会、教育部、科学技术部、工业和信息化部、公安部、民政部、财政部、人力资源和社会保障部等；地方各级人民政府所属各部门，相关部门与国务院层面设置的部门类似，如省财政厅、省公安厅、市财政局、市公安局等。各级人民政府及其所属工作机构通常也称行政机关，它们属于国家执法机关。

（3）中国人民政治协商会议各级委员会机关。例如，中国人民政治协商会议全国委员会、中国人民政治协商会议各级地方委员会。中国人民政治协商会议属于国家政治协商机关。

（4）各级审判机关。例如，最高人民法院、地方各级人民法院。各级审判机关属于国家司法机关。

（5）各级检察机关。例如，最高人民检察院、地方各级人民检察院。各级检察机关是国家的法律监督机关。

（6）中国共产党各级机关。例如，中国共产党中央委员会、中国共产党各级地方委员会。中国共产党是我国的执政党，发挥总揽全局、协调各方的领导核心作用。

（7）各民主党派和工商联的各级机关。

总体来说，行政单位承担着经济调节、市场监管、社会管理、公共服务等各种职能，尽管名称不尽相同，但它们有一个共同的特点，就是它们都属于社会非物质生产部门，它们不能在市场上通过货物或服务的交换获得足够的资金，它们开展业务活动所需的资金主要由财政预算安排。行政单位的支出是典型的、纯粹地满足社会公共需要。为此，对行政单位来说，执行单位预算，按照预算取得和使用财政资金，使财政资金发挥其应有的社会效益，是它们进行财务管理和组织会计核算时必须遵循的基本要求。

事业单位泛指由政府举办的各级各类向社会提供公益服务的组织。在现行实务中，按照不同的行业，常见的事业单位主要包括如下种类：

（1）中小学校。主要指由各级人民政府举办的普通中小学校、成人中学、成人初等学校等。如复旦大学附属中学、上海市上海中学等。

（2）高等学校。主要指由各级人民政府举办的全日制普通高等学校、成人高等学校等。如北京大学、清华大学、复旦大学、上海交通大学等。

（3）医院。主要指各级各类公立医院，包括综合医院、中医院、专科医院等。如北京医院、北京中医医院、中国医学科学院北京协和医院、上海市第一人民医院、上海市肺科医院、复旦大学附属儿科医院等。

（4）基层医疗卫生机构。主要指由政府举办的城市社区卫生服务中心、乡镇卫生院等。

（5）文化事业单位。主要指各级各类公共图书馆、文化馆、纪念馆以及由文化及其他部门主管的剧场、剧团等。如国家图书馆、中国美术馆、中国交响乐团、上海图书馆等。

（6）文物事业单位。主要指各级各类公共博物馆、博物院等。如故宫博物院、中国国家博物馆、上海自然博物馆等。

（7）科学事业单位。主要指由各级政府举办的各级各类科学院、研究院、研究所等。如中国科学院、中国工程院、中国社会科学院、上海社会科学院、上海科技馆等。

（8）广播电视事业单位。主要指由各级政府举办的广播台、电视台等。如中央广播电视总台、上海广播电视台等。

（9）体育事业单位。主要指由各级政府举办的体育馆、体育场等。如上海市东方体育中心、上海市江湾体育场等。

在以上事业单位中，中小学和高等学校也可通称为教育事业单位，医院和基层医疗卫生机构也可通称为医疗卫生事业单位。除以上常见事业单位外，按照事业单位所从事行业，其他种类的事业单位还有测绘事业单位、气象事业单位、园林事业单位或林业事业单位等。

事业单位是经济社会发展中提供公益服务的主要载体，是我国社会主义现代化建设的重要力量。为加快社会事业发展，进一步满足人民群众对社会公益服务的需求，我国目前正在深化事业单位改革。改革的总体目标是：建立起功能明确、治理完善、运行高效、监管有力的管理体制和运行机制，形成基本服务优先、供给水平适度、布局结构合理、服务公平公正的中国特色公益服务体系。

目前，事业单位改革的重要任务之一，是要强化事业单位的公益属性，分类推进事业单位改革。具体做法是对从事公益服务的事业单位进行细分，根据职责任务、服务对象和资源配置方式等情况，将从事公益服务的事业单位细分为两类：承担义务教育、基础性研究、公共文化、公共卫生及基层的基本医疗服务等基本公益服务，不能或不宜由市场配置资源的，划分为公益一类；承担高等教育、非营利医疗等公益服务，可部分由市场配置资源的，划分为公益二类。目前，各地正在结合实际，科学划分事业单位类别，分类推进事业单位改革。

事业单位的主要特点是具有公益属性。即事业单位不具有行政职能，不从事社会管理工作，从而区别于行政单位；事业单位不以营利为目的，不从事生产经营活动，从而区别于营利性企业；事业单位以成本或者低于成本的价格向社会公众提供公益性服务，所需资金部分来源于财政补助，部分来源于公益性服务收费。除此之外，事业单位一般都由政府举办，其开展业务活动所需资金纳入政府预算，由此，事业单位也区别于民间非营利组织或社会组织。与民间非营利组织相对比，事业单位有时也称为公立非营利组织。

在实务中，大多数事业单位有其主管行政单位，或者是相应主管行政单位的所属单位。例如，教育事业单位的主管行政单位通常是教育行政单位，文化事业单位的主管行政单位通常是文化行政单位，医疗卫生事业单位的主管行政单位通常是医疗卫生行政单位，广播电视事业单位的主管单位通常是广播电视行政单位，如此等等。尽管如此，事业单位具有独立的法人资格，对所从事的事业活动独立地承担法律责任。政府通过举办事业单位，可以更好地向社会公众提供公益服务。事业单位从事的社会公益活动是政府职能的延伸。从这一意义上讲，事业单位也是广义的政府组织。目前，复旦大学附属中学、上海市上海中学纳入上海市教育委员会的部门预算，向上海市财政申请取得财政补助资金；北京大学、清华大学、复旦大学、上海交通大学纳入教育部的部门预算，向中央财政申请取得财政补助资金；国家图书馆、故宫博物院、中国国家博物馆纳入文化和旅游部的部门预算，向中央财政申请取得财政补助资金。政府部门预算通常由行政单位及其所属事业单位预算组成。

二、行政事业单位预算和财务管理

（一）行政事业单位预算

行政事业单位预算是行政事业单位的年度收支计划，它反映预算年度内行政事业单位的资金收支规模、结构以及资金来源和去向，是行政事业单位可以发生相应收支业务的基本依据。

行政事业单位预算由收入预算和支出预算组成。其中，行政单位的收入预算来源主要包括财政拨款预算收入、非同级财政拨款预算收入和其他预算收入等内容，事业单位的收入预算来源主要包括财政拨款预算收入、事业预算收入、上级补助预算收入、附属单位上缴预算收入、经营预算收入、债务预算收入、非同级财政拨款预算收入、投资预算收益和其他预算收入等内容。如果行政事业单位存在上年结转结余，则本年收入预算来源包括上年结转结余和当年预算收入两大部分。行政单位的支出预算用途主要包括行政支出和其他支出等内容。其中，行政支出还具体分为基本支出、项目支出等内容。事业单位的支出预算用途主要包括事业支出、经营支出、上缴上级支出、对附属单位补助支出、投资支出、债务还本支出和其他支出等内容。其中，事业支出具体还分为基本支出、项目支出等内容。行政事业单位的收入预算与支出预算相互依存，不可或缺，它们共同构成单位预算整体。行政事业单位在编制单位预算时，遵循量入为出、收支平衡、保障重点、兼顾一般的原则。

行政单位预算的编制形式和内容可简要如表 9-1 所示。事业单位预算的编制形式和内容可简要如表 9-2 所示。

表 9-1　　　　行政单位预算的编制形式和内容

预算收入	预算支出
一、财政拨款预算收入	一、行政支出
二、非同级财政拨款预算收入	1. 基本支出
三、其他预算收入	2. 项目支出
	二、其他支出

表 9-2　　　　事业单位预算的编制形式和内容

预算收入	预算支出
一、财政拨款预算收入	一、事业支出
二、事业预算收入	1. 基本支出
三、上级补助预算收入	2. 项目支出
四、附属单位上缴预算收入	二、经营支出
五、经营预算收入	三、上缴上级支出
六、债务预算收入	四、对附属单位补助支出
七、非同级财政拨款预算收入	五、投资支出
八、投资预算收益	六、债务还本支出
九、其他预算收入	七、其他支出

相比较而言，行政单位的预算收支内容比较简单，事业单位的预算收支内容比较复杂。但并不是所有的事业单位都会有以上全部的预算收支内容。例如，纳入九年制义务教育的中小学校、基层医疗卫生机构，实行免费或低价收费开放的公共文化馆、图书馆、纪念馆、博物馆、科技馆、公园等事业单位，财政拨款预算收入是其预算收入的主要内容，其次可能有少量的事业预算收入和其他预算收入，通常没有诸如经营预算收支、投资预算收支、债务预算收支、上缴上级支出、对附属单位补助支出等预算收支内容。这些事业单位通常属于公益一类事业单位。高等学校、医院等事业单位的预算收支内容相对比较复杂一些。这些事业单位通常属于公益二类事业单位。

以市场监督管理部门为例，行政单位预算的编制形式和内容可简要如表 9-3 所示。

表 9-3　　　　行政单位预算的编制形式和内容

——以市场监督管理部门为例　　　　金额单位：元

	收入预算		支出预算	
	财政拨款收入	其他收入	基本支出	项目支出
201 一般公共服务支出	115 680	70	25 780	89 820
工商行政管理事务	115 680	70	25 780	89 820
行政运行	25 800	20	25 780	

续前表

	收入预算		支出预算	
	财政拨款收入	其他收入	基本支出	项目支出
一般行政管理事务	1 890	50		1 880
工商行政管理专项	22 360			22 350
执法办案专项	35 680			35 660
信息化建设	29 950			29 930
205 教育支出	80		80	
进修及培训	80		80	
培训支出	80		80	
208 社会保障和就业支出	380		380	
行政事业单位离退休	380		380	
机关事业单位基本养老保险缴费支出	380		380	
221 住房保障支出	120		120	
住房改革支出	120		120	
住房公积金	120		120	
小计	116 260	70	26 360	89 820
合计	116 330		116 180	

按照行政单位财务管理的相关规定，行政单位不得以任何形式用占有或者使用的国有资产对外投资或者举办经济实体。除法律、行政法规规定外，行政单位不得举借债务，不得对外提供担保。由此，行政单位开展业务活动的资金来源主要是依靠财政预算拨款。

在行政事业单位预算中，基本支出收支预算资金与项目支出收支预算资金之间不能相互混淆，各项目支出收支预算资金之间也不能相互混淆。行政事业单位在预算执行过程中确需调剂使用预算资金的，应当经财政部门批准。另外，行政事业单位对于财政拨款收入和财政拨款支出的各项用途还需要单独编制预算。行政事业单位应当严格按照各项制度规定编制预算，不断提高预算编制的科学化和精细化水平。

按照行政事业单位财务规则的相关规定，财政部门对行政单位实行收支统一管理，定额、定项拨款，超支不补，结转和结余按规定使用的预算管理办法。财政部门对事业单位实行核定收支，定额或者定项补助，超支不补，结转和结余按规定使用的预算管理办法。行政事业单位预算经财政部门批复后，应当严格按照预算执行。行政事业单位预算在执行过程中，原则上不予调整。因特殊情况确需调整预算的，应当按照规定的程序报送审批。

（二）行政事业单位财务管理

行政事业单位财务管理可以包括单位预算管理、收入管理、支出管理、结转和结余管理、资产管理、负债管理以及财务报告和财务分析等内容。因此，行政事业单位财务管理涉及的范围比预算管理大，内容也相应比预算管理丰富。但行政事业单位预算管理是其进行财务管理的基本依据。

行政事业单位财务管理的主要任务是：

（1）科学合理编制预算，严格预算执行，完整、准确、及时编制决算，真实反映单位财务状况。

（2）建立健全财务管理制度，实施预算绩效管理，加强对单位财务活动的控制和监督，防范财务风险。

（3）加强资产管理，合理配置、有效利用、规范处置资产，防止国有资产流失。

（4）定期编制财务报告，进行财务活动分析。

根据行政事业单位财务管理的相关要求，行政事业单位既需要反映单位预算执行情况，也需要反映单位财务状况。

三、行政事业单位会计及其特点

行政事业单位会计是适用于各级各类行政事业单位财务活动的一门专业会计。行政事业单位会计核算的目标是向会计信息使用者提供与行政事业单位财务状况、预算执行情况等有关的会计信息，反映行政事业单位受托责任的履行情况，有助于会计信息使用者进行管理、监督和决策。行政事业单位会计信息使用者包括人民代表大会、政府及其有关部门、行政事业单位自身和其他利益相关者。由此，行政事业单位会计具有如下主要特点：

（1）行政事业单位会计的主体是各级各类行政事业单位。行政事业单位应当对其自身发生的经济业务或者事项进行会计核算。行政事业单位自身发生的经济业务或事项与同级财政总预算发生的经济业务或事项之间，既有重叠的地方，也有相互独立的地方。例如，同级财政为行政事业单位支付日常办公经费，同级财政形成支出，行政事业单位也形成支出。但如果同级财政为行政事业单位支付购置设备的款项，同级财政形成支出，行政事业单位在形成支出的同时，还形成固定资产。之后，行政事业单位对设备计提折旧，同级财政没有相应的经济业务或事项，但行政事业单位需要记录相应的经济业务或事项。再如，事业单位利用取得的事业收入支付日常办公经费，事业单位形成支出，但财政总预算会计不形成支出。事业单位取得的非财政资金收入和发生的非财政资金支出，对财政总预算会计来说，既没有收入，也没有支出。

（2）行政事业单位会计需要详细反映单位预算执行情况。行政事业单位会计在反映单位预算执行情况时，采用的会计核算方法需要与相应的预算编制方法一致，只有这样，预算数与会计核算的决算数才具有可比性，会计核算的结果才能反映预算执行情况。例如，行政事业单位按照预算安排购置一台办公设备，支付的相应价款属于预算支出的内容，为如实反映预算执行情况，行政事业单位会计需要确认相应的实际支出，并将实际支出与预算支出进行比较。由于行政事业单位预算区分基本支出预算和项目支出预算，基本支出预算又区分人员经费预算和日常公用经费预算，各种预算又分别安排财政拨款收入和其他相关收入，因此，行政事业单位会计需要按照预算管理的相应要求，分别为各种预算组织会计核算，以分别反映各种预算的执行情况。除此之外，行政事业单位预算还单独编制财政拨款支出预算，以对财政拨款支出进行预算管理。相应地，行政事业单位会计需要单独核算财政拨款支出，以如实反映财政拨款支出的预算执行情况。有些行政事业单位除了有一般公共预算资金收入和支出安排外，还另外有政府性基金预算资金收入和支出安排，在这种情况下，行政事业单位会计需要分别核算一般公共预算资金收入和支出的业务以及政府性基金预算资金收入和支出的业务，以分别反映两种性质资金各自安排的预算的执行情况。行政事业单位会计核算单位预算执行情况的过程，也是加强单位预算管理的过程。如果没有相应的预算，行政事业单位会计就应当及时停止相应经济业务的发生。

（3）行政事业单位会计需要反映单位财务状况。行政事业单位的资产、负债和净资产三个会计要素构筑单位财务状况。行政事业单位的资产不仅包括库存现金、银行存款、应收账款等货币性资产，还包括库存物品、固定资产、在建工程、无形资产等非货币性资产。有些行政事业单位的资产还包括政府储备物资、公共基础设施等特殊种类的资产。这与财政总预算会计的资产种类具有很大的不同。行政事业单位的净资产主要是累计盈余。总体来说，行政事业单位的资产主要来源于财政拨款，它是财政拨款的结果。但财政拨款具有年度性，使用后即预算已经执行，由此形成的资产尤其是固定资产、无形资产等的管理具有长期性。如实反映行政事业单位的财务状况，有利于加强对行政事业单位资产、负债和净资产的管理。

（4）行政事业单位会计采用财务会计和预算会计适度分离并相互衔接的会计核算模式。其中，“适度分离”是指适度分离行政事业单位预算会计和财务会计功能，决算报告和财务报告功能，全面反映行政事业单位的预算执行信息和财务信息。主要体现在以下几个方面：一是“双功能”，即在同一会计核算系统中实现财务会计和预算会计双重功能，通过资产、负债、净资产、收入、费用五个要素进行财务会计核算，通过预算收入、预算支出和预算结余三个要素进行预算会计核算。二是“双基础”，即财务会计采用权责发生制，预算会计采用收付实现制，国务院另有规定的，依照其规定。三是“双报告”，即通过财务会计核算形成财务报告，通过预算会计核算形成决算报告。

“相互衔接”是指在同一会计核算系统中，行政事业单位预算会计要素和相关财务会计要素相互协调，决算报告和财务报告相互补充，共同反映行政事业单位的预算执行信息和财务信息。主要体现在：一是对纳入部门预算管理的现金收支进行“平行记账”。即对于纳入部门预算管理的现金收支业务，在进行财务会计核算的同时也应当进行预算会计核算。对于其他业务，仅需要进行财务会计核算。二是财务报表与预算会计报表之间存在勾稽关系。即通过编制“本期预算结余与本期盈余差异调节表”并在附注中进行披露，反映单位财务会计和预算会计因核算基础和核算范围不同所产生的本年盈余数（即本期收入与费用之间的差额）与本年预算结余数（本年预算收入与预算支出的差额）之间的差异，从而揭示财务会计和预算会计的内在联系。

行政事业单位会计的这种核算模式兼顾了现行部门决算报告制度的需要，又能满足部门编制权责发生制财务报告的要求，对于规范行政事业单位会计行为，夯实行政事业单位预算和财务管理基础，强化行政事业单位绩效管理具有深远的影响。

第二节 行政事业单位会计科目

一、行政事业单位会计科目表

行政事业单位会计科目是对行政事业单位会计要素作进一步分类的一种方法。它是行政事业单位会计设置账户、核算和归集经济业务的依据，也是汇总和检查行政事业单位资金活动情况及其结果的依据。按照行政事业单位会计要素的类别，行政事业单位会计科目可分为资产、负债、净资产、收入和费用以及预算收入、预算支出和预算结余等八类。其中，资产、负债、净资产、收入和费用等六类属于财务会计要素类科目，预算收入、预算支出和预算结余等三类属于预算会计要素类科目。根据现行《政府会计制度——行政事业单位会计科目和报表》的规定，各级各类行政事业单位统一适用的会计科目表如表9-4所示。

表9-4 行政事业单位会计科目表

序号	科目编号	科目名称	科目核算内容
	一、财务会计科目		
	(一) 资产类		
1	1001	库存现金	单位的库存现金。
2	1002	银行存款	单位存入银行或者其他金融机构的各种存款。
3	1011	零余额账户用款额度	实行国库集中支付的单位根据财政部门批复的用款计划收到和支用的零余额账户用款额度。
4	1021	其他货币资金	单位的外埠存款、银行本票存款、银行汇票存款、信用卡存款等各种其他货币资金。
5	1101	短期投资	事业单位按照规定取得的，持有时间不超过1年（含1年）的投资。
6	1201	财政应返还额度	实行国库集中支付的单位应收财政返还的资金额度，包括可以使用的以前年度财政直接支付资金额度和财政应返还的财政授权支付资金额度。
7	1211	应收票据	事业单位因开展经营活动销售产品、提供有偿服务等而收到的商业汇票，包括银行承兑汇票和商业承兑汇票。
8	1212	应收账款	事业单位提供服务、销售产品等应收取的款项，以及单位因出租资产、出售物资等应收取的款项。
9	1214	预付账款	单位按照购货、服务合同或协议规定预付给供应单位（或个人）的款项，以及按照合同规定向承包工程的施工企业预付的备料款和工程款。
10	1215	应收股利	事业单位持有长期股权投资应当收取的现金股利或应当分得的利润。
11	1216	应收利息	事业单位长期债券投资应当收取的利息。
12	1218	其他应收款	单位除财政应返还额度、应收票据、应收账款、预付账款、应收股利、应收利息以外的其他各项应收及暂付款项。
13	1219	坏账准备	事业单位对收回后不需上缴财政的应收账款和其他应收款提取的坏账准备。
14	1301	在途物品	单位采购材料等物资时货款已付或已开出商业汇票但尚未验收入库的在途物品的采购成本。
15	1302	库存物品	单位在开展业务活动及其他活动中为耗用或出售而储存的各种材料、产品、包装物、低值易耗品，以及达不到固定资产标准的用具、装具、动植物等的成本。
16	1303	加工物品	单位自制或委托外单位加工的各种物品的实际成本。
17	1401	待摊费用	单位已经支付，但应当由本期和以后各期分别负担的分摊期在1年以内（含1年）的各项费用。

续前表

序号	科目编号	科目名称	科目核算内容
18	1501	长期股权投资	事业单位按照规定取得的，持有时间超过1年（不含1年）的股权性质的投资。
19	1502	长期债券投资	事业单位按照规定取得的，持有时间超过1年（不含1年）的债券投资。
20	1601	固定资产	单位固定资产的原值。
21	1602	固定资产累计折旧	单位计提的固定资产累计折旧。
22	1611	工程物资	单位为在建工程准备的各种物资的成本，包括工程用材料、设备等。
23	1613	在建工程	单位在建的建设项目工程的实际成本。
24	1701	无形资产	单位无形资产的原值。
25	1702	无形资产累计摊销	单位对使用年限有限的无形资产计提的累计摊销。
26	1703	研发支出	单位自行研究开发项目研究阶段和开发阶段发生的各项支出。
27	1801	公共基础设施	单位控制的公共基础设施的原值。
28	1802	公共基础设施累计折旧（摊销）	单位计提的公共基础设施累计折旧和累计摊销。
29	1811	政府储备物资	单位控制的政府储备物资的成本。
30	1821	文物文化资产	单位为满足社会公共需求而控制的文物文化资产的成本。
31	1831	保障性住房	单位为满足社会公共需求而控制的保障性住房的原值。
32	1832	保障性住房累计折旧	单位计提的保障性住房的累计折旧。
33	1891	受托代理资产	单位接受委托方委托管理的各项资产，包括受托指定转赠的物资、受托存储保管的物资等的成本。
34	1901	长期待摊费用	单位已经支出，但应由本期和以后各期负担的分摊期限在1年以上（不含1年）的各项费用。
35	1902	待处理财产损溢	单位在资产清查过程中查明的各种资产盘盈、盘亏和报废、毁损的价值。
	（二）负债类		
36	2001	短期借款	事业单位经批准向银行或其他金融机构等借入的期限在1年以内（含1年）的各种借款。
37	2101	应交增值税	单位按照税法规定计算应缴纳的增值税。
38	2102	其他应交税费	单位按照税法等规定计算应缴纳的除增值税以外的各种税费。
39	2103	应缴财政款	单位取得或应收的按照规定应当上缴财政的款项，包括应缴国库的款项和应缴财政专户的款项。
40	2201	应付职工薪酬	单位按照有关规定应付给职工（含长期聘用人员）及为职工支付的各种薪酬。
41	2301	应付票据	事业单位因购买材料、物资等而开出、承兑的商业汇票，包括银行承兑汇票和商业承兑汇票。
42	2302	应付账款	单位因购买物资、接受服务、开展工程建设等而应付的偿还期限在1年以内（含1年）的款项。

续前表

序号	科目编号	科目名称	科目核算内容
43	2303	应付政府补贴款	负责发放政府补贴的行政单位，按照规定应当支付给政府补贴接受者的各种政府补贴款。
44	2304	应付利息	事业单位按照合同约定应支付的借款利息，包括短期借款、分期付息到期还本的长期借款等应支付的利息。
45	2305	预收账款	事业单位预先收取但尚未结算的款项。
46	2307	其他应付款	单位除应交增值税、其他应交税费、应缴财政款、应付职工薪酬、应付票据、应付账款、应付政府补贴款、应付利息、预收账款以外，其他各项偿还期限在1年以内（含1年）的应付及暂收款项。
47	2401	预提费用	单位预先提取的已经发生但尚未支付的费用，如预提租金费用等。
48	2501	长期借款	事业单位经批准向银行或其他金融机构等借入的期限超过1年（不含1年）的各种借款本息。
49	2502	长期应付款	单位发生的偿还期限超过1年（不含1年）的应付款项，如以融资租赁方式取得固定资产应付的租赁费等。
50	2601	预计负债	单位对因或有事项所产生的现时义务而确认的负债，如对未决诉讼等确认的负债。
51	2901	受托代理负债	单位接受委托取得受托代理资产时形成的负债。
（三）净资产类			
52	3001	累计盈余	单位历年实现的盈余扣除盈余分配后滚存的金额，以及因无偿调入调出资产产生的净资产变动额。
53	3101	专用基金	事业单位按照规定提取或设置的具有专门用途的净资产，主要包括职工福利基金、科技成果转换基金等。
54	3201	权益法调整	事业单位持有的长期股权投资采用权益法核算时，按照被投资单位除净损益和利润分配以外的所有者权益变动份额调整长期股权投资账面余额而计入净资产的金额。
55	3301	本期盈余	单位本期各项收入、费用相抵后的余额。
56	3302	本年盈余分配	单位本年度盈余分配的情况和结果。
57	3401	无偿调拨净资产	单位无偿调入或调出非现金资产所引起的净资产变动金额。
58	3501	以前年度盈余调整	单位本年度发生的调整以前年度盈余的事项，包括本年度发生的重要前期差错更正涉及调整以前年度盈余的事项。
（四）收入类			
59	4001	财政拨款收入	单位从同级政府财政部门取得的各类财政拨款。
60	4101	事业收入	事业单位开展专业业务活动及其辅助活动实现的收入，不包括从同级政府财政部门取得的各类财政拨款。
61	4201	上级补助收入	事业单位从主管部门和上级单位取得的非财政拨款收入。
62	4301	附属单位上缴收入	事业单位取得的附属独立核算单位按照有关规定上缴的收入。
63	4401	经营收入	事业单位在专业业务活动及其辅助活动之外开展非独立核算经营活动取得的收入。
64	4601	非同级财政拨款收入	单位从非同级政府财政部门取得的经费拨款，包括从同级政府其他部门取得的横向转拨财政款、从上级或下级政府财政部门取得的经费拨款等。

续前表

序号	科目编号	科目名称	科目核算内容
65	4602	投资收益	事业单位股权投资和债券投资所实现的收益或发生的损失。
66	4603	捐赠收入	单位接受其他单位或者个人捐赠取得的收入。
67	4604	利息收入	单位取得的银行存款利息收入。
68	4605	租金收入	单位经批准利用国有资产出租取得并按照规定纳入本单位预算管理的租金收入。
69	4609	其他收入	单位取得的除财政拨款收入、事业收入、上级补助收入、附属单位上缴收入、经营收入、非同级财政拨款收入、投资收益、捐赠收入、利息收入、租金收入以外的各项收入。
	（五）费用类		
70	5001	业务活动费用	单位为实现其职能目标，依法履职或开展专业业务活动及其辅助活动所发生的各项费用。
71	5101	单位管理费用	事业单位本级行政及后勤管理部门开展管理活动发生的各项费用。
72	5201	经营费用	事业单位在专业业务活动及其辅助活动之外开展非独立核算经营活动发生的各项费用。
73	5301	资产处置费用	单位经批准处置资产时发生的费用，包括转销的被处置资产价值，以及在处置过程中发生的相关费用或者处置收入小于相关费用形成的净支出。
74	5401	上缴上级费用	事业单位按照财政部门和主管部门的规定上缴上级单位款项发生的费用。
75	5501	对附属单位补助费用	事业单位用财政拨款收入之外的收入对附属单位补助发生的费用。
76	5801	所得税费用	有企业所得税缴纳义务的事业单位按规定缴纳企业所得税所形成的费用。
77	5901	其他费用	单位发生的除业务活动费用、单位管理费用、经营费用、资产处置费用、上缴上级费用、附属单位补助费用、所得税费用以外的各项费用。
	二、预算会计科目		
	（一）预算收入类		
1	6001	财政拨款预算收入	单位从同级政府财政部门取得的各类财政拨款。
2	6101	事业预算收入	事业单位开展专业业务活动及其辅助活动取得的现金流入。
3	6201	上级补助预算收入	事业单位从主管部门和上级单位取得的非财政补助现金流入。
4	6301	附属单位上缴预算收入	事业单位取得附属独立核算单位根据有关规定上缴的现金流入。
5	6401	经营预算收入	事业单位在专业业务活动及其辅助活动之外开展非独立核算经营活动取得的现金流入。
6	6501	债务预算收入	事业单位按照规定从银行和其他金融机构等借入的、纳入部门预算管理的、不以财政资金作为偿还来源的债务本金。
7	6601	非同级财政拨款预算收入	单位从非同级政府财政部门取得的财政拨款，包括本级横向转拨财政款和非本级财政拨款。

续前表

序号	科目编号	科目名称	科目核算内容
8	6602	投资预算收益	事业单位取得的按照规定纳入部门预算管理的属于投资收益性质的现金流入，包括股权投资收益、出售或收回债券投资所取得的收益和债券投资利息收入。
9	6609	其他预算收入	单位除财政拨款预算收入、事业预算收入、上级补助预算收入、附属单位上缴预算收入、经营预算收入、债务预算收入、非同级财政拨款预算收入、投资预算收益之外的纳入部门预算管理的现金流入。
（二）预算支出类			
10	7101	行政支出	行政单位履行其职责实际发生的各项现金流出。
11	7201	事业支出	事业单位开展专业业务活动及其辅助活动实际发生的各项现金流出。
12	7301	经营支出	事业单位在专业业务活动及其辅助活动之外开展非独立核算经营活动实际发生的各项现金流出。
13	7401	上缴上级支出	事业单位按照财政部门和主管部门的规定上缴上级单位款项发生的现金流出。
14	7501	对附属单位补助支出	事业单位用财政拨款预算收入之外的收入对附属单位补助发生的现金流出。
15	7601	投资支出	事业单位以货币资金对外投资发生的现金流出。
16	7701	债务还本支出	事业单位偿还自身承担的纳入预算管理的从金融机构举借的债务本金的现金流出。
17	7901	其他支出	单位除行政支出、事业支出、经营支出、上缴上级支出、对附属单位补助支出、投资支出、债务还本支出以外的各项现金流出。
（三）预算结余类			
18	8001	资金结存	单位纳入部门预算管理的资金的流入、流出、调整和滚存等情况。
19	8101	财政拨款结转	单位取得的同级财政拨款结转资金的调整、结转和滚存情况。
20	8102	财政拨款结余	单位取得的同级财政拨款项目支出结余资金的调整、结转和滚存情况。
21	8201	非财政拨款结转	单位除财政拨款收支、经营收支以外各非同级财政拨款专项资金的调整、结转和滚存情况。
22	8202	非财政拨款结余	单位历年滚存的非限定用途的非同级财政拨款结余资金，主要为非财政拨款结余扣除结余分配后滚存的金额。
23	8301	专用结余	事业单位按照规定从非财政拨款结余中提取的具有专门用途的资金的变动和滚存情况。
24	8401	经营结余	事业单位本年度经营活动收支相抵后余额弥补以前年度经营亏损后的余额。
25	8501	其他结余	单位本年度除财政拨款收支、非同级财政专项资金收支和经营收支以外各项收支相抵后的余额。
26	8701	非财政拨款结余分配	事业单位本年度非财政拨款结余分配的情况和结果。

二、行政事业单位会计科目的使用要求

各级各类行政事业单位应当按照下列规定运用会计科目：

（1）应当按照规定设置和使用会计科目。在不影响会计处理和编制报表的前提下，可以根据实际情况自行增设或减少某些会计科目。

（2）应当执行统一规定的会计科目编号，以便于填制会计凭证、登记账簿、查阅账目，实行会计信息化管理。

（3）在填制会计凭证、登记会计账簿时，应当填列会计科目的名称，或者同时填列会计科目的名称和编号，不得只填列会计科目编号、不填列会计科目名称。

（4）设置明细科目或进行明细核算，除了应当遵循《政府会计制度——行政事业单位会计科目和报表》的规定外，还应当满足权责发生制政府部门财务报告和政府综合财务报告编制的其他需要。

思考题

1. 什么是行政事业单位会计？它具体适用于哪些组织？
2. 行政事业单位预算的组成内容有哪些？
3. 行政事业单位财务管理包括哪些方面的内容？
4. 行政事业单位会计有哪些主要特点？
5. 行政事业单位会计科目分为哪两大类？各大类下再分为哪几类？
6. 行政事业单位财务会计科目和预算会计科目的核算基础有什么不同？
7. 行政事业单位会计科目的使用要求有哪些？

第十章

行政事业单位的资产

行政事业单位的资产是指行政事业单位占有、使用或者控制的，能以货币计量的经济资源。行政事业单位的资产包括流动资产、长期投资、固定资产、无形资产等。由行政事业单位控制的，供社会公众使用的公共基础设施、政府储备物资、文物文化资产、保障性住房等，也属于行政事业单位的资产。行政事业单位对符合资产定义的经济资源，应当在取得对其相关的权利并且能够可靠地进行货币计量时确认。

第一节 流动资产

流动资产是指行政事业单位占有或者使用的可以在 1 年内（含 1 年）变现或者耗用的资产，包括货币资金、短期投资、财政应返还额度、应收及预付款项、存货等。

一、货币资金

货币资金按照存放地点和用途可以分为库存现金、银行存款、零余额账户用款额度和其他货币资金等种类。

（一）库存现金

库存现金指行政事业单位在预算执行过程中为保证日常开支需要而存放在财务部门的现金。库存现金是一种流动性最强的流动资产，它具有普遍的可接受性。行政事业单位应当严格按照国家有关库存现金管理的各项规定，加强对库存现金的管理，并主动接受开户银行、审计部门等相关方面的监督。随着公务卡的普遍推行和强制使用，行政事业单位库存现金的业务相应减少。

为核算库存现金业务，行政事业单位应设置“库存现金”总账科目。该科目应当设置“受托代理资产”明细科目，核算单位受托代理、代管的现金。单位从银行等金融机构提取现金，按照实际提取的金额，借记该科目，贷记“银行存款”科目；将现金存入银行等金融机构，按照实际存入金额，借记“银行存款”科目，贷记该科目。根据规定从单位零余额账户提取现金，按照实际提取的金额，借记该科目，贷记“零余额账户用款额度”科目。将现金退回单位零余额账户，按照实际退回的金额，借记

"零余额账户用款额度"科目，贷记该科目。

因内部职工出差等原因借出的现金，按照实际借出的现金金额，借记"其他应收款"科目，贷记该科目。出差人员报销差旅费时，按照实际报销的金额，借记"业务活动费用""单位管理费用"等科目，按照实际借出的现金金额，贷记"其他应收款"科目，按照其差额，借记或贷记该科目。

因提供服务、物品或者其他事项收到现金，按照实际收到的金额，借记该科目，贷记"事业收入""应收账款"等相关科目。涉及增值税业务的，还应做相应的会计处理。因购买服务、物品或者其他事项支付现金，按照实际支付的金额，借记"业务活动费用"、"单位管理费用"和"库存物品"等相关科目，贷记该科目。涉及增值税业务的，还应做相应的会计处理。以库存现金对外捐赠，按照实际捐出的金额，借记"其他费用"科目，贷记该科目。

收到受托代理、代管的现金，按照实际收到的金额，借记该科目（受托代理资产），贷记"受托代理负债"科目；支付受托代理、代管的现金，按照实际支付的金额，借记"受托代理负债"科目，贷记该科目（受托代理资产）。

每日账款核对中发现有待查明原因的现金短缺或溢余的，应当通过"待处理财产损溢"科目核算。属于现金溢余，应当按照实际溢余的金额，借记该科目，贷记"待处理财产损溢"科目；属于现金短缺，应当按照实际短缺的金额，借记"待处理财产损溢"科目，贷记该科目。

该科目期末借方余额，反映单位实际持有的库存现金。

例 10－1

某行政单位从单位零余额账户中提取现金 500 元，以备日常零星开支使用。次日，该行政单位以库存现金支付一笔款项 20 元，内容为日常活动中发生的费用。该行政单位应编制如下会计分录：

（1）提取现金时。

借：库存现金　　500

　贷：零余额账户用款额度　　500

（2）以库存现金支付费用时。

借：业务活动费用　　20

　贷：库存现金　　20

对于该现金支付业务，该行政单位还应当做相应的预算会计处理，确认预算支出。相关内容统一纳入收入和预算收入、费用和预算支出章节介绍，以利于进行集中比较。

行政事业单位应当设置"现金日记账"，由出纳人员根据收付款凭证，按照业务发生顺序逐笔登记。每日终了，应当计算当日的现金收入合计数、现金支出合计数和结余数，并将结余数与实际库存数核对，做到账款相符。

（二）银行存款

银行存款是指行政事业单位存入银行或者其他金融机构的各种存款。行政事业单位应当严格按照国家相关规定开设银行存款账户，并严格按照国家有关支付结算办法的规定办理银行存款收支业务。随着财政国库集中收付制度深入推行，行政事业单位财政性资金的收付业务都直接通过财政国库单一账户体系办理，行政事业单位银行存款的业务相应减少。

为核算银行存款业务，行政事业单位应设置“银行存款”总账科目。该科目应当设置“受托代理资产”明细科目，核算单位受托代理、代管的银行存款。单位将款项存入银行或者其他金融机构，按照实际存入的金额，借记该科目，贷记“库存现金”、“应收账款”、“事业收入”、“经营收入”和“其他收入”等相关科目。涉及增值税业务的，还应做相应的会计处理。收到银行存款利息，按照实际收到的金额，借记该科目，贷记“利息收入”科目。从银行等金融机构提取现金，按照实际提取的金额，借记“库存现金”科目，贷记该科目。

以银行存款支付相关费用，按照实际支付的金额，借记“业务活动费用”、“单位管理费用”和“其他费用”等相关科目，贷记该科目。涉及增值税业务的，还应做相应的会计处理。以银行存款对外捐赠，按照实际捐出的金额，借记“其他费用”科目，贷记该科目。

收到受托代理、代管的银行存款，按照实际收到的金额，借记该科目（受托代理资产），贷记“受托代理负债”科目；支付受托代理、代管的银行存款，按照实际支付的金额，借记“受托代理负债”科目，贷记该科目（受托代理资产）。

该科目期末借方余额，反映单位实际存放在银行或其他金融机构的款项。

例 10－2

某事业单位在开展专业业务活动中取得一项事业收入 7 500 元，款项已存入银行存款账户。数日后，该事业单位通过银行存款账户支付一笔款项 600 元，具体内容为开展专业业务活动中发生的一项业务费用。该事业单位应编制如下会计分录：

（1）将款项存入银行时。

借：银行存款	7 500	
贷：事业收入		7 500

（2）以银行存款支付业务费用时。

借：业务活动费用	600	
贷：银行存款		600

行政事业单位应当按开户银行或其他金融机构、存款种类及币种等，分别设置“银行存款日记账”，由出纳人员根据收付款凭证，按照业务的发生顺序逐笔登记，每日终了应结出余额。“银行存款日记账”应定期与“银行对账单”核对，至少每月核对一次。月度终了，单位银行存款日记账账面余额与银行对账单余额之间如有差额，必须逐笔查明原因并进行处理，按月编制“银行存款余额调节表”，调节相符。

（三）零余额账户用款额度

零余额账户用款额度是指实行国库集中支付的行政事业单位根据财政部门批复的用款计划收到和支用的零余额账户用款额度。行政事业单位的零余额账户由财政部门为行政事业单位在商业银行开设，用于行政事业单位的财政授权支付。行政事业单位的零余额账户属于财政国库单一账户体系中的一个账户。该账户可以用于实现支付，并于每日终了与财政国库存款账户进行资金清算后，余额为零。

为核算零余额账户用款额度业务，行政事业单位应设置“零余额账户用款额度”总账科目。单位收到“财政授权支付到账通知书”时，根据通知书所列金额，借记该科目，贷记“财政拨款收入”科目。支付日常活动费用时，按照支付的金额，借记“业务活动费用”“单位管理费用”等科目，贷记该科目。购买库存物品或购建固定资产，按照实际发生的成本，借记“库存物品”、“固定资产”和“在建工程”等科目，按照实际支付或应付的金额，贷记该科目、“应付账款”等科目。涉及增值税业务的，还应做相应的会计处理。从零余额账户提取现金时，按照实际提取的金额，借记“库存现金”科目，贷记该科目。因购货退回等发生财政授权支付额度退回的，按照退回的金额，借记该科目，贷记“库存物品”等科目。

年末，根据代理银行提供的对账单作注销额度的相关账务处理，借记“财政应返还额度——财政授权支付”科目，贷记该科目。年末，本年度财政授权支付预算指标数大于零余额账户用款额度下达数的，根据未下达的用款额度，借记“财政应返还额度——财政授权支付”科目，贷记“财政拨款收入”科目。下年初，根据代理银行提供的上年度注销额度恢复到账通知书作恢复额度的相关账务处理，借记该科目，贷记“财政应返还额度——财政授权支付”科目。收到财政部门批复的上年未下达零余额账户用款额度，借记该科目，贷记“财政应返还额度——财政授权支付”科目。

该科目期末借方余额，反映单位尚未支用的零余额账户用款额度。年末注销单位零余额账户用款额度后，该科目应无余额。

例 10－3

某行政单位收到“财政授权支付到账通知书”，通知书所列金额为 22 500 元。数日后，该行政单位使用零余额账户用款额度支付日常活动费用 3 500 元。该行政单位应编制如下会计分录：

（1）收到财政授权支付到账通知书时。

借：零余额账户用款额度	22 500	
贷：财政拨款收入		22 500

（2）使用零余额账户用款额度支付费用时。

借：业务活动费用	3 500	
贷：零余额账户用款额度		3 500

（四）其他货币资金

其他货币资金是指除库存现金、银行存款和零余额账户用款额度之外的其他各种货币资金，主要包括外埠存款、银行本票存款、银行汇票存款、信用卡存款等种类。其中，外埠存款是指行政事业单位到外地进行临时或零星采购时汇往采购地银行开立采购专户的款项。银行本票存款是指行政事业单位为取得银行本票而按规定存入银行的款项。银行汇票存款是指行政事业单位为取得银行汇票而按规定存入银行的款项。信用卡存款是指行政事业单位为取得信用卡而按规定存入银行的款项。

为核算其他货币资金业务，行政事业单位应设置“其他货币资金”总账科目。该科目应当设置“外埠存款”、“银行本票存款”、“银行汇票存款”和“信用卡存款”等明细科目，进行明细核算。单位按照有关规定需要在异地开立银行账户，将款项委托本地银行汇往异地开立账户时，借记该科目，贷记“银行存款”科目。收到采购员交来供应单位发票账单等报销凭证时，借记“库存物品”等科目，贷记该科目。将多余的外埠存款转回本地银行时，根据银行的收账通知，借记“银行存款”科目，贷记该科目。

将款项交存银行取得银行本票、银行汇票，按照取得的银行本票、银行汇票金额，借记该科目，贷记“银行存款”科目。使用银行本票、银行汇票购买库存物品等资产时，按照实际支付金额，借记“库存物品”等科目，贷记该科目。如有余款或因本票、汇票超过付款期等原因而退回款项，按照退款金额，借记“银行存款”科目，贷记该科目。

将款项交存银行取得信用卡，按照交存金额，借记该科目，贷记“银行存款”科目。用信用卡购物或支付有关费用，按照实际支付金额，借记“单位管理费用”“库存物品”等科目，贷记该科目。单位信用卡在使用过程中，需向其账户续存资金的，按照续存金额，借记该科目，贷记“银行存款”科目。

单位应当加强对其他货币资金的管理，及时办理结算，对于逾期尚未办理结算的银行汇票、银行本票等，应当按照规定及时转回，并按照上述规定进行相应账务处理。

该科目期末借方余额，反映单位实际持有的其他货币资金。

例 10-4

某事业单位将款项 10 000 元交存银行取得相应数额的银行本票。数日后，该事业单位以该银行本票购买一批库存物品 10 000 元。该事业单位应编制如下会计分录：

(1) 取得银行本票时。

借：其他货币资金——银行本票	10 000	
贷：银行存款		10 000

(2) 使用银行本票购买物品时。

借：库存物品	10 000	
贷：其他货币资金——银行本票		10 000

二、短期投资

短期投资是指事业单位按照规定取得的，持有时间不超过1年（含1年）的投资。事业单位应当严格遵守国家法律、行政法规以及财政部门、主管部门关于对外投资的有关规定。行政单位没有短期投资业务。

为核算短期投资业务，事业单位应设置“短期投资”总账科目。该科目应当按照投资的种类等进行明细核算。事业单位取得短期投资时，按照确定的投资成本，借记该科目，贷记“银行存款”等科目。收到取得投资时实际支付价款中包含的已到付息期但尚未领取的利息，按照实际收到的金额，借记“银行存款”科目，贷记该科目。

收到短期投资持有期间的利息，按照实际收到的金额，借记“银行存款”科目，贷记“投资收益”科目。出售短期投资或到期收回短期投资本息，按照实际收到的金额，借记“银行存款”科目，按照出售或收回短期投资的账面余额，贷记该科目，按照其差额，借记或贷记“投资收益”科目。涉及增值税业务的，还应当做相应的会计处理。

该科目期末借方余额，反映事业单位持有短期投资的成本。

现行《政府会计制度——行政事业单位会计科目和报表》对行政单位和事业单位的共性业务作统一的会计核算规定。对行政单位或事业单位的特有业务作单独的会计核算规定。这样处理，大大提高了行政单位与事业单位会计信息的可比性，也便于汇总行政单位和事业单位的会计信息，编制政府部门财务报表和政府部门预算会计报表。

例 10－5

某事业单位利用闲散资金购买一批国债作为短期投资，实际投资成本为 12 500 元，款项以银行存款支付。三个月后，该事业单位出售该项短期投资，实际收到款项 12 800 元，款项已存入开户银行。该事业单位应编制如下会计分录：

（1）取得短期投资时。

借：短期投资	12 500	
贷：银行存款		12 500

（2）出售短期投资时。

借：银行存款	12 800	
贷：短期投资		12 500
投资收益		300

按照《政府会计准则第 2 号——投资》的规定，短期投资在取得时，应当按照实际成本（包括购买价款和相关税费）作为初始投资成本。实际支付价款中包含的已到付息期但尚未领取的利息，应当于收到时冲减短期投资成本。短期投资持有期间的利息，应当于实际收到时确认为投资收益。期末，短期投资应当按照账面余额计量。

三、财政应返还额度

财政应返还额度是指实行国库集中支付的行政事业单位应收财政返还的资金额度，包括可以使用的以前年度财政直接支付资金额度和财政应返还的财政授权支付资金额度。在财政国库集中支付制度下，年末，行政事业单位尚未使用的财政直接支付额度和财政授权支付额度，相应资金留存在财政国库。这些财政资金通常仍然由行政事业单位按计划安排使用。由此，行政事业单位在年末形成财政应返还额度。

为核算财政应返还额度业务，行政事业单位应设置“财政应返还额度”总账科目。该科目应当设置“财政直接支付”“财政授权支付”两个明细科目进行明细核算。年末，单位根据本年度财政直接支付预算指标数大于当年财政直接支付实际发生数的差额，借记该科目（财政直接支付），贷记“财政拨款收入”科目。使用以前年度财政直接支付额度支付款项时，借记“业务活动费用”“单位管理费用”等科目，贷记该科目（财政直接支付）。

年末，根据代理银行提供的对账单作注销财政授权支付额度的相关账务处理，借记该科目（财政授权支付），贷记“零余额账户用款额度”科目。年末，本年度财政授权支付预算指标数大于零余额账户用款额度下达数的，根据未下达的用款额度，借记该科目（财政授权支付），贷记“财政拨款收入”科目。下年初，根据代理银行提供的上年度注销额度恢复到账通知书作恢复额度的相关账务处理，借记“零余额账户用款额度”科目，贷记该科目（财政授权支付）。收到财政部门批复的上年末下达零余额账户用款额度，借记“零余额账户用款额度”科目，贷记该科目（财政授权支付）。

该科目期末借方余额，反映单位应收财政返还的资金额度。

例 10－6

某行政单位使用以前年度财政直接支付额度支付业务活动费用 1 080 元。年末，该行政单位本年度财政直接支付预算指标数大于当年财政直接支付实际支出数的差额为2 720元。该行政单位应编制如下会计分录：

（1）使用以前年度财政直接支付额度支付费用时。

借：业务活动费用　　1 080

　　贷：财政应返还额度——财政直接支付　　1 080

（2）确认本年度尚未使用的财政直接支付预算指标数时。

借：财政应返还额度——财政直接支付　　2 720

　　贷：财政拨款收入　　2 720

例10-7

年初，某事业单位收到代理银行提供的上年度注销零余额账户用款额度恢复到账通知书，恢复上年度注销的零余额账户用款额度2 500元。年末，该事业单位本年度财政授权支付预算指标数大于零余额账户用款额度下达数，两者间的差额为1 680元。年末，该事业单位根据代理银行提供的对账单，注销本年度尚未使用的零余额账户用款额度1 300元。该事业单位应编制如下会计分录：

（1）年初，恢复上年度注销的零余额账户用款额度时。

借：零余额账户用款额度　　2 500

　　贷：财政应返还额度——财政授权支付　　2 500

（2）年末，确认本年度尚未收到的财政授权支付预算指标数时。

借：财政应返还额度——财政授权支付　　1 680

　　贷：财政拨款收入　　1 680

（3）年末，注销本年度尚未使用的零余额账户用款额度时。

借：财政应返还额度——财政授权支付　　1 300

　　贷：零余额账户用款额度　　1 300

行政事业单位的零余额账户用款额度通常采用年末注销、次年初恢复的管理方法。

四、应收及预付款项

应收及预付款项是指行政事业单位在开展业务活动中形成的各项债权，包括应收票据、应收账款、预付账款、应收股利、应收利息、其他应收款等。

（一）应收票据

应收票据是指事业单位因开展经营活动销售产品、提供有偿服务等而收到的商业汇票，包括银行承兑汇票和商业承兑汇票。

为核算应收票据业务，事业单位应设置“应收票据”总账科目。该科目应当按照开出、承兑商业汇票的单位等进行明细核算。因销售产品、提供服务等收到商业汇票，按照商业汇票的票面金额，借记该科目，按照确认的收入金额，贷记“经营收入”等科目。涉及增值税业务的，还应进行相应的会计处理。

持未到期的商业汇票向银行贴现，按照实际收到的金额（即扣除贴现息后的净额），借记“银行存款”科目，按照贴现息金额，借记“经营费用”等科目，按照商业汇票的票面金额，贷记该科目（无追索权）或“短期借款”科目（有追索权）。附追索权的商业汇票到期未发生追索事项的，按照商业汇票的票面金额，借记“短期借款”

科目，贷记该科目。

将持有的商业汇票背书转让以取得所需物资时，按照取得物资的成本，借记“库存物品”等科目，按照商业汇票的票面金额，贷记该科目，如有差额，借记或贷记“银行存款”等科目。涉及增值税业务的，还应进行相应的会计处理。

商业汇票到期时，应当分别以下情况处理：（1）收回票款时，按照实际收到的商业汇票票面金额，借记“银行存款”科目，贷记该科目。（2）因付款人无力支付票款，收到银行退回的商业承兑汇票、委托收款凭证、未付票款通知书或拒付款证明等，按照商业汇票的票面金额，借记“应收账款”科目，贷记该科目。

事业单位应当设置“应收票据备查簿”，逐笔登记每一应收票据的种类、号数、出票日期、到期日、票面金额、交易合同号和付款人、承兑人、背书人姓名或单位名称、背书转让日、贴现日期、贴现率和贴现净额、收款日期、收回金额和退票情况等。应收票据到期结清票款或退票后，应当在备查簿内逐笔注销。

该科目期末借方余额，反映事业单位持有的商业汇票票面金额。

事业单位应收票据的业务内容和核算方法与企业应收票据的相应内容类似，此处不再举例说明，可参阅企业会计的相应内容。

（二）应收账款

应收账款是指事业单位提供服务、销售产品等应收取的款项，以及行政事业单位因出租资产、出售物资等应收取的款项。

为核算应收账款业务，行政事业单位应设置“应收账款”总账科目。该科目应当按照债务单位（或个人）进行明细核算。应收账款收回后不需上缴财政情况下，单位发生应收账款时，按照应收未收金额，借记该科目，贷记“事业收入”、“经营收入”、“租金收入”和“其他收入”等科目。涉及增值税业务的，还应进行相应的会计处理。收回应收账款时，按照实际收到的金额，借记“银行存款”等科目，贷记该科目。

应收账款收回后需上缴财政情况下，单位出租资产发生应收未收租金款项时，按照应收未收金额，借记该科目，贷记“应缴财政款”科目。收回应收账款时，按照实际收到的金额，借记“银行存款”等科目，贷记该科目。单位出售物资发生应收未收款项时，按照应收未收金额，借记该科目，贷记“应缴财政款”科目。收回应收账款时，按照实际收到的金额，借记“银行存款”等科目，贷记该科目。涉及增值税业务的，还应进行相应的会计处理。

事业单位应当于每年年末，对收回后不需上缴财政的应收账款进行全面检查，如发生不能收回的迹象，应当计提坏账准备。对于账龄超过规定年限、确认无法收回的应收账款，按照规定报经批准后予以核销。按照核销金额，借记“坏账准备”科目，贷记该科目。核销的应收账款应在备查簿中保留登记。已核销的应收账款在以后期间又收回的，按照实际收回金额，借记该科目，贷记“坏账准备”科目；同时，借记“银行存款”等科目，贷记该科目。

单位应当于每年年末，对收回后应当上缴财政的应收账款进行全面检查。对于账龄超过规定年限、确认无法收回的应收账款，按照规定报经批准后予以核销。按照核销金额，借记“应缴财政款”科目，贷记该科目。核销的应收账款应当在备查簿中保留登记。已核销的应收账款在以后期间又收回的，按照实际收回金额，借记“银行存款”等科目，贷记“应缴财政款”科目。

该科目期末借方余额，反映单位尚未收回的应收账款。

例 10-8

某事业单位在开展专业业务活动中发生一项应收账款 3 200 元，该应收账款收回后不需上缴财政。数日后，该事业单位收回了该项应收账款。该事业单位应编制如下会计分录：

（1）发生应收账款时。

借：应收账款	3 200	
贷：事业收入		3 200

（2）收回应收账款时。

借：银行存款	3 200	
贷：应收账款		3 200

（三）预付账款

预付账款是指行政事业单位按照购货、服务合同或协议规定预付给供应单位（或个人）的款项，以及按照合同规定向承包工程的施工企业预付的备料款和工程款。

为核算预付账款业务，行政事业单位应设置“预付账款”总账科目。该科目应当按照供应单位（或个人）及具体项目进行明细核算；对于基本建设项目发生的预付账款，还应当在该科目所属基建项目明细科目下设置“预付备料款”、“预付工程款”和“其他预付款”等明细科目，进行明细核算。

单位根据购货、服务合同或协议规定预付款项时，按照预付金额，借记该科目，贷记“财政拨款收入”、“零余额账户用款额度”和“银行存款”等科目。收到所购资产或服务时，按照购入资产或服务的成本，借记“库存物品”、“固定资产”、“无形资产”和“业务活动费用”等相关科目，按照相关预付账款的账面余额，贷记该科目，按照实际补付的金额，贷记“财政拨款收入”、“零余额账户用款额度”和“银行存款”等科目。涉及增值税业务的，还应进行相应的会计处理。

根据工程进度结算工程价款及备料款时，按照结算金额，借记“在建工程”科目，按照相关预付账款的账面余额，贷记该科目，按照实际补付的金额，贷记“财政拨款收入”、“零余额账户用款额度”和“银行存款”等科目。

发生预付账款退回的，按照实际退回金额，借记“财政拨款收入”［本年直接支付］、“财政应返还额度”［以前年度直接支付］、“零余额账户用款额度”、“银行存款”等科目，贷记该科目。

单位应当于每年年末，对预付账款进行全面检查。如果有确凿证据表明预付账款不再符合预付款项性质，或者因供应单位破产、撤销等原因可能无法收到所购货物、服务的，应当先将其转入其他应收款，再按照规定进行处理。将预付账款账面余额转入其他应收款时，借记“其他应收款”科目，贷记该科目。

该科目期末借方余额，反映单位实际预付但尚未结算的款项。

例 10-9

某行政单位向社会力量购买一项服务，发生预付账款 4 500 元，款项通过单位零余额账户支付。一个月后，该行政单位收到向社会力量购买的该项服务，同时补付相应款项 1 500 元，款项通过单位零余额账户支付。该行政单位应编制如下会计分录：

(1) 根据购买服务合同规定预付款项时。

借：预付账款　　4 500

　贷：零余额账户用款额度　　4 500

(2) 收到所购服务并补付款项时。

借：业务活动费用　　6 000

　贷：预付账款　　4 500

　　　零余额账户用款额度　　1 500

(四) 应收股利

应收股利是指事业单位因持有长期股权投资应当收取的现金股利或应当分得的利润。

为核算应收股利业务，事业单位应设置"应收股利"总账科目。该科目应当按照被投资单位等进行明细核算。事业单位取得长期股权投资，按照支付的价款中所包含的已宣告但尚未发放的现金股利，借记该科目，按照确定的长期股权投资成本，借记"长期股权投资"科目，按照实际支付的金额，贷记"银行存款"等科目。收到取得投资时实际支付价款中所包含的已宣告但尚未发放的现金股利时，按照收到的金额，借记"银行存款"科目，贷记该科目。

长期股权投资持有期间，被投资单位宣告发放现金股利或利润的，按照应享有的份额，借记该科目，贷记"投资收益"（成本法下）或"长期股权投资"（权益法下）科目。实际收到现金股利或利润时，按照收到的金额，借记"银行存款"等科目，贷记该科目。

该科目期末借方余额，反映事业单位应当收取但尚未收到的现金股利或利润。

例 10-10

某事业单位拥有 A 公司 90%的股权，有权决定 A 公司的财务和经营政策，相应的长期股权投资采用权益法核算。某日，A 公司宣告发放现金股利 200 000 元，该事业单位应享有的份额为 180 000 元（200 000×90%）。次月，该事业单位收到 A 公司发放的现金股利 180 000 元，款项已存入开户银行。该事业单位应编制如下会计分录：

(1) A 公司宣告发放现金股利时。

借：应收股利　　180 000

　贷：长期股权投资　　180 000

(2) 收到 A 公司发放的现金股利时。

借：银行存款　　180 000

　贷：应收股利　　180 000

(五) 应收利息

应收利息是指事业单位长期债券投资应当收取的利息。

为核算应收利息业务，事业单位应设置"应收利息"总账科目。事业单位购入的到期一次还本付息的长期债券投资持有期间的利息，应当通过"长期债券投资——应计利息”科目核算，不通过该科目核算。该科目应当按照被投资单位等进行明细核算。

事业单位取得长期债券投资，按照确定的投资成本，借记“长期债券投资”科目，按照支付的价款中包含的已到付息期但尚未领取的利息，借记该科目，按照实际支付的金额，贷记“银行存款”等科目。收到取得投资时实际支付价款中所包含的已到付息期但尚未领取的利息时，按照收到的金额，借记“银行存款”等科目，贷记该科目。

按期计算确认长期债券投资利息收入时，对于分期付息、一次还本的长期债券投资，按照以票面金额和票面利率计算确定的应收未收利息金额，借记该科目，贷记“投资收益”科目。实际收到应收利息时，按照收到的金额，借记“银行存款”等科目，贷记该科目。

该科目期末借方余额，反映事业单位应收未收的长期债券投资利息。

例 10－11

某事业单位持有一项长期债券投资。某月末，该事业单位按照债券票面金额和票面利率计算确定的应收未收利息金额为 3 600 元。次月初，该事业单位收到相应债券的利息收入 3 600 元。该债券为分期付息、一次还本的债券。该事业单位应编制如下会计分录：

（1）计算确定应收未收利息金额时。

借：应收利息	3 600	
贷：投资收益		3 600

（2）收到债券利息收入时。

借：银行存款	3 600	
贷：应收利息		3 600

（六）其他应收款

其他应收款是指行政事业单位除财政应返还额度、应收票据、应收账款、预付账款、应收股利、应收利息以外的其他各项应收及暂付款项，如职工预借的差旅费、已经偿还银行尚未报销的本单位公务卡欠款、拨付给内部有关部门的备用金、应向职工收取的各种垫付款项、支付的可以收回的订金或押金、应收的上级补助和附属单位上缴款项等。

为核算其他应收款业务，行政事业单位应设置“其他应收款”总账科目。该科目应当按照其他应收款的类别以及债务单位（或个人）进行明细核算。单位发生其他各种应收及暂付款项时，按照实际发生金额，借记该科目，贷记“零余额账户用款额度”、“银行存款”、“库存现金”、“上级补助收入”和“附属单位上缴收入”等科目。涉及增值税业务的，还应进行相应的会计处理。收回其他各种应收及暂付款项时，按照收回的金额，借记“库存现金”“银行存款”等科目，贷记该科目。

单位内部实行备用金制度的，有关部门使用备用金以后应当及时到财务部门报销并补足备用金。财务部门核定并发放备用金时，按照实际发放金额，借记该科目，贷记“库存现金”等科目。根据报销金额用现金补足备用金定额时，借记“业务活动费用”“单位管理费用”等科目，贷记“库存现金”等科目，报销数和拨补数都不再通过该科目核算。

偿还尚未报销的本单位公务卡欠款时，按照偿还的款项，借记该科目，贷记“零余额账户用款额度”“银行存款”等科目；持卡人报销时，按照报销金额，借记“业务活动费用”“单位管理费用”等科目，贷记该科目。

将预付账款账面余额转入其他应收款时，借记该科目，贷记“预付账款”科目。

事业单位应当于每年年末，对其他应收款进行全面检查，如发现不能收回的迹象，应当计提坏账准备。对于账龄超过规定年限、确认无法收回的其他应收款，按照规定报经批准后予以核销。按照核销金额，借记“坏账准备”科目，贷记该科目。核销的其他应收款应当在备查簿中保留登记。已核销的其他应收款在以后期间又收回的，按照实际收回金额，借记该科目，贷记“坏账准备”科目；同时，借记“银行存款”等科目，贷记该科目。

行政单位应当于每年年末，对其他应收款进行全面检查。对于超过规定年限、确认无法收回的其他应收款，应当按照有关规定报经批准后予以核销。核销的其他应收款应在备查簿中保留登记。经批准核销其他应收款时，按照核销金额，借记“资产处置费用”科目，贷记该科目。已核销的其他应收款在以后期间又收回的，按照收回金额，借记“银行存款”等科目，贷记“其他收入”科目。

该科目期末借方余额，反映单位尚未收回的其他应收款。

例 10－12

某事业单位内部实行备用金制度，某日，财务部门向单位内部相关业务部门核定并发放备用金500元，款项以库存现金支付。数日后，单位内部相关业务部门到财务部门报销备用金480元，财务部门以库存现金向其补足备用金。该事业单位应编制如下会计分录：

(1) 核定并发放备用金时。

借：其他应收款　500

　贷：库存现金　500

(2) 报销并补足备用金时。

借：业务活动费用　480

　贷：库存现金　480

（七）坏账准备

坏账是指无法收回的应收款项。由应收款项坏账带来的损失可称为坏账损失，它是费用的一个种类。根据现行制度规定，事业单位对收回后不需上缴财政的应收账款和其他应收款应当提取坏账准备，对其他应收款项不提取坏账准备。行政单位不提取坏账准备。

为核算坏账准备业务，事业单位应设置“坏账准备”总账科目。该科目应当分别应收账款和其他应收款进行明细核算。事业单位应当于每年年末，对收回后不需上缴财政的应收账款和其他应收款进行全面检查，分析其可收回性，对预计可能产生的坏账损失计提坏账准备、确认坏账损失。事业单位可以采用应收款项余额百分比法、账龄分析法、个别认定法等方法计提坏账准备。坏账准备计提方法一经确定，不得随意变更。如需变更，应当按照规定报经批准，并在财务报表附注中予以说明。年末当期应补提或冲减的坏账准备金额的计算公式为：当期应补提或冲减的坏账准备＝按照期末应收账款和其他应收款计算应计提的坏账准备金额－“坏账准备”科目期末贷方余额（或+“坏账准备”科目期末借方余额）。

事业单位提取坏账准备时，借记“其他费用”科目，贷记该科目；冲减坏账准备时，借记该科目，贷记“其他费用”科目。

对于账龄超过规定年限并确认无法收回的应收账款、其他应收款，应当按照有关规定报经批准后，按照无法收回的金额，借记该科目，贷记“应收账款”“其他应收款”科目。已核销的应收账款、其他应收款在以后期间又收回的，按照实际收回金额，借记“应收账款”“其他应收款”科目，贷记该科目；同时，借记“银行存款”等科目，贷记“应收账款”“其他应收款”科目。

该科目期末贷方余额，反映事业单位提取的坏账准备金额。

例 10－13

某事业单位经批准确认一笔无法收回的应收账款380元，该笔应收账款属于收回后不需上缴财政的应收账款。年末，经计算应当补提坏账准备1 520元。该事业单位应编制如下会计分录：

（1）确认无法收回的应收账款时。

借：坏账准备　　380

　　贷：应收账款　　380

（2）年末补提坏账准备时。

借：其他费用　　1 520

　　贷：坏账准备　　1 520

五、存货

存货是指行政事业单位在开展业务活动及其他活动中为耗用或出售而储存的资产，如材料、产品、包装物和低值易耗品等，以及未达到固定资产标准的用具、装具、动植物等。按照《政府会计准则第1号——存货》的规定，存货在取得时应当按照成本进行初始计量，发出时应当根据实际情况采用先进先出法、加权平均法或者个别计价法确定发出存货的实际成本。存货的计价方法一经确定，不得随意变更。

行政事业单位的存货按照经济内容或经济用途可分为在途物品、库存物品和加工物品等种类。

（一）在途物品

在途物品是指行政事业单位采购材料等物资时货款已付或已开出商业汇票但尚未验收入库的物品。

为核算在途物品业务，行政事业单位应设置“在途物品”总账科目。该科目可按照供应单位和物品种类进行明细核算。单位购入材料等物品，按照确定的物品采购成本的金额，借记该科目，按照实际支付的金额，贷记“财政拨款收入”、“零余额账户用款额度”和“银行存款”等科目。涉及增值税业务的，还应进行相应的会计处理。所购材料等物品到达验收入库，按照确定的库存物品成本金额，借记“库存物品”科目，按照物品采购成本金额，贷记该科目，按照使得入库物品达到目前场所和状态所发生的其他支出，贷记“银行存款”等科目。该科目期末借方余额，反映单位在途物品的采购成本。

例 10－14

某行政单位采购一批材料，货款 2 880 元通过单位零余额账户用款额度支付，材料尚未验收入库。数日后，该批材料到达并验收入库，确定的库存物品成本为采购成本 2 880 元。暂不考虑增值税业务。该行政单位应编制如下会计分录：

（1）购入材料时。

借：在途物品　　2 880

　　贷：零余额账户用款额度　　2 880

（2）材料到达并验收入库时。

借：库存物品　　2 880

　　贷：在途物品　　2 880

与企业不同，行政事业单位以提供非物质产品为主，购入的大多数物品为自用物品，不是出售目的的商品。如购入办公用品、实验室用品、消耗性体育用品等。

（二）库存物品

库存物品是指行政事业单位在开展业务活动及其他活动中为耗用或出售而储存的各种物品。

为核算库存物品业务，行政事业单位应设置“库存物品”总账科目。单位随买随用的零星办公用品，可以在购进时直接列作费用，不通过该科目核算。单位控制的政府储备物资，应当通过“政府储备物资”科目核算，不通过该科目核算。单位受托存储保管的物资和受托转赠的物资，应当通过“受托代理资产”科目核算，不通过该科目核算。单位为在建工程购买和使用的材料物资，应当通过“工程物资”科目核算，不通过该科目核算。该科目应当按照库存物品的种类、规格、保管地点等进行明细核算。单位储存的低值易耗品、包装物较多的，可以在该科目（低值易耗品、包装物）下按照“在库”、“在用”和“摊销”等进行明细核算。该科目期末借方余额，反映单位库存物品的实际成本。

1. 库存物品的取得

行政事业单位取得的库存物品，应当按照其取得时的成本入账。

（1）外购的库存物品验收入库，按照确定的成本，借记“库存物品”科目，贷记“财政拨款收入”、“零余额账户用款额度”、“银行存款”、“应付账款”和“在途物品”等科目。涉及增值税业务的，还应进行相应的会计处理。

购入的存货，其成本包括购买价款、相关税费、运输费、装卸费、保险费以及使得存货达到目前场所和状态所发生的归属于存货成本的其他支出。

（2）自制的库存物品加工完成并验收入库，按照确定的成本，借记“库存物品”科目，贷记“加工物品——自制物品”科目。

自行加工的存货，其成本包括耗用的直接材料费用、发生的直接人工费用和按照一定方法分配的与存货加工有关的间接费用。

（3）委托外单位加工收回的库存物品验收入库，按照确定的成本，借记“库存物品”科目，贷记“加工物品——委托加工物品”等科目。

委托加工的存货，其成本包括委托加工前存货成本、委托加工的成本（如委托加工费以及按规定应计入委托加工存货成本的相关税费等）以及使存货达到目前场所和状态所发生的归属于存货成本的其他支出。

（4）接受捐赠的库存物品验收入库，按照确定的成本，借记“库存物品”科目，按照发生的相关税费、运输费等，贷记“银行存款”等科目，按照其差额，贷记“捐赠收入”科目。接受捐赠的库存物品按照名义金额入账的，按照名义金额，借记“库存物品”科目，贷记“捐赠收入”科目；同时，按照发生的相关税费、运输费等，借记“其他费用”科目，贷记“银行存款”等科目。

接受捐赠的存货，其成本按照有关凭据注明的金额加上相关税费、运输费等确定；没有相关凭据可供取得，但按规定经过资产评估的，其成本按照评估价值加上相关税费、运输费等确定；没有相关凭据可供取得也未经资产评估的，其成本比照同类或类似资产的市场价格加上相关税费、运输费等确定；没有相关凭据且未经资产评估、同类或类似资产的市场价格也无法可靠取得的，按照名义金额入账，相关税费、运输费等计入当期费用。

（5）无偿调入的库存物品验收入库，按照确定的成本，借记“库存物品”科目，按照发生的相关税费、运输费等，贷记“银行存款”等科目，按照其差额，贷记“无偿调拨净资产”科目。

无偿调入的存货，其成本按照调出方账面价值加上相关税费、运输费等确定。

（6）置换换入的库存物品验收入库，按照确定的成本，借记“库存物品”科目，按照换出资产的账面余额，贷记相关资产科目（换出资产为固定资产、无形资产的，还应当借记“固定资产累计折旧”“无形资产累计摊销”科目），按照置换过程中发生的其他相关支出，贷记“银行存款”等科目，按照借贷方差额，借记“资产处置费用”科目或贷记“其他收入”科目。涉及补价的，分别以下情况处理：①支付补价的，按照确定的成本，借记“库存物品”科目，按照换出资产的账面余额，贷记相关资产科目，按照支付的补价和置换过程中发生的其他相关支出，贷记“银行存款”等科目，按照借贷方差额，借记“资产处置费用”科目或贷记“其他收入”科目。②收到补价的，按照确定的成本，借记“库存物品”科目，按照收到的补价，借记“银行存款”等科目，按照换出资产的账面余额，贷记相关资产科目，按照置换过程中发生的其他相关支出，贷记“银行存款”等科目，按照补价扣减其他相关支出后的净收入，贷记“应缴财政款”科目，按照借贷方差额，借记“资产处置费用”科目或贷记“其他收入”科目。

通过置换取得的存货，其成本按照换出资产的评估价值，加上支付的补价或减去收到的补价，加上为换入存货发生的其他相关支出确定。

2. 库存物品的发出

行政事业单位在库存物品发出时，分别以下情况处理：

（1）单位开展业务活动等领用、按照规定自主出售发出或加工发出库存物品，按照领用、出售等发出物品的实际成本，借记“业务活动费用”、“单位管理费用”、“经营费用”和“加工物品”等科目，贷记“库存物品”科目。

采用一次转销法摊销低值易耗品、包装物的，在首次领用时将其账面余额一次性摊销计入有关成本费用，借记有关科目，贷记“库存物品”科目。采用五五摊销法摊销低值易耗品、包装物的，首次领用时，将其账面余额的50%摊销计入有关成本费用，借记有关科目，贷记“库存物品”科目；使用完时，将剩余的账面余额转销计入有关成本费用，借记有关科目，贷记“库存物品”科目。

(2) 经批准对外出售的库存物品（不含可自主出售的库存物品）发出时，按照库存物品的账面余额，借记“资产处置费用”科目，贷记“库存物品”科目；同时，按照收到的价款，借记“银行存款”等科目，按照处置过程中发生的相关费用，贷记“银行存款”等科目，按照其差额，贷记“应缴财政款”科目。

(3) 经批准对外捐赠的库存物品发出时，按照库存物品的账面余额和对外捐赠过程中发生的归属于捐出方的相关费用合计数，借记“资产处置费用”科目，按照库存物品账面余额，贷记“库存物品”科目，按照对外捐赠过程中发生的归属于捐出方的相关费用，贷记“银行存款”等科目。

(4) 经批准无偿调出的库存物品发出时，按照库存物品的账面余额，借记“无偿调拨净资产”科目，贷记“库存物品”科目；同时，按照无偿调出过程中发生的归属于调出方的相关费用，借记“资产处置费用”科目，贷记“银行存款”等科目。

(5) 经批准置换换出的库存物品，参照有关置换换入库存物品的规定进行账务处理。

3. 库存物品的盘盈盘亏或报废毁损

单位应当定期对库存物品进行清查盘点，每年至少盘点一次。对于发生的库存物品盘盈、盘亏或者报废、毁损，应当先记入“待处理财产损溢”科目，按照规定报经批准后及时进行后续账务处理。

盘盈的库存物品，其成本按照有关凭据注明的金额确定；没有相关凭据、但按照规定经过资产评估的，其成本按照评估价值确定；没有相关凭据也未经过评估的，其成本按照重置成本确定。如无法采用上述方法确定盘盈的库存物品成本的，按照名义金额入账。盘盈的库存物品，按照确定的入账成本，借记“库存物品”科目，贷记“待处理财产损溢”科目。

盘亏或者毁损、报废的库存物品，按照待处理库存物品的账面余额，借记“待处理财产损溢”科目，贷记“库存物品”科目。属于增值税一般纳税人的单位，若因非正常原因导致的库存物品盘亏或毁损，还应当将与该库存物品相关的增值税进项税额转出，按照其增值税进项税额，借记“待处理财产损溢”科目，贷记“应交增值税——应交税金（进项税额转出）”科目。

例 10-15

某事业单位接受捐赠一批库存物品，有关凭据注明的金额为 62 500 元，以银行存款支付运输费用 500 元，库存物品已验收入库，成本金额为 63 000 元（62 500＋500）。数日后，该事业单位业务部门为开展专业业务活动领用一批库存物品，实际成本为 21 000 元。该事业单位应编制如下会计分录：

(1) 接受捐赠库存物品时。

借：库存物品	63 000	
贷：银行存款		500
捐赠收入		62 500

(2) 业务部门领用库存物品时。

借：业务活动费用	21 000	
贷：库存物品		21 000

（三）加工物品

加工物品是指行政事业单位自制或委托外单位加工的各种物品。

为核算加工物品业务，行政事业单位应设置“加工物品”总账科目。该科目应当设置“自制物品”“委托加工物品”两个一级明细科目，并按照物品类别、品种、项目等设置明细账，进行明细核算。该科目“自制物品”一级明细科目下应当设置“直接材料”、“直接人工”和“其他直接费用”等二级明细科目归集自制物品发生的直接材料、直接人工（专门从事物品制造人员的人工费）等直接费用；对于自制物品发生的间接费用，应当在该科目“自制物品”一级明细科目下单独设置“间接费用”二级明细科目予以归集，期末，再按照一定的分配标准和方法，分配计入有关物品的成本。该科目期末借方余额，反映单位自制或委托外单位加工但尚未完工的各种物品的实际成本。

1. 自制物品

（1）为自制物品领用材料等，按照材料成本，借记“加工物品”科目（自制物品——直接材料），贷记“库存物品”科目。

（2）专门从事物品制造的人员发生的直接人工费用，按照实际发生的金额，借记“加工物品”科目（自制物品——直接人工），贷记“应付职工薪酬”科目。

（3）为自制物品发生的其他直接费用，按照实际发生的金额，借记“加工物品”科目（自制物品——其他直接费用），贷记“零余额账户用款额度”“银行存款”等科目。

（4）为自制物品发生的间接费用，按照实际发生的金额，借记“加工物品”科目（自制物品——间接费用），贷记“零余额账户用款额度”、“银行存款”、“应付职工薪酬”、“固定资产累计折旧”和“无形资产累计摊销”等科目。间接费用一般按照生产人员工资、生产人员工时、机器工时、耗用材料的数量或成本、直接费用（直接材料和直接人工）或产品产量等进行分配。单位可根据具体情况自行选择间接费用的分配方法。分配方法一经确定，不得随意变更。

（5）已经制造完成并验收入库的物品，按照所发生的实际成本（包括耗用的直接材料费用、直接人工费用、其他直接费用和分配的间接费用），借记“库存物品”科目，贷记“加工物品”科目（自制物品）。

2. 委托加工物品

发给外单位加工的材料等，按照其实际成本，借记“加工物品”科目（委托加工物品），贷记“库存物品”科目。支付加工费、运输费等费用，按照实际支付的金额，借记“加工物品”科目（委托加工物品），贷记“零余额账户用款额度”“银行存款”等科目。涉及增值税业务的，还应进行相应的会计处理。委托加工完成的材料等验收入库，按照加工前发出材料的成本和加工、运输成本等，借记“库存物品”等科目，贷记“加工物品”科目（委托加工物品）。

例 10－16

某事业单位委托外单位加工一批物品，发给外单位一批加工材料，实际成本为45 500元。一个月后，该批物品加工完成，该事业单位以银行存款向加工单位支付加工费 1 300 元，加工完成的物品已收回并验收入库，确定的物品成本为 46 800 元（45 500＋1 300）。暂不考虑增值税业务。该事业单位应编制如下会计分录：

（1）发给外单位加工材料时。

借：加工物品　　45 500

　　贷：库存物品　　45 500

（2）向加工单位支付加工费时。

借：加工物品　　1 300

　　贷：银行存款　　1 300

（3）加工物品已收回并验收入库时。

借：库存物品　　46 800

　　贷：加工物品　　46 800

六、待摊费用

待摊费用是指行政事业单位已经支付，但应当由本期和以后各期分别负担的分摊期在 1 年以内（含 1 年）的各项费用，如预付航空保险费、预付租金等。

为核算待摊费用业务，行政事业单位应设置“待摊费用”总账科目。摊销期限在 1 年以上的租入固定资产改良支出和其他费用，应当通过“长期待摊费用”科目核算，不通过该科目核算。待摊费用应当在其受益期限内分期平均摊销，如预付航空保险费应在保险期的有效期内、预付租金应在租赁期内分期平均摊销，计入当期费用。该科目应当按照待摊费用种类进行明细核算。

单位发生待摊费用时，按照实际预付的金额，借记该科目，贷记“财政拨款收入”、“零余额账户用款额度”和“银行存款”等科目。按照受益期限分期平均摊销时，按照摊销金额，借记“业务活动费用”、“单位管理费用”和“经营费用”等科目，贷记该科目。如果某项待摊费用已经不能使单位受益，应当将其摊余金额一次全部转入当期费用。按照摊销金额，借记“业务活动费用”、“单位管理费用”和“经营费用”等科目，贷记该科目。

该科目期末借方余额，反映单位各种已支付但尚未摊销的分摊期在 1 年以内（含 1 年）的费用。

例 10－17

某事业单位在开展专业业务活动过程中租用一套房屋，租用时以银行存款预付一年的租金 240 000 元。每月平均分摊租金数额 20 000 元（240 000/12）。该事业单位应编制如下会计分录：

（1）预付一年的租金时。

借：待摊费用　　240 000

　　贷：银行存款　　240 000

（2）每月平均分摊租金数额时。

借：业务活动费用　　20 000

　　贷：待摊费用　　20 000

第二节　长期投资、固定资产和无形资产

长期投资、固定资产和无形资产属于行政事业单位的非流动资产。其中，长期投资按照投资性质可分为长期股权投资和长期债券投资。

一、长期股权投资

（一）长期股权投资的概念和核算科目设置

长期股权投资是指事业单位按照规定取得的，持有时间超过1年（不含1年）的股权性质的投资。

为核算长期股权投资业务，事业单位应设置“长期股权投资”总账科目。该科目应当按照被投资单位和长期股权投资取得方式等进行明细核算。长期股权投资采用权益法核算的，还应当按照“成本”、“损益调整”和“其他权益变动”设置明细科目，进行明细核算。该科目期末借方余额，反映事业单位持有的长期股权投资的价值。

（二）长期股权投资的取得

长期股权投资在取得时，应当按照其实际成本作为初始投资成本。

（1）以现金取得的长期股权投资，按照确定的投资成本，借记“长期股权投资”科目或“长期股权投资”科目（成本），按照支付的价款中包含的已宣告但尚未发放的现金股利，借记“应收股利”科目，按照实际支付的全部价款，贷记“银行存款”等科目。实际收到取得投资时所支付价款中包含的已宣告但尚未发放的现金股利时，借记“银行存款”科目，贷记“应收股利”科目。

（2）以现金以外的其他资产置换取得的长期股权投资，参照“库存物品”科目中置换取得库存物品的相关规定进行会计处理。

（3）以未入账的无形资产取得的长期股权投资，按照评估价值加相关税费作为投资成本，借记“长期股权投资”科目，按照发生的相关税费，贷记“银行存款”“其他应交税费”等科目，按其差额，贷记“其他收入”科目。

（4）接受捐赠的长期股权投资，按照确定的投资成本，借记“长期股权投资”科目或“长期股权投资”科目（成本），按照发生的相关税费，贷记“银行存款”等科目，按照其差额，贷记“捐赠收入”科目。

（5）无偿调入的长期股权投资，按照确定的投资成本，借记“长期股权投资”科目或“长期股权投资”科目（成本），按照发生的相关税费，贷记“银行存款”等科目，按照其差额，贷记“无偿调拨净资产”科目。

例10-18

某事业单位采用支付补价的方式以一项无形资产置换取得一项长期股权投资，该项无形资产的账面余额为850 000元，相应的累计摊销数为170 000元，账面净值为680 000元（850 000－170 000）。经评估，该项无形资产的评估价值为710 000元。置换过程中发生补价支出50 000元，并发生相关税费支出10 000元，款项合计60 000元

（50 000＋10 000）以银行存款支付。该项长期股权投资在取得时，确定的成本为770 000元（710 000＋50 000＋10 000）。该事业单位在该项无形资产置换业务中实现其他收入 30 000 元（710 000－680 000）。该事业单位应编制如下会计分录：

借：长期股权投资	770 000	
无形资产累计摊销	170 000	
贷：银行存款		60 000
无形资产		850 000
其他收入		30 000

根据《政府会计准则第 2 号——投资》的规定，以支付现金取得的长期股权投资，按照实际支付的全部价款（包括购买价款和相关税费）作为实际成本。实际支付价款中包含的已宣告但尚未发放的现金股利，应当单独确认为应收股利，不计入长期股权投资初始投资成本。以现金以外的其他资产置换取得的长期股权投资，其成本按照换出资产的评估价值加上支付的补价或减去收到的补价，加上换入长期股权投资发生的其他相关支出确定。接受捐赠的长期股权投资，其成本按照有关凭据注明的金额加上相关税费确定；没有相关凭据可供取得，但按规定经过资产评估的，其成本按照评估价值加上相关税费确定；没有相关凭据可供取得也未经资产评估的，其成本比照同类或类似资产的市场价格加上相关税费确定。无偿调入的长期股权投资，其成本按照调出方账面价值加上相关税费确定。

（三）长期股权投资持有期间的计量

根据《政府会计准则第 2 号——投资》的规定，长期股权投资在持有期间，通常应当采用权益法进行核算。政府会计主体无权决定被投资单位的财务和经营政策或无权参与被投资单位的财务和经营政策的，应当采用成本法进行核算。其中，成本法是指投资按照投资成本计量的方法。权益法是指投资最初以投资成本计量，以后根据政府会计主体在被投资单位所享有的所有者权益份额的变动对投资的账面余额进行调整的方法。政府的投资会计准则既适用于财政总预算会计的核算，也适用于行政事业单位会计的核算。

1. 成本法

在成本法下，被投资单位宣告发放现金股利或利润时，按照应收的金额，借记“应收股利”科目，贷记“投资收益”科目。收到现金股利或利润时，按照实际收到的金额，借记“银行存款”等科目，贷记“应收股利”科目。

在成本法下，长期股权投资的账面余额通常保持不变，但追加或收回投资时，应当相应调整其账面余额。

2. 权益法

在权益法下，被投资单位实现净利润的，按照应享有的份额，借记“长期股权投资”科目（损益调整），贷记“投资收益”科目。被投资单位发生净亏损的，按照应分担的份额，借记“投资收益”科目，贷记“长期股权投资”科目（损益调整），但以“长期股权投资”科目的账面余额减记至零为限。发生亏损的被投资单位以后年度又实现净利润的，按照收益分享额弥补未确认的亏损分担额等后的金额，借记“长期股权投资”科目（损益调整），贷记“投资收益”科目。

被投资单位宣告分派现金股利或利润的，按照应享有的份额，借记“应收股利”科目，贷记“长期股权投资”科目（损益调整）。

被投资单位发生除净损益和利润分配以外的所有者权益变动的，按照应享有或应分担的份额，借记或贷记“权益法调整”科目，贷记或借记“长期股权投资”科目（其他权益变动）。

例10－19

某事业单位持有A公司60%的股份，有权决定A公司的财务和经营政策，相应的长期股权投资采用权益法核算。年末，A公司实现净利润550 000元，宣告分派现金股利110 000元，发生除净利润和利润分配以外的所有者权益变动增加数为20 000元。对于A公司的以上所有者权益变动，该事业单位分享净利润330 000元（550 000×60%），分享现金股利66 000元（110 000×60%），分享其他所有者权益变动增加数12 000元（20 000×60%）。该事业单位应编制如下会计分录：

（1）确认分享的净利润时。

借：长期股权投资——损益调整　　330 000

　贷：投资收益　　330 000

（2）确认分享的现金股利时。

借：应收股利　　66 000

　贷：长期股权投资——损益调整　　66 000

（3）确认分享的其他所有者权益变动增加数时。

借：长期股权投资——其他权益变动　　12 000

　贷：权益法调整　　12 000

长期股权投资持有期间，权益法下的会计处理主要可以归纳为：按照应享有或应分担的被投资单位实现的净损益的份额，确认为投资损益，同时调整长期股权投资的账面余额。按照被投资单位宣告分派的现金股利或利润计算应享有的份额，确认为应收股利，同时减少长期股权投资的账面余额。按照被投资单位除净损益和利润分配以外的所有者权益变动的份额，确认为净资产，同时调整长期股权投资的账面余额。

3. 成本法与权益法的转换

单位因处置部分长期股权投资等原因而对处置后的剩余股权投资由权益法改按成本法核算的，应当按照权益法下“长期股权投资”科目账面余额作为成本法下“长期股权投资”科目账面余额（成本）。其后，被投资单位宣告分派现金股利或利润时，属于单位已计入投资账面余额的部分，按照应分得的现金股利或利润份额，借记“应收股利”科目，贷记“长期股权投资”科目。

单位因追加投资等原因对长期股权投资的核算从成本法改为权益法的，应当按照成本法下“长期股权投资”科目账面余额与追加投资成本的合计金额，借记“长期股权投资”科目（成本），按照成本法下“长期股权投资”科目账面余额，贷记“长期股权投资”科目，按照追加投资的成本，贷记“银行存款”等科目。

（四）长期股权投资的处置

1. 出售长期股权投资

事业单位按照规定报经批准出售（转让）长期股权投资时，应当区分长期股权投资取得方式分别进行处理。

处置以现金取得的长期股权投资，按照实际取得的价款，借记“银行存款”等科目，按照被处置长期股权投资的账面余额，贷记“长期股权投资”科目，按照尚未领取的现金股利或利润，贷记“应收股利”科目，按照发生的相关税费等支出，贷记“银行存款”等科目，按照借贷方差额，借记或贷记“投资收益”科目。

处置以现金以外的其他资产取得的长期股权投资，按照被处置长期股权投资的账面余额，借记“资产处置费用”科目，贷记“长期股权投资”科目；同时，按照实际取得的价款，借记“银行存款”等科目，按照尚未领取的现金股利或利润，贷记“应收股利”科目，按照发生的相关税费等支出，贷记“银行存款”等科目，按照贷方差额，贷记“应缴财政款”科目。按照规定将处置时取得的投资收益纳入本单位预算管理的，应当按照所取得价款大于被处置长期股权投资账面余额、应收股利账面余额和相关税费支出合计的差额，贷记“投资收益”科目。

2. 核销长期股权投资

因被投资单位破产清算等原因，有确凿证据表明长期股权投资发生损失，按照规定报经批准后予以核销时，按照予以核销的长期股权投资的账面余额，借记“资产处置费用”科目，贷记“长期股权投资”科目。

3. 置换换出长期股权投资

报经批准置换转出长期股权投资时，参照“库存物品”科目中置换换入库存物品的规定进行账务处理。

采用权益法核算的长期股权投资的处置，除进行上述账务处理外，还应结转原直接计入净资产的相关金额，借记或贷记“权益法调整”科目，贷记或借记“投资收益”科目。

例 10－20

某事业单位持有B公司30%的股份，有权参与B公司的财务和经营政策，相应的长期股权投资采用权益法核算。该股权投资当初以银行存款购买取得。某日，该事业单位经批准转让持有的B公司20%的股份，获得转让收入360 000元，款项已存入银行。转让后，该事业单位仅持有B公司10%的股份，不再有权参与B公司的财务和经营政策，相应的长期股权投资改按成本法核算。股份转让日，该事业单位采用权益法核算的相应长期股权投资的成本数额为510 000元，损益调整借方余额为21 000元。转让20%的长期股权投资的成本数额为340 000元（510 000×2/3），损益调整数额为14 000元（21 000×2/3），转让收益为6 000元（360 000－340 000－14 000）。股份转让后，权益法下剩余10%长期股权投资的成本数额为170 000元（510 000－340 000），损益调整借方余额为7 000元（21 000－14 000），合计数为177 000元（170 000＋7 000）。两年后，B公司宣告分派现金股利50 000元，其中，属于已计入该事业单位投资账面余额的部分为4 000元，其余1 000元（50 000×10%－4 000）为未计入投资账面余额的部分，或为成本法下应当确认的投资收益数额。该事业单位应编制如下会计分录：

（1）转让一部分股份时。

借：银行存款　　360 000

　贷：长期股权投资——成本　　340 000

——损益调整　　14 000

投资收益　　6 000

(2) 权益法转成本法核算时。

借：长期股权投资　　177 000

贷：长期股权投资——成本　　170 000

——损益调整　　7 000

(3) 确认分享的现金股利时。

借：应收股利　　5 000

贷：长期股权投资　　4 000

投资收益　　1 000

根据《政府会计准则第2号——投资》的规定，政府会计主体因处置部分长期股权投资等原因无权再决定被投资单位的财务和经营政策或者参与被投资单位的财务和经营政策决策的，应当对处置后的剩余股权投资改按成本法核算，并以该剩余股权投资在权益法下的账面余额作为按照成本法核算的初始投资成本。其后，被投资单位宣告分派现金股利或利润时，属于已计入投资账面余额的部分，作为成本法下长期股权投资成本的收回，冲减长期股权投资的账面余额。

二、长期债券投资

长期债券投资是指事业单位按照规定取得的，持有时间超过1年（不含1年）的债券投资。

为核算长期债券投资业务，事业单位应设置"长期债券投资"总账科目。该科目应当设置"成本"和"应计利息"明细科目，并按照债券投资的种类进行明细核算。长期债券投资在取得时，应当按照其实际成本作为投资成本。取得的长期债券投资，按照确定的投资成本，借记该科目（成本），按照支付的价款中包含的已到付息期但尚未领取的利息，借记"应收利息"科目，按照实际支付的金额，贷记"银行存款"等科目。实际收到取得债券时所支付价款中包含的已到付息期但尚未领取的利息时，借记"银行存款"科目，贷记"应收利息"科目。

长期债券投资持有期间，按期以债券票面金额与票面利率计算确认利息收入时，如为到期一次还本付息的债券投资，借记该科目（应计利息），贷记"投资收益"科目；如为分期付息、到期一次还本的债券投资，借记"应收利息"科目，贷记"投资收益"科目。收到分期支付的利息时，按照实收的金额，借记"银行存款"等科目，贷记"应收利息"科目。

到期收回长期债券投资，按照实际收到的金额，借记"银行存款"科目，按照长期债券投资的账面余额，贷记该科目，按照相关应收利息金额，贷记"应收利息"科目，按照其差额，贷记"投资收益"科目。

对外出售长期债券投资，按照实际收到的金额，借记"银行存款"科目，按照长期债券投资的账面余额，贷记该科目，按照已记入"应收利息"科目但尚未收取的金额，贷记"应收利息"科目，按照其差额，贷记或借记"投资收益"科目。涉及增值税业务的，还应进行相应的会计处理。

该科目期末借方余额，反映事业单位持有的长期债券投资的价值。

例 10－21

某事业单位以银行存款购入一批 5 年期债券，实际支付价款为 600 000 元，准备持有至到期。该批债券票面金额为 600 000 元，票面年利率为 5%，每年支付一次利息 30 000 元（600 000×5%），到期一次偿还本金。该事业单位应编制如下会计分录：

（1）取得长期债券投资时。

借：长期债券投资　　600 000

　贷：银行存款　　600 000

（2）每年确认债券利息收入时。

借：应收利息　　30 000

　贷：投资收益　　30 000

（3）到期收回债券本金时。

借：银行存款　　600 000

　贷：长期债券投资　　600 000

根据《政府会计准则第 2 号——投资》的规定，长期债券投资持有期间，应当按期以票面金额与票面利率计算确认利息收入。政府会计主体进行除债券以外的其他债权投资，参照长期债券投资进行会计处理。

三、固定资产

（一）固定资产的概念和核算科目设置

固定资产是指行政事业单位为满足自身开展业务活动或其他活动需要而控制的，使用年限超过 1 年（不含 1 年）、单位价值在规定标准以上，并在使用过程中基本保持原有物质形态的资产。单位价值虽未达到规定标准，但是使用年限超过 1 年（不含 1 年）的大批同类物资，如图书、家具、用具、装具等，应当确认为固定资产。固定资产一般分为六类：房屋及构筑物；专用设备；通用设备；文物和陈列品；图书、档案；家具、用具、装具及动植物。

行政事业单位控制的公共基础设施、政府储备物资、保障性住房等资产，不属于固定资产。

为核算固定资产业务，行政事业单位应设置“固定资产”总账科目。该科目核算单位固定资产的原值。该科目应当按照固定资产类别和项目进行明细核算。

行政事业单位进行固定资产核算时，应当考虑以下情况：（1）购入需要安装的固定资产，应当先通过“在建工程”科目核算，安装完毕交付使用时再转入该科目核算。（2）以借入、经营租赁租入方式取得的固定资产，不通过该科目核算，应当设置备查簿进行登记。（3）采用融资租入方式取得的固定资产，通过该科目核算，并在该科目下设置“融资租入固定资产”明细科目。（4）经批准在境外购买具有所有权的土地，作为固定资产，通过该科目核算；单位应当在该科目下设置“境外土地”明细科目，进行相应明细核算。

（二）固定资产的取得

固定资产在取得时，应当按照成本进行初始计量。

1. 购入的固定资产

购入不需安装的固定资产验收合格时，按照确定的固定资产成本，借记“固定资产”科目，贷记“财政拨款收入”、“零余额账户用款额度”、“应付账款”和“银行存款”等科目。购入需要安装的固定资产，在安装完毕交付使用前通过“在建工程”科目核算，安装完毕交付使用时再转入“固定资产”科目。

购入固定资产扣留质量保证金的，应当在取得固定资产时，按照确定的固定资产成本，借记“固定资产”科目［不需安装］或“在建工程”科目［需要安装］，按照实际支付或应付的金额，贷记“财政拨款收入”、“零余额账户用款额度”、“应付账款”［不含质量保证金］和“银行存款”等科目，按照扣留的质量保证金数额，贷记“其他应付款”［扣留期在1年以内（含1年）］或“长期应付款”［扣留期超过1年］科目。质保期满支付质量保证金时，借记“其他应付款”“长期应付款”科目，贷记“财政拨款收入”、“零余额账户用款额度”和“银行存款”等科目。

外购的固定资产，其成本包括购买价款、相关税费以及固定资产交付使用前所发生的可归属于该项资产的运输费、装卸费、安装费和专业人员服务费等。以一笔款项购入多项没有单独标价的固定资产，应当按照各项固定资产同类或类似资产市场价格的比例对总成本进行分配，分别确定各项固定资产的成本。

购建房屋及构筑物时，不能分清购建成本中的房屋及构筑物部分与土地使用权部分的，应当全部确认为固定资产；能够分清购建成本中的房屋及构筑物部分与土地使用权部分的，应当将其中的房屋及构筑物部分确认为固定资产，将其中的土地使用权部分确认为无形资产。

2. 自行建造的固定资产

自行建造的固定资产交付使用时，按照在建工程成本，借记“固定资产”科目，贷记“在建工程”科目。已交付使用但尚未办理竣工决算手续的固定资产，按照估计价值入账，待办理竣工决算后再按照实际成本调整原来的暂估价值。

自行建造的固定资产，其成本包括该项资产至交付使用前所发生的全部必要支出。在原有固定资产基础上进行改建、扩建、修缮后的固定资产，其成本按照原固定资产账面价值加上改建、扩建、修缮发生的支出，再扣除固定资产被替换部分的账面价值后的金额确定。为建造固定资产借入的专门借款的利息，属于建设期间发生的，计入在建工程成本；不属于建设期间发生的，计入当期费用。

3. 融资租入的固定资产

融资租赁取得的固定资产，其成本按照租赁协议或者合同确定的租赁价款、相关税费以及固定资产交付使用前所发生的可归属于该项资产的运输费、途中保险费、安装调试费等确定。

融资租入的固定资产，按照确定的成本，借记“固定资产”科目［不需安装］或“在建工程”科目［需安装］，按照租赁协议或者合同确定的租赁付款额，贷记“长期应付款”科目，按照支付的运输费、途中保险费、安装调试费等金额，贷记“财政拨款收入”、“零余额账户用款额度”和“银行存款”等科目。定期支付租金时，按照实际支付金额，借记“长期应付款”科目，贷记“财政拨款收入”、“零余额账户用款额度”和“银行存款”等科目。

4. 分期付款购入的固定资产

按照规定跨年度分期付款购入固定资产的账务处理，参照融资租入固定资产。

5. 接受捐赠的固定资产

接受捐赠的固定资产，按照确定的固定资产成本，借记“固定资产”科目［不需安装］或“在建工程”科目［需安装］，按照发生的相关税费、运输费等，贷记“零余额账户用款额度”“银行存款”等科目，按照其差额，贷记“捐赠收入”科目。

接受捐赠的固定资产按照名义金额入账的，按照名义金额，借记“固定资产”科目，贷记“捐赠收入”科目；按照发生的相关税费、运输费等，借记“其他费用”科目，贷记“零余额账户用款额度”“银行存款”等科目。

接受捐赠的固定资产，其成本按照有关凭据注明的金额加上相关税费、运输费等确定；没有相关凭据可供取得，但按规定经过资产评估的，其成本按照评估价值加上相关税费、运输费等确定；没有相关凭据可供取得也未经资产评估的，其成本比照同类或类似资产的市场价格加上相关税费、运输费等确定；没有相关凭据且未经资产评估、同类或类似资产的市场价格也无法可靠取得的，按照名义金额入账，相关税费、运输费等计入当期费用。如受赠的系旧的固定资产，在确定其初始入账成本时应当考虑该项资产的新旧程度。

6. 无偿调入的固定资产

无偿调入的固定资产，按照确定的固定资产成本，借记“固定资产”科目［不需安装］或“在建工程”科目［需安装］，按照发生的相关税费、运输费等，贷记“零余额账户用款额度”“银行存款”等科目，按照其差额，贷记“无偿调拨净资产”科目。

无偿调入的固定资产，其成本按照调出方账面价值加上相关税费、运输费等确定。

7. 置换取得的固定资产

置换取得的固定资产，参照“库存物品”科目中置换取得库存物品的相关规定进行账务处理。

通过置换取得的固定资产，其成本按照换出资产的评估价值加上支付的补价或减去收到的补价，加上换入固定资产发生的其他相关支出确定。

固定资产取得时涉及增值税业务的，还应进行相应的会计处理。

例 10－22

某行政单位通过财政直接支付方式购入一台不需要安装的通用设备，实际支付价款为 85 500 元。该行政单位应编制如下会计分录：

借：固定资产　　85 500

　贷：财政拨款收入　　85 500

为核算自行建造固定资产业务，行政事业单位应设置“在建工程”总账科目。该科目核算单位在建的建设项目工程的实际成本。该科目应当设置“建筑安装工程投资”、“设备投资”、“待摊投资”、“其他投资”、“待核销基建支出”和“基建转出投资”等明细科目，并按照具体项目进行明细核算。其中，“建筑安装工程投资”明细科目核算单位发生的构成建设项目实际支出的建筑工程和安装工程的实际成本，不包括被安装设备本身的价值以及按照合同规定支付给施工单位的预付备料款和预付工程款。“设备投资”明细科目核算单位发生的构成建设项目实际支出的各种设备的实际成本。“待摊投资”明细科目核算单位发生的构成建设项目实际支出的、按照规定应当分摊计入有关工程成本和设备成本的各项间接费用和税费支出。“其他投资”明细科目核算单位发生的构成建设项目实际支出的房屋购置支出，办公生活用家具、器具购置支出，软件研发和不能计入设备投资的软件购置等支出。“待核销基建支出”明细科目核算建设项目发生的江河清障、航道清淤、飞播造林、补助群众造林、水土保持、城市绿化、取消项目的可行性研究费以及项目整体报废等不能形成资产部分的基建投资支出。“基建转出投资”明细科目核算为建设项目配套而建成的、产权不归属本单位的专用设施的实际成本。行政事业单位在建的信息系统项目工程、公共基础设施项目工程、保障性住房项目工程的实际成本，也通过该科目核算。

以建筑安装工程投资为例，在建工程的主要账务处理如下：

（1）将固定资产等资产转入改建、扩建等时，按照固定资产等资产的账面价值，借记“在建工程”科目（建筑安装工程投资），按照已计提的折旧或摊销，借记“固定资产累计折旧”等科目，按照固定资产等资产的原值，贷记“固定资产”等科目。固定资产等资产改建、扩建过程中涉及替换（或拆除）原资产的某些组成部分的，按照被替换（或拆除）部分的账面价值，借记“待处理财产损溢”科目，贷记“在建工程”科目（建筑安装工程投资）。

（2）单位对于发包建筑安装工程，根据建筑安装工程价款结算账单与施工企业结算工程价款时，按照应承付的工程价款，借记“在建工程”科目（建筑安装工程投资），按照预付工程款余额，贷记“预付账款”科目，按照其差额，贷记“财政拨款收入”、“零余额账户用款额度”、“银行存款”和“应付账款”等科目。

（3）单位自行施工的小型建筑安装工程，按照发生的各项支出金额，借记“在建工程”科目（建筑安装工程投资），贷记“工程物资”、“零余额账户用款额度”、“银行存款”和“应付职工薪酬”等科目。

（4）工程竣工，办妥竣工验收交接手续交付使用时，按照建筑安装工程成本（含应分摊的待摊投资），借记“固定资产”等科目，贷记“在建工程”科目（建筑安装工程投资）。

例 10-23

某事业单位采用发包方式建造一项固定资产工程。某日，通过财政直接支付方式向某施工企业预付部分工程建造款项100 000元。当年末，根据建筑安装工程价款结算账单与施工企业结算部分工程价款，确认应承付工程价款380 000元，扣除预付款项100 000元后，剩余款项280 000元（380 000－100 000）通过财政直接支付方式支付。当年，该事业单位通过单位零余额账户支付项目建设管理费等间接费用5 000元。次年，建筑工程完工，该事业单位根据建筑安装工程价款结算账单与施工企业结算剩余工程价款，确认应承付工程价款450 000元，款项全额通过财政直接支付方式支付。同时，该事业单位通过单位零余额账户支付第二年的项目建设管理费以及工程检测费等间接费用共计6 500元。该建筑工程共发生待摊投资11 500元（5 000＋6 500）。建筑工程验收合格并交付使用，确定的实际成本为841 500元（380 000＋450 000＋11 500）。该事业单位应编制如下会计分录：

（1）向施工企业预付部分工程建造款项时。

借：预付账款	100 000	
贷：财政拨款收入		100 000

（2）与施工企业结算部分工程价款时。

借：在建工程——建筑安装工程投资 380 000

贷：财政拨款收入 280 000

预付账款 100 000

(3) 支付项目建设管理费等间接费用时。

借：在建工程——待摊投资 5 000

贷：零余额账户用款额度 5 000

(4) 与施工企业结算剩余工程价款时。

借：在建工程——建筑安装工程投资 450 000

贷：财政拨款收入 450 000

(5) 支付第二年项目建设管理费以及工程检测费等间接费用时。

借：在建工程——待摊投资 6 500

贷：零余额账户用款额度 6 500

(6) 分摊待摊投资时。

借：在建工程——建筑安装工程投资 11 500

贷：在建工程——待摊投资 11 500

(7) 建筑工程验收合格并交付使用时。

借：固定资产 841 500

贷：在建工程——建筑安装工程投资 841 500

（三）固定资产的后续支出

固定资产的后续支出按照支出是否符合固定资产的确认条件区分为符合固定资产确认条件的后续支出和不符合固定资产确认条件的后续支出两类。符合固定资产确认条件的后续支出如为增加固定资产使用效能或延长其使用年限而发生的改建、扩建等后续支出。不符合固定资产确认条件的后续支出如为保证固定资产正常使用而发生的日常维修等支出。

对于符合固定资产确认条件的后续支出，通常情况下，将固定资产转入改建、扩建时，按照固定资产的账面价值，借记“在建工程”科目，按照固定资产已计提折旧，借记“固定资产累计折旧”科目，按照固定资产的账面余额，贷记“固定资产”科目。为增加固定资产使用效能或延长其使用年限而发生改建、扩建等后续支出时，借记“在建工程”科目，贷记“财政拨款收入”、“零余额账户用款额度”和“银行存款”等科目。固定资产改建、扩建等完成交付使用时，按照在建工程成本，借记“固定资产”科目，贷记“在建工程”科目。

对于不符合固定资产确认条件的后续支出，为保证固定资产正常使用发生日常维修等支出时，借记“业务活动费用”“单位管理费用”等科目，贷记“财政拨款收入”、“零余额账户用款额度”和“银行存款”等科目。

（四）固定资产的折旧

行政事业单位应当对固定资产计提折旧，但下列各项固定资产除外：(1) 文物和陈列品；(2) 动植物；(3) 图书、档案；(4) 单独计价入账的土地；(5) 以名义金额计量的固定资产。

折旧是指在固定资产的预计使用年限内，按照确定的方法对应计的折旧额进行系统分摊。我国《政府会计准则第3号——固定资产》规定，固定资产应计的折旧额为其成本，计提固定资产折旧时不考虑预计净残值。行政事业单位应当根据相关规定以及固定资产的性质和使用情况，合理确定固定资产的使用年限。固定资产的使用年限一经确定，不得随意变更。

行政事业单位一般应当采用年限平均法或者工作量法计提固定资产折旧。在确定固定资产的折旧方法时，应当考虑与固定资产相关的服务潜力或经济利益的预期实现方式。固定资产折旧方法一经确定，不得随意变更。

固定资产应当按月计提折旧，并根据用途计入当期费用或者相关资产成本。固定资产提足折旧后，无论能否继续使用，均不再计提折旧；提前报废的固定资产，也不再补提折旧。已提足折旧的固定资产，可以继续使用的，应当继续使用，规范实物管理。固定资产因改建、扩建或修缮等原因而延长其使用年限的，应当按照重新确定的固定资产的成本以及重新确定的折旧年限计算折旧额。

为核算固定资产折旧业务，行政事业单位应设置“固定资产累计折旧”总账科目。公共基础设施和保障性住房计提的累计折旧，应当分别通过“公共基础设施累计折旧（摊销）”科目和“保障性住房累计折旧”科目核算，不通过该科目核算。该科目应当按照所对应固定资产的明细分类进行明细核算。

单位计提融资租入固定资产折旧时，应当采用与自有固定资产相一致的折旧政策。能够合理确定租赁期届满时将会取得租入固定资产所有权的，应当在租入固定资产尚可使用年限内计提折旧；无法合理确定租赁期届满时能够取得租入固定资产所有权的，应当在租赁期与租入固定资产尚可使用年限两者中较短的期间内计提折旧。

单位按月计提固定资产折旧时，按照应计提折旧金额，借记“业务活动费用”、“单位管理费用”、“经营费用”、“加工物品”和“在建工程”等科目，贷记“固定资产累计折旧”科目。经批准处置或处理固定资产时，按照所处置或处理固定资产的账面价值，借记“资产处置费用”、“无偿调拨净资产”和“待处理财产损溢”等科目，按照已计提折旧，借记“固定资产累计折旧”科目，按照固定资产的账面余额，贷记“固定资产”科目。“固定资产累计折旧”科目期末贷方余额，反映单位计提的固定资产折旧累计数。

例10-24

某行政单位对业务活动中使用的固定资产计提折旧788 000元。该行政单位应编制如下会计分录：

借：业务活动费用　　788 000

　贷：固定资产累计折旧　　788 000

按照《〈政府会计准则第3号——固定资产〉应用指南》的规定，固定资产折旧计提的时点为：当月增加的固定资产，当月开始计提折旧；当月减少的固定资产，当月不再计提折旧。

与企业会计准则相比，现行政府会计准则对固定资产折旧的金额计算采用了适当简化的计算方法。对其他一些业务也采用适当简化的会计核算方法。例如，对存货不要求采用成本与可变现净值孰低计量，对长期股权投资、固定资产、无形资产等不要求计提减值准备等。

现行政府会计准则或政府会计制度对政府会计主体的特有业务进行了详细的会计

核算规范。例如，对零余额账户用款额度、财政应返还额度、无偿调拨固定资产或存货等业务作出了详细的会计核算规定。

（五）固定资产的处置

按照规定报经批准处置固定资产，应当分别以下情况处理：

1. 出售或转让固定资产

报经批准出售、转让固定资产，按照被出售、转让固定资产的账面价值，借记“资产处置费用”科目，按照固定资产已计提的折旧，借记“固定资产累计折旧”科目，按照固定资产账面余额，贷记“固定资产”科目；同时，按照收到的价款，借记“银行存款”等科目，按照处置过程中发生的相关费用，贷记“银行存款”等科目，按照其差额，贷记“应缴财政款”科目。

2. 对外捐赠固定资产

报经批准对外捐赠固定资产，按照固定资产已计提的折旧，借记“固定资产累计折旧”科目，按照被处置固定资产账面余额，贷记“固定资产”科目，按照捐赠过程中发生的归属于捐出方的相关费用，贷记“银行存款”等科目，按照其差额，借记“资产处置费用”科目。

3. 无偿调出固定资产

报经批准无偿调出固定资产，按照固定资产已计提的折旧，借记“固定资产累计折旧”科目，按照被处置固定资产账面余额，贷记“固定资产”科目，按照其差额，借记“无偿调拨净资产”科目；同时，按照无偿调出过程中发生的归属于调出方的相关费用，借记“资产处置费用”科目，贷记“银行存款”等科目。

4. 置换换出固定资产

报经批准置换换出固定资产，参照“库存物品”中置换换入库存物品的规定进行账务处理。

固定资产处置时涉及增值税业务的，还应进行相应的会计处理。

例 10－25

某事业单位报经批准出售一项固定资产，该项固定资产的账面余额为 50 000 元，已计提的累计折旧为 30 000 元，账面价值为 20 000 元（50 000－30 000），出售价款为 25 000 元，款项已存入银行。按照规定，该项出售价款应当上缴财政。暂不考虑增值税业务。该事业单位应编制如下会计分录：

（1）转销固定资产账面记录时。

借：资产处置费用　　20 000
　　固定资产累计折旧　　30 000
　贷：固定资产　　50 000

（2）收到出售款项时。

借：银行存款　　25 000
　贷：应缴财政款　　25 000

按照《政府会计准则第 3 号——固定资产》的规定，政府会计主体按规定报经批准出售、转让固定资产或固定资产报废、毁损的，应当将固定资产账面价值转销计入当期费用，并将处置收入扣除相关处置税费后的差额按规定作应缴款项处理（差额为净收益时）或计入当期费用（差额为净损失时）。

按照规定，政府会计主体按规定报经批准以固定资产对外投资的，应当将该固定资产的账面价值予以转销，并将固定资产在对外投资时的评估价值与其账面价值的差额计入当期收入或费用。

（六）固定资产的盘盈盘亏或毁损报废

行政事业单位应当定期对固定资产进行清查盘点，每年至少盘点一次。对于发生的固定资产盘盈、盘亏或毁损、报废，应当先记入“待处理财产损溢”科目，按照规定报经批准后及时进行后续账务处理。

盘盈的固定资产，其成本按照有关凭据注明的金额确定；没有相关凭据但按照规定经过资产评估的，其成本按照评估价值确定；没有相关凭据也未经过评估的，其成本按照重置成本确定。如无法采用上述方法确定盘盈固定资产成本的，按照名义金额（人民币1元）入账。盘盈的固定资产，按照确定的入账成本，借记“固定资产”科目，贷记“待处理财产损溢”科目。

盘亏、毁损或报废的固定资产，按照待处理固定资产的账面价值，借记“待处理财产损溢”科目，按照已计提折旧，借记“固定资产累计折旧”科目，按照固定资产的账面余额，贷记“固定资产”科目。

四、无形资产

（一）无形资产的概念和核算科目设置

无形资产是指行政事业单位控制的没有实物形态的可辨认非货币性资产，如专利权、商标权、著作权、土地使用权、非专利技术等。

无形资产同时满足下列条件的，应当予以确认：（1）与该无形资产相关的服务潜力很可能实现或者经济利益很可能流入政府会计主体；（2）该无形资产的成本或者价值能够可靠地计量。行政事业单位在判断无形资产的服务潜力或经济利益是否很可能实现或流入时，应当对无形资产在预计使用年限内可能存在的各种社会、经济、科技因素做出合理估计，并且应当有确凿的证据支持。

行政事业单位购入的不构成相关硬件不可缺少组成部分的软件，应当确认为无形资产。

为核算无形资产业务，行政事业单位应设置“无形资产”总账科目。该科目核算单位无形资产的原值。非大批量购入、单价小于1 000元的无形资产，可以于购买的当期将其成本直接计入当期费用。该科目应当按照无形资产的类别、项目等进行明细核算。

（二）无形资产的取得

无形资产在取得时，应当按照成本进行初始计量。

1. 外购的无形资产

外购的无形资产，按照确定的成本，借记“无形资产”科目，贷记“财政拨款收入”、“零余额账户用款额度”、“应付账款”和“银行存款”等科目。

外购的无形资产，其成本包括购买价款、相关税费以及可归属于该项资产达到预定用途前所发生的其他支出。

委托软件公司开发软件，视同外购无形资产进行处理。合同中约定预付开发费用的，按照预付金额，借记“预付账款”科目，贷记“财政拨款收入”、“零余额账户用款额度”和“银行存款”等科目。软件开发完成交付使用并支付剩余或全部软件开发费用时，按照软件开发费用总额，借记“无形资产”科目，按照相关预付账款金额，贷记“预付账款”科目，按照支付的剩余金额，贷记“财政拨款收入”、“零余额账户用款额度”和“银行存款”等科目。

2. 自行研究开发的无形资产

自行研究开发形成的无形资产，按照研究开发项目进入开发阶段后至达到预定用途前所发生的支出总额，借记“无形资产”科目，贷记“研发支出——开发支出”科目。

自行研究开发项目尚未进入开发阶段，或者确实无法区分研究阶段支出和开发阶段支出，但按照法律程序已申请取得无形资产的，按照依法取得时发生的注册费、聘请律师费等费用，借记“无形资产”科目，贷记“财政拨款收入”、“零余额账户用款额度”和“银行存款”等科目；按照依法取得前所发生的研究开发支出，借记“业务活动费用”等科目，贷记“研发支出”科目。

3. 接受捐赠的无形资产

接受捐赠的无形资产，按照确定的无形资产成本，借记“无形资产”科目，按照发生的相关税费等，贷记“零余额账户用款额度”“银行存款”等科目，按照其差额，贷记“捐赠收入”科目。接受捐赠的无形资产按照名义金额入账的，按照名义金额，借记“无形资产”科目，贷记“捐赠收入”科目；同时，按照发生的相关税费等，借记“其他费用”科目，贷记“零余额账户用款额度”“银行存款”等科目。

接受捐赠的无形资产，其成本按照有关凭据注明的金额加上相关税费确定；没有相关凭据可供取得，但按规定经过资产评估的，其成本按照评估价值加上相关税费确定；没有相关凭据可供取得也未经资产评估的，其成本比照同类或类似资产的市场价格加上相关税费确定；没有相关凭据且未经资产评估、同类或类似资产的市场价格也无法可靠取得的，按照名义金额入账，相关税费计入当期费用。确定接受捐赠无形资产的初始入账成本时，应当考虑该项资产尚可为行政事业单位带来服务潜力或经济利益的能力。

4. 无偿调入的无形资产

无偿调入的无形资产，按照确定的无形资产成本，借记“无形资产”科目，按照发生的相关税费等，贷记“零余额账户用款额度”“银行存款”等科目，按照其差额，贷记“无偿调拨净资产”科目。

无偿调入的无形资产，其成本按照调出方账面价值加上相关税费确定。

5. 置换取得的无形资产

置换取得的无形资产，参照“库存物品”科目中置换取得库存物品的相关规定进行账务处理。

无形资产取得时涉及增值税业务的，还应进行相应的会计处理。

例 10－26

某行政单位委托 A 软件公司开发软件。该行政单位按合同约定向 A 软件公司预付开发费用 30 000 元，款项通过财政直接支付的方式支付。三个月后，软件开发完成并交付使用，该行政单位通过财政直接支付的方式向A软件公司支付剩余合同款项 55 000元。该软件开发费用总额为 85 000 元（30 000＋55 000）。该行政单位应编制如下会计分录：

（1）向软件公司预付开发费用时。

借：预付账款　　30 000

　贷：财政拨款收入　　30 000

（2）软件开发完成交付使用并支付剩余款项时。

借：无形资产　　85 000

　贷：预付账款　　30 000

　　财政拨款收入　　55 000

例 10-27

某事业单位按照法定程序申请取得一项无形资产，依法取得该项无形资产时发生注册费 600 元，款项以银行存款支付。该事业单位应编制如下会计分录：

借：无形资产　　600

　贷：银行存款　　600

为核算研发支出业务，行政事业单位应设置“研发支出”总账科目。该科目核算单位自行研究开发项目研究阶段和开发阶段发生的各项支出。该科目应当按照自行研究开发项目，分别“研究支出”“开发支出”进行明细核算。

自行研究开发项目研究阶段的支出，应当先在“研发支出”科目归集。按照从事研究及其辅助活动人员计提的薪酬，研究活动领用的库存物品，发生的与研究活动相关的管理费、间接费和其他各项费用，借记“研发支出”科目（研究支出），贷记“应付职工薪酬”、“库存物品”、“财政拨款收入”、“零余额账户用款额度”、“固定资产累计折旧”和“银行存款”等科目。期（月）末，应当将“研发支出”科目归集的研究阶段的支出金额转入当期费用，借记“业务活动费用”等科目，贷记“研发支出”科目（研究支出）。

自行研究开发项目开发阶段的支出，先通过“研发支出”科目进行归集。按照从事开发及其辅助活动人员计提的薪酬，开发活动领用的库存物品，发生的与开发活动相关的管理费、间接费和其他各项费用，借记“研发支出”科目（开发支出），贷记“应付职工薪酬”、“库存物品”、“财政拨款收入”、“零余额账户用款额度”、“固定资产累计折旧”和“银行存款”等科目。自行研究开发项目完成，达到预定用途形成无形资产的，按照“研发支出”科目归集的开发阶段的支出金额，借记“无形资产”科目，贷记“研发支出”科目（开发支出）。

单位应于每年年度终了评估研究开发项目是否能达到预定用途，如预计不能达到预定用途（如无法最终完成开发项目并形成无形资产的），应当将已发生的开发支出金额全部转入当期费用，借记“业务活动费用”等科目，贷记“研发支出”科目（开发支出）。

自行研究开发项目时涉及增值税业务的，还应进行相应的会计处理。

“研发支出”科目期末借方余额，反映单位预计能达到预定用途的研究开发项目在开发阶段发生的累计支出数。

例 10 - 28

某事业单位自行开展研究开发活动。在研究阶段，计提从事研究活动人员的薪酬共计 48 500 元。当年末，将发生的研究阶段支出合计 630 000 元转入业务活动费用。次年初，经论证和批准，相应研发活动进入开发阶段。在开发阶段，计提从事开发活动人员的薪酬共计 76 100 元。半年后，开发项目完成，形成一项无形资产，开发成本合计为 522 000 元。该事业单位应编制如下会计分录：

（1）计提从事研究活动人员的薪酬时。

借：研发支出——研究支出　　48 500

　贷：应付职工薪酬　　48 500

（2）结转研究阶段支出时。

借：业务活动费用　　630 000

　贷：研发支出——研究支出　　630 000

（3）计提从事开发活动人员的薪酬时。

借：研发支出——开发支出　　76 100

　贷：应付职工薪酬　　76 100

（4）开发项目完成并形成一项无形资产时。

借：无形资产　　522 000

　贷：研发支出——开发支出　　522 000

按照《政府会计准则第 4 号——无形资产》的规定，政府会计主体自行研究开发项目的支出，应当区分研究阶段支出与开发阶段支出。研究是指为获取并理解新的科学或技术知识而进行的独创性的有计划调查。开发是指在进行生产或使用前，将研究成果或其他知识应用于某项计划或设计，以生产出新的或具有实质性改进的材料、装置、产品等。政府会计主体自行研究开发项目研究阶段的支出，应当于发生时计入当期费用。政府会计主体自行开发的无形资产，其成本包括自该项目进入开发阶段后至达到预定用途前所发生的支出总额。

（三）无形资产的后续支出

无形资产的后续支出按照是否符合无形资产的确认条件区分为符合无形资产确认条件的后续支出和不符合无形资产确认条件的后续支出两类。符合无形资产确认条件的后续支出如为增加无形资产的使用效能而对其进行升级改造或扩展其功能发生的支出。不符合无形资产确认条件的后续支出如为保证无形资产正常使用而发生的日常维护等支出。

对于符合无形资产确认条件的后续支出，为增加无形资产的使用效能对其进行升级改造或扩展其功能时，如需暂停对无形资产进行摊销的，按照无形资产的账面价值，借记“在建工程”科目，按照无形资产已摊销金额，借记“无形资产累计摊销”科目，按照无形资产的账面余额，贷记“无形资产”科目。无形资产后续支出符合无形资产确认条件的，按照支出的金额，借记“无形资产”科目［无需暂停摊销的］或“在建工程”科目［需暂停摊销的］，贷记“财政拨款收入”、“零余额账户用款额度”和“银行存款”等科目。暂停摊销的无形资产升级改造或扩展功能等完成交付使用时，按照在建工程成本，借记“无形资产”科目，贷记“在建工程”科目。

对于不符合无形资产确认条件的后续支出，为保证无形资产正常使用发生日常维护等支出时，借记“业务活动费用”“单位管理费用”等科目，贷记“财政拨款收入”、“零余额账户用款额度”和“银行存款”等科目。

（四）无形资产的摊销

行政事业单位应当于取得或形成无形资产时合理确定其使用年限。无形资产的使用年限为有限的，应当估计该使用年限。无法预见无形资产为行政事业单位提供服务潜力或者带来经济利益期限的，应当视为使用年限不确定的无形资产。

行政事业单位应当对使用年限有限的无形资产进行摊销，但已摊销完毕仍继续使用的无形资产和以名义金额计量的无形资产除外。摊销是指在无形资产使用年限内，按照确定的方法对应摊销金额进行系统分摊。根据《政府会计准则第4号——无形资产》的规定，对于使用年限有限的无形资产，行政事业单位应当按照以下原则确定无形资产的摊销年限：（1）法律规定了有效年限的，按照法律规定的有效年限作为摊销年限；（2）法律没有规定有效年限的，按照相关合同或单位申请书中的受益年限作为摊销年限；（3）法律没有规定有效年限、相关合同或单位申请书也没有规定受益年限的，应当根据无形资产为行政事业单位带来服务潜力或经济利益的实际情况，预计其使用年限；（4）非大批量购入、单价小于1 000元的无形资产，可以于购买的当期将其成本一次性全部转销。

行政事业单位应当按月对使用年限有限的无形资产进行摊销，并根据用途计入当期费用或者相关资产成本。行政事业单位应当采用年限平均法或者工作量法对无形资产进行摊销，应摊销金额为其成本，不考虑预计残值。

使用年限不确定的无形资产不应摊销。

为核算无形资产摊销业务，行政事业单位应设置“无形资产累计摊销”总账科目。该科目核算单位对使用年限有限的无形资产计提的累计摊销。该科目应当按照所对应无形资产的明细分类进行明细核算。行政事业单位按月对无形资产进行摊销时，按照应摊销金额，借记“业务活动费用”、“单位管理费用”、“加工物品”和“在建工程”等科目，贷记该科目。经批准处置无形资产时，按照所处置无形资产的账面价值，借记“资产处置费用”、“无偿调拨净资产”和“待处理财产损溢”等科目，按照已计提摊销，借记该科目，按照无形资产的账面余额，贷记“无形资产”科目。该科目期末贷方余额，反映单位计提的无形资产摊销累计数。

例10-29

某行政单位对一项无形资产进行摊销，该无形资产为单位履职活动中使用的无形资产，摊销金额9 800元计入单位业务活动费用。该行政单位应编制如下会计分录：

借：业务活动费用　　9 800

　　贷：无形资产累计摊销　　9 800

（五）无形资产的处置

行政事业单位按照规定报经批准处置无形资产，应当分别以下情况处理：

1. 出售或转让无形资产

报经批准出售、转让无形资产，按照被出售、转让无形资产的账面价值，借记

“资产处置费用”科目，按照无形资产已计提的摊销，借记“无形资产累计摊销”科目，按照无形资产账面余额，贷记“无形资产”科目；同时，按照收到的价款，借记“银行存款”等科目，按照处置过程中发生的相关费用，贷记“银行存款”等科目，按照其差额，贷记“应缴财政款”[按照规定应上缴无形资产转让净收入的]或“其他收入”[按照规定将无形资产转让收入纳入本单位预算管理的]科目。

2. 对外捐赠无形资产

报经批准对外捐赠无形资产，按照无形资产已计提的摊销，借记“无形资产累计摊销”科目，按照被处置无形资产账面余额，贷记“无形资产”科目，按照捐赠过程中发生的归属于捐出方的相关费用，贷记“银行存款”等科目，按照其差额，借记“资产处置费用”科目。

3. 无偿调出无形资产

报经批准无偿调出无形资产，按照无形资产已计提的摊销，借记“无形资产累计摊销”科目，按照被处置无形资产账面余额，贷记“无形资产”科目，按照其差额，借记“无偿调拨净资产”科目；同时，按照无偿调出过程中发生的归属于调出方的相关费用，借记“资产处置费用”科目，贷记“银行存款”等科目。

4. 置换换出无形资产

报经批准置换换出无形资产，参照“库存物品”科目中置换换入库存物品的规定进行账务处理。

5. 核销无形资产

无形资产预期不能为单位带来服务潜力或经济利益，按照规定报经批准核销时，按照待核销无形资产的账面价值，借记“资产处置费用”科目，按照已计提摊销，借记“无形资产累计摊销”科目，按照无形资产的账面余额，贷记“无形资产”科目。

无形资产处置时涉及增值税业务的，还应进行相应的会计处理。

例 10-30

某行政单位的某项无形资产预期已经不能再为单位带来服务潜力，按照规定报经批准核销。该项无形资产的账面余额为 720 000 元，已计提累计摊销为 560 000 元，账面价值为 160 000 元（720 000－560 000）。该行政单位应编制如下会计分录：

借：资产处置费用	160 000	
无形资产累计摊销	560 000	
贷：无形资产		720 000

按照《政府会计准则第 4 号——无形资产》的规定，政府会计主体按规定报经批准以无形资产对外投资的，应当将该无形资产的账面价值予以转销，并将无形资产在对外投资时的评估价值与其账面价值的差额计入当期收入或费用。

第三节　公共基础设施和政府储备物资

有些行政事业单位有公共基础设施和政府储备物资这类特殊资产。例如，交通行政事业单位可能会有城市公共交通设施，环卫行政事业单位可能会有环境卫生公共设施，体育行政事业单位可能会有公共健身设施等。再如，民政行政事业单位可能会有救灾储备物资，水利行政事业单位可能会有防洪储备物资，粮食行政事业单位可能会有粮油储备物资等。这类特殊资产的共同特征是直接为社会公众提供服务，而不是为行政事业单位自身的日常运行服务。

一、公共基础设施

（一）公共基础设施的概念和核算科目设置

按照《政府会计准则第5号——公共基础设施》的规定，公共基础设施是指政府会计主体为满足社会公共需求而控制的，同时具有以下特征的有形资产：（1）是一个有形资产系统或网络的组成部分；（2）具有特定用途；（3）一般不可移动。公共基础设施主要包括市政基础设施（如城市道路、桥梁、隧道、公交场站、路灯、广场、公园绿地、室外公共健身器材，以及环卫、排水、供水、供电、供气、供热、污水处理、垃圾处理系统等）、交通基础设施（如公路、航道、港口等）、水利基础设施（如大坝、堤防、水闸、泵站、渠道等）和其他公共基础设施。按照规定，独立于公共基础设施、不构成公共基础设施使用不可缺少组成部分的管理维护用房屋建筑物、设备、车辆等，不属于政府会计主体的公共基础设施，而属于政府会计主体的固定资产。

通常情况下，符合规定的公共基础设施，应当由按规定对其负有管理维护职责的政府会计主体予以确认。多个政府会计主体共同管理维护的公共基础设施，应当由对该资产负有主要管理维护职责或者承担后续主要支出责任的政府会计主体予以确认。分为多个组成部分由不同政府会计主体分别管理维护的公共基础设施，应当由各个政府会计主体分别对其负责管理维护的公共基础设施的相应部分予以确认。负有管理维护公共基础设施职责的政府会计主体通过政府购买服务方式委托企业或其他会计主体代为管理维护公共基础设施的，该公共基础设施应当由委托方予以确认。

政府会计主体应当根据公共基础设施提供公共产品或服务的性质或功能特征对其进行分类确认。政府会计主体在购建公共基础设施时，能够分清购建成本中的构筑物部分与土地使用权部分的，应当将其中的构筑物部分和土地使用权部分分别确认为公共基础设施；不能分清购建成本中的构筑物部分与土地使用权部分的，应当整体确认为公共基础设施。

为核算公共基础设施业务，行政事业单位应设置“公共基础设施”总账科目。该科目核算单位控制的公共基础设施的原值。该科目应当按照公共基础设施的类别、项目等进行明细核算。单位应当根据行业主管部门对公共基础设施的分类规定，制定适合于本单位管理的公共基础设施目录、分类方法，作为进行公共基础设施核算的依据。

（二）公共基础设施的取得

公共基础设施在取得时，应当按照其成本入账。

1. 自行建造的公共基础设施

自行建造的公共基础设施完工交付使用时，按照在建工程的成本，借记“公共基础设施”科目，贷记“在建工程”科目。已交付使用但尚未办理竣工决算手续的公共基础设施，按照估计价值入账，待办理竣工决算后再按照实际成本调整原来的暂估价值。

自行建造的公共基础设施，其成本包括完成批准的建设内容所发生的全部必要支出，包括建筑安装工程投资支出、设备投资支出、待摊投资支出和其他投资支出。为建造公共基础设施借入的专门借款的利息，属于建设期间发生的，计入该公共基础设施在建工程成本；不属于建设期间发生的，计入当期费用。

2. 无偿调入的公共基础设施

接受其他单位无偿调入的公共基础设施，按照确定的成本，借记“公共基础设施”科目，按照发生的归属于调入方的相关费用，贷记“财政拨款收入”、“零余额账户用款额度”和“银行存款”等科目，按照其差额，贷记“无偿调拨净资产”科目。无偿调入的公共基础设施成本无法可靠取得的，按照发生的相关税费、运输费等金额，借记“其他费用”科目，贷记“财政拨款收入”、“零余额账户用款额度”和“银行存款”等科目。

接受其他会计主体无偿调入的公共基础设施，其成本按照该项公共基础设施在调出方的账面价值加上归属于调入方的相关费用确定。

3. 接受捐赠的公共基础设施

接受捐赠的公共基础设施，按照确定的成本，借记“公共基础设施”科目，按照发生的相关费用，贷记“财政拨款收入”、“零余额账户用款额度”和“银行存款”等科目，按照其差额，贷记“捐赠收入”科目。接受捐赠的公共基础设施成本无法可靠取得的，按照发生的相关税费等金额，借记“其他费用”科目，贷记“财政拨款收入”、“零余额账户用款额度”和“银行存款”等科目。

接受捐赠的公共基础设施，其成本按照有关凭据注明的金额加上相关费用确定；没有相关凭据可供取得，但按规定经过资产评估的，其成本按照评估价值加上相关费用确定；没有相关凭据可供取得也未经资产评估的，其成本比照同类或类似资产的市场价格加上相关费用确定。如受赠的系旧的公共基础设施，在确定其初始入账成本时应当考虑该项资产的新旧程度。

4. 外购的公共基础设施

外购的公共基础设施，按照确定的成本，借记“公共基础设施”科目，贷记“财政拨款收入”、“零余额账户用款额度”和“银行存款”等科目。

外购的公共基础设施，其成本包括购买价款、相关税费以及公共基础设施交付使用前所发生的可归属于该项资产的运输费、装卸费、安装费和专业人员服务费等。

对于成本无法可靠取得的公共基础设施，单位应当设置备查簿进行登记，待成本能够可靠确定后按照规定及时入账。

例 10－31

某行政单位自行建造一项公共基础设施，现已完工并交付使用，在建工程的成本为 865 000 元。该行政单位应编制如下会计分录：

借：公共基础设施　　865 000

　贷：在建工程　　865 000

例 10－32

某行政单位接受其他单位无偿调入一项公共基础设施，该项公共基础设施在调出方的账面价值为 724 000 元。调入过程中，该行政单位发生相关费用 3 000 元，款项通过财政直接支付方式支付。该项无偿调入的公共基础设施的成本为727 000元（724 000＋3 000）。该行政单位应编制如下会计分录：

借：公共基础设施　　727 000
　贷：财政拨款收入　　3 000
　　　无偿调拨净资产　　724 000

（三）公共基础设施的后续支出

公共基础设施的后续支出是指公共基础设施在使用过程中发生的改建扩建支出、日常维修支出等。公共基础设施的后续支出按支出是否计入公共基础设施的成本可分为计入公共基础设施成本的后续支出和不计入公共基础设施成本的后续支出。改建扩建支出通常属于计入公共基础设施成本的后续支出，日常维修支出通常属于不计入公共基础设施成本而计入当期费用的后续支出。

将公共基础设施转入改建扩建时，按照公共基础设施的账面价值，借记“在建工程”科目，按照公共基础设施已计提折旧，借记“公共基础设施累计折旧（摊销）”科目，按照公共基础设施的账面余额，贷记“公共基础设施”科目。为增加公共基础设施使用效能或延长其使用年限而发生的改建扩建等后续支出，借记“在建工程”科目，贷记“财政拨款收入”、“零余额账户用款额度”和“银行存款”等科目。公共基础设施改建扩建完成，竣工验收交付使用时，按照在建工程成本，借记“公共基础设施”科目，贷记“在建工程”科目。

为保证公共基础设施正常使用发生的日常维修等支出，借记“业务活动费用”、“单位管理费用”等科目，贷记“财政拨款收入”、“零余额账户用款额度”和“银行存款”等科目。

例10－33

某行政单位对一项公共基础设施进行改建扩建，该项公共基础设施的账面余额为963 000元，已计提折旧为351 000元，账面价值为612 000元（963 000－351 000）。改建扩建过程中发生支出320 000元，款项通过财政直接支付方式支付。改建扩建半年后，工程完工并交付使用，该项公共基础设施重新确定的成本数额为932 000元（612 000＋320 000）。该行政单位应编制如下会计分录：

（1）将公共基础设施转入改建扩建时。

借：在建工程　　612 000
　　公共基础设施累计折旧（摊销）　　351 000
　贷：公共基础设施　　963 000

（2）支付改建扩建工程款项时。

借：在建工程　　320 000
　贷：财政拨款收入　　320 000

（3）工程完工并交付使用。

借：公共基础设施　　932 000
　贷：在建工程　　932 000

按照规定，在原有公共基础设施基础上进行改建扩建等建造活动后的公共基础设施，其成本按照原公共基础设施账面价值加上改建扩建等建造活动发生的支出，再扣除公共基础设施被替换部分的账面价值后的金额确定。

例 10-34

某行政单位对一项公共基础设施进行日常维修，发生相应的维修支出 46 000 元，款项通过财政授权支付方式支付。该行政单位应编制如下会计分录：

借：业务活动费用 46 000
　贷：零余额账户用款额度 46 000

（四）公共基础设施的折旧或摊销

行政事业单位应当对公共基础设施计提折旧，但单位持续进行良好的维护使得其性能得到永久维持的公共基础设施和确认为公共基础设施的单独计价入账的土地使用权除外。对于确认为公共基础设施的单独计价入账的土地使用权，应当按照无形资产摊销的相关规定进行摊销。

公共基础设施应计提的折旧总额为其成本，计提公共基础设施折旧时不考虑预计净残值。行政事业单位应当根据公共基础设施的性质和使用情况，合理确定公共基础设施的折旧年限。确定公共基础设施的折旧年限时，应当考虑下列因素：（1）设计使用年限或设计基准期；（2）预计实现服务潜力或提供经济利益的期限；（3）预计有形损耗和无形损耗；（4）法律或者类似规定对资产使用的限制。公共基础设施的折旧年限一经确定，不得随意变更。但因改建扩建等原因而延长公共基础设施使用年限的，应当按照重新确定的公共基础设施的成本和重新确定的折旧年限计算折旧额，不需调整原已计提的折旧额。

行政事业单位一般应当采用年限平均法或者工作量法计提公共基础设施折旧。在确定公共基础设施的折旧方法时，应当考虑与公共基础设施相关的服务潜力或经济利益的预期实现方式。公共基础设施折旧方法一经确定，不得随意变更。公共基础设施应当按月计提折旧，并计入当期费用。

公共基础设施提足折旧后，无论能否继续使用，均不再计提折旧；已提足折旧的公共基础设施，可以继续使用的，应当继续使用，并规范实物管理。提前报废的公共基础设施，不再补提折旧。

为核算公共基础设施折旧或摊销业务，行政事业单位应设置“公共基础设施累计折旧（摊销）”总账科目。该科目应当按照所对应公共基础设施的明细分类进行明细核算。单位按月计提公共基础设施折旧时，按照应计提的折旧额，借记“业务活动费用”科目，贷记该科目。按月对确认为公共基础设施的单独计价入账的土地使用权进行摊销时，按照应计提的摊销额，借记“业务活动费用”科目，贷记该科目。处置公共基础设施时，按照所处置公共基础设施的账面价值，借记“资产处置费用”、“无偿调拨净资产”和“待处理财产损溢”等科目，按照已提取的折旧和摊销，借记该科目，按照公共基础设施账面余额，贷记“公共基础设施”科目。该科目期末贷方余额，反映单位提取的公共基础设施折旧和摊销的累计数。

例 10-35

某行政单位对一项公共基础设施计提折旧 125 000 元。该行政单位应编制如下会计分录：

借：业务活动费用 125 000
　贷：公共基础设施累计折旧（摊销） 125 000

（五）公共基础设施的处置

按照规定报经批准处置公共基础设施，分别以下情况处理：

1. 对外捐赠公共基础设施

报经批准对外捐赠公共基础设施，按照公共基础设施已计提的折旧或摊销，借记“公共基础设施累计折旧（摊销）”科目，按照被处置公共基础设施账面余额，贷记“公共基础设施”科目，按照捐赠过程中发生的归属于捐出方的相关费用，贷记“银行存款”等科目，按照其差额，借记“资产处置费用”科目。

2. 无偿调出公共基础设施

报经批准无偿调出公共基础设施，按照公共基础设施已计提的折旧或摊销，借记“公共基础设施累计折旧（摊销）”科目，按照被处置公共基础设施账面余额，贷记“公共基础设施”科目，按照其差额，借记“无偿调拨净资产”科目；同时，按照无偿调出过程中发生的归属于调出方的相关费用，借记“资产处置费用”科目，贷记“银行存款”等科目。

（六）公共基础设施的盘盈盘亏或毁损报废

行政事业单位应当定期对公共基础设施进行清查盘点。对于发生的公共基础设施盘盈、盘亏、毁损或报废，应当先记入“待处理财产损溢”科目，按照规定报经批准后及时进行后续账务处理。

盘盈的公共基础设施，其成本按照有关凭据注明的金额确定；没有相关凭据但按照规定经过资产评估的，其成本按照评估价值确定；没有相关凭据也未经过评估的，其成本按照重置成本确定。盘盈的公共基础设施成本无法可靠取得的，单位应当设置备查簿进行登记，待成本确定后按照规定及时入账。盘盈的公共基础设施，按照确定的入账成本，借记“公共基础设施”科目，贷记“待处理财产损溢”科目。

盘亏、毁损或报废的公共基础设施，按照待处置公共基础设施的账面价值，借记“待处理财产损溢”科目，按照已计提折旧或摊销，借记“公共基础设施累计折旧（摊销）”科目，按照公共基础设施的账面余额，贷记“公共基础设施”科目。

按照规定，公共基础设施报废或遭受重大毁损的，政府会计主体应当在报经批准后将公共基础设施账面价值予以转销，并将报废、毁损过程中取得的残值变价收入扣除相关费用后的差额按规定做应缴款项处理（差额为净收益时）或计入当期费用（差额为净损失时）。

二、政府储备物资

（一）政府储备物资的概念和核算科目设置

政府储备物资是指行政事业单位为满足实施国家安全与发展战略、进行抗灾救灾、应对公共突发事件等特定公共需求而控制的，同时具有下列特征的有形资产：（1）在应对可能发生的特定事件或情形时动用；（2）其购入、存储保管、更新（轮换）、动用等由政府及相关部门发布的专门管理制度规范。政府储备物资包括战略及能源物资、抢险抗灾救灾物资、农产品、医药物资和其他重要商品物资，通常情况下由政府会计主体委托承储单位存储。行政事业单位在开展业务活动及其他活动中为耗用或出售而储存的资产属于存货，不属于政府储备物资。

按照《政府会计准则第 6 号——政府储备物资》的规定，通常情况下，政府储备物资应当由按规定对其负有行政管理职责的政府会计主体予以确认。其中，行政管理职责主要指提出或拟定收储计划、更新（轮换）计划、动用方案等。相关行政管理职责由不同政府会计主体行使的政府储备物资，由负责提出收储计划的政府会计主体予以确认。对政府储备物资不负有行政管理职责但接受委托具体负责执行其存储保管等工作的政府会计主体，应当将受托代储的政府储备物资作为受托代理资产核算。

为核算政府储备物资，行政事业单位应设置“政府储备物资”总账科目。该科目核算行政事业单位控制的政府储备物资的成本。该科目应当按照政府储备物资的种类、品种、存放地点等进行明细核算。单位根据需要，可在该科目下设置“在库”“发出”等明细科目进行明细核算。

（二）政府储备物资的取得

政府储备物资取得时，应当按照其成本入账。

1. 购入的政府储备物资

购入的政府储备物资验收入库，按照确定的成本，借记“政府储备物资”科目，贷记“财政拨款收入”、“零余额账户用款额度”和“银行存款”等科目。

购入的政府储备物资，其成本包括购买价款和单位承担的相关税费、运输费、装卸费、保险费、检测费以及使政府储备物资达到目前场所和状态所发生的归属于政府储备物资成本的其他支出。

2. 委托加工的政府储备物资

涉及委托加工政府储备物资业务的，相关账务处理参照“加工物品”科目。

委托加工的政府储备物资，其成本包括委托加工前物料成本、委托加工的成本（如委托加工费以及按规定应计入委托加工政府储备物资成本的相关税费等）以及单位承担的使政府储备物资达到目前场所和状态所发生的归属于政府储备物资成本的其他支出。

3. 接受捐赠的政府储备物资

接受捐赠的政府储备物资验收入库，按照确定的成本，借记“政府储备物资”科目，按照单位承担的相关税费、运输费等，贷记“零余额账户用款额度”“银行存款”等科目，按照其差额，贷记“捐赠收入”科目。

接受捐赠的政府储备物资，其成本按照有关凭据注明的金额加上单位承担的相关税费、运输费等确定；没有相关凭据可供取得，但按规定经过资产评估的，其成本按照评估价值加上单位承担的相关税费、运输费等确定；没有相关凭据可供取得也未经资产评估的，其成本比照同类或类似资产的市场价格加上单位承担的相关税费、运输费等确定。

4. 接受无偿调入的政府储备物资

接受无偿调入的政府储备物资验收入库，按照确定的成本，借记“政府储备物资”科目，按照单位承担的相关税费、运输费等，贷记“零余额账户用款额度”“银行存款”等科目，按照其差额，贷记“无偿调拨净资产”科目。

接受无偿调入的政府储备物资，其成本按照调出方账面价值加上归属于单位的相关税费、运输费等确定。

例10－36

某行政单位购入一批政府储备物资，购买价款为600 000元，由单位承担的运输费和保险费等相关费用合计为5 000元，相应款项均通过财政直接支付方式支付。该批政府储备物资确定的成本为605 000元（600 000＋5 000）。该行政单位应编制如下会计分录：

借：政府储备物资	605 000	
贷：财政拨款收入		605 000

（三）政府储备物资的发出

政府储备物资发出时，分别以下情况处理：

1. 发出无需收回的政府储备物资

因动用而发出无需收回的政府储备物资的，按照发出物资的账面余额，借记“业务活动费用”科目，贷记“政府储备物资”科目。

2. 发出需要收回或者预期可能收回的政府储备物资

因动用而发出需要收回或者预期可能收回的政府储备物资的，在发出物资时，按照发出物资的账面余额，借记“政府储备物资”科目（发出），贷记“政府储备物资”科目（在库）；按照规定的质量验收标准收回物资时，按照收回物资原账面余额，借记“政府储备物资”科目（在库），按照未收回物资的原账面余额，借记“业务活动费用”科目，按照物资发出时登记在“政府储备物资”科目所属“发出”明细科目中的余额，贷记“政府储备物资”科目（发出）。

3. 无偿调出政府储备物资

因行政管理主体变动等原因而将政府储备物资调拨给其他主体的，按照无偿调出政府储备物资的账面余额，借记“无偿调拨净资产”科目，贷记“政府储备物资”科目。

4. 对外销售政府储备物资

对外销售政府储备物资并将销售收入纳入单位预算统一管理的，发出物资时，按照发出物资的账面余额，借记“业务活动费用”科目，贷记“政府储备物资”科目；实现销售收入时，按照确认的收入金额，借记“银行存款”“应收账款”等科目，贷记“事业收入”等科目。

对外销售政府储备物资并按照规定将销售净收入上缴财政的，发出物资时，按照发出物资的账面余额，借记“资产处置费用”科目，贷记“政府储备物资”科目；取得销售价款时，按照实际收到的款项金额，借记“银行存款”等科目，按照发生的相关税费，贷记“银行存款”等科目，按照销售价款大于所承担的相关税费后的差额，贷记“应缴财政款”科目。

行政事业单位应当根据实际情况采用先进先出法、加权平均法或者个别计价法确定政府储备物资发出的成本。计价方法一经确定，不得随意变更。对于不能替代使用的政府储备物资、为特定项目专门购入或加工的政府储备物资，单位通常应采用个别计价法确定发出物资的成本。

行政事业单位采取销售采购方式对政府储备物资进行更新（轮换）的，应当将物资轮出视为物资销售，将物资轮入视为物资采购，并按相应规定进行账务处理。

例 10－37

某行政单位因动用而发出一批无需收回的政府储备物资，该批政府储备物资的成本为 46 200 元。该行政单位应编制如下会计分录：

借：业务活动费用　　46 200

　贷：政府储备物资　　46 200

（四）政府储备物资的盘盈盘亏或毁损报废

行政事业单位应当定期对政府储备物资进行清查盘点，每年至少盘点一次。对于发生的政府储备物资盘盈、盘亏或者报废、毁损，应当先记入“待处理财产损溢”科目，按照规定报经批准后及时进行后续账务处理。

盘盈的政府储备物资，按照确定的入账成本，借记“政府储备物资”科目，贷记“待处理财产损溢”科目。盘亏或者毁损、报废的政府储备物资，按照待处理政府储备物资的账面余额，借记“待处理财产损溢”科目，贷记“政府储备物资”科目。

盘盈的政府储备物资，其成本按照有关凭据注明的金额确定；没有相关凭据，但按规定经过资产评估的，其成本按照评估价值确定；没有相关凭据也未经资产评估的，其成本按照重置成本确定。

按照规定，政府储备物资报废、毁损的，单位应当按规定报经批准后将报废、毁损的政府储备物资的账面余额予以转销，确认应收款项（确定追究相关赔偿责任的）或计入当期费用（因储存年限到期报废或非人为因素致使报废、毁损的）；同时，将报废、毁损过程中取得的残值变价收入扣除单位承担的相关费用后的差额按规定作应缴款项处理（差额为净收益时）或计入当期费用（差额为净损失时）。政府储备物资盘亏的，单位应当按规定报经批准后将盘亏的政府储备物资的账面余额予以转销，确定追究相关赔偿责任的，确认应收款项；属于正常耗费或不可抗力因素造成的，计入当期费用。

第四节　文物文化资产和保障性住房

有些行政事业单位有文物文化资产和保障性住房这类特殊资产。例如，文物行政事业单位有用于向公众展览的历史文物，文化行政事业单位有用于向公众展览的艺术品；房屋管理行政事业单位有用于向公众出租的廉租房、公共租赁房等。如同公共基础设施和政府储备物资，文物文化资产和保障性住房这类特殊资产的共同特征也是直接为社会公众提供服务，满足社会公共需求，而不是为行政事业单位自身的日常运行服务，满足行政事业单位自身运行的需求。

一、文物文化资产

（一）文物文化资产的概念和核算科目设置

文物文化资产是指行政事业单位为满足社会公共需求而控制的历史文物、艺术品以及其他具有历史或文化价值并作长期或永久保存的典藏等。行政事业单位为满足自身开展业务活动或其他活动需要而控制的文物和陈列品，属于单位的固定资产，不属于文物文化资产。

为核算文物文化资产业务，行政事业单位应设置“文物文化资产”总账科目。该科目核算单位为满足社会公共需求而控制的文物文化资产的成本。该科目应当按照文物文化资产的类别、项目等进行明细核算。

（二）文物文化资产的取得

文物文化资产在取得时，应当按照其成本入账。

1. 外购的文物文化资产

外购的文物文化资产，按照确定的成本，借记“文物文化资产”科目，贷记“财政拨款收入”、“零余额账户用款额度”和“银行存款”等科目。

外购的文物文化资产，其成本包括购买价款、相关税费以及可归属于该项资产达到预定用途前所发生的其他支出（如运输费、安装费、装卸费等）。

2. 无偿调入的文物文化资产

无偿调入的文物文化资产，按照确定的成本，借记“文物文化资产”科目，按照发生的归属于调入方的相关费用，贷记“零余额账户用款额度”“银行存款”等科目，按照其差额，贷记“无偿调拨净资产”科目。

接受其他单位无偿调入的文物文化资产，其成本按照该项资产在调出方的账面价值加上归属于调入方的相关费用确定。

无偿调入的文物文化资产成本无法可靠取得的，按照发生的归属于调入方的相关费用，借记“其他费用”科目，贷记“零余额账户用款额度”“银行存款”等科目。

3. 接受捐赠的文物文化资产

接受捐赠的文物文化资产，按照确定的成本，借记“文物文化资产”科目，按照发生的相关税费、运输费等金额，贷记“零余额账户用款额度”“银行存款”等科目，按照其差额，贷记“捐赠收入”科目。

接受捐赠的文物文化资产，其成本按照有关凭据注明的金额加上相关费用确定；没有相关凭据可供取得，但按照规定经过资产评估的，其成本按照评估价值加上相关费用确定；没有相关凭据可供取得也未经评估的，其成本比照同类或类似资产的市场价格加上相关费用确定。

接受捐赠的文物文化资产成本无法可靠取得的，按照发生的相关税费、运输费等金额，借记“其他费用”科目，贷记“零余额账户用款额度”“银行存款”等科目。

对于成本无法可靠取得的文物文化资产，单位应当设置备查簿进行登记，待成本能够可靠确定后按照规定及时入账。

例 10－38

某事业单位接受捐赠一项文物文化资产，经过资产评估，评估价值为78 800元。接受捐赠过程中发生相关费用500元，款项通过单位零余额账户用款额度支付。该事业单位应编制如下会计分录：

借：文物文化资产	79 300	
贷：捐赠收入		78 800
零余额账户用款额度		500

（三）文物文化资产的后续支出

与文物文化资产有关的后续支出，参照公共基础设施后续支出的相关规定进行处理。

（四）文物文化资产的处置

按照规定报经批准处置文物文化资产，应当分别以下情况处理：

1. 对外捐赠文物文化资产

报经批准对外捐赠文物文化资产，按照被处置文物文化资产账面余额和捐赠过程中发生的归属于捐出方的相关费用合计数，借记“资产处置费用”科目，按照被处置文物文化资产账面余额，贷记“文物文化资产”科目，按照捐赠过程中发生的归属于捐出方的相关费用，贷记“银行存款”等科目。

2. 无偿调出文物文化资产

报经批准无偿调出文物文化资产，按照被处置文物文化资产账面余额，借记“无偿调拨净资产”科目，贷记“文物文化资产”科目；同时，按照无偿调出过程中发生的归属于调出方的相关费用，借记“资产处置费用”科目，贷记“银行存款”等科目。

（五）文物文化资产的盘盈盘亏或毁损报废

行政事业单位应当定期对文物文化资产进行清查盘点，每年至少盘点一次。对于发生的文物文化资产盘盈、盘亏、毁损或报废等，参照公共基础设施盘盈盘亏或毁损报废的相关规定进行账务处理。

二、保障性住房

（一）保障性住房的概念和核算科目设置

保障性住房是指行政事业单位为满足社会公共需求而控制的用于居住保障目的的住房，如用于向低收入居民出租的廉租住房、用于向符合特定条件的居民出租的公共租赁住房、人才公寓等。

为核算保障性住房业务，行政事业单位应设置“保障性住房”总账科目。该科目核算保障性住房的原值。该科目应当按照保障性住房的类别、项目等进行明细核算。

（二）保障性住房的取得

保障性住房在取得时，应当按其成本入账。

1. 外购的保障性住房

外购的保障性住房，按照确定的成本，借记“保障性住房”科目，贷记“财政拨款收入”、“零余额账户用款额度”和“银行存款”等科目。

外购的保障性住房，其成本包括购买价款、相关税费以及可归属于该项资产达到预定用途前所发生的其他支出。

2. 自行建造的保障性住房

自行建造的保障性住房交付使用时，按照在建工程成本，借记“保障性住房”科目，贷记“在建工程”科目。

已交付使用但尚未办理竣工决算手续的保障性住房，按照估计价值入账，待办理竣工决算后再按照实际成本调整原来的暂估价值。

3. 无偿调入的保障性住房

无偿调入的保障性住房，按照确定的成本，借记“保障性住房”科目，按照发生的归属于调入方的相关费用，贷记“零余额账户用款额度”“银行存款”等科目，按照其差额，贷记“无偿调拨净资产”科目。

接受其他单位无偿调入的保障性住房，其成本按照该项资产在调出方的账面价值加上归属于调入方的相关费用确定。

4. 接受捐赠和融资租赁取得的保障性住房

接受捐赠和融资租赁取得的保障性住房，参照固定资产相应业务的相关规定进行处理。

例10-39

某行政单位自行建造一幢保障性住房，该保障性住房建造完工并交付使用，在建工程成本为965 000元。该行政单位应编制如下会计分录：

借：保障性住房	965 000	
贷：在建工程		965 000

（三）保障性住房的后续支出

保障性住房的后续支出，参照固定资产后续支出的相关规定进行处理。

（四）保障性住房的出租

行政事业单位按照规定出租保障性住房并将出租收入上缴同级财政，按照收取的租金金额，借记“银行存款”等科目，贷记“应缴财政款”科目。

例10-40

某行政单位出租一幢保障性住房，收到租金38 000元，款项已存入开户银行。按规定，该租金应当上缴同级财政。该行政单位应编制如下会计分录：

借：银行存款	38 000	
贷：应缴财政款		38 000

（五）保障性住房的折旧

行政事业单位应当参照《政府会计准则第3号——固定资产》及其应用指南的相关规定，按月对其控制的保障性住房计提折旧。

为核算保障性住房折旧业务，行政事业单位应设置“保障性住房累计折旧”总账科目。该科目应当按照所对应保障性住房的类别进行明细核算。单位按月计提保障性住房折旧时，按照应计提的折旧额，借记“业务活动费用”科目，贷记该科目。报经批准处置保障性住房时，按照所处置保障性住房的账面价值，借记“资产处置费用”、“无偿调拨净资产”和“待处理财产损溢”等科目，按照已计提折旧，借记该科目，按照保障性住房的账面余额，贷记“保障性住房”科目。该科目期末贷方余额，反映单位计提的保障性住房折旧累计数。

例 10－41

某行政单位对控制的一幢保障性住房计提折旧 125 000 元。该行政单位应编制如下会计分录：

借：业务活动费用　　125 000

　贷：保障性住房累计折旧　　125 000

（六）保障性住房的处置

行政事业单位按照规定报经批准处置保障性住房，应当分别以下情况处理：

1. 无偿调出保障性住房

报经批准无偿调出保障性住房，按照保障性住房已计提的折旧，借记“保障性住房累计折旧”科目，按照被处置保障性住房账面余额，贷记“保障性住房”科目，按照其差额，借记“无偿调拨净资产”科目；同时，按照无偿调出过程中发生的归属于调出方的相关费用，借记“资产处置费用”科目，贷记“银行存款”等科目。

2. 出售保障性住房

报经批准出售保障性住房，按照被出售保障性住房的账面价值，借记“资产处置费用”科目，按照保障性住房已计提的折旧，借记“保障性住房累计折旧”科目，按照保障性住房账面余额，贷记“保障性住房”科目；同时，按照收到的价款，借记“银行存款”等科目，按照出售过程中发生的相关费用，贷记“银行存款”等科目，按照其差额，贷记“应缴财政款”科目。

例 10－42

某行政单位报经批准无偿调出一幢保障性住房，该幢保障性住房的账面余额为 985 000 元，已计提折旧 65 000 元，账面价值为 920 000 元（985 000－65 000）。该行政单位应编制如下会计分录：

借：保障性住房累计折旧　　65 000

　　无偿调拨净资产　　920 000

　贷：保障性住房　　985 000

（七）保障性住房的盘盈盘亏或毁损报废

行政事业单位应当定期对保障性住房进行清查盘点。对于发生的保障性住房盘盈、盘亏、毁损或报废等，参照固定资产相应业务的相关规定进行账务处理。

第五节　受托代理资产、长期待摊费用和待处理财产损溢

一、受托代理资产

（一）受托代理资产的概念和核算科目设置

受托代理资产是指行政事业单位接受委托方委托管理的各项资产，包括受托指定转赠的物资、受托存储保管的物资等。

为核算受托代理资产业务，行政事业单位应设置“受托代理资产”总账科目。该科目核算单位接受委托方委托管理的各项资产的成本。单位管理的罚没物资应当通过该科目核算。单位收到的受托代理资产为现金和银行存款的，不通过该科目核算，应当通过“库存现金”“银行存款”科目进行核算。该科目应当按照资产的种类和委托人进行明细核算；属于转赠资产的，还应当按照受赠人进行明细核算。

（二）受托转赠物资

单位接受委托人委托需要转赠给受赠人的物资，其成本按照有关凭据注明的金额确定。接受委托转赠的物资验收入库，按照确定的成本，借记“受托代理资产”科目，贷记“受托代理负债”科目。受托协议约定由受托方承担相关税费、运输费等的，还应当按照实际支付的相关税费、运输费等金额，借记“其他费用”科目，贷记“银行存款”等科目。

单位将受托转赠物资交付受赠人时，按照转赠物资的成本，借记“受托代理负债”科目，贷记“受托代理资产”科目。

转赠物资的委托人取消了对捐赠物资的转赠要求，且不再收回捐赠物资的，应当将转赠物资转为单位的存货、固定资产等。按照转赠物资的成本，借记“受托代理负债”科目，贷记“受托代理资产”科目；同时，借记“库存物品”“固定资产”等科目，贷记“其他收入”科目。

例 10－43

某行政单位接受一批委托转赠物资，按照有关凭据注明的金额，该批物资的成本为 36 600 元。数日后，该行政单位按照委托人的要求，将该批物资转赠给了相关的受赠人。该行政单位应编制如下会计分录：

（1）收到受托转赠物资时。

借：受托代理资产	36 600	
贷：受托代理负债		36 600

（2）受托转赠物资交付受赠人时。

借：受托代理负债	36 600	
贷：受托代理资产		36 600

（三）受托存储保管物资

单位接受委托人委托存储保管的物资，其成本按照有关凭据注明的金额确定。接受委托储存的物资验收入库，按照确定的成本，借记“受托代理资产”科目，贷记“受托代理负债”科目。

单位发生由受托单位承担的与受托存储保管的物资相关的运输费、保管费等费用时，按照实际发生的费用金额，借记“其他费用”等科目，贷记“银行存款”等科目。

单位根据委托人要求交付或发出受托存储保管的物资时，按照发出物资的成本，借记“受托代理负债”科目，贷记“受托代理资产”科目。

例 10－44

某事业单位接受委托人委托存储保管一批物资，有关凭据注明的金额为 95 500

元。数月后，该事业单位根据委托人要求交付一部分受托存储保管的物资，成本金额为 65 000 元。该事业单位应编制如下会计分录：

(1) 收到受托存储保管物资时。

借：受托代理资产　　95 500

　贷：受托代理负债　　95 500

(2) 交付一部分受托存储保管物资时。

借：受托代理负债　　65 000

　贷：受托代理资产　　65 000

(四) 罚没物资

单位取得罚没物资时，其成本按照有关凭据注明的金额确定。罚没物资验收（入库），按照确定的成本，借记“受托代理资产”科目，贷记“受托代理负债”科目。罚没物资成本无法可靠确定的，单位应当设置备查簿进行登记。

单位按照规定处置或移交罚没物资时，按照罚没物资的成本，借记“受托代理负债”科目，贷记“受托代理资产”科目。处置时取得款项的，按照实际取得的款项金额，借记“银行存款”等科目，贷记“应缴财政款”等科目。

单位受托代理的其他实物资产，参照“受托代理资产”科目有关受托转赠物资、受托存储保管物资的规定进行账务处理。

二、长期待摊费用

长期待摊费用是指行政事业单位已经支出，但应由本期和以后各期负担的分摊期限在 1 年以上（不含 1 年）的各项费用，如以经营租赁方式租入的固定资产发生的改良支出等。

为核算长期待摊费用业务，行政事业单位应设置“长期待摊费用”总账科目。该科目应当按照费用项目进行明细核算。单位发生长期待摊费用时，按照支出金额，借记该科目，贷记“财政拨款收入”、“零余额账户用款额度”和“银行存款”等科目。按照受益期间摊销长期待摊费用时，按照摊销金额，借记“业务活动费用”、“单位管理费用”和“经营费用”等科目，贷记该科目。如果某项长期待摊费用已经不能使单位受益，应当将其摊余金额一次全部转入当期费用。按照摊销金额，借记“业务活动费用”、“单位管理费用”和“经营费用”等科目，贷记该科目。该科目期末借方余额，反映单位尚未摊销完毕的长期待摊费用。

例 10－45

某行政单位以经营租赁方式租入办公用房，合约租期为 5 年。为适合办公需要，该行政单位对租入的办公用房进行装修改良，并通过财政直接支付的方式支付相应的装修改良支出 150 000 元，形成长期待摊费用。之后，按合约租期每年摊销长期待摊费用 30 000 元（150 000/5）。该行政单位应编制如下会计分录：

(1) 发生装修改良支出时。

借：长期待摊费用　　150 000

　贷：财政拨款收入　　150 000

(2) 每年摊销长期待摊费用时。

借：业务活动费用　　150 000
　　贷：长期待摊费用　　150 000

三、待处理财产损溢

（一）待处理财产损溢的概念和核算科目设置

待处理财产损溢是指行政事业单位在资产清查过程中查明的各种资产盘盈、盘亏和报废、毁损的价值。

为核算待处理财产损溢业务，行政事业单位应设置“待处理财产损溢”总账科目。该科目应当按照待处理的资产项目进行明细核算；对于在资产处理过程中取得收入或发生相关费用的项目，还应当设置“待处理财产价值”“处理净收入”明细科目，进行明细核算。单位资产清查中查明的资产盘盈、盘亏、报废和毁损，一般应当先记入该科目，按照规定报经批准后及时进行账务处理。年末结账前一般应处理完毕。该科目期末如为借方余额，反映尚未处理完毕的各种资产的净损失；期末如为贷方余额，反映尚未处理完毕的各种资产净溢余。年末，经批准处理后，该科目一般应无余额。

（二）账款核对时发现的库存现金短缺或溢余

（1）每日账款核对中发现现金短缺或溢余，属于现金短缺，按照实际短缺的金额，借记“待处理财产损溢”科目，贷记“库存现金”科目；属于现金溢余，按照实际溢余的金额，借记“库存现金”科目，贷记“待处理财产损溢”科目。

（2）如为现金短缺，属于应由责任人赔偿或向有关人员追回的，借记“其他应收款”科目，贷记“待处理财产损溢”科目；属于无法查明原因的，报经批准核销时，借记“资产处置费用”科目，贷记“待处理财产损溢”科目。

（3）如为现金溢余，属于应支付给有关人员或单位的，借记“待处理财产损溢”科目，贷记“其他应付款”科目；属于无法查明原因的，报经批准后，借记“待处理财产损溢”科目，贷记“其他收入”科目。

（三）资产清查过程中发现的存货、固定资产、无形资产、公共基础设施、政府储备物资、文物文化资产、保障性住房等各种资产盘盈、盘亏或报废、毁损

1. 盘盈的各类资产

（1）转入待处理资产时，按照确定的成本，借记“库存物品”、“固定资产”、“无形资产”、“公共基础设施”、“政府储备物资”、“文物文化资产”和“保障性住房”等科目，贷记“待处理财产损溢”科目。

（2）按照规定报经批准后处理时，对于盘盈的流动资产，借记“待处理财产损溢”科目，贷记“单位管理费用”［事业单位］或“业务活动费用”［行政单位］科目。对于盘盈的非流动资产，如属于本年度取得的，按照当年新取得相关资产进行账务处理；如属于以前年度取得的，按照前期差错处理，借记“待处理财产损溢”科目，贷记“以前年度盈余调整”科目。

2. 盘亏或者毁损、报废的各类资产

（1）转入待处理资产时，借记“待处理财产损溢”科目（待处理财产价值）［盘

亏、毁损、报废固定资产、无形资产、公共基础设施、保障性住房的，还应借记“固定资产累计折旧”、“无形资产累计摊销”、“公共基础设施累计折旧（摊销）”、“保障性住房累计折旧”科目]，贷记“库存物品”、“固定资产”、“无形资产”、“公共基础设施”、“政府储备物资”、“文物文化资产”、“保障性住房”和“在建工程”等科目。涉及增值税业务的，还应进行相应的账务处理。

报经批准处理时，借记“资产处置费用”科目，贷记“待处理财产损溢”科目（待处理财产价值）。

（2）处理毁损、报废实物资产过程中取得的残值或残值变价收入、保险理赔和过失人赔偿等，借记“库存现金”、“银行存款”、“库存物品”和“其他应收款”等科目，贷记“待处理财产损溢”科目（处理净收入）；处理毁损、报废实物资产过程中发生的相关费用，借记“待处理财产损溢”科目（处理净收入），贷记“库存现金”“银行存款”等科目。

处理收支结清，如果处理收入大于相关费用的，按照处理收入减去相关费用后的净收入，借记“待处理财产损溢”科目（处理净收入），贷记“应缴财政款”等科目；如果处理收入小于相关费用的，按照相关费用减去处理收入后的净支出，借记“资产处置费用”科目，贷记“待处理财产损溢”科目（处理净收入）。

例 10－46

某事业单位在资产清查过程中发现一批已毁损的库存物品。该批库存物品的账面余额为 2 100 元。该事业单位将其转入待处理财产。报经批准后，该事业单位将相应的待处理财产价值转入资产处置费用。该事业单位在处理该批库存物品的过程中，取得变价收入等处理收入 1 800 元，发生清理费用等相关费用 100 元，实际形成处理净收入 1 700 元（1 800－100），款项均以银行存款收付。按照规定，该批库存物品的处理净收入应当上缴财政。该事业单位按规定结清该处理净收入。暂不考虑增值税业务。该事业单位应编制如下会计分录：

（1）将毁损的库存物品转入待处理财产时。

借：待处理财产损溢（待处理财产价值）	2 100	
贷：库存物品		2 100

（2）将待处理财产价值转入资产处置费用时。

借：资产处置费用	2 100	
贷：待处理财产损溢（待处理财产价值）		2 100

（3）取得变价收入等处理收入时。

借：银行存款	1 800	
贷：待处理财产损溢（处理净收入）		1 800

（4）发生清理费用等相关费用时。

借：待处理财产损溢（处理净收入）	100	
贷：银行存款		100

（5）结清处理净收入时。

借：待处理财产损溢（处理净收入）	1 700	
贷：应缴财政款		1 700

思考题

1. 什么是行政事业单位的资产？行政事业单位的资产主要包括哪些种类？

2. 什么是行政事业单位的零余额账户用款额度？行政事业单位的零余额账户用款额度与银行存款有什么不同？

3. 什么是行政事业单位的财政应返还额度？行政事业单位的“财政应返还额度”总账科目应设置哪两个明细科目？

4. 什么是事业单位的长期股权投资？事业单位应当如何核算长期股权投资？

5. 什么是行政事业单位的存货？行政事业单位的存货在取得和发出时应当如何核算？

6. 什么是行政事业单位的固定资产？行政事业单位的固定资产在取得和计提折旧时应当如何核算？

7. 什么是行政事业单位的无形资产？行政事业单位的无形资产在取得和计提摊销时应当如何核算？

8. 什么是行政事业单位的公共基础设施和政府储备物资？行政事业单位应当如何核算公共基础设施和政府储备物资？

9. 什么是行政事业单位的文物文化资产和保障性住房？行政事业单位应当如何核算文物文化资产和保障性住房？

10. 什么是行政事业单位的受托代理资产？行政事业单位应当如何核算受托代理资产？

练习题

练习一

一、目的：练习行政事业单位零余额账户用款额度和财政应返还额度的核算。

二、资料：某行政单位20×4年发生如下经济业务：

(1) 收到零余额账户用款额度50 000元。

(2) 使用零余额账户用款额度支付日常活动费用12 500元。

(3) 年末，注销尚未使用的零余额账户用款额度600元。

(4) 年末，本年度财政直接支付预算指标数大于当年财政直接支付实际发生数的差额为230元。

三、要求：根据以上经济业务，为该行政单位编制有关的会计分录。

练习二

一、目的：练习行政事业单位应收及预付款项的核算。

二、资料：某事业单位20×4年发生如下经济业务：

(1) 提供专业服务应收取款项15 500元，该款项收回后经批准不需上缴财政。

(2) 收到不需上缴财政的应收账款3 200元，款项已存入开户银行。

(3) 按购货合同预付款项 8 000 元，款项以银行存款支付。

(4) 收到所购物品，总价款为 24 000 元，扣除预付账款 8 000 后，以银行存款补付款项 16 000 元。

(5) 期末，对收回后不需上缴财政的应收账款提取坏账准备 750 元。

三、要求：根据以上经济业务，为该事业单位编制有关的会计分录。

练习三

一、目的：练习行政事业单位存货的核算。

二、资料：某行政单位 20×4 年发生如下经济业务：

(1) 购入一批物品 6 800 元，物品已验收入库，款项通过财政授权支付方式支付。

(2) 开展业务活动领用物品 1 350 元。

(3) 盘盈一批物品，有关凭据注明的金额为 2 200 元。

(4) 按照规定报经批准，将盘盈的物品 2 200 元转入业务活动费用，作为业务活动费用的减少处理。

三、要求：根据以上经济业务，为该行政单位编制有关的会计分录。

练习四

一、目的：练习事业单位长期股权投资的核算。

二、资料：某事业单位 20×4 年发生如下经济业务：

(1) 经批准以一项无形资产置换取得一项长期股权投资，该项无形资产的账面余额为 480 000 元，累计摊销为 96 000 元，账面价值为 384 000 元（480 000－96 000），评估价值为 425 000 元，评估价值大于账面价值 41 000 元（425 000－384 000）。置换取得长期股权投资后，该事业单位持有被投资单位 80% 的股权，有权决定被投资单位的财务和经营政策，相应的长期股权投资按规定采用权益法核算。

(2) 被投资单位实现净利润 60 000 元，该事业单位应享有的份额为 48 000 元。

(3) 被投资单位宣告分派现金股利 10 000 元，该事业单位应享有的份额为 8 000元。

(4) 被投资单位发生除净利润和利润分配以外的所有者权益变动增加数 5 000 元，该事业单位应享有的份额为 4 000 元。

三、要求：根据以上经济业务，为该事业单位编制有关的会计分录。

练习五

一、目的：练习行政事业单位固定资产的核算。

二、资料：某行政单位 20×4 年发生如下经济业务：

(1) 购入一台需要安装的固定资产，购入价款为 52 000 元，款项通过财政授权支付方式支付。

(2) 对购入的一台需要安装的固定资产进行安装，发生安装费 600 元，款项通过财政授权支付方式支付，固定资产交付使用，确定的成本数额为 52 600 元（52 000＋600）。

(3) 对固定资产计提折旧 38 800 元。

(4) 报废一项固定资产，账面余额为 46 000 元，已计提折旧 43 000 元，账面价值为 3 000 元（46 000－43 000）。

(5) 将报废的固定资产对外出售，获得变价收入1 000元，款项存入银行。

(6) 转销固定资产报废发生的净损失2 000元（3 000−2 000）。

三、要求：根据以上经济业务，为该行政单位编制有关的会计分录。

练习六

一、目的：练习行政事业单位无形资产的核算。

二、资料：某事业单位20×4年发生如下经济业务：

(1) 外购一项无形资产，款项75 000元通过银行存款支付。

(2) 申请取得一项无形资产，发生注册费200元，款项通过银行存款支付。

(3) 对一项行政管理部门使用的无形资产进行升级改造，扩展其功能，发生相应的支出16 000元，款项通过零余额账户用款额度支付。该项无形资产升级改造期间，无需暂停摊销。

(4) 对一项业务部门使用的无形资产进行摊销，摊销金额为46 800元。相应的摊销费用作为业务活动费用处理。

三、要求：根据以上经济业务，为该事业单位编制有关的会计分录。

练习七

一、目的：练习行政事业单位公共基础设施的核算。

二、资料：某行政单位20×4年发生如下经济业务：

(1) 新建一项公共基础设施，向施工企业预付工程价款200 000元，款项通过财政直接支付方式支付。

(2) 发生构成待摊投资的相关费用35 000元，款项通过财政授权支付方式支付。

(3) 根据建筑安装工程价款结算账单与施工企业结算工程价款总计500 000元，扣除预付工程价款200 000元后，差额300 000元（500 000−200 000）通过财政直接支付方式向施工企业支付。

(4) 公共基础设施建造完成并交付使用，在建工程的成本为535 000元（500 000+35 000）。

(5) 发生一项公共基础设施的日常维修支出26 000元，款项通过财政直接支付方式支付。

三、要求：根据以上经济业务，为该行政单位编制有关的会计分录。

练习八

一、目的：练习行政事业单位政府储备物资的核算。

二、资料：某行政单位20×4年发生如下经济业务：

(1) 接受捐赠一批政府储备物资，确定的成本为65 000元，相应物资验收入库。

(2) 发出一批预期可能收回的政府储备物资，发出物资的账面余额为28 000元。

(3) 收回一批政府储备物资，原账面余额为22 000元。其余发出的政府储备物资未收回，原账面余额为6 000元（28 000−22 000）。

(4) 报废一批政府储备物资，账面余额为1 300元，经批准作为资产处置费用处理。

三、要求：根据以上经济业务，为该行政单位编制有关的会计分录。

练习九

一、目的：练习行政事业单位文物文化资产的核算。

二、资料：某事业单位20×4年发生如下经济业务：

(1) 购入一项文物文化资产，确定的成本为48 500元，款项通过财政直接支付方式支付。

(2) 接受捐赠一项文物文化资产，确定的成本为26 300元。

(3) 经批准无偿调出一项文物文化资产，该项文物文化资产的账面余额为35 500元。

三、要求：根据以上经济业务，为该事业单位编制有关的会计分录。

练习十

一、目的：练习行政事业单位保障性住房的核算。

二、资料：某行政单位20×4年发生如下经济业务：

(1) 外购一批保障性住房，确定的成本为780 000元，款项通过财政直接支付方式支付。

(2) 出租一批保障性住房，取得租金收入10 500元，款项已存入开户银行，之后需要上缴同级财政。

(3) 发生保障性住房日常维修支出2 100元，款项通过零余额账户用款额度支出。

三、要求：根据以上经济业务，为该行政单位编制有关的会计分录。

练习十一

一、目的：练习行政事业单位受托代理资产的核算。

二、资料：某行政单位20×4年发生如下经济业务：

(1) 取得一项罚没物资，根据有关凭据注明的金额，确定的成本为45 600元，罚没物资验收入库。

(2) 处置罚没物资，取得处置收入51 100元，款项已存入开户银行，之后，需要上缴财政国库。

(3) 将处置罚没物资取得的收入51 100元上缴财政国库。

三、要求：根据以上经济业务，为该行政单位编制有关的会计分录。

第十一章

行政事业单位的负债

负债是指行政事业单位所承担的能以货币计量，需要以资产等偿还的债务。行政事业单位的负债按照流动性，分为流动负债和非流动负债。行政事业单位对符合负债定义的债务，应当在确定承担偿债责任并且能够可靠地进行货币计量时确认。行政事业单位的负债，应当按照承担的相关合同金额或实际发生额进行计量。

第一节　流动负债

流动负债是指预计在1年以内（含1年）偿还的负债。行政事业单位的流动负债包括短期借款、应交税费、应缴财政款、应付职工薪酬、应付及预收款项、应付政府补贴款等。

一、短期借款

短期借款是指事业单位经批准向银行或其他金融机构等借入的期限在1年以内（含1年）的各种借款。行政单位没有短期借款业务。

为核算短期借款业务，事业单位应设置“短期借款”总账科目。该科目应当按照债权人和借款种类进行明细核算。单位借入各种短期借款时，按照实际借入的金额，借记“银行存款”科目，贷记该科目。银行承兑汇票到期，本单位无力支付票款的，按照应付票据的账面余额，借记“应付票据”科目，贷记该科目。归还短期借款时，借记该科目，贷记“银行存款”科目。该科目期末贷方余额，反映事业单位尚未偿还的短期借款本金。

例 11-1

某事业单位经批准向银行借入一笔短期借款，借款金额为50 000元，借款期限为3个月，到期一次偿还借款本金50 000元，并支付借款利息500元。该事业单位应编制如下会计分录：

（1）借入短期借款时。

借：银行存款	50 000	
贷：短期借款		50 000

(2) 偿付借款本金并支付借款利息时。

借：短期借款　　50 000

　　其他费用　　500

　贷：银行存款　　50 500

二、应交增值税

(一) 应交增值税的概念

行政事业单位核算的应交税费包括应交增值税和其他应交税费两大类。

应交增值税是指行政事业单位按照税法规定计算应缴纳的增值税。增值税是以商品、应税劳务和应税服务在流转过程中产生的增值额作为计税依据而征收的一种流转税。根据我国增值税法规的相关规定，在我国境内销售货物或者加工、修理修配劳务，销售服务、无形资产、不动产以及进口货物的单位和个人，为增值税的纳税人。根据规定，纳税人销售货物、劳务、服务、无形资产、不动产（可统称为应税销售行为），除了规定的进项税额不得从销项税额中抵扣的情形外，应纳税额为当期销项税额抵扣当期进项税额后的余额。用公式表示如下：

应纳税额＝当期销项税额－当期进项税额

其中，销售税额的计算公式如下：

销项税额＝销售额×税率

纳税人购进货物、劳务、服务、无形资产、不动产支付或者负担的增值税额，为进项税额。规定的进项税额不得从销项税额中抵扣的情形如用于简易计税方法计税项目、免征增值税项目、集体福利或者个人消费的购进货物、劳务、服务、无形资产和不动产等。增值税税率根据情况分别有16%、10%、6%。纳税人出口货物，税率为零。

根据规定，小规模纳税人发生应税销售行为，实行按照销售额和征收率计算应纳税额的简易办法，并不得抵扣进项税额。小规模纳税人应纳税额的计算公式如下：

应纳税额＝销售额×征收率

小规模纳税人的增值税征收率为3%。

小规模纳税人的标准由国务院财政、税务主管部门规定。

相对于小规模纳税人，其他增值税纳税人为一般纳税人。

(二) 应交增值税核算科目的设置

为核算应交增值税业务，行政事业单位应设置“应交增值税”总账科目。属于增值税一般纳税人的单位，应当在该科目下设置“应交税金”、“未交税金”、“预交税金”、“待抵扣进项税额”、“待认证进项税额”、“待转销项税额”、“简易计税”、“转让金融商品应交增值税”和“代扣代交增值税”等明细科目。相关明细科目的核算内容如下：

1. “应交税金”明细科目

该明细科目内应当设置“进项税额”、“已交税金”、“转出未交增值税”、“减免税款”、“销项税额”、“进项税额转出”和“转出多交增值税”等专栏。

(1)“进项税额”专栏，记录单位购进货物、加工修理修配劳务、服务、无形资产或不动产而支付或负担的、准予从当期销项税额中抵扣的增值税额。

(2)“已交税金”专栏，记录单位当月已缴纳的应交增值税额。

(3)“转出未交增值税”和“转出多交增值税”专栏，分别记录一般纳税人月度终了转出当月应交未交或多交的增值税额。

(4)“减免税款”专栏，记录单位按照增值税制度规定准予减免的增值税额。

(5)“销项税额”专栏，记录单位销售货物、加工修理修配劳务、服务、无形资产或不动产应收取的增值税额。

(6)“进项税额转出”专栏，记录单位购进货物、加工修理修配劳务、服务、无形资产或不动产等发生非正常损失以及其他原因而不应从销项税额中抵扣、按照规定转出的进项税额。

2.“未交税金”明细科目

该明细科目核算单位月度终了从“应交税金”或“预交税金”明细科目转入当月应交未交、多交或预缴的增值税额，以及当月缴纳以前期间未交的增值税额。

3.“预交税金”明细科目

该明细科目核算单位转让不动产、提供不动产经营租赁服务等，以及其他按照增值税制度规定应预缴的增值税额。

4.“待抵扣进项税额”明细科目

该明细科目核算单位已取得增值税扣税凭证并经税务机关认证，按照增值税制度规定准予以后期间从销项税额中抵扣的进项税额。

5.“待认证进项税额”明细科目

该明细科目核算单位由于未经税务机关认证而不得从当期销项税额中抵扣的进项税额。包括：一般纳税人已取得增值税扣税凭证并按规定准予从销项税额中抵扣，但尚未经税务机关认证的进项税额；一般纳税人已申请稽核但尚未取得稽核相符结果的海关缴款书进项税额。

6.“待转销项税额”明细科目

该明细科目核算单位销售货物、加工修理修配劳务、服务、无形资产或不动产，已确认相关收入（或利得）但尚未发生增值税纳税义务而需于以后期间确认为销项税额的增值税额。

7.“简易计税”明细科目

该明细科目核算单位采用简易计税方法发生的增值税计提、扣减、预缴、缴纳等业务。

8.“转让金融商品应交增值税”明细科目

该明细科目核算单位转让金融商品发生的增值税额。

9.“代扣代交增值税”明细科目

该明细科目核算单位购进在境内未设经营机构的境外单位或个人在境内的应税行为代扣代缴的增值税。

属于增值税小规模纳税人的单位只需在“应交增值税”总账科目下设置“转让金融商品应交增值税”“代扣代交增值税”明细科目。

“应交增值税”总账科目期末贷方余额，反映单位应交未交的增值税；期末如为借方余额，反映单位尚未抵扣或多交的增值税。

（三）应交增值税的主要账务处理

以下简要说明应交增值税的主要账务处理。如不特别说明，其中的“单位”均指增值税一般纳税人。

1. 单位取得资产或接受劳务等业务

（1）采购等业务进项税额允许抵扣。单位购买用于增值税应税项目的资产或服务等时，按照应计入相关成本费用或资产的金额，借记“业务活动费用”、“在途物品”、“库存物品”、“工程物资”、“在建工程”、“固定资产”和“无形资产”等科目，按照当月已认证的可抵扣增值税额，借记“应交增值税”科目（应交税金——进项税额），按照当月未认证的可抵扣增值税额，借记“应交增值税”科目（待认证进项税额），按照应付或实际支付的金额，贷记“应付账款”、“应付票据”、“银行存款”和“零余额账户用款额度”等科目。发生退货的，如原增值税专用发票已做认证，应根据税务机关开具的红字增值税专用发票做相反的会计分录；如原增值税专用发票未做认证，应将发票退回并做相反的会计分录。

小规模纳税人购买资产或服务等时不能抵扣增值税，发生的增值税计入资产成本或相关成本费用。

（2）采购等业务进项税额不得抵扣。单位购进资产或服务等，用于简易计税方法计税项目、免征增值税项目、集体福利或个人消费等，其进项税额按照增值税制度规定不得从销项税额中抵扣的，取得增值税专用发票时，应按照增值税发票注明的金额，借记相关成本费用或资产科目，按照待认证的增值税进项税额，借记“应交增值税”科目（待认证进项税额），按照实际支付或应付的金额，贷记“银行存款”、“应付账款”和“零余额账户用款额度”等科目。经税务机关认证为不可抵扣进项税额时，借记“应交增值税”科目（应交税金——进项税额）科目，贷记“应交增值税”科目（待认证进项税额），同时，将进项税额转出，借记相关成本费用科目，贷记“应交增值税”科目（应交税金——进项税额转出）。

（3）购进不动产或不动产在建工程按照规定进项税额分年抵扣。单位取得应税项目为不动产或者不动产在建工程，其进项税额按照增值税制度规定自取得之日起分2年从销项税额中抵扣的，应当按照取得成本，借记“固定资产”“在建工程”等科目，按照当期可抵扣的增值税额，借记“应交增值税”科目（应交税金——进项税额），按照以后期间可抵扣的增值税额，借记“应交增值税”科目（待抵扣进项税额），按照应付或实际支付的金额，贷记“应付账款”、“应付票据”、“银行存款”和“零余额账户用款额度”等科目。尚未抵扣的进项税额待以后期间允许抵扣时，按照允许抵扣的金额，借记“应交增值税”科目（应交税金——进项税额），贷记“应交增值税”科目（待抵扣进项税额）。

（4）进项税额抵扣情况发生改变。单位因发生非正常损失或改变用途等，原已计入进项税额、待抵扣进项税额或待认证进项税额，但按照现行增值税制度规定不得从销项税额中抵扣的，借记“待处理财产损益”、“固定资产”和“无形资产”等科目，贷记“应交增值税”科目（应交税金——进项税额转出）、“应交增值税”科目（待抵扣进项税额）或“应交增值税”科目（待认证进项税额）；原不得抵扣且未抵扣进项税额的固定资产、无形资产等，因改变用途等用于允许抵扣进项税额的应税项目的，应按照允许抵扣的进项税额，借记“应交增值税”科目（应交税金——进项税额），贷记“固定资产”“无形资产”等科目。固定资产、无形资产等经上述调整后，应按照调整后的账面价值在剩余尚可使用年限内计提折旧或摊销。

单位购进时已全额计入进项税额的货物或服务等转用于不动产在建工程的，对于结转以后期间的进项税额，应借记“应交增值税”科目（待抵扣进项税额），贷记“应交增值税”科目（应交税金——进项税额转出）。

（5）购买方作为扣缴义务人。按照现行增值税制度规定，境外单位或个人在境内发生应税行为，在境内未设有经营机构的，以购买方为增值税扣缴义务人。境内一般纳税人购进服务或资产时，按照应计入相关成本费用或资产的金额，借记“业务活动费用”、“在途物品”、“库存物品”、“工程物资”、“在建工程”、“固定资产”和“无形资产”等科目，按照可抵扣的增值税额，借记“应交增值税”科目（应交税金——进项税额）［小规模纳税人应借记相关成本费用或资产科目］，按照应付或实际支付的金额，贷记“银行存款”“应付账款”等科目，按照应代扣代缴的增值税额，贷记“应交增值税”科目（代扣代交增值税）。实际缴纳代扣代缴增值税时，按照代扣代缴的增值税额，借记“应交增值税”科目（代扣代交增值税），贷记“银行存款”“零余额账户用款额度”等科目。

2. 单位销售资产或提供服务等业务

（1）销售资产或提供服务业务。单位销售货物或提供服务，应当按照应收或已收的金额，借记“应收账款”、“应收票据”和“银行存款”等科目，按照确认的收入金额，贷记“经营收入”“事业收入”等科目，按照增值税制度规定计算的销项税额（或采用简易计税方法计算的应纳增值税额），贷记“应交增值税”科目（应交税金——销项税额）或“应交增值税”科目（简易计税）［小规模纳税人应贷记“应交增值税”科目］。发生销售退回的，应根据按照规定开具的红字增值税专用发票做相反的会计分录。

按照相关政府会计准则或政府会计制度确认收入的时点早于按照增值税制度确认增值税纳税义务发生时点的，应将相关销项税额记入“应交增值税”科目（待转销项税额），待实际发生纳税义务时再转入“应交增值税”科目（应交税金——销项税额）或“应交增值税”科目（简易计税）。

按照增值税制度确认增值税纳税义务发生时点早于按照相关政府会计准则或政府会计制度确认收入的时点的，应按照应纳增值税额，借记“应收账款”科目，贷记“应交增值税”科目（应交税金——销项税额）或“应交增值税”科目（简易计税）。

（2）金融商品转让按照规定以盈亏相抵后的余额作为销售额。金融商品实际转让月末，如产生转让收益，则按照应纳税额，借记“投资收益”科目，贷记“应交增值税”科目（转让金融商品应交增值税）；如产生转让损失，则按照可结转下月抵扣税额，借记“应交增值税”科目（转让金融商品应交增值税），贷记“投资收益”科目。缴纳增值税时，应借记“应交增值税”科目（转让金融商品应交增值税），贷记“银行存款”等科目。年末，“应交增值税”科目（转让金融商品应交增值税）如有借方余额，则借记“投资收益”科目，贷记“应交增值税”科目（转让金融商品应交增值税）。

3. 月末转出多交增值税和未交增值税

月度终了，单位应当将当月应交未交或多交的增值税自“应交税金”明细科目转入“未交税金”明细科目。对于当月应交未交的增值税，借记“应交增值税”科目（应交税金——转出未交增值税），贷记“应交增值税”科目（未交税金）；对于当月多交的增值税，借记“应交增值税”科目（未交税金），贷记“应交增值税”科目（应交税金——转出多交增值税）。

4. 缴纳增值税

（1）缴纳当月应交增值税。单位缴纳当月应交的增值税，借记“应交增值税”科目（应交税金——已交税金）[小规模纳税人借记“应交增值税”科目]，贷记“银行存款”等科目。

（2）缴纳以前期间未交增值税。单位缴纳以前期间未交的增值税，借记“应交增值税”科目（未交税金）[小规模纳税人借记“应交增值税”科目]，贷记“银行存款”等科目。

（3）预交增值税。单位预交增值税时，借记“应交增值税”科目（预交税金），贷记“银行存款”等科目。月末，单位应将“预交税金”明细科目余额转入“未交税金”明细科目，借记“应交增值税”科目（未交税金），贷记“应交增值税”科目（预交税金）。

（4）减免增值税。对于当期直接减免的增值税，借记“应交增值税”科目（应交税金——减免税款），贷记“业务活动费用”“经营费用”等科目。按照现行增值税制度规定，单位初次购买增值税税控系统专用设备支付的费用以及缴纳的技术维护费允许在增值税应纳税额中全额抵减的，按照规定抵减的增值税应纳税额，借记“应交增值税”科目（应交税金——减免税款）[小规模纳税人借记“应交增值税”科目]，贷记“业务活动费用”“经营费用”等科目。

例 11－2

某事业单位为增值税一般纳税人，在开展非独立核算经营活动中购入一批货品10 000元，当月已认证的可抵扣增值税额为1 600元，款项合计11 600元（10 000＋1 600）以银行存款支付，货品已验收入库。该事业单位在开展非独立核算经营活动中还销售一批货品，取得经营收入12 000元，按增值税制度规定计算的销项税额为1 920元，款项合计13 920元（12 000＋1 920）已收到并存入开户银行。当月末，该事业单位将当月应交未交的增值税320元自“应交税金”明细科目转入“未交税金”明细科目。次月，该事业单位以银行存款缴纳上月未交的增值税320元。该事业单位应编制如下会计分录：

（1）购入货品时。

借：库存物品	10 000	
应交增值税——应交税金（进项税额）	1 600	
贷：银行存款		11 600

（2）销售货品时。

借：银行存款	13 920	
贷：经营收入		12 000
应交增值税——应交税金（销项税额）		1 920

（3）月末，将当月应交未交的增值税自“应交税金”明细科目转入“未交税金”明细科目时。

借：应交增值税——应交税金（转出未交增值税） 320

　贷：应交增值税——未交税金 320

（4）次月，以银行存款缴纳上月未交的增值税时。

借：应交增值税——未交税金 320

　贷：银行存款 320

事业单位的增值税业务主要涉及经营活动，而经营活动在事业单位中是少量的和小规模的，在公益一类事业单位中也是没有的。行政单位没有经营活动。由于事业单位属于公益组织，因此，根据国家税法的规定可以享受税收优惠。例如，对公立医院提供的医疗服务免征增值税，对公立医院自产自用的制剂免征增值税。公立学校、图书馆、博物馆、文化馆、美术馆、科技馆、体育馆、科学院等的情况类似。

例11-3

某事业单位为增值税一般纳税人，报经批准出售一项无形资产。该项无形资产的账面余额为30 000元，已计提摊销5 000元，账面价值为25 000元（30 000－5 000），出售价格为28 000元，出售收入按规定纳入单位预算管理，不上缴财政，按增值税制度规定计算的增值税销项税额为1 680元，款项合计29 680元（28 000＋1 680）已收到并存入开户银行。该事业单位应编制如下会计分录：

（1）注销无形资产账面价值时。

借：资产处置费用 25 000

　　无形资产累计摊销 5 000

　贷：无形资产 30 000

（2）收到出售价款并确认应交增值税时。

借：银行存款 29 680

　贷：应交增值税——应交税金（销项税额） 1 680

　　　其他收入 28 000

三、其他应交税费

其他应交税费是指行政事业单位按照税法等规定计算应缴纳的除增值税以外的各种税费，包括城市维护建设税、教育费附加、地方教育费附加、车船税、房产税、城镇土地使用税和企业所得税等。

为核算其他应交税费业务，行政事业单位应设置“其他应交税费”总账科目。单位代扣代缴的个人所得税，也通过该科目核算。单位应缴纳的印花税不需要预提应交税费，直接通过“业务活动费用”、“单位管理费用”和“经营费用”等科目核算，不通过该科目核算。该科目应当按照应缴纳的税费种类进行明细核算。

单位发生城市维护建设税、教育费附加、地方教育费附加、车船税、房产税、城镇土地使用税等纳税义务的，按照税法规定计算的应缴税费金额，借记“业务活动费用”、“单位管理费用”和“经营费用”等科目，贷记该科目（应交城市维护建设税、应交教育费附加、应交地方教育费附加、应交车船税、应交房产税、应交城镇土地使用税等）。

按照税法规定计算应代扣代缴职工（含长期聘用人员）的个人所得税，借记“应付职工薪酬”科目，贷记该科目（应交个人所得税）。按照税法规定计算应代扣代缴支付给职工（含长期聘用人员）以外人员劳务费的个人所得税，借记“业务活动费用”“单位管理费用”等科目，贷记该科目（应交个人所得税）。

发生企业所得税纳税义务的，按照税法规定计算的应交所得税额，借记“所得税费用”科目，贷记该科目（单位应交所得税）。

单位实际缴纳上述各种税费时，借记该科目（应交城市维护建设税、应交教育费附加、应交地方教育费附加、应交车船税、应交房产税、应交城镇土地使用税、应交个人所得税、单位应交所得税等），贷记“财政拨款收入”、“零余额账户用款额度”和“银行存款”等科目。

该科目期末贷方余额，反映单位应交未交的除增值税以外的税费金额；期末如为借方余额，反映单位多缴纳的除增值税以外的税费金额。

例 11－4

某事业单位在开展专业业务活动中按税法规定发生应交城市维护建设税 500 元，教育费附加 300 元，两项税费金额合计 800 元（500＋300），按规定应计入业务活动费用。该事业单位应编制如下会计分录：

借：业务活动费用　　800

　贷：其他应交税费　　800

如同增值税的情况，公立医院自用的房产免征房产税。公立学校、图书馆、博物馆、文化馆、美术馆、科技馆、体育馆、科学院等的情况也类似。事业单位的企业所得税业务也主要涉及经营活动。行政单位没有企业所得税业务。根据税法规定，国家机关自用的房产免征房产税。根据规定，相关行政事业单位的出租房产以及非自身业务使用的生产、营业用房，不属于房产税免税范围。车船税、城镇土地使用税等的情况也类似。

四、应缴财政款

应缴财政款是指行政事业单位取得或应收的按照规定应当上缴财政的款项，包括应缴国库的款项和应缴财政专户的款项。单位按照国家税法等有关规定应当缴纳的各种税费不属于应缴财政款，而属于应交税费。

为核算应缴财政款业务，行政事业单位应设置“应缴财政款”总账科目。单位按照国家税法等有关规定应当缴纳的各种税费，通过“应交增值税”“其他应交税费”科目核算，不通过该科目核算。该科目应当按照应缴财政款项的类别进行明细核算。单位取得或应收按照规定应缴财政的款项时，借记“银行存款”“应收账款”等科目，贷记该科目。单位处置资产取得应上缴财政的处置净收入时，借记“待处理财产损溢”科目（处理净收入），贷记该科目。单位上缴应缴财政的款项时，按照实际上缴的金额，借记该科目，贷记“银行存款”科目。该科目期末贷方余额，反映单位应当上缴财政但尚未缴纳的款项。年终清缴后，该科目一般应无余额。

例 11－5

某事业单位出租一项资产，收到租金 24 200 元，款项已存入开户银行，该租金按规定应当上缴财政。数日后，该事业单位将收到的租金 24 200 元上缴财政。该事业单位应编制如下会计分录：

（1）收到租金时。

借：银行存款	24 200	
贷：应缴财政款		24 200

（2）租金上缴财政时。

借：应缴财政款	24 200	
贷：银行存款		24 200

在财政国库集中收付制度下，缴款人应将应缴财政的款项直接缴入财政国库或财政专户，不通过行政事业单位的银行存款账户过渡。在这种情况下，行政事业单位的职责是监督缴款人依法将应缴财政的款项及时上缴财政，单位不需要对相应的缴款业务做正式的会计分录。对于一些零星的难以实行国库集中收缴制度的政府非税收入，行政事业单位在直接收取后，应当及时上缴财政。

五、应付职工薪酬

应付职工薪酬是指行政事业单位按照有关规定应付给职工（含长期聘用人员）及为职工支付的各种薪酬，包括基本工资、国家统一规定的津贴补贴、规范津贴补贴（绩效工资）、改革性补贴、社会保险费（如职工基本养老保险费、职业年金、基本医疗保险费等）、住房公积金等。

为核算应付职工薪酬业务，行政事业单位应设置“应付职工薪酬”总账科目。该科目应当根据国家有关规定按照“基本工资”（含离退休费）、“国家统一规定的津贴补贴”、“规范津贴补贴（绩效工资）”、“改革性补贴”、“社会保险费”、“住房公积金”和“其他个人收入”等进行明细核算。其中，“社会保险费”“住房公积金”明细科目核算内容包括单位从职工工资中代扣代缴的社会保险费、住房公积金，以及单位为职工计算缴纳的社会保险费、住房公积金。

单位计算确认当期应付职工薪酬（含单位为职工计算缴纳的社会保险费、住房公积金）时，计提从事专业及其辅助活动人员的职工薪酬，借记“业务活动费用”“单位管理费用”科目，贷记该科目。计提应由在建工程、加工物品、自行研发无形资产负担的职工薪酬，借记“在建工程”、“加工物品”和“研发支出”等科目，贷记该科目。计提从事专业及其辅助活动之外的经营活动人员的职工薪酬，借记“经营费用”科目，贷记该科目。因解除与职工的劳动关系而给予的补偿，借记“单位管理费用”等科目，贷记该科目。

单位向职工支付工资、津贴补贴等薪酬时，按照实际支付的金额，借记该科目，贷记“财政拨款收入”、“零余额账户用款额度”和“银行存款”等科目。

单位按照税法规定代扣职工个人所得税时，借记该科目（基本工资），贷记“其他应交税费——应交个人所得税”科目。从应付职工薪酬中代扣为职工垫付的水电费、房租等费用时，按照实际扣除的金额，借记该科目（基本工资），贷记“其他应收款”等科目。从应付职工薪酬中代扣社会保险费和住房公积金，按照代扣的金额，借记该科目（基本工资），贷记该科目（社会保险费、住房公积金）。

单位按照国家有关规定缴纳职工社会保险费和住房公积金时，按照实际支付的金额，借记该科目（社会保险费、住房公积金），贷记“财政拨款收入”、“零余额账户用款额度”和“银行存款”等科目。从应付职工薪酬中支付的其他款项，借记该科目，贷记“零余额账户用款额度”、“银行存款”等科目。

该科目期末贷方余额，反映单位应付未付的职工薪酬。

例 11－6

某行政单位计提当月职工薪酬共计 568 500 元（422 000＋43 500＋68 000＋35 000），其中包含了职工基本工资 422 000 元，国家统一规定的津贴补贴 43 500 元，应从职工基本工资中代扣的社会保险费 65 000 元和住房公积金 32 000 元，代扣的社会保险费和住房公积金合计 97 000 元（65 000＋32 000），单位应为职工计算缴纳的社会保险费 68 000 元和住房公积金 35 000 元，单位按税法规定应从职工基本工资中代扣的职工个人所得税 7 800 元。在当月职工薪酬中，社会保险费合计 133 000 元（65 000＋68 000），住房公积金合计 67 000 元（32 000＋35 000）。数日后，该行政单位通过财政直接支付的方式向职工支付基本工资 317 200 元（422 000－65 000－32 000－7 800）和津贴补贴 43 500 元，两项款项合计 360 700 元（317 200＋43 500）。按照国家规定向相关机构缴纳职工社会保险费 133 000 元和住房公积金 67 000 元，两项款项合计 200 000 元（133 000＋67 000）通过财政直接支付方式支付。该行政单位应编制如下会计分录：

（1）计提职工薪酬时。

借：业务活动费用	568 500	
贷：应付职工薪酬——基本工资		422 000
——国家统一规定的津贴补贴		43 500
——社会保险费		68 000
——住房公积金		35 000

（2）按税法规定代扣职工个人所得税时。

借：应付职工薪酬——基本工资	7 800	
贷：其他应交税费——应交个人所得税		7 800

（3）从应付职工薪酬中代扣社会保险费和住房公积金时。

借：应付职工薪酬——基本工资	97 000	
贷：应付职工薪酬——社会保险费		65 000
——住房公积金		32 000

（4）向职工支付基本工资和津贴补贴时。

借：应付职工薪酬——基本工资	317 200	
——国家统一规定的津贴补贴	43 500	
贷：财政拨款收入		360 700

（5）向相关机构缴纳职工社会保险费和住房公积金时。

借：应付职工薪酬——社会保险费	133 000	
——住房公积金	67 000	
贷：财政拨款收入		200 000

行政事业单位从应付职工薪酬中代扣代缴的社会保险费、住房公积金以及个人所

得税，减少应付职工薪酬中基本工资的数额，即减少实际需要向职工个人支付的薪酬数额。行政事业单位为职工计算缴纳的社会保险费和住房公积金，不减少应付职工薪酬中基本工资的数额，即该部分职工薪酬本来就不向职工个人支付。职工的社会保险费和住房公积金，由单位以及职工个人分别向社会保险经办机构和住房公积金管理机构缴纳，各自承担一部分。社会保险基金的另一项重要来源是财政补助。

六、应付及预收款项

应付及预收款项是指行政事业单位在开展业务活动中发生的各项债务，包括应付票据、应付账款、应付政府补贴款、应付利息、预收账款、其他应付款等。

（一）应付票据

应付票据是指事业单位因购买材料、物资等而开出、承兑的商业汇票，包括银行承兑汇票和商业承兑汇票。

为核算应付票据业务，事业单位应设置“应付票据”总账科目。该科目应当按照债权人进行明细核算。单位开出、承兑商业汇票时，借记“库存物品”“固定资产”等科目，贷记该科目。涉及增值税业务的，还应进行相应的会计处理。以商业汇票抵付应付账款时，借记“应付账款”科目，贷记该科目。支付银行承兑汇票的手续费时，借记“业务活动费用”“经营费用”等科目，贷记“银行存款”“零余额账户用款额度”等科目。

商业汇票到期时，应当分别以下情况处理：（1）收到银行支付到期票据的付款通知时，借记该科目，贷记“银行存款”科目。（2）银行承兑汇票到期，单位无力支付票款的，按照应付票据账面余额，借记该科目，贷记“短期借款”科目。（3）商业承兑汇票到期，单位无力支付票款的，按照应付票据账面余额，借记该科目，贷记“应付账款”科目。

事业单位应当设置“应付票据备查簿”，详细登记每一应付票据的种类、号数、出票日期、到期日、票面金额、交易合同号、收款人姓名或单位名称，以及付款日期和金额等。应付票据到期结清票款后，应当在备查簿内逐笔注销。

该科目期末贷方余额，反映事业单位开出、承兑的尚未到期的应付票据金额。

事业单位应付票据的业务内容和核算方法与企业应付票据的相应内容类似，此处不再举例说明，可参阅企业会计的相应内容。

（二）应付账款

应付账款是指行政事业单位因购买物资、接受服务、开展工程建设等而应付的偿还期限在1年以内（含1年）的款项。

为核算应付账款业务，行政事业单位应设置“应付账款”总账科目。该科目应当按照债权人进行明细核算。对于建设项目，还应设置“应付器材款”“应付工程款”等明细科目，并按照具体项目进行明细核算。

单位收到所购材料、物资、设备或服务以及确认完成工程进度但尚未付款时，根据发票及账单等有关凭证，按照应付未付款项的金额，借记“库存物品”、“固定资产”和“在建工程”等科目，贷记该科目。涉及增值税业务的，还应进行相应的会计处理。

偿付应付账款时，按照实际支付的金额，借记该科目，贷记“财政拨款收入”、“零余额账户用款额度”和“银行存款”等科目。

事业单位开出、承兑商业汇票抵付应付账款时，借记该科目，贷记“应付票据”科目。单位无法偿付或债权人豁免偿还的应付账款，应当按照规定报经批准后进行账务处理。经批准核销时，借记该科目，贷记“其他收入”科目。核销的应付账款应在备查簿中保留登记。

该科目期末贷方余额，反映单位尚未支付的应付账款金额。

例 11-7

某事业单位购买一批物品 18 900 元，物品已验收入库，款项尚未支付。数日后，该事业单位以零余额账户用款额度偿付了购买该批物品的款项 18 900 元。暂不考虑增值税业务。该事业单位应编制如下会计分录：

(1) 收到购买物品时。

借：库存物品　　18 900

　贷：应付账款　　　　18 900

(2) 以零余额账户用款额度偿付应付账款时。

借：应付账款　　18 900

　贷：零余额账户用款额度　　　　18 900

（三）应付政府补贴款

应付政府补贴款是指负责发放政府补贴的行政单位，按照规定应当支付给政府补贴接受者的各种政府补贴款。

为核算应付政府补贴款业务，行政单位应设置“应付政府补贴款”总账科目。该科目应当按照应支付的政府补贴种类进行明细核算。单位还应当根据需要按照补贴接受者进行明细核算，或者建立备查簿对补贴接受者予以登记。行政单位发生应付政府补贴时，按照依规定计算确定的应付政府补贴金额，借记“业务活动费用”科目，贷记该科目。支付应付政府补贴款时，按照支付金额，借记该科目，贷记“零余额账户用款额度”“银行存款”等科目。该科目期末贷方余额，反映行政单位应付未付的政府补贴金额。

例 11-8

某行政单位发生一项应付政府补贴业务，按照规定计算确定的应付政府补贴金额为 58 500 元。数日后，该行政单位通过零余额账户用款额度向相应政府补贴接受者支付了该项政府补贴款项 58 500 元。该行政单位应编制如下会计分录：

(1) 发生应付政府补贴时。

借：业务活动费用　　58 500

　贷：应付政府补贴款　　　　58 500

(2) 通过零余额账户用款额度支付应付政府补贴时。

借：应付政府补贴款　　58 500

　贷：零余额账户用款额度　　　　58 500

应付政府补贴款的例子，如有关行政单位根据职能划分向农民发放农机购置补贴、向使用清洁能源的单位和个人发放使用清洁能源补贴、向购买节能电器的单位和个人发放节能补贴、向职业培训和职业介绍机构发放职业培训和职业介绍补贴等。

（四）应付利息

应付利息是指事业单位按照合同约定应支付的借款利息，包括短期借款、分期付息到期还本的长期借款等应支付的利息。

为核算应付利息业务，事业单位应设置“应付利息”总账科目。该科目应当按照债权人等进行明细核算。单位为建造固定资产、公共基础设施等借入的专门借款的利息，属于建设期间发生的，按期计提利息费用时，按照计算确定的金额，借记“在建工程”科目，贷记该科目；不属于建设期间发生的，按期计提利息费用时，按照计算确定的金额，借记“其他费用”科目，贷记该科目。对于其他借款，按期计提利息费用时，按照计算确定的金额，借记“其他费用”科目，贷记该科目。单位实际支付应付利息时，按照支付的金额，借记该科目，贷记“银行存款”等科目。该科目期末贷方余额，反映事业单位应付未付的利息金额。

例 11－9

某事业单位经批准向银行借入一笔短期借款，年末计提借款利息费用450元。该事业单位应编制如下会计分录：

借：其他费用	450	
贷：应付利息		450

由于行政单位没有短期借款和长期借款的业务，因此，也没有应付利息的业务。

（五）预收账款

预收账款是指事业单位预先收取但尚未结算的款项。

为核算预收账款业务，事业单位应设置“预收账款”总账科目。该科目应当按照债权人进行明细核算。单位从付款方预收款项时，按照实际预收的金额，借记“银行存款”等科目，贷记该科目。确认有关收入时，按照预收账款账面余额，借记该科目，按照应确认的收入金额，贷记“事业收入”“经营收入”等科目，按照付款方补付或退回付款方的金额，借记或贷记“银行存款”等科目。涉及增值税业务的，还应进行相应的会计处理。单位无法偿付或债权人豁免偿还的预收账款，应当按照规定报经批准后进行账务处理。经批准核销时，借记该科目，贷记“其他收入”科目。核销的预收账款应在备查簿中保留登记。该科目期末贷方余额，反映事业单位预收但尚未结算的款项金额。

例 11－10

某事业单位从付款方预收一笔款项5 000元，款项已存入开户银行。相应的专业业务活动结束后，该事业单位应确认事业收入6 280元，付款方通过银行转账方式补付款项1 280元（6 280－5 000）。该事业单位应编制如下会计分录：

（1）从付款方预收款项时。

借：银行存款	5 000	
贷：预收账款		5 000

(2) 确认收入并收到补付款项时。

借：银行存款　　1 280

　　预收账款　　5 000

　贷：事业收入　　6 280

行政单位没有预收账款的业务。事业单位的预收账款如公立医院的预收医疗款、科研院所和高等学校的预收科研经费、事业单位在开展经营活动中预收的款项等。

(六) 其他应付款

其他应付款是指单位除应交增值税、其他应交税费、应缴财政款、应付职工薪酬、应付票据、应付账款、应付政府补贴款、应付利息、预收账款以外，其他各项偿还期限在1年内（含1年）的应付及暂收款项，如收取的押金、存入保证金、已经报销但尚未偿还银行的本单位公务卡欠款等。

为核算其他应付款业务，行政事业单位应设置“其他应付款”总账科目。同级政府财政部门预拨的下期预算款和没有纳入预算的暂付款项，以及采用实拨资金方式通过本单位转拨给下属单位的财政拨款，也通过该科目核算。该科目应当按照其他应付款的类别以及债权人等进行明细核算。

单位发生其他应付及暂收款项时，借记“银行存款”等科目，贷记该科目。支付（或退回）其他应付及暂收款项时，借记该科目，贷记“银行存款”等科目。将暂收款项转为收入时，借记该科目，贷记“事业收入”等科目。

单位收到同级政府财政部门预拨的下期预算款和没有纳入预算的暂付款项，按照实际收到的金额，借记“银行存款”等科目，贷记该科目；待到下一预算期或批准纳入预算时，借记该科目，贷记“财政拨款收入”科目。采用实拨资金方式通过本单位转拨给下属单位的财政拨款，按照实际收到的金额，借记“银行存款”科目，贷记该科目；向下属单位转拨财政拨款时，按照转拨的金额，借记该科目，贷记“银行存款”科目。

本单位公务卡持卡人报销时，按照审核报销的金额，借记“业务活动费用”“单位管理费用”等科目，贷记该科目；偿还公务卡欠款时，借记该科目，贷记“零余额账户用款额度”等科目。

涉及质保金形成其他应付款的，相关账务处理参见固定资产核算的相关业务。

无法偿付或债权人豁免偿还的其他应付款项，应当按照规定报经批准后进行账务处理。经批准核销时，借记该科目，贷记“其他收入”科目。核销的其他应付款应在备查簿中保留登记。

该科目期末贷方余额，反映单位尚未支付的其他应付款金额。

例 11－11

某行政单位公务卡持卡人报销，审核报销的金额为15 600元。数日后，该行政单位通过财政授权支付方式向银行偿还了该项公务卡欠款15 600元。该行政单位应编制如下会计分录：

(1) 公务卡持卡人报销时。

借：业务活动费用　　15 600

　贷：其他应付款　　15 600

（2）向银行偿还公务卡欠款时。

借：其他应付款　　15 600

　　贷：零余额账户用款额度　　15 600

七、预提费用

预提费用是指行政事业单位预先提取的已经发生但尚未支付的费用，如预提租金费用等。

为核算预提费用业务，行政事业单位应设置“预提费用”总账科目。事业单位按规定从科研项目收入中提取的项目间接费用或管理费，也通过该科目核算。事业单位计提的借款利息费用，通过“应付利息”“长期借款”科目核算，不通过该科目核算。该科目应当按照预提费用的种类进行明细核算。对于提取的项目间接费用或管理费，应当在该科目下设置“项目间接费用或管理费”明细科目，并按项目进行明细核算。

对于项目间接费用或管理费，事业单位按规定从科研项目收入中提取项目间接费用或管理费时，按照提取的金额，借记“单位管理费用”科目，贷记该科目（项目间接费用或管理费）。实际使用计提的项目间接费用或管理费时，按照实际支付的金额，借记该科目（项目间接费用或管理费），贷记“银行存款”“库存现金”等科目。

对于其他预提费用，单位按期预提租金等费用时，按照预提的金额，借记“业务活动费用”、“单位管理费用”和“经营费用”等科目，贷记该科目。实际支付款项时，按照支付金额，借记该科目，贷记“零余额账户用款额度”“银行存款”等科目。

该科目期末贷方余额，反映单位已预提但尚未支付的各项费用。

例 11-12

某事业单位按规定从某项科研项目收入中提取项目管理费 5 000 元。在项目日常管理中，该事业单位实际使用计提的该项目管理费 1 200 元，款项以银行存款支付。该事业单位应编制如下会计分录：

（1）从科研项目收入中提取项目管理费时。

借：单位管理费用　　5 000

　　贷：预提费用——项目间接费用或管理费　　5 000

（2）实际使用计提的项目管理费时。

借：预提费用——项目间接费用或管理费　　1 200

　　贷：银行存款　　1 200

第二节　非流动负债

非流动负债是指除流动负债以外的负债。行政事业单位的非流动负债包括长期借款、长期应付款和预计负债等。

一、长期借款

长期借款是指事业单位经批准向银行或其他金融机构等借入的期限超过 1 年（不

含 1 年）的各种借款。

为核算长期借款业务，事业单位应设置“长期借款”总账科目。该科目应当设置“本金”和“应计利息”明细科目，并按照贷款单位和贷款种类进行明细核算。对于建设项目借款，还应按照具体项目进行明细核算。

单位借入各项长期借款时，按照实际借入的金额，借记“银行存款”科目，贷记该科目（本金）。

为建造固定资产、公共基础设施等应支付的专门借款利息，按期计提利息时，分别以下情况处理：(1) 属于工程项目建设期间发生的利息，计入工程成本，按照计算确定的应支付的利息金额，借记“在建工程”科目，贷记“应付利息”科目［分期付息、到期还本借款的利息］或该科目（应计利息）［到期一次还本付息借款的利息］。(2) 属于工程项目完工交付使用后发生的利息，计入当期费用，按照计算确定的应支付的利息金额，借记“其他费用”科目，贷记“应付利息”科目［分期付息、到期还本借款的利息］或该科目（应计利息）［到期一次还本付息借款的利息］。

按期计提其他长期借款的利息时，按照计算确定的应支付的利息金额，借记“其他费用”科目，贷记“应付利息”科目［分期付息、到期还本借款的利息］或该科目（应计利息）［到期一次还本付息借款的利息］。

到期归还长期借款本金、利息时，借记该科目（本金、应计利息），贷记“银行存款”科目。

该科目期末贷方余额，反映事业单位尚未偿还的长期借款本息金额。

例 11-13

某事业单位为建造一项固定资产经批准专门向银行借入一笔款项 800 000 元，借款期限为 5 年，每年支付借款利息 45 000 元，本金到期一次偿还。工程建造期限为两年，两年后固定资产如期建造完成并交付使用。5 年后，该事业单位如期偿还借款本金 800 000 元，并支付最后一年的借款利息 45 000 元。以上相应借款的本息均通过银行存款支付。该事业单位应编制如下会计分录：

(1) 向银行借入专门款项时。

借：银行存款　　800 000

　贷：长期借款——本金　　800 000

(2) 第 1～2 年工程在建期间，计算确定专门借款利息时。

借：在建工程　　45 000

　贷：应付利息　　45 000

(3) 支付第 1～2 年专门借款利息时。

借：应付利息　　45 000

　贷：银行存款　　45 000

(4) 第 3～5 年工程完工后，计算确定专门借款利息时。

借：其他费用　　45 000

　贷：应付利息　　45 000

(5) 支付第 3～5 年专门借款利息时。

借：应付利息　　45 000

　贷：银行存款　　45 000

（6）5 年后，偿还专门借款本金时。

借：长期借款——本金　　800 000

　　贷：银行存款　　800 000

二、长期应付款

长期应付款是指行政事业单位发生的偿还期限超过 1 年（不含 1 年）的应付款项，如以融资租赁方式取得固定资产应付的租赁费等。

为核算长期应付款业务，行政事业单位应设置“长期应付款”总账科目。该科目应当按照长期应付款的类别以及债权人进行明细核算。

单位发生长期应付款时，借记“固定资产”“在建工程”等科目，贷记该科目。支付长期应付款时，按照实际支付的金额，借记该科目，贷记“财政拨款收入”、“零余额账户用款额度”和“银行存款”等科目。涉及增值税业务的，还应进行相应的会计处理。

无法偿付或债权人豁免偿还的长期应付款，应当按照规定报经批准后进行账务处理。经批准核销时，借记该科目，贷记“其他收入”科目。核销的长期应付款应在备查簿中保留登记。

涉及质保金形成长期应付款的，相关账务处理参见固定资产核算的业务。

该科目期末贷方余额，反映单位尚未支付的长期应付款金额。

例 11－14

某事业单位融资租入一项固定资产，租赁合同约定，该事业单位每年年末向出租方支付租金 15 000 元，连续支付 4 年。租入该项固定资产时，该事业单位发生运输费 400 元，款项以银行存款支付。该项固定资产确定的成本为 60 400 元（15 000×4＋400）。该事业单位每年年末如期通过零余额账户用款额度向出租方支付租金 15 000 元。暂不考虑增值税业务。该事业单位应编制如下会计分录：

（1）融资租入固定资产时。

借：固定资产　　60 400

　　贷：长期应付款　　60 000

　　　　银行存款　　400

（2）每年年末支付租金时。

借：长期应付款　　15 000

　　贷：零余额账户用款额度　　15 000

除融资租入固定资产的业务外，跨年度分期付款购入固定资产也是形成长期应付款的一项主要业务。

三、预计负债

预计负债是指行政事业单位对因或有事项所产生的现时义务而确认的负债，如对未决诉讼等确认的负债。

为核算预计负债业务，行政事业单位应设置“预计负债”总账科目。该科目应当按照预计负债的项目进行明细核算。单位确认预计负债时，按照预计的金额，借记

“业务活动费用”、“经营费用”和“其他费用”等科目，贷记该科目。实际偿付预计负债时，按照偿付的金额，借记该科目，贷记“银行存款”“零余额账户用款额度”等科目。根据确凿证据需要对已确认的预计负债账面余额进行调整的，按照调整增加的金额，借记有关科目，贷记该科目；按照调整减少的金额，借记该科目，贷记有关科目。该科目期末贷方余额，反映单位已确认但尚未支付的预计负债金额。

例 11－15

某事业单位在开展业务活动中因违约而被其他利益相关方在法院提起诉讼。年末，该案件尚在审理中，法院尚未作出判决。该事业单位在咨询了法律顾问后认为，本单位在该案件中处于不利地位，很可能需要赔款 28 000 元。次年，经法院判决，该事业单位需要向其他利益相关方赔款 27 500 元，该事业单位以银行存款支付了该项赔款。该项赔款按规定应计入业务活动费用。该事业单位应编制如下会计分录：

（1）年末，确认预计负债时。

借：业务活动费用	28 000	
贷：预计负债		28 000

（2）次年，法院判决时。

借：预计负债	28 000	
贷：银行存款		27 500
业务活动费用		500

第三节　受托代理负债

受托代理负债是指行政事业单位接受委托取得受托代理资产时形成的负债。

为核算受托代理负债业务，行政事业单位应设置“受托代理负债”总账科目。该科目的账务处理参见“受托代理资产”、“库存现金”和“银行存款”等科目。该科目期末贷方余额，反映单位尚未交付或发出受托代理资产形成的受托代理负债金额。

思考题

1. 什么是行政事业单位的负债？行政事业单位的负债包括哪些种类？

2. 什么是行政事业单位的应缴财政款？应缴财政款与应交税费有什么不同？

3. 什么是行政事业单位的应付职工薪酬？“应付职工薪酬”总账科目应当设置哪些明细科目？

4. 什么是行政单位的应付政府补贴款？应付政府补贴款应当在什么时候确认？

5. 什么是行政事业单位的应付票据、应付账款和预收账款？其中，哪两个会计科目只在事业单位中使用？

6. 什么是事业单位的短期借款、长期借款和应付利息？行政单位是否使用这些会计科目？

7. 什么是行政事业单位的预提费用？形成预提费用的主要业务有哪些？

8. 什么是行政事业单位的长期应付款？形成长期应付款的业务主要有哪些？

9. 什么是行政事业单位的预计负债？它与其他应付款或长期应付款有什么不同？

10. 什么是行政事业单位的受托代理负债？“受托代理负债”科目的主要对应科目有哪些？

练习题

练习一

一、目的：练习行政事业单位应交增值税的核算。

二、资料：某事业单位20×4年发生如下经济业务：

(1) 购入一项不需要安装的固定资产，确定的成本为52 000元，增值税额合计为8 840元，其中，当月已认证的可抵扣增值税额为4 840元，当月未认证的可抵扣增值税额为4 000元，款项合计60 840元（52 000＋8 840）已通过银行存款支付，固定资产验收合格并投入使用。

(2) 出租房屋，取得租金收入80 000元，按规定计算确定的增值税销项税额为8 800元，款项合计88 800元（80 000＋8 800）尚未收到。

(3) 以银行存款缴纳当月的应交增值税2 500元。

(4) 月末，转出当月应交未交的增值税3 960元。

三、要求：根据以上经济业务，为该事业单位编制有关的会计分录。

练习二

一、目的：练习行政事业单位应缴财政款的核算。

二、资料：某事业单位20×4年发生如下经济业务：

(1) 经批准处置一项固定资产，该项固定资产的账面余额为45 000元，已计提折旧33 000元，账面价值为12 000元（45 000－33 000）。

(2) 将处置的固定资产对外出售，价款15 500元存入银行。按照规定，本次出售固定资产取得的处置净收入3 500元（15 500－12 000）应当上缴财政国库。

(3) 以银行存款将取得的固定资产处置净收入3 500元上缴财政国库。

(4) 在开展业务活动中收到一笔应缴财政专户的事业收入66 300元，款项已存入开户银行。

(5) 将收到的应缴财政专户的事业收入66 300元上缴财政专户。

三、要求：根据以上经济业务，为该事业单位编制有关的会计分录。

练习三

一、目的：练习行政事业单位应付职工薪酬的核算。

二、资料：某事业单位20×4年发生如下经济业务：

(1) 计提当月职工薪酬共计797 000元（560 000＋123 000＋78 000＋36 000），其中包含职工基本工资560 000元，绩效工资123 000元，应从职工基本工资中代扣的社会保险费72 000元和住房公积金33 000元，代扣的社会保险费和住房公积金合计105 000元（72 000＋33 000），单位应为职工计算缴纳的社会保险费78 000元和住房公积金36 000元，单位按税法规定应从职工基本工资中代扣的职工个人所得税9 800元。

在当月职工薪酬中，社会保险费合计 150 000 元（72 000＋78 000），住房公积金合计 69 000元（33 000＋36 000）。在当月职工薪酬总额 797 000 元中，按照薪酬费用的归属，应当记入“业务活动费用”科目的金额为 608 000 元，应当记入“单位管理费用”科目的金额为 189 000 元。

(2) 次月，通过财政直接支付的方式向职工支付基本工资 445 200 元（560 000－72 000－33 000－9 800）和绩效工资 123 000 元，两项款项合计 568 200 元（445 200＋123 000）。

(3) 向相关机构缴纳职工社会保险费 150 000 元和住房公积金 69 000 元，两项款项合计 219 000 元（150 000＋69 000）通过财政直接支付方式支付。

三、要求：根据以上经济业务，为该事业单位编制有关的会计分录。

练习四

一、目的：练习行政事业单位应付账款的核算。

二、资料：某行政单位 20×4 年发生如下经济业务：

(1) 按照完工进度与施工企业结算一项在建工程的价款 250 000 元，款项尚未支付。

(2) 通过财政直接支付方式向施工企业支付一笔尚未支付的工程结算价款 250 000元。

(3) 购买一项不需安装的固定资产，确定的成本为 36 000 元，款项尚未支付，固定资产验收合格并投入使用。

(4) 通过财政授权支付方式支付购买一项固定资产尚未支付的款项 36 000 元。

三、要求：根据以上经济业务，为该行政单位编制有关的会计分录。暂不考虑增值税业务。

练习五

一、目的：练习行政单位应付政府补贴款的核算。

二、资料：某行政单位 20×4 年发生如下经济业务：

(1) 按照相关规定发生一项应付政府补贴的业务，按规定计算确定的金额为 78 800元。

(2) 通过财政授权支付方式向相关政府补贴接受者支付一项应付政府补贴 78 800元。

三、要求：根据以上经济业务，为该行政单位编制有关的会计分录。

练习六

一、目的：练习事业单位预收账款的核算。

二、资料：某事业单位 20×4 年发生如下经济业务：

(1) 在开展一项事业活动中预收一笔款项 46 000 元，款项已存入开户银行。

(2) 一项事业活动已经完成，实现事业收入 44 900 元，剩余预收款项 1 100 元（46 000－44 900）按约定以银行存款转账支付方式退回给付款方。

三、要求：根据以上经济业务，为该事业单位编制有关的会计分录。

练习七

一、目的：练习行政事业单位预提费用的核算。

二、资料：某行政单位20×4年发生如下经济业务：

(1) 月末，因租入使用一项资产而预提相应的租金费用13 500元。

(2) 次月，按资产租赁合同的约定向资产出租方支付上月租金13 500元，款项通过零余额账户用款额度支付。

三、要求：根据以上经济业务，为该行政单位编制有关的会计分录。

练习八

一、目的：练习事业单位长期借款的核算。

二、资料：某事业单位20×4年发生如下经济业务：

为购买一项固定资产经批准专门向银行借入一笔款项760 000元，借款期限为5年，每年应计借款利息42 200元，到期一次偿还借款本金760 000元和五年的借款利息221 000元（44 200×5）。5年后，该事业单位如期偿还借款本金760 000元，并支付五年的借款利息221 000元，款项合计981 000元（760 000+221 000）通过银行存款支付。

三、要求：根据以上经济业务，为该事业单位编制有关的会计分录。

练习九

一、目的：练习行政事业单位长期应付款的核算。

二、资料：某行政单位20×4年发生如下经济业务：

购入一项不需安装的固定资产，确定的成本为772 000元，对购入的固定资产扣留质量保证金12 000元，扣留期为两年，实际向供应商支付款项760 000元（772 000−12 000），款项通过零余额账户用款额度支付，固定资产验收合格并交付使用。两年后，购入的固定资产没有发现严重的质量问题，该行政单位向供应商支付了扣留的质量保证金12 000元，款项通过零余额账户用款额度支付。

三、要求：根据以上经济业务，为该行政单位编制有关的会计分录。暂不考虑增值税业务。

第十二章

行政事业单位的收入和预算收入

在行政事业单位中，收入属于财务会计要素，预算收入属于预算会计要素。收入和预算收入在基本概念、具体种类、确认和计量方法方面虽有一定的联系，但存在明显的区别。

第一节　收入

收入是指行政事业单位在履行职责或开展业务活动中依法取得的非偿还性资金。行政事业单位的收入按照不同的来源渠道和资金性质包括财政拨款收入、事业收入、上级补助收入、附属单位上缴收入、经营收入、非同级财政拨款收入、投资收益、捐赠收入、利息收入、租金收入和其他收入等种类。收入应当按照权责发生制基础进行确认和计量。收入和费用两个财务会计要素构筑行政事业单位的收入费用表。

一、财政拨款收入

（一）财政拨款收入的概念和核算科目设置

财政拨款收入是指行政事业单位从同级政府财政部门取得的各类财政拨款。其中，同级政府财政部门是行政事业单位的预算管理部门，行政事业单位的预算需要经过同级政府财政部门批准后才能开始执行。在实务中，大多数行政单位直接向同级政府财政部门申请取得财政拨款。这些行政单位属于主管预算单位或一级预算单位。也有一些行政单位通过其上级行政单位从同级政府财政部门取得财政拨款，这些行政单位属于二级或二级以下预算单位。在实务中，大多数事业单位为二级或者二级以下预算单位，其预算首先需要上报其主管预算单位或者一级预算单位，并经其主管或者一级预算单位审核汇总后，再向同级政府财政部门申报取得财政拨款。也有些事业单位属于一级预算单位。一级预算单位的预算直接向同级政府财政部门申报。无论是一级预算单位还是二级或者二级以下的预算单位，只要存在部门预算隶属关系，相应的行政事业单位都属于向同级政府财政部门申请取得财政拨款收入的单位。行政事业单位从非同级政府财政部门取得的经费拨款，不作为财政拨款收入核算，而作为非同级财政拨款收入核算。

各类财政拨款是指所有财政拨款，包括一般公共预算财政拨款和政府性基金预算财政拨款等种类。

财政拨款收入是行政事业单位开展业务活动的基本财力保证。行政单位履行行政职能或开展业务活动的资金主要甚至是全部来源于财政拨款收入，公益一类事业单位的情况与行政单位相似。公益二类事业单位可以取得的财政拨款收入数额，取决于其专业业务活动的特点以及通过开展专业业务活动可以从市场上取得的事业收入的数额。目前，事业单位在开展专业业务活动中的业务收费需经政府部门批准，由政府部门实行统一管理。

为核算财政拨款收入业务，行政事业单位应设置“财政拨款收入”总账科目。同级政府财政部门预拨的下期预算款和没有纳入预算的暂付款项，以及采用实拨资金方式通过本单位转拨给下属单位的财政拨款，通过“其他应付款”科目核算，不通过该科目核算。该科目可按照一般公共预算财政拨款、政府性基金预算财政拨款等拨款种类进行明细核算。

（二）通过财政直接支付方式取得的财政拨款收入

在财政直接支付方式下，行政事业单位根据收到的“财政直接支付入账通知书”及相关原始凭证，按照通知书中的直接支付入账金额，借记“库存物品”、“固定资产”、“业务活动费用”、“单位管理费用”和“应付职工薪酬”等科目，贷记“财政拨款收入”科目。涉及增值税业务的，还应进行相应的会计处理。

年末，根据本年度财政直接支付预算指标数与当年财政直接支付实际支付数的差额，借记“财政应返还额度——财政直接支付”科目，贷记“财政拨款收入”科目。

因差错更正或购货退回等发生国库直接支付款项退回的，属于以前年度支付的款项，按照退回金额，借记“财政应返还额度——财政直接支付”科目，贷记“以前年度盈余调整”“库存物品”等科目；属于本年度支付的款项，按照退回金额，借记“财政拨款收入”科目，贷记“业务活动费用”“库存物品”等科目。

例 12－1

某行政单位通过财政直接支付方式向某社会组织支付一笔款项 45 600 元，具体内容为向该社会组织支付一笔政府购买服务的费用。该行政单位应编制如下会计分录：

借：业务活动费用	45 600	
贷：财政拨款收入		45 600

行政事业单位通过财政直接支付方式取得财政拨款收入的业务有很多，如政府向社会力量购买服务、购买非货币性资产、取得基本支出拨款、支付预付账款、偿付应付账款等。

（三）通过财政授权支付方式取得的财政拨款收入

在财政授权支付方式下，行政事业单位根据收到的“财政授权支付额度到账通知书”，按照通知书中的授权支付额度，借记“零余额账户用款额度”科目，贷记“财政拨款收入”科目。

年末，本年度财政授权支付预算指标数大于零余额账户用款额度下达数的，根据未下达的用款额度，借记“财政应返还额度——财政授权支付”科目，贷记“财政拨款收入”科目。

在财政授权支付方式下，行政事业单位在收到零余额账户用款额度以及年末确认财政尚未下达的零余额账户用款时确认财政拨款收入。相应业务的核算举例可参阅行政事业单位的资产章节中零余额账户用款额度和财政应返还额度的内容，此处不再重复举例说明。

（四）通过财政实拨资金方式取得的财政拨款收入

在其他方式主要是财政实拨资金方式下收到财政拨款收入时，按照实际收到的金额，借记“银行存款”等科目，贷记“财政拨款收入”科目。

例 12-2

某事业单位尚未纳入财政国库单一账户制度改革。该事业单位收到开户银行转来的收款通知，收到财政部门拨入的本期预算经费 24 800 元。该事业单位应编制如下会计分录：

借：银行存款　　24 800

　贷：财政拨款收入　　24 800

财政实拨资金方式使得大量财政资金沉淀在行政事业单位的商业银行账户中，从而大大降低了财政的宏观调控能力。目前，绝大多数行政事业单位已经进行了财政国库单一账户制度改革，因此，财政实拨资金支付方式已经较少使用。

（五）同时有一般公共预算财政拨款和政府性基金预算财政拨款情况下取得的财政拨款收入

有些行政事业单位同时有一般公共预算财政拨款和政府性基金预算财政拨款。这些行政事业单位在取得财政拨款收入时，应当区分一般公共预算财政拨款和政府性基金预算财政拨款，分别核算两种不同性质财政资金的财政拨款收入。

例 12-3

某行政单位同时有一般公共预算财政拨款和政府性基金预算财政拨款。该行政单位通过财政直接支付方式支付一笔政府性基金预算款项 66 800 元，具体为支付一项公共基础设施在建工程的建设款项。同时，该行政单位还收到单位零余额账户代理银行转来的财政授权支付额度到账通知书，收到由一般公共预算资金安排的财政授权支付额度 25 500 元，具体可用于日常运行支出需要。该行政单位应编制如下会计分录：

（1）收到政府性基金预算财政拨款时。

借：在建工程　　66 800

　贷：财政拨款收入（政府性基金预算财政拨款）　　66 800

（2）收到一般公共预算财政拨款时。

借：零余额账户用款额度　　25 500

　贷：财政拨款收入（一般公共预算财政拨款）　　25 500

（六）财政拨款收入的期末结账

期末，行政事业单位将“财政拨款收入”科目本期发生额转入本期盈余，借记“财政拨款收入”科目，贷记“本期盈余”科目。期末结转后，“财政拨款收入”科目应无余额。

例 12－4

年末，某事业单位“财政拨款收入”科目的本年发生额为658 000元。该事业单位将其全数转入“本期盈余”科目。该事业单位应编制如下会计分录：

借：财政拨款收入	658 000	
贷：本期盈余		658 000

二、事业收入

（一）事业收入的概念和核算科目设置

事业收入是指事业单位开展专业业务活动及其辅助活动实现的收入，不包括从同级政府财政部门取得的各类财政拨款。

由于不同行业的事业单位开展的专业业务活动及其辅助活动的具体内容不尽相同，因此，不同行业事业单位事业收入的种类也存在差异。根据相关事业单位行业财务制度的规定，事业单位的事业收入主要有：

1. 高等学校的事业收入

高等学校的事业收入是指高等学校开展教学、科研及其辅助活动取得的收入。主要包括教育事业收入和科研事业收入。其中，教育事业收入是指高等学校开展教学及其辅助活动所取得的收入，包括通过学历和非学历教育向学生个人或者单位收取的学费、住宿费、委托培养费、考试考务费、培训费等。科研事业收入是指高等学校开展科研及其辅助活动所取得的收入，包括通过承接科研项目、开展科研协作、转化科技成果、进行科技咨询等取得的收入，但不包括按照部门预算隶属关系从同级财政部门取得的财政拨款。

2. 中小学校的事业收入

中小学校的事业收入是指中小学校开展教育教学及其辅助活动依法取得的收入。主要包括行政事业性收费，如纳入行政事业性收费的学费、住宿费、考试报名费、考试考务费等，以及科研收入，如承担科研项目取得的收入等。

3. 科学事业单位的事业收入

科学事业单位的事业收入是指科学事业单位开展专业业务活动及其辅助活动取得的收入。主要包括科研收入，指科学事业单位承担科研项目取得的收入；技术收入，指科学事业单位对外提供技术咨询、技术服务等取得的收入；学术活动收入，指科学事业单位开展学术交流、学术期刊出版等活动取得的收入；科普活动收入，指科学事业单位开展科学知识宣传、讲座和科技展览等活动取得的收入；教学活动收入，指科学事业单位开展教学及其辅助活动取得的收入等。以上各项收入不包括按照部门预算隶属关系从同级财政部门取得的财政拨款。

4. 文化事业单位的事业收入

文化事业单位的事业收入是指文化事业单位开展专业业务活动及其辅助活动取得的收入。主要包括演出收入，指艺术表演团体进行各类文艺演出取得的收入；文化场馆服务收入，指艺术表演场所、文化展示及纪念机构开展文艺演出、举办展览展映等活动所取得的收入；技术服务收入，指文化事业单位提供各种技术指导、技术咨询、技术服务取得的收入；培训收入；指文化事业单位举办各种文化艺术培训班取得的收入；复印复制收入，指图书馆、文化馆、群艺馆、展览馆、美术馆、纪念馆等对外提供馆藏资料的复印复制等服务取得的收入；门票收入，指文化展示及纪念机构销售门票取得的收入等。

5. 文物事业单位的事业收入

文物事业单位的事业收入是指文物事业单位开展专业业务活动及其辅助活动取得的收入。主要包括门票收入，指文物事业单位开展业务活动出售门票取得的收入；展览收入，指文物事业单位自行举办或与外单位合办、协办展览而取得的收入；讲解导览收入，指文物事业单位为观众提供讲解、语音导览服务取得的收入；文物保护工程收入，指文物事业单位对外提供文物保护工程勘察设计、施工、监理等取得的收入；文物修复设计、施工收入，指文物事业单位对外提供文物修复等服务取得的收入。

6. 广播电视事业单位的事业收入

广播电视事业单位的事业收入是指广播电视事业单位开展广播电视节目的制作、播出、传输、接收、监测等专业业务活动及其辅助活动取得的收入。主要包括广告收入，指广播电视事业单位因播出、刊登广告收取的收入；收视费收入，指广播电视事业单位收取的电视节目收视费收入；节目销售收入，指广播电视事业单位销售节目取得的收入；合作合拍收入，指广播电视事业单位与国内外单位和机构合作广播电视节目或合拍影视节目取得的收入；节目制作和播放收入，指广播电视事业单位为其他单位制作和播放广播电视节目取得的收入；节目传输收入，指广播电视事业单位为用户传送广播电视节目取得的收入；技术服务收入，指广播电视事业单位对外提供技术服务、技术咨询、设备技术安装和维修取得的收入等。

7. 医院的事业收入

医院的事业收入是指医院开展专业业务活动及其辅助活动取得的收入。主要包括医疗收入和科教项目收入。其中，医疗收入是指医院开展医疗服务活动取得的收入，包括门诊收入和住院收入。其中，门诊收入是指为门诊病人提供医疗服务所取得的收入，如挂号收入、诊察收入、检查收入、化验收入、治疗收入、手术收入、卫生材料收入、药品收入等；住院收入是指为住院病人提供医疗服务所取得的收入，包括床位收入、诊察收入、检查收入、化验收入、治疗收入、手术收入、护理收入、卫生材料收入、药品收入等。科教项目收入是指医院取得的除财政补助收入外专门用于科研、教学项目的补助收入。

8. 基层医疗卫生机构的事业收入

基层医疗卫生机构的事业收入是指基层医疗卫生机构在开展医疗卫生服务活动中取得的收入。主要包括门诊收入和住院收入。其中，门诊收入是指为门诊病人提供医疗服务所取得的收入，如挂号收入、诊察收入、检查收入、化验收入、治疗收入、手术收入、卫生材料收入、药品收入等；住院收入是指为住院病人提供医疗服务所取得的收入，如床位收入、诊察收入、检查收入、化验收入、治疗收入、手术收入、护理收入、卫生材料收入、药品收入等。

9. 体育事业单位的事业收入

体育事业单位的事业收入是指体育事业单位开展体育业务活动及其辅助活动取得的收入。主要包括体育竞赛收入，指体育事业单位组织和参加各类体育比赛和表演所取得的收入，如出售门票、比赛冠名权、媒体转播权和提供服务等取得的各项收入；体育公共设施服务收入，指体育事业单位依托体育场地及附属设施提供体育比赛、健身休闲、健身指导、技能培训、运动康复、体质测试等服务取得的收入；体育技术服务收入，指体育事业单位对外提供技术指导、技术咨询、技术培训、信息服务和推广体育科研成果等取得的收入；体育衍生业务收入，指体育事业单位通过形象代言、特许使用权、冠名权等取得的收入。

为核算事业收入业务，事业单位应设置“事业收入”总账科目。该科目应当按照事业收入的类别、来源等进行明细核算。对于因开展科研及其辅助活动从非同级政府财政部门取得的经费拨款，应当在该科目下单设“非同级财政拨款”明细科目进行核算。

（二）采用财政专户返还方式管理的事业收入

事业单位实现应上缴财政专户的事业收入时，按照实际收到或应收的金额，借记“银行存款”“应收账款”等科目，贷记“应缴财政款”科目。向财政专户上缴款项时，按照实际上缴的款项金额，借记“应缴财政款”科目，贷记“银行存款”等科目。收到从财政专户返还的事业收入时，按照实际收到的返还金额，借记“银行存款”等科目，贷记“事业收入”科目。

例 12－5

某事业单位收到一笔采用财政专户返还方式管理的事业收入 243 000 元，款项已存入开户银行。数日后，事业单位通过开户银行向财政专户上缴收到的该笔事业收入 243 000 元。次月，该事业单位收到从财政专户返还的一部分事业收入 85 000 元，款项已存入开户银行。该事业单位应编制如下会计分录：

（1）收到采用财政专户返还方式管理的事业收入时。

借：银行存款	243 000	
贷：应缴财政款		243 000

（2）通过开户银行向财政专户上缴相应的事业收入时。

借：应缴财政款	243 000	
贷：银行存款		243 000

（3）收到从财政专户返还的一部分事业收入时。

借：银行存款	85 000	
贷：事业收入		85 000

目前，采用财政专户返还方式管理的事业收入主要是教育收费。其他事业收入，财政部门可以根据情况和管理需要采用财政专户返还方式进行管理。例如，财政部门可以根据情况和管理需要，对广播电视事业单位的广告收入采用财政专户返还方式进行管理等。采用财政专户返还方式进行管理，有利于财政部门加强对有关事业收入的

管理。

（三）采用预收款方式确认的事业收入

事业单位实际收到预收款项时，按照收到的款项金额，借记“银行存款”等科目，贷记“预收账款”科目。以合同完成进度确认事业收入时，按照基于合同完成进度计算的金额，借记“预收账款”科目，贷记“事业收入”科目。

例 12-6

某事业单位按合同约定从付款方预收一笔事业活动款项 85 000 元，款项已存入开户银行。年末，该事业单位按合同完成进度计算确认当年实现的事业收入 55 000元。次年，合同全部完成，该事业单位确认剩余合同的事业收入 30 000 元。该事业单位应编制如下会计分录：

（1）从付款方预收款项时。

借：银行存款　　85 000

　　贷：预收账款　　85 000

（2）年末，确认当年实现的事业收入时。

借：预收账款　　55 000

　　贷：事业收入　　55 000

（3）次年，确认剩余合同的事业收入时。

借：预收账款　　30 000

　　贷：事业收入　　30 000

（四）采用应收款方式确认的事业收入

事业单位根据合同完成进度计算本期应收的款项，借记“应收账款”科目，贷记“事业收入”科目。实际收到款项时，借记“银行存款”等科目，贷记“应收账款”科目。

例 12-7

某事业单位按合同约定开展一项专业业务活动，月末，该事业单位按合同完成进度计算确认当月实现的事业收入为 25 600 元，款项尚未收到。次月，该事业单位收到上月实现的事业收入 25 600 元。该事业单位应编制如下会计分录：

（1）月末，确认当月实现的事业收入时。

借：应收账款　　25 600

　　贷：事业收入　　25 600

（2）次月，收到上月实现的事业收入时。

借：银行存款　　25 600

　　贷：应收账款　　25 600

（五）其他方式下确认的事业收入

事业单位按照实际收到的金额，借记“银行存款”“库存现金”等科目，贷记“事业收入”科目。

例 12－8

某事业单位在开展专业业务活动中收到现金1 220元。该事业单位应编制如下会计分录：

借：库存现金　　1 220
　贷：事业收入　　1 220

无论采用何种方式，事业单位在确认事业收入时涉及增值税业务的，还应进行相应的会计处理。

（六）事业收入的期末结账

期末，事业单位将“事业收入”科目本期发生额转入本期盈余，借记“事业收入”科目，贷记“本期盈余”科目。期末结转后，“事业收入”科目应无余额。

例 12－9

年末，某事业单位“事业收入”科目的本年发生额为312 000元。该事业单位将其全数转入“本期盈余”科目。该事业单位应编制如下会计分录：

借：事业收入　　312 000
　贷：本期盈余　　312 000

三、上级补助收入

上级补助收入是指事业单位从主管部门和上级单位取得的非财政拨款收入。

上级补助收入不同于财政补助收入，它们之间的主要差别是：财政补助收入来源于同级财政部门，资金性质为财政资金；上级补助收入来源于主管部门或上级单位，资金性质为非财政资金，如主管部门或上级单位自身组织的收入或集中下级单位的收入等。另外，财政补助收入属于事业单位的常规性收入，是事业单位开展业务活动的基本保证；上级补助收入属于事业单位的非常规性收入，主管部门或上级单位一般根据自身资金情况和事业单位的需要，向事业单位拨付上级补助资金。

为核算上级补助收入业务，事业单位应设置“上级补助收入”总账科目。该科目应当按照发放补助单位、补助项目等进行明细核算。事业单位确认上级补助收入时，按照应收或实际收到的金额，借记“其他应收款”“银行存款”等科目，贷记该科目。实际收到应收的上级补助款时，按照实际收到的金额，借记“银行存款”等科目，贷记“其他应收款”科目。期末，将该科目本期发生额转入本期盈余，借记该科目，贷记“本期盈余”科目。期末结转后，该科目应无余额。

例 12－10

某事业单位收到上级单位拨入一笔非财政补助资金26 000元，款项已存入开户银行。该笔非财政补助资金专项用于支持该事业单位的某项专业业务活动。该事业单位应编制如下会计分录：

借：银行存款　　26 000
　贷：上级补助收入　　26 000

上级补助收入中的专项资金收入在项目完成后，需要向主管部门或上级单位报送专项支出决算和使用效果的书面报告，接受主管部门或上级单位的检查和验收。

例 12－11

年末，某事业单位“上级补助收入”科目的本年发生额为 44 500 元。该事业单位将其全数转入“本期盈余”科目。该事业单位应编制如下会计分录：

借：上级补助收入　　44 500

　贷：本期盈余　　44 500

四、附属单位上缴收入

附属单位上缴收入是指事业单位取得的附属独立核算单位按照有关规定上缴的收入。

事业单位的附属独立核算单位可以是事业单位，也可以是企业。事业单位与其附属独立核算的事业单位通常存在行政隶属关系和预算管理关系；与其附属独立核算的企业通常不仅存在投资上的资金联系，而且还存在有权任免其管理人员职务、支持或否决其经营决策等权力联系。事业单位的附属独立核算企业大多曾经是事业单位的一个组成部分，从事相应的业务活动，后因种种原因从事业单位中独立出来，成为独立核算的企业法人实体。

事业单位的附属独立核算单位通常按规定的标准或比例向事业单位上缴款项，从而形成事业单位的附属单位上缴收入。事业单位的附属单位上缴收入包括附属的事业单位上缴的收入和附属的企业上缴的利润等。

为核算附属单位上缴收入业务，事业单位应设置“附属单位上缴收入”总账科目。该科目应当按照附属单位、缴款项目等进行明细核算。事业单位确认附属单位上缴收入时，按照应收或收到的金额，借记“其他应收款”“银行存款”等科目，贷记该科目。实际收到应收附属单位上缴款时，按照实际收到的金额，借记“银行存款”等科目，贷记“其他应收款”科目。期末，将该科目本期发生额转入本期盈余，借记该科目，贷记“本期盈余”科目。期末结转后，该科目应无余额。

例 12－12

某事业单位按相关规定确认一笔附属单位上缴收入 17 800 元，款项尚未收到。次月，该事业单位实际收到该笔附属单位上缴收入 17 800 元，款项已存入开户银行。该事业单位应编制如下会计分录：

（1）按相关规定确认附属单位上缴收入时。

借：其他应收款　　17 800

　贷：附属单位上缴收入　　17 800

（2）实际收到附属单位上缴收入时。

借：银行存款　　17 800

　贷：其他应收款　　17 800

例 12－13

年末，某事业单位“附属单位上缴收入”科目的本年发生额为 34 200 元。该事业单位将其全数转入“本期盈余”科目。该事业单位应编制如下会计分录：

借：附属单位上缴收入　　34 200

　贷：本期盈余　　34 200

五、经营收入

经营收入是指事业单位在专业业务活动及其辅助活动之外开展非独立核算经营活动取得的收入。

事业单位经营收入的内容或种类通常包括：

（1）销售商品收入，即事业单位非独立核算部门销售商品取得的收入。

（2）经营服务收入，即事业单位非独立核算部门对外提供经营服务取得的收入。

（3）其他经营收入，即事业单位在专业业务活动及其辅助活动之外，开展非独立核算的经营活动取得的除上述各项收入以外的收入。

事业单位经营收入与附属单位上缴收入的主要区别是：经营收入是事业单位开展非独立核算经营活动取得的收入，附属单位上缴收入是事业单位附属独立核算单位上缴的收入。事业单位开展的非独立核算经营活动应当是小规模的，不便或无法形成独立核算单位。如果相应的经营活动规模较大，应尽可能组建附属独立核算单位。之后，附属独立核算单位按规定向事业单位上缴款项，形成事业单位的附属单位上缴收入。

为核算经营收入业务，事业单位应设置“经营收入”总账科目。该科目应当按照经营活动类别、项目和收入来源等进行明细核算。经营收入应当在提供服务或发出存货，同时收讫价款或者取得索取价款的凭据时，按照实际收到或应收的金额予以确认。事业单位实现经营收入时，按照确定的收入金额，借记“银行存款”、“应收账款”和“应收票据”等科目，贷记该科目。涉及增值税业务的，还应进行相应的会计处理。期末，将该科目本期发生额转入本期盈余，借记该科目，贷记“本期盈余”科目。期末结转后，该科目应无余额。

例 12-14

某事业单位开展一项非独立核算的经营活动，取得经营收入 5 800 元，款项已存入开户银行。暂不考虑增值税业务。该事业单位应编制如下会计分录：

借：银行存款　　5 800

　贷：经营收入　　5 800

例 12-15

年末，某事业单位“经营收入”科目的本年发生额为 13 200 元。该事业单位将其全数转入“本期盈余”科目。该事业单位应编制如下会计分录：

借：经营收入　　13 200

　贷：本期盈余　　13 200

六、非同级财政拨款收入

非同级财政拨款收入是指行政事业单位从非同级政府财政部门取得的经费拨款，包括从同级政府其他部门取得的横向转拨财政款、从上级或下级政府财政部门取得的经费拨款等。

为核算非同级财政拨款收入业务，行政事业单位应设置“非同级财政拨款收入”总账科目。事业单位因开展科研及其辅助活动从非同级政府财政部门取得的经费拨款，应当通过“事业收入——非同级财政拨款”科目核算，不通过该科目核算。该科目应当按照本级横向转拨财政款和非本级财政拨款进行明细核算，并按照收入来源进行明细核算。行政事业单位确认非同级财政拨款收入时，按照应收或实际收到的金额，借记“其他应收款”“银行存款”等科目，贷记该科目。期末，将该科目本期发生额转入本期盈余，借记该科目，贷记“本期盈余”科目。期末结转后，该科目应无余额。

例 12－16

某纳入省级政府财政部门预算范围的事业单位从当地市级政府财政部门获得一笔财政资金 55 000 元，该笔财政资金属于当地市政府支持该事业单位发展的专项资金，款项已存入该事业单位的银行存款账户。该事业单位应编制如下会计分录：

借：银行存款	55 000	
贷：非同级财政拨款收入		55 000

行政事业单位取得的非同级财政拨款收入通常需要用于完成相应的专门项目或专项任务。

例 12－17

年末，某事业单位“非同级财政拨款收入”科目的本年发生额为 64 500 元。该事业单位将其全数转入“本期盈余”科目。该事业单位应编制如下会计分录：

借：非同级财政拨款收入	64 500	
贷：本期盈余		64 500

七、投资收益

投资收益是指事业单位股权投资和债券投资所实现的收益或发生的损失。

为核算投资收益业务，事业单位应设置“投资收益”总账科目。该科目应当按照投资的种类等进行明细核算。事业单位收到短期投资持有期间的利息，按照实际收到的金额，借记“银行存款”科目，贷记该科目。出售或到期收回短期债券本息，按照实际收到的金额，借记“银行存款”科目，按照出售或收回短期投资的成本，贷记“短期投资”科目，按照其差额，贷记或借记该科目。涉及增值税业务的，还应进行相应的会计处理。

持有的分期付息、一次还本的长期债券投资，按期确认利息收入时，按照计算确定的应收未收利息，借记“应收利息”科目，贷记该科目；持有的到期一次还本付息的债券投资，按期确认利息收入时，按照计算确定的应收未收利息，借记“长期债券投资——应计利息”科目，贷记该科目。出售长期债券投资或到期收回长期债券投资本息，按照实际收到的金额，借记“银行存款”等科目，按照债券初始投资成本和已计未收利息金额，贷记“长期债券投资——成本、应计利息”科目［到期一次还本付息债券］或“长期债券投资”、“应收利息”科目［分期付息债券］，按照其差额，贷记或借记该科目。涉及增值税业务的，还应进行相应的会计处理。

采用成本法核算的长期股权投资持有期间，被投资单位宣告分派现金股利或利润时，按照宣告分派的现金股利或利润中属于单位应享有的份额，借记“应收股利”科目，贷记该科目。采用权益法核算的长期股权投资持有期间，按照应享有或应分担的被投资单位实现的净损益的份额，借记或贷记“长期股权投资——损益调整”科目，贷记或借记该科目；被投资单位发生净亏损，但以后年度又实现净利润的，单位在其收益分享额弥补未确认的亏损分担额等后，恢复确认投资收益，借记“长期股权投资——损益调整”科目，贷记该科目。按照规定处置长期股权投资时有关投资收益的账务处理，参见长期股权投资核算的相关内容。

期末，将该科目本期发生额转入本期盈余，借记或贷记该科目，贷记或借记“本期盈余”科目。期末结转后，该科目应无余额。

例 12-18

某事业单位收到短期投资持有期间的利息 2 200 元，款项已存入开户银行。该事业单位应编制如下会计分录：

借：银行存款　　2 200
　贷：投资收益　　2 200

例 12-19

某事业单位持有B公司10%的股份，无权决定B公司的财务和经营政策，也无权参与B公司的财务和经营政策决策，相应的长期股权投资采用成本法核算。某日，B公司宣告分派现金股利 120 000 元，该事业单位按持股比例可分享相应的份额 12 000 元（120 000×10%）。数日后，该事业单位收到B公司分派的现金股利12 000元，款项已存入开户银行。该事业单位应编制如下会计分录：

(1) 确认可分享的现金股利时。

借：应收股利　　12 000
　贷：投资收益　　12 000

(2) 收到现金股利时。

借：银行存款　　12 000
　贷：应收股利　　12 000

例 12-20

年末，某事业单位“投资收益”科目的本年发生额为 78 500 元。该事业单位将其全数转入“本期盈余”科目。该事业单位应编制如下会计分录：

借：投资收益　　78 500
　贷：本期盈余　　78 500

八、捐赠收入、利息收入、租金收入和其他收入

（一）捐赠收入

捐赠收入是指行政事业单位接受其他单位或者个人捐赠取得的收入。

为核算捐赠收入业务，行政事业单位应设置“捐赠收入”总账科目。该科目应当按照捐赠资产的用途和捐赠单位等进行明细核算。单位接受捐赠的货币资金，按照实际收到的金额，借记“银行存款”“库存现金”等科目，贷记该科目。接受捐赠的存货、固定资产等非现金资产，按照确定的成本，借记“库存物品”“固定资产”等科目，按照发生的相关税费、运输费等，贷记“银行存款”等科目，按照其差额，贷记该科目。接受捐赠的资产按照名义金额入账的，按照名义金额，借记“库存物品”“固定资产”等科目，贷记该科目；同时，按照发生的相关税费、运输费等，借记“其他费用”科目，贷记“银行存款”等科目。期末，将该科目本期发生额转入本期盈余，

借记该科目，贷记“本期盈余”科目。期末结转后，该科目应无余额。

例 12 - 21

某事业单位接受捐赠一笔货币资金 60 000 元，按捐赠约定规定用于专门用途，款项已存入开户银行。该事业单位应编制如下会计分录：

借：银行存款　　60 000

　贷：捐赠收入　　60 000

例 12 - 22

年末，某事业单位“捐赠收入”科目的本年发生额为 118 000 元。该事业单位将其全数转入“本期盈余”科目。该事业单位应编制如下会计分录：

借：捐赠收入　　118 000

　贷：本期盈余　　118 000

（二）利息收入

利息收入是指行政事业单位取得的银行存款利息收入。

为核算利息收入业务，行政事业单位应设置“利息收入”总账科目。单位取得银行存款利息时，按照实际收到的金额，借记“银行存款”科目，贷记该科目。期末，将该科目本期发生额转入本期盈余，借记该科目，贷记“本期盈余”科目。期末结转后，该科目应无余额。

（三）租金收入

租金收入是指行政事业单位经批准利用国有资产出租取得并按照规定纳入本单位预算管理的租金收入。

为核算租金收入业务，行政事业单位应设置“租金收入”总账科目。该科目应当按照出租国有资产类别和收入来源等进行明细核算。

国有资产出租收入，应当在租赁期内各个期间按照直线法予以确认。采用预收租金方式的，预收租金时，按照收到的金额，借记“银行存款”等科目，贷记“预收账款”科目；分期确认租金收入时，按照各期租金金额，借记“预收账款”科目，贷记该科目。采用后付租金方式的，每期确认租金收入时，按照各期租金金额，借记“应收账款”科目，贷记该科目；收到租金时，按照实际收到的金额，借记“银行存款”等科目，贷记“应收账款”科目。采用分期收取租金方式的，每期收取租金时，按照租金金额，借记“银行存款”等科目，贷记该科目。涉及增值税业务的，还应进行相应的会计处理。

期末，将该科目本期发生额转入本期盈余，借记该科目，贷记“本期盈余”科目。期末结转后，该科目应无余额。

例 12 - 23

某事业单位经批准采用预收租金方式出租一项固定资产，预收半年的租金 90 000 元，款项已存入开户银行。每月确认租金收入 15 000 元（90 000/6）。暂不考虑增值税业务。该事业单位应编制如下会计分录：

（1）预收半年的租金时。

借：银行存款　　90 000
　　贷：预收账款　　90 000

（2）每月确认租金收入时。

借：预收账款　　15 000
　　贷：租金收入　　15 000

例 12-24

年末，某事业单位“租金收入”科目的本年发生额为216 000元。该事业单位将其全数转入“本期盈余”科目。该事业单位应编制如下会计分录：

借：租金收入　　216 000
　　贷：本期盈余　　216 000

（四）其他收入

其他收入是指行政事业单位取得的除财政拨款收入、事业收入、上级补助收入、附属单位上缴收入、经营收入、非同级财政拨款收入、投资收益、捐赠收入、利息收入、租金收入以外的各项收入，包括现金盘盈收入、按照规定纳入单位预算管理的科技成果转化收入、行政单位收回已核销的其他应收款、无法偿付的应付及预收款项、置换换出资产评估增值等。

为核算其他收入业务，行政事业单位应设置“其他收入”总账科目。该科目应当按照其他收入的类别、来源等进行明细核算。

1. 现金盘盈收入

每日现金账款核对中发现的现金溢余，属于无法查明原因的部分，报经批准后，借记“待处理财产损溢”科目，贷记“其他收入”科目。

2. 科技成果转化收入

单位科技成果转化所取得的收入，按照规定留归本单位的，按照所取得收入扣除相关费用之后的净收益，借记“银行存款”等科目，贷记“其他收入”科目。

3. 收回已核销的其他应收款

行政单位已核销的其他应收款在以后期间收回的，按照实际收回的金额，借记“银行存款”等科目，贷记“其他收入”科目。

4. 无法偿付的应付及预收款项

无法偿付或债权人豁免偿还的应付账款、预收账款、其他应付款及长期应付款，借记“应付账款”、“预收账款”、“其他应付款”和“长期应付款”等科目，贷记“其他收入”科目。

5. 置换换出资产评估增值

资产置换过程中，换出资产评估增值的，按照评估价值高于资产账面价值或账面余额的金额，借记有关科目，贷记“其他收入”科目。具体账务处理参见“库存物品”等科目。

以未入账的无形资产取得的长期股权投资，按照评估价值加相关税费作为投资成本，借记“长期股权投资”科目，按照发生的相关税费，贷记“银行存款”“其他应交税费”等科目，按其差额，贷记“其他收入”科目。

6. 除以上内容以外的其他收入

确认除以上内容以外的其他收入时，按照应收或实际收到的金额，借记“其他应收款”、“银行存款”和“库存现金”等科目，贷记“其他收入”科目。涉及增值税业务的，还应进行相应的账务处理。

7. 其他收入的期末结账

期末，将“其他收入”科目本期发生额转入本期盈余，借记“其他收入”科目，贷记“本期盈余”科目。期末结转后，“其他收入”科目应无余额。

例 12－25

某事业单位经批准出售一项自主研发的无形资产，该项无形资产的账面余额为175 000元，尚未计提摊销，出售价款为385 000元，相应款项已收到并存入开户银行。按照规定，该项无形资产的出售收入纳入本单位预算管理。暂不考虑增值税业务。该事业单位应编制如下会计分录：

（1）转销无形资产账面余额时。

借：资产处置费用　　175 000

　贷：无形资产　　175 000

（2）收到无形资产出售价款时。

借：银行存款　　385 000

　贷：其他收入　　385 000

事业单位还可以通过授予使用许可的方式向其他单位转让无形资产使用权，并由此取得转让无形资产使用权收入。为激励研发人员积极投入研发创新活动，事业单位通常需要将一部分科技成果转让收入用于研发人员的奖励。

例 12－26

某事业单位经批准以一项未入账的无形资产取得一项长期股权投资，该项未入账的无形资产的评估价值为633 000元。暂不考虑相关税费的业务。该事业单位应编制如下会计分录：

借：长期股权投资　　633 000

　贷：其他收入　　633 000

例 12－27

年末，某行政单位“其他收入”科目的本年发生额为5 200元。该行政单位将其全数转入“本期盈余”科目。该行政单位应编制如下会计分录：

借：其他收入　　5 200

　贷：本期盈余　　5 200

第二节　预算收入

预算收入是指行政事业单位在履行职责或开展业务活动中依法取得的纳入部门预算管理的资金。行政事业单位的预算收入按照不同的来源渠道和资金性质包括财政拨款预算收入、事业预算收入、上级补助预算收入、附属单位上缴预算收入、经营预算收入、债务预算收入、非同级财政拨款预算收入、投资预算收益和其他预算收入等种类。预算收入应当按照收付实现制基础进行确认和计量。预算收入和预算支出两个预算会计要素构筑行政事业单位的预算收入支出表。

一、财政拨款预算收入

（一）财政拨款预算收入的概念和核算科目设置

财政拨款预算收入是指行政事业单位从同级政府财政部门取得的各类财政拨款。

为核算财政拨款预算收入业务，行政事业单位应设置“财政拨款预算收入”总账科目。该科目应当设置“基本支出”和“项目支出”两个明细科目，并按照《政府收支分类科目》中“支出功能分类科目”的项级科目进行明细核算；同时，在“基本支出”明细科目下按照“人员经费”和“日常公用经费”进行明细核算，在“项目支出”明细科目下按照具体项目进行明细核算。有一般公共预算财政拨款、政府性基金预算财政拨款等两种或两种以上财政拨款的单位，还应当按照财政拨款的种类进行明细核算。

“财政拨款预算收入”总账科目应当按照行政事业单位预算管理的要求设置明细科目，进行明细核算。按照行政事业单位预算管理的要求，行政事业单位预算应当区分基本支出预算和项目支出预算，其中，基本支出预算预算还应当区分人员经费预算和日常公用经费预算。由此，“财政拨款预算收入”总账科目应当分别设置相应的明细科目，核算基本支出预算、项目支出预算、人员经费预算、日常公用经费预算中取得的财政拨款预算收入。基本支出和项目支出是行政事业单位各项预算收入和预算支出核算中需要进行明细核算的基本种类，即行政事业单位各相关预算收入科目和预算支出科目，对于专项资金都需要按照具体项目进行明细核算，除专项资金外的其他资金，则作为满足单位基本支出需要的资金进行明细核算。

行政事业单位是具体履行政府职能的单位。行政事业单位在履行政府职能的过程中取得的各项资金收入和发生的各项资金支出，除了需要按照基本支出和项目支出进行预算管理外，还需要按照履行职能的种类进行预算管理和反映。因此，“财政拨款预算收入”总账科目还应当按照《政府收支分类科目》中的“支出功能分类科目”设置明细科目，进行明细核算。行政事业单位“财政拨款预算收入”总账科目下设置的“支出功能分类科目”明细科目与财政总预算会计“一般公共预算本级支出”“政府性基金预算本级支出”总账科目下设置的“支出功能分类科目”明细科目应当是一致的。《政府收支分类科目》中的“支出功能分类科目”，是行政事业单位各项预算收入和预算支出核算中需要进行明细核算的基本种类，即行政事业单位各相关预算收入科目和预算支出科目都需要按照《政府收支分类科目》中的“支出功能分类科目”设置明细科目，进行明细核算。

预算收入科目需要严格按照预算管理的要求设置相关的明细科目，并按照与预算管理要求相一致的原则进行明细核算。预算支出科目的情况也是如此。只有这样，预算执行情况才能得到如实的反映。

相比较而言，财务会计核算中的收入和费用科目，包括“财政拨款收入”“业务活动费用”科目等，不需要按照预算管理要求设置相应的明细科目。因为这些科目的核算目标，不是为了反映预算执行情况，而是为了反映收入与费用相抵后的盈余情况。

（二）通过财政直接支付方式取得的财政拨款预算收入

在财政直接支付方式下，单位根据收到的“财政直接支付入账通知书”及相关原始凭证，按照通知书中的直接支付金额，借记“行政支出”“事业支出”等科目，贷记“财政拨款预算收入”科目。

年末，根据本年度财政直接支付预算指标数与当年财政直接支付实际支出数的差额，借记“资金结存——财政应返还额度”科目，贷记“财政拨款预算收入”科目。

因差错更正、购货退回等发生国库直接支付款项退回的，属于本年度支付的款项，按照退回金额，借记“财政拨款预算收入”科目，贷记“行政支出”“事业支出”等科目。

例 12-28

某行政单位通过财政直接支付方式向某社会组织支付一笔款项 45 600 元，具体内容为向该社会组织支付一笔政府购买服务的费用。该行政单位应编制如下会计分录：

在财务会计中：

　　借：业务活动费用　　45 600

　　　贷：财政拨款收入　　45 600

同时，在预算会计中：

　　借：行政支出　　45 600

　　　贷：财政拨款预算收入　　45 600

该笔业务既需要做财务会计核算，也需要做预算会计核算。在财务会计核算中，根据不同的业务内容，与“财政拨款收入”科目相对应的科目可以有“业务活动费用”、“库存物品”、“固定资产”、“应付职工薪酬”、“应付账款”和“预付账款”等科目。但在预算会计核算中，与“财政拨款预算收入”科目相对应的科目是“行政支出”科目，如果是事业单位，则是“事业支出”科目。

在该项业务中，如果行政单位欠某社会组织一笔政府购买服务的费用，即款项尚未支付，那么，在进行财务会计核算时，借记“业务活动费用”科目，贷记“应付账款”科目；但此时不需要进行预算会计核算，因为此时并没有发生预算收入或预算支出。待采用财政直接支付方式偿付相应的应付账款时，在进行财务会计核算时，借记“应付账款”科目，贷记“财政拨款收入”科目；同时，在进行预算会计核算时，借记“行政支出”科目，贷记“财政拨款预算收入”科目。财务会计与预算会计实行的是平行记账的方法，采用的是“双功能”“双基础”“双报告”的会计核算模式。

在财政直接支付方式下，财务会计中的财政拨款收入和预算会计中的财政拨款预算收入，都是在收到财政直接支付入账通知书及相关原始凭证，以及年末确认尚未使用的预算指标数时确认。

（三）通过财政授权支付方式取得的财政拨款预算收入

在财政授权支付方式下，单位根据收到的“财政授权支付额度到账通知书”，按照通知书中的授权支付额度，借记“资金结存——零余额账户用款额度”科目，贷记“财政拨款预算收入”科目。

年末，单位本年度财政授权支付预算指标数大于零余额账户用款额度下达数的，按照两者差额，借记“资金结存——财政应返还额度”科目，贷记“财政拨款预算收入”科目。

例 12-29

某行政单位收到“财政授权支付额度到账通知书”，通知书中所列的财政授权支付额度为22 500元。该行政单位应编制如下会计分录：

在财务会计中：

借：零余额账户用款额度	22 500	
贷：财政拨款收入		22 500

同时，在预算会计中：

借：资金结存——零余额账户用款额度	22 500	
贷：财政拨款预算收入		22 500

财务会计中的“零余额账户用款额度”科目属于资产类科目，预算会计中的“资金结存——零余额账户用款额度”科目则属于预算结余类科目。预算会计中没有资产类科目，也没有负债类科目，只有预算收入、预算支出和预算结余三类科目。财务会计中的“财政应返还额度”科目和预算会计中的“资金结存——财政应返还额度”科目，情况也是一样。

在财政授权支付方式下，财务会计中的财政拨款收入和预算会计中的财政拨款预算收入，都是在收到财政授权支付额度到账通知书，以及年末确认尚未收到或下达的预算指标数时确认。

（四）通过财政实拨资金方式取得的财政拨款预算收入

在其他方式主要是财政实拨资金方式下，单位按照本期预算收到财政拨款预算收入时，按照实际收到的金额，借记“资金结存——货币资金”科目，贷记“财政拨款预算收入”科目。

单位收到下期预算的财政预拨款，应当在下个预算期，按照预收的金额，借记“资金结存——货币资金”科目，贷记“财政拨款预算收入”科目。

例 12-30

某事业单位尚未纳入财政国库单一账户制度改革。该事业单位收到开户银行转来的收款通知，收到财政部门拨入的本期预算经费24 800元。该事业单位应编制如下会计分录：

在财务会计中：

借：银行存款	24 800	
贷：财政拨款收入		24 800

同时，在预算会计中：

借：资金结存——货币资金	24 800	
贷：财政拨款预算收入		24 800

行政事业单位收到下期预算的财政预拨款，在财务会计中，通过“其他应付款”科目核算，借记“银行存款”等科目，贷记“其他应付款”科目；待到下一预算期再

从“其他应付款”科目转入“财政拨款收入”科目，借记“其他应付款”科目，贷记“财政拨款收入”科目。在预算会计中，则需要等到下个预算期再进行会计处理，本预算期不做会计处理。财务会计核算的信息和预算会计核算的信息是互为补充的。

（五）同时有一般公共预算财政拨款和政府性基金预算财政拨款情况下取得的财政拨款预算收入

在同时有一般公共预算财政拨款和政府性基金预算财政拨款的情况下，财政拨款预算收入应当分别一般公共预算财政拨款和政府性基金预算财政拨款，根据以上不同的财政资金支付方式，在相应的时点按照相应的金额进行确认。

（六）财政拨款预算收入的年末结账

年末，将“财政拨款预算收入”科目本年发生额转入财政拨款结转，借记“财政拨款预算收入”科目，贷记“财政拨款结转——本年收支结转”科目。年末结转后，“财政拨款预算收入”科目应无余额。

例 12－31

年末，某事业单位“财政拨款预算收入”科目的本年发生额为 658 000 元。该事业单位将其全数转入“财政拨款结转——本年收支结转”科目。该事业单位应编制如下会计分录：

借：财政拨款预算收入　　658 000

　贷：财政拨款结转——本年收支结转　　658 000

在预算会计中，“财政拨款结转”科目属于预算结余类科目。

二、事业预算收入

（一）事业预算收入的概念和核算科目设置

事业预算收入是指事业单位开展专业业务活动及其辅助活动取得的现金流入。

为核算事业预算收入业务，事业单位应设置“事业预算收入”总账科目。事业单位因开展科研及其辅助活动从非同级政府财政部门取得的经费拨款，也通过该科目核算。该科目应当按照事业预算收入类别、项目、来源、《政府收支分类科目》中“支出功能分类科目”项级科目等进行明细核算。对于因开展科研及其辅助活动从非同级政府财政部门取得的经费拨款，应当在该科目下单设“非同级财政拨款”明细科目进行明细核算；事业预算收入中如有专项资金收入，还应按照具体项目进行明细核算。

“事业预算收入”总账科目下明细核算科目的设置原理如同“财政拨款预算收入”科目。

（二）采用财政专户返还方式管理的事业预算收入

采用财政专户返还方式管理的事业预算收入，收到从财政专户返还的事业预算收入时，按照实际收到的返还金额，借记“资金结存——货币资金”科目，贷记“事业预算收入”科目。

例 12-32

某事业单位收到从财政专户返还的一部分事业预算收入 85 000 元，款项已存入开户银行。该事业单位应编制如下会计分录：

在财务会计中：

借：银行存款　　85 000

　贷：事业收入　　85 000

同时，在预算会计中：

借：资金结存——货币资金　　85 000

　贷：事业预算收入　　85 000

事业单位在收到采用财政专户返还方式管理的事业收入时，形成应缴财政款负债。此时，事业单位只做财务会计记录，不做预算会计记录。事业单位通过开户银行向财政专户上缴收到的事业收入时，转销之前形成的应缴财政款负债。此时，事业单位也只做财务会计记录，不做预算会计记录。在预算会计中，没有负债的核算内容。

（三）收到的其他事业预算收入

收到其他事业预算收入时，按照实际收到的款项金额，借记“资金结存——货币资金”科目，贷记“事业预算收入”科目。

例 12-33

某事业单位按合同约定从付款方预收一笔事业活动款项 85 000 元，款项已存入开户银行。该事业单位应编制如下会计分录：

在财务会计中：

借：银行存款　　85 000

　贷：预收账款　　85 000

同时，在预算会计中：

借：资金结存——货币资金　　85 000

　贷：事业预算收入　　85 000

该事业单位在按合同完成进度计算确认当年实现的事业收入时，只做财务会计核算，不做预算会计核算。

例 12-34

某事业单位按合同约定开展一项专业业务活动。次月，该事业单位收到上月末按合同完成进度计算确认的事业收入 25 600 元。收到款项时，该事业单位应编制如下会计分录：

在财务会计中：

借：银行存款　　25 600

　贷：应收账款　　25 600

同时，在预算会计中：

借：资金结存——货币资金　　25 600

　贷：事业预算收入　　25 600

该事业单位在按合同完成进度计算确认当月实现的事业收入时，只做财务会计核算，不做预算会计核算。

例 12－35

某事业单位在开展专业业务活动中收到现金 1 220 元。该事业单位应编制如下会计分录：

在财务会计中：

借：库存现金　　1 220

　贷：事业收入　　1 220

同时，在预算会计中：

借：资金结存——货币资金　　1 220

　贷：事业预算收入　　1 220

在概念上，事业预算收入是指事业单位开展专业业务活动及其辅助活动取得的现金流入，而事业收入是指事业单位开展专业业务活动及其辅助活动实现的收入。前者体现了收付实现制，后者体现了权责发生制。

（四）事业预算收入的年末结账

年末，将“事业预算收入”科目本年发生额中的专项资金收入转入非财政拨款结转，借记“事业预算收入”科目下各专项资金收入明细科目，贷记“非财政拨款结转——本年收支结转”科目；将“事业预算收入”科目本年发生额中的非专项资金收入转入其他结余，借记“事业预算收入”科目下各非专项资金收入明细科目，贷记“其他结余”科目。年末结转后，“事业预算收入”科目应无余额。

例 12－36

年末，某事业单位“事业预算收入”科目的本年发生额为 417 200 元，其中，专项资金收入 102 200 元，非专项资金收入 315 000 元。该事业单位分别将其转入“非财政拨款结转——本年收支结转”和“其他结余”科目。该事业单位应编制如下会计分录：

借：事业预算收入　　417 200

　贷：非财政拨款结转——本年收支结转　　102 200

　　　其他结余　　315 000

行政事业单位的财政拨款预算收支情况和非财政拨款预算收支情况需要分别核算，对于财政拨款预算收支情况还需要进行单独的报告。分别设置“财政拨款预算收入”“财政拨款结转”等科目以及“事业预算收入”“非财政拨款结转”等科目，体现了这一基本要求。

三、上级补助预算收入

上级补助预算收入是指事业单位从主管部门和上级单位取得的非财政补助现金流入。

为核算上级补助预算收入业务，事业单位应设置“上级补助预算收入”总账科目。该科目应当按照发放补助单位、补助项目、《政府收支分类科目》中“支出功能分类科目”的项级科目等进行明细核算。上级补助预算收入中如有专项资金收入，还应按照具体项目进行明细核算。事业单位收到上级补助预算收入时，按照实际收到的金额，借记“资金结存——货币资金”科目，贷记该科目。年末，将该科目本年发生额中的专项资金收入转入非财政拨款结转，借记该科目下各专项资金收入明细科目，贷记“非财政拨款结转——本年收支结转”科目；将该科目本年发生额中的非专项资金收入转入其他结余，借记该科目下各非专项资金收入明细科目，贷记“其他结余”科目。年末结转后，该科目应无余额。

例 12-37

某事业单位收到上级单位拨入一笔非财政补助资金 26 000 元，款项已存入开户银行。该事业单位应编制如下会计分录：

在财务会计中：

借：银行存款	26 000	
贷：上级补助收入		26 000

同时，在预算会计中：

借：资金结存——货币资金	26 000	
贷：上级补助预算收入		26 000

如果事业单位确认一项尚未收到的上级补助收入，那么，在财务会计，应当借记“其他应收款”科目，贷记“上级补助收入”科目；而此时，在预算会计中，则不做会计处理。之后，事业单位收到以前确认的上级补助收入款项时，在财务会计中，借记“银行存款”科目，贷记“其他应收款”科目；同时，在预算会计中，借记“资金结存——货币资金”科目，贷记“上级补助预算收入”科目。

例 12-38

年末，某事业单位“上级补助预算收入”科目的本年发生额为 90 600 元，其中，专项资金收入 85 500 元，非专项资金收入 5 100 元。该事业单位分别将其转入“非财政拨款结转——本年收支结转”和“其他结余”科目。该事业单位应编制如下会计分录：

借：上级补助预算收入	90 600	
贷：非财政拨款结转——本年收支结转		85 500
其他结余		5 100

行政事业单位除了需要对财政拨款预算收支情况和非财政拨款预算收支情况进行分别核算外，对专项资金预算收支情况和非专项资金预算收支情况也需要进行分别核算。对于专项资金预算收支情况还需要进行单独的报告，并进行绩效评价。分别设置“非财政拨款结转”和“其他结余”科目，体现了这一基本要求。

四、附属单位上缴预算收入

附属单位上缴预算收入是指事业单位取得附属独立核算单位根据有关规定上缴的现金流入。

为核算附属单位上缴预算收入业务，事业单位应设置“附属单位上缴预算收入”总账科目。该科目应当按照附属单位、缴款项目、《政府收支分类科目》中“支出功能分类科目”的项级科目等进行明细核算。附属单位上缴预算收入中如有专项资金收入，还应按照具体项目进行明细核算。事业单位收到附属单位缴来款项时，按照实际收到的金额，借记“资金结存——货币资金”科目，贷记该科目。年末，将该科目本年发生额中的专项资金收入转入非财政拨款结转，借记该科目下各专项资金收入明细科目，贷记“非财政拨款结转——本年收支结转”科目；将该科目本年发生额中的非专项资金收入转入其他结余，借记该科目下各非专项资金收入明细科目，贷记“其他结余”科目。年末结转后，该科目应无余额。

例 12－39

某事业单位收到一笔上月确认的附属单位上缴收入 17 800 元，款项已存入开户银行。该事业单位应编制如下会计分录：

在财务会计中：

借：银行存款　　17 800

　贷：其他应收款　　17 800

同时，在预算会计中：

借：资金结存——货币资金　　17 800

　贷：附属单位上缴预算收入　　17 800

事业单位在确认尚未收到的附属单位上缴收入时，在财务会计中，借记“其他应收款”科目，贷记“附属单位上缴收入”科目；此时，在预算会计中，则不做会计处理。

例 12－40

年末，某事业单位“附属单位上缴预算收入”科目的本年发生额为 47 100 元，其中，专项资金收入 1 500 元，非专项资金收入 45 600 元。该事业单位分别将其转入“非财政拨款结转——本年收支结转”和“其他结余”科目。该事业单位应编制如下会计分录：

借：附属单位上缴预算收入　　47 100

　贷：非财政拨款结转——本年收支结转　　1 500

　　　其他结余　　45 600

五、经营预算收入

经营预算收入是指事业单位在专业业务活动及其辅助活动之外开展非独立核算经营活动取得的现金流入。

为核算经营预算收入业务，事业单位应设置“经营预算收入”总账科目。该科目应当按照经营活动类别、项目、《政府收支分类科目》中“支出功能分类科目”的项级科目等进行明细核算。事业单位收到经营预算收入时，按照实际收到的金额，借记“资金结存——货币资金”科目，贷记该科目。年末，将该科目本年发生额转入经营结余，借记该科目，贷记“经营结余”科目。年末结转后，该科目应无余额。

例 12－41

某事业单位开展一项非独立核算的经营活动，取得经营收入 5 800 元，款项已存入开户银行。暂不考虑增值税业务。该事业单位应编制如下会计分录：

在财务会计中：

借：银行存款　　5 800

　　贷：经营收入　　5 800

同时，在预算会计中：

借：资金结存——货币资金　　5 800

　　贷：经营预算收入　　5 800

事业单位如果在实现经营收入时款项尚未收到，在财务会计中，应当借记“应收账款”“应收票据”等科目，贷记“经营收入”科目；而此时，在预算会计中，则不做会计处理。

例 12-42

年末，某事业单位“经营预算收入”科目的本年发生额为23 100元。该事业单位将其全额转入“经营结余”科目。该事业单位应编制如下会计分录：

借：经营预算收入　　23 100

　　贷：经营结余　　23 100

事业单位除了需要对财政拨款预算收支情况和非财政拨款预算收支情况、专项资金预算收支情况和非专项资金预算收支情况进行分别核算外，还需要对经营活动中形成的预算收支情况和事业活动中形成的预算收支情况进行分别核算，单独设置“经营结余”科目，体现了这一基本要求。

六、债务预算收入

债务预算收入是指事业单位按照规定从银行和其他金融机构等借入的、纳入部门预算管理的、不以财政资金作为偿还来源的债务本金。

为核算债务预算收入业务，事业单位应设置“债务预算收入”总账科目。该科目应当按照贷款单位、贷款种类、《政府收支分类科目》中“支出功能分类科目”的项级科目等进行明细核算。债务预算收入中如有专项资金收入，还应按照具体项目进行明细核算。事业单位借入各项短期或长期借款时，按照实际借入的金额，借记“资金结存——货币资金”科目，贷记该科目。年末，将该科目本年发生额中的专项资金收入转入非财政拨款结转，借记该科目下各专项资金收入明细科目，贷记“非财政拨款结转——本年收支结转”科目；将该科目本年发生额中的非专项资金收入转入其他结余，借记该科目下各非专项资金收入明细科目，贷记“其他结余”科目。年末结转后，该科目应无余额。

例 12-43

某事业单位经批准向银行借入一笔短期借款，借款金额为50 000元。该事业单位应编制如下会计分录：

在财务会计中：

借：银行存款　　50 000

　　贷：短期借款　　50 000

同时，在预算会计中：

借：资金结存——货币资金　　50 000

　　贷：债务预算收入　　50 000

事业单位向银行借入款项，之后需要偿还，因此，在财务会计中，作为负债进行记录。事业单位向银行借入的款项，可以用来安排预算支出，因此，在预算会计中，作为预算收入进行记录。对于该类业务，采用平行记账的方法，既可以反映负债的形成，又可以反映可用预算资金的增加，相应信息可以得到较为全面的反映。

与其他预算收入科目不同，预算会计中的“债务预算收入”科目，在财务会计中没有对应的“债务收入”科目。

例 12－44

年末，某事业单位“债务预算收入”科目的本年发生额为 120 000 元，其中，专项资金收入 110 000 元，非专项资金收入 10 000 元。该事业单位分别将其转入“非财政拨款结转——本年收支结转”和“其他结余”科目。该事业单位应编制如下会计分录：

借：债务预算收入　　120 000
　贷：非财政拨款结转——本年收支结转　　110 000
　　　其他结余　　10 000

在预算会计中，债务预算收入和事业预算收入、上级补助预算收入、附属单位上缴预算收入等在会计核算方法上是一样的。即它们都是在收到相应的款项时确认预算收入；年末，分别专项资金收入和非专项资金收入转入“非财政拨款结转——本年收支结转”“其他结余”科目。

七、非同级财政拨款预算收入

非同级财政拨款预算收入是指行政事业单位从非同级政府财政部门取得的财政拨款，包括本级横向转拨财政款和非本级财政拨款。

为核算非同级财政拨款预算收入业务，行政事业单位应设置“非同级财政拨款预算收入”总账科目。对于因开展科研及其辅助活动从非同级政府财政部门取得的经费拨款，应当通过“事业预算收入——非同级财政拨款”科目进行核算，不通过该科目核算。该科目应当按照非同级财政拨款预算收入的类别、来源、《政府收支分类科目》中“支出功能分类科目”的项级科目等进行明细核算。非同级财政拨款预算收入中如有专项资金收入，还应按照具体项目进行明细核算。单位取得非同级财政拨款预算收入时，按照实际收到的金额，借记“资金结存——货币资金”科目，贷记该科目。年末，将该科目本年发生额中的专项资金收入转入非财政拨款结转，借记该科目下各专项资金收入明细科目，贷记“非财政拨款结转——本年收支结转”科目；将该科目本年发生额中的非专项资金收入转入其他结余，借记该科目下各非专项资金收入明细科目，贷记“其他结余”科目。年末结转后，该科目应无余额。

例 12－45

某纳入省级政府财政部门预算范围的事业单位从当地市级政府财政部门获得一笔财政资金 55 000 元，该笔财政资金属于当地市政府支持该事业单位发展的专项资金，款项已存入该事业单位的银行存款账户。该事业单位应编制如下会计分录：

在财务会计中：

借：银行存款　　55 000
　贷：非同级财政拨款收入　　55 000

同时，在预算会计中：

借：资金结存——货币资金　　55 000

　　贷：非同级财政拨款预算收入　　55 000

如果行政事业单位确认非同级财政拨款收入时尚未收到款项，在财务会计中，应当借记“其他应收款”科目，贷记“非同级财政拨款收入”科目；在预算会计中，则不做会计处理。待收到相应款项时，在财务会计中，应当借记“银行存款”科目，贷记“其他应收款”科目；在预算会计中，应当借记“资金结存——货币资金”科目，贷记“非同级财政拨款预算收入”科目。

例 12-46

年末，某事业单位“非同级财政拨款预算收入”科目的本年发生额为 299 000 元，其中，专项资金收入 234 000 元，非专项资金收入 65 000 元。该事业单位分别将其转入“非财政拨款结转——本年收支结转”和“其他结余”科目。该事业单位应编制如下会计分录：

借：非同级财政拨款预算收入　　299 000

　　贷：非财政拨款结转——本年收支结转　　234 000

　　　　其他结余　　65 000

八、投资预算收益

投资预算收益是指事业单位取得的按照规定纳入部门预算管理的属于投资收益性质的现金流入，包括股权投资收益、出售或收回债券投资所取得的收益和债券投资利息收入。

为核算投资预算收益业务，事业单位应设置“投资预算收益”总账科目。该科目应当按照《政府收支分类科目》中“支出功能分类科目”的项级科目等进行明细核算。

事业单位出售或到期收回本年度取得的短期、长期债券，按照实际取得的价款或实际收到的本息金额，借记“资金结存——货币资金”科目，按照取得债券时“投资支出”科目的发生额，贷记“投资支出”科目，按照其差额，贷记或借记该科目。出售或到期收回以前年度取得的短期、长期债券，按照实际取得的价款或实际收到的本息金额，借记“资金结存——货币资金”科目，按照取得债券时“投资支出”科目的发生额，贷记“其他结余”科目，按照其差额，贷记或借记该科目。出售、转让以货币资金取得的长期股权投资的，其账务处理参照出售或到期收回债券投资。

持有的短期投资以及分期付息、一次还本的长期债券投资收到利息时，按照实际收到的金额，借记“资金结存——货币资金”科目，贷记该科目。持有长期股权投资取得被投资单位分派的现金股利或利润时，按照实际收到的金额，借记“资金结存——货币资金”科目，贷记该科目。

出售、转让以非货币性资产取得的长期股权投资时，按照实际取得的价款扣减支付的相关费用和应缴财政款后的余额（按照规定纳入单位预算管理的），借记“资金结存——货币资金”科目，贷记该科目。

年末，将该科目本年发生额转入其他结余，借记或贷记该科目，贷记或借记“其他结余”科目。年末结转后，该科目应无余额。

例 12－47

某事业单位出售一项本年度取得的短期投资，实际收到款项 12 800 元，款项已存入开户银行。该项短期投资的账面余额为 12 500 元，取得时“投资支出”科目的发生额也为 12 500 元。按照规定，本次短期投资出售取得的投资收益纳入单位预算管理。该事业单位应编制如下会计分录：

在财务会计中：

借：银行存款	12 800	
贷：短期投资		12 500
投资收益		300

同时，在预算会计中：

借：资金结存——货币资金	12 800	
贷：投资支出		12 500
投资预算收益		300

事业单位在出售债券投资时，“投资预算收益”科目记录的是实际取得的价款与取得债券时投资支出的发生额之间的差额，即是收益，不是纯粹的收入。这与“事业预算收入”“经营预算收入”等其他相关预算收入科目记录的内容有所不同。

另外，由于“投资支出”科目的本年发生额年末转入其他结余，因此，出售或到期收回以前年度取得的短期、长期债券，应当借记“资金结存——货币资金”科目，贷记“其他结余”科目，借贷差额确认为投资预算收益，即将以前年度结转至“其他结余”科目中的投资支出与实际收到的货币资金相抵，差额为投资预算收益。

例 12－48

某事业单位收到短期投资持有期间的利息 2 200 元，款项已存入开户银行。该事业单位应编制如下会计分录：

在财务会计中：

借：银行存款	2 200	
贷：投资收益		2 200

同时，在预算会计中：

借：资金结存——货币资金	2 200	
贷：投资预算收益		2 200

例 12－49

某事业单位持有 B 公司 10%的股份，相应的长期股权投资采用成本法核算。某日，该事业单位收到 B 公司数日前宣告分派的现金股利 12 000 元，款项已存入开户银行。该事业单位应编制如下会计分录：

在财务会计中：

借：银行存款	12 000	
贷：应收股利		12 000

同时，在预算会计中：

借：资金结存——货币资金	12 000	
贷：投资预算收益		12 000

在成本法下，被投资单位宣告分派现金股利时，在财务会计中，应当借记“应收股利”科目，贷记“投资收益”科目。此时，在预算会计中，则不做会计处理。

例 12－50

年末，某事业单位“投资预算收益”科目的本年发生额为89 000元。该事业单位将其全额转入“其他结余”科目。该事业单位应编制如下会计分录：

借：投资预算收益　　89 000
　贷：其他结余　　89 000

九、其他预算收入

其他预算收入是指行政事业单位除财政拨款预算收入、事业预算收入、上级补助预算收入、附属单位上缴预算收入、经营预算收入、债务预算收入、非同级财政拨款预算收入、投资预算收益之外的纳入部门预算管理的现金流入，包括捐赠预算收入、利息预算收入、租金预算收入、现金盘盈收入等。

为核算其他预算收入业务，行政事业单位应设置“其他预算收入”总账科目。该科目应当按照其他收入类别、《政府收支分类科目》中“支出功能分类科目”的项级科目等进行明细核算。其他预算收入中如有专项资金收入，还应按照具体项目进行明细核算。单位发生的捐赠预算收入、利息预算收入、租金预算收入金额较大或业务较多的，可单独设置“捐赠预算收入”、“利息预算收入”和“租金预算收入”等科目。

单位接受捐赠现金资产、收到银行存款利息、收到资产承租人支付的租金时，按照实际收到的金额，借记“资金结存——货币资金”科目，贷记该科目。每日现金账款核对中如发现现金溢余，按照溢余的现金金额，借记“资金结存——货币资金”科目，贷记该科目。经核实，属于应支付给有关个人和单位的部分，按照实际支付的金额，借记该科目，贷记“资金结存——货币资金”科目。收到其他预算收入时，按照收到的金额，借记“资金结存——货币资金”科目，贷记该科目。

年末，将该科目本年发生额中的专项资金收入转入非财政拨款结转，借记该科目下各专项资金收入明细科目，贷记“非财政拨款结转——本年收支结转”科目；将该科目本年发生额中的非专项资金收入转入其他结余，借记该科目下各非专项资金收入明细科目，贷记“其他结余”科目。年末结转后，该科目应无余额。

例 12－51

某事业单位接受捐赠一笔货币资金60 000元，按捐赠约定规定用于专门用途，款项已存入开户银行。该事业单位应编制如下会计分录：

在财务会计中：

借：银行存款　　60 000
　贷：捐赠收入　　60 000

同时，在预算会计中：

借：资金结存——货币资金　　60 000
　贷：其他预算收入　　60 000

行政事业单位接受捐赠存货、固定资产等非现金资产的，在财务会计中，应当借记“库存物品”“固定资产”等科目，贷记“捐赠收入”科目。此时，在预算会计中，则不做会计处理。

例 12－52

某事业单位经批准采用预收租金方式出租一项固定资产，预收半年的租金 90 000 元，款项已存入开户银行。该事业单位应编制如下会计分录：

在财务会计中：

借：银行存款	90 000	
贷：预收账款		90 000

同时，在预算会计中：

借：资金结存——货币资金	90 000	
贷：其他预算收入		90 000

该事业单位按月确认租金收入时，在财务会计中，应当借记“预收账款”科目，贷记“租金收入”科目。此时，在预算会计中，则不做会计处理。

例 12－53

某事业单位经批准出售一项自主研发的无形资产，出售价款为 385 000 元，相应款项已收到并存入开户银行。按照规定，该项无形资产的出售收入纳入本单位预算管理。暂不考虑增值税业务。该事业单位应编制如下会计分录：

在财务会计中：

借：银行存款	385 000	
贷：其他收入		385 000

同时，在预算会计中：

借：资金结存——货币资金	385 000	
贷：其他预算收入		385 000

在财务会计中，该事业单位除了需要对收到的无形资产出售价款进行会计处理外，还需要对转销的无形资产进行会计处理，即还应当借记“资产处置费用”科目，贷记“无形资产”科目。如果该项无形资产计提过摊销，还应当借记“无形资产累计摊销”科目。

例 12－54

年末，某事业单位“其他预算收入”科目的本年发生额为 59 500 元，其中，专项资金收入 34 500 元，非专项资金收入 25 000 元。该事业单位分别将其转入“非财政拨款结转——本年收支结转”和“其他结余”科目。该事业单位应编制如下会计分录：

借：其他预算收入	59 500	
贷：非财政拨款结转——本年收支结转		34 500
其他结余		25 000

思考题

1. 什么是行政事业单位的收入？行政事业单位的收入主要包括哪些种类？
2. 什么是行政事业单位的预算收入？行政事业单位的预算收入主要包括哪些种

类？行政事业单位预算收入的种类和收入的种类有什么不同？

3. 行政事业单位的收入应当按照什么会计基础进行确认和计量？行政事业单位的预算收入应当按照什么会计基础进行确认和计量？

4. 什么是财政拨款收入？什么是财政拨款预算收入？举例说明两者的会计处理异同。

5. 什么是事业收入？什么是事业预算收入？举例说明两者的会计处理异同。

6. 什么是上级补助收入？什么是上级补助预算收入？举例说明两者的会计处理异同。

7. 什么是附属单位上缴收入？什么是附属单位上缴预算收入？举例说明两者的会计处理异同。

8. 什么是经营收入？什么是经营预算收入？举例说明两者的会计处理异同。

9. 什么是债务预算收入？债务预算收入的相应业务在财务会计和预算会计中分别是如何核算的？

10. 什么是非同级财政拨款收入？什么是非同级财政拨款预算收入？举例说明两者的会计处理异同。

11. 什么是投资收益？什么是投资预算收益？举例说明两者的会计处理异同。

12. “财政拨款预算收入”科目和“上级补助预算收入”科目年末结账方法有什么不同？

练习题

练习一

一、目的：练习行政事业单位财政拨款收入和财政拨款预算收入的核算。

二、资料：某行政单位20×4年发生如下经济业务：

(1) 通过财政直接支付方式向职工支付一笔之前计算确认的应付职工薪酬63 200元。

(2) 收到“财政授权支付到账通知书”，通知书所列金额为25 000元。

(3) 年末，本年度财政直接支付预算指标数大于当年财政直接支付实际支出数的差额为2 700元。

(4) 年末，“财政拨款收入”科目的本年发生额为589 000元，将其全数转入“本期盈余”科目。

(5) 年末，“财政拨款预算收入”科目的本年发生额为589 000元，将其全数转入“财政拨款结转——本年收支结转”科目。

三、要求：根据以上经济业务，为该行政单位编制有关的会计分录。

练习二

一、目的：练习事业单位事业收入和事业预算收入的核算。

二、资料：某事业单位20×4年发生如下经济业务：

(1) 按合同约定从付款方预收一笔事业活动款项85 600元，款项已存入开户银行。

(2) 按合同完成进度计算确认预收账款中实现的事业收入45 500元。

（3）在开展专业业务活动中收到一笔银行存款 3 800 元。

（4）年末，“事业收入”科目的本年发生额为 228 000 元，将其全数转入“本期盈余”科目。

（5）年末，“事业预算收入”科目的本年发生额为 328 000 元，其中，专项资金收入 246 000 元，非专项资金收入 82 000 元，分别将其转入“非财政拨款结转——本年收支结转”和“其他结余”科目。

三、要求：根据以上经济业务，为该事业单位编制有关的会计分录。暂不考虑增值税业务。

练习三

一、目的：练习事业单位上级补助收入和上级补助预算收入的核算。

二、资料：某事业单位 20×4 年发生如下经济业务：

按照相关规定，确认一项上级补助收入，金额为 35 000 元，款项尚未收到。该笔上级补助收入按要求应当专门用于开展某项专业业务活动。数日后，收到了该项上级补助收入 35 000 元，款项已存入开户银行。年末，“上级补助收入”科目的本年发生额为 88 600 元，将其全额转入“本期盈余”科目；“上级补助预算收入”科目的本年发生额为 77 600 元，其中，专项资金收入 65 500 元，非专项资金收入 12 100 元，分别将其转入“非财政拨款结转——本年收支结转”和“其他结余”科目。

三、要求：根据以上经济业务，为该事业单位编制有关的会计分录。

练习四

一、目的：练习事业单位附属单位上缴收入和附属单位上缴预算收入的核算。

二、资料：某事业单位 20×4 年发生如下经济业务：

按照相关规定，确认一项附属单位上缴收入，金额为 120 000 元，款项尚未收到。数日后，收到了该项附属单位上缴收入 120 000 元，款项已存入开户银行。年末，“附属单位上缴收入”科目的本年发生额为 478 000 元，将其转入“本期盈余”科目；“附属单位上缴预算收入”科目的本年发生额为 436 000 元，全部为非专项资金收入，将其转入“其他结余”科目。

三、要求：根据以上经济业务，为该事业单位编制有关的会计分录。

练习五

一、目的：练习事业单位经营收入和经营预算收入的核算。

二、资料：某事业单位 20×4 年发生如下经济业务：

开展经营活动实现一笔经营收入 13 200 元，款项尚未收到。数日后，收到了该项经营收入 13 200 元，款项已存入开户银行。年末，“经营收入”科目的本年发生额为 86 600 元，将其转入“本期盈余”科目；“经营预算收入”科目的本年发生额为 91 200 元，将其转入“经营结余”科目。暂不考虑增值税业务。

三、要求：根据以上经济业务，为该事业单位编制有关的会计分录。

练习六

一、目的：练习事业单位债务预算收入的核算。

二、资料：某事业单位 20×4 年发生如下经济业务：

经批准向银行借入一笔到期一次还本付息的长期借款，借款金额为 600 000 元。年末，计算确定应支付的借款利息 23 000 元，该借款利息按规定应计入在建工程成本。年末，“债务预算收入”科目的本年发生额为 600 000 元，全部为专项资金收入，将其转入“非财政拨款结转——本年收支结转”科目。

三、要求：根据以上经济业务，为该事业单位编制有关的会计分录。

练习七

一、目的：练习行政事业单位非同级财政拨款收入和非同级财政拨款预算收入的核算。

二、资料：某纳入市级政府财政部门预算范围的事业单位 20×4 年发生如下经济业务：

收到上年确认的非同级财政拨款收入款项 20 000 元，款项已存入开户银行，该笔款项为专项资金收入。数日后，从上级省政府财政部门获得一笔本年度财政专项资金 145 000 元，款项已存入银行存款账户。年末，“非同级财政拨款收入”科目的本年发生额为 145 000 元，将其全数转入“本期盈余”科目；“非同级财政拨款预算收入”科目的本年发生额为 165 000 元，全部为专项资金收入，将其转入“非财政拨款结转——本年收支结转”科目。

三、要求：根据以上经济业务，为该事业单位编制有关的会计分录。

练习八

一、目的：练习事业单位投资收益和投资预算收益的核算。

二、资料：某事业单位 20×4 年发生如下经济业务：

(1) 到期收回一项以前年度取得的长期债券投资，实际收回本金 650 000 元，利息 39 000 元，本息合计 689 000 元（650 000+39 000）。该项长期债券投资的账面余额为 658 000 元，相应的应收利息会计记录为 19 500 元。取得该债券时，“投资支出”科目的发生额为 658 000 元。

(2) 对C公司的一项长期股权投资按规定采用权益法核算。C公司实现净利润，本事业单位按持股比例可分享相应的份额 240 000 元。

(3) 收到C公司之前宣告分派的现金股利 60 000 元，款项已存入开户银行。

(4) 年末，“投资收益”科目的本年发生额为 378 000 元，将其全数转入“本期盈余”科目。

(5) 年末，“投资预算收益”科目的本年发生额为 169 000 元，将其全数转入“其他结余”科目。

三、要求：根据以上经济业务，为该事业单位编制有关的会计分录。

练习九

一、目的：练习行政事业单位其他收入和其他预算收入的核算。

二、资料：某事业单位 20×4 年发生如下经济业务：

(1) 接受捐赠一笔货币资金 88 000 元，款项已存入开户银行。同时，接受捐赠一项固定资产，确定的成本为 152 000 元。

(2) 现金账款核对中发现现金溢余 20 元。

(3) 现金账款核对中发现的现金溢余 20 元无法查明原因，报经批准，转入其他收入。

(4) 年末，“其他收入”科目的本年发生额为 235 200 元，将其全数转入“本期盈余”科目。

(5) 年末，“其他预算收入”科目的本年发生额为 150 500 元，其中，专项资金收入 124 500 元，非专项资金收入 26 000 元，分别将其转入“非财政拨款结转——本年收支结转”和“其他结余”科目。

三、要求：根据以上经济业务，为该事业单位编制有关的会计分录。

第十三章

行政事业单位的费用和预算支出

在行政事业单位中，费用属于财务会计要素，预算支出属于预算会计要素。费用和预算支出在基本概念、具体种类、确认和计量方法方面虽有一定的联系，但存在明显的区别。

第一节　费用

费用是指行政事业单位在履行职责或开展业务活动中耗费的经济资源。由行政事业单位控制的，供社会公众使用的公共基础设施、政府储备物资、文物文化资产、保障性住房等经济资源的耗费，也属于行政事业单位的费用。行政事业单位的费用按照不同的资源耗费目的和内容包括业务活动费用、单位管理费用、经营费用、资产处置费用、上缴上级费用、对附属单位补助费用、所得税费用和其他费用等种类。费用应当按照权责发生制基础进行确认和计量。费用和收入两个财务会计要素构筑行政事业单位的收入费用表。

一、业务活动费用

（一）业务活动费用的概念和核算科目设置

业务活动费用是指行政事业单位为实现其职能目标，依法履职或开展专业业务活动及其辅助活动所发生的各项费用。

行政单位根据其职能定位依法履行相应的职能。例如，人大机关依法履行立法和监督职能、财政部门依法履行财政管理职能、税务部门依法履行税收征管职能、工商行政管理部门依法履行工商行政管理职能、公安部门依法履行公共安全管理职能、法院依法履行案件审判和执行职能、教育部门依法履行教育管理职能、医疗卫生与计划生育部门依法履行医疗卫生和计划生育管理职能、环保部门依法履行环境保护职能、金融监管部门依法履行金融监管职能等。行政单位依法履行行业和社会管理职能。

事业单位根据其业务目标依法开展相应的专业业务活动及其辅助活动。例如，学校开展教育教学活动及其辅助活动、医院开展医疗服务活动及其辅助活动、高等学校和科研院所开展科学研究活动及其辅助活动、广播电视台开展广播电视节目制作播出活动及其辅助活动、公共图书馆和公共文化馆开展图书借阅和公共文化活动及其辅助活动等。事业单位开展的专业业务活动及其辅助活动属于社会公益活动。

事业单位开展的专业业务活动及其辅助活动应当与事业单位本身开展的行政以及后勤管理活动进行区分。以高等学校为例，高等学校各学院、系等教学机构开展的教学活动属于专业业务活动，高等学校在学院、系外单独设立的研究所、研究中心等各类科研机构开展的科研活动也属于专业业务活动，电教中心、图书馆、博物馆等教学科研辅助部门开展的业务活动属于教学科研活动或专业业务活动的辅助活动。高等学校校级行政及后勤管理部门为组织、管理教学、科研活动及其辅助活动而开展的管理活动则属于单位管理活动。以医院为例，医院开展的医疗服务、科研和教学活动及其辅助活动属于专业业务活动及其辅助活动，医院行政及后勤管理部门为组织、管理医疗、科研和教学等活动及其辅助活动而开展的管理活动则属于单位管理活动。以科研院所为例，科研院所开展的科学研究活动、科学普及活动、教学活动及其辅助活动属于专业业务活动及其辅助活动，科研院所行政和后勤管理部门为组织、管理科学研究、科学普及和教学活动及其辅助活动而开展的管理活动则属于单位管理活动。

为核算业务活动费用业务，行政事业单位应设置“业务活动费用”总账科目。该科目应当按照项目、服务或者业务类别、支付对象等进行明细核算。为了满足成本核算需要，该科目下还可按照“工资福利费用”、“商品和服务费用”、“对个人和家庭的补助费用”、“对企业补助费用”、“固定资产折旧费”、“无形资产摊销费”、“公共基础设施折旧（摊销）费”、“保障性住房折旧费”和“计提专用基金”等成本项目设置明细科目，归集能够直接计入业务活动或采用一定方法计算后计入业务活动的费用。

按照现行政府会计制度的规定，事业单位本级行政及后勤管理部门开展管理活动发生的各项费用，在单独设置的“单位管理费用”总账科目中核算，不在“业务活动费用”总账科目中核算。行政单位不设置“单位管理费用”总账科目，依法履职所发生的各项费用全部在“业务活动费用”总账科目中核算。

（二）计提职工薪酬

为履职或开展业务活动人员计提的薪酬，按照计算确定的金额，借记“业务活动费用”科目，贷记“应付职工薪酬”科目。

例 13－1

某行政单位为履职人员计提当月职工薪酬共计 568 500 元。该行政单位应编制如下会计分录：

借：业务活动费用	568 500	
贷：应付职工薪酬		568 500

例 13－2

某事业单位为开展专业业务活动人员计提当月职工薪酬共计 722 000 元。该事业单位应编制如下会计分录：

借：业务活动费用	722 000	
贷：应付职工薪酬		722 000

（三）发生外部人员劳务费

为履职或开展业务活动发生的外部人员劳务费，按照计算确定的金额，借记“业务活动费用”科目，按照代扣代缴个人所得税的金额，贷记“其他应交税费——应交个人所得税”科目，按照扣税后应付或实际支付的金额，贷记“其他应付款”、“财政拨款收入”、“零余额账户用款额度”和“银行存款”等科目。

例 13-3

某事业单位为开展业务活动发生外部人员劳务费共计 23 800 元，其中，应代扣代缴个人所得税 1 600 元，扣税后应支付的劳务费为 22 200 元（23 800－1 600）。该事业单位应编制如下会计分录：

借：业务活动费用　　23 800
　贷：其他应交税费——应交个人所得税　　1 600
　　　其他应付款　　22 200

（四）领用库存物品和动用发出政府储备物资

为履职或开展业务活动领用库存物品，以及动用发出相关政府储备物资，按照领用库存物品或发出相关政府储备物资的账面余额，借记“业务活动费用”科目，贷记“库存物品”“政府储备物资”科目。

例 13-4

某行政单位为履职领用一批库存物品，该批库存物品的账面余额为 7 820 元。该行政单位应编制如下会计分录：

借：业务活动费用　　7 820
　贷：库存物品　　7 820

（五）计提固定资产、无形资产、公共基础设施和保障性住房折旧、摊销

为履职或开展业务活动所使用的固定资产、无形资产以及为所控制的公共基础设施、保障性住房计提的折旧、摊销，按照计提金额，借记“业务活动费用”科目，贷记“固定资产累计折旧”、“无形资产累计摊销”、“公共基础设施累计折旧（摊销）”和“保障性住房累计折旧”科目。

例 13-5

某事业单位为开展业务活动所使用的固定资产计提折旧 452 000 元。该事业单位应编制如下会计分录：

借：业务活动费用　　452 000
　贷：固定资产累计折旧　　452 000

例 13-6

某行政单位为所控制的公共基础设施计提折旧 796 000 元。该行政单位应编制如下会计分录：

借：业务活动费用　　796 000
　贷：公共基础设施累计折旧（摊销）　　796 000

（六）发生相关税费

为履职或开展业务活动发生的城市维护建设税、教育费附加、地方教育费附加、车船税、房产税、城镇土地使用税等，按照计算确定应缴纳的金额，借记“业务活动费用”科目，贷记“其他应交税费”等科目。

例 13－7

某事业单位为开展业务活动发生城市维护建设税 1 500 元，教育费附加 900 元，两项税费合计 2 400 元（1 500＋900）。该事业单位应编制如下会计分录：

借：业务活动费用	2 400	
贷：其他应交税费		2 400

（七）发生其他各项费用

为履职或开展业务活动发生其他各项费用时，按照费用确认金额，借记“业务活动费用”科目，贷记“财政拨款收入”、“零余额账户用款额度”、“银行存款”、“应付账款”、“其他应付款”和“其他应收款”等科目。

例 13－8

某行政单位为履职发生水费、电费、物业管理费等各项办公费用 1 850 元，款项通过财政授权支付方式支付。该行政单位应编制如下会计分录：

借：业务活动费用	1 850	
贷：零余额账户用款额度		1 850

（八）提取专用基金

按照规定从收入中提取专用基金并计入费用的，一般按照预算会计下基于预算收入计算提取的金额，借记“业务活动费用”科目，贷记“专用基金”科目。国家另有规定的，从其规定。

例 13－9

某事业单位按照规定从事业收入中提取专用基金 550 元，并将提取的专用基金计入业务活动费用。该事业单位应编制如下会计分录：

借：业务活动费用	550	
贷：专用基金		550

（九）发生当年购货退回等业务

发生当年购货退回等业务，对于已计入本年业务活动费用的，按照收回或应收的金额，借记“财政拨款收入”、“零余额账户用款额度”、“银行存款”和“其他应收款”等科目，贷记“业务活动费用”科目。

例 13－10

某事业单位因货品质量问题退回一批当年购入的货品 460 元，该批货品在购入时已计入本年业务活动费用，退货款项已收到并存入开户银行。该事业单位应编制如下会计分录：

借：银行存款　　　　460

　贷：业务活动费用　　　　460

（十）业务活动费用的期末结账

期末，将“业务活动费用”科目本期发生额转入本期盈余，借记“本期盈余”科目，贷记“业务活动费用”科目。期末结转后，“业务活动费用”科目应无余额。

例 13－11

年末，某行政单位“业务活动费用”科目的本年发生额为785 000元。该行政单位将其全数转入“本期盈余”科目。该行政单位应编制如下会计分录：

借：本期盈余　　　　785 000

　贷：业务活动费用　　　　785 000

二、单位管理费用

（一）单位管理费用的概念和核算科目设置

单位管理费用是指事业单位本级行政及后勤管理部门开展管理活动发生的各项费用，包括单位行政及后勤管理部门发生的人员经费、公用经费、资产折旧（摊销）等费用，以及由单位统一负担的离退休人员经费、工会经费、诉讼费、中介费等。

为核算单位管理费用业务，事业单位应设置“单位管理费用”总账科目。该科目应当按照项目、费用类别、支付对象等进行明细核算。为了满足成本核算需要，该科目下还可按照“工资福利费用”、“商品和服务费用”、“对个人和家庭的补助费用”、“固定资产折旧费”和“无形资产摊销费”等成本项目设置明细科目，归集能够直接计入单位管理活动或采用一定方法计算后计入单位管理活动的费用。

（二）计提职工薪酬

为管理活动人员计提的薪酬，按照计算确定的金额，借记“单位管理费用”科目，贷记“应付职工薪酬”科目。

例 13－12

某事业单位为管理活动人员计提当月职工薪酬共计154 000元。该事业单位应编制如下会计分录：

借：单位管理费用　　　　154 000

　贷：应付职工薪酬　　　　154 000

（三）发生外部人员劳务费

为开展管理活动发生的外部人员劳务费，按照计算确定的费用金额，借记“单位管理费用”科目，按照代扣代缴个人所得税的金额，贷记“其他应交税费——应交个人所得税”科目，按照扣税后应付或实际支付的金额，贷记“其他应付款”、“财政拨款收入”、“零余额账户用款额度”和“银行存款”等科目。

例 13－13

某事业单位为开展管理活动发生外部人员劳务费共计 18 500 元，其中，应代扣代缴个人所得税 1 100 元，扣税后实际支付的劳务费为 17 400 元（18 500－1 100），款项通过零余额账户用款额度支付。该事业单位应编制如下会计分录：

借：单位管理费用	18 500	
贷：其他应交税费——应交个人所得税		1 100
零余额账户用款额度		17 400

（四）领用库存物品

开展管理活动内部领用库存物品，按照领用物品实际成本，借记“单位管理费用”科目，贷记“库存物品”科目。

例 13－14

某事业单位为开展管理活动内部领用一批库存物品，该批库存物品的实际成本为 9 200 元。该事业单位应编制如下会计分录：

借：单位管理费用	9 200	
贷：库存物品		9 200

（五）计提固定资产和无形资产折旧或摊销

为管理活动所使用固定资产、无形资产计提的折旧、摊销，按照应提折旧、摊销额，借记“单位管理费用”科目，贷记“固定资产累计折旧”“无形资产累计摊销”科目。

例 13－15

某事业单位为管理活动所使用的固定资产计提折旧 133 000 元。该事业单位应编制如下会计分录：

借：单位管理费用	133 000	
贷：固定资产累计折旧		133 000

（六）发生相关税费

为开展管理活动发生城市维护建设税、教育费附加、地方教育费附加、车船税、房产税、城镇土地使用税等，按照计算确定应交纳的金额，借记“单位管理费用”科目，贷记“其他应交税费”等科目。

例 13－16

某事业单位为开展管理活动发生城市维护建设税 500 元，教育费附加 300 元，两项税费合计 800 元（500＋300）。该事业单位应编制如下会计分录：

借：单位管理费用	800	
贷：其他应交税费		800

（七）发生其他各项费用

为开展管理活动发生的其他各项费用，按照费用确认金额，借记“单位管理费用”

科目，贷记“财政拨款收入”、“零余额账户用款额度”、“银行存款”、“其他应付款”和“其他应收款”等科目。

例 13-17

某事业单位为开展管理活动发生差旅费、因公出国费、会议费等费用 62 500 元，款项通过财政直接支付方式支付。该事业单位应编制如下会计分录：

借：单位管理费用　62 500

　贷：财政拨款收入　62 500

（八）发生当年购货退回等业务

发生当年购货退回等业务，对于已计入本年单位管理费用的，按照收回或应收的金额，借记“财政拨款收入”、“零余额账户用款额度”、“银行存款”和“其他应收款”等科目，贷记“单位管理费用”科目。

例 13-18

某事业单位因货品质量问题退回一批当年购入的货品 2 650 元，该批货品在购入时已计入本年单位管理费用，退货款项尚未收到。该事业单位应编制如下会计分录：

借：其他应收款　2 650

　贷：单位管理费用　2 650

（九）单位管理费用的期末结账

期末，将“单位管理费用”科目本期发生额转入本期盈余，借记“本期盈余”科目，贷记“单位管理费用”科目。期末结转后，“单位管理费用”科目应无余额。

例 13-19

年末，某事业单位“单位管理费用”科目的本年发生额为 385 500 元。该事业单位将其全数转入“本期盈余”科目。该事业单位应编制如下会计分录：

借：本期盈余　385 500

　贷：单位管理费用　385 500

三、经营费用

（一）经营费用的概念和核算科目设置

经营费用是指事业单位在专业业务活动及其辅助活动之外开展非独立核算经营活动发生的各项费用。

事业单位应当正确区分在开展专业业务活动及其辅助活动中形成的业务活动费用、在开展单位管理活动中形成的单位管理费用以及在开展非独立核算经营活动中形成的经营费用。事业单位开展的专业业务活动及其辅助活动以及单位管理活动也可统称为事业活动，事业活动与经营活动对应。如前所述，事业单位开展的非独立核算经营活动应当是小规模的，在公益一类事业单位中基本也是没有的。行政单位没有经营活动。

为核算经营费用业务，事业单位应设置“经营费用”总账科目。该科目应当按照经营活动类别、项目、支付对象等进行明细核算。为了满足成本核算需要，该科目下还可按照“工资福利费用”、“商品和服务费用”、“对个人和家庭的补助费用”、“固定资产折旧费”和“无形资产摊销费”等成本项目设置明细科目，归集能够直接计入单位经营活动或采用一定方法计算后计入单位经营活动的费用。

（二）计提职工薪酬

为经营活动人员计提的薪酬，按照计算确定的金额，借记“经营费用”科目，贷记“应付职工薪酬”科目。

例 13－20

某事业单位为经营活动人员计提当月职工薪酬共计 24 200 元。该事业单位应编制如下会计分录：

借：经营费用　　24 200

　贷：应付职工薪酬　　24 200

（三）领用或发出库存物品

开展经营活动领用或发出库存物品，按照物品实际成本，借记“经营费用”科目，贷记“库存物品”科目。

例 13－21

某事业单位为开展经营活动发出一批库存物品，该批库存物品的实际成本为 3 100元。该事业单位应编制如下会计分录：

借：经营费用　　3 100

　贷：库存物品　　3 100

（四）计提固定资产和无形资产折旧或摊销

为经营活动所使用固定资产、无形资产计提的折旧、摊销，按照应提折旧、摊销额，借记“经营费用”科目，贷记“固定资产累计折旧”“无形资产累计摊销”科目。

例 13－22

某事业单位为经营活动所使用的固定资产计提折旧 53 000 元。该事业单位应编制如下会计分录：

借：经营费用　　53 000

　贷：固定资产累计折旧　　53 000

（五）发生相关税费

开展经营活动发生城市维护建设税、教育费附加、地方教育费附加、车船税、房产税、城镇土地使用税等，按照计算确定应缴纳的金额，借记“经营费用”科目，贷记“其他应交税费”等科目。

例 13－23

某事业单位为开展经营活动发生城市维护建设税 1 000 元，教育费附加 600 元，房产税 340 元，三项税费合计 1 940 元（1 000＋600＋340）。该事业单位应编制如下会计分录：

借：经营费用　　1 940

　贷：其他应交税费　　1 940

（六）发生其他各项费用

发生与经营活动相关的其他各项费用时，按照费用确认金额，借记“经营费用”科目，贷记“银行存款”、“其他应付款”和“其他应收款”等科目。涉及增值税业务的，还应进行相应的账务处理。

例 13-24

某事业单位为开展经营活动发生水费、电费等费用 1 500 元，款项通过银行存款支付。该事业单位应编制如下会计分录：

借：经营费用　　1 500

　贷：银行存款　　1 500

（七）发生当年购货退回等业务

发生当年购货退回等业务，对于已计入本年经营费用的，按照收回或应收的金额，借记“银行存款”“其他应收款”等科目，贷记“经营费用”科目。

例 13-25

某事业单位因货品质量问题退回一批当年购入的货品 350 元，该批货品在购入时已计入本年经营费用，退货款项尚未收到。该事业单位应编制如下会计分录：

借：其他应收款　　350

　贷：经营费用　　350

（八）经营费用的期末结账

期末，将“经营费用”科目本期发生额转入本期盈余，借记“本期盈余”科目，贷记“经营费用”科目。期末结转后，“经营费用”科目应无余额。

例 13-26

年末，某事业单位“经营费用”科目的本年发生额为 89 500 元。该事业单位将其全数转入“本期盈余”科目。该事业单位应编制如下会计分录：

借：本期盈余　　89 500

　贷：经营费用　　89 500

四、资产处置费用

（一）资产处置费用的概念和核算科目设置

资产处置费用是指行政事业单位经批准处置资产时发生的费用，包括转销的被处置资产价值，以及在处置过程中发生的相关费用或者处置收入小于相关费用形成的净支出。资产处置的形式按照规定包括无偿调拨、出售、出让、转让、置换、对外捐赠、报废、毁损以及货币性资产损失核销等。

为核算资产处置费用业务，行政事业单位应设置“资产处置费用”总账科目。单位在资产清查中查明的资产盘亏、毁损以及资产报废等，应当先通过“待处理财产损溢”科目进行核算，再将处理资产价值和处理净支出计入该科目。短期投资、长期股权投资、长期债券投资的处置，按照相关资产科目的规定进行账务处理。该科目应当按照处置资产的类别、资产处置的形式等进行明细核算。

（二）不通过“待处理财产损溢”科目核算的资产处置费用

不通过“待处理财产损溢”科目核算的资产处置，应当分别以下情况确认资产处置费用：

（1）按照规定报经批准处置资产时，按照处置资产的账面价值，借记“资产处置费用”科目［处置固定资产、无形资产、公共基础设施、保障性住房的，还应借记“固定资产累计折旧”、“无形资产累计摊销”、“公共基础设施累计折旧（摊销）”和“保障性住房累计折旧”科目］，按照处置资产的账面余额，贷记“库存物品”、“固定资产”、“无形资产”、“公共基础设施”、“政府储备物资”、“文物文化资产”、“保障性住房”、“其他应收款”和“在建工程”等科目。

（2）处置资产过程中仅发生相关费用的，按照实际发生金额，借记“资产处置费用”科目，贷记“银行存款”“库存现金”等科目。

（3）处置资产过程中取得收入的，按照取得的价款，借记“库存现金”“银行存款”等科目，按照处置资产过程中发生的相关费用，贷记“银行存款”“库存现金”等科目，按照其差额，借记“资产处置费用”科目或贷记“应缴财政款”等科目。涉及增值税业务的，还应进行相应的账务处理。

例 13 - 27

某事业单位按照规定报经批准报废一项固定资产。该项固定资产的账面余额为 67 000 元，已计提折旧 63 000 元，账面价值为 4 000 元（67 000－63 000）；处理该报废固定资产时发生相关费用 350 元，款项以银行存款支付。该事业单位应编制如下会计分录：

（1）报废固定资产时。

借：资产处置费用	4 000	
固定资产累计折旧	63 000	
贷：固定资产		67 000

（2）支付相关费用时。

借：资产处置费用	350	
贷：银行存款		350

（三）通过“待处理财产损溢”科目核算的资产处置费用

通过“待处理财产损溢”科目核算的资产处置，应当分别以下情况确认资产处置费用：

（1）单位账款核对中发现的现金短缺，属于无法查明原因的，报经批准核销时，借记“资产处置费用”科目，贷记“待处理财产损溢”科目。

（2）单位资产清查过程中盘亏或者毁损、报废的存货、固定资产、无形资产、公共基础设施、政府储备物资、文物文化资产、保障性住房等，报经批准处理时，按照处理资产价值，借记“资产处置费用”科目，贷记“待处理财产损溢——待处理财产价值”科目。处理收支结清时，处理过程中所取得收入小于所发生相关费用的，按照相关费用减去处理收入后的净支出，借记“资产处置费用”科目，贷记“待处理财产损溢——处理净收入”科目。

例 13-28

某行政单位在资产清查过程中发现一项已毁损的公共基础设施。报经批准后，该行政单位将该已毁损的公共基础设施转入资产处置费用。该项公共基础设施的账面价值为154 000元。该项已毁损的公共基础设施在处理过程中，所取得的残值变价收入等处理收入小于所发生的清理费用等相关费用，形成处理净支出6 500元。该行政单位按规定结清该处理净支出。该行政单位应编制如下会计分录：

（1）将待处理财产价值转入资产处置费用时。

借：资产处置费用　　154 000

　　贷：待处理财产损溢——待处理财产价值　　154 000

（2）结清处理净支出时。

借：资产处置费用　　6 500

　　贷：待处理财产损溢——处理净收入　　6 500

（四）资产处置费用的期末结账

期末，将“资产处置费用”科目本期发生额转入本期盈余，借记“本期盈余”科目，贷记“资产处置费用”科目。期末结转后，“资产处置费用”科目应无余额。

例 13-29

年末，某事业单位“资产处置费用”科目的本年发生额为62 500元。该事业单位将其全数转入“本期盈余”科目。该事业单位应编制如下会计分录：

借：本期盈余　　62 500

　　贷：资产处置费用　　62 500

五、上缴上级费用

上缴上级费用是指事业单位按照财政部门和主管部门的规定上缴上级单位款项发生的费用。

事业单位向上级单位上缴的款项属于非财政资金，相应资金通常是事业单位自身取得的事业收入、经营收入和其他收入等。事业单位应当按照财政部门和主管部门的规定，对于取得的有关业务活动收入或其他收入，按照规定的标准或比例上缴上级单位。事业单位不可以使用其自身取得的财政拨款收入用作上缴上级单位。上缴上级费用与附属单位上缴收入在上下级单位间的业务内容上形成对应关系。但上缴上级费用与上级补助收入在上下级单位间的业务内容上不形成对应关系。

为核算上缴上级费用业务，事业单位应设置“上缴上级费用”总账科目。该科目应当按照收缴款项单位、缴款项目等进行明细核算。单位发生上缴上级支出的，按照实际上缴的金额或者按照规定计算出应当上缴上级单位的金额，借记该科目，贷记“银行存款”“其他应付款”等科目。期末，将该科目本期发生额转入本期盈余，借记“本期盈余”科目，贷记该科目。期末结转后，该科目应无余额。

例 13-30

某事业单位按照财政部门和主管部门的规定上缴上级单位款项 18 000 元，款项以银行存款支付。该事业单位应编制如下会计分录：

借：上缴上级费用　　18 000

　贷：银行存款　　18 000

例 13-31

年末，某事业单位“上缴上级费用”科目的本年发生额为 21 500 元。该事业单位将其全数转入“本期盈余”科目。该事业单位应编制如下会计分录：

借：本期盈余　　21 500

　贷：上缴上级费用　　21 500

六、对附属单位补助费用

对附属单位补助费用是指事业单位用财政拨款收入之外的收入对附属单位补助发生的费用。

事业单位对附属单位的补助款项属于非财政资金，通常是事业单位自身取得的事业收入、经营收入和其他收入，或者是事业单位从其他附属单位取得的附属单位上缴收入等。事业单位使用非财政资金对附属单位进行补助的目的，是为了支持附属单位事业的更好发展。事业单位不可以将其自身取得的财政拨款收入拨付给附属单位，作为对附属单位的补助。对附属单位补助费用与上级补助收入在上下级单位间的业务内容上形成对应关系。但对附属单位补助费用与附属单位上缴收入在上下级单位间的业务内容上不形成对应关系。

为核算对附属单位补助费用业务，事业单位应设置“对附属单位补助费用”总账科目。该科目应当按照接受补助单位、补助项目等进行明细核算。单位发生对附属单位补助支出的，按照实际补助的金额或者按照规定计算出应当对附属单位补助的金额，借记该科目，贷记“银行存款”“其他应付款”等科目。期末，将该科目本期发生额转入本期盈余，借记“本期盈余”科目，贷记该科目。期末结转后，该科目应无余额。

例 13-32

某事业单位按照规定计算出应对附属单位的补助金额为 24 000 元，款项尚未支付。该事业单位应编制如下会计分录：

借：对附属单位补助费用　　24 000

　贷：其他应付款　　24 000

例 13-33

年末，某事业单位“对附属单位补助费用”科目的本年发生额为 31 600 元。该事业单位将其全数转入“本期盈余”科目。该事业单位应编制如下会计分录：

借：本期盈余　　31 600

　贷：对附属单位补助费用　　31 600

七、所得税费用

所得税费用是指有企业所得税缴纳义务的事业单位按规定缴纳企业所得税所形成

的费用。

为核算所得税费用业务，事业单位应设置“所得税费用”总账科目。单位发生企业所得税纳税义务的，按照税法规定计算的应交税金数额，借记该科目，贷记“其他应交税费——单位应交所得税”科目。实际缴纳时，按照缴纳金额，借记“其他应交税费——单位应交所得税”科目，贷记“银行存款”科目。年末，将该科目本年发生额转入本期盈余，借记“本期盈余”科目，贷记该科目。年末结转后，该科目应无余额。

例13-34

某事业单位发生企业所得税纳税义务，按照税法规定计算的应交税金数额为1 120元。该事业单位应编制如下会计分录：

借：所得税费用	1 120	
贷：其他应交税费——单位应交所得税		1 120

例13-35

年末，某事业单位“所得税费用”科目的本年发生额为8 700元。该事业单位将其全数转入“本期盈余”科目。该事业单位应编制如下会计分录：

借：本期盈余	8 700	
贷：所得税费用		8 700

八、其他费用

（一）其他费用的概念和核算科目设置

其他费用是指行政事业单位发生的除业务活动费用、单位管理费用、经营费用、资产处置费用、上缴上级费用、对附属单位补助费用、所得税费用以外的各项费用，包括利息费用、坏账损失、罚没支出、现金资产捐赠支出以及相关税费、运输费等。

为核算其他费用业务，行政事业单位应设置“其他费用”总账科目。该科目应当按照其他费用的类别等进行明细核算。单位发生的利息费用较多的，可以单独设置“利息费用”科目。

（二）利息费用

按期计算确认借款利息费用时，按照计算确定的金额，借记“在建工程”科目或“其他费用”科目，贷记“应付利息”“长期借款——应计利息”科目。

（三）坏账损失

年末，事业单位按照规定对收回后不需上缴财政的应收账款和其他应收款计提坏账准备时，按照计提金额，借记“其他费用”科目，贷记“坏账准备”科目；冲减多提的坏账准备时，按照冲减金额，借记“坏账准备”科目，贷记“其他费用”科目。

例13-36

某事业单位年末按照规定对收回后不需上缴财政的应收账款计提坏账准备2 800元。该事业单位应编制如下会计分录：

借：其他费用　　2 800
　贷：坏账准备　　2 800

（四）罚没支出

单位发生罚没支出的，按照实际缴纳或应当缴纳的金额，借记“其他费用”科目，贷记“银行存款”、“库存现金”和“其他应付款”等科目。

（五）现金资产捐赠

单位对外捐赠现金资产的，按照实际捐赠的金额，借记“其他费用”科目，贷记“银行存款”“库存现金”等科目。

例 13－37

某事业单位对外捐赠现金资产 50 000 元，款项通过银行存款支付。该事业单位应编制如下会计分录：

借：其他费用　　50 000
　贷：银行存款　　50 000

（六）其他相关费用

单位接受捐赠（或无偿调入）以名义金额计量的存货、固定资产、无形资产，以及成本无法可靠取得的公共基础设施、文物文化资产等发生的相关税费、运输费等，按照实际支付的金额，借记“其他费用”科目，贷记“财政拨款收入”、“零余额账户用款额度”、“银行存款”和“库存现金”等科目。

单位发生的与受托代理资产相关的税费、运输费、保管费等，按照实际支付或应付的金额，借记“其他费用”科目，贷记“零余额账户用款额度”、“银行存款”、“库存现金”和“其他应付款”等科目。

例 13－38

某事业单位接受无偿调入一项文物文化资产，发生由本单位承担的运输费等相关费用 650 元，款项通过单位零余额账户用款额度支付。该项文物文化资产的成本无法可靠取得。该事业单位应编制如下会计分录：

借：其他费用　　650
　贷：零余额账户用款额度　　650

（七）其他费用的期末结账

期末，将“其他费用”科目本期发生额转入本期盈余，借记“本期盈余”科目，贷记“其他费用”科目。期末结转后，“其他费用”科目应无余额。

例 13－39

年末，某事业单位“其他费用”科目的本年发生额为 81 400 元。该事业单位将其全数转入“本期盈余”科目。该事业单位应编制如下会计分录：

借：本期盈余　　81 400
　贷：其他费用　　81 400

第二节　预算支出

预算支出是指行政事业单位在履行职责或开展业务活动中实际发生的纳入部门预算管理的现金流出。行政事业单位的预算支出按照不同的资金用途包括行政支出、事业支出、经营支出、上缴上级支出、对附属单位补助支出、投资支出、债务还本支出和其他支出等种类。预算支出应当按照收付实现制基础进行确认和计量。预算支出和预算收入两个预算会计要素构筑行政事业单位的预算收入支出表。

一、行政支出

（一）行政支出的概念和分类

行政支出是指行政单位履行其职责实际发生的各项现金流出。行政支出是行政单位为实现国家管理职能、完成行政任务所必须发生的各项资金支出，是行政单位组织和领导经济、政治、文化、社会和生态等各项建设，促进社会全面发展的资金保证。

为全面反映行政单位各项资金支出的内容，便于分析和考核各项资金支出的实际发生情况及其效果，从而有针对性地加强和改善对行政单位资金支出的管理，行政单位有必要对行政支出按照一定的要求进行适当的分类。

1. 按照不同资金性质进行的分类

按照不同的资金性质，行政单位的行政支出可分为财政拨款支出、非财政专项资金支出和其他资金支出等种类。同时有一般公共预算财政拨款和政府性基金预算财政拨款等两种或两种以上财政拨款的行政单位，财政拨款支出还可以区分为一般公共预算财政拨款支出和政府性基金预算财政拨款支出等种类。

（1）财政拨款支出。指使用财政拨款收入发生的支出。如果使用的是一般公共预算财政拨款，相应的支出为一般公共预算财政拨款支出；如果使用的是政府性基金预算财政拨款，相应的支出为政府性基金预算财政拨款支出。对于只有一般公共预算财政拨款收入、没有政府性基金预算财政拨款收入的行政单位，使用一般公共预算财政拨款发生的支出即为财政拨款支出。财政拨款支出与财政拨款收入存在对应关系。行政单位在编制单位预算时，财政拨款收入预算和财政拨款支出预算需要单独编制。行政单位在编制单位决算时，财政拨款收入决算和财政拨款支出决算也需要单独编制。满足行政单位预算管理的需要，是行政支出分类的基本要求。

（2）非财政专项资金支出。指使用非财政专项资金收入发生的支出。如使用非同级财政拨款收入、捐赠收入中的专项资金收入发生的支出等。

（3）其他资金支出。指使用除财政拨款收入、非财政专项资金收入之外的资金发生的支出。如使用经批准不上缴财政、没有指定专项用途、纳入单位预算管理的租金收入发生的支出等。

在行政单位中，财政拨款收入是最主要甚至是全部的收入来源，因此，财政拨款支出也是最主要的行政支出种类，非财政专项资金支出和其他资金支出都是少量的，有些行政单位也可能是没有的。

2. 按照部门预算管理要求进行的分类

按照部门预算管理的要求，行政单位的行政支出应当区分为基本支出和项目支出两大类。其中，基本支出还需要区分为人员经费支出和日常公用经费支出两类。项目支出需要按照具体项目进行分类。

（1）基本支出。指行政单位为保障机构正常运转和完成日常工作任务而发生的支出，包括人员经费支出和日常公用经费支出。其中，人员经费支出是指为保障机构正常运转和完成日常工作任务而发生的可归集到个人的各项支出，如职工工资福利支出、对个人和家庭的补助支出等。日常公用经费支出是指为保障机构正常运转和完成日常工作任务而发生的不能归集到个人的各项支出，如办公经费支出、办公设备购置支出等。

基本支出是行政单位的基本资金消耗。如果没有基本支出作保障，行政单位就无法维持正常运转，也无法完成日常工作任务。基本支出应当在不同种类的行政单位以及在同一行政单位的不同部门之间保持基本相同的水平。

（2）项目支出。指行政单位为完成特定的工作任务，在基本支出之外发生的各项支出。从项目属性来看，行政单位项目支出中的项目可以包括房屋建筑物购建类项目、房租类项目、大中型修缮类项目、大型设备购置类项目、信息网络购建类项目、信息系统运行维护类项目、大型会议和培训类项目、专项课题和规划类项目、执法办案类项目、监督检查类项目、调查统计类项目、重大宣传活动类项目等。从是否属于基建项目来看，行政单位项目支出中的项目可分成行政业务类项目、基本建设类项目两大类。从项目的重要性来看，行政单位项目支出中的项目可分成重点项目、一般项目等类别。从是否属于上年结转的项目来看，行政单位项目支出中的项目可分成上年结转的项目、当年新批准的项目等类别。从是否是常规性项目来看，行政单位项目支出中的项目可分成常规性项目、一次性项目等类别。在实务中，行政单位项目支出中的项目需要从多个方面反映项目信息，从而确定是否给予经费安排。

项目支出是在保证行政单位基本支出的基础上，对行政单位的特定工作任务所安排的专项资金保障。行政单位的项目支出应当根据特定工作任务的具体内容和要求安排专项资金数额，避免专项资金安排不足或安排浪费。行政单位的项目支出通常需要针对具体项目进行绩效评价。

3. 按照政府支出功能分类科目进行的分类

政府支出功能分类科目是对政府各项支出的职能作用所作的基本分类。行政单位的各项行政支出都需要按照政府支出功能分类科目进行分类反映。行政单位行政支出中的政府支出功能分类与财政总预算会计“一般公共预算本级支出”“政府性基金预算本级支出”总账科目下设置的“支出功能分类科目”明细科目应当是一致的。《政府收支分类科目》中的“支出功能分类科目”，是行政单位各项预算收入和预算支出核算中需要进行明细核算的基本种类。

以市场监督管理部门为例，行政单位行政支出按照不同资金性质、部门预算管理要求和政府支出功能分类科目进行分类的主要内容可简要如表 13－1 所示。

表 13-1 行政单位行政支出的主要内容和分类
——以市场监督管理部门为例

金额单位：元

政府支出功能分类科目		支出		其中：财政拨款支出	
科目编码	科目名称	基本支出	项目支出	基本支出	项目支出
201	一般公共服务支出	25 780	89 820	25 680	89 620
20115	工商行政管理事务	25 780	89 820	25 680	89 620
2011501	行政运行	25 780		25 680	
2011502	一般行政管理事务		1 880		1 680
2011504	工商行政管理专项		22 350		22 350
2011505	执法办案专项		35 660		35 660
2011507	信息化建设		29 930		29 930
205	教育支出	80		80	
20508	进修及培训	80		80	
2050803	培训支出	80		80	
208	社会保障和就业支出	380		380	
20805	行政事业单位离退休	380		380	
2080505	机关事业单位基本养老保险缴费支出	380		380	
221	住房保障支出	120		120	
22102	住房改革支出	120		120	
2210201	住房公积金	120		120	
小计		26 360	89 820	26 260	89 620
合计		116 180		115 880	

行政单位行政支出中的财政拨款支出与财政拨款收入在政府支出功能分类科目、基本支出和项目支出的具体种类上都是一样的。相应的支出和收入形成直接的配比关系。

4. 按照部门预算支出经济分类科目进行的分类

在《政府收支分类科目》中，“部门预算支出经济分类科目”是对预算单位预算支出具体经济用途的分类，它既适用于行政单位，也适用于事业单位。行政单位的行政支出以及事业单位的事业支出在基本支出和项目支出下应当进一步按照《政府收支分类科目》中的“部门预算支出经济分类科目”进行分类。按照现行《政府收支分类科目》，部门预算支出经济分类科目分设类、款二级科目，相关科目的主要设置情况如下：

(1) 工资福利支出。反映行政事业单位开支的在职职工和编制外长期聘用人员的各类劳动报酬，以及为上述人员缴纳的各项社会保险费等。该类级科目分设基本工资、津贴补贴、奖金、伙食补助费、绩效工资、机关事业单位基本养老保险缴费、职业年金缴费、职工基本医疗保险缴费、公务员医疗补助缴费、其他社会保障缴费、住房公积金、医疗费和其他工资福利支出等款级科目。

(2) 商品和服务支出。反映行政事业单位购买商品和服务的支出，其中不包括用于购置固定资产、战略性和应急性物资储备等资本性支出。该类级科目分设办公费、印刷费、咨询费、手续费、水费、电费、邮电费、取暖费、物业管理费、差旅费、因公出国（境）费用、维修（护）费、租赁费、会议费、培训费、公务接待费、专用材料费、被装购置费、专用燃料费、劳务费、委托业务费、工会经费、福利费、公务用车运行维护费、其他交通费用、税金及附加费用以及其他商品和服务支出等款级科目。

（3）对个人和家庭的补助。反映政府用于对个人和家庭的补助支出。该类级科目分设离休费、退休费、退职（役）费、抚恤金、生活补助、救济费、医疗费补劫、助学金、奖励金、个人农业生产补贴以及其他对个人和家庭的补助支出等款级科目。

（4）债务利息和费用支出。反映单位的债务利息及费用支出。该类级科目分设国内债务付息、国外债务付息、国内债务发行费用、国外债务发行费用等款级科目。

（5）资本性支出。反映单位安排的资本性支出。该类级科目分设房屋建筑物购建、办公设备购置、专用设备购置、基础设施建设、大型修缮、信息网络及软件购置更新、物资储备、公务用车购置、其他交通工具购置、文物和陈列品购置、无形资产购置、土地补偿、安置补助、地上附着物和青苗补偿、拆迁补偿以及其他资本性支出等款级科目。

（6）对企业补助。反映政府对各类企业的补助支出。该类级科目分设资本金注入、政府投资基金股权投资、费用补贴、利息补贴以及其他对企业补助等款级科目。

（7）对社会保障基金补助。反映政府对社会保险基金的补助以及补充全国社会保障基金的支出。该类级科目分设对社会保险基金补助、补充全国社会保障基金两个款级科目。

（8）其他支出。反映不能划分到上述经济科目的其他支出。该类级科目分设赠与、国家赔偿费用支出等款级科目。

在以上部门预算支出经济分类科目中，绝大多数科目同时适用于行政单位和事业单位，但也有很少量科目根据科目使用说明仅适用于行政单位或仅适用于事业单位，或者主要适用于行政单位或主要适用于事业单位。例如，在工资福利支出类级科目中，绩效工资款级科目反映事业单位工作人员的绩效工资，仅适用于事业单位；奖金款级科目反映按规定发放的奖金，包括机关工作人员年终一次性奖金等，主要适用于行政单位。在资本性支出类级科目中，基础设施建设款级科目反映用于农田设施、道路、铁路、桥梁、水坝和机场、车站、码头等公共基础设施建设方面的支出，主要适用于行政单位。

另外，现行部门预算支出经济分类科目对于由发展改革部门安排的基本建设支出单独设置“资本性支出（基本建设）”类级科目予以反映，其他资本性支出则在“资本性支出”类级科目中反映。对企业补助类级科目的设置情况也是如此。以上对部门预算支出经济分类科目的介绍，侧重于行政单位对行政支出或事业单位对事业支出的经济分类，不完全细化到现行具体做法。

在实务中，行政事业单位通常需要编制基本支出表，以详细反映基本支出的预算和决算情况。行政事业单位的基本支出表可简要如表 13 - 2 所示。

表 13 - 2　　基本支出表简表　　金额单位：元

部门预算支出经济分类科目		基本支出		
科目编码	科目名称	人员经费	日常公用经费	合计
301	工资福利支出			10 200
30101	基本工资	5 120		5 120
30102	津贴补贴	830		830

续前表

部门预算支出经济分类科目		基本支出		
科目编码	科目名称	人员经费	日常公用经费	合计
30106	伙食补助费	120		120
30108	机关事业单位基本养老保险缴费	420		420
	……			
302	商品和服务支出			12 810
30201	办公费		2 400	2 400
30202	印刷费		210	210
30205	水费		1 650	1 650
30206	电费		1 480	1 480
30211	差旅费		780	780
	……			
303	对个人和家庭的补助			230
30301	离休费	80		80
30302	退休费	60		60
30305	生活补助	30		30
	……			
310	资本性支出			3 120
31002	办公设置购置		1 920	1 920
31003	专用设备购置		840	840
	……			
	合计	8 690	17 670	26 360

行政单位的基本支出主要是在行政支出中发生的，只有相当小的数额可能会在其他支出中发生。因此，在行政单位中，行政支出是基本支出的最主要甚至是全部内容。

在基本支出的经济分类科目中，商品和服务支出类级科目下的款级科目之间，行政事业单位通常具有一定的调剂使用权，例如，可以将印刷费调剂使用到邮电费等。但类级科目之间的调剂使用应当经过财政部门的批准。例如，除非经过财政部门的批准，行政事业单位不可以将商品和服务支出调剂使用至工资福利支出。另外，行政事业单位日常办公设备和专用设备的购置，例如日常小型设备的更换等，通常也列入基本支出。大型设备或大批量设备的购置通常需要列作项目支出。为完成相关项目而进行的设备购置列入项目支出。

（二）行政支出的核算科目设置

为核算行政支出业务，行政单位应设置"行政支出"总账科目。该科目应当分别按照"财政拨款支出"、"非财政专项资金支出"和"其他资金支出"，"基本支出"和"项目支出"等进行明细核算，并按照《政府收支分类科目》中"支出功能分类科目"的项级科目进行明细核算；"基本支出"和"项目支出"明细科目下应当按照《政府收支分类科目》中"部门预算支出经济分类科目"的款级科目进行明细核算，同时在"项目支出"明细科目下按照具体项目进行明细核算。

有一般公共预算财政拨款、政府性基金预算财政拨款等两种或两种以上财政拨款的行政单位，还应当在"财政拨款支出"明细科目下按照财政拨款的种类进行明细核算。

对于预付款项，可通过在该科目下设置“待处理”明细科目进行核算，待确认具体支出项目后再转入该科目下相关明细科目。年末结账前，应将该科目“待处理”明细科目余额全部转入该科目下相关明细科目。

（三）支付单位职工薪酬

向单位职工个人支付薪酬时，按照实际支付的金额，借记“行政支出”科目，贷记“财政拨款预算收入”“资金结存”科目。

按照规定代扣代缴个人所得税以及代扣代缴或为职工缴纳职工社会保险费、住房公积金等时，按照实际缴纳的金额，借记“行政支出”科目，贷记“财政拨款预算收入”“资金结存”科目。

例 13－40

某行政单位通过财政直接支付的方式向单位职工个人支付薪酬共计 360 700 元。该行政单位应编制如下会计分录：

在财务会计中：

借：应付职工薪酬 360 700

　贷：财政拨款收入 360 700

同时，在预算会计中：

借：行政支出 360 700

　贷：财政拨款预算收入 360 700

行政单位在为职工计提薪酬时，在财务会计中，应当按照权责发生制的要求，同时确认费用和负债，即应当借记“业务活动费用”科目，贷记“应付职工薪酬”科目。此时，在预算会计中则不需要进行会计处理。行政单位在实际向职工支付薪酬时，既需要做财务会计处理，也需要做预算会计处理。但财务会计的处理是转销之前确认的应付职工薪酬负债，预算会计的处理则是确认行政支出。

行政单位按照规定代扣代缴个人所得税以及代扣代缴或为职工缴纳职工社会保险费、住房公积金等与职工薪酬相关的业务，其会计处理原理如同向职工个人支付薪酬的业务。即在财务会计中，需要按照权责发生制的要求进行会计处理，先确认相应的负债和费用，之后再转销确认的负债；在预算会计中，则按照收付实现制的要求进行会计处理，于实际支付款项时确认支出。

（四）支付外部人员劳务费

按照实际支付给外部人员个人的金额，借记“行政支出”科目，贷记“财政拨款预算收入”“资金结存”科目。

按照规定代扣代缴个人所得税时，按照实际缴纳的金额，借记“行政支出”科目，贷记“财政拨款预算收入”“资金结存”科目。

例 13－41

某行政单位通过财政直接支付的方式向外部人员支付应付劳务费 22 200 元。该行政单位应编制如下会计分录：

在财务会计中：

借：其他应付款 22 200

贷：财政拨款收入 22 200

同时，在预算会计中：

借：行政支出 22 200

贷：财政拨款预算收入 22 200

行政单位向外部人员支付应付劳务费的会计核算原理，如同向单位职工个人支付应付薪酬。

（五）为购买存货、固定资产、无形资产等以及在建工程支付相关款项

为购买存货、固定资产、无形资产等以及在建工程支付相关款项时，按照实际支付的金额，借记“行政支出”科目，贷记“财政拨款预算收入”“资金结存”科目。

例13-42

某行政单位通过财政直接支付方式购入一台不需要安装的固定资产，实际支付价款为85 500元。该行政单位应编制如下会计分录：

在财务会计中：

借：固定资产 85 500

贷：财政拨款收入 85 500

同时，在预算会计中：

借：行政支出 85 500

贷：财政拨款预算收入 85 500

行政单位为购买存货、固定资产、无形资产等以及在建工程支付相关款项时，在财务会计中，存货、固定资产、无形资产或在建工程等资产增加；但在预算会计中，支出增加。行政单位为履职领用存货、对使用的固定资产或无形资产计提折旧或摊销时，在财务会计中，业务活动费用增加；但在预算会计中，如同没有发生经济业务，不做会计处理。在预算会计中，没有资产和负债的记录，只有收入、支出和结余的记录。

（六）发生预付账款

发生预付账款时，按照实际支付的金额，借记“行政支出”科目，贷记“财政拨款预算收入”“资金结存”科目。

对于暂付款项，在支付款项时可不做预算会计处理，待结算或报销时，按照结算或报销的金额，借记“行政支出”科目，贷记“资金结存”科目。

例13-43

某行政单位向社会力量购买一项服务，发生预付账款4 500元，款项通过财政直接支付方式支付。该行政单位应编制如下会计分录：

在财务会计中：

借：预付账款 4 500

贷：财政拨款收入 4 500

同时，在预算会计中：

借：行政支出 4 500

　　贷：财政拨款预算收入 4 500

在该项业务中，当行政单位之后收到购买的服务时，在财务会计中，预付账款转销，同时确认业务活动费用；而在预算会计中，除非补付款项或收回多预付款项，否则，不做会计处理。

暂付款项的业务，如职工预借的差旅费、拨付给内部有关部门的备用金等，在财务会计中，支付款项时，作为其他应收款记录，此时没有费用；待结算或报销时，转销其他应收款，同时确认业务活动费用。在预算会计中，支付款项时，可不做会计处理；待结算或报销时，按结算或报销的金额，确认支出。暂付款项的业务，可以视为不属于纳入部门预算管理的现金收支业务，因此，不做预算会计处理。

例 13-44

某行政单位内部实行备用金制度，某日，财务部门向单位内部相关业务部门核定并发放备用金500元，款项以库存现金支付。数日后，单位内部相关业务部门到财务部门报销备用金480元，财务部门以库存现金向其补足备用金。该行政单位应编制如下会计分录：

(1) 核定并发放备用金时。

在财务会计中：

借：其他应收款 500

　　贷：库存现金 500

(2) 报销并补足备用金时。

在财务会计中：

借：业务活动费用 480

　　贷：库存现金 480

同时，在预算会计中：

借：行政支出 480

　　贷：资金结存——货币资金 480

(七) 发生其他各项支出

发生其他各项支出时，按照实际支付的金额，借记“行政支出”科目，贷记“财政拨款预算收入”“资金结存”科目。

例 13-45

某行政单位为履职发生水费、电费、物业管理费等各项办公费用1 850元，款项通过财政授权支付方式支付。该行政单位应编制如下会计分录：

在财务会计中：

借：业务活动费用 1 850

　　贷：零余额账户用款额度 1 850

同时，在预算会计中：

借：行政支出 1 850

　　贷：资金结存——零余额账户用款额度 1 850

（八）发生因购货退回而收回当年支出等业务

因购货退回等发生款项退回，或者发生差错更正的，属于当年支出收回的，按照收回或更正金额，借记“财政拨款预算收入”“资金结存”科目，贷记“行政支出”科目。

例13-46

某行政单位因货品质量问题退回一批当年购入的货品460元，该批货品在购入时已计入本年业务活动费用和行政支出，退货款项已收到并存入单位零余额账户。该行政单位应编制如下会计分录：

在财务会计中：

借：零余额账户用款额度	460	
贷：业务活动费用		460

同时，在预算会计中：

借：资金结存——零余额账户用款额度	460	
贷：行政支出		460

在该项业务中，如果退货款项尚未收到，该行政单位在财务会计中应当根据权责发生制的要求，按照应收的金额，借记“其他应收款”科目，贷记“业务活动费用”科目；而在预算会计中则不做会计处理。

如果因购货退回等发生款项退回，或者发生差错更正，属于以前年度支出收回的，在财务会计中，应当调整净资产数额，具体应当通过“以前年度盈余调整”科目核算；在预算会计中，应当调整结转结余数额，具体应当视情况通过“财政拨款结转”、“财政拨款结余”、“非财政拨款结转”和“非财政拨款结余”科目核算。

（九）同时有一般公共预算财政拨款和政府性基金预算财政拨款情况下发生的财政拨款支出

有些行政单位同时有一般公共预算财政拨款和政府性基金预算财政拨款。这些行政单位在取得财政拨款收入时，应当分别核算一般公共预算财政拨款收入和政府性基金预算财政拨款收入。在发生财政拨款支出时，也应当分别核算一般公共预算财政拨款支出和政府性基金预算财政拨款支出。

例13-47

某行政单位同时有一般公共预算财政拨款和政府性基金预算财政拨款。该行政单位通过财政直接支付方式支付一笔政府性基金预算财政拨款66 800元，具体为支付一项公共基础设施在建工程的建设款项。同时，该行政单位还通过财政授权支付方式支付一笔一般公共预算财政拨款1 500元，具体为支付一项日常活动费用。该行政单位应编制如下会计分录：

(1) 支付政府性基金预算财政拨款时。

在财务会计中：

借：在建工程	66 800	
贷：财政拨款收入（政府性基金预算财政拨款）		66 800

同时，在预算会计中：

借：行政支出——财政拨款支出（政府性基金预算财政拨款） 66 800

贷：财政拨款预算收入（政府性基金预算财政拨款） 66 800

（2）支付一般公共预算财政拨款时。

在财务会计中：

借：业务活动费用 1 500

贷：零余额账户用款额度 1 500

同时，在预算会计中：

借：行政支出——财政拨款支出（一般公共预算财政拨款） 1 500

贷：资金结存——零余额账户用款额度 1 500

与行政支出相比，业务活动费用不需要按照财政拨款种类或财政资金性质进行明细核算。财务会计信息与预算会计信息是相互补充的。

（十）行政支出的年末结账

年末，将“行政支出”科目本年发生额中的财政拨款支出转入财政拨款结转，借记“财政拨款结转——本年收支结转”科目，贷记“行政支出”科目下各财政拨款支出明细科目；将“行政支出”科目本年发生额中的非财政专项资金支出转入非财政拨款结转，借记“非财政拨款结转——本年收支结转”科目，贷记“行政支出”科目下各非财政专项资金支出明细科目；将“行政支出”科目本年发生额中的其他资金支出（非财政非专项资金支出）转入其他结余，借记“其他结余”科目，贷记“行政支出”科目下其他资金支出明细科目。年末结转后，“行政支出”科目应无余额。

例 13－48

年末，某行政单位“行政支出”科目的本年发生额为 422 550 元，其中，财政拨款支出 415 000 元，非财政专项资金支出 7 200 元，其他资金支出 350 元。该行政单位分别将其转入“财政拨款结转——本年收支结转”、“非财政拨款结转——本年收支结转”和“其他结余”科目。该行政单位应编制如下会计分录：

（1）结转财政拨款支出时。

借：财政拨款结转——本年收支结转 415 000

贷：行政支出——财政拨款支出 415 000

（2）结转非财政专项资金支出时。

借：非财政拨款结转——本年收支结转 7 200

贷：行政支出——非财政专项资金支出 7 200

（3）结转其他资金支出时。

借：其他结余 350

贷：行政支出——其他资金支出 350

二、事业支出

（一）事业支出的概念和分类

事业支出是指事业单位开展专业业务活动及其辅助活动实际发生的各项现金流出。

事业单位的专业业务活动在不同行业的事业单位中表现为不同的具体内容。例如，教育事业单位主要表现为教学和科研事业活动，科学事业单位主要表现为科研、科普和教学事业活动，医疗卫生事业单位主要表现为医疗和科教事业活动，文化文物事业单位主要表现为图书阅览、艺术展览、文物展示等事业活动，广播电视事业单位主要表现为广播电视节目的制作、播出等事业活动，体育事业单位主要表现为体育训练、群众体育等事业活动。

事业支出是事业单位统筹使用各项事业活动收入发生的支出。例如，高等学校的教育事业支出，其资金来源既有财政拨款收入，又有教育事业收入、上级补助收入、附属单位上缴收入等事业活动收入。事业支出既需要反映相应种类专业业务活动的支出数额，又需要区分使用的资金性质，如使用的是财政拨款资金还是非财政拨款资金，还需要反映部门预算的执行情况，如使用的是基本支出预算资金还是项目支出预算资金。

事业支出是事业单位的最主要支出，其反映的内容如同行政单位的行政支出。对于既没有经营支出、投资支出、债务还本支出，也没有上缴上级支出、对附属单位补助支出的事业单位，通常如义务教育阶段的中小学校、基层医疗卫生机构、基层公共文化单位等，除了可能会有一些小额的其他支出外，业务活动中的支出都属于事业支出。

为全面反映事业单位各项事业支出的内容，便于分析和考核各项事业支出的实际发生情况及其效果，从而有针对性地加强和改善对事业单位事业支出的管理，事业单位有必要对事业支出按照一定的要求进行适当的分类。事业支出分类的具体情况如同行政支出。即按照不同的资金性质，事业支出可分为财政拨款支出、非财政专项资金支出和其他资金支出等种类；按照部门预算管理的要求，事业支出应当区分为基本支出和项目支出两大类；各项事业支出都需要按照政府支出功能分类科目进行分类反映；事业支出在基本支出和项目支出下应当进一步按照《政府收支分类科目》中的“部门预算支出经济分类科目”进行分类。事业支出分类的具体情况参阅行政支出，此处不再重复阐释。

以普通高等学校为例，事业单位事业支出按照不同资金性质、部门预算管理要求和政府支出功能分类科目进行分类的主要内容可简要如表13-3所示。

表13-3　事业单位事业支出的主要内容和分类

——以普通高等学校为例

金额单位：元

政府支出功能分类科目		支出		其中：财政拨款支出	
科目编码	科目名称	基本支出	项目支出	基本支出	项目支出
205	教育支出	553 000	421 000	206 000	195 000
20502	普通教育	553 000	421 000	206 000	195 000
2050205	高等教育	553 000	421 000	206 000	195 000
206	科学技术支出	1 200	8 500	1 100	8 300
20602	基础研究	1 200	8 500	1 100	8 300
2060201	机构运行	1 200		1 100	
2060204	重点实验室及相关设施		8 500		8 300
208	社会保障和就业支出	9 800		9 800	

续前表

政府支出功能分类科目		支出		其中：财政拨款支出	
科目编码	科目名称	基本支出	项目支出	基本支出	项目支出
20805	行政事业单位离退休	9 800		9 800	
2080505	机关事业单位基本养老保险缴费支出	9 800		9 800	
221	住房保障支出	4 300		3 900	
22102	住房改革支出	4 300		3 900	
2210201	住房公积金	4 300		3 900	
小计		568 300	429 500	220 800	203 300
合计		997 800		424 100	

行政单位的行政支出和事业单位的事业支出在按政府支出功能分类科目进行分类时，社会保障和就业支出以及住房保障支出是相对比较共同适用的科目类别，因为行政事业单位的职工薪酬中都会有社会保障支出和住房保障支出的业务内容。主要适用于行政支出的科目类别有一般公共服务支出、外交支出、国防支出、公共安全支出等，主要适用于事业支出的科目类别有教育支出、科学技术支出、文化体育与传媒支出、医疗卫生和计划生育支出等。当然，教育支出科目下的教育管理事务科目、科学技术支出科目下的科学技术管理事务科目、医疗卫生和计划生育支出科目下的医疗卫生和计划生育管理事务科目等是行政支出适用的科目。行政事业单位根据自身的业务特点适用相应的政府支出功能分类科目。

另外，在财政拨款支出占支出总额的比例方面，在行政支出中，该比例比较高，在事业支出中，该比例相对比较低。这是因为行政单位的履职活动主要由财政拨款提供资金保障，而事业单位除了由财政拨款提供资金保障外，还可能会有一部分面向市场取得的事业收入等，在公益二类事业单位中尤其如此。

（二）事业支出的核算科目设置

为核算事业支出业务，事业单位应设置“事业支出”总账科目。事业单位发生教育、科研、医疗、行政管理、后勤保障等活动的，可在该科目下设置相应的明细科目进行核算，或单设“教育支出”、“科研支出”、“医疗支出”、“行政管理支出”和“后勤保障支出”等一级会计科目进行核算。

“事业支出”科目应当分别按照“财政拨款支出”、“非财政专项资金支出”和“其他资金支出”，“基本支出”和“项目支出”等进行明细核算，并按照《政府收支分类科目》中“支出功能分类科目”的项级科目进行明细核算；“基本支出”和“项目支出”明细科目下应当按照《政府收支分类科目》中“部门预算支出经济分类科目”的款级科目进行明细核算，同时在“项目支出”明细科目下按照具体项目进行明细核算。

有一般公共预算财政拨款、政府性基金预算财政拨款等两种或两种以上财政拨款的事业单位，还应当在“财政拨款支出”明细科目下按照财政拨款的种类进行明细核算。

对于预付款项，可通过在“事业支出”科目下设置“待处理”明细科目进行明细核算，待确认具体支出项目后再转入“事业支出”科目下相关明细科目。年末结账前，应将“事业支出”科目“待处理”明细科目余额全部转入“事业支出”科目下相关明细科目。

（三）支付单位职工（经营部门职工除外）薪酬

向单位职工个人支付薪酬时，按照实际支付的数额，借记“事业支出”科目，贷记“财政拨款预算收入”“资金结存”科目。

按照规定代扣代缴个人所得税以及代扣代缴或为职工缴纳职工社会保险费、住房公积金等时，按照实际缴纳的金额，借记“事业支出”科目，贷记“财政拨款预算收入”“资金结存”科目。

例13－49

某事业单位通过财政直接支付的方式向单位开展专业业务活动及其辅助活动的职工个人支付薪酬共计750 000元。该事业单位应编制如下会计分录：

在财务会计中：

借：应付职工薪酬	750 000	
贷：财政拨款收入		750 000

同时，在预算会计中：

借：事业支出	750 000	
贷：财政拨款预算收入		750 000

事业单位向单位开展专业业务活动及其辅助活动的职工个人支付薪酬业务的会计处理方法，如同行政单位向职工个人支付薪酬。只是行政单位使用“行政支出”科目记录相应的支出，事业单位使用“事业支出”科目记录相应的支出。

事业单位开展专业业务活动及其辅助活动的职工与开展经营活动的职工相对应。事业单位向单位开展经营活动的职工个人支付的薪酬记入“经营支出”科目。

例13－50

某事业单位通过财政直接支付的方式为单位开展专业业务活动及其辅助活动的职工代扣代缴个人所得税26 600元，同时通过财政直接支付的方式为这些职工代扣代缴和缴纳职工社会保险费和住房公积金共计288 000元。本次实际向相关部门和机构缴纳金额合计为314 600元（26 600＋288 000）。该事业单位应编制如下会计分录：

在财务会计中：

借：应付职工薪酬	288 000	
其他应交税费——应交个人所得税	26 600	
贷：财政拨款收入		314 600

同时，在预算会计中：

借：事业支出	314 600	
贷：财政拨款预算收入		314 600

事业单位在计提从事专业业务活动及其辅助活动人员的职工薪酬时，在财务会计中，借记“业务活动费用”“单位管理费用”科目，贷记“应付职工薪酬”科目；在预算会计中，不做会计处理。事业单位按税法规定代扣职工个人所得税时，在财务会计中，借记“应付职工薪酬”科目，贷记“其他应交税费——应交个人所得税”科目；在预算会计中，不做会计处理。事业单位的职工薪酬在不同的时间分别在财务会计和

预算会计中确认为费用和支出。行政单位职工薪酬的情况也是如此。

事业单位如果通过财政授权支付方式或银行存款账户为单位开展专业业务活动及其辅助活动的职工代扣代缴个人所得税，以及代扣代缴和为其缴纳职工社会保险费和住房公积金，则在财务会计中，相应的贷方科目为“零余额账户用款额度”或“银行存款”科目；在预算会计中，相应的贷方科目为“资金结存”科目。

（四）为专业业务活动及其辅助活动支付外部人员劳务费

按照实际支付给外部人员个人的金额，借记“事业支出”科目，贷记“财政拨款预算收入”“资金结存”科目。

按照规定代扣代缴个人所得税时，按照实际缴纳的金额，借记“事业支出”科目，贷记“财政拨款预算收入”“资金结存”科目。

例 13－51

某事业单位通过银行存款账户为专业业务活动及其辅助活动支付外部人员的应付劳务费 63 500 元。该事业单位应编制如下会计分录：

在财务会计中：

借：其他应付款　　63 500

　　贷：银行存款　　63 500

同时，在预算会计中：

借：事业支出　　63 500

　　贷：资金结存——货币资金　　63 500

外部人员劳务费同样涉及代扣代缴个人所得税的业务，但不涉及代扣代缴和为其缴纳社会保险费和住房公积金的业务。

（五）开展专业业务活动及其辅助活动过程中为购买存货、固定资产、无形资产等以及在建工程支付相关款项

开展专业业务活动及其辅助活动过程中为购买存货、固定资产、无形资产等以及在建工程支付相关款项时，按照实际支付的金额，借记“事业支出”科目，贷记“财政拨款预算收入”“资金结存”科目。

例 13－52

某事业单位在开展专业业务活动及其辅助活动过程中通过财政授权支付方式购入一批库存物品，实际支付价款为 14 500 元。暂不考虑增值税业务。该事业单位应编制如下会计分录：

在财务会计中：

借：库存物品　　14 500

　　贷：零余额账户用款额度　　14 500

同时，在预算会计中：

借：事业支出　　14 500

　　贷：资金结存——零余额账户用款额度　　14 500

事业单位在开展专业业务活动及其辅助活动过程中为购买存货、固定资产、无形资产等以及在建工程支付相关款项的会计处理如同行政单位的相应情况，只是行政单位将相应的支出记录在“行政支出”科目中，事业单位将相应的支出记录在“事业支出”科目中。

（六）开展专业业务活动及其辅助活动过程中发生预付账款

开展专业业务活动及其辅助活动过程中发生预付账款时，按照实际支付的金额，借记“事业支出”科目，贷记“财政拨款预算收入”“资金结存”科目。

对于暂付款项，在支付款项时可不做预算会计处理，待结算或报销时，按照结算或报销的金额，借记“事业支出”科目，贷记“资金结存”科目。

例 13-53

某事业单位在开展专业业务活动及其辅助活动过程中购买一项服务，发生预付账款 15 000 元，款项通过财政直接支付方式支付。次月，购买的该项服务完成，该事业单位补付相应的款项 22 000 元，款项通过财政直接支付方式支付。该事业单位购买该项服务发生的费用属于业务活动费用，金额合计为 37 000 元（15 000＋22 000）。该事业单位应编制如下会计分录：

（1）预付账款时。

在财务会计中：

借：预付账款	15 000	
贷：财政拨款收入		15 000

同时，在预算会计中：

借：事业支出	15 000	
贷：财政拨款预算收入		15 000

（2）服务完成并补付款项时。

在财务会计中：

借：业务活动费用	37 000	
贷：财政拨款收入		22 000
预付账款		15 000

同时，在预算会计中：

借：事业支出	22 000	
贷：财政拨款预算收入		22 000

在该项业务中，事业单位在收到所购服务时确认费用，但在实际支付款项时确认支出。如果事业单位在购买存货、固定资产、无形资产等资产过程中发生预付账款的业务，也是在收到所购资产时确认资产，在实际支付款项时确认支出。

例 13-54

某事业单位行政管理部门职工出差预借差旅费 600 元，款项以库存现金支付。数日后，相关职工出差回来报销差旅费 570 元，退回多余现金 30 元（600－570）。该事业单位应编制如下会计分录：

（1）预借差旅费时。

在财务会计中：

借：其他应收款 600
　贷：库存现金 600

(2) 报销差旅费时。

在财务会计中：

借：单位管理费用 570
　　库存现金 30
　贷：其他应收款 600

同时，在预算会计中：

借：事业支出 570
　贷：资金结存——货币资金 570

(七) 开展专业业务活动及其辅助活动过程中缴纳相关税费以及发生其他各项支出

开展专业业务活动及其辅助活动过程中缴纳的相关税费以及发生的其他各项支出，按照实际支付的金额，借记“事业支出”科目，贷记“财政拨款预算收入”“资金结存”科目。

例 13-55

某事业单位在开展专业业务活动及其辅助活动过程中缴纳城市维护建设税 720 元，款项通过银行存款账户支付。该事业单位应编制如下会计分录：

在财务会计中：

借：其他应交税费——应交城市维护建设税 720
　贷：银行存款 720

同时，在预算会计中：

借：事业支出 720
　贷：资金结存——货币资金 720

事业单位在开展专业业务活动及其辅助活动过程中发生城市维护建设税纳税义务时，在财务会计中，借记“业务活动费用”等科目，贷记“其他应交税费——应交城市维护建设税”科目。此时，在预算会计中不做会计处理。

例 13-56

某事业单位在开展专业业务活动及其辅助活动过程中发生应当计入当期业务活动费用的相关办公费用 5 300 元，款项通过银行存款账户支付。该事业单位应编制如下会计分录：

在财务会计中：

借：业务活动费用 5 300
　贷：银行存款 5 300

同时，在预算会计中：

借：事业支出 5 300
　贷：资金结存——货币资金 5 300

在该项业务中，如果事业单位在上一会计期间对相关办公费用按照权责发生制的要求在财务会计中进行会计处理，那么，应当借记“业务活动费用”科目，贷记“应付账款”“其他应付款”等科目。此时，在预算会计中，不做会计处理。在本会计期间支付上一会计期间的相关费用时，在财务会计中应当做借记“应付账款”“其他应付款”科目，贷记“银行存款”科目的会计处理；在预算会计中，应当做借记“事业支出”科目，贷记“资金结存”科目的会计处理。

在概念上，事业支出是指事业单位开展专业业务活动及其辅助活动实际发生的各项现金流出。业务活动费用是指行政事业单位为实现其职能目标，依法履职或开展专业业务活动及其辅助活动所发生的各项费用。前者体现了收付实现制，后者体现了权责发生制。

（八）开展专业业务活动及其辅助活动过程中发生因购货退回而收回当年支出等业务

开展专业业务活动及其辅助活动过程中因购货退回等发生款项退回，或者发生差错更正的，属于当年支出收回的，按照收回或更正金额，借记“财政拨款预算收入”“资金结存”科目，贷记“事业支出”科目。

例 13－57

某事业单位因货品质量问题退回一批当年购入的货品460元，该批货品在购入时已计入本年单位管理费用和事业支出，退货款项已收到并存入银行存款账户。该事业单位应编制如下会计分录：

在财务会计中：

借：银行存款	460	
贷：单位管理费用		460

同时，在预算会计中：

借：资金结存——货币资金	460	
贷：事业支出		460

（九）同时有一般公共预算财政拨款和政府性基金预算财政拨款情况下发生的财政拨款支出

有些事业单位同时有一般公共预算财政拨款和政府性基金预算财政拨款。这些事业单位在取得财政拨款收入时，应当分别核算一般公共预算财政拨款收入和政府性基金预算财政拨款收入。在发生财政拨款支出时，也应当分别核算一般公共预算财政拨款支出和政府性基金预算财政拨款支出。

例 13－58

某事业单位同时有一般公共预算财政拨款和政府性基金预算财政拨款。该事业单位通过财政直接支付方式支付一笔政府性基金预算财政拨款48 000元，具体为支付一项固定资产购买的款项，以进一步提高单位开展专业业务活动及其辅助活动的能力。同时，该事业单位还通过财政授权支付方式支付一笔一般公共预算财政拨款520元，具体为支付一批库存物品购买的款项。该事业单位应编制如下会计分录：

（1）支付政府性基金预算财政拨款时。

在财务会计中：

借：固定资产	48 000	
贷：财政拨款收入（政府性基金预算财政拨款）		48 000

同时，在预算会计中：

借：事业支出——财政拨款支出（政府性基金预算财政拨款）　　48 000

　贷：财政拨款预算收入（政府性基金预算财政拨款）　　48 000

(2) 支付一般公共预算财政拨款时。

在财务会计中：

借：库存物品　　520

　贷：零余额账户用款额度　　520

同时，在预算会计中：

借：事业支出——财政拨款支出（一般公共预算财政拨款）　　520

　贷：资金结存——零余额账户用款额度　　520

在政府性基金中，彩票公益金收入通常比较多地使用在教育、文化、体育等社会事业中。国有土地使用权出让收入也用于农村基础设施建设支出，其中包括用于卫生、教育以及文化等基础设施建设支出。

（十）事业支出的年末结账

年末，将“事业支出”科目本年发生额中的财政拨款支出转入财政拨款结转，借记“财政拨款结转——本年收支结转”科目，贷记“事业支出”科目下各财政拨款支出明细科目；将“事业支出”科目本年发生额中的非财政专项资金支出转入非财政拨款结转，借记“非财政拨款结转——本年收支结转”科目，贷记“事业支出”科目下各非财政专项资金支出明细科目；将“事业支出”科目本年发生额中的其他资金支出（非财政非专项资金支出）转入其他结余，借记“其他结余”科目，贷记“事业支出”科目下其他资金支出明细科目。年末结转后，“事业支出”科目应无余额。

例 13-59

年末，某事业单位“事业支出”科目的本年发生额为 998 500 元，其中，财政拨款支出 515 000 元，非财政专项资金支出 362 000 元，其他资金支出 121 500 元。该事业单位分别将其转入“财政拨款结转——本年收支结转”、“非财政拨款结转——本年收支结转”和“其他结余”科目。该事业单位应编制如下会计分录：

(1) 结转财政拨款支出时。

借：财政拨款结转——本年收支结转　　515 000

　贷：事业支出——财政拨款支出　　515 000

(2) 结转非财政专项资金支出时。

借：非财政拨款结转——本年收支结转　　362 000

　贷：事业支出——非财政专项资金支出　　362 000

(3) 结转其他资金支出时。

借：其他结余　　121 500

　贷：事业支出——其他资金支出　　121 500

事业支出年末结账的方法与行政支出相同。事业支出中财政拨款支出、非财政专项资金支出和其他资金支出的比例在不同的事业单位中可能会存在差异。

三、经营支出

（一）经营支出的概念和核算科目设置

经营支出是指事业单位在专业业务活动及其辅助活动之外开展非独立核算经营活动实际发生的各项现金流出。事业单位经营活动的主要内容和特点可参阅经营收入中的相关内容，此处不再重复阐述。事业单位的经营支出与经营预算收入相对应，属于预算会计中的核算内容；经营费用与经营收入相对应，属于财务会计中的核算内容。事业单位的经营预算收入减去经营支出后的差额为经营结余。

为核算经营支出的业务，事业单位应设置“经营支出”总账科目。该科目应当按照经营活动类别、项目、《政府收支分类科目》中“支出功能分类科目”的项级科目和“部门预算支出经济分类科目”的款级科目等进行明细核算。对于预付款项，可通过在该科目下设置“待处理”明细科目进行明细核算，待确认具体支出项目后再转入该科目下相关明细科目。年末结账前，应将该科目“待处理”明细科目余额全部转入该科目下相关明细科目。

（二）支付经营部门职工薪酬

向职工个人支付薪酬时，按照实际的金额，借记“经营支出”科目，贷记“资金结存”科目。

按照规定代扣代缴个人所得税以及代扣代缴或为职工缴纳职工社会保险费、住房公积金时，按照实际缴纳的金额，借记“经营支出”科目，贷记“资金结存”科目。

例 13-60

某事业单位通过银行存款账户向单位开展经营活动的职工个人支付薪酬共计22 300元。该事业单位应编制如下会计分录：

在财务会计中：

借：应付职工薪酬	22 300	
贷：银行存款		22 300

同时，在预算会计中：

借：经营支出	22 300	
贷：资金结存——货币资金		22 300

按照规定为经营部门职工代扣代缴个人所得税以及代扣代缴或为其缴纳职工社会保险费和住房公积金的会计处理方法，如同事业支出的相关内容。

（三）为经营活动支付外部人员劳务费

按照实际支付给外部人员个人的金额，借记“经营支出”科目，贷记“资金结存”科目。

按照规定代扣代缴个人所得税时，按照实际缴纳的金额，借记“经营支出”科目，贷记“资金结存”科目。

例 13－61

某事业单位通过银行存款账户为经营活动支付外部人员的应付劳务费 4 500 元。该事业单位应编制如下会计分录：

在财务会计中：

借：其他应付款　　4 500

　贷：银行存款　　4 500

同时，在预算会计中：

借：经营支出　　4 500

　贷：资金结存——货币资金　　4 500

(四) 开展经营活动过程中为购买存货、固定资产、无形资产等以及在建工程支付相关款项

开展经营活动过程中为购买存货、固定资产、无形资产等以及在建工程支付相关款项时，按照实际支付的金额，借记“经营支出”科目，贷记“资金结存”科目。

例 13－62

某事业单位在开展经营活动过程中通过银行存款账户购入一批库存物品，实际支付价款为 7 800 元。暂不考虑增值税业务。该事业单位应编制如下会计分录：

在财务会计中：

借：库存物品　　7 800

　贷：银行存款　　7 800

同时，在预算会计中：

借：经营支出　　7 800

　贷：资金结存——货币资金　　7 800

事业单位的经营活动以自我维持作为经营原则，不能使用事业活动中的资金。

(五) 开展经营活动过程中发生预付账款

开展经营活动过程中发生预付账款时，按照实际支付的金额，借记“经营支出”科目，贷记“资金结存”科目。

对于暂付款项，在支付款项时可不做预算会计处理，待结算或报销时，按照结算或报销的金额，借记“经营支出”科目，贷记“资金结存”科目。

例 13－63

某事业单位在开展经营活动过程中购买一项固定资产，发生预付账款 5 000 元，款项通过银行存款账户支付。次月，购买的该项固定资产收到并投入使用，该事业单位补付相应的款项 18 000 元，款项通过银行存款账户支付。该事业单位在购买该项固定资产过程中共支付款项 23 000 元（5 000＋18 000）。暂不考虑增值税业务。该事业单位应编制如下会计分录：

(1) 预付账款时。

在财务会计中：

借：预付账款　　5 000

　贷：银行存款　　5 000

同时，在预算会计中：

借：经营支出 5 000

贷：资金结存——货币资金 5 000

（2）收到固定资产并补付款项时。

在财务会计中：

借：固定资产 23 000

贷：银行存款 18 000

预付账款 5 000

同时，在预算会计中：

借：经营支出 18 000

贷：资金结存——货币资金 18 000

经营支出不同于经营费用。经营支出是预算会计的核算内容，采用收付实现制基础核算。经营费用是财务会计的核算内容，采用权责发生制基础核算。

（六）开展经营活动过程中缴纳相关税费和发生其他各项支出

因开展经营活动缴纳的相关税费以及发生的其他各项支出，按照实际支付的金额，借记“经营支出”科目，贷记“资金结存”科目。

例13-64

某事业单位在开展经营活动过程中缴纳房产税1 230元，款项通过银行存款账户支付。该事业单位应编制如下会计分录：

在财务会计中：

借：其他应交税费——应交房产税 1 230

贷：银行存款 1 230

同时，在预算会计中：

借：经营支出 1 230

贷：资金结存——货币资金 1 230

事业单位在开展非独立核算经营活动中发生房产税纳税义务时，在财务会计中，借记“营业费用”科目，贷记“其他应交税费——应交房产税”科目。此时，在预算会计中不做会计处理。

例13-65

某事业单位在开展经营活动过程中发生相关办公费用6 600元，款项通过银行存款账户支付。该办公费用在上月份通过“其他应付款”科目记入了上月份的“经营费用”科目。该事业单位应编制如下会计分录：

在财务会计中：

借：其他应付款 6 600

贷：银行存款 6 600

同时，在预算会计中：

借：经营支出 6 600

贷：资金结存——货币资金 6 600

（七）开展经营活动过程中发生因购货退回而收回当年支出等业务

开展经营活动中因购货退回等发生款项退回，或者发生差错更正的，属于当年支出收回的，按照收回或更正金额，借记“资金结存”科目，贷记“经营支出”科目。

例 13－66

某事业单位因货品质量问题退回一批当年购入的货品 320 元，该批货品在购入时已计入本年经营费用和经营支出，退货款项已收到并存入银行存款账户。该事业单位应编制如下会计分录：

在财务会计中：

借：银行存款	320	
贷：经营费用		320

同时，在预算会计中：

借：资金结存——货币资金	320	
贷：经营支出		320

（八）经营支出的年末结账

年末，将“经营支出”科目本年发生额转入经营结余，借记“经营结余”科目，贷记“经营支出”科目。年末结转后，“经营支出”科目应无余额。

例 13－67

年末，某事业单位“经营支出”科目的本年发生额为 89 100 元。该事业单位将其全额转入“经营结余”科目。该事业单位应编制如下会计分录：

借：经营结余	89 100	
贷：经营支出		89 100

四、上缴上级支出

上缴上级支出是指事业单位按照财政部门和主管部门的规定上缴上级单位款项发生的现金流出。

上缴上级支出与附属单位上缴预算收入在上下级单位间的业务内容上形成对应关系，即一方为缴款方，另一方为收款方。但上缴上级支出与上级补助预算收入在上下级单位间的业务内容上不形成对应关系，即上缴上级支出业务的发生与上级补助预算收入业务的发生是相互独立的。上缴上级支出的业务内容可参阅上缴上级费用的相关内容。

为核算上缴上级支出业务，事业单位应设置“上缴上级支出”总账科目。该科目应当按照收缴款项单位、缴款项目、《政府收支分类科目》中“支出功能分类科目”的项级科目和“部门预算支出经济分类科目”的款级科目等进行明细核算。单位按照规定将款项上缴上级单位的，按照实际上缴的金额，借记该科目，贷记“资金结存”科目。年末，将该科目本年发生额转入其他结余，借记“其他结余”科目，贷记该科目。年末结转后，该科目应无余额。

例 13－68

某事业单位按照财政部门和主管部门的规定上缴上级单位款项 18 000 元，款项以银行存款支付。该事业单位应编制如下会计分录：

在财务会计中：

借：上缴上级费用　　18 000

　贷：银行存款　　18 000

同时，在预算会计中：

借：上缴上级支出　　18 000

　贷：资金结存——货币资金　　18 000

如果事业单位发生应上缴上级款项的业务，那么，在财务会计中，应当按照计算确定的金额，借记“上缴上级费用”科目，贷记“其他应付款”科目；而此时，在预算会计中则不做会计处理。之后事业单位上缴应缴款项时，在财务会计中，借记“其他应付款”科目，贷记“银行存款”科目；在预算会计中，借记“上缴上级支出”科目，贷记“资金结存”科目。上缴上级费用属于财务会计的核算内容，采用权责发生制基础核算；上缴上级支出属于预算会计的核算内容，采用收付实现制基础核算。

例 13-69

年末，某事业单位“上缴上级支出”科目的本年发生额为46 000元。该事业单位将其全额转入“其他结余”科目。该事业单位应编制如下会计分录：

借：其他结余　　46 000

　贷：上缴上级支出　　46 000

五、对附属单位补助支出

对附属单位补助支出是指事业单位用财政拨款预算收入之外的收入对附属单位补助发生的现金流出。

对附属单位补助支出与上级补助预算收入在上下级单位间的业务内容上形成对应关系，即一方为补助方，另一方为接受补助方。但对附属单位补助支出与附属单位上缴预算收入在上下级单位间的业务内容上不形成对应关系，即对附属单位补助支出业务的发生与附属单位上缴预算收入业务的发生是相互独立的。对附属单位补助支出的业务内容可参阅对附属单位补助费用的相关内容。

为核算对附属单位补助支出业务，事业单位应设置“对附属单位补助支出”总账科目。该科目应当按照接受补助单位、补助项目、《政府收支分类科目》中“支出功能分类科目”的项级科目和“部门预算支出经济分类科目”的款级科目等进行明细核算。单位发生对附属单位补助支出的，按照实际补助的金额，借记该科目，贷记“资金结存”科目。年末，将该科目本年发生额转入其他结余，借记“其他结余”科目，贷记该科目。年末结转后，该科目应无余额。

例 13-70

某事业单位通过银行存款账户支付上一会计期间记入“其他应付款”科目的对附属单位补助款项24 000元。该事业单位应编制如下会计分录：

在财务会计中：

借：其他应付款　　24 000

　贷：银行存款　　24 000

同时，在预算会计中：

借：对附属单位补助支出　　24 000

　贷：资金结存——货币资金　　24 000

该事业单位在上一会计期间按照规定计算出应对附属单位的补助金额时，在财务会计中，借记“对附属单位补助费用”科目，贷记“其他应付款”科目。此时，在预算会计中不做会计处理。对附属单位补助费用属于财务会计的核算内容，采用权责发生制基础核算；对附属单位补助支出属于预算会计的核算内容，采用收付实现制基础核算。

例 13－71

年末，某事业单位“对附属单位补助支出”科目的本年发生额为 67 300 元。该事业单位将其全额转入“其他结余”科目。该事业单位应编制如下会计分录：

借：其他结余　　67 300

　贷：对附属单位补助支出　　67 300

六、投资支出

（一）投资支出的概念和核算科目设置

投资支出是指事业单位以货币资金对外投资发生的现金流出。

为核算投资支出业务，事业单位应设置“投资支出”总账科目。该科目应当按照投资类型、投资对象、《政府收支分类科目》中“支出功能分类科目”的项级科目和“部门预算支出经济分类科目”的款级科目等进行明细核算。

（二）以货币资金对外投资

事业单位以货币资金对外投资时，按照投资金额和所支付的相关税费金额的合计数，借记“投资支出”科目，贷记“资金结存”科目。

例 13－72

某事业单位以银行存款 860 000 元购买取得一项长期股权投资，购买过程中发生相关税费支出 10 000 元，款项以银行存款支付。该项长期股权投资在取得时，确定的成本为 870 000 元（860 000＋10 000）。该事业单位应编制如下会计分录：

在财务会计中：

借：长期股权投资　　870 000

　贷：银行存款　　870 000

同时，在预算会计中：

借：投资支出　　870 000

　贷：资金结存——货币资金　　870 000

在预算会计中，投资支出只反映以货币资金对外投资发生的现金流出，不反映以货币资金以外的其他资产对外投资发生的非货币资金流出。在财务会计中，长期股权投资既反映以现金取得的长期股权投资，也反映以现金之外的其他资产置换取得的长期股权投资。事业单位的投资业务在财务会计和预算会计中的核算内容不完全相同。

（三）出售、对外转让或到期收回对外投资

出售、对外转让或到期收回本年度以货币资金取得的对外投资的，如果按规定将投资收益纳入单位预算，按照实际收到的金额，借记“资金结存”科目，按照取得投资时“投资支出”科目的发生额，贷记“投资支出”科目，按照其差额，贷记或借记“投资预算收益”科目；如果按规定将投资收益上缴财政的，按照取得投资时“投资支出”科目的发生额，借记“资金结存”科目，贷记“投资支出”科目。

出售、对外转让或到期收回以前年度以货币资金取得的对外投资的，如果按规定将投资收益纳入单位预算，按照实际收到的金额，借记“资金结存”科目，按照取得投资时“投资支出”科目的发生额，贷记“其他结余”科目，按照其差额，贷记或借记“投资预算收益”科目；如果按规定将投资收益上缴财政的，按照取得投资时“投资支出”科目的发生额，借记“资金结存”科目，贷记“其他结余”科目。

例 13－73

某事业单位利用闲散资金购买一批国债作为短期投资，实际投资成本为12 500元，款项以银行存款支付。次年，该事业单位出售该项短期投资，出售价款为12 800元，实际收到款项12 500元，按照规定，取得的相应投资收益300元（12 800－12 500）直接上缴财政。该事业单位应编制如下会计分录：

（1）取得短期投资时。

在财务会计中：

借：短期投资　　12 500

　贷：银行存款　　12 500

同时，在预算会计中：

借：投资支出　　12 500

　贷：资金结存——货币资金　　12 500

（2）出售短期投资时。

在财务会计中：

借：银行存款　　12 500

　贷：短期投资　　12 500

同时，在预算会计中：

借：资金结存——货币资金　　12 500

　贷：其他结余　　12 500

在该项业务中，由于“投资支出”科目在取得投资当年年末已经结转至“其他结余”科目，因此，第二年出售投资时，应当贷记“其他结余”科目，而不是贷记“投资支出”科目。

投资支出不同于其他有关支出。投资支出在出售、对外转让或到期收回投资时，会产生现金流入。此时，应当冲销投资支出，使投资支出的余额为零；或者冲销已转入至其他结余的投资支出，恢复其他结余的原有余额。

（四）投资支出的年末结账

年末，将“投资支出”科目本年发生额转入其他结余，借记“其他结余”科目，

贷记“投资支出”科目。年末结转后，“投资支出”科目应无余额。

例 13－74

年末，某事业单位“投资支出”科目的本年发生额为 85 000 元。该事业单位将其全额转入“其他结余”科目。该事业单位应编制如下会计分录：

借：其他结余　　85 000

　贷：投资支出　　85 000

七、债务还本支出

债务还本支出是指事业单位偿还自身承担的纳入预算管理的从金融机构举借的债务本金的现金流出。

为核算债务还本支出业务，事业单位应设置“债务还本支出”总账科目。该科目应当按照贷款单位、贷款种类、《政府收支分类科目》中“支出功能分类科目”的项级科目和“部门预算支出经济分类科目”的款级科目等进行明细核算。单位偿还各项短期或长期借款时，按照偿还的借款本金，借记该科目，贷记“资金结存”科目。年末，将该科目本年发生额转入其他结余，借记“其他结余”科目，贷记该科目。年末结转后，该科目应无余额。

例 13－75

某事业单位向金融机构偿还一项短期借款本金 50 000 元，款项通过银行存款账户支付。该事业单位应编制如下会计分录：

在财务会计中：

借：短期借款　　50 000

　贷：银行存款　　50 000

同时，在预算会计中：

借：债务还本支出　　50 000

　贷：资金结存——货币资金　　50 000

在财务会计中，事业单位向金融机构借入款项以及偿还借款本金的业务，都在“短期借款”或“长期借款”科目中核算，分别作为负债的增加和负债的减少处理。在预算会计中，事业单位向金融机构借入款项的业务在“债务预算收入”科目中核算，偿还借款本金的业务在“债务还本支出”科目中核算，分别作为预算收入的增加和预算支出的增加处理。事业单位向金融机构借入款项以及偿还借款本金的业务，在财务会计和预算会计中的核算方法明显不同。前者核算事业单位的财务状况，后者核算事业单位的预算执行情况。

例 13－76

某事业单位向金融机构偿还一项到期一次还本付息的长期借款 165 200 元，其中，借款本金 150 000 元，应计利息 15 200 元，款项通过银行存款账户支付。该事业单位应编制如下会计分录：

在财务会计中：

借：长期借款——本金　　150 000

　　　　　——应计利息　　15 200

　贷：银行存款　　165 200

同时，在预算会计中：

借：债务还本支出　　150 000

　贷：资金结存——货币资金　　150 000

在预算会计中，债务还本支出仅核算偿还债务本金的支出，不核算债务利息支出。债务利息支出属于其他支出。

例 13－77

年末，某事业单位“债务还本支出”科目的本年发生额为365 000元。该事业单位将其全额转入“其他结余”科目。该事业单位应编制如下会计分录：

借：其他结余　　365 000

　贷：债务还本支出　　365 000

八、其他支出

（一）其他支出的概念和核算科目设置

其他支出是指行政事业单位除行政支出、事业支出、经营支出、上缴上级支出、对附属单位补助支出、投资支出、债务还本支出以外的各项现金流出，包括利息支出、对外捐赠现金支出、现金盘亏损失、接受捐赠（调入）和对外捐赠（调出）非现金资产发生的税费支出、资产置换过程中发生的相关税费支出、罚没支出等。

为核算其他支出业务，行政事业单位应设置“其他支出”总账科目。该科目应当按照其他支出的类别，“财政拨款支出”、“非财政专项资金支出”和“其他资金支出”，《政府收支分类科目》中“支出功能分类科目”的项级科目和“部门预算支出经济分类科目”的款级科目等进行明细核算。其他支出中如有专项资金支出，还应按照具体项目进行明细核算。

有一般公共预算财政拨款、政府性基金预算财政拨款等两种或两种以上财政拨款的事业单位，还应当在“财政拨款支出”明细科目下按照财政拨款的种类进行明细核算。

单位发生利息支出、捐赠支出等其他支出金额较大或业务较多的，可单独设置“利息支出”、“捐赠支出”等科目。

（二）利息支出

支付银行借款利息时，按照实际支付金额，借记“其他支出”科目，贷记“资金结存”科目。

例 13－78

某事业单位支付银行借款利息450元，款项通过银行存款账户支付。相应的银行借款利息在财务会计中已记入了“应付利息”总账科目。该事业单位应编制如下会计分录：

在财务会计中：

借：应付利息　450
　贷：银行存款　450
同时，在预算会计中：
借：其他支出　450
　贷：资金结存——货币资金　450

在财务会计中，借款利息按权责发生制基础确认。单位按期计算确认借款利息费用时，借记“在建工程”或“其他费用”科目，贷记“应付利息”“长期借款——应计利息”科目。

（三）对外捐赠现金资产

对外捐赠现金资产时，按照捐赠金额，借记“其他支出”科目，贷记“资金结存——货币资金”科目。

例 13－79

某事业单位对外捐赠现金资产 50 000 元，款项通过银行存款支付。该事业单位应编制如下会计分录：

在财务会计中：
借：其他费用　50 000
　贷：银行存款　50 000
同时，在预算会计中：
借：其他支出　50 000
　贷：资金结存——货币资金　50 000

（四）现金盘亏损失

每日现金账款核对中如发现现金短缺，按照短缺的现金金额，借记“其他支出”科目，贷记“资金结存——货币资金”科目。经核实，属于应当由有关人员赔偿的，按照收到的赔偿金额，借记“资金结存——货币资金”科目，贷记“其他支出”科目。

例 13－80

某事业单位现金账款核对中发现现金短缺 50 元。经核实，其中 30 元应当由责任人赔偿；其余 20 元（50－30）无法查明原因，经批准予以核销。次日，收到相关责任人赔偿现金 30 元。该事业单位应编制如下会计分录：

（1）现金账款核对中发现现金短缺时。
在财务会计中：
借：待处理财产损溢　50
　贷：库存现金　50
同时，在预算会计中：
借：其他支出　50
　贷：资金结存——货币资金　50
（2）核实批准相关情况时。
在财务会计中：

借：其他应收款　　30
　　资产处置费用　　20
　贷：待处理财产损溢　　50

(3) 收到相关责任人赔偿现金时。

在财务会计中：

借：库存现金　　30
　贷：其他应收款　　30

同时，在预算会计中：

借：资金结存——货币资金　　30
　贷：其他支出　　30

现金账款核对中发现的现金短缺，属于无法查明原因的，在财务会计中，在核实批准时确认为资产处置费用；在预算会计中，在发现现金短缺时确认为其他支出。

（五）接受捐赠（无偿调入）和对外捐赠（无偿调出）非现金资产发生的税费支出

接受捐赠（无偿调入）非现金资产发生的归属于捐入方（调入方）的相关税费、运输费等，以及对外捐赠（无偿调出）非现金资产发生的归属于捐出方（调出方）的相关税费、运输费等，按照实际支付金额，借记“其他支出”科目，贷记“资金结存”科目。

例13－81

某事业单位接受捐赠一批库存物品，有关凭据注明的金额为62 500元，以银行存款支付运输费用500元，库存物品已验收入库，成本金额为63 000元（62 500＋500）。该事业单位应编制如下会计分录：

在财务会计中：

借：库存物品　　63 000
　贷：银行存款　　500
　　　捐赠收入　　62 500

同时，在预算会计中：

借：其他支出　　500
　贷：资金结存——货币资金　　500

例13－82

某行政单位接受其他单位无偿调入一项公共基础设施，该项公共基础设施在调出方的账面价值为724 000元。调入过程中，该行政单位发生相关费用3 000元，款项通过财政授权支付方式支付。该项无偿调入的公共基础设施的成本为727 000元（724 000＋3 000）。该行政单位应编制如下会计分录：

在财务会计中：

借：公共基础设施　　727 000
　贷：零余额账户用款额度　　3 000
　　　无偿调拨净资产　　724 000

同时，在预算会计中：

借：其他支出　　3 000
　贷：资金结存——零余额账户用款额度　　3 000

（六）资产置换过程中发生的相关税费支出

资产置换过程中发生的相关税费，按照实际支付金额，借记“其他支出”科目，贷记“资金结存”科目。

例 13-83

某事业单位以一项无形资产置换取得一项固定资产，该项无形资产的账面余额为 850 000 元，相应的累计摊销数为 170 000 元，账面净值为 680 000 元（850 000－170 000）。经评估，该项无形资产的评估价值为 650 000 元。置换过程中发生相关税费支出 10 000 元，款项以银行存款支付。该项固定资产在取得时，确定的成本为 660 000 元（650 000＋10 000）。该事业单位在该项无形资产置换业务中发生资产处置费用 30 000元（680 000－650 000）。该事业单位应编制如下会计分录：

在财务会计中：

借：固定资产	660 000	
无形资产累计摊销	170 000	
资产处置费用	30 000	
贷：银行存款		10 000
无形资产		850 000

同时，在预算会计中：

借：其他支出	10 000	
贷：资金结存——货币资金		10 000

（七）其他支出

发生罚没等其他支出时，按照实际支出金额，借记“其他支出”科目，贷记“资金结存”科目。

（八）其他支出的年末结账

年末，将“其他支出”科目本年发生额中的财政拨款支出转入财政拨款结转，借记“财政拨款结转——本年收支结转”科目，贷记“其他支出”科目下各财政拨款支出明细科目；将“其他支出”科目本年发生额中的非财政专项资金支出转入非财政拨款结转，借记“非财政拨款结转——本年收支结转”科目，贷记“其他支出”科目下各非财政专项资金支出明细科目；将“其他支出”科目本年发生额中的其他资金支出（非财政非专项资金支出）转入其他结余，借记“其他结余”科目，贷记“其他支出”科目下各其他资金支出明细科目。年末结转后，“其他支出”科目应无余额。

例 13-84

年末，某事业单位“其他支出”科目的本年发生额为 7 400 元，其中，财政拨款支出 500 元，非财政专项资金支出 300 元，其他资金支出 6 600 元。该事业单位分别将其转入“财政拨款结转——本年收支结转”、“非财政拨款结转——本年收支结转”和“其他结余”科目。该事业单位应编制如下会计分录：

（1）结转财政拨款支出时。

借：财政拨款结转——本年收支结转　500
　贷：其他支出——财政拨款支出　500

（2）结转非财政专项资金支出时。

借：非财政拨款结转——本年收支结转　300
　贷：其他支出——非财政专项资金支出　300

（3）结转其他资金支出时。

借：其他结余　6 600
　贷：其他支出——其他资金支出　6 600

其他支出年末结账的方法与行政支出、事业支出相同。其他支出中财政拨款支出、非财政专项资金支出和其他资金支出的比例可能与行政支出、事业支出存在差异。

思考题

1. 什么是行政事业单位的费用？行政事业单位的费用主要包括哪些种类？

2. 什么是行政事业单位的预算支出？行政事业单位的预算支出主要包括哪些种类？行政事业单位预算支出的种类和费用的种类有什么不同？

3. 行政事业单位的费用应当按照什么会计基础进行确认和计量？行政事业单位的预算支出应当按照什么会计基础进行确认和计量？

4. 什么是业务活动费用？什么是行政支出？举例说明两者的会计处理异同。

5. 什么是单位管理费用？什么是事业支出？举例说明两者的会计处理异同。

6. 事业单位“业务活动费用”科目和“单位管理费用”科目的核算内容有什么不同？

7. 什么是经营费用？什么是经营支出？举例说明两者的会计处理异同。

8. 什么是资产处置费用？行政事业单位应当如何核算资产处置费用？

9. 什么是上缴上级费用？什么是上缴上级支出？举例说明两者的会计处理异同。

10. 什么是对附属单位补助费用？什么是对附属单位补助支出？举例说明两者的会计处理异同。

11. 什么是投资支出？投资支出的相应业务在财务会计和预算会计中分别是如何核算的？

12. 什么是债务还本支出？债务还本支出的相应业务在财务会计和预算会计中分别是如何核算的？

13. 行政单位“业务活动费用”科目和“行政支出”科目年末结账方法有什么不同？

14. 行政事业单位的“其他支出”科目主要核算哪些内容？

练习题

练习一

一、目的：练习行政单位业务活动费用和行政支出的核算。

二、资料：某行政单位 20×4 年发生如下经济业务：

（1）为履职人员计提职工薪酬共计 58 500 元。

（2）通过财政直接支付方式向单位职工个人支付应付职工薪酬共计 37 300 元。

（3）通过财政直接支付方式购入一批库存物品，实际支付价款为 6 500 元。

（4）为履职领用一批库存物品，该批库存物品的账面余额为 720 元。

（5）为履职发生水费、电费等各项办公费用 450 元，款项通过财政授权支付方式支付。

（6）通过财政直接支付方式支付一项在建工程的建设款项 95 800 元。

（7）为履职所使用的固定资产计提折旧 132 000 元。

（8）年末，“业务活动费用”科目的本年发生额为 315 800 元。将其全数转入“本期盈余”科目。

（9）年末，“行政支出”科目的本年发生额为 282 700 元，其中，财政拨款支出 282 000 元，非财政专项资金支出 580 元，其他资金支出 120 元。分别将其转入“财政拨款结转——本年收支结转”、“非财政拨款结转——本年收支结转”和“其他结余”科目。

三、要求：根据以上经济业务，为该行政单位编制有关的会计分录。

练习二

一、目的：练习事业单位业务活动费用、单位管理费用和事业支出的核算。

二、资料：某事业单位 20×4 年发生如下经济业务：

（1）为单位开展专业业务活动人员计提职工薪酬 125 000 元，为单位行政及后勤管理人员计提职工薪酬 34 200 元。

（2）通过财政直接支付的方式向单位开展专业业务活动以及从事行政及后勤管理的职工个人支付薪酬共计 118 000 元。

（3）通过财政直接支付方式为单位开展专业业务活动以及从事行政及后勤管理的职工代扣代缴个人所得税 3 200 元，同时通过财政直接支付的方式为这些职工代扣代缴和缴纳职工社会保险费和住房公积金共计 38 000 元。本次实际向相关部门和机构缴纳金额合计为 41 200 元（3 200＋38 000）。

（4）通过银行存款账户为专业业务活动及其辅助活动支付外部人员的劳务费 2 500元。

（5）在开展专业业务活动及其辅助活动过程中购买一项固定资产，发生预付账款 5 000元，款项通过财政授权支付方式支付。固定资产尚未收到。

（6）收到为开展专业业务活动及其辅助活动购买的一项固定资产，扣除之前预付账款 5 000 元后，补付价款 16 500 元，款项通过财政授权支付方式支付。购买的该项固定资产投入使用，确定的成本为 21 500 元（5 000＋16 500）。

（7）开展专业业务活动的部门领用一批库存物品，该批库存物品的账面余额为 820 元；开展行政管理活动的部门领用一批库存物品，该批库存物品的账面余额为 720 元。本次库存物品共领出 1 540 元（820＋720）。

（8）在开展业务活动过程中发生应当计入当期业务活动费用的相关办公费用 4 300 元，应当计入当期单位管理费用的相关办公费用 1 800 元，款项合计 6 100 元（4 300＋1 800）通过银行存款账户支付。

(9) 为开展专业业务活动所使用的固定资产计提折旧 202 000 元；为开展行政及后勤管理活动所使用的固定资产计提折旧 56 000 元。本次共计提固定资产折旧 258 000 元（202 000＋56 000）。

(10) 年末，“业务活动费用”科目的本年发生额为 705 000 元，“单位管理费用”科目的本年发生额为 212 000 元。将其全数转入“本期盈余”科目。

(11) 年末，“事业支出”科目的本年发生额为 762 000 元，其中，财政拨款支出 385 000 元，非财政专项资金支出 236 000 元，其他资金支出 141 000 元。分别将其转入“财政拨款结转——本年收支结转”、“非财政拨款结转——本年收支结转”和“其他结余”科目。

三、要求：根据以上经济业务，为该事业单位编制有关的会计分录。

练习三

一、目的：练习事业单位经营费用、所得税费用和经营支出的核算。

二、资料：某事业单位 20×4 年发生如下经济业务：

(1) 为经营活动人员计提职工薪酬共计 16 500 元。

(2) 向开展经营活动的职工个人支付薪酬共计 12 100 元。

(3) 在开展经营活动过程中通过银行存款账户购入一批库存物品，实际支付价款为 5 800 元。暂不考虑增值税业务。

(4) 为开展经营活动发出一批库存物品，该批库存物品的实际成本为 3 600 元。

(5) 开展经营活动过程中发生相关办公费用 2 400 元，款项通过银行存款账户支付。该办公费用在上一会计期间通过“其他应付款”科目记入了上一会计期间的“经营费用”科目。

(6) 为开展经营活动发生城市维护建设税 500 元，教育费附加 300 元，企业所得税 280 元，三项税费合计 1 080 元（500＋300＋280）。

(7) 在开展经营活动过程中缴纳城市维护建设税 500 元，教育费附加 300 元，企业所得税 280 元，三项税费合计 1 080 元（500＋300＋280），款项通过银行存款账户支付。

(8) 为经营活动所使用的固定资产计提折旧 72 000 元。

(9) 年末，“经营费用”科目的本年发生额为 145 000 元，将其全数转入“本期盈余”科目。

(10) 年末，“经营支出”科目的本年发生额为 169 000 元，将其全额转入“经营结余”科目。

三、要求：根据以上经济业务，为该事业单位编制有关的会计分录。

练习四

一、目的：练习行政事业单位资产处置费用的核算。

二、资料：某事业单位 20×4 年发生如下经济业务：

(1) 按照规定报经批准报废一项固定资产。该项固定资产的账面余额为 67 000 元，已计提折旧 63 000 元，账面价值为 4 000 元（67 000－63 000）。

(2) 处理报废固定资产时发生相关费用 350 元，款项以银行存款支付。

(3) 年末，“资产处置费用”科目的本年发生额为 32 500 元，将其全数转入“本期盈余”科目。

三、要求：根据以上经济业务，为该事业单位编制有关的会计分录。

练习五

一、目的：练习事业单位上缴上级费用和上缴上级支出的核算。

二、资料：某事业单位20×4年发生如下经济业务：

(1) 按照财政部门和主管部门的规定上缴上级单位款项25 000元，款项以银行存款支付。

(2) 年末，"上缴上级费用"科目的本年发生额为32 000元，将其全数转入"本期盈余"科目。

(3) 年末，"上缴上级支出"科目的本年发生额为32 000元，将其全额转入"其他结余"科目。

三、要求：根据以上经济业务，为该事业单位编制有关的会计分录。

练习六

一、目的：练习事业单位对附属单位补助费用和对附属单位补助支出的核算。

二、资料：某事业单位20×4年发生如下经济业务：

(1) 按照规定计算出应对附属单位的补助金额为158 000元，款项尚未支付。

(2) 通过银行存款账户支付上一会计期间记入"其他应付款"科目的对附属单位补助款项158 000元。

(3) 年末，"对附属单位补助费用"科目的本年发生额为215 000元，将其全数转入"本期盈余"科目。

(4) 年末，"对附属单位补助支出"科目的本年发生额为238 000元，将其全额转入"其他结余"科目。

三、要求：根据以上经济业务，为该事业单位编制有关的会计分录。

练习七

一、目的：练习事业单位投资支出业务的核算。

二、资料：某事业单位20×4年发生如下经济业务：

以银行存款购入一批5年期债券，实际支付价款为600 000元，准备持有至到期。该批债券票面金额为600 000元，票面年利率为5%，每年支付一次利息30 000元(600 000×5%)，到期一次偿还本金。购入的该批债券按期收到利息，到期收回本金。本次债券投资的利息收入按规定纳入部门预算管理，不上缴财政。

三、要求：根据以上经济业务，为该事业单位编制有关的会计分录。

练习八

一、目的：练习事业单位债务还本支出业务的核算。

二、资料：某事业单位20×4年发生如下经济业务：

为购买一项固定资产经批准向银行借入一笔款项800 000元，借款期限为5年，每年支付借款利息45 000元，本金到期一次偿还。固定资产已购入并投入使用。5年后，如期偿还借款本金800 000元。以上相应借款的本息均通过银行存款支付。

三、要求：根据以上经济业务，为该事业单位编制有关的会计分录。

练习九

一、目的：练习行政事业单位其他费用和其他支出的核算。

二、资料：某行政单位20×4年发生如下经济业务：

(1) 现金账款核对中发现库存现金短缺12元。

(2) 经核实，现金账款核对中短缺的12元库存现金属于无法查明原因，报经批准后予以核销。

(3) 接受其他单位无偿调入一项公共基础设施，该项公共基础设施的成本无法可靠取得，调入过程中，该行政单位发生相关费用1 800元，款项通过财政授权支付方式支付。

(4) 报经批准无偿调出一项固定资产，调出过程中，该行政单位发生相关费用650元，款项通过财政授权支付方式支付。

(5) 年末，“其他费用”科目的本年发生额为8 200元，将其全数转入“本期盈余”科目。

(6) 年末，“其他支出”科目的本年发生额为8 600元，其中，财政拨款支出8 300元，非财政专项资金支出200元，其他资金支出100元，分别将其转入“财政拨款结转——本年收支结转”、“非财政拨款结转——本年收支结转”和“其他结余”科目。

三、要求：根据以上经济业务，为该行政单位编制有关的会计分录。

第十四章

行政事业单位的净资产和预算结余

在行政事业单位中，净资产属于财务会计要素，预算结余属于预算会计要素。净资产和预算结余在基本概念、具体种类、确认和计量方法方面虽有一定的联系，但存在明显的区别。

第一节　净资产

净资产是指行政事业单位资产扣除负债后的余额。它是行政事业单位采用权责发生制基础核算资产和负债后，按照净资产的种类进行分类的结果。行政事业单位的净资产包括累计盈余、专用基金、权益法调整、本期盈余、无偿调拨净资产等种类。

一、累计盈余

（一）累计盈余的概念和核算科目设置

累计盈余是指行政事业单位历年实现的盈余扣除盈余分配后滚存的金额，以及因无偿调入调出资产产生的净资产变动额。

为核算累计盈余业务，行政事业单位应设置“累计盈余”总账科目。按照规定上缴、缴回、单位间调剂结转结余资金产生的净资产变动额，以及对以前年度盈余的调整金额，也通过该科目核算。该科目期末余额，反映单位未分配盈余（或未弥补亏损）的累计数以及截至上年末无偿调拨净资产变动的累计数。该科目年末余额，反映单位未分配盈余（或未弥补亏损）以及无偿调拨净资产变动的累计数。

（二）本年盈余分配余额转入

年末，将“本年盈余分配”科目的余额转入累计盈余，借记或贷记“本年盈余分配”科目，贷记或借记“累计盈余”科目。

例 14－1

年末，某行政单位“本年盈余分配”科目的贷方余额为 13 500 元，将其转入“累计盈余”科目贷方。该行政单位应编制如下会计分录：

借：本年盈余分配　　13 500
　贷：累计盈余　　13 500

在财务会计中，期末，各类收入科目的本期发生额转入“本期盈余”科目，各类费用科目的本期发生额转入“本期盈余”科目。年末，“本期盈余”科目余额转入“本年盈余分配”科目。根据相关规定分配后，“本年盈余分配”科目的余额转入“累计盈余”科目，形成行政事业单位累计盈余的一种来源。

（三）无偿调拨净资产余额转入

年末，将“无偿调拨净资产”科目的余额转入累计盈余，借记或贷记“无偿调拨净资产”科目，贷记或借记“累计盈余”科目。

例14-2

年末，某行政单位“无偿调拨净资产”科目的贷方余额为156 000元，将其转入“累计盈余”科目贷方。该行政单位应编制如下会计分录：

借：无偿调拨净资产　　156 000
　贷：累计盈余　　156 000

行政事业单位按规定取得无偿调入存货、固定资产、公共基础设施等资产时，无偿调拨净资产增加，按规定经批准无偿调出存货、固定资产、公共基础设施等资产时，无偿调拨净资产减少。按照规定，“无偿调拨净资产”科目的余额年末转入累计盈余，形成行政事业单位累计盈余的一个组成部分。

（四）上缴、缴回、单位间调剂结转结余

按照规定上缴财政拨款结转结余、缴回非财政拨款结转资金、向其他单位调出财政拨款结转资金时，按照实际上缴、缴回、调出金额，借记“累计盈余”科目，贷记“财政应返还额度”、“零余额账户用款额度”和“银行存款”等科目。按照规定从其他单位调入财政拨款结转资金时，按照实际调入金额，借记“零余额账户用款额度”“银行存款”等科目，贷记“累计盈余”科目。

例14-3

某行政单位按规定上缴财政拨款结余资金3 200元，具体通过上缴财政授权支付额度的方式完成。该行政单位应编制如下会计分录：

借：累计盈余　　3 200
　贷：零余额账户用款额度　　3 200

财政部门对于行政事业单位的财政拨款结转结余资金可以根据需要采用归集上缴、归集调出、单位内部调剂使用等管理办法。其中，归集上缴、归集调出以及归集调入的业务都会影响行政事业单位的净资产数额；单位内部调剂使用不影响净资产数额。缴回非财政拨款结转资金的情况与上缴财政拨款结转资金的情况类似。

例14-4

某事业单位按照规定从其他单位调入财政拨款结转资金15 000元，收到相应数额的财政授权支付额度。该事业单位应编制如下会计分录：

借：零余额账户用款额度　　15 000

　　贷：累计盈余　　15 000

（五）以前年度盈余调整余额转入

将“以前年度盈余调整”科目的余额转入“累计盈余”科目，借记或贷记“以前年度盈余调整”科目，贷记或借记“累计盈余”科目。

例 14－5

某行政单位“以前年度盈余调整”科目的借方余额为 4 800 元，将其转入“累计盈余”科目的借方。该行政单位应编制如下会计分录：

借：累计盈余　　4 800

　　贷：以前年度盈余调整　　4 800

以前年度盈余调整的业务如调整增加或减少以前年度的收入、调整增加或减少以前年度的费用等。以前年度盈余调整的原因主要是本年度发生重要前期差错更正的事项等，其中涉及需要调整以前年度的盈余。

（六）按规定使用专用基金购置固定资产或无形资产

按照规定使用专用基金购置固定资产、无形资产的，按照固定资产、无形资产成本金额，借记“固定资产”“无形资产”科目，贷记“银行存款”等科目；同时，按照专用基金使用金额，借记“专用基金”科目，贷记“累计盈余”科目。

例 14－6

某事业单位按照规定使用专用基金购置一项固定资产，款项合计 9 600 元通过银行存款账户支付。该事业单位应编制如下会计分录：

借：固定资产　　9 600

　　贷：银行存款　　9 600

同时：

借：专用基金　　9 600

　　贷：累计盈余　　9 600

事业单位根据有关规定从收入中提取专用基金，如提取修购基金并计入费用时，借记“业务活动费用”等科目，贷记“专用基金”科目。使用专用基金购置固定资产、无形资产时，提取的专用基金转至累计盈余。专用基金和累计盈余都属于事业单位的净资产。将专用基金转至累计盈余，只影响净资产的构成，不影响净资产的总数。事实上，事业单位按照规定使用专用基金购置固定资产或无形资产时，只是完成了专用基金的专门用途规定，但净资产的数额没有发生变化。

二、专用基金

（一）专用基金的概念和核算科目设置

专用基金是指事业单位按照规定提取或设置的具有专门用途的净资产，主要包括职工福利基金、科技成果转化基金等。

为核算专用基金业务，事业单位应设置“专用基金”总账科目。该科目应当按照专用基金的类别进行明细核算。该科目期末贷方余额，反映事业单位累计提取或设置的尚未使用的专用基金。

（二）从非财政拨款结余或经营结余中提取专用基金

年末，根据有关规定从本年度非财政拨款结余或经营结余中提取专用基金的，按照预算会计下计算的提取金额，借记“本年盈余分配”科目，贷记“专用基金”科目。

例 14－7

年末，某事业单位根据有关规定从本年度非财政拨款结余中提取专用基金 24 600 元。该事业单位应编制如下会计分录：

借：本年盈余分配　　　　24 600

　贷：专用基金　　　　　　24 600

事业单位从本年度非财政拨款结余或经营结余中提取的专用基金通常如职工福利基金等。提取的职工福利基金专门用于单位职工的集体福利设施、集体福利待遇等方面。目前，相关事业单位财务制度都规定可以提取职工福利基金。事业单位非财政拨款结余或经营结余如果发生亏损，不能再提取职工福利基金。

（三）从收入中提取专用基金

根据有关规定从收入中提取专用基金并计入费用的，一般按照预算会计下基于预算收入计算提取的金额，借记“业务活动费用”等科目，贷记“专用基金”科目。国家另有规定的，从其规定。

例 14－8

某事业单位根据有关规定从事业收入中提取专用基金 7 800 元并计入业务活动费用。该事业单位应编制如下会计分录：

借：业务活动费用　　　　7 800

　贷：专用基金　　　　　　7 800

事业单位从收入中提取的专用基金通常如修购基金、科技成果转化基金等。其中，修购基金是指事业单位按照事业收入和经营收入的一定比例提取，用于事业单位固定资产维修和购置的资金。事业收入和经营收入较少的事业单位可以不提取修购基金。目前，文化、广播电视、体育、文物等事业单位财务制度提出了提取修购基金的要求；高等学校、科学事业单位、医院等财务制度没有提出提取修购基金的要求。中小学校财务制度提出非义务教育阶段可以提取修购基金，义务教育阶段不提取修购基金。目前，科学事业单位财务制度设置了科技成果转化基金，即是指单位从事业收入中提取，以及在经营收支结余中提取转入，用于科技成果转化的资金。

不同行业的事业单位可以根据业务情况提取或设置其他专用基金。例如，高等学校财务制度设置了学生奖励基金，即是指根据国家有关规定，按照事业收入的一定比例提取，专门用于学费减免、勤工助学、校内无息借款、校内奖助学金和特殊困难补助等方面的资金。中小学校财务制度设置了奖助学基金，即是指接受社会捐赠和按照规定从事业收入中提取转入，专门用于奖励、资助学生的资金。医院财务制度设置了医疗风险基金，即是指从医疗收入中提取的专门用于支付医院购买医疗风险保险或实际发生医疗事故赔偿的资金。

在事业单位的专用基金中，各项基金的提取比例和管理办法，国家有统一规定的，按照统一规定执行；没有统一规定的，由主管部门会同同级财政部门确定。

在实务中，专用基金的提取比例通常较低。例如，医院财务制度规定，医院累计提取的医疗风险基金比例不应超过当年医疗收入的1‰～3‰。

（四）设置其他专用基金

根据有关规定设置的其他专用基金，按照实际收到的基金金额，借记“银行存款”等科目，贷记“专用基金”科目。

例 14－9

某事业单位根据有关规定设置一项专用基金，实际收到相关基金金额 6 000 元，款项存入开户银行。该事业单位应编制如下会计分录：

借：银行存款	6 000	
贷：专用基金		6 000

（五）使用提取的专用基金

按照规定使用提取的专用基金时，借记“专用基金”科目，贷记“银行存款”等科目。

使用提取的专用基金购置固定资产、无形资产的，按照固定资产、无形资产成本金额，借记“固定资产”“无形资产”科目，贷记“银行存款”等科目；同时，按照专用基金使用金额，借记“专用基金”科目，贷记“累计盈余”科目。

例 14－10

某事业单位按照规定使用提取的专用基金 2 600 元，款项通过银行存款支付。本次使用提取的专用基金，属于费用性支出，不是用于购置固定资产或无形资产。该事业单位应编制如下会计分录：

借：专用基金	2 600	
贷：银行存款		2 600

三、权益法调整

权益法调整是指事业单位持有的长期股权投资采用权益法核算时，按照被投资单位除净损益和利润分配以外的所有者权益变动份额调整长期股权投资账面余额而计入净资产的金额。

为核算权益法调整业务，事业单位应设置“权益法调整”总账科目。该科目应当按照被投资单位进行明细核算。年末，按照被投资单位除净损益和利润分配以外的所有者权益变动应享有（或应分担）的份额，借记或贷记“长期股权投资——其他权益变动”科目，贷记或借记该科目。采用权益法核算的长期股权投资，因被投资单位除净损益和利润分配以外的所有者权益变动而将应享有（或应分担）的份额计入单位净资产的，处置该项投资时，按照原计入净资产的相应部分金额，借记或贷记该科目，贷记或借记“投资收益”科目。该科目期末余额，反映事业单位在被投资单位除净损益和利润分配以外的所有者权益变动中累积享有（或分担）的份额。

例 14-11

某事业单位持有A公司80%的股份，有权决定A公司的财务和经营政策，相应的长期股权投资采用权益法核算。年末，A公司发生除净利润和利润分配以外的所有者权益变动增加数为20 000元，该事业单位应享有的相应份额为16 000元（20 000×80%）。该事业单位应编制如下会计分录：

借：长期股权投资——其他权益变动　　16 000
　贷：权益法调整　　16 000

作为比较，在权益法下，被投资单位实现净利润的，事业单位按照应享有的份额，借记“长期股权投资”科目（损益调整），贷记“投资收益”科目。“投资收益”科目本期发生额期末转入“本期盈余”科目。“本期盈余”科目余额经分配后最终转入“累计盈余”科目。累计盈余、权益法调整都是净资产的组成部分或具体种类。

例 14-12

某事业单位持有B公司30%的股份，有权参与B公司的财务和经营政策，相应的长期股权投资采用权益法核算。该股权投资当初以银行存款购买取得。某日，该事业单位经批准转让持有的B公司全部30%的股份，获得转让收入540 000元，款项已存入银行。股份转让日，该事业单位采用权益法核算的相应长期股权投资的成本数额为510 000元，损益调整借方余额为21 000元，其他权益变动借方余额为6 000元，转让收益为3 000元（540 000－510 000－21 000－6 000）。该事业单位应编制如下会计分录：

（1）转让股份时。

借：银行存款　　540 000
　贷：长期股权投资——成本　　510 000
　　　　　　　　——损益调整　　21 000
　　　　　　　　——其他权益变动　　6 000
　　投资收益　　3 000

（2）转出权益法调整时。

借：权益法调整　　6 000
　贷：投资收益　　6 000

权益法调整转出至投资收益后，经“本期盈余”“本年盈余分配”科目过渡，最终转入累计盈余。

四、本期盈余

本期盈余是指行政事业单位本期各项收入、费用相抵后的余额。

为核算本期盈余业务，行政事业单位应设置“本期盈余”总账科目。期末，将各类收入科目的本期发生额转入本期盈余，借记“财政拨款收入”、“事业收入”、“上级补助收入”、“附属单位上缴收入”、“经营收入”、“非同级财政拨款收入”、“投资收益”、“捐赠收入”、“利息收入”、“租金收入”和“其他收入”科目，贷记该科目；将各类费用科目本期发生额转入本期盈余，借记该科目，贷记“业务活动费用”、“单位管理费用”、“经营费用”、“所得税费用”、“资产处置费用”、“上缴上级费用”、“对附属单位补助费用”和“其他费用”科目。

年末，完成上述结转后，将该科目余额转入“本年盈余分配”科目，借记或贷记该科目，贷记或借记“本年盈余分配”科目。

该科目期末如为贷方余额，反映单位自年初至当期期末累计实现的盈余；如为借方余额，反映单位自年初至当期期末累计发生的亏损。年末结账后，该科目应无余额。

例 14－13

年末，某事业单位各类收入和费用科目的本年发生额如表 14－1 所示。

表 14－1　收入和费用科目本年发生额表　单位：元

收入和费用科目	本年贷方发生额	本年借方发生额
财政拨款收入	356 000	
事业收入	289 000	
附属单位上缴收入	12 500	
经营收入	3 600	
非同级财政拨款收入	55 000	
投资收益	23 000	
捐赠收入	78 000	
利息收入	2 800	
租金收入	9 500	
其他收入	6 100	
业务活动费用		668 000
单位管理费用		145 000
经营费用		2 400
所得税费用		200
资产处置费用		8 800
对附属单位补助费用		2 000
其他费用		3 300
合计	835 500	829 700

年末，在完成各类收入和费用科目的本年发生额结转后，该事业单位“本期盈余”科目的贷方余额为 5 800 元（835 500－829 700）。该事业单位应编制如下会计分录：

（1）结转各类收入科目本年发生额时。

借：财政拨款收入　356 000
　　事业收入　289 000
　　附属单位上缴收入　12 500
　　经营收入　3 600
　　非同级财政拨款收入　55 000
　　投资收益　23 000
　　捐赠收入　78 000
　　利息收入　2 800
　　租金收入　9 500
　　其他收入　6 100
　贷：本期盈余　835 500

(2) 结转各类费用科目本年发生额时。

借：本期盈余　829 700

　贷：业务活动费用　668 000

　　　单位管理费用　145 000

　　　经营费用　2 400

　　　所得税费用　200

　　　资产处置费用　8 800

　　　对附属单位补助费用　2 000

　　　其他费用　3 300

(3) 将“本期盈余”科目年末贷方余额转入“本年盈余分配”科目时。

借：本期盈余　5 800

　贷：本年盈余分配　5 800

五、本年盈余分配

本年盈余分配是指行政事业单位对本年度实现的盈余按照有关规定进行的分配。

为核算本年盈余分配业务，行政事业单位应设置“本年盈余分配”总账科目。年末，将“本期盈余”科目余额转入该科目，借记或贷记“本期盈余”科目，贷记或借记该科目。年末，根据有关规定从本年度非财政拨款结余或经营结余中提取专用基金的，按照预算会计下计算的提取金额，借记该科目，贷记“专用基金”科目。年末，按照规定完成上述两项处理后，将该科目余额转入累计盈余，借记或贷记该科目，贷记或借记“累计盈余”科目。年末结账后，该科目应无余额。

例 14－14

年末，某事业单位“本期盈余”科目贷方余额为 26 000 元，将其转入“本年盈余分配”科目。年末，按规定从本年度非财政拨款结余中提取专用基金 3 000 元。之后，将“本年盈余分配”科目贷方余额 23 000 元（26 000－3 000）转入“累计盈余”科目。该事业单位应编制如下会计分录：

(1) 年末将“本期盈余”科目余额转入“本年盈余分配”科目时。

借：本期盈余　26 000

　贷：本年盈余分配　26 000

(2) 按规定从本年度非财政拨款结余中提取专用基金时。

借：本年盈余分配　3 000

　贷：专用基金　3 000

(3) 年末将“本年盈余分配”科目余额转入“累计盈余”科目时。

借：本年盈余分配　23 000

　贷：累计盈余　23 000

按规定从本年度非财政拨款结余中提取专用基金会减少“本年盈余分配”科目的余额，由此也会减少“本年盈余分配”科目转至“累计盈余”科目的数额。由于行政单位不提取专用基金，因此，累计盈余增减的数额即为本期盈余的数额。

六、无偿调拨净资产

无偿调拨净资产是指行政事业单位无偿调入或调出非现金资产所引起的净资产增减变动。

为核算无偿调拨净资产业务，行政事业单位应设置“无偿调拨净资产”总账科目。按照规定取得无偿调入的存货、长期股权投资、固定资产、无形资产、公共基础设施、政府储备物资、文物文化资产、保障性住房等，按照确定的成本，借记“库存物品”、“长期股权投资”、“固定资产”、“无形资产”、“公共基础设施”、“政府储备物资”、“文物文化资产”和“保障性住房”等科目，按照调入过程中发生的归属于调入方的相关费用，贷记“零余额账户用款额度”“银行存款”等科目，按照其差额，贷记该科目。

按照规定经批准无偿调出存货、长期股权投资、固定资产、无形资产、公共基础设施、政府储备物资、文物文化资产、保障性住房等，按照调出资产的账面余额或账面价值，借记该科目，按照固定资产累计折旧、无形资产累计摊销、公共基础设施累计折旧或摊销、保障性住房累计折旧的金额，借记“固定资产累计折旧”、“无形资产累计摊销”、“公共基础设施累计折旧（摊销）”和“保障性住房累计折旧”科目，按照调出资产的账面余额，贷记“库存物品”、“长期股权投资”、“固定资产”、“无形资产”、“公共基础设施”、“政府储备物资”、“文物文化资产”和“保障性住房”等科目；同时，按照调出过程中发生的归属于调出方的相关费用，借记“资产处置费用”科目，贷记“零余额账户用款额度”“银行存款”等科目。

年末，将该科目余额转入累计盈余，借记或贷记该科目，贷记或借记“累计盈余”科目。年末结账后，该科目应无余额。

例 14－15

某行政单位按规定报经批准无偿调出一项固定资产，该项固定资产的账面余额为 174 000 元，已计提的累计折旧为 42 000 元，账面价值为 132 000 元（174 000－42 000）。该行政单位应编制如下会计分录：

借：无偿调拨净资产	132 000	
固定资产累计折旧	42 000	
贷：固定资产		174 000

例 14－16

某事业单位按规定取得无偿调入的一批库存物品，该批库存物品在调出方的账面价值为 6 500 元，调入过程中，该事业单位发生相关费用 200 元，款项通过零余额账户用款额度支付。该批库存物品在调入时确定的成本为 6 700 元（6 500＋200）。该事业单位应编制如下会计分录：

借：库存物品	6 700	
贷：无偿调拨净资产		6 500
零余额账户用款额度		200

例 14－17

年末，某行政单位“无偿调拨净资产”科目借方余额为 8 200 元，将其转入“累计盈余”科目。该行政单位应编制如下会计分录：

借：累计盈余　　8 200
　　贷：无偿调拨净资产　　8 200

“无偿调拨净资产”科目借方余额转入“累计盈余”科目借方后，累计盈余的数额减少。

七、以前年度盈余调整

以前年度盈余调整是指行政事业单位本年度由于发生了需要调整以前年度盈余的事项，从而对以前年度的盈余数额及其他相关项目的数额进行的调整。其中，本年度发生的需要调整以前年度盈余的事项包括本年度发生的重要前期差错更正涉及调整以前年度盈余的事项等。

为核算以前年度盈余调整业务，行政事业单位应设置“以前年度盈余调整”总账科目。调整增加以前年度收入时，按照调整增加的金额，借记有关科目，贷记该科目；调整减少的，做相反会计分录。调整增加以前年度费用时，按照调整增加的金额，借记该科目，贷记有关科目；调整减少的，做相反会计分录。盘盈的各种非流动资产，报经批准后处理时，借记“待处理财产损溢”科目，贷记该科目。经上述调整后，应将该科目的余额转入累计盈余，借记或贷记“累计盈余”科目，贷记或借记该科目。该科目结转后应无余额。

例14－18

某行政单位本年度发现上一会计年度漏计提一项固定资产的折旧，由此形成上一会计年度少计算相应的业务活动费用12 500元，本年度发现时，对这一重要前期差错进行更正，调整增加以前年度的费用数额，并相应调整减少以前年度的累计盈余数额。该行政单位应编制如下会计分录：

（1）调整增加以前年度费用时。

借：以前年度盈余调整　　12 500
　　贷：累计折旧　　12 500

（2）将“以前年度盈余调整”科目余额转入累计盈余时。

借：累计盈余　　12 500
　　贷：以前年度盈余调整　　12 500

由于以前年度的业务活动费用已经在以前年度转入累计盈余，因此，调整以前年度的业务活动费用时，应当通过“以前年度盈余调整”科目进行核算，不能直接使用“业务活动费用”科目进行核算。

例14－19

某事业单位盘盈一项固定资产，确定的成本为7 600元。经核实，该项固定资产为以前年度取得，取得时未予入账。按照规定报经批准后，该项盘盈的固定资产作为重要前期差错更正处理。该事业单位应编制如下会计分录：

（1）盘亏固定资产时。

借：固定资产　　7 600
　　贷：待处理财产损溢　　7 600

（2）报经批准后处理时。

借：待处理财产损溢 7 600

贷：以前年度盈余调整 7 600

(3) 将“以前年度盈余调整”科目余额转入累计盈余时。

借：以前年度盈余调整 7 600

贷：累计盈余 7 600

按照相关会计处理规定，如果盘盈的非流动资产属于本年度取得的，应当按照当年新取得相关资产进行会计处理，不能按照前期差错更正进行会计处理，即相应业务不通过“以前年度盈余调整”科目进行会计核算，不直接调整累计盈余的数额。

第二节 预算结余

预算结余是指行政事业单位预算收入减去预算支出后的余额。它是行政事业单位采用收付实现制基础核算预算收入和预算支出后，按照预算结余的种类进行分类的结果。行政事业单位的预算结余包括资金结存、财政拨款结转、财政拨款结余、非财政拨款结转、非财政拨款结余、专用结余、经营结余、其他结余等种类。

一、资金结存

(一) 资金结存的概念和核算科目设置

资金结存是指行政事业单位纳入部门预算管理的资金结存数额，包括结存的零余额账户用款额度、货币资金和财政应返还额度等。

为核算资金结存业务，行政事业单位应设置“资金结存”总账科目。该科目核算单位纳入部门预算管理的资金的流入、流出、调整和滚存等情况。该科目应当设置下列明细科目：

(1) 零余额账户用款额度。该明细科目核算实行国库集中支付的单位根据财政部门批复的用款计划收到和支用的零余额账户用款额度。年末结账后，该明细科目应无余额。

(2) 货币资金。该明细科目核算单位以库存现金、银行存款、其他货币资金形态存在的资金。该明细科目年末借方余额，反映单位尚未使用的货币资金。

(3) 财政应返还额度。该明细科目核算实行国库集中支付的单位可以使用的以前年度财政直接支付资金额度和财政应返还的财政授权支付资金额度。该明细科目下可设置“财政直接支付”“财政授权支付”两个明细科目进行明细核算。该明细科目年末借方余额，反映单位应收财政返还的资金额度。

“资金结存”科目年末借方余额，反映单位预算资金的累计滚存情况。

(二) 收到财政授权支付额度和其他方式取得预算收入

财政授权支付方式下，单位根据代理银行转来的财政授权支付额度到账通知书，按照通知书中的授权支付额度，借记“资金结存”科目（零余额账户用款额度），贷记“财政拨款预算收入”科目。

以国库集中支付以外的其他支付方式取得预算收入时，按照实际收到的金额，借记“资金结存”科目（货币资金），贷记“财政拨款预算收入”、“事业预算收入”和“经营预算收入”等科目。

例 14－20

某事业单位收到代理银行转来的财政授权支付额度到账通知书，通知书中所列的财政授权支付额度为55 000元。该事业单位应编制如下会计分录：

在财务会计中：

借：零余额账户用款额度　55 000

　贷：财政拨款收入　55 000

同时，在预算会计中：

借：资金结存——零余额账户用款额度　55 000

　贷：财政拨款预算收入　55 000

以国库集中支付以外的其他支付方式取得预算收入时有关资金结存业务的会计核算举例，可参阅预算收入相关章节的内容，此处不再重复举例说明。行政事业单位通过财政直接支付方式取得预算收入时，在预算会计中，借记“行政支出”“事业支出”等科目，贷记“财政拨款预算收入”科目，由此，不影响资金结存的数额。

由于资金结存是预算会计中的核算内容，不是财务会计中的核算内容，因此，资金结存与预算收入和预算支出直接相关，不与收入和费用直接相关。

（三）发生预算支出和从零余额账户提取现金

财政授权支付方式下，发生相关支出时，按照实际支付的金额，借记“行政支出”“事业支出”等科目，贷记“资金结存”科目（零余额账户用款额度）。

从零余额账户提取现金时，借记“资金结存”科目（货币资金），贷记“资金结存”科目（零余额账户用款额度）。退回现金时，做相反会计分录。

使用以前年度财政直接支付额度发生支出时，按照实际支付金额，借记“行政支出”“事业支出”等科目，贷记“资金结存”科目（财政应返还额度）。

国库集中支付以外的其他支付方式下，发生相关支出时，按照实际支付的金额，借记“事业支出”“经营支出”等科目，贷记“资金结存”科目（货币资金）。

例 14－21

某行政单位在开展业务活动过程中通过财政授权支付方式购入一项不需要安装的固定资产，实际支付价款为8 500元。该行政单位应编制如下会计分录：

在财务会计中：

借：固定资产　8 500

　贷：零余额账户用款额度　8 500

同时，在预算会计中：

借：行政支出　8 500

　贷：资金结存——零余额账户用款额度　8 500

在该项业务中，如果行政单位通过财政直接支付方式购入一项固定资产，则不影响资金结存的数额。

例 14-22

某事业单位从单位零余额账户中提取现金 500 元，以备日常零星开支使用。该事业单位应编制如下会计分录：

在财务会计中：

借：库存现金　500

　贷：零余额账户用款额度　500

同时，在预算会计中：

借：资金结存——货币资金　500

　贷：资金结存——零余额账户用款额度　500

在该项业务中，资金结存总额不变，相关明细科目余额发生变化。

例 14-23

某行政单位使用以前年度财政直接支付额度支付业务活动费用 1 080 元。该行政单位应编制如下会计分录：

在财务会计中：

借：业务活动费用　1 080

　贷：财政应返还额度——财政直接支付　1 080

同时，在预算会计中：

借：行政支出　1 080

　贷：资金结存——财政应返还额度　1 080

以国库集中支付以外的其他支付方式发生相关支出时有关资金结存业务的会计核算举例，可参阅预算支出相关章节的内容，此处不再重复举例说明。

(四) 上缴、注销、调入和缴回结转结余资金

按照规定上缴财政拨款结转结余资金或注销财政拨款结转结余资金额度的，按照实际上缴资金数额或注销的资金额度数额，借记“财政拨款结转——归集上缴”或“财政拨款结余——归集上缴”科目，贷记“资金结存”科目（财政应返还额度、零余额账户用款额度、货币资金）。

按规定向原资金拨入单位缴回非财政拨款结转资金的，按照实际缴回资金数额，借记“非财政拨款结转——缴回资金”科目，贷记“资金结存”科目（货币资金）。

收到从其他单位调入的财政拨款结转资金的，按照实际调入资金数额，借记“资金结存”科目（财政应返还额度、零余额账户用款额度、货币资金），贷记“财政拨款结转——归集调入”科目。

例 14-24

某行政单位按规定上缴财政拨款结转资金 3 200 元，具体通过上缴财政授权支付额度的方式完成。该行政单位应编制如下会计分录：

在财务会计中：

借：累计盈余　3 200

　贷：零余额账户用款额度　3 200

同时，在预算会计中：

借：财政拨款结转——归集上缴　　3 200
　贷：资金结存——零余额账户用款额度　　3 200

例 14-25

某事业单位按照规定从其他单位调入财政拨款结转资金 15 000 元，收到相应数额的财政授权支付额度。该事业单位应编制如下会计分录：

在财务会计中：

借：零余额账户用款额度　　15 000
　贷：累计盈余　　15 000

同时，在预算会计中：

借：资金结存——零余额账户用款额度　　15 000
　贷：财政拨款结转——归集调入　　15 000

（五）按规定使用专用基金

按照规定使用专用基金时，按照实际支付金额，借记“专用结余”科目［从非财政拨款结余中提取的专用基金］或“事业支出”等科目［从预算收入中计提的专用基金］，贷记“资金结存”科目（货币资金）。

例 14-26

某事业单位按照规定使用从预算收入中提取的专用基金购置一项固定资产，款项合计 9 600 元通过银行存款账户支付。购置的固定资产用于开展专业业务活动及其辅助活动。该事业单位应编制如下会计分录：

在财务会计中：

借：固定资产　　9 600
　贷：银行存款　　9 600
借：专用基金　　9 600
　贷：累计盈余　　9 600

同时，在预算会计中：

借：事业支出　　9 600
　贷：资金结存——货币资金　　9 600

（六）因购货退回、发生差错更正等退回国库直接支付、授权支付款项或者收回货币资金

因购货退回、发生差错更正等退回国库直接支付、授权支付款项，或者收回货币资金的，属于本年度支付的，借记“财政拨款预算收入”科目或“资金结存”科目（零余额账户用款额度、货币资金），贷记相关支出科目；属于以前年度支付的，借记“资金结存”科目（财政应返还额度、零余额账户用款额度、货币资金），贷记“财政拨款结转”、“财政拨款结余”、“非财政拨款结转”和“非财政拨款结余”科目。

例 14-27

某事业单位因货品质量问题退回一批当年购入的货品 560 元，该批货品在购入时已计入本年业务活动费用和事业支出，退货款项已收到并增加单位零余额账户用款额度。该事业单位应编制如下会计分录：

在财务会计中：

借：零余额账户用款额度　　560

　贷：业务活动费用　　560

同时，在预算会计中：

借：资金结存——零余额账户用款额度　　560

　贷：事业支出　　560

由于“行政支出”“事业支出”等支出科目年末转入相关结转结余科目，因此，退回的以前年度支出，在增加资金结存数额的同时，增加相关结转结余科目的余额，而不是冲减当年的支出数额。

（七）缴纳企业所得税

有企业所得税缴纳义务的事业单位缴纳所得税时，按照实际缴纳金额，借记“非财政拨款结余——累计结余”科目，贷记“资金结存”科目（货币资金）。

例 14-28

某事业单位有企业所得税缴纳义务，通过银行存款账户缴纳应交企业所得税 1 120元。该事业单位应编制如下会计分录：

在财务会计中：

借：其他应交税费——单位应交所得税　　1 120

　贷：银行存款　　1 120

同时，在预算会计中：

借：非财政拨款结余——累计结余　　1 120

　贷：资金结存——货币资金　　1 120

事业单位在开展业务活动过程中发生企业所得税纳税义务时，在财务会计中，借记“所得税费用”科目，贷记“其他应交税费——单位应交所得税”科目。此时，在预算会计中不做会计处理。在预算会计中，事业单位缴纳的企业所得税不作为事业支出或经营支出的增加处理，而作为非财政拨款结余的减少处理。

（八）年末确认财政直接支付应返还额度

年末，根据本年度财政直接支付预算指标数与当年财政直接支付实际支出数的差额，借记“资金结存”科目（财政应返还额度），贷记“财政拨款预算收入”科目。

例 14-29

年末，某行政单位本年度财政直接支付预算指标数大于当年财政直接支付实际支出数的差额为 2 720 元。该行政单位应编制如下会计分录：

在财务会计中：

借：财政应返还额度——财政直接支付　　2 720

　贷：财政拨款收入　　2 720

同时，在预算会计中：

借：资金结存——财政应返还额度　　2 720

　贷：财政拨款预算收入　　2 720

在预算会计中，财政应返还额度是行政事业单位资金结存的一项组成内容。

（九）年末注销财政授权支付额度和确认财政授权支付应返还额度

年末，单位依据代理银行提供的对账单作注销额度的相关账务处理，借记“资金结存”科目（财政应返还额度），贷记“资金结存”科目（零余额账户用款额度）；本年度财政授权支付预算指标数大于零余额账户用款额度下达数的，根据未下达的用款额度，借记“资金结存”科目（财政应返还额度），贷记“财政拨款预算收入”科目。

下年初，单位依据代理银行提供的额度恢复到账通知书作恢复额度的相关账务处理，借记“资金结存”科目（零余额账户用款额度），贷记“资金结存”科目（财政应返还额度）。单位收到财政部门批复的上年末未下达零余额账户用款额度的，借记“资金结存”科目（零余额账户用款额度），贷记“资金结存”科目（财政应返还额度）。

例 14－30

年初，某事业单位收到代理银行提供的上年度注销零余额账户用款额度恢复到账通知书，恢复上年度注销的零余额账户用款额度 2 500 元。年末，该事业单位本年度财政授权支付预算指标数大于零余额账户用款额度下达数，两者间的差额为 1 680 元。年末，该事业单位根据代理银行提供的对账单，注销本年度尚未使用的零余额账户用款额度 1 300 元。该事业单位应编制如下会计分录：

（1）年初，恢复上年度注销的零余额账户用款额度时。

在财务会计中：

借：零余额账户用款额度　　2 500
　　贷：财政应返还额度——财政授权支付　　2 500

同时，在预算会计中：

借：资金结存——零余额账户用款额度　　2 500
　　贷：资金结存——财政应返还额度　　2 500

（2）年末，确认本年度尚未收到的财政授权支付预算指标数时。

在财务会计中：

借：财政应返还额度——财政授权支付　　1 680
　　贷：财政拨款收入　　1 680

同时，在预算会计中：

借：资金结存——财政应返还额度　　1 680
　　贷：财政拨款预算收入　　1 680

（3）年末，注销本年度尚未使用的零余额账户用款额度时。

在财务会计中：

借：财政应返还额度——财政授权支付　　1 300
　　贷：零余额账户用款额度　　1 300

同时，在预算会计中：

借：资金结存——财政应返还额度　　1 300
　　贷：资金结存——零余额账户用款额度　　1 300

二、财政拨款结转

（一）财政拨款结转的概念和核算科目设置

财政拨款结转是指行政事业单位当年预算已执行但尚未完成，或因故未执行，下一年度需要按照原用途继续使用的财政拨款滚存资金。财政拨款结转包括基本支出结转和项目支出结转两大类。

为核算财政拨款结转业务，行政事业单位应设置“财政拨款结转”总账科目。该科目核算单位取得的同级财政拨款结转资金的调整、结转和滚存情况。该科目应当设置下列明细科目：

1. 与会计差错更正、以前年度支出收回相关的明细科目

年初余额调整。该明细科目核算因发生会计差错更正、以前年度支出收回等原因，需要调整财政拨款结转的金额。年末结账后，该明细科目应无余额。

2. 与财政拨款调拨业务相关的明细科目

（1）归集调入。该明细科目核算按照规定从其他单位调入财政拨款结转资金时，实际调增的额度数额或调入的资金数额。年末结账后，该明细科目应无余额。

（2）归集调出。该明细科目核算按照规定向其他单位调出财政拨款结转资金时，实际调减的额度数额或调出的资金数额。年末结账后，该明细科目应无余额。

（3）归集上缴。该明细科目核算按照规定上缴财政拨款结转资金时，实际核销的额度数额或上缴的资金数额。年末结账后，该明细科目应无余额。

（4）单位内部调剂。该明细科目核算经财政部门批准对财政拨款结余资金改变用途，调整用于本单位其他未完成项目等的调整金额。年末结账后，该明细科目应无余额。

3. 与年末财政拨款结转业务相关的明细科目

（1）本年收支结转。该明细科目核算单位本年度财政拨款收支相抵后的余额。年末结账后，该明细科目应无余额。

（2）累计结转。该明细科目核算单位滚存的财政拨款结转资金。该明细科目年末贷方余额，反映单位财政拨款滚存的结转资金数额。

该科目还应当设置“基本支出结转”“项目支出结转”两个明细科目，并在“基本支出结转”明细科目下按照“人员经费”“日常公用经费”进行明细核算，在“项目支出结转”明细科目下按照具体项目进行明细核算；同时，该科目还应按照《政府收支分类科目》中“支出功能分类科目”的相关科目进行明细核算。

有一般公共预算财政拨款、政府性基金预算财政拨款等两种或两种以上财政拨款的，还应当在该科目下按照财政拨款的种类进行明细核算。

该科目年末贷方余额，反映单位滚存的财政拨款结转资金数额。

（二）会计差错更正和以前年度支出收回

1. 会计差错更正

因发生会计差错更正退回以前年度国库直接支付、授权支付款项或财政性货币资金，或者因发生会计差错更正增加以前年度国库直接支付、授权支付支出或财政性货币资金支出，属于以前年度财政拨款结转资金的，借记或贷记“资金结存——财政应返还额度、零余额账户用款额度、货币资金”科目，贷记或借记“财政拨款结转”科目（年初余额调整）。

例14-31

某行政单位上一会计年度发生一项业务活动费用600元，款项已通过财政授权支付方式全额支付，入账时金额误入为60元，发生记账差错540元（600－60），具体为少记录上一会计年度的费用和支出。本会计年度发现这一会计差错，予以更正。该项资金属于以前年度财政拨款结转资金。该行政单位应编制如下会计分录：

在财务会计中：

借：以前年度盈余调整　　540

　贷：零余额账户用款额度　　540

同时，在预算会计中：

借：财政拨款结转——年初余额调整　　540

　贷：资金结存——零余额账户用款额度　　540

2. 以前年度支出收回

因购货退回、预付款项收回等发生以前年度支出又收回国库直接支付、授权支付款项或收回财政性货币资金，属于以前年度财政拨款结转资金的，借记“资金结存——财政应返还额度、零余额账户用款额度、货币资金”科目，贷记“财政拨款结转”科目（年初余额调整）。

例14-32

某事业单位上一会计年度因订购货品发生预付账款5 000元，款项已通过财政授权支付方式支付。由于订购的货品未按时收到，该事业单位于本会计年度收回了上一会计年度的全部预付账款5 000元，款项已转入单位零余额账户。该项资金属于以前年度财政拨款结转资金。该事业单位应编制如下会计分录：

在财务会计中：

借：零余额账户用款额度　　5 000

　贷：预付账款　　5 000

同时，在预算会计中：

借：资金结存——零余额账户用款额度　　5 000

　贷：财政拨款结转——年初余额调整　　5 000

（三）财政拨款结转资金调整

1. 归集调入

按照规定从其他单位调入财政拨款结转资金的，按照实际调增的额度数额或调入的资金数额，借记“资金结存——财政应返还额度、零余额账户用款额度、货币资金”科目，贷记“财政拨款结转”科目（归集调入）。

2. 归集调出

按照规定向其他单位调出财政拨款结转资金的，按照实际调减的额度数额或调出的资金数额，借记“财政拨款结转”科目（归集调出），贷记“资金结存——财政应返还额度、零余额账户用款额度、货币资金”科目。

3. 归集上缴

按照规定上缴财政拨款结转资金或注销财政拨款结转资金额度的，按照实际上缴资金数额或注销的资金额度数额，借记“财政拨款结转”科目（归集上缴），贷记“资金结存——财政应返还额度、零余额账户用款额度、货币资金”科目。

4. 单位内部调剂

经财政部门批准对财政拨款结余资金改变用途，调整用于本单位基本支出或其他未完成项目支出的，按照批准调剂的金额，借记“财政拨款结余——单位内部调剂”科目，贷记“财政拨款结转”科目（单位内部调剂）。

例 14-33

某行政单位按照规定向其他单位调出财政拨款结转资金 15 000 元，实际调减相应的零余额账户用款额度。该行政单位应编制如下会计分录：

在财务会计中：

借：累计盈余　　15 000

　贷：零余额账户用款额度　　15 000

同时，在预算会计中：

借：财政拨款结转——归集调出　　15 000

　贷：资金结存——零余额账户用款额度　　15 000

例 14-34

某事业单位经财政部门批准对财政拨款结余资金改变用途，调整用于本单位其他未完成项目，批准的调剂金额为 1 600 元。该事业单位应编制如下会计分录：

在预算会计中：

借：财政拨款结余——单位内部调剂　　1 600

　贷：财政拨款结转——单位内部调剂　　1 600

财政拨款结余资金是指财政拨款项目已完成后的多余财政资金，即财政拨款项目支出结余资金。

财政拨款结转中归集调入、归集上缴的会计核算举例可参阅资金结存的相关内容，此处不再重复举例说明。

行政事业单位按照规定上缴财政拨款结转资金的原因，可以是缩小项目资金原定数额，或者上缴历年多余日常公用经费等。

（四）年末确定财政拨款累计结转

1. 本年财政拨款预算收支结转

年末，将财政拨款预算收入本年发生额转入“财政拨款结转”科目，借记“财政拨款预算收入”科目，贷记“财政拨款结转”科目（本年收支结转）；将各项支出中财政拨款支出本年发生额转入“财政拨款结转”科目，借记“财政拨款结转”科目（本年收支结转），贷记各项支出（财政拨款支出）科目。

例 14-35

年末，某事业单位“财政拨款预算收入”科目和各项支出中财政拨款支出科目的本年发生额如表 14-2 所示。

表14－2　　财政拨款预算收入和财政拨款支出本年发生额表　　单位：元

财政拨款预算收入和财政拨款支出科目	本年贷方发生额	本年借方发生额
财政拨款预算收入	356 000	
事业支出——财政拨款支出		348 000
其他支出——财政拨款支出		3 000
合计	356 000	351 000

根据表14－2，该事业单位应编制如下会计分录：

在预算会计中：

（1）结转财政拨款预算收入科目本年发生额时。

借：财政拨款预算收入　　356 000

　贷：财政拨款结转——本年收支结转　　356 000

（2）结转财政拨款支出科目本年发生额时。

借：财政拨款结转——本年收支结转　　351 000

　贷：事业支出——财政拨款支出　　348 000

　　　其他支出——财政拨款支出　　3 000

年末，在完成财政拨款预算收入和财政拨款支出的本年发生额结转后，该事业单位“财政拨款结转——本年收支结转”科目的贷方余额为5 000元（356 000－351 000）。该贷方余额应当转入“财政拨款结转——累计结转”科目的贷方。

年末，在完成财政拨款预算收入和财政拨款支出的本年发生额结转后，“财政拨款结转——本年收支结转”科目如果为贷方余额，说明当年收入大于当年支出；如果为借方余额，说明当年收入小于当年支出，或者说明使用了年初财政拨款结转的数额、归集调入的数额、单位内部调剂的数额等。

2. 冲销有关明细科目余额

年末，将“财政拨款结转”科目（本年收支结转、年初余额调整、归集调入、归集调出、归集上缴、单位内部调剂）余额转入“财政拨款结转”科目（累计结转）。结转后，“财政拨款结转”科目除“累计结转”明细科目外，其他明细科目应无余额。

例14－36

年末，某事业单位“财政拨款结转”科目相关明细科目的余额如表14－3所示。

表14－3　　财政拨款结转相关明细科目余额表　　单位：元

财政拨款结转相关明细科目	贷方余额	借方余额
本年收支结转	5 000	
归集调出		1 800
合计	5 000	1 800

根据表14－3，该事业单位应编制如下会计分录：

在预算会计中：

借：财政拨款结转——本年收支结转　　5 000

　贷：财政拨款结转——归集调出　　1 800

　　　　　　　　　——累计结转　　3 200

年末，在冲销财政拨款结转有关明细科目余额后，该事业单位本年财政拨款结转中的累计结转增加 3 200 元（5 000－1 800）。本年增加的累计结转加上年初累计结转，为年末按规定转财政拨款结余前的财政拨款累计结转资金数额。

3. 财政拨款结转余额按规定转财政拨款结余

年末完成上述结转后，应当对财政拨款结转各明细项目执行情况进行分析，按照有关规定将符合财政拨款结余性质的项目余额转入财政拨款结余，借记“财政拨款结转”科目（累计结转），贷记“财政拨款结余——结转转入”科目。

例 14－37

年末，某事业单位“财政拨款结转——累计结转”科目贷方余额为 5 500 元。经对各明细项目执行情况进行分析，其中，按照有关规定符合财政拨款结余性质的项目余额为 2 400 元，将其转入财政拨款结余。该事业单位应编制如下会计分录：

在预算会计中：

借：财政拨款结转——累计结转　　2 400

　贷：财政拨款结余——结转转入　　2 400

年末，在将符合财政拨款结余性质的项目余额转入财政拨款结余后，该事业单位本年财政拨款结转中的累计结转余额为 3 100 元（5 500－2 400）。该余额为年末单位滚存的财政拨款结转资金数额。

财政拨款结转的余额应当由行政事业单位按原用途规定继续使用，而财政拨款结余的余额则可以由财政部门统筹安排使用。行政事业单位的基本支出结转应当由行政事业单位按原用途规定继续使用，因此，基本支出结转的余额不能转入财政拨款结余。财政拨款结余仅包括项目支出结余。

三、财政拨款结余

（一）财政拨款结余的概念和核算科目设置

财政拨款结余是指行政事业单位取得的同级财政拨款项目支出结余资金。财政拨款结余的形成原因是行政事业单位当年项目支出预算目标已经完成，或因故终止。行政事业单位的基本支出应当结转下期使用，没有结余资金。

为核算财政拨款结余业务，行政事业单位应设置“财政拨款结余”总账科目。该科目核算单位取得的同级财政拨款项目支出结余资金的调整、结转和滚存情况。该科目应当设置下列明细科目：

1. 与会计差错更正、以前年度支出收回相关的明细科目

年初余额调整。该明细科目核算因发生会计差错更正、以前年度支出收回等原因，需要调整财政拨款结余的金额。年末结账后，该明细科目应无余额。

2. 与财政拨款结余资金调整业务相关的明细科目

（1）归集上缴。该明细科目核算按照规定上缴财政拨款结余资金时，实际核销的额度数额或上缴的资金数额。年末结账后，该明细科目应无余额。

（2）单位内部调剂。该明细科目核算经财政部门批准对财政拨款结余资金改变用途，调整用于本单位其他未完成项目等的调整金额。年末结账后，该明细科目应无余额。

3. 与年末财政拨款结余业务相关的明细科目

(1) 结转转入。该明细科目核算单位按照规定转入财政拨款结余的财政拨款结转资金。年末结账后，该明细科目应无余额。

(2) 累计结余。该明细科目核算单位滚存的财政拨款结余资金。该明细科目年末贷方余额，反映单位财政拨款滚存的结余资金数额。

该科目还应当按照具体项目、《政府收支分类科目》中“支出功能分类科目”的相关科目等进行明细核算。

有一般公共预算财政拨款、政府性基金预算财政拨款等两种或两种以上财政拨款的，还应当在该科目下按照财政拨款的种类进行明细核算。

该科目年末贷方余额，反映单位滚存的财政拨款结余资金数额。

(二) 会计差错更正和以前年度支出收回

1. 会计差错更正

因发生会计差错更正退回以前年度国库直接支付、授权支付款项或财政性货币资金，或者因发生会计差错更正增加以前年度国库直接支付、授权支付支出或财政性货币资金支出，属于以前年度财政拨款结余资金的，借记或贷记“资金结存——财政应返还额度、零余额账户用款额度、货币资金”科目，贷记或借记“财政拨款结余”科目（年初余额调整）。

2. 以前年度支出收回

因购货退回、预付款项收回等发生以前年度支出又收回国库直接支付、授权支付款项或收回财政性货币资金，属于以前年度财政拨款结余资金的，借记“资金结存——财政应返还额度、零余额账户用款额度、货币资金”科目，贷记“财政拨款结余”科目（年初余额调整）。

在财政拨款结余业务中，会计差错更正和以前年度支出收回业务的会计核算举例可参阅财政拨款结转的相关业务核算举例，此处不再举例说明。

(三) 财政拨款结余资金调整

1. 单位内部调剂

经财政部门批准对财政拨款结余资金改变用途，调整用于本单位基本支出或其他未完成项目支出的，按照批准调剂的金额，借记“财政拨款结余”科目（单位内部调剂），贷记“财政拨款结转——单位内部调剂”科目。

2. 归集上缴

按照规定上缴财政拨款结余资金或注销财政拨款结余资金额度的，按照实际上缴资金数额或注销的资金额度数额，借记“财政拨款结余”科目（归集上缴），贷记“资金结存——财政应返还额度、零余额账户用款额度、货币资金”科目。

在财政拨款结余业务中，单位内部调剂和归集上缴业务的会计核算举例可参阅财政拨款结转的相应内容，此处不再举例说明。

财政拨款结余是行政事业单位相应的项目任务已经完成而形成的财政拨款资金结余。财政拨款结余的去向可以有上缴财政、单位内部调剂使用等。上缴财政后，财政可以统筹安排用于其他单位。

（四）年末确定财政拨款累计结余

1. 财政拨款结转余额按规定转财政拨款结余

年末，对财政拨款结转各明细项目执行情况进行分析，按照有关规定将符合财政拨款结余性质的项目余额转入财政拨款结余，借记“财政拨款结转——累计结转”科目，贷记“财政拨款结余”科目（结转转入）。

2. 冲销有关明细科目余额

年末，将“财政拨款结余”科目（年初余额调整、归集上缴、单位内部调剂、结转转入）余额转入“财政拨款结余”科目（累计结余）。结转后，“财政拨款结余”科目除“累计结余”明细科目外，其他明细科目应无余额。

财政拨款结转按规定转财政拨款结余的会计核算举例可参阅财政拨款结转的相应内容，此处不再重复举例说明。

例 14－38

年末，某行政单位“财政拨款结余”科目相关明细科目的余额如表 14－4 所示。

表 14－4　　财政拨款结余相关明细科目余额表　　单位：元

财政拨款结余相关明细科目	贷方余额	借方余额
结转转入	3 600	
归集上缴		3 100
合计	3 600	3 100

根据表 14－4，该行政单位应编制如下会计分录：

在预算会计中：

借：财政拨款结余——结转转入　　3 600

　贷：财政拨款结余——归集上缴　　3 100

　　　　——累计结余　　500

年末，在冲销财政拨款结余有关明细科目余额后，该行政单位本年财政拨款结余中的累计结余增加 500 元（3 600－3 100）。本年增加的累计结余加上年初累计结余，为年末单位滚存的财政拨款结余资金数额。

四、非财政拨款结转

（一）非财政拨款结转的概念和核算科目设置

非财政拨款结转是指行政事业单位由财政拨款收支、经营收支以外各非同级财政拨款专项资金收支形成的结转资金。同级财政拨款的资金不形成非财政拨款结转资金，而形成财政拨款结转资金。非同级财政拨款的非专项资金也不形成非财政拨款结转资金，而形成非财政拨款结余资金。行政事业单位应当严格区分财政资金和非财政资金，对于非财政资金，应当进一步区分专项资金和非专项资金，对其分别进行会计核算。

为核算非财政拨款结转业务，行政事业单位应设置“非财政拨款结转”总账科目。该科目核算单位除财政拨款收支、经营收支以外各非同级财政拨款专项资金的调整、结转和滚存情况。该科目应当设置下列明细科目：

（1）年初余额调整。该明细科目核算因发生会计差错更正、以前年度支出收回等原因，需要调整非财政拨款结转的资金。年末结账后，该明细科目应无余额。

（2）缴回资金。该明细科目核算按照规定缴回非财政拨款结转资金时，实际缴回的资金数额。年末结账后，该明细科目应无余额。

（3）项目间接费用或管理费。该明细科目核算单位取得的科研项目预算收入中，按照规定计提项目间接费用或管理费的数额。年末结账后，该明细科目应无余额。

（4）本年收支结转。该明细科目核算单位本年度非同级财政拨款专项收支相抵后的余额。年末结账后，该明细科目应无余额。

（5）累计结转。该明细科目核算单位滚存的非同级财政拨款专项结转资金。该明细科目年末贷方余额，反映单位非同级财政拨款滚存的专项结转资金数额。

该科目还应当按照具体项目、《政府收支分类科目》中"支出功能分类科目"的相关科目等进行明细核算。

该科目年末贷方余额，反映单位滚存的非同级财政拨款专项结转资金数额。

（二）从科研项目预算收入中提取项目管理费或间接费

按照规定从科研项目预算收入中提取项目管理费或间接费时，按照提取金额，借记"非财政拨款结转"科目（项目间接费用或管理费），贷记"非财政拨款结余——项目间接费用或管理费"科目。

例 14-39

某事业单位按规定从某项科研项目预算收入中提取项目管理费 5 000 元。该事业单位应编制如下会计分录：

在财务会计中：

借：单位管理费用　　5 000

　贷：预提费用——项目间接费用或管理费　　5 000

同时，在预算会计中：

借：非财政拨款结转——项目间接费用或管理费　　5 000

　贷：非财政拨款结余——项目间接费用或管理费　　5 000

（三）会计差错更正和以前年度支出收回

因会计差错更正收到或支出非同级财政拨款货币资金，属于非财政拨款结转资金的，按照收到或支出的金额，借记或贷记"资金结存——货币资金"科目，贷记或借记"非财政拨款结转"科目（年初余额调整）。

因收回以前年度支出等收到非同级财政拨款货币资金，属于非财政拨款结转资金的，按照收到的金额，借记"资金结存——货币资金"科目，贷记"非财政拨款结转"科目（年初余额调整）。

在非财政拨款结转业务中，会计差错更正和以前年度支出收回业务的会计核算举例可参阅财政拨款结转的相关业务核算举例，此处不再举例说明。

（四）缴回非财政拨款结转资金

按照规定缴回非财政拨款结转资金的，按照实际缴回资金数额，借记"非财政拨款结转”科目（缴回资金），贷记“资金结存——货币资金”科目。

例 14-40

某事业单位按规定缴回非财政拨款结转资金 5 200 元，具体通过银行存款账户缴回。该事业单位应编制如下会计分录：

在财务会计中：

借：累计盈余　　5 200

　贷：银行存款　　5 200

同时，在预算会计中：

借：非财政拨款结转——缴回资金　　5 200

　贷：资金结存——货币资金　　5 200

行政事业单位按照规定缴回非财政拨款结转资金的原因，可能是缩小非财政拨款项目资金原定数额，也可能是因故取消相应的非财政拨款项目等。

（五）本年非财政拨款专项资金预算收支结转

年末，将事业预算收入、上级补助预算收入、附属单位上缴预算收入、非同级财政拨款预算收入、债务预算收入、其他预算收入本年发生额中的专项资金收入转入“非财政拨款结转”科目，借记“事业预算收入”、“上级补助预算收入”、“附属单位上缴预算收入”、“非同级财政拨款预算收入”、“债务预算收入”和“其他预算收入”科目下各专项资金收入明细科目，贷记“非财政拨款结转”科目（本年收支结转）；将行政支出、事业支出、其他支出本年发生额中的非财政拨款专项资金支出转入“非财政拨款结转”科目，借记“非财政拨款结转”科目（本年收支结转），贷记“行政支出”、“事业支出”和“其他支出”科目下各非财政拨款专项资金支出明细科目。

例 14-41

年末，某事业单位有关非财政拨款专项资金预算收入和非财政拨款专项资金支出科目的本年发生额如表 14-5 所示。

表 14-5　非财政拨款专项资金预算收支本年发生额表　单位：元

非财政拨款专项资金预算收支科目	本年贷方发生额	本年借方发生额
事业预算收入——专项资金收入	43 200	
上级补助预算收入——专项资金收入	56 000	
附属单位上缴预算收入——专项资金收入	4 200	
非同级财政拨款预算收入——专项资金收入	78 000	
债务预算收入——专项资金收入	36 000	
其他预算收入——专项资金收入	8 300	
事业支出——非财政专项资金支出		202 000
其他支出——非财政专项资金支出		9 200
合计	225 700	211 200

根据表 14-5，该事业单位应编制如下会计分录：

在预算会计中：

（1）结转非财政拨款专项资金预算收入科目本年发生额时。

借：事业预算收入——专项资金收入　　43 200
　　上级补助预算收入——专项资金收入　　56 000
　　附属单位上缴预算收入——专项资金收入　　4 200
　　非同级财政拨款预算收入——专项资金收入　　78 000
　　债务预算收入——专项资金收入　　36 000
　　其他预算收入——专项资金收入　　8 300
　贷：非财政拨款结转——本年收支结转　　225 700

（2）结转非财政拨款专项资金支出科目本年发生额时。

借：非财政拨款结转——本年收支结转　　211 200
　贷：事业支出——非财政专项资金支出　　202 000
　　　其他支出——非财政专项资金支出　　9 200

年末，在完成非财政拨款专项资金预算收入和非财政拨款专项资金支出的本年发生额结转后，该事业单位“非财政拨款结转——本年收支结转”科目的贷方余额为14 500元（225 700－211 200）。该贷方余额应当转入“非财政拨款结转——累计结转”科目的贷方。

（六）冲销有关明细科目余额

年末，将“非财政拨款结转”科目（年初余额调整、项目间接费用或管理费、缴回资金、本年收支结转）余额转入“非财政拨款结转”科目（累计结转）。结转后，“非财政拨款结转”科目除“累计结转”明细科目外，其他明细科目应无余额。

例 14－42

年末，某事业单位“非财政拨款结转”科目相关明细科目的余额如表14－6所示。

表 14－6　　非财政拨款结转相关明细科目余额表　　单位：元

非财政拨款结转相关明细科目	贷方余额	借方余额
项目间接费用或管理费		6 500
本年收支结转	14 500	
合计	14 500	6 500

根据表14－6，该事业单位应编制如下会计分录：

在预算会计中：

借：非财政拨款结转——本年收支结转　　14 500
　贷：非财政拨款结转——项目间接费用或管理费　　6 500
　　　　　　　　　　——累计结转　　8 000

年末，在冲销非财政拨款结转有关明细科目余额后，该事业单位本年非财政拨款结转中的累计结转增加8 000元（14 500－6 500）。本年增加的累计结转加上年初累计结转，为年末按规定转非财政拨款结余前的财政拨款累计结转资金数额。

（七）非财政专项剩余资金按规定转非财政拨款结余

年末完成上述结转后，应当对非财政拨款专项结转资金各项目情况进行分析，将留归本单位使用的非财政拨款专项（项目已完成）剩余资金转入非财政拨款结余，借记“非财政拨款结转”科目（累计结转），贷记“非财政拨款结余——结转转入”科目。

例 14-43

年末，某事业单位“非财政拨款结转——累计结转”科目贷方余额为 65 000 元。经对各项目情况进行分析，其中，应留归本单位使用的非财政拨款专项（项目已完成）剩余资金数额为 4 600 元，将其转入非财政拨款结余。该事业单位应编制如下会计分录：

在预算会计中：

借：非财政拨款结转——累计结转　　　　4 600

　贷：非财政拨款结余——结转转入　　　　4 600

年末，在将留归本单位使用的非财政拨款专项剩余资金转入非财政拨款结余后，该事业单位本年非财政拨款结转中的累计结转余额为 60 400 元（65 000－4 600）。该余额为年末单位滚存的非财政拨款结转资金数额，应当在第二年继续按照专项资金的规定用途使用。

五、非财政拨款结余

（一）非财政拨款结余的概念和核算科目设置

非财政拨款结余是指行政事业单位历年滚存的非限定用途的非同级财政拨款结余资金，主要为非财政拨款结余扣除结余分配后滚存的金额。

为核算非财政拨款结余业务，行政事业单位应设置“非财政拨款结余”总账科目。该科目应当设置下列明细科目：

（1）年初余额调整。该明细科目核算因发生会计差错更正、以前年度支出收回等原因，需要调整非财政拨款结余的资金。年末结账后，该明细科目应无余额。

（2）项目间接费用或管理费。该明细科目核算单位取得的科研项目预算收入中，按照规定计提的项目间接费用或管理费数额。年末结账后，该明细科目应无余额。

（3）结转转入。该明细科目核算按照规定留归单位使用，由单位统筹调配，纳入单位非财政拨款结余的非同级财政拨款专项剩余资金。年末结账后，该明细科目应无余额。

（4）累计结余。该明细科目核算单位历年滚存的非同级财政拨款、非专项结余资金。该明细科目年末贷方余额，反映单位非同级财政拨款滚存的非专项结余资金数额。

该科目还应当按照《政府收支分类科目》中“支出功能分类科目”的相关科目进行明细核算。

该科目年末贷方余额，反映单位非同级财政拨款结余资金的累计滚存数额。

（二）从科研项目预算收入中提取项目管理费或间接费

按照规定从科研项目预算收入中提取项目管理费或间接费时，借记“非财政拨款结转——项目间接费用或管理费”科目，贷记“非财政拨款结余”科目（项目间接费用或管理费）。

在非财政拨款结余业务中，从科研项目预算收入中提取项目管理费或间接费业务的会计核算举例可参阅非财政拨款结转的相关业务核算举例，此处不再重复举例说明。

（三）缴纳企业所得税

有企业所得税缴纳义务的事业单位实际缴纳企业所得税时，按照缴纳金额，借记“非财政拨款结余”科目（累计结余），贷记“资金结存——货币资金”科目。

缴纳企业所得税业务的会计核算举例可参阅资金结存的相关业务核算举例，此处不再重复举例说明。

（四）会计差错更正和以前年度支出收回

因会计差错更正收到或支出非同级财政拨款货币资金，属于非财政拨款结余资金的，按照收到或支出的金额，借记或贷记“资金结存——货币资金”科目，贷记或借记“非财政拨款结余”科目（年初余额调整）。

因收回以前年度支出等收到非同级财政拨款货币资金，属于非财政拨款结余资金的，按照收到的金额，借记“资金结存——货币资金”科目，贷记“非财政拨款结余”科目（年初余额调整）。

在非财政拨款结余业务中，会计差错更正和以前年度支出收回业务的会计核算举例可参阅财政拨款结转的相关业务核算举例，此处不再举例说明。

在预算会计中，因发生会计差错更正需要调整有关结转结余资金数额的，应当区分情况分别通过“财政拨款结转”、“财政拨款结余”、“非财政拨款结转”和“非财政拨款结余”科目的“年初余额调整”明细科目核算。在财务会计中，本年度发生的重要前期差错更正涉及调整以前年度盈余的，通过“以前年度盈余调整”科目核算。在预算会计中，对资金的性质区分得比较详细。如需要区分财政资金和非财政资金、结转资金和结余资金等。

（五）非财政专项剩余资金按规定转非财政拨款结余

年末，将留归本单位使用的非财政拨款专项（项目已完成）剩余资金转入“非财政拨款结余”科目，借记“非财政拨款结转——累计结转”科目，贷记“非财政拨款结余”科目（结转转入）。

该项业务的会计核算举例可参阅非财政拨款结转的相关业务核算举例，此处不再重复举例说明。

只有“财政拨款结转”和“非财政拨款结转”科目设置“本年收支结转”明细科目，“财政拨款结余”和“非财政拨款结余”科目不设置“本年收支结转”明细科目。即本年预算收支首先转入结转，经分析后，对于符合结余条件的部分再转入结余。因此，“财政拨款结余”和“非财政拨款结余”科目都设置“结转转入”明细科目。

（六）冲销有关明细科目余额

将“非财政拨款结余”科目（年初余额调整、项目间接费用或管理费、结转转入）

余额结转入“非财政拨款结余”科目（累计结余）。结转后，“非财政拨款结余”科目除“累计结余”明细科目外，其他明细科目应无余额。

例 14－44

年末，某事业单位“非财政拨款结余”科目相关明细科目的余额如表 14－7 所示。

表 14－7　　非财政拨款结余相关明细科目余额表　　单位：元

非财政拨款结余相关明细科目	贷方余额	借方余额
结转转入	9 600	
项目间接费用或管理费	3 000	
年初余额调整		200
合计	12 600	200

根据表 14－7，该事业单位应编制如下会计分录：

在预算会计中：

借：非财政拨款结余——结转转入　　9 600
　　　　　　　　——项目间接费用或管理费　　3 000
　贷：非财政拨款结余——年初余额调整　　200
　　　　　　　　　——累计结余　　12 400

年末，在冲销非财政拨款结余有关明细科目余额后，该事业单位本年非财政拨款结余中的累计结余增加 12 400 元（9 600＋3 000－200）。本年增加的累计结余加上年初累计结余，为年末单位滚存的非财政拨款结余资金数额。

年末，“财政拨款结转”、“财政拨款结余”、“非财政拨款结转”和“非财政拨款结余”科目在冲销有关明细科目余额后，都是除“累计结转”或“累计结余”明细科目外，其他明细科目无余额。

（七）非财政拨款结余分配和其他结余余额转非财政拨款结余

年末，事业单位将“非财政拨款结余分配”科目余额转入非财政拨款结余。“非财政拨款结余分配”科目为借方余额的，借记“非财政拨款结余”科目（累计结余），贷记“非财政拨款结余分配”科目；“非财政拨款结余分配”科目为贷方余额的，借记“非财政拨款结余分配”科目，贷记“非财政拨款结余”科目（累计结余）。

年末，行政单位将“其他结余”科目余额转入非财政拨款结余。“其他结余”科目为借方余额的，借记“非财政拨款结余”科目（累计结余），贷记“其他结余”科目；“其他结余”科目为贷方余额的，借记“其他结余”科目，贷记“非财政拨款结余”科目（累计结余）。

例 14－45

年末，某事业单位“非财政拨款结余分配”科目贷方余额为 17 500 元，将其转入非财政拨款结余。该事业单位应编制如下会计分录：

在预算会计中：

借：非财政拨款结余分配　　17 500
　贷：非财政拨款结余——累计结余　　17 500

年末，行政事业单位将预算收入中的非同级财政、非专项资金收入以及预算支出中的非同级财政、非专项资金支出转入“其他结余”科目。完成非同级财政、非专项资金收支结转后，行政单位将“其他结余”科目余额转入“非财政拨款结余——累计结余”科目，事业单位将“其他结余”科目余额转入“非财政拨款结余分配”科目。事业单位在按规定对非财政拨款结余资金进行分配后，将“非财政拨款结余分配”科目余额转入“非财政拨款结余——累计结余”科目，形成事业单位非财政拨款累计结余的一种来源。非财政拨款累计结余的另一种来源是留归本单位使用的非财政拨款专项（项目已完成）剩余资金。

例 14－46

年末，某行政单位“其他结余”科目贷方余额为 650 元，将其转入非财政拨款结余。该行政单位应编制如下会计分录：

在预算会计中：

借：其他结余　　650

　　贷：非财政拨款结余——累计结余　　650

行政事业单位的年末结转和结余资金是第二年安排单位预算收入和预算支出的一种资金来源。

六、专用结余

专用结余是指事业单位按照规定从非财政拨款结余中提取的具有专门用途的资金。

为核算专用结余业务，事业单位应设置“专用结余”总账科目。该科目应当按照专用结余的类别进行明细核算。事业单位根据有关规定从本年度非财政拨款结余或经营结余中提取基金的，按照提取金额，借记“非财政拨款结余分配”科目，贷记该科目。根据规定使用从非财政拨款结余或经营结余中提取的专用基金时，按照使用金额，借记该科目，贷记“资金结存——货币资金”科目。该科目年末贷方余额，反映事业单位从非同级财政拨款结余中提取的专用基金的累计滚存数额。

例 14－47

年末，某事业单位根据有关规定从本年度非财政拨款结余中提取专用基金 24 600 元。该事业单位应编制如下会计分录：

在财务会计中：

借：本年盈余分配　　24 600

　　贷：专用基金　　24 600

同时，在预算会计中：

借：非财政拨款结余分配　　24 600

　　贷：专用结余　　24 600

例 14－48

某事业单位根据规定使用从非财政拨款结余中提取的专用基金 2 600 元，款项通过银行存款支付。本次使用提取的专用基金，属于费用性支出，不是用于购置固定资产或无形资产。该事业单位应编制如下会计分录：

在财务会计中：

借：专用基金　　2 600

　贷：银行存款　　2 600

同时，在预算会计中：

借：专用结余　　2 600

　贷：资金结存——货币资金　　2 600

事业单位根据有关规定从本年度非财政拨款结余或经营结余中提取专用基金时，在财务会计中，直接增加专用基金；在预算会计中，直接增加专用结余。事业单位根据规定使用从非财政拨款结余或经营结余中提取的专用基金时，在财务会计中，直接减少专用基金；在预算会计中，直接减少专用结余。事业单位不单独核算专用基金收入和专用基金支出。事业单位根据有关规定从收入中提取专用基金及其使用的业务，只涉及专用基金的核算，不涉及专用结余的核算。

行政单位没有专用基金的业务。

七、经营结余

经营结余是指事业单位本年度经营活动收支相抵后余额弥补以前年度经营亏损后的余额。

为核算经营结余业务，事业单位应设置“经营结余”总账科目。该科目可以按照经营活动类别进行明细核算。年末，将经营预算收入本年发生额转入该科目，借记“经营预算收入”科目，贷记该科目；将经营支出本年发生额转入该科目，借记该科目，贷记“经营支出”科目。年末，完成上述结转后，如该科目为贷方余额，将该科目贷方余额转入“非财政拨款结余分配”科目，借记该科目，贷记“非财政拨款结余分配”科目；如该科目为借方余额，为经营亏损，不予结转。年末结账后，该科目一般无余额；如为借方余额，反映事业单位累计发生的经营亏损。

例 14-49

年末，某事业单位“经营预算收入”科目本年贷方发生额为 74 000 元，将其转入“经营结余”科目；“经营支出”科目本年借方发生额为 61 000 元，将其转入“经营结余”科目。在完成经营预算收入和经营支出的本年发生额结转后，“经营结余”科目的贷方余额为 13 000 元（74 000－61 000），将其转入“非财政拨款结余分配”科目的贷方。该事业单位应编制如下会计分录：

在预算会计中：

(1) 结转经营预算收入科目本年发生额时。

借：经营预算收入　　74 000

　贷：经营结余　　74 000

(2) 结转经营支出科目本年发生额时。

借：经营结余　　61 000

　贷：经营支出　　61 000

(3) 将“经营结余”科目的贷方余额转入“非财政拨款结余分配”科目时。

借：经营结余　　13 000

　贷：非财政拨款结余分配　　13 000

年末，在完成“经营结余”科目贷方余额结转后，“经营结余”科目无余额。

由于事业单位的“经营预算收入”和“经营支出”科目都是按收付实现制基础进行核算的，因此，“经营结余”科目反映的结余或亏损数额也是按收付实现制基础核算的结果。

八、其他结余

（一）其他结余的概念和核算科目设置

其他结余是指行政事业单位本年度除财政拨款收支、非同级财政专项资金收支和经营收支以外各项收支相抵后的余额。

为核算其他结余业务，行政事业单位应设置“其他结余”总账科目。行政事业单位本年度财政拨款收支相抵后的余额通过“财政拨款结转”科目核算，本年度非同级财政专项资金收支相抵后的余额通过“非财政拨款结转”科目核算，本年度经营收支相抵后的余额通过“经营结余”科目核算。

（二）本年非财政拨款非专项资金预算收支结转

年末，将事业预算收入、上级补助预算收入、附属单位上缴预算收入、非同级财政拨款预算收入、债务预算收入、其他预算收入本年发生额中的非专项资金收入以及投资预算收益本年发生额转入“其他结余”科目，借记“事业预算收入”、“上级补助预算收入”、“附属单位上缴预算收入”、“非同级财政拨款预算收入”、“债务预算收入”和“其他预算收入”科目下各非专项资金收入明细科目和“投资预算收益”科目，贷记“其他结余”科目（“投资预算收益”科目本年发生额为借方净额时，借记“其他结余”科目，贷记“投资预算收益”科目）；将行政支出、事业支出、其他支出本年发生额中的非同级财政、非专项资金支出，以及上缴上级支出、对附属单位补助支出、投资支出、债务还本支出本年发生额转入“其他结余”科目，借记“其他结余”科目，贷记“行政支出”、“事业支出”和“其他支出”科目下各非同级财政、非专项资金支出明细科目和“上缴上级支出”、“对附属单位补助支出”、“投资支出”和“债务还本支出”科目。

（三）年末转非财政拨款结余或非财政拨款结余分配

年末，完成相关收支结转后，行政单位将“其他结余”科目余额转入“非财政拨款结余——累计结余”科目；事业单位将“其他结余”科目余额转入“非财政拨款结余分配”科目。当“其他结余”科目为贷方余额时，借记“其他结余”科目，贷记“非财政拨款结余——累计结余”或“非财政拨款结余分配”科目；当“其他结余”科目为借方余额时，借记“非财政拨款结余——累计结余”或“非财政拨款结余分配”科目，贷记“其他结余”科目。年末结账后，“其他结余”科目应无余额。

例 14－50

年末，某事业单位有关非财政拨款非专项资金事业活动预算收支科目的本年发生额如表 14－8 所示。

表 14－8　　非财政拨款非专项资金事业活动预算收支本年发生额表　　单位：元

非财政拨款非专项资金事业活动预算收支科目	本年贷方发生额	本年借方发生额
事业预算收入——非专项资金收入	89 500	
附属单位上缴预算收入——非专项资金收入	7 200	
其他预算收入——非专项资金收入	12 300	
投资预算收益	4 500	
事业支出——其他资金支出		95 200
其他支出——其他资金支出		500
对附属单位补助支出		6 000
债务还本支出		3 000
合计	113 500	104 700

在完成非财政拨款非专项资金事业活动预算收入和非财政拨款非专项资金事业活动支出的本年发生额结转后，该事业单位“其他结余”科目的贷方余额为 8 800 元（113 500－104 700），将其转入“非财政拨款结余分配”科目的贷方。该事业单位应编制如下会计分录：

在预算会计中：

（1）结转非财政拨款非专项资金事业活动预算收入科目本年发生额时。

借：事业预算收入——非专项资金收入　　89 500
　　附属单位上缴预算收入——非专项资金收入　　7 200
　　其他预算收入——非专项资金收入　　12 300
　　投资预算收益　　4 500
　贷：其他结余　　113 500

（2）结转非财政拨款非专项资金事业活动支出科目本年发生额时。

借：其他结余　　104 700
　贷：事业支出——其他资金支出　　95 200
　　　其他支出——其他资金支出　　500
　　　对附属单位补助支出　　6 000
　　　债务还本支出　　3 000

（3）将“其他结余”科目的贷方余额转入“非财政拨款结余分配”科目时。

借：其他结余　　8 800
　贷：非财政拨款结余分配　　8 800

例 14－51

年末，某行政单位有关非财政拨款非专项资金预算收支科目的本年发生额如表 14－9 所示。

表 14－9　　非财政拨款非专项资金预算收支本年发生额表　　单位：元

非财政拨款非专项资金预算收支科目	本年贷方发生额	本年借方发生额
其他预算收入——非专项资金收入	2 200	
行政支出——其他资金支出		1200
其他支出——其他资金支出		700
合计	2 200	1 900

在完成非财政拨款非专项资金预算收入和非财政拨款非专项资金支出的本年发生额结转后，该行政单位“其他结余”科目的贷方余额为300元（2 200－1 900），将其转入“非财政拨款结余——累计结余”科目的贷方。该行政单位应编制如下会计分录：

在预算会计中：

（1）结转非财政拨款非专项资金预算收入科目本年发生额时。

借：其他预算收入——非专项资金收入　　2 200

　　贷：其他结余　　2 200

（2）结转非财政拨款非专项资金支出科目本年发生额时。

借：其他结余　　1 900

　　贷：行政支出——其他资金支出　　1 200

　　　　其他支出——其他资金支出　　700

（3）将“其他结余”科目的贷方余额转入“非财政拨款结余”科目时。

借：其他结余　　300

　　贷：非财政拨款结余——累计结余　　300

在行政单位中，由非财政非专项资金预算收支形成的其他结余不进行分配，因此，“其他结余”科目余额直接转入“非财政拨款结余”科目，而不转入“非财政拨款结余分配”科目。

行政事业单位的非财政专项资金结余也不进行分配，因此，由“非财政拨款结转”科目直接转入“非财政拨款结余”科目，而不转入“非财政拨款结余分配”科目。

九、非财政拨款结余分配

非财政拨款结余分配是指事业单位对本年度非财政拨款结余进行的分配。

为核算非财政拨款结余分配业务，事业单位应设置“非财政拨款结余分配”总账科目。该科目核算事业单位本年度非财政拨款结余分配的情况和结果。年末，事业单位将“其他结余”科目余额转入该科目，当“其他结余”科目为贷方余额时，借记“其他结余”科目，贷记该科目；当“其他结余”科目为借方余额时，借记该科目，贷记“其他结余”科目。

年末，将“经营结余”科目贷方余额转入该科目，借记“经营结余”科目，贷记该科目。

根据有关规定提取专用基金的，按照提取的金额，借记该科目，贷记“专用结余”科目。

年末，按照规定完成上述相关处理后，将该科目余额转入非财政拨款结余。当该科目为借方余额时，借记“非财政拨款结余——累计结余”科目，贷记该科目；当该科目为贷方余额时，借记该科目，贷记“非财政拨款结余——累计结余”科目。年末结账后，本科目应无余额。

例14－52

年末，某事业单位“其他结余”科目贷方余额为4 600元，“经营结余”科目贷方余额为3 800元，将其转入“非财政拨款结余分配”科目的贷方，转入的合计数为8 400元（4 600＋3 800）。该事业单位根据有关规定从本年度其他结余和经营结余中提取专用基金共计 3 500 元，具体为职工福利基金。提取专用基金后，该事业单位将“非财政拨款结余分配”科目的贷方余额 4 900 元（8 400—3 500）转入非财政拨款结余。该事业单位应编制如下会计分录：

（1）结转“其他结余”和“经营结余”科目余额时。

在预算会计中：

借：其他结余	4 600	
经营结余	3 800	
贷：非财政拨款结余分配		8 400

（2）按规定从其他结余和经营结余中提取专用基金时。

在财务会计中：

借：本年盈余分配	3 500	
贷：专用基金		3 500

同时，在预算会计中：

借：非财政拨款结余分配	3 500	
贷：专用结余		3 500

（3）将“非财政拨款结余分配”科目余额转入非财政拨款结余时。

在预算会计中：

借：非财政拨款结余分配	4 900	
贷：非财政拨款结余——累计结余		4 900

经过年末结账，该事业单位“其他结余”、“经营结余”和“非财政拨款结余分配”科目均无余额，相应数额分别转入“非财政拨款结余”和“专用结余”科目。其中，非财政拨款结余应当安排用于开展专业业务活动及其辅助活动，专用结余安排用于职工福利等专门用途。

思考题

1. 什么是行政事业单位的净资产？行政事业单位的净资产主要包括哪些种类？
2. 什么是行政事业单位的预算结余？行政事业单位的预算结余主要包括哪些种类？
3. 行政事业单位的净资产是按照什么会计基础进行核算的结果？行政事业单位的预算结余是按照什么会计基础进行核算的结果？
4. 累计盈余的核算内容包含哪些？
5. 什么是专用基金？什么是专用结余？两者核算的内容有什么不同？
6. 权益法调整核算什么内容？
7. 什么是本期盈余？行政事业单位应当如何核算本期盈余？
8. 什么是无偿调拨净资产？行政事业单位应当如何核算无偿调拨净资产？
9. 什么是资金结存？行政事业单位的资金结存具体包括哪些内容？
10. 什么是财政拨款结转？行政事业单位应当如何核算财政拨款结转？
11. 什么是财政拨款结余？行政事业单位应当如何核算财政拨款结余？

12. 什么是非财政拨款结转？什么是非财政拨款结余？两者有什么区别和联系？

13. 什么是其他结余？什么是经营结余？其他结余和经营结余在年末结账后是否还有余额？为什么？

14. 本年盈余分配和非财政拨款结余分配分别核算什么内容？

练习题

练习一

一、目的：练习行政事业单位累计盈余的核算。

二、资料：某行政单位20×4年发生如下经济业务：

(1) 按照规定向其他单位调出财政拨款结转资金15 000元，相应调减财政应返还额度。

(2) 年末，“本年盈余分配”科目借方余额为6 500元，将其转入“累计盈余”科目。

(3) 年末，“无偿调拨净资产”科目贷方余额为96 000元，将其转入“累计盈余”科目。

三、要求：根据以上经济业务，为该行政单位编制有关的会计分录。

练习二

一、目的：练习事业单位专用基金和专用结余的核算。

二、资料：某事业单位20×4年发生如下经济业务：

(1) 根据有关规定从事业收入中提取专用基金2 800元并计入业务活动费用。

(2) 按照规定使用从事业收入中提取的专用基金购置一项固定资产，款项合计6 300元通过银行存款账户支付。本次使用的专用基金为修购基金，购置的固定资产用于开展专业业务活动及其辅助活动。

(3) 根据规定使用从非财政拨款结余中提取的专用基金7 600元，款项通过银行存款支付。本次使用的专用基金为职工福利基金，发生的支出属于费用性支出。

(4) 年末，根据有关规定从本年度非财政拨款结余中提取专用基金4 300元。

三、要求：根据以上经济业务，为该事业单位编制有关的会计分录。

练习三

一、目的：练习行政事业单位本期盈余的核算。

二、资料：某事业单位20×4年末各类收入和费用科目的本年发生额如表14-10所示。

表14-10 收入和费用科目本年发生额表 单位：元

收入和费用科目	本年贷方发生额	本年借方发生额
财政拨款收入	228 000	
事业收入	75 000	
其他收入	900	
业务活动费用		263 000

续前表

收入和费用科目	本年贷方发生额	本年借方发生额
单位管理费用		29 800
资产处置费用		1 200
其他费用		300
合计	303 900	294 300

年末，在完成各类收入和费用科目的本年发生额结转后，该事业单位“本期盈余”科目的贷方余额为 9 600 元（303 900－294 300）。

三、要求：根据以上经济业务，为该事业单位编制有关的会计分录。

练习四

一、目的：练习行政事业单位资金结存的核算。

二、资料：某事业单位 20×4 年发生如下经济业务：

（1）收到代理银行转来的财政授权支付额度到账通知书，通知书中所列的财政授权支付额度为 60 000 元。

（2）从单位零余额账户中提取现金 800 元，以备日常零星开支使用。

（3）通过财政授权支付方式购买一批库存物品 2 780 元，库存物品已验收入库。

（4）在开展专业业务活动中收到一笔事业收入 3 200 元，款项已存入开户银行。

（5）年末，本年度财政直接支付预算指标数大于当年财政直接支付实际支出数的差额为 1 500 元。

三、要求：根据以上经济业务，为该事业单位编制有关的会计分录。

练习五

一、目的：练习行政事业单位财政拨款结转的核算。

二、资料：某行政单位 20×4 年发生如下经济业务：

（1）按规定上缴财政拨款结转资金 26 200 元，具体通过注销财政应返还额度的方式完成。

（2）年末，“财政拨款预算收入”科目和各项支出中财政拨款支出科目的本年发生额如表 14－11 所示。

表 14－11　　财政拨款预算收入和财政拨款支出本年发生额表　　单位：元

财政拨款预算收入和财政拨款支出科目	本年贷方发生额	本年借方发生额
财政拨款预算收入	288 000	
行政支出——财政拨款支出		282000
其他支出——财政拨款支出		4 500
合计	288 000	286 500

将财政拨款预算收支本年发生额转入“财政拨款结转”科目。

（3）年末，“财政拨款结转”科目相关明细科目的余额如表 14－12 所示。

表 14－12　　财政拨款结转相关明细科目余额表　　单位：元

财政拨款结转相关明细科目	贷方余额	借方余额
本年收支结转	1 500	
归集上缴		26 200
合计	1 500	26 200

冲销财政拨款结转有关明细科目余额。

(4) 年末，“财政拨款结转——累计结转”科目贷方余额为2 100元。经对各明细项目执行情况进行分析，其中，按照有关规定符合财政拨款结余性质的项目余额为400元，将其转入财政拨款结余。

三、要求：根据以上经济业务，为该行政单位编制有关的会计分录。

练习六

一、目的：练习行政事业单位财政拨款结余的核算。

二、资料：某行政单位20×4年发生如下经济业务：

(1) 经财政部门批准对财政拨款结余资金改变用途，调整用于本单位其他未完成项目，批准的调剂金额为13 600元。

(2) 年末，将符合财政拨款结余性质的项目余额11 200元从财政拨款结转转入财政拨款结余。

(3) 年末，“财政拨款结余”科目相关明细科目的余额如表14-13所示。

表14-13　　财政拨款结余相关明细科目余额表　　单位：元

财政拨款结余相关明细科目	贷方余额	借方余额
结转转入	11 200	
单位内部调剂		13 600
合计	11 200	13 600

冲销财政拨款结余有关明细科目余额。

三、要求：根据以上经济业务，为该行政单位编制有关的会计分录。

练习七

一、目的：练习行政事业单位非财政拨款结转的核算。

二、资料：某事业单位20×4年发生如下经济业务：

(1) 按规定从科研项目预算收入中提取项目管理费16 000元。

(2) 年末，有关非财政拨款专项资金预算收入和非财政拨款专项资金支出科目的本年发生额如表14-14所示。

表14-14　　非财政拨款专项资金预算收支本年发生额表　　单位：元

非财政拨款专项资金预算收支科目	本年贷方发生额	本年借方发生额
事业预算收入——专项资金收入	655 000	
上级补助预算收入——专项资金收入	78 000	
非同级财政拨款预算收入——专项资金收入	26 000	
其他预算收入——专项资金收入	7 500	
事业支出——非财政专项资金支出		758 500
其他支出——非财政专项资金支出		3 500
合计	766 500	762 000

将非财政拨款专项资金预算收支本年发生额转入“非财政拨款结转”科目。

(3) 年末，“非财政拨款结转”科目相关明细科目的余额如表14-15所示。

表 14-15　　非财政拨款结转相关明细科目余额表　　单位：元

非财政拨款结转相关明细科目	贷方余额	借方余额
项目间接费用或管理费		16 000
本年收支结转	4 500	
合计	4 500	16 000

冲销非财政拨款结转有关明细科目余额。

(4) 年末，“非财政拨款结转——累计结转”科目贷方余额为 5 000 元。经对各项目情况进行分析，其中，应留归本单位使用的非财政拨款专项（项目已完成）剩余资金数额为 600 元，将其转入非财政拨款结余。

三、要求：根据以上经济业务，为该事业单位编制有关的会计分录。

练习八

一、目的：练习行政事业单位非财政拨款结余的核算。

二、资料：某事业单位 20×4 年发生如下经济业务：

(1) 按规定从科研项目预算收入中提取项目管理费 2 000 元。

(2) 年末，“非财政拨款结转——累计结转”科目贷方余额为 115 000 元。经对各项目情况进行分析，其中，应留归本单位使用的非财政拨款专项（项目已完成）剩余资金数额为 660 元，将其转入非财政拨款结余。

(3) 年末，“非财政拨款结余”科目相关明细科目的余额为：“非财政拨款结余——结转转入”科目贷方余额 660 元，“非财政拨款结余——项目间接费用或管理费”科目贷方余额 2 000 元，将其转入“非财政拨款结余——累计结余”科目。

(4) 年末，有关非财政拨款非专项资金事业活动预算收支科目的本年发生额如表 14-16 所示。

表 14-16　　非财政拨款非专项资金事业活动预算收支本年发生额表　　单位：元

非财政拨款非专项资金事业活动预算收支科目	本年贷方发生额	本年借方发生额
事业预算收入——非专项资金收入	9 500	
其他预算收入——非专项资金收入	300	
事业支出——其他资金支出		9 200
其他支出——其他资金支出		200
合计	9 800	9 400

将非财政拨款非专项资金事业活动预算收支本年发生额转入“其他结余”科目。之后，将“其他结余”科目贷方余额 400 元（9 800－9 400）转入“非财政拨款结余分配”科目。

(5) 年末，“经营预算收入”科目本年贷方发生额为 4 000 元，将其转入“经营结余”科目；“经营支出”科目本年借方发生额为 3 100 元，将其转入“经营结余”科目。在完成经营预算收入和经营支出的本年发生额结转后，“经营结余”科目的贷方余额为 900 元（4 000－3 100），将其转入“非财政拨款结余分配”科目。

(6) 年末，根据有关规定从本年度其他结余和经营结余中提取专用基金共计 500 元，具体为职工福利基金。提取专用基金后，将“非财政拨款结余分配”科目的贷方余额 800 元（400＋900－500）转入非财政拨款结余。

三、要求：根据以上经济业务，为该事业单位编制有关的会计分录。

练习九

一、目的：练习行政事业单位以前年度盈余调整和结转结余年初余额调整的核算。

二、资料：某事业单位20×4年发生如下经济业务：

(1) 上一年度，按合同约定从付款方预收一笔事业活动款项85 000元，款项已存入开户银行。上一年度末，在财务会计中，按合同完成进度应当予以计算确认的该年度实现的事业收入为55 000元。该事业单位在上一年度预收相应事业活动款项时，在财务会计中，将收到的款项85 000元全额确认为该年度的事业收入，没有确认预收账款，年末也没有按完工进度确认事业收入，导致上一年度多确认事业收入30 000元(85 000—55 000)。该事业单位本年度发现以上重要前期差错，予以更正。

(2) 上一年度因货品质量问题退回一批当年度购入的货品2 460元，该批货品在购入时已计入当年库存物品和事业支出，退货款项于今年收到并存入单位零余额账户。该项资金属于以前年度财政拨款结转资金。

三、要求：根据以上经济业务，为该事业单位编制有关的会计分录。

第十五章

行政事业单位会计报表

行政事业单位会计报表是反映行政事业单位财务状况、运行情况以及预算执行情况等信息的书面文件，由财务会计报表和预算会计报表构成。各级各类行政事业单位应当根据《政府会计制度——行政事业单位会计科目和报表》的规定编制并提供真实、完整的会计报表。行政事业单位不得违反规定，随意改变会计报表的格式、编制依据和方法，不得随意改变会计报表有关数据的会计口径。行政事业单位的会计报表应当根据登记完整、核对无误的账簿记录和其他有关资料编制，做到数字真实、计算准确、内容完整、报送及时。行政事业单位会计报表应当由单位负责人和主管会计工作的负责人、会计机构负责人或会计主管人员签名并盖章。

第一节　财务会计报表

行政事业单位财务会计报表包括资产负债表、收入费用表、净资产变动表和现金流量表。

一、资产负债表

（一）资产负债表的概念和作用

资产负债表是反映行政事业单位在某一特定日期全部资产、负债和净资产情况的报表。

资产负债表的作用主要表现在以下几个方面：

（1）可以提供某一特定日期资产总额及其构成情况的信息。例如，可以提供某一特定日期资产总额、流动资产总额、非流动资产总额等信息。

（2）可以提供某一特定日期负债总额及其构成情况的信息。例如，可以提供某一特定日期负债总额、流动负债总额、非流动负债总额等信息。

（3）可以提供某一特定日期净资产总额及其构成情况的信息。例如，可以提供某一特定日期净资产总额、累计盈余总额、专用基金总额等信息。

按照规定，行政事业单位的资产负债表应当按月度和年度编制。

（二）资产负债表的格式

行政事业单位资产负债表应当分别资产、负债和净资产反映相应组成项目期末余额和年初余额的信息，采用的平衡等式为：资产＝负债＋净资产。行政事业单位资产负债表的格式如表15-1所示。表中数字作为释例，均为假设。其他会计报表的情况也是如此。

表15-1 资产负债表

编制单位：某行政单位　　20××年12月31日　　单位：元

资产	期末余额	年初余额	负债和净资产	期末余额	年初余额
流动资产：			流动负债：		
货币资金	150	（略）	短期借款		（略）
短期投资			应交增值税		
财政应返还额度	370		其他应交税费		
应收票据			应缴财政款		
应收账款净额			应付职工薪酬	360	
预付账款	470		应付票据		
应收股利			应付账款	200	
应收利息			应付政府补贴款		
其他应收款净额			应付利息		
存货	670		预收账款		
待摊费用			其他应付款		
一年内到期的非流动资产			预提费用		
其他流动资产			一年内到期的非流动负债	320	
流动资产合计	1 660		其他流动负债		
非流动资产：			流动负债合计	880	
长期股权投资			非流动负债：		
长期债券投资			长期借款		
固定资产原值	36 600		长期应付款	660	
减：固定资产累计折旧	8 500		预计负债		
固定资产净值	28 100		其他非流动负债		
工程物资			非流动负债合计	660	
在建工程	6 500		受托代理负债		
无形资产原值	18 600		负债合计	1 540	
减：无形资产累计摊销	6 500				
无形资产净值	12 100				
研发支出					
公共基础设施原值					
减：公共基础设施累计折旧（摊销）					
公共基础设施净值					
政府储备物资					
文物文化资产					
保障性住房原值					

续前表

资产	期末余额	年初余额	负债和净资产	期末余额	年初余额
减：保障性住房累计折旧			净资产：		
保障性住房净值			累计盈余	46 820	
长期待摊费用			专用基金		
待处理财产损溢			权益法调整		
其他非流动资产			无偿调拨净资产*		
非流动资产合计	46 700		本期盈余*		
受托代理资产			净资产合计	46 820	
资产总计	48 360		负债和净资产总计	48 360	

注："*"标识项目为月报项目，年报中不需列示。

（三）资产负债表的列报方法

资产负债表中"年初余额"栏内各项数字，应当根据上年年末资产负债表"期末余额"栏内数字填列。如果本年度资产负债表规定的项目的名称和内容同上年度不一致，应当对上年年末资产负债表项目的名称和数字按照本年度的规定进行调整，将调整后数字填入本表"年初余额"栏内。如果本年度单位发生了因前期差错更正、会计政策变更等调整以前年度盈余的事项，还应当对"年初余额"栏中的有关项目金额进行相应调整。在资产负债表中，"资产总计"项目期末（年初）余额应当与"负债和净资产总计"项目期末（年初）余额相等。

在资产负债表中，"期末余额"栏各项目的内容和填列方法如下。

1. 资产类项目

（1）"货币资金"项目，反映单位期末库存现金、银行存款、零余额账户用款额度、其他货币资金的合计数。本项目应当根据"库存现金"、"银行存款"、"零余额账户用款额度"和"其他货币资金"科目的期末余额的合计数填列；若单位存在通过"库存现金""银行存款"科目核算的受托代理资产还应当按照前述合计数扣减"库存现金""银行存款"科目下"受托代理资产"明细科目的期末余额后的金额填列。

（2）"短期投资"项目，反映事业单位期末持有的短期投资账面余额。本项目应当根据"短期投资"科目的期末余额填列。

（3）"财政应返还额度"项目，反映单位期末财政应返还额度的金额。本项目应当根据"财政应返还额度"科目的期末余额填列。

（4）"应收票据"项目，反映事业单位期末持有的应收票据的票面金额。本项目应当根据"应收票据"科目的期末余额填列。

（5）"应收账款净额"项目，反映单位期末尚未收回的应收账款减去已计提的坏账准备后的净额。本项目应当根据"应收账款"科目的期末余额，减去"坏账准备"科目中对应收账款计提的坏账准备的期末余额后的金额填列。

（6）"预付账款"项目，反映单位期末预付给商品或者劳务供应单位的款项。本项目应当根据"预付账款"科目的期末余额填列。

（7）"应收股利"项目，反映事业单位期末因股权投资而应收取的现金股利或应当分得的利润。本项目应当根据"应收股利"科目的期末余额填列。

（8）"应收利息"项目，反映事业单位期末因债券投资等而应收取的利息。事业单位购入的到期一次还本付息的长期债券投资持有期间应收的利息，不包括在本项目内。本项目应当根据“应收利息”科目的期末余额填列。

(9)“其他应收款净额”项目，反映单位期末尚未收回的其他应收款减去已计提的坏账准备后的净额。本项目应当根据“其他应收款”科目的期末余额减去“坏账准备”科目中对其他应收款计提的坏账准备的期末余额后的金额填列。

(10)“存货”项目，反映单位期末存储的存货的实际成本。本项目应当根据“在途物品”、“库存物品”和“加工物品”科目的期末余额的合计数填列。

(11)“待摊费用”项目，反映单位期末已经支出，但应当由本期和以后各期负担的分摊期在1年以内（含1年）的各项费用。本项目应当根据“待摊费用”科目的期末余额填列。

(12)“一年内到期的非流动资产”项目，反映单位期末非流动资产项目中将在1年内（含1年）到期的金额，如事业单位将在1年内（含1年）到期的长期债券投资金额。本项目应当根据“长期债券投资”等科目的明细科目的期末余额分析填列。

(13)“其他流动资产”项目，反映单位期末除资产负债表中上述各项之外的其他流动资产的合计金额。本项目应当根据有关科目期末余额的合计数填列。

(14)“流动资产合计”项目，反映单位期末流动资产的合计数。本项目应当根据资产负债表中“货币资金”、“短期投资”、“财政应返还额度”、“应收票据”、“应收账款净额”、“预付账款”、“应收股利”、“应收利息”、“其他应收款净额”、“存货”、“待摊费用”、“一年内到期的非流动资产”和“其他流动资产”项目金额的合计数填列。

(15)“长期股权投资”项目，反映事业单位期末持有的长期股权投资的账面余额。本项目应当根据“长期股权投资”科目的期末余额填列。

(16)“长期债券投资”项目，反映事业单位期末持有的长期债券投资的账面余额。本项目应当根据“长期债券投资”科目的期末余额减去其中将于1年内（含1年）到期的长期债券投资余额后的金额填列。

(17)“固定资产原值”项目，反映单位期末固定资产的原值。本项目应当根据“固定资产”科目的期末余额填列。

“固定资产累计折旧”项目，反映单位期末固定资产已计提的累计折旧金额。本项目应当根据“固定资产累计折旧”科目的期末余额填列。

“固定资产净值”项目，反映单位期末固定资产的账面价值。本项目应当根据“固定资产”科目期末余额减去“固定资产累计折旧”科目期末余额后的金额填列。

(18)“工程物资”项目，反映单位期末为在建工程准备的各种物资的实际成本。本项目应当根据“工程物资”科目的期末余额填列。

(19)“在建工程”项目，反映单位期末所有的建设项目工程的实际成本。本项目应当根据“在建工程”科目的期末余额填列。

(20)“无形资产原值”项目，反映单位期末无形资产的原值。本项目应当根据“无形资产”科目的期末余额填列。

“无形资产累计摊销”项目，反映单位期末无形资产已计提的累计摊销金额。本项目应当根据“无形资产累计摊销”科目的期末余额填列。

“无形资产净值”项目，反映单位期末无形资产的账面价值。本项目应当根据“无形资产”科目期末余额减去“无形资产累计摊销”科目期末余额后的金额填列。

(21)“研发支出”项目，反映单位期末正在进行的无形资产开发项目开发阶段发生的累计支出数。本项目应当根据“研发支出”科目的期末余额填列。

(22)“公共基础设施原值”项目，反映单位期末控制的公共基础设施的原值。本项目应当根据“公共基础设施”科目的期末余额填列。

“公共基础设施累计折旧（摊销）”项目，反映单位期末控制的公共基础设施已计提的累计折旧和累计摊销金额。本项目应当根据“公共基础设施累计折旧（摊销）”科目的期末余额填列。

“公共基础设施净值”项目，反映单位期末控制的公共基础设施的账面价值。本项目应当根据“公共基础设施”科目期末余额减去“公共基础设施累计折旧（摊销）”科目期末余额后的金额填列。

(23)“政府储备物资”项目，反映单位期末控制的政府储备物资的实际成本。本项目应当根据“政府储备物资”科目的期末余额填列。

(24)“文物文化资产”项目，反映单位期末控制的文物文化资产的成本。本项目应当根据“文物文化资产”科目的期末余额填列。

(25)“保障性住房原值”项目，反映单位期末控制的保障性住房的原值。本项目应当根据“保障性住房”科目的期末余额填列。

“保障性住房累计折旧”项目，反映单位期末控制的保障性住房已计提的累计折旧金额。本项目应当根据“保障性住房累计折旧”科目的期末余额填列。

“保障性住房净值”项目，反映单位期末控制的保障性住房的账面价值。本项目应当根据“保障性住房”科目期末余额减去“保障性住房累计折旧”科目期末余额后的金额填列。

(26)“长期待摊费用”项目，反映单位期末已经支出，但应由本期和以后各期负担的分摊期限在1年以上（不含1年）的各项费用。本项目应当根据“长期待摊费用”科目的期末余额填列。

(27)“待处理财产损溢”项目，反映单位期末尚未处理完毕的各种资产的净损失或净溢余。本项目应当根据“待处理财产损溢”科目的期末借方余额填列；如“待处理财产损溢”科目期末为贷方余额，以“－”号填列。

(28)“其他非流动资产”项目，反映单位期末除资产负债表中上述各项之外的其他非流动资产的合计数。本项目应当根据有关科目的期末余额合计数填列。

(29)“非流动资产合计”项目，反映单位期末非流动资产的合计数。本项目应当根据资产负债表中“长期股权投资”、“长期债券投资”、“固定资产净值”、“工程物资”、“在建工程”、“无形资产净值”、“研发支出”、“公共基础设施净值”、“政府储备物资”、“文物文化资产”、“保障性住房净值”、“长期待摊费用”、“待处理财产损溢”和“其他非流动资产”项目金额的合计数填列。

(30)“受托代理资产”项目，反映单位期末受托代理资产的价值。本项目应当根据“受托代理资产”科目的期末余额与“库存现金”“银行存款”科目下“受托代理资产”明细科目的期末余额的合计数填列。

(31)“资产总计”项目，反映单位期末资产的合计数。本项目应当根据资产负债表中“流动资产合计”、“非流动资产合计”和“受托代理资产”项目金额的合计数填列。

2. 负债类项目

(1)“短期借款”项目，反映事业单位期末短期借款的余额。本项目应当根据“短期借款”科目的期末余额填列。

(2)“应交增值税”项目，反映单位期末应缴未缴的增值税税额。本项目应当根据“应交增值税”科目的期末余额填列；如“应交增值税”科目期末为借方余额，以“－”号填列。

(3)“其他应交税费”项目，反映单位期末应缴未缴的除增值税以外的税费金额。本项目应当根据“其他应交税费”科目的期末余额填列；如“其他应交税费”科目期末为借方余额，以“－”号填列。

(4)“应缴财政款”项目，反映单位期末应当上缴财政但尚未缴纳的款项。本项目应当根据“应缴财政款”科目的期末余额填列。

(5)“应付职工薪酬”项目，反映单位期末按有关规定应付给职工及为职工支付的各种薪酬。本项目应当根据“应付职工薪酬”科目的期末余额填列。

(6)“应付票据”项目，反映事业单位期末应付票据的金额。本项目应当根据“应付票据”科目的期末余额填列。

(7)“应付账款”项目，反映单位期末应当支付但尚未支付的偿还期限在1年以内（含1年）的应付账款的金额。本项目应当根据“应付账款”科目的期末余额填列。

(8)“应付政府补贴款”项目，反映负责发放政府补贴的行政单位期末按照规定应当支付给政府补贴接受者的各种政府补贴款余额。本项目应当根据“应付政府补贴款”科目的期末余额填列。

(9)“应付利息”项目，反映事业单位期末按照合同约定应支付的借款利息。事业单位到期一次还本付息的长期借款利息不包括在本项目内。本项目应当根据“应付利息”科目的期末余额填列。

(10)“预收账款”项目，反映事业单位期末预先收取但尚未确认收入和实际结算的款项余额。本项目应当根据“预收账款”科目的期末余额填列。

(11)“其他应付款”项目，反映单位期末其他各项偿还期限在1年内（含1年）的应付及暂收款项余额。本项目应当根据“其他应付款”科目的期末余额填列。

(12)“预提费用”项目，反映单位期末已预先提取的已经发生但尚未支付的各项费用。本项目应当根据“预提费用”科目的期末余额填列。

(13)“一年内到期的非流动负债”项目，反映单位期末将于1年内（含1年）偿还的非流动负债的余额。本项目应当根据“长期应付款”“长期借款”等科目的明细科目的期末余额分析填列。

(14)“其他流动负债”项目，反映单位期末除资产负债表中上述各项之外的其他流动负债的合计数。本项目应当根据有关科目的期末余额的合计数填列。

(15)“流动负债合计”项目，反映单位期末流动负债合计数。本项目应当根据资产负债表中“短期借款”、“应交增值税”、“其他应交税费”、“应缴财政款”、“应付职工薪酬”、“应付票据”、“应付账款”、“应付政府补贴款”、“应付利息”、“预收账款”、“其他应付款”、“预提费用”、“一年内到期的非流动负债”和“其他流动负债”项目金额的合计数填列。

(16)“长期借款”项目，反映事业单位期末长期借款的余额。本项目应当根据“长期借款”科目的期末余额减去其中将于1年内（含1年）到期的长期借款余额后的金额填列。

(17)“长期应付款”项目，反映单位期末长期应付款的余额。本项目应当根据“长期应付款”科目的期末余额减去其中将于1年内（含1年）到期的长期应付款余额后的金额填列。

(18)“预计负债”项目，反映单位期末已确认但尚未偿付的预计负债的余额。本项目应当根据“预计负债”科目的期末余额填列。

(19)“其他非流动负债”项目，反映单位期末除资产负债表中上述各项之外的其他非流动负债的合计数。本项目应当根据有关科目的期末余额合计数填列。

(20)“非流动负债合计”项目，反映单位期末非流动负债合计数。本项目应当根据资产负债表中“长期借款”、“长期应付款”、“预计负债”和“其他非流动负债”项目金额的合计数填列。

(21)“受托代理负债”项目，反映单位期末受托代理负债的金额。本项目应当根据“受托代理负债”科目的期末余额填列。

(22)“负债合计”项目，反映单位期末负债的合计数。本项目应当根据资产负债表中“流动负债合计”、“非流动负债合计”和“受托代理负债”项目金额的合计数填列。

3. 净资产类项目

(1)“累计盈余”项目，反映单位期末未分配盈余（或未弥补亏损）以及无偿调拨净资产变动的累计数。本项目应当根据“累计盈余”科目的期末余额填列。

(2)“专用基金”项目，反映事业单位期末累计提取或设置但尚未使用的专用基金余额。本项目应当根据“专用基金”科目的期末余额填列。

(3)“权益法调整”项目，反映事业单位期末在被投资单位除净损益和利润分配以外的所有者权益变动中累积享有的份额。本项目应当根据“权益法调整”科目的期末余额填列。如“权益法调整”科目期末为借方余额，以“-”号填列。

(4)“无偿调拨净资产”项目，反映单位本年度截至报告期期末无偿调入的非现金资产价值扣减无偿调出的非现金资产价值后的净值。本项目仅在月度报表中列示，年度报表中不列示。月度报表中本项目应当根据“无偿调拨净资产”科目的期末余额填列；“无偿调拨净资产”科目期末为借方余额时，以“-”号填列。

(5)“本期盈余”项目，反映单位本年度截至报告期期末实现的累计盈余或亏损。本项目仅在月度报表中列示，年度报表中不列示。月度报表中本项目应当根据“本期盈余”科目的期末余额填列；“本期盈余”科目期末为借方余额时，以“-”号填列。

(6)“净资产合计”项目，反映单位期末净资产合计数。本项目应当根据资产负债表中“累计盈余”、“专用基金”、“权益法调整”、“无偿调拨净资产”[月度报表]、“本期盈余”[月度报表]项目金额的合计数填列。

(7)“负债和净资产总计”项目，应当按照资产负债表中“负债合计”“净资产合计”项目金额的合计数填列。

二、收入费用表

(一) 收入费用表的概念和作用

收入费用表是反映单位在某一会计期间内发生的收入、费用及当期盈余情况的报表。

收入费用表的作用主要表现在以下几个方面：

（1）可以提供某一会计期间收入总额及其构成情况的信息。例如，可以提供某一会计期间收入总额、财政拨款收入数额、事业收入数额等信息。

（2）可以提供某一会计期间费用总额及其构成情况的信息。例如，可以提供某一会计期间费用总额、业务活动费用数额、单位管理费用数额等信息。

（3）可以提供某一会计期间本期盈余的信息。本期收入总额减去本期费用总额等于本期盈余。

按照规定，行政事业单位的收入费用表应当按月度和年度编制。

（二）收入费用表的格式

行政事业单位收入费用表应当分别本期收入、本期费用和本期盈余反映相应组成项目本月数和本年累计数的信息，采用的计算公式为：本期收入－本期费用＝本期盈余。行政事业单位收入费用表的格式如表15－2所示。

表15－2 收入费用表

编制单位：某行政单位 20××年度 单位：元

项目	本月数	本年累计数
一、本期收入	（略）	4 050
（一）财政拨款收入		3 950
其中：政府性基金收入		
（二）事业收入		
（三）上级补助收入		
（四）附属单位上缴收入		
（五）经营收入		
（六）非同级财政拨款收入		100
（七）投资收益		
（八）捐赠收入		
（九）利息收入		
（十）租金收入		
（十一）其他收入		
二、本期费用		5 980
（一）业务活动费用		5 840
（二）单位管理费用		
（三）经营费用		
（四）资产处置费用		130
（五）上缴上级费用		
（六）对附属单位补助费用		
（七）所得税费用		
（八）其他费用		10
三、本期盈余		－1 930

（三）收入费用表的列报方法

收入费用表中“本月数”栏反映各项目的本月实际发生数。编制年度收入费用表时，应当将本栏改为“本年数”，反映本年度各项目的实际发生数。收入费用表中“本年累计数”栏反映各项目自年初至报告期期末的累计实际发生数。编制年度收入费用表时，应当将本栏改为“上年数”，反映上年度各项目的实际发生数，“上年数”栏应当根据上年年度收入费用表中“本年数”栏内所列数字填列。

如果本年度收入费用表规定的项目的名称和内容同上年度不一致，应当对上年度收入费用表项目的名称和数字按照本年度的规定进行调整，将调整后的金额填入本年度收入费用表的“上年数”栏内。如果本年度单位发生了因前期差错更正、会计政策变更等调整以前年度盈余的事项，还应当对年度收入费用表中“上年数”栏中的有关项目金额进行相应调整。

在收入费用表中，“本月数”栏各项目的内容和填列方法如下。

1. 本期收入

(1)“本期收入”项目，反映单位本期收入总额。本项目应当根据收入费用表中“财政拨款收入”、“事业收入”、“上级补助收入”、“附属单位上缴收入”、“经营收入”、“非同级财政拨款收入”、“投资收益”、“捐赠收入”、“利息收入”、“租金收入”和“其他收入”项目金额的合计数填列。

(2)“财政拨款收入”项目，反映单位本期从同级政府财政部门取得的各类财政拨款。本项目应当根据“财政拨款收入”科目的本期发生额填列。

“政府性基金收入”项目，反映单位本期取得的财政拨款收入中属于政府性基金预算拨款的金额。本项目应当根据“财政拨款收入”相关明细科目的本期发生额填列。

(3)“事业收入”项目，反映事业单位本期开展专业业务活动及其辅助活动实现的收入。本项目应当根据“事业收入”科目的本期发生额填列。

(4)“上级补助收入”项目，反映事业单位本期从主管部门和上级单位收到或应收的非财政拨款收入。本项目应当根据“上级补助收入”科目的本期发生额填列。

(5)“附属单位上缴收入”项目，反映事业单位本期收到或应收的独立核算的附属单位按照有关规定上缴的收入。本项目应当根据“附属单位上缴收入”科目的本期发生额填列。

(6)“经营收入”项目，反映事业单位本期在专业业务活动及其辅助活动之外开展非独立核算经营活动实现的收入。本项目应当根据“经营收入”科目的本期发生额填列。

(7)“非同级财政拨款收入”项目，反映单位本期从非同级政府财政部门取得的财政拨款，不包括事业单位因开展科研及其辅助活动从非同级财政部门取得的经费拨款。本项目应当根据“非同级财政拨款收入”科目的本期发生额填列。

(8)“投资收益”项目，反映事业单位本期股权投资和债券投资所实现的收益或发生的损失。本项目应当根据“投资收益”科目的本期发生额填列；如为投资净损失，以“－”号填列。

(9)“捐赠收入”项目，反映单位本期接受捐赠取得的收入。本项目应当根据“捐赠收入”科目的本期发生额填列。

(10)“利息收入”项目，反映单位本期取得的银行存款利息收入。本项目应当根据“利息收入”科目的本期发生额填列。

(11)“租金收入”项目，反映单位本期经批准利用国有资产出租取得并按规定纳入本单位预算管理的租金收入。本项目应当根据“租金收入”科目的本期发生额填列。

（12）“其他收入”项目，反映单位本期取得的除以上收入项目外的其他收入的总额。本项目应当根据“其他收入”科目的本期发生额填列。

2. 本期费用

（1）“本期费用”项目，反映单位本期费用总额。本项目应当根据收入费用表中“业务活动费用”、“单位管理费用”、“经营费用”、“资产处置费用”、“上缴上级费用”、“对附属单位补助费用”、“所得税费用”和“其他费用”项目金额的合计数填列。

（2）“业务活动费用”项目，反映单位本期为实现其职能目标，依法履职或开展专业业务活动及其辅助活动所发生的各项费用。本项目应当根据“业务活动费用”科目本期发生额填列。

（3）“单位管理费用”项目，反映事业单位本期本级行政及后勤管理部门开展管理活动发生的各项费用，以及由单位统一负担的离退休人员经费、工会经费、诉讼费、中介费等。本项目应当根据“单位管理费用”科目的本期发生额填列。

（4）“经营费用”项目，反映事业单位本期在专业业务活动及其辅助活动之外开展非独立核算经营活动发生的各项费用。本项目应当根据“经营费用”科目的本期发生额填列。

（5）“资产处置费用”项目，反映单位本期经批准处置资产时转销的资产价值以及在处置过程中发生的相关费用或者处置收入小于处置费用形成的净支出。本项目应当根据“资产处置费用”科目的本期发生额填列。

（6）“上缴上级费用”项目，反映事业单位按照规定上缴上级单位款项发生的费用。本项目应当根据“上缴上级费用”科目的本期发生额填列。

（7）“对附属单位补助费用”项目，反映事业单位用财政拨款收入之外的收入对附属单位补助发生的费用。本项目应当根据“对附属单位补助费用”科目的本期发生额填列。

（8）“所得税费用”项目，反映有企业所得税缴纳义务的事业单位本期计算应缴纳的企业所得税。本项目应当根据“所得税费用”科目的本期发生额填列。

（9）“其他费用”项目，反映单位本期发生的除以上费用项目外的其他费用的总额。本项目应当根据“其他费用”科目的本期发生额填列。

3. 本期盈余

“本期盈余”项目，反映单位本期收入扣除本期费用后的净额。本项目应当根据收入费用表中“本期收入”项目金额减去“本期费用”项目金额后的金额填列；如为负数，以“－”号填列。

三、净资产变动表

（一）净资产变动表的概念和作用

净资产变动表是反映单位在某一会计期间内净资产项目变动情况的报表。

净资产变动表的作用主要表现在以下几个方面：

（1）可以提供某一会计期间内累计盈余变动情况的信息。例如，可以提供某一会计期间内累计盈余的期初余额、本期变动金额、期末余额等信息。

（2）可以提供某一会计期间内专用基金变动情况的信息。例如，可以提供某一会计期间内专用基金的期初余额、本期变动金额、期末余额等信息。

（3）可以提供某一会计期间内权益法调整变动情况的信息。例如，可以提供某一会计期间内权益法调整的期初余额、本期变动金额、期末余额等信息。

按照规定，行政事业单位的净资产变动表应当按年度编制。

（二）净资产变动表的格式

行政事业单位净资产变动表采用矩阵的格式，即一方面列示净资产的各组成部分，如列示累计盈余、专用基金、权益法调整等，另一方面列示净资产各组成部分增减变动的具体原因，如列示本年盈余、无偿调拨净资产、归集调整预算结转结余、提取或设置专用基金、使用专用基金等，净资产各组成部分的增减变动原因与净资产的相应组成部分形成对应。行政事业单位净资产变动表的格式如表 15-3 所示。

表 15-3　净资产变动表

编制单位：某行政单位　20××年度　单位：元

项目	本年数				上年数			
	累计盈余	专用基金	权益法调整	净资产合计	累计盈余	专用基金	权益法调整	净资产合计
一、上年年末余额	48 610			48 610			（略）	
二、以前年度盈余调整（减少以“—”号填列）		—	—			—	—	
三、本年年初余额	48 610			48 610				
四、本年变动金额（减少以“—”号填列）	−1 790			−1 790				
（一）本年盈余	−1 930	—	—	−1 930		—	—	
（二）无偿调拨净资产	160	—	—	160		—	—	
（三）归集调整预算结转结余	−20	—	—	−20		—	—	
（四）提取或设置专用基金			—				—	
其中：从预算收入中提取	—		—		—		—	
从预算结余中提取			—				—	
设置的专用基金	—		—		—		—	
（五）使用专用基金			—				—	
（六）权益法调整	—	—			—	—		
五、本年年末余额	46 820			46 820				

注：“—”标识单元格不需填列。

（三）净资产变动表的列报方法

净资产变动表中“本年数”栏反映本年度各项目的实际变动数。净资产变动表中“上年数”栏反映上年度各项目的实际变动数，应当根据上年度净资产变动表中“本年数”栏内所列数字填列。如果上年度净资产变动表规定的项目的名称和内容与本年度不一致，应对上年度净资产变动表项目的名称和数字按照本年度的规定进行调整，将调整后金额填入本年度净资产变动表“上年数”栏内。

在净资产变动表中，“本年数”栏各项目的内容和填列方法如下。

（1）“上年年末余额”行，反映单位净资产各项目上年年末的余额。本行各项目应当根据“累计盈余”“专用基金”“权益法调整”科目上年年末余额填列。

（2）“以前年度盈余调整”行，反映单位本年度调整以前年度盈余的事项对累计盈余进行调整的金额。本行“累计盈余”项目应当根据本年度“以前年度盈余调整”科目转入“累计盈余”科目的金额填列；如调整减少累计盈余，以“－”号填列。

（3）“本年年初余额”行，反映经过以前年度盈余调整后，单位净资产各项目的本年年初余额。本行“累计盈余”“专用基金”“权益法调整”项目应当根据其各自在“上年年末余额”和“以前年度盈余调整”行对应项目金额的合计数填列。

（4）“本年变动金额”行，反映单位净资产各项目本年变动总金额。本行“累计盈余”、“专用基金”和“权益法调整”项目应当根据其各自在“本年盈余”、“无偿调拨净资产”、“归集调整预算结转结余”、“提取或设置专用基金”、“使用专用基金”和“权益法调整”行对应项目金额的合计数填列。

（5）“本年盈余”行，反映单位本年发生的收入、费用对净资产的影响。本行“累计盈余”项目应当根据年末由“本期盈余”科目转入“本年盈余分配”科目的金额填列；如转入时借记“本年盈余分配”科目，则以“－”号填列。

（6）“无偿调拨净资产”行，反映单位本年无偿调入、调出非现金资产事项对净资产的影响。本行“累计盈余”项目应当根据年末由“无偿调拨净资产”科目转入“累计盈余”科目的金额填列；如转入时借记“累计盈余”科目，则以“－”号填列。

（7）“归集调整预算结转结余”行，反映单位本年财政拨款结转结余资金归集调入、归集上缴或调出，以及非财政拨款结转资金缴回对净资产的影响。本行“累计盈余”项目应当根据“累计盈余”科目明细账记录分析填列；如归集调整减少预算结转结余，则以“－”号填列。

（8）“提取或设置专用基金”行，反映单位本年提取或设置专用基金对净资产的影响。本行“累计盈余”项目应当根据“从预算结余中提取”行“累计盈余”项目的金额填列。本行“专用基金”项目应当根据“从预算收入中提取”、“从预算结余中提取”和“设置的专用基金”行“专用基金”项目金额的合计数填列。

“从预算收入中提取”行，反映单位本年从预算收入中提取专用基金对净资产的影响。本行“专用基金”项目应当通过对“专用基金”科目明细账记录的分析，根据本年按有关规定从预算收入中提取基金的金额填列。

“从预算结余中提取”行，反映单位本年根据有关规定从本年度非财政拨款结余或经营结余中提取专用基金对净资产的影响。本行“累计盈余”“专用基金”项目应当通过对“专用基金”科目明细账记录的分析，根据本年按有关规定从本年度非财政拨款结余或经营结余中提取专用基金的金额填列；本行“累计盈余”项目以“－”号填列。

“设置的专用基金”行，反映单位本年根据有关规定设置的其他专用基金对净资产的影响。本行“专用基金”项目应当通过对“专用基金”科目明细账记录的分析，根据本年按有关规定设置的其他专用基金的金额填列。

（9）“使用专用基金”行，反映单位本年按规定使用专用基金对净资产的影响。本行“累计盈余”“专用基金”项目应当通过对“专用基金”科目明细账记录的分析，根据本年按规定使用专用基金的金额填列；本行“专用基金”项目以“－”号填列。

（10）“权益法调整”行，反映单位本年按照被投资单位除净损益和利润分配以外的所有者权益变动份额而调整长期股权投资账面余额对净资产的影响。本行“权益法调整”项目应当根据“权益法调整”科目本年发生额填列；若本年净发生额为借方时，以“－”号填列。

(11)“本年年末余额”行，反映单位本年各净资产项目的年末余额。本行“累计盈余”、“专用基金”和“权益法调整”项目应当根据其各自在“本年年初余额”“本年变动金额”行对应项目金额的合计数填列。

(12) 净资产变动表各行“净资产合计”项目，应当根据所在行“累计盈余”、“专用基金”和“权益法调整”项目金额的合计数填列。

四、现金流量表

(一) 现金流量表的概念和作用

现金流量表是反映单位在某一会计期间内现金流入和流出信息的报表。

现金流量表的作用主要表现在以下几个方面：

(1) 可以提供某一会计期间内日常活动产生的现金流量的信息。例如，可以提供某一会计期间内财政基本支出拨款收到的现金、购买商品或接受劳务支付的现金等信息。

(2) 可以提供某一会计期间内投资活动产生的现金流量的信息。例如，可以提供某一会计期间内收回投资收到的现金、购买固定资产、无形资产、公共基础设施等支付的现金等信息。

(3) 可以提供某一会计期间内筹资活动产生的现金流量的信息。例如，可以提供某一会计期间内财政资本性项目拨款收到的现金、偿还借款支付的现金等信息。

按照规定，行政事业单位的现金流量表应当按年度编制。

(二) 现金流量表的格式

行政事业单位现金流量表应当分别日常活动产生的现金流量、投资活动产生的现金流量和筹资活动产生的现金流量，反映现金流入和现金流出的信息，采用的计算公式为：现金流入－现金流出＝现金流量净额。行政事业单位现金流量表的格式如表15-4 所示。

表 15-4　　现金流量表

编制单位：某行政单位　　20××年度　　单位：元

项目	本年金额	上年金额
一、日常活动产生的现金流量：		
财政基本支出拨款收到的现金	1 200	（略）
财政非资本性项目拨款收到的现金	950	
事业活动收到的除财政拨款以外的现金		
收到的其他与日常活动有关的现金	60	
日常活动的现金流入小计	2 210	
购买商品、接受劳务支付的现金	1 130	

续前表

项目	本年金额	上年金额
支付给职工以及为职工支付的现金	880	
支付的各项税费		
支付的其他与日常活动有关的现金	50	
日常活动的现金流出小计	2 060	
日常活动产生的现金流量净额	150	
二、投资活动产生的现金流量：		
收回投资收到的现金		
取得投资收益收到的现金		
处置固定资产、无形资产、公共基础设施等收回的现金净额	45	
收到的其他与投资活动有关的现金		
投资活动的现金流入小计	45	
购建固定资产、无形资产、公共基础设施等支付的现金	1 800	
对外投资支付的现金		
上缴处置固定资产、无形资产、公共基础设施等净收入支付的现金	45	
支付的其他与投资活动有关的现金		
投资活动的现金流出小计	1 845	
投资活动产生的现金流量净额	－1 800	
三、筹资活动产生的现金流量：		
财政资本性项目拨款收到的现金	1 800	
取得借款收到的现金		
收到的其他与筹资活动有关的现金		
筹资活动的现金流入小计	1 800	
偿还借款支付的现金		
偿还利息支付的现金		
支付的其他与筹资活动有关的现金	100	
筹资活动的现金流出小计	100	
筹资活动产生的现金流量净额	1 700	
四、汇率变动对现金的影响额		
五、现金净增加额	50	

（三）现金流量表的列报方法

现金流量表所指的现金，是指行政事业单位的库存现金以及其他可以随时用于支付的款项，包括库存现金、可以随时用于支付的银行存款、其他货币资金、零余额账户用款额度、财政应返还额度，以及通过财政直接支付方式支付的款项。现金流量表应当按照日常活动、投资活动、筹资活动的现金流量分别反映。现金流量表所指的现金流量，是指现金的流入和流出。

现金流量表中“本年金额”栏反映各项目的本年实际发生数。现金流量表“上年金额”栏反映各项目的上年实际发生数，应当根据上年现金流量表中“本年金额”栏内所列数字填列。行政事业单位应当采用直接法编制现金流量表。

在现金流量表中，“本年金额”栏各项目的内容和填列方法如下。

1. 日常活动产生的现金流量

(1)“财政基本支出拨款收到的现金”项目，反映单位本年接受财政基本支出拨款取得的现金。本项目应当根据“零余额账户用款额度”、“财政拨款收入”和“银行存款”等科目及其所属明细科目的记录分析填列。

(2)“财政非资本性项目拨款收到的现金”项目，反映单位本年接受除用于购建固定资产、无形资产、公共基础设施等资本性项目以外的财政项目拨款取得的现金。本项目应当根据“银行存款”、“零余额账户用款额度”和“财政拨款收入”等科目及其所属明细科目的记录分析填列。

(3)“事业活动收到的除财政拨款以外的现金”项目，反映事业单位本年开展专业业务活动及其辅助活动取得的除财政拨款以外的现金。本项目应当根据“库存现金”、“银行存款”、“其他货币资金”、“应收账款”、“应收票据”、“预收账款”和“事业收入”等科目及其所属明细科目的记录分析填列。

(4)“收到的其他与日常活动有关的现金”项目，反映单位本年收到的除以上项目之外的与日常活动有关的现金。本项目应当根据“库存现金”、“银行存款”、“其他货币资金”、“上级补助收入”、“附属单位上缴收入”、“经营收入”、“非同级财政拨款收入”、“捐赠收入”、“利息收入”、“租金收入”和“其他收入”等科目及其所属明细科目的记录分析填列。

(5)“日常活动的现金流入小计”项目，反映单位本年日常活动产生的现金流入的合计数。本项目应当根据现金流量表中“财政基本支出拨款收到的现金”、“财政非资本性项目拨款收到的现金”、“事业活动收到的除财政拨款以外的现金”和“收到的其他与日常活动有关的现金”项目金额的合计数填列。

(6)“购买商品、接受劳务支付的现金”项目，反映单位本年在日常活动中用于购买商品、接受劳务支付的现金。本项目应当根据“库存现金”、“银行存款”、“财政拨款收入”、“零余额账户用款额度”、“预付账款”、“在途物品”、“库存物品”、“应付账款”、“应付票据”、“业务活动费用”、“单位管理费用”和“经营费用”等科目及其所属明细科目的记录分析填列。

(7)“支付给职工以及为职工支付的现金”项目，反映单位本年支付给职工以及为职工支付的现金。本项目应当根据“库存现金”、“银行存款”、“零余额账户用款额度”、“财政拨款收入”、“应付职工薪酬”、“业务活动费用”、“单位管理费用”和“经营费用”等科目及其所属明细科目的记录分析填列。

(8)“支付的各项税费”项目，反映单位本年用于缴纳日常活动相关税费而支付的现金。本项目应当根据“库存现金”、“银行存款”、“零余额账户用款额度”、“应交增值税”、“其他应交税费”、“业务活动费用”、“单位管理费用”、“经营费用”和“所得税费用”等科目及其所属明细科目的记录分析填列。

(9)“支付的其他与日常活动有关的现金”项目，反映单位本年支付的除上述项目之外与日常活动有关的现金。本项目应当根据“库存现金”、“银行存款”、“零余额账户用款额度”、“财政拨款收入”、“其他应付款”、“业务活动费用”、“单位管理费用”、“经营费用”和“其他费用”等科目及其所属明细科目的记录分析填列。

(10)“日常活动的现金流出小计”项目，反映单位本年日常活动产生的现金流出的合计数。本项目应当根据现金流量表中“购买商品、接受劳务支付的现金”、“支付给职工以及为职工支付的现金”、“支付的各项税费”和“支付的其他与日常活动有关的现金”项目金额的合计数填列。

(11)“日常活动产生的现金流量净额”项目，应当按照现金流量表中“日常活动的现金流入小计”项目金额减去“日常活动的现金流出小计”项目金额后的金额填列；如为负数，以“－”号填列。

2. 投资活动产生的现金流量

(1)“收回投资收到的现金”项目，反映单位本年出售、转让或者收回投资收到的现金。本项目应该根据“库存现金”、“银行存款”、“短期投资”、“长期股权投资”和“长期债券投资”等科目的记录分析填列。

(2)“取得投资收益收到的现金”项目，反映单位本年因对外投资而收到被投资单位分配的股利或利润，以及收到投资利息而取得的现金。本项目应当根据“库存现金”、“银行存款”、“应收股利”、“应收利息”和“投资收益”等科目的记录分析填列。

(3)“处置固定资产、无形资产、公共基础设施等收回的现金净额”项目，反映单位本年处置固定资产、无形资产、公共基础设施等非流动资产所取得的现金，减去为处置这些资产而支付的有关费用之后的净额。由于自然灾害所造成的固定资产等长期资产损失而收到的保险赔款收入，也在本项目反映。本项目应当根据“库存现金”、“银行存款”和“待处理财产损溢”等科目的记录分析填列。

(4)“收到的其他与投资活动有关的现金”项目，反映单位本年收到的除上述项目之外与投资活动有关的现金。对于金额较大的现金流入，应当单列项目反映。本项目应当根据“库存现金”“银行存款”等有关科目的记录分析填列。

(5)“投资活动的现金流入小计”项目，反映单位本年投资活动产生的现金流入的合计数。本项目应当根据现金流量表中“收回投资收到的现金”、“取得投资收益收到的现金”、“处置固定资产、无形资产、公共基础设施等收回的现金净额”和“收到的其他与投资活动有关的现金”项目金额的合计数填列。

(6)“购建固定资产、无形资产、公共基础设施等支付的现金”项目，反映单位本年购买和建造固定资产、无形资产、公共基础设施等非流动资产所支付的现金；融资租入固定资产支付的租赁费不在本项目反映，在筹资活动的现金流量中反映。本项目应当根据“库存现金”、“银行存款”、“固定资产”、“工程物资”、“在建工程”、“无形资产”、“研发支出”、“公共基础设施”和“保障性住房”等科目的记录分析填列。

(7)“对外投资支付的现金”项目，反映单位本年为取得短期投资、长期股权投资、长期债券投资而支付的现金。本项目应当根据“库存现金”、“银行存款”、“短期投资”、“长期股权投资”和“长期债券投资”等科目的记录分析填列。

(8)“上缴处置固定资产、无形资产、公共基础设施等净收入支付的现金”项目，反映本年单位将处置固定资产、无形资产、公共基础设施等非流动资产所收回的现金净额予以上缴财政所支付的现金。本项目应当根据“库存现金”、“银行存款”和“应缴财政款”等科目的记录分析填列。

(9)“支付的其他与投资活动有关的现金”项目，反映单位本年支付的除上述项目之外与投资活动有关的现金。对于金额较大的现金流出，应当单列项目反映。本项目应当根据“库存现金”“银行存款”等有关科目的记录分析填列。

(10)“投资活动的现金流出小计”项目，反映单位本年投资活动产生的现金流出的合计数。本项目应当根据现金流量表中“购建固定资产、无形资产、公共基础设施等支付的现金”、“对外投资支付的现金”、“上缴处置固定资产、无形资产、公共基础设施等净收入支付的现金”和“支付的其他与投资活动有关的现金”项目金额的合计数填列。

(11)“投资活动产生的现金流量净额”项目，应当按照现金流量表中“投资活动的现金流入小计”项目金额减去“投资活动的现金流出小计”项目金额后的金额填列；如为负数，以“一”号填列。

3. 筹资活动产生的现金流量

(1)“财政资本性项目拨款收到的现金”项目，反映单位本年接受用于购建固定资产、无形资产、公共基础设施等资本性项目的财政项目拨款取得的现金。本项目应当根据“银行存款”、“零余额账户用款额度”和“财政拨款收入”等科目及其所属明细科目的记录分析填列。

(2)“取得借款收到的现金”项目，反映事业单位本年举借短期、长期借款所收到的现金。本项目应当根据“库存现金”、“银行存款”、“短期借款”和“长期借款”等科目记录分析填列。

(3)“收到的其他与筹资活动有关的现金”项目，反映单位本年收到的除上述项目之外与筹资活动有关的现金。对于金额较大的现金流入，应当单列项目反映。本项目应当根据“库存现金”“银行存款”等有关科目的记录分析填列。

(4)“筹资活动的现金流入小计”项目，反映单位本年筹资活动产生的现金流入的合计数。本项目应当根据现金流量表中“财政资本性项目拨款收到的现金”、“取得借款收到的现金”和“收到的其他与筹资活动有关的现金”项目金额的合计数填列。

(5)“偿还借款支付的现金”项目，反映事业单位本年偿还借款本金所支付的现金。本项目应当根据“库存现金”、“银行存款”、“短期借款”和“长期借款”等科目的记录分析填列。

(6)“偿付利息支付的现金”项目，反映事业单位本年支付的借款利息等。本项目应当根据“库存现金”、“银行存款”、“应付利息”和“长期借款”等科目的记录分析填列。

(7)“支付的其他与筹资活动有关的现金”项目，反映单位本年支付的除上述项目之外与筹资活动有关的现金，如融资租入固定资产所支付的租赁费。本项目应当根据“库存现金”、“银行存款”和“长期应付款”等科目的记录分析填列。

(8)“筹资活动的现金流出小计”项目，反映单位本年筹资活动产生的现金流出的合计数。本项目应当根据现金流量表中“偿还借款支付的现金”、“偿付利息支付的现金”和“支付的其他与筹资活动有关的现金”项目金额的合计数填列。

(9)“筹资活动产生的现金流量净额”项目，应当按照现金流量表中“筹资活动的现金流入小计”项目金额减去“筹资活动的现金流出小计”金额后的金额填列；如为负数，以“一”号填列。

4. 汇率变动对现金的影响额

“汇率变动对现金的影响额”项目，反映单位本年外币现金流量折算为人民币时，所采用的现金流量发生日的汇率折算的人民币金额与外币现金流量净额按期末汇率折算的人民币金额之间的差额。

5. 现金净增加额

“现金净增加额”项目，反映单位本年现金变动的净额。本项目应当根据现金流量表中“日常活动产生的现金流量净额”、“投资活动产生的现金流量净额”、“筹资活动产生的现金流量净额”和“汇率变动对现金的影响额”项目金额的合计数填列；如为负数，以“—”号填列。

五、财务会计报表附注

会计报表附注是对在会计报表中列示的项目所作的进一步说明，以及对未能在会计报表中列示项目的说明。财务会计报表附注是财务会计报表的重要组成部分。凡对报表使用者的决策有重要影响的会计信息，行政事业单位均应当在会计报表附注中进行充分披露。

根据现行政府会计制度的规定，财务会计报表附注主要包括下列内容。

1. 单位的基本情况

行政事业单位应当简要披露其基本情况，包括单位主要职能、主要业务活动、所在地、预算管理关系等。

2. 会计报表编制基础

3. 遵循政府会计准则、制度的声明

4. 重要会计政策和会计估计

行政事业单位应当采用与其业务特点相适应的具体会计政策，并充分披露报告期内采用的重要会计政策和会计估计。主要包括以下内容：

（1）会计期间。

（2）记账本位币，外币折算汇率。

（3）坏账准备的计提方法。

（4）存货类别、发出存货的计价方法、存货的盘存制度，以及低值易耗品和包装物的摊销方法。

（5）长期股权投资的核算方法。

（6）固定资产分类、折旧方法、折旧年限和年折旧率；融资租入固定资产的计价和折旧方法。

（7）无形资产的计价方法；使用寿命有限的无形资产，其使用寿命估计情况；使用寿命不确定的无形资产，其使用寿命不确定的判断依据；单位内部研究开发项目划分研究阶段和开发阶段的具体标准。

（8）公共基础设施的分类、折旧（摊销）方法、折旧（摊销）年限，以及其确定依据。

（9）政府储备物资分类，以及确定其发出成本所采用的方法。

（10）保障性住房的分类、折旧方法、折旧年限。

（11）其他重要的会计政策和会计估计。

（12）本期发生重要会计政策和会计估计变更的，变更的内容和原因、受其重要影响的报表项目名称和金额、相关审批程序，以及会计估计变更开始适用的时点。

5. 会计报表重要项目说明

行政事业单位应当按照资产负债表和收入费用表项目列示顺序，采用文字和数据描述相结合的方式披露重要项目的明细信息。报表重要项目的明细金额合计，应当与报表项目金额相衔接。报表重要项目说明应包括但不限于下列内容：

（1）货币资金的明细信息，包括货币资金的种类，每种货币资金的年初余额、期末余额等情况。

（2）应收账款的明细信息，包括债务人的类别和名称，应收各债务人款项的年初余额和期末余额等情况。

（3）存货的明细信息，包括存货的种类，每种存货的年初余额、期末余额等情况。

（4）其他流动资产的明细信息，包括其他流动资产的种类，每种其他流动资产的年初余额、期末余额等情况。

（5）长期投资的明细信息，包括长期债券投资的明细信息、长期股权投资的明细信息、当期发生的重大投资净损益项目、金额及原因。其中，长期债券投资的明细信息包括债券发行主体，每一主体的年初余额、本期增减变动数额、期末余额等情况；长期股权投资的明细信息包括被投资单位，每一被投资单位的核算方法、年初余额、本期增减变动数额、期末余额等情况。

（6）固定资产的明细信息，包括固定资产的种类，每种固定资产的原值、累计折旧、账面价值、年初余额、本期增减变动数额、期末余额等情况，已提足折旧的固定资产名称、数量等情况，出租、出借固定资产以及固定资产对外投资等情况。

（7）在建工程的明细信息，包括在建工程的项目名称，各项目的年初余额、本期增减变动数额、期末余额等情况。

（8）无形资产的明细信息，包括无形资产的种类，每种无形资产的原值、累计摊销、账面价值、年初余额、本期增减变动数额、期末余额等情况，计入当期损益的研发支出金额、确认为无形资产的研发支出金额，无形资产出售、对外投资等处置情况。

（9）公共基础设施的明细信息，包括公共基础设施的种类，每种公共基础设施的原值、累计折旧、账面价值、年初余额、本期增减变动数额、期末余额等情况，确认为公共基础设施的单独计价入账的土地使用权的账面余额、累计摊销额及变动情况，已提足折旧继续使用的公共基础设施的名称、数量等。

（10）政府储备物资的明细信息，包括政府储备物资的种类，各种类物资的年初余额、本期增减变动数额、期末余额等情况。

（11）受托代理资产的明细信息，包括受托代理资产的种类，各种类资产的年初余额、本期增减变动数额、期末余额等情况。

（12）应付账款的明细信息，包括债权人的类别和名称，应付各债权人款项的年初余额和期末余额等情况。

（13）其他流动负债的明细信息，包括其他流动负债的项目，各项目的年初余额和期末余额等情况。

（14）长期借款的明细信息，包括债权人的名称，向各债权人借款的年初余额和期末余额等情况。单位有基建借款的，应当分基建项目披露长期借款的年初数、本年变动数、年末数及到期期限。

（15）事业收入的明细信息，包括事业收入的来源渠道，每种事业收入的本期发生额和上期发生额等情况。

（16）非同级财政拨款收入的明细信息，包括非同级财政拨款收入的来源渠道，每种非同级财政拨款收入的本期发生额和上期发生额等情况。

（17）其他收入的明细信息，包括其他收入的来源渠道，每种其他收入的本期发生额和上期发生额等情况。

（18）业务活动费用的明细信息，包括按经济分类的明细信息和按支付对象分类的明细信息。其中，按经济分类的明细信息包括费用项目，每一费用项目的本期发生额和上期发生额。费用项目包括工资福利费用、商品和服务费用、对个人和家庭的补助费用、对企业补助费用、固定资产折旧费、无形资产摊销费等。按支付对象分类的明细信息包括支付对象名称，每一支付对象的本期发生额和上期发生额。

（19）其他费用的明细信息，包括其他费用的类别，每一费用类别的本期发生额和上期发生额。其他费用的类别如利息费用、坏账损失、罚没支付等。

（20）本期费用的明细信息，包括本期费用的项目，每一费用项目的本年数和上年数等情况。

以固定资产的明细信息披露为例，披露的格式如表15－5所示。

表15－5　固定资产明细表　单位：元

项目	年初余额	本期增加额	本期减少额	期末余额
一、原值合计	（略）	（略）	（略）	36 600
其中：房屋及构筑物				25 500
通用设备				5 600
专用设备				3 800
文物和陈列品				150
图书、档案				30
家具、用具、装具及动植物				1 520
二、累计折旧合计				8 500
其中：房屋及构筑物				4 960
通用设备				1 500
专用设备				1 200
文物和陈列品				
图书、档案				
家具、用具、装具及动植物				840
三、账面价值合计				28 100
其中：房屋及构筑物				20 540
通用设备				4 100
专用设备				2 600
文物和陈列品				150
图书、档案				30
家具、用具、装具及动植物				680

再以本期费用的明细信息披露为例，披露的格式如表15－6所示。

表 15-6　本期费用按经济分类明细表　单位：元

项目	本年数	上年数
工资福利费用	1 050	（略）
商品和服务费用	1 660	
对个人和家庭的补助费用	50	
对企业补助费用		
固定资产折旧费	2760	
无形资产摊销费	320	
公共基础设施折旧（摊销）费		
保障性住房折旧费		
计提专用基金		
所得税费用		
资产处置费用	130	
上缴上级费用		
对附属单位补助费用		
其他费用	10	
本期费用合计	5 980	

会计报表重要项目的说明，大多数使用表格的形式进行说明，简洁明了。对于需要使用文字进行说明的地方，应当使用文字进行说明。

6．本年盈余与预算结余的差异情况说明

为了反映单位财务会计和预算会计因核算基础和核算范围不同所产生的本年盈余数与本年预算结余数之间的差异，单位应当按照重要性原则，对本年度发生的各类影响收入（预算收入）和费用（预算支出）的业务进行适度归并和分析，披露将年度预算收入支出表中“本年预算收支差额”调节为年度收入费用表中“本期盈余”的信息。有关披露格式如表 15-7 所示。

表 15-7　本年预算收支差额和本期盈余调节表　单位：元

项目	金额
一、本年预算结余（本年预算收支差额）	130
二、差异调节	
（一）重要事项的差异	
加：1. 当期确认为收入但没有确认为预算收入	
（1）应收款项、预收账款确认的收入	
（2）接受非货币性资产捐赠确认的收入	
2. 当期确认为预算支出但没有确认为费用	2 300
（1）支付应付款项、预付账款的支出	470
（2）为取得存货、政府储备物资等计入物资成本的支出	310
（3）为购建固定资产等的资本性支出	1 520
（4）偿还借款本息支出	
减：1. 当期确认为预算收入但没有确认为收入	
（1）收到应收款项、预收账款确认的预算收入	
（2）取得借款确认的预算收入	
2. 当期确认为费用但没有确认为预算支出	4 360

续前表

项目	金额
（1）发出存货、政府储备物资等确认的费用	1 150
（2）计提的折旧费用和摊销费用	3 080
（3）确认的资产处置费用（处置资产价值）	130
（4）应付款项、预付账款确认的费用	
（二）其他事项差异	
三、本年盈余（本年收入与费用的差额）	－1 930

7. 其他重要事项说明

（1）资产负债表日存在的重要或有事项说明。没有重要或有事项的，也应说明。

（2）以名义金额计量的资产名称、数量等情况，以及以名义金额计量理由的说明。

（3）通过债务资金形成的固定资产、公共基础设施、保障性住房等资产的账面价值、使用情况、收益情况及与此相关的债务偿还情况等的说明。

（4）重要资产置换、无偿调入（出）、捐入（出）、报废、重大毁损等情况的说明。

（5）事业单位将单位内部独立核算单位的会计信息纳入本单位财务报表情况的说明。

（6）政府会计具体准则中要求附注披露的其他内容。

（7）有助于理解和分析单位财务报表需要说明的其他事项。

第二节 预算会计报表

行政事业单位预算会计报表包括预算收入支出表、预算结转结余变动表和财政拨款预算收入支出表。

一、预算收入支出表

（一）预算收入支出表的概念和作用

预算收入支出表是反映单位在某一会计年度内各项预算收入、预算支出和预算收支差额情况的报表。

预算收入支出表的作用主要表现在以下几个方面：

（1）可以提供某一会计年度内预算收入总额及其构成情况的信息。例如，可以提供某一会计年度内预算收入总额、财政拨款预算收入、事业预算收入等信息。

（2）可以提供某一会计年度内预算支出总额及其构成情况的信息。例如，可以提供某一会计年度内行政支出、其他支出等信息。

（3）可以提供某一会计年度内预算收支差额的信息。预算收支差额等于预算收入总额减去预算支出总额。

按照规定，行政事业单位的预算收入支出表应当按年度编制。

（二）预算收入支出表的格式

行政事业单位预算收入支出表应当分别本年预算收入、本年预算支出和本年预算收支差额反映相应组成项目本年数和上年数的信息，采用的计算公式为：本年预算收入－本年预算支出＝本年预算收支差额。行政事业单位预算收入支出表的格式如表15－8所示。

表 15－8　　预算收入支出表

编制单位：某行政单位　　20××年度　　单位：元

项目	本年数	上年数
一、本年预算收入	4 050	（略）
（一）财政拨款预算收入	3 950	
其中：政府性基金收入		
（二）事业预算收入		
（三）上级补助预算收入		
（四）附属单位上缴预算收入		
（五）经营预算收入		
（六）债务预算收入		
（七）非同级财政拨款预算收入	100	
（八）投资预算收益		
（九）其他预算收入		
其中：利息预算收入		
捐赠预算收入		
租金预算收入		
二、本年预算支出	3 920	
（一）行政支出	3 910	
（二）事业支出		
（三）经营支出		
（四）上缴上级支出		
（五）对附属单位补助支出		
（六）投资支出		
（七）债务还本支出		
（八）其他支出	10	
其中：利息支出		
捐赠支出		
三、本年预算收支差额	130	

（三）预算收入支出表的列报方法

预算收入支出表中“本年数”栏反映各项目的本年实际发生数。预算收入支出表中“上年数”栏反映各项目上年度的实际发生数，应当根据上年度预算收入支出表中“本年数”栏内所列数字填列。如果本年度预算收入支出表规定的项目的名称和内容同上年度不一致，应当对上年度预算收入支出表项目的名称和数字按照本年度的规定进行调整，将调整后金额填入本年度预算收入支出表的“上年数”栏。

在预算收入支出表中，“本年数”栏各项目的内容和填列方法如下。

1. 本年预算收入

（1）“本年预算收入”项目，反映单位本年预算收入总额。本项目应当根据本表中

“财政拨款预算收入”、“事业预算收入”、“上级补助预算收入”、“附属单位上缴预算收入”、“经营预算收入”、“债务预算收入”、“非同级财政拨款预算收入”、“投资预算收益”和“其他预算收入”项目金额的合计数填列。

（2）“财政拨款预算收入”项目，反映单位本年从同级政府财政部门取得的各类财政拨款。本项目应当根据“财政拨款预算收入”科目的本年发生额填列。

“政府性基金收入”项目，反映单位本年取得的财政拨款收入中属于政府性基金预算拨款的金额。本项目应当根据“财政拨款预算收入”相关明细科目的本年发生额填列。

（3）“事业预算收入”项目，反映事业单位本年开展专业业务活动及其辅助活动取得的预算收入。本项目应当根据“事业预算收入”科目的本年发生额填列。

（4）“上级补助预算收入”项目，反映事业单位本年从主管部门和上级单位取得的非财政补助预算收入。本项目应当根据“上级补助预算收入”科目的本年发生额填列。

（5）“附属单位上缴预算收入”项目，反映事业单位本年收到的独立核算的附属单位按照有关规定上缴的预算收入。本项目应当根据“附属单位上缴预算收入”科目的本年发生额填列。

（6）“经营预算收入”项目，反映事业单位本年在专业业务活动及其辅助活动之外开展非独立核算经营活动取得的预算收入。本项目应当根据“经营预算收入”科目的本年发生额填列。

（7）“债务预算收入”项目，反映事业单位本年按照规定从金融机构等借入的、纳入部门预算管理的债务预算收入。本项目应当根据“债务预算收入”的本年发生额填列。

（8）“非同级财政拨款预算收入”项目，反映单位本年从非同级政府财政部门取得的财政拨款。本项目应当根据“非同级财政拨款预算收入”科目的本年发生额填列。

（9）“投资预算收益”项目，反映事业单位本年取得的按规定纳入单位预算管理的投资收益。本项目应当根据“投资预算收益”科目的本年发生额填列。

（10）“其他预算收入”项目，反映单位本年取得的除上述收入以外的纳入单位预算管理的各项预算收入。本项目应当根据“其他预算收入”科目的本年发生额填列。

“利息预算收入”项目，反映单位本年取得的利息预算收入。本项目应当根据“其他预算收入”科目的明细记录分析填列。单位单设“利息预算收入”科目的，应当根据“利息预算收入”科目的本年发生额填列。

“捐赠预算收入”项目，反映单位本年取得的捐赠预算收入。本项目应当根据“其他预算收入”科目明细账记录分析填列。单位单设“捐赠预算收入”科目的，应当根据“捐赠预算收入”科目的本年发生额填列。

“租金预算收入”项目，反映单位本年取得的租金预算收入。本项目应当根据“其他预算收入”科目明细账记录分析填列。单位单设“租金预算收入”科目的，应当根据“租金预算收入”科目的本年发生额填列。

2. 本年预算支出

（1）“本年预算支出”项目，反映单位本年预算支出总额。本项目应当根据本表中“行政支出”、“事业支出”、“经营支出”、“上缴上级支出”、“对附属单位补助支出”、“投资支出”、“债务还本支出”和“其他支出”项目金额的合计数填列。

（2）“行政支出”项目，反映行政单位本年履行职责实际发生的支出。本项目应当根据“行政支出”科目的本年发生额填列。

（3）“事业支出”项目，反映事业单位本年开展专业业务活动及其辅助活动发生的支出。本项目应当根据“事业支出”科目的本年发生额填列。

（4）“经营支出”项目，反映事业单位本年在专业业务活动及其辅助活动之外开展非独立核算经营活动发生的支出。本项目应当根据“经营支出”科目的本年发生额填列。

（5）“上缴上级支出”项目，反映事业单位本年按照财政部门和主管部门的规定上缴上级单位的支出。本项目应当根据“上缴上级支出”科目的本年发生额填列。

（6）“对附属单位补助支出”项目，反映事业单位本年用财政拨款收入之外的收入对附属单位补助发生的支出。本项目应当根据“对附属单位补助支出”科目的本年发生额填列。

（7）“投资支出”项目，反映事业单位本年以货币资金对外投资发生的支出。本项目应当根据“投资支出”科目的本年发生额填列。

（8）“债务还本支出”项目，反映事业单位本年偿还自身承担的纳入预算管理的从金融机构举借的债务本金的支出。本项目应当根据“债务还本支出”科目的本年发生额填列。

（9）“其他支出”项目，反映单位本年除以上支出以外的各项支出。本项目应当根据“其他支出”科目的本年发生额填列。

“利息支出”项目，反映单位本年发生的利息支出。本项目应当根据“其他支出”科目明细账记录分析填列。单位单设“利息支出”科目的，应当根据“利息支出”科目的本年发生额填列。

“捐赠支出”项目，反映单位本年发生的捐赠支出。本项目应当根据“其他支出”科目明细账记录分析填列。单位单设“捐赠支出”科目的，应当根据“捐赠支出”科目的本年发生额填列。

3. 本年预算收支差额

“本年预算收支差额”项目，反映单位本年各项预算收支相抵后的差额。本项目应当根据本表中“本期预算收入”项目金额减去“本期预算支出”项目金额后的金额填列；如相减后金额为负数，以“－”号填列。

二、预算结转结余变动表

（一）预算结转结余变动表的概念和作用

预算结转结余变动表是反映单位在某一会计年度内预算结转结余变动情况的报表。

预算结转结余变动表的作用主要表现在以下几个方面：

（1）可以提供某一会计年度内预算结转结余变动情况的信息。例如，可以提供某一会计年度内由本年财政拨款收支差额、归集调入、归集上缴或调出等原因引起的财政拨款结转结余变动情况的信息。

（2）可以提供年末预算结转结余构成情况的信息。例如，可以提供年末财政拨款结转、财政拨款结余、非财政拨款结转、非财政拨款结余、专用结余等信息。

按照规定，行政事业单位的预算结转结余变动表应当按年度编制。

（二）预算结转结余变动表的格式

行政事业单位预算结转结余变动表应当分别财政拨款结转结余、其他资金结转结余反映年初余额、年初余额调整、本年变动金额和年末余额的信息，采用的计算公式为：年初预算结转结余±年初余额调整±本年变动金额=年末预算结转结余。行政事业单位预算结转结余变动表的格式如表15-9所示。

表15-9　　预算结转结余变动表

编制单位：某行政单位　　20××年度　　单位：元

项目	本年数	上年数
一、年初预算结转结余	80	（略）
（一）财政拨款结转结余	80	
（二）其他资金结转结余		
二、年初余额调整（减少以"—"号填列）		
（一）财政拨款结转结余		
（二）其他资金结转结余		
三、本年变动金额（减少以"—"号填列）	110	
（一）财政拨款结转结余	100	
1. 本年收支差额	120	
2. 归集调入		
3. 归集上缴或调出	—20	
（二）其他资金结转结余	10	
1. 本年收支差额	10	
2. 缴回资金		
3. 使用专用结余		
4. 支付所得税		
四、年末预算结转结余	190	
（一）财政拨款结转结余	180	
1. 财政拨款结转	165	
2. 财政拨款结余	15	
（二）其他资金结转结余	10	
1. 非财政拨款结转	10	
2. 非财政拨款结余		
3. 专用结余		
4. 经营结余（如有余额，以"—"号填列）		

（三）预算结转结余变动表的列报方法

预算结转结余变动表中"本年数"栏反映各项目的本年实际发生数。预算结转结余变动表中"上年数"栏反映各项目的上年实际发生数，应当根据上年度预算结转结余变动表中"本年数"栏内所列数字填列。如果本年度预算结转结余变动表规定的项目的名称和内容同上年度不一致，应当对上年度预算结转结余变动表项目的名称和数字按照本年度的规定进行调整，将调整后金额填入本年度预算结转结余变动表的"上年数”栏。

在预算结转结余变动表中，“本年数”栏各项目的内容和填列方法如下。

1. 年初预算结转结余

“年初预算结转结余”项目，反映单位本年预算结转结余的年初余额。本项目应当根据本项目下“财政拨款结转结余”“其他资金结转结余”项目金额的合计数填列。

（1）“财政拨款结转结余”项目，反映单位本年财政拨款结转结余资金的年初余额。本项目应当根据“财政拨款结转”“财政拨款结余”科目本年年初余额合计数填列。

（2）“其他资金结转结余”项目，反映单位本年其他资金结转结余的年初余额。本项目应当根据“非财政拨款结转”、“非财政拨款结余”、“专用结余”和“经营结余”科目本年年初余额的合计数填列。

2. 年初余额调整

“年初余额调整”项目，反映单位本年预算结转结余年初余额调整的金额。本项目应当根据本项目下“财政拨款结转结余”“其他资金结转结余”项目金额的合计数填列。

（1）“财政拨款结转结余”项目，反映单位本年财政拨款结转结余资金的年初余额调整金额。本项目应当根据“财政拨款结转”“财政拨款结余”科目下“年初余额调整”明细科目的本年发生额的合计数填列；如调整减少年初财政拨款结转结余，以“一”号填列。

（2）“其他资金结转结余”项目，反映单位本年其他资金结转结余的年初余额调整金额。本项目应当根据“非财政拨款结转”“非财政拨款结余”科目下“年初余额调整”明细科目的本年发生额的合计数填列；如调整减少年初其他资金结转结余，以“一”号填列。

3. 本年变动金额

“本年变动金额”项目，反映单位本年预算结转结余变动的金额。本项目应当根据本项目下“财政拨款结转结余”“其他资金结转结余”项目金额的合计数填列。

（1）“财政拨款结转结余”项目，反映单位本年财政拨款结转结余资金的变动。本项目应当根据本项目下“本年收支差额”、“归集调入”和“归集上缴或调出”项目金额的合计数填列。

①“本年收支差额”项目，反映单位本年财政拨款资金收支相抵后的差额。本项目应当根据“财政拨款结转”科目下“本年收支结转”明细科目本年转入的预算收入与预算支出的差额填列；差额为负数的，以“一”号填列。

②“归集调入”项目，反映单位本年按照规定从其他单位归集调入的财政拨款结转资金。本项目应当根据“财政拨款结转”科目下“归集调入”明细科目的本年发生额填列。

③“归集上缴或调出”项目，反映单位本年按照规定上缴的财政拨款结转结余资金及按照规定向其他单位调出的财政拨款结转资金。本项目应当根据“财政拨款结转”“财政拨款结余”科目下“归集上缴”明细科目，以及“财政拨款结转”科目下“归集调出”明细科目本年发生额的合计数填列，以“一”号填列。

（2）“其他资金结转结余”项目，反映单位本年其他资金结转结余的变动。本项目应当根据本项目下“本年收支差额”、“缴回资金”、“使用专用结余”和“支付所得税”项目金额的合计数填列。

①“本年收支差额”项目，反映单位本年除财政拨款外的其他资金收支相抵后的差额。本项目应当根据“非财政拨款结转”科目下“本年收支结转”明细科目、“其他结余”科目、“经营结余”科目本年转入的预算收入与预算支出的差额的合计数填列；如为负数，以“－”号填列。

②“缴回资金”项目，反映单位本年按照规定缴回的非财政拨款结转资金。本项目应当根据“非财政拨款结转”科目下“缴回资金”明细科目本年发生额的合计数填列，以“－”号填列。

③“使用专用结余”项目，反映本年事业单位根据规定使用从非财政拨款结余或经营结余中提取的专用基金的金额。本项目应当根据“专用结余”科目明细账中本年使用专用结余业务的发生额填列，以“－”号填列。

④“支付所得税”项目，反映有企业所得税缴纳义务的事业单位本年实际缴纳的企业所得税金额。本项目应当根据“非财政拨款结余”明细账中本年实际缴纳企业所得税业务的发生额填列，以“－”号填列。

4. 年末预算结转结余

“年末预算结转结余”项目，反映单位本年预算结转结余的年末余额。本项目应当根据本项目下“财政拨款结转结余”“其他资金结转结余”项目金额的合计数填列。

(1)“财政拨款结转结余”项目，反映单位本年财政拨款结转结余的年末余额。本项目应当根据本项目下“财政拨款结转”“财政拨款结余”项目金额的合计数填列。其中，“财政拨款结转”“财政拨款结余”项目应当分别根据“财政拨款结转”“财政拨款结余”科目的本年年末余额填列。

(2)“其他资金结转结余”项目，反映单位本年其他资金结转结余的年末余额。本项目应当根据本项目下“非财政拨款结转”、“非财政拨款结余”、“专用结余”和“经营结余”项目金额的合计数填列。其中，“非财政拨款结转”、“非财政拨款结余”、“专用结余”和“经营结余”项目，应当分别根据“非财政拨款结转”、“非财政拨款结余”、“专用结余”和“经营结余”科目的本年年末余额填列。

三、财政拨款预算收入支出表

（一）财政拨款预算收入支出表的概念和作用

财政拨款预算收入支出表是反映单位本年财政拨款预算资金收入、支出及相关变动具体情况的报表。

财政拨款预算收入支出表的作用主要表现在可以提供某一会计年度内财政拨款预算资金增减变动具体情况的信息。例如，可以提供某一会计年度内基本支出、各项目支出的年初财政拨款结转结余、本年归集调入、本年归集上缴或调出、单位内部调剂、本年财政拨款收入、本年财政拨款支出、年末财政拨款结转结余等信息。相对于预算结转结余变动表，财政拨款预算收入支出表专门针对财政拨款预算资金及其增减变动情况进行详细具体的反映。

按照规定，行政事业单位的财政拨款预算收入支出表应当按年度编制。

（二）财政拨款预算收入支出表的格式

行政事业单位财政拨款预算收入支出表应当分别基本支出和项目支出反映年初结转结余数、本年增减变动数和年末结转结余数。本年增减变动数包括调整年初结转结余数、本年归集调入数、本年归集上缴或调出数、单位内部调剂数、本年财政拨款收入数、本年财政拨款支出数。同时有一般公共预算财政拨款和政府性基金预算财政拨款的，应当分别一般公共预算财政拨款和政府性基金预算财政拨款反映上述相关信息。行政事业单位财政拨款预算收入支出表的格式如表 15-10 所示。

表 15-10　　财政拨款预算收入支出表

编制单位：某行政单位　　20××年度　　单位：元

项目	年初财政拨款结转结余		调整年初财政拨款结转结余	本年归集调入	本年归集上缴或调出	单位内部调剂		本年财政拨款收入	本年财政拨款支出	年末财政拨款结转结余	
	结转	结余				结转	结余			结转	结余
一、一般公共预算财政拨款	80				—20			3 950	3 830	165	15
（一）基本支出	30							1 200	1 210	20	
1. 人员经费											
2. 日常公用经费											
（二）项目支出	50				—20			2 750	2 620	145	15
1. ××项目											
2. ××项目											
……											
二、政府性基金预算财政拨款											
（一）基本支出											
1. 人员经费											
2. 日常公用经费											
（二）项目支出											
1. ××项目											
2. ××项目											
……											
总计	80				—20			3 950	3 830	165	15

（三）财政拨款预算收入支出表的列报方法

财政拨款预算收入支出表“项目”栏内各项目，应当根据单位取得的财政拨款种类分项设置。其中“项目支出”项目下，根据每个项目设置；单位取得除一般公共财政预算拨款和政府性基金预算拨款以外的其他财政拨款的，应当按照财政拨款种类增加相应的资金项目及其明细项目。

在财政拨款预算收入支出表中，各栏及其对应项目的内容和填列方法如下。

（1）“年初财政拨款结转结余”栏中各项目，反映单位年初各项财政拨款结转结余的金额。各项目应当根据“财政拨款结转”“财政拨款结余”及其明细科目的年初余额填列。本栏中各项目的数额应当与上年度财政拨款预算收入支出表中“年末财政拨款结转结余”栏中各项目的数额相等。

(2)“调整年初财政拨款结转结余”栏中各项目，反映单位对年初财政拨款结转结余的调整金额。各项目应当根据“财政拨款结转”“财政拨款结余”科目下“年初余额调整”明细科目及其所属明细科目的本年发生额填列；如调整减少年初财政拨款结转结余，以“－”号填列。

(3)“本年归集调入”栏中各项目，反映单位本年按规定从其他单位调入的财政拨款结转资金金额。各项目应当根据“财政拨款结转”科目下“归集调入”明细科目及其所属明细科目的本年发生额填列。

(4)“本年归集上缴或调出”栏中各项目，反映单位本年按规定实际上缴的财政拨款结转结余资金，及按照规定向其他单位调出的财政拨款结转资金金额。各项目应当根据“财政拨款结转”“财政拨款结余”科目下“归集上缴”科目和“财政拨款结转”科目下“归集调出”明细科目，及其所属明细科目的本年发生额填列，以“－”号填列。

(5)“单位内部调剂”栏中各项目，反映单位本年财政拨款结转结余资金在单位内部不同项目等之间的调剂金额。各项目应当根据“财政拨款结转”和“财政拨款结余”科目下的“单位内部调剂”明细科目及其所属明细科目的本年发生额填列；对单位内部调剂减少的财政拨款结余金额，以“－”号填列。

(6)“本年财政拨款收入”栏中各项目，反映单位本年从同级财政部门取得的各类财政预算拨款金额。各项目应当根据“财政拨款预算收入”科目及其所属明细科目的本年发生额填列。

(7)“本年财政拨款支出”栏中各项目，反映单位本年发生的财政拨款支出金额。各项目应当根据“行政支出”“事业支出”等科目及其所属明细科目本年发生额中的财政拨款支出数的合计数填列。

(8)“年末财政拨款结转结余”栏中各项目，反映单位年末财政拨款结转结余的金额。各项目应当根据“财政拨款结转”“财政拨款结余”科目及其所属明细科目的年末余额填列。

四、预算执行情况说明和绩效评价

（一）预算执行情况说明

以某市统计行政单位为例，单位整体预算执行情况的说明可简要释例如下：

当年收入合计25 200元，其中，财政拨款收入23 500元，占93%；其他收入1 700元，占7%。当年支出合计25 100元，其中，基本支出13 000元，占52%，项目支出12 100元，占48%。具体支出情况如下：

(1)“一般公共服务支出”当年度决算22 690元，比年初预算增加2 510元，增长12%。主要原因：一是按全市统一政策，调整增加了在职人员津贴补贴；二是因专项统计调查任务增加，年中追加了调查项目经费。

(2)“社会保障和就业支出”当年度决算930元，比年初预算增加110元，增长13%。主要原因：按全市政策调整离退休人员生活补助标准。

(3)“医疗卫生与计划生育支出”当年度决算690元，比年初预算减20元，减少3%。主要原因：由于人员减少因素，导致缴纳医疗保险的支出相应减少。

(4)“住房保障支出”当年度决算810元，与年初预算持平。

行政事业单位预算支出执行情况的说明一般可以说明至《政府收支分类科目》中支出功能分类科目的款级科目。有特殊要求的，可以说明至项级科目。行政事业单位在进行单位整体预算执行情况说明时，还可以加入当年决算数与去年决算数的比较。例如，本年比去年增加350元，增长5%等。

（二）预算绩效评价

如同财政预算的执行情况需要进行绩效评价一样，行政事业单位预算的执行情况也需要进行绩效评价。行政事业单位进行预算绩效评价的目标，主要是为了提高财政资金的使用效益。目前，我国已经初步建立起了一个财政预算绩效评价共性指标体系框架，同时也已经建立起了一个部门或预算单位整体支出绩效评价共性指标体系框架，并在实务中推行使用。部门或预算单位整体支出绩效评价共性指标体系框架由投入、过程、产出和效果四个一级指标组成。其中，投入指标包括目标设定和预算配置两个二级指标，过程指标包括预算执行、预算管理和资产管理三个二级指标，产出指标包括职责履行一个二级指标，效果指标包括履职效益一个二级指标。有关二级指标下还包括若干三级指标。例如，目标设定二级指标包括绩效目标合理性、绩效指标明确性两个三级指标等。部门整体支出绩效评价共性指标体系框架的简要内容可如表15－11所示。

表15－11 部门整体支出绩效评价共性指标体系框架

一级指标	二级指标	三级指标	指标说明
投入	目标设定	绩效目标合理性	评价要点： ①是否符合国家法律法规、国民经济和社会发展总体规划； ②是否符合部门“三定”方案确定的职责； ③是否符合部门制定的中长期实施规划。
		绩效指标明确性	评价要点： ①是否将部门整体的绩效目标细化分解为具体的工作任务； ②是否通过清晰、可衡量的指标值予以体现； ③是否与部门年度的任务数或计划数相对应； ④是否与本年度部门预算资金相匹配。
	预算配置	在职人员控制率	在职人员控制率＝（在职人员数/编制数）×100%。
		“三公经费”变动率	“三公经费”变动率＝［（本年度“三公经费”总额－上年度“三公经费”总额）/上年度“三公经费”总额］×100%。
		重点支出安排率	重点支出安排率＝（重点项目支出/项目总支出）×100%。

续前表

一级指标	二级指标	三级指标	指标说明
过程	预算执行	预算完成率	预算完成率＝(预算完成数/预算数)×100％。
		预算调整率	预算调整率＝(预算调整数/预算数)×100％。
		支付进度率	支付进度率＝(实际支付进度/既定支付进度)×100％。
		结转结余率	结转结余率＝结转结余总额/支出预算数×100％。
		结转结余变动率	结转结余变动率＝[(本年度累计结转结余资金总额－上年度累计结转结余资金总额)/上年度累计结转结余资金总额]×100％。
		公用经费控制率	公用经费控制率＝(实际支出公用经费总额/预算安排公用经费总额)×100％。
		“三公经费”控制率	“三公经费”控制率＝（“三公经费”实际支出数/“三公经费”预算安排数）×100％。
		政府采购执行率	政府采购执行率＝(实际政府采购金额/政府采购预算数)×100％。
	预算管理	管理制度健全性	评价要点： ①是否已制定或具有预算资金管理办法、内部财务管理制度、会计核算制度等管理制度； ②相关管理制度是否合法、合规、完整； ③相关管理制度是否得到有效执行。
		资金使用合规性	评价要点： ①是否符合国家财经法规和财务管理制度规定以及有关专项资金管理办法的规定； ②资金的拨付是否有完整的审批程序和手续； ③项目的重大开支是否经过评估论证； ④是否符合部门预算批复的用途； ⑤是否存在截留、挤占、挪用、虚列支出等情况。
		预决算信息公开性	评价要点： ①是否按规定内容公开预决算信息； ②是否按规定时限公开预决算信息。
		基础信息完善性	评价要点： ①基础数据信息和会计信息资料是否真实； ②基础数据信息和会计信息资料是否完整； ③基础数据信息和会计信息资料是否准确。
	资产管理	管理制度健全性	评价要点： ①是否已制定或具有资产管理制度； ②相关资金管理制度是否合法、合规、完整； ③相关资产管理制度是否得到有效执行。
		资产管理安全性	评价要点： ①资产保存是否完整； ②资产配置是否合理； ③资产处置是否规范； ④资产账务管理是否合规，是否账实相符； ⑤资产是否有偿使用及处置收入及时足额上缴。
		固定资产利用率	固定资产利用率＝(实际在用固定资产总额/所有固定资产总额)×100％。

续前表

一级指标	二级指标	三级指标	指标说明
产出	职责履行	实际完成率	实际完成率＝(实际完成工作数/计划工作数)×100%。
		完成及时率	完成及时率＝(及时完成实际工作数/计划工作数)×100%。
		质量达标率	质量达标率＝(质量达标实际工作数/计划工作数)×100%。
		重点工作办结率	重点工作办结率＝(重点工作实际完成数/交办或下达数)×100%。
效果	履职效益	经济效益	此三项指标为设置部门整体支出绩效评价指标时必须考虑的共性要素，可根据部门实际并结合部门整体支出绩效目标设立情况有选择地进行设置，并将其细化为相应的个性化指标。
		社会效益	
		生态效益	
		社会公众或服务对象满意度	社会公众或服务对象是指部门（单位）履行职责而影响到的部门、群体或个人。一般采取社会调查的方式。

部门整体支出绩效评价共性指标体系框架将在实践中不断完善和发展。

为进一步量化考核部门支出管理绩效，目前，我国还制定了部门支出管理绩效综合评价方案。该评价方案的评价内容主要是预算绩效管理工作，具体包括基础工作管理、绩效目标管理、绩效运行监控、绩效评价实施、评价结果应用、绩效管理创新、监督发现问题等七个方面，评价得分采用百分制和加减分制相结合。评价主体为各级财政部门，评价范围为本级各预算部门。部门支出管理绩效综合评价指标体系的简要内容可如表 15－12 所示。

表 15－12　　部门支出管理绩效综合评价指标体系

评价内容	评价指标	指标解释	分值	计算方法
一、基础工作管理	推进度	包括组织队伍、规章制度、专家中介库、指标体系、宣传培训等基础工作推进情况	20	得分＝（部门自评得分×40%＋财政部门审核确认得分×60%）×20/100。
二、绩效目标管理	申报率	部门年度申报绩效目标项目数与应申报绩效目标项目数的比率	10	申报率＝实际申报绩效目标项目数/应申报绩效目标项目数×100%。申报率与年度预算布置要求比较，达到要求的得 10 分，每低于 10 个百分点扣 2 分，扣完为止。
	目标覆盖率	部门年度申报绩效目标项目资金额占部门项目预算总额的比率	10	覆盖率＝实际申报绩效目标项目资金额/部门项目预算资金总额×100%。覆盖率与年度预算布置要求比较，达到要求的得 10 分，每低于 10 个百分点扣 2 分，扣完为止。
	细化率	填报细化量化绩效指标的项目数、资金额与申报绩效目标项目数、资金额的比率	5	得分＝（有细化量化绩效指标的项目数/实际申报绩效目标项目数×40%＋有细化量化绩效指标的项目资金额/实际申报绩效目标项目资金总额×60%）×5。

续前表

评价内容	评价指标	指标解释	分值	计算方法
三、绩效运行监控	监控率	实施绩效监控的项目数量和资金规模与申报绩效目标项目数量和资金规模的比率	10	得分＝（有无绩效监控措施）×5＋（实施绩效监控项目数/实际申报绩效目标项目数×40％＋实施绩效监控项目资金额/实际申报绩效目标项目资金总额×60％）×5。有为1，无为0。
四、绩效评价实施	评价覆盖率	部门实施绩效评价项目资金与部门项目预算资金总额的比率	20	覆盖率＝实施绩效评价项目资金额/部门项目预算资金总额×100％。覆盖率与年度预算布置要求比较，达到要求的得20分，每低于10个百分点扣2分，扣完为止。
五、评价结果应用	应用率	应用绩效评价结果的项目数与绩效评价项目数的比率	25	得分＝向财政部门报告评价结果的项目数/绩效评价项目数×5＋向被评单位反馈评价结果的项目数/绩效评价项目数×5＋评价结果向内部公开的项目数/绩效评价项目数×5＋已落实整改措施项目数/应整改绩效评价项目数×10。
六、绩效管理创新	目标管理创新	部门编报整体绩效目标和扩大绩效目标申报数量、资金规模等创新	7	得分＝规定要求外绩效目标数量（小于等于3）×1＋（申报绩效目标资金规模是否超过规定规模）×1＋（部门是否编报整体绩效目标）×3。是为1，否为0。
	评价推进创新	拓展评价模式、扩大评价范围等创新	7	得分＝自主组织开展绩效评价项目数量（小于等于3）×1＋（绩效评价项目资金规模覆盖率是否超过规定要求）×1＋（是否对下级预算单位开展整体绩效评价）×3。是为1，否为0。
	结果应用创新	评价结果公开、向同级政府报告预算绩效管理工作开展情况等方面的创新	6	得分＝（是否主动对社会公开）×3＋（是否将预算绩效管理工作开展情况向同级政府报告）×3。是为1，否为0。
七、监督发现问题	违规率	存在违规问题的绩效评价项目数量和资金金额分别占部门实施绩效评价项目数量和资金总额的比率	－10	得分＝（存在违规问题的绩效评价项目数/实施绩效评价项目数×50％＋存在违规问题的绩效评价项目金额/实施绩效评价项目资金总额×50％）×（－10）。

在部门支出管理绩效综合评价指标体系中，绩效管理创新属于加分项目，监督发现问题属于减分项目。

根据部门支出管理绩效综合评价方案的相关规定，绩效评价结果分为优秀、良好、合格和不合格四个等级。评价结果反馈相关部门，对评价中发现的问题，责成部门进行整改。相关部门将整改结果报告财政部门。绩效评价结果在一定范围内进行通报和报告。对绩效评价结果为优秀的部门，给予激励性奖励。

部门支出管理绩效综合评价指标体系也将在实践中不断完善和发展。

思考题

1. 什么是行政事业单位会计报表？行政事业单位的会计报表可以分成哪两大类？各大类分别包括哪些具体种类？

2. 什么是行政事业单位资产负债表？行政事业单位资产负债表采用什么平衡等式？

3. 什么是行政事业单位收入费用表？行政事业单位收入费用表中各大类项目之间的相等关系是什么？

4. 什么是行政事业单位净资产变动表？行政事业单位净资产变动表采用什么格式？

5. 什么是行政事业单位现金流量表？行政事业单位现金流量表中的现金流量区分成哪三大种类？

6. 什么是行政事业单位财务会计报表附注？行政事业单位的财务会计报表附注主要包括哪几大类内容？

7. 什么是行政事业单位预算收入支出表？行政事业单位预算收入支出表中各大类项目之间的相等关系是什么？

8. 什么是行政事业单位预算结转结余变动表？行政事业单位预算结转结余变动表中各大类项目之间的相等关系是什么？

9. 什么是行政事业单位财政拨款预算收入支出表？行政事业单位财政拨款预算收入支出表中的项目主要有哪些？

10. 行政事业单位在将年度预算收入支出表中的本年预算收支差额调节为年度收入费用表中的本年盈余时，需要调节哪些重要事项的差异？

练习题

练习一

一、目的：练习行政事业单位资产负债表的编制。

二、资料：某事业单位20×4年12月31日收入和费用结账后有关资产、负债和净资产会计科目的余额如表15-13所示。

表15-13　　会计科目余额表

编制单位：某事业单位　　20×4年12月31日　　单位：元

资产科目	余额		负债和净资产科目	余额	
	借方	贷方		借方	贷方
库存现金	130		应付职工薪酬		520
银行存款	260		应付账款		260
财政应返还额度	310		长期应付款		900
应收账款	140		累计盈余		407 100

续前表

资产科目	余额		负债和净资产科目	余额	
	借方	贷方		借方	贷方
预付账款	150		专用基金		230
库存物品	220				
固定资产	438 000				
固定资产累计折旧		78 200			
在建工程	13 500				
无形资产	39 800				
无形资产累计摊销		5 300			
合计	492 510	83 500	合计		409 010

在库存现金和银行存款余额中，均没有属于受托代理的现金和银行存款余额。在长期应付款余额900元中，有100元将于一年内到期。

三、要求：根据以上资料，为该事业单位编制20×4年12月31日的资产负债表。年初余额省略。

练习二

一、目的：练习行政事业单位收入费用表的编制。

二、资料：某事业单位20×4年度收入和费用的本年发生额如表15-14所示。

表15-14 **收入和费用本年发生额表**

编制单位：某事业单位 20×4年度 单位：元

收入	本年发生额	费用	本年发生额
财政拨款收入	5 600	业务活动费用	27 650
事业收入	3 800	单位管理费用	1 350
上级补助收入	250	资产处置费用	410
利息收入	60	其他费用	30
其他收入	20		
合计	9 730	合计	29 440

财政拨款收入全部为一般公共预算财政拨款，没有政府性基金预算财政拨款。

三、要求：根据以上资料，为该事业单位编制20×4年度的收入费用表。上年数省略。

练习三

一、目的：练习行政事业单位净资产变动表的编制。

二、资料：某事业单位20×4年度有关净资产及其变动情况的资料如下：

(1) 上年年末净资产余额合计427 070元，其中，累计盈余426 850元，专用基金220元。

(2) 无以前年度盈余调整情况。

(3) 本年盈余－19 710元。

(4) 本年从预算结余中提取专用基金40元。

(5) 本年使用专用基金30元，并非使用在购置固定资产或无形资产上。

三、要求：根据以上资料，为该事业单位编制20×4年的净资产变动表。上年数省略。

练习四

一、目的：练习行政事业单位预算收入支出表的编制。

二、资料：某事业单位20×4年度预算收入和预算支出的本年发生额如表15－15所示。

表15－15　　预算收入和预算支出本年发生额表

编制单位：某事业单位　　20×4年度　　单位：元

收入	本年发生额	费用	本年发生额
财政拨款预算收入	5 600	事业支出	9 620
事业预算收入	4 500	其他支出	30
上级补助预算收入	250		
其他预算收入	80		
其中：			
利息收入	60		
其他收入	20		
合计	10 430	合计	9 650

财政拨款收入全部为一般公共预算财政拨款，没有政府性基金预算财政拨款。

三、要求：根据以上资料，为该事业单位编制20×4年度的预算收入支出表。上年数省略。

练习五

一、目的：练习行政事业单位预算结转结余变动表的编制。

二、资料：某事业单位20×4年度有关预算结转结余及其变动情况的资料如下：

(1) 年初预算结转结余合计160元，其中，财政拨款结转结余40元，其他资金结转结余120元。

(2) 本年无预算结转结余年初余额调整情况。

(3) 本年财政拨款结转结余530元，均为本年收支差额。

(4) 本年其他资金结转结余220元，其中，本年收支差额250元，使用专用结余30元。

(5) 年末财政拨款结转结余570元，其中，财政拨款结转550元，财政拨款结余20元。

(6) 年末其他资金结转结余340元，其中，非财政拨款结转30元，非财政拨款结余80元，专用结余230元。

三、要求：根据以上资料，为该事业单位编制20×4年度的预算结转结余变动表。上年数省略。

练习六

一、目的：练习行政事业单位财政拨款预算收入支出表的编制。

二、资料：某事业单位20×4年度有关一般公共预算财政拨款收支情况的资料如下：

(1) 年初财政拨款结转结余合计40元，其中，结转数为35元，结余数为5元。在结转数中，基本支出结转10元，项目支出结转25元。结余数为项目支出结余。

(2) 本年无财政拨款结转结余年初余额调整情况。

(3) 本年单位内部调剂情况为：将5元项目支出结余调整至另一项目支出结转。

(4) 本年财政拨款收入共计5 600元，其中，基本支出拨款收入3 900元，项目支出拨款收入1 700元。

(5) 本年财政拨款支出共计5 070元，其中，基本支出3 880元，项目支出1 190元。

(6) 年末财政拨款结转结余共计570元，其中，基本支出结转30元，项目支出结转520元，项目支出结余20元。

该事业单位没有政府性基金预算财政拨款业务。

三、要求：根据以上资料，为该事业单位编制20×4年度的财政拨款预算收入支出表。

第四篇

民间非营利组织会计

第十六章

民间非营利组织会计概述

第一节 民间非营利组织会计的概念

民间非营利组织会计是指核算、反映和监督民间非营利组织经济活动过程及其结果的专业会计。民间非营利组织包括依照国家法律、行政法规登记的社会团体、基金会、民办非企业单位和寺院、宫观、清真寺、教堂等。其中，社会团体可以有学术性社会团体、行业性社会团体、专业性社会团体等种类。民办非企业单位可以有教育单位、卫生单位、文化单位、科技单位、体育单位、社会中介单位、法律服务单位等种类。基金会也可以有公募基金会和非公募基金会等种类。

尽管民间非营利组织可以有很多种类，但各种民间非营利组织都应当同时具有如下基本特征：

(1) 该组织不以营利为宗旨和目的。即该组织开展业务活动的目的和宗旨不是赚得利润。

(2) 资源提供者向该组织投入资源不取得经济回报。即资源提供者在向该组织投入资源的同时不能从该组织取得与投入资源相应的经济回报。

(3) 资源提供者不享有该组织的所有权。即资源提供者不因为其向该组织投入了资源从而可以以该组织的所有者的身份在该组织中发挥作用。以上民间非营利组织的基本特征是与营利性企业以及国有事业单位相比较而言的。

民间非营利组织的资源主要来源于社会捐赠和交纳会费。除此之外，提供商品和服务收入、政府补助收入等也是资源的来源渠道。

第二节 民间非营利组织会计科目

民间非营利组织的会计要素分为资产、负债、净资产、收入和费用五个种类。各要素种类下设置相应的会计科目。根据现行《民间非营利组织会计制度》的规定，各类民间非营利组织统一适用的会计科目表如表 16－1 所示。

表16-1　　民间非营利组织会计科目表

序号	科目编号	科目名称	科目核算内容
	一、资产类		
1	1001	现金	库存现金。
2	1002	银行存款	存入银行或其他金融机构的存款。
3	1009	其他货币资金	外埠存款、银行汇票存款、银行本票存款、信用卡存款、信用证保证金存款、存出投资款（或者存入其他金融机构）等各种其他货币资金。
4	1101	短期投资	持有的能够随时变现并且持有时间不准备超过1年（含1年）的投资，包括股票、债券投资等。
5	1102	短期投资跌价准备	提取的短期投资跌价准备。
6	1111	应收票据	因销售商品、提供服务等而收到的商业汇票，包括银行承兑汇票和商业承兑汇票。
7	1121	应收账款	因销售商品、提供服务等主要业务活动，应当向会员、购买单位或接受服务单位等收取的、但尚未实际收到的款项。
8	1122	其他应收款	除应收票据、应收账款以外的其他各项应收、暂付款项，包括应收股利、应收利息、应向职工收取的各种垫付款项、职工借款、应收保险公司赔款等。
9	1131	坏账准备	提取的坏账准备。
10	1141	预付账款	预付给商品供应单位或者服务提供单位的款项。
11	1201	存货	在日常业务活动中持有以备出售或捐赠的，或者为了出售或捐赠仍处在生产过程中的，或者将在生产、提供服务或日常管理过程中耗用的材料、物资、商品等，包括材料、库存商品、委托加工材料，以及达不到固定资产标准的工具、器具等。
12	1202	存货跌价准备	提取的存货跌价准备。
13	1301	待摊费用	已经支出，但应当由本期和以后各期分别负担的分摊期在1年以内（含1年）的各项费用，如预付保险费、预付租金等。
14	1401	长期股权投资	持有时间准备超过1年（不含1年）的各种股权性质的投资，包括长期股票投资和其他长期股权投资。
15	1402	长期债权投资	购入的在1年内（不含1年）不能变现或不准备随时变现的债券和其他债权投资。
16	1421	长期投资减值准备	提取的长期投资减值准备。
17	1501	固定资产	固定资产的原价。
18	1502	累计折旧	固定资产的累计折旧。
19	1505	在建工程	进行在建工程（包括施工前期准备、正在施工中的建筑工程、安装工程、技术改造工程等）所发生的实际支出。
20	1506	文物文化资产	文物文化资产的价值。

续前表

序号	科目编号	科目名称	科目核算内容
21	1509	固定资产清理	因出售、报废和毁损或其他处置等原因转入清理的固定资产价值及其清理过程中所发生的清理费用和清理收入等。
22	1601	无形资产	为开展业务活动、出租给他人或为管理目的而持有的且没有实物形态的非货币性长期资产，包括专利权、非专利技术、商标权、著作权、土地使用权等。
23	1701	受托代理资产	接受委托方委托从事受托代理业务而收到的资产。
	二、负债类		
24	2101	短期借款	向银行或其他金融机构等借入的期限在1年以下（含1年）的各种借款。
25	2201	应付票据	购买材料、商品和接受服务供应等而开出、承兑的商业汇票，包括银行承兑汇票和商业承兑汇票。
26	2202	应付账款	因购买材料、商品和接受服务供应等而应付给供应单位的款项。
27	2203	预收账款	向服务和商品购买单位预收的各种款项。
28	2204	应付工资	应付给职工的工资总额。
29	2206	应交税金	按照国家有关税法规定应当缴纳的各种税费，如增值税、城市维护建设税、房产税、企业所得税等。
30	2209	其他应付款	应付、暂收其他单位或个人的款项，如应付经营租入固定资产的租金等。
31	2301	预提费用	按照规定预先提取的已经发生但尚未支付的费用，如预提的租金、保险费、借款利息等。
32	2401	预计负债	对因或有事项所产生的现时义务而确认的负债，包括因对外提供担保、商业承兑票据贴现、未决诉讼等确认的负债。
33	2501	长期借款	向银行或其他金融机构借入的期限在1年以上（不含1年）的各项借款。
34	2502	长期应付款	各项长期应付款项，如融资租入固定资产的租赁费等。
35	2601	受托代理负债	因从事受托代理业务、接受受托代理资产而产生的负债。
	三、净资产类		
36	3101	非限定性净资产	非限定性净资产，即民间非营利组织净资产中除限定性净资产之外的其他净资产。
37	3102	限定性净资产	限定性净资产。如果资产或者资产的经济利益（如资产的投资收益和利息等）的使用和处置受到资源提供者或者国家有关法律、行政法规所设置的时间限制或（和）用途限制，则由此形成的净资产即为限定性净资产。

续前表

序号	科目编号	科目名称	科目核算内容
	四、收入费用类		
38	4101	捐赠收入	接受其他单位或者个人捐赠所取得的收入。
39	4201	会费收入	根据章程等的规定向会员收取的会费收入。
40	4301	提供服务收入	根据章程等的规定向其服务对象提供服务取得的收入，包括学杂费收入、医疗费收入、培训收入等。
41	4401	政府补助收入	因为政府拨款或者政府机构给予的补助而取得的收入。
42	4501	商品销售收入	销售商品（如出版物、药品）等所形成的收入。
43	4601	投资收益	因对外投资取得的投资净损益。
44	4901	其他收入	除捐赠收入、会费收入、提供服务收入、商品销售收入、政府补助收入、投资收益等主要业务活动收入以外的其他收入，如确实无法支付的应付款项、存货盘盈、固定资产盘盈、固定资产处置净收入、无形资产处置净收入等。
45	5101	业务活动成本	为了实现其业务活动目标、开展其项目活动或者提供服务所发生的费用。
46	5201	管理费用	为组织和管理其业务活动所发生的各项费用，包括民间非营利组织董事会（或者理事会或者类似权力机构）经费和行政管理人员的工资、奖金、津贴、福利费、住房公积金、住房补贴、社会保障费、离退休人员工资与补助，以及办公费、水电费、邮电费、物业管理费、差旅费、折旧费、修理费、无形资产摊销费、存货盘亏损失、资产减值损失、因预计负债所产生的损失、聘请中介机构费和应偿还的受赠资产等。
47	5301	筹资费用	为筹集业务活动所需资金而发生的费用，包括民间非营利组织获得捐赠资产而发生的费用以及应当计入当期费用的借款费用、汇兑损失（减汇兑收益）等。
48	5401	其他费用	发生的无法归属到上述业务活动成本、管理费用或者筹资费用中的费用，包括固定资产处置净损失、无形资产处置净损失等。

各类民间非营利组织应当按照统一适用的会计科目设置和使用会计科目。对于统一规定的会计科目的编号，民间非营利组织不能随意打乱重编。民间非营利组织在不违反统一会计核算要求的前提下，可以根据需要自行设置有关会计科目的明细科目。

思考题

1. 什么是民间非营利组织会计？民间非营利组织会计适用于哪些种类的组织？这些种类的组织具有哪些共同的基本特征？

2. 民间非营利组织的资源主要来源于哪些渠道？

3. 民间非营利组织有哪五个会计要素？民间非营利组织采用什么会计核算基础？民间非营利组织设置的会计要素与采用的会计核算基础之间有什么关系？

第十七章

民间非营利组织的资产

第一节　民间非营利组织的资产概述

一、资产的概念和种类

民间非营利组织的资产是指由过去的交易或事项形成的由民间非营利组织拥有或者控制的资源，该资源预期会给民间非营利组织带来经济利益或者服务潜力。民间非营利组织的资产按照流动性可以区分为流动资产、长期投资、固定资产、无形资产和受托代理资产等。其中，流动资产是指预期可以在一年内变现或者耗用的资产，主要包括现金、银行存款、短期投资、应收款项、预付账款、存货、待摊费用等。长期投资是指除短期投资以外的投资，包括长期股权投资和长期债权投资等。固定资产是指为行政管理、提供服务、生产商品或者出租目的而持有的预计使用年限超过一年且单位价值较高的有形资产。无形资产是指民间非营利组织为开展业务活动、出租给他人或为管理目的而持有的且没有实物形态的非货币性长期资产，包括专利权、非专利技术、商标权、土地使用权等。受托代理资产是指民间非营利组织接受委托方委托从事受托代理业务而收到的资产。民间非营利组织的资产种类与营利性企业资产的种类比较相似。

二、资产的确认和计量

民间非营利组织的资产在取得时应当按照实际成本计量。民间非营利组织应当定期或者至少于每年年度终了，对短期投资、应收款项、存货、长期投资等资产是否发生了减值进行检查。如果这些资产发生了减值，应当计提减值准备，确认减值损失，并计入当期费用。对于固定资产、无形资产等资产，如果发生了重大减值，也应当计提减值准备，确认减值损失，并计入当期费用。如果已计提减值准备的资产价值在以后会计期间得以恢复，则应当在该资产已计提减值准备的范围内部分或全部转回已确认的减值损失，冲减当期费用。民间非营利组织接受捐赠的短期投资、存货、长期投资、固定资产和无形资产等，在接受捐赠时，如果捐赠人提供了诸如发票等有关凭据，应当按照凭据上标明的金额作为入账价值；如果捐赠人没有提供诸如发票等有关凭据，应当以公允价值作为入账价值。民间非营利组织对于受托代理资产，应当比照接受捐赠资产的原则进行确认和计量。

第二节　民间非营利组织资产的核算

一、资产账户的设置

为核算资产业务，民间非营利组织应设置有关的资产总账科目。民间非营利组织设置的有关流动资产的总账科目包括现金、银行存款、其他货币资金、短期投资、短期投资跌价准备、应收票据、应收账款、其他应收款、坏账准备、预付账款、存货、存货跌价准备、待摊费用等。民间非营利组织设置的有关长期投资的总账科目包括长期股权投资、长期债权投资、长期投资减值准备等。民间非营利组织设置的有关固定资产的总账科目包括固定资产、累计折旧、在建工程、文物文化资产、固定资产清理等。民间非营利组织设置的有关无形资产和受托代理资产的总账科目包括无形资产和受托代理资产。在以上有关的资产总账科目中，有不少科目将在后面介绍民间非营利组织的收入和费用的核算时有所涉及。例如，现金、银行存款、短期投资、短期投资跌价准备、应收账款、其他应收款、预付账款、存货、固定资产、累计折旧、固定资产清理、无形资产等。这里先对民间非营利组织中比较特殊的资产类科目“文物文化资产”科目和“受托代理资产”科目的核算内容和核算方法作一简介。同时，对常用资产类科目“存货”科目和“长期股权投资”科目的核算内容和核算方法也作一简介。

二、资产的核算举例

（一）文物文化资产的核算

文物文化资产是指民间非营利组织用于展览、教育或研究等目的的历史文物、艺术品以及其他具有文化或者历史价值并作长期或者永久保存的典藏等。

为核算文物文化资产业务，民间非营利组织应设置“文物文化资产”总账科目。民间非营利组织在取得文物文化资产时，按照取得时的实际成本借记该科目，贷记“银行存款”、“应付账款”和“捐赠收入”等科目。民间非营利组织盘盈文物文化资产时，按照其公允价值借记该科目，贷记“其他收入”科目；盘亏文物文化资产时，按照文物文化资产账面余额扣除保险赔款和个人赔款后的余额、可回收保险赔款和个人赔款分别借记“管理费用”“其他应收款”等科目，按照文物文化资产的账面余额贷记该科目。处置文物文化资产时，按照处置文物文化资产的账面余额借记“固定资产清理”科目，贷记该科目。该科目期末借方余额反映民间非营利组织期末文物文化资产的价值。民间非营利组织应当按照文物文化资产的类别等设置明细账，进行明细分类核算。文物文化资产不需要计提折旧。

例 17－1

某民间非营利组织因开展业务活动的需要以银行存款购买一项文物文化资产。该项文物文化资产的购买价为 8 500 元，发生运输费和装卸费共计 420 元，取得时发生的实际成本为8 920元（8 500＋420）。民间非营利组织应编制如下会计分录：

借：文物文化资产　　8 920

　贷：银行存款　　8 920

例17－2

某民间非营利组织接受捐赠人捐赠一项文物文化资产。捐赠人没有提供有关的计价凭据，也没有对该项捐赠提出明确的使用限制条件。经评估，该文物文化资产的公允价值为6 800元。民间非营利组织应编制如下会计分录：

借：文物文化资产　　6 800

　贷：捐赠收入　　6 800

例17－3

某民间非营利组织因开展业务活动的需要处置一项文物文化资产。该文物文化资产的账面余额为3 600元，将其转入固定资产清理账户。民间非营利组织应编制如下会计分录：

借：固定资产清理　　3 600

　贷：文物文化资产　　3 600

（二）受托代理资产的核算

受托代理资产是指民间非营利组织接受委托方委托从事受托代理业务而收到的资产。

为核算受托代理资产业务，民间非营利组织应设置"受托代理资产"总账科目。民间非营利组织收到受托代理资产时，按照应确认的入账金额借记该科目，贷记"受托代理负债"科目。转赠或者转出受托代理资产时，按照转出受托代理资产的账面余额借记"受托代理负债"科目，贷记该科目。民间非营利组织收到的受托代理资产如果为现金、银行存款、其他货币资金等货币资金时，可以通过在"现金"、"银行存款"和"其他货币资金"科目下设置"受托代理资金"明细科目进行核算，借记"现金——受托代理资产"、"银行存款——受托代理资产"和"其他货币资金——受托代理资产"科目，贷记"受托代理负债"科目；转赠或者转出受托代理货币资金时，借记"受托代理负债"科目，贷记"现金——受托代理资产"、"银行存款——受托代理资产"和"其他货币资金——受托代理资产"科目。该科目期末借方余额反映民间非营利组织期末尚未转出的受托代理资产价值。民间非营利组织应当根据具体情况设置受托代理资产明细账，对受托代理资产进行明细核算。

例17－4

某民间非营利组织收到受托代理实物资产，计价5 500元。委托方要求民间非营利组织将受托代理实物资产转赠给某特定组织，用于特定目的。民间非营利组织应编制如下会计分录：

借：受托代理资产　　5 500

　贷：受托代理负债　　5 500

例17－5

某民间非营利组织收到受托代理资产12 000元，收到的受托代理资产的形式为银行存款。委托人要求民间非营利组织将受托代理资金转出给某特定组织，用于该组织相应的运行目的。民间非营利组织应编制如下会计分录：

借：银行存款——受托代理资产　　12 000

　贷：受托代理负债　　12 000

例 17-6

某民间非营利组织将收到的受托代理实物资产 5 500 元，按照委托方的要求，转赠给某特定组织。民间非营利组织应编制如下会计分录：

借：受托代理负债　　5 500

　贷：受托代理资产　　5 500

（三）存货的核算

存货是指民间非营利组织在日常业务活动中持有以备出售或捐赠的，或者为了出售或捐赠仍处在生产过程中的，或者将在生产、提供服务或日常管理过程中耗用的材料、物资、商品等，包括材料、库存商品、委托加工材料，以及达不到固定资产标准的工具、器具等。

为核算存货业务，民间非营利组织应设置"存货"总账科目。民间非营利组织外购存货时，按照采购成本借记该科目，贷记"银行存款""应付账款"等科目。接受捐赠存货时，按照所确定的成本，借记该科目，贷记"捐赠收入"科目。民间非营利组织发出存货时，按照个别计价法、先进先出法或者加权平均法确定的发出成本借记"管理费用""业务活动成本"等科目，贷记该科目。民间非营利组织盘盈存货时，按照其公允价值借记该科目，贷记"其他收入"科目。盘亏或者毁损存货时，按照存货账面价值扣除残料价值、可以收回的保险赔偿和过失人的赔偿等后的金额，借记"管理费用"科目，按照可以收回的保险赔偿和过失人赔偿等，借记"现金"、"银行存款"和"其他应收款"等科目，按照存货的账面余额，贷记该科目。期末，民间非营利组织应当对存货是否发生了减值进行检查。如果存货的可变现净值低于其账面价值，应当按照可变现净值低于账面价值的差额计提存货跌价准备。该科目应当按照存货的种类和存在形式设置明细账进行明细核算。

例 17-7

某民间非营利组织以银行存款 3 400 元购入一批存货，以备日常业务活动使用。民间非营利组织应编制如下会计分录：

借：存货　　3 400

　贷：银行存款　　3 400

例 17-8

某民间非营利组织接受捐赠一批存货，计价 36 400 元。捐赠人要求民间非营利组织应当将该批存货用于与组织目标相适合的用途，具体用途由民间非营利组织确定。民间非营利组织应编制如下会计分录：

借：存货　　36 400

　贷：捐赠收入　　36 400

例 17-9

某民间非营利组织管理部门领用一批存货，计价 630 元，用于开展日常管理活动。民间非营利组织应编制如下会计分录：

借：管理费用 630

　贷：存货 630

例 17－10

某民间非营利组织期末对存货进行减值检查，发现存货的可变现净值低于其账面价值780元，民间非营利组织对存货计提跌价准备。民间非营利组织应编制如下会计分录：

借：管理费用 780

　贷：存货跌价准备 780

（四）长期股权投资的核算

长期股权投资是指民间非营利组织持有时间准备超过一年的各种股权性质的投资，包括长期股票投资和其他长期股权投资。

为核算长期股权投资业务，民间非营利组织应设置“长期股权投资”总账科目。民间非营利组织取得长期股权投资时，按实际支付的全部价款借记该科目，贷记“银行存款”科目。如果民间非营利组织由于长期股权投资业务对被投资单位具有控制、共同控制或重大影响，长期股权投资持有期间应当采用权益法进行核算。被投资单位实现利润时，借记该科目，贷记“投资收益”科目；被投资单位发生亏损时，借记“投资收益”科目，贷记该科目；被投资单位宣告发放现金股利或利润时，借记“其他应收款”科目，贷记该科目；实际收到现金股利或利润时，借记“银行存款”科目，贷记“其他应收款”科目。如果民间非营利组织对被投资单位没有控制、共同控制或重大影响，长期股权投资持有期间应当采用成本法进行核算。被投资单位宣告发放现金股利或利润时，借记“其他应收款”科目，贷记“投资收益”科目；实际收到现金股利或利润时，借记“银行存款”科目，贷记“其他应收款”科目。处置长期股权投资时，按实际收到的价款和已计提的减值准备分别借记“银行存款”“长期投资减值准备”科目，按所处置的长期股权投资的账面余额和尚未领取的已宣告发放的现金股利或利润分别贷记该科目、“其他应收款”科目，按借贷差额借记或贷记“投资收益”科目。长期股权投资期末发生减值时，借记“管理费用”科目，贷记“长期投资减值准备”科目。长期股权投资期末减值恢复时，借记“长期投资减值准备”科目，贷记“管理费用”科目。该科目期末借方余额反映民间非营利组织持有的长期股权投资的价值。该科目应按照被投资单位设置明细账，进行明细分类核算。

例 17－11

某民间非营利组织以银行存款购入长期股权投资16 500元。民间非营利组织应编制如下会计分录：

借：长期股权投资 16 500

　贷：银行存款 16 500

例 17－12

某民间非营利组织得知被投资单位取得利润60 000元，同时，宣告发放现金股利10 000元。该民间非营利组织拥有该被投资单位60%的股份，能对其进行控制，会计核算采用权益法。该民间非营利组织享有被投资单位取得的利润数为 36 000 元（60 000×60%），宣告发放的现金股利数为 6 000 元（10 000×60%）。民间非营利组织应编制如下会计分录：

借：长期股权投资　　36 000
　贷：投资收益　　36 000

同时：

借：其他应收款　　6 000
　贷：长期股权投资　　6 000

例 17－13

某民间非营利组织期末对长期股权投资进行减值检查，结果发现长期股权投资以前年度计提的减值准备得到部分恢复，恢复数额为 650 元。民间非营利组织应编制如下会计分录：

借：长期投资减值准备　　650
　贷：管理费用　　650

民间非营利组织的大多数资产，如现金、银行存款、短期投资、应收款项、预付账款、存货、固定资产、无形资产等，与营利性企业相应的资产在会计核算方法方面没有很大的差异。

思考题

1. 什么是民间非营利组织的资产？民间非营利组织的资产分成哪几个种类？
2. 民间非营利组织应当如何确认和计量资产？
3. 民间非营利组织应当如何核算文物文化资产和受托代理资产？
4. 民间非营利组织应当如何核算存货和长期股权投资？

练习题

练习一

一、练习民间非营利组织文物文化资产的核算。

二、资料：某民间非营利组织 20×4 年发生如下经济业务：

（1）以银行存款购买一项文物文化资产。该项文物文化资产的购买价格为 6 350元。

（2）接受捐赠人捐赠一项文物文化资产。捐赠人提供的有关计价凭据显示，该项文物文化资产的价值为 9 600 元。

（3）出售一项文物文化资产。该文物文化资产的账面余额为 4 500 元，出售价格为 8 200 元，款项存入银行。

三、要求：根据以上资料，为该民间非营利组织编制有关的会计分录。

练习二

一、练习民间非营利组织受托代理资产的核算。

二、资料：某民间非营利组织20×4年发生如下经济业务：

(1) 受托代理一项实物资产，计价16 800元。委托方要求民间非营利组织将受托代理的实物资产转赠给某组织，供其开展专业业务活动时使用。

(2) 将收到的一项受托代理实物资产16 800元，按照委托方的要求，转赠给某组织。

(3) 受托代理一项现金资产1 000元。委托方要求民间非营利组织将受托代理的现金资产转赠给某个人。

(4) 将收到的一项受托代理现金资产1 000元，按照委托方的要求，转赠给某个人。

三、要求：根据以上资料，为该民间非营利组织编制有关的会计分录。

练习三

一、练习民间非营利组织短期投资和固定资产的核算。

二、资料：某民间非营利组织20×4年发生如下经济业务：

(1) 以银行存款6 000元作对外短期投资。

(2) 出售一项短期投资，账面余额3 000元，售价3 780元，款项存入银行。

(3) 购入一台办公用设备，价款为7 900元。

(4) 期末对一项短期投资作减值检查，发现账面价值低于市价50元。对该项投资作跌价准备处理。

(5) 期末对固定资产计提折旧共计1 350元。其中，管理部门计提折旧520元，业务部门计提折旧830元。

三、要求：根据以上资料，为该民间非营利组织编制有关的会计分录。

第十八章

民间非营利组织的负债

第一节 民间非营利组织的负债概述

一、负债的概念和种类

负债是指由过去的交易或事项形成的现时义务，履行该义务预期会导致含有经济利益或者服务潜力的资源流出民间非营利组织。负债应当按照其流动性分为流动负债、长期负债和受托代理负债等种类。流动负债是指民间非营利组织在一年内需要偿还的负债，包括短期借款、应付票据、应付账款、预收账款、应付工资、应交税金、预提费用和预计负债等。长期负债是指民间非营利组织偿还期限在一年以上的负债，包括长期借款、长期应付款和其他长期负债。受托代理负债是指民间非营利组织因从事受托代理业务、接受受托代理资产而产生的负债。

二、负债的确认和计量

各项流动负债和长期负债应当按照实际发生额确认和计量。受托代理负债应当按照相对应的受托代理资产的金额确认和计量。

第二节 民间非营利组织负债的核算

一、负债账户的设置

为核算负债业务，民间非营利组织应设置有关的负债总账科目。民间非营利组织设置的有关流动负债的总账科目包括短期借款、应付票据、应付账款、预收账款、应付工资、应交税金、其他应付款、预提费用、预计负债等。民间非营利组织设置的有关长期负债的总账科目包括长期借款、长期应付款等。民间非营利组织设置的受托代理负债总账科目即为受托代理负债。在以上有关负债的总账科目中，有些科目在后面介绍收入和费用的核算时有所涉及，如预收账款、其他应付款、应付工资、长期借款等；有的科目在前面介绍资产时已经涉及，如受托代理负债等。这里对常用负债类科目“短期借款”、“应付票据”、“应付税金”和“长期应付款”等科目的核算内容和核算方法作一简介。

二、负债的核算举例

（一）短期借款的核算

短期借款是指民间非营利组织向银行或其他金融机构等借入的期限在一年以下的各种借款。

为核算短期借款业务，民间非营利组织应设置“短期借款”总账科目。民间非营利组织借入各种短期借款时，按实际借得的金额借记“银行存款”科目，贷记该科目。发生短期借款利息时，借记“筹资费用”科目，贷记“预提费用”“银行存款”等科目。归还借款时，借记该科目，贷记“银行存款”科目。该科目期末贷方余额反映民间非营利组织尚未偿还的短期借款本金。该科目应按照债权人设置明细账，并按照借款种类及期限等进行明细分类核算。

例 18-1

某民间非营利组织因开展业务活动的需要从银行取得短期借款 6 600 元，款项已存入银行存款账户。民间非营利组织应编制如下会计分录：

借：银行存款	6 600	
贷：短期借款		6 600

例 18-2

某民间非营利组织以银行存款归还到期短期借款本金 6 600 元。同时，支付到期短期借款利息 340 元。民间非营利组织应编制如下会计分录：

借：短期借款	6 600	
筹资费用	340	
贷：银行存款		6 940

（二）应付票据的核算

应付票据是指民间非营利组织因购买材料、商品和接受服务等而开出或承兑的应予支付的商业汇票，包括银行承兑汇票和商业承兑汇票。

为核算应付票据业务，民间非营利组织应设置“应付票据”总账科目。民间非营利组织因购买材料、商品和接受劳务等开出或承兑商业汇票时，借记“存货”等科目，贷记该科目。以承兑商业汇票抵付应付账款时，借记“应付账款”科目，贷记该科目。支付银行承兑汇票的手续费时，借记“筹资费用”科目，贷记“银行存款”科目。收到银行支付到期票据的付款通知时，借记该科目，贷记“银行存款”科目。计算应付票据的应付利息时，借记“筹资费用”科目，贷记该科目。该科目期末贷方余额反映民间非营利组织持有的尚未到期的应付票据本息。

例 18-3

某民间非营利组织因购买材料开出面值为 2 800 元的商业汇票一张。民间非营利组织应编制如下会计分录：

借：存货　　2 800

　贷：应付票据　　2 800

例 18－4

某民间非营利组织计算应付票据的应付利息 160 元。民间非营利组织应编制如下会计分录：

借：筹资费用　　160

　贷：应付票据　　160

例 18－5

某民间非营利组织收到银行支付到期票据的付款通知，支付款项共计 3 250 元。民间非营利组织应编制如下会计分录：

借：应付票据　　3 250

　贷：银行存款　　3 250

（三）应交税金的核算

应交税金是指民间非营利组织按照国家有关税法规定应当缴纳的各种税费，如增值税、城市维护建设税、房产税、企业所得税等。

为核算应交税金业务，民间非营利组织应设置“应交税金”总账科目。发生企业所得税纳税义务时，借记“其他费用”等科目，贷记该科目。发生个人所得税纳税义务时，借记“应付工资”等科目，贷记该科目。发生增值税纳税义务时，按规定计算应缴纳的增值税，并通过该科目核算。民间非营利组织缴纳有关税款时，借记该科目，贷记“银行存款”科目。该科目期末贷方余额反映民间非营利组织尚未缴纳的税费；期末借方余额反映民间非营利组织多缴纳的税费。

例 18－6

某民间非营利组织发生所得税纳税义务，应纳所得税数额为 180 元。民间非营利组织应编制如下会计分录：

借：其他费用　　180

　贷：应交税金　　180

例 18－7

某民间非营利组织以银行存款缴纳有关税款 1 220 元。民间非营利组织应编制如下会计分录：

借：应交税金　　1 220

　贷：银行存款　　1 220

（四）长期应付款的核算

长期应付款是指民间非营利组织付款期间在一年以上的各种应付款项，如融资租入固定资产的租赁费等。

为核算长期应付款业务，民间非营利组织应设置“长期应付款”总账科目。民间非营利组织发生长期应付款时，借记有关科目，贷记该科目。支付长期应付款项时，借记该科目，贷记“银行存款”科目。该科目期末贷方余额反映尚未支付的各种长期应付款。该科目应按长期应付款的种类设置明细账，进行明细分类核算。

例 18－8

某民间非营利组织因融资租入固定资产发生长期应付款 3 200 元。民间非营利组织应编制如下会计分录：

借：固定资产　　3 200

　贷：长期应付款　　3 200

例 18－9

某民间非营利组织以银行存款支付长期应付款项 640 元。民间非营利组织应编制如下会计分录：

借：长期应付款　　640

　贷：银行存款　　640

民间非营利组织的大多数负债，如短期借款、应付票据、应付账款、应付工资、应交税金、预收账款、预提费用、长期借款、长期应付款等，与营利性企业的负债在会计核算方法方面没有很大差异。

思考题

1. 什么是民间非营利组织的负债？民间非营利组织的负债分成哪几个种类？
2. 民间非营利组织应当如何确认和计量负债？
3. 民间非营利组织应当如何核算短期借款的业务？

练习题

练习一

一、目的：练习民间非营利组织短期借款的核算。

二、资料：某民间非营利组织 20×4 年发生如下经济业务：

(1) 因开展业务活动的需要从银行取得短期借款 8 000 元，款项已存入银行存款账户。

(2) 按期计提短期借款利息 240 元。

(3) 以银行存款归还到期短期借款本金 8 000 元。同时，支付到期短期借款利息 960 元。短期借款利息已经预提。

三、要求：根据以上资料，为该民间非营利组织编制有关的会计分录。

练习二

一、目的：练习民间非营利组织应付账款的核算。

二、资料：某民间非营利组织 20×4 年发生如下经济业务：

(1) 购买一批办公用品 780 元，款项尚未支付，办公用品验收入库。

(2) 开出支票，以银行存款支付应付账款 380 元。

(3) 开出一张商业汇票，抵付尚未支付的应付账款 400 元。

三、要求：根据以上资料，为该民间非营利组织编制有关的会计分录。

练习三

一、目的：练习民间非营利组织长期借款的核算。

二、资料：某民间非营利组织 20×4 年发生如下经济业务：

(1) 因开展业务活动的需要，向银行长期借款 500 000 元，用于建造一业务用房屋。款项已经存入开户银行。

(2) 业务用房在建期间，按期计提长期借款利息 6 000 元。

(3) 业务用房建造完成，按期计提长期借款利息 6 000 元。

三、要求：根据以上资料，为该民间非营利组织编制有关的会计分录。

第十九章

民间非营利组织的收入

民间非营利组织的收入是指民间非营利组织在开展业务活动过程中取得的、导致本期净资产增加的经济利益或者服务潜力的流入。民间非营利组织的收入按照来源渠道可以分为捐赠收入、会费收入、提供服务收入、政府补助收入、投资收益、商品销售收入和其他收入等种类。

第一节　捐赠收入与会费收入

一、捐赠收入

（一）捐赠收入的概念

捐赠收入是指民间非营利组织接受其他单位或者个人捐赠所取得的收入。捐赠收入是民间非营利组织最典型的也是最重要的收入来源。捐赠收入可以表现为资产的直接流入，如现金、银行存款、短期投资、存货、长期股权投资、长期债权投资、固定资产、无形资产等资产的直接流入；也可以表现为负债的解除，如短期借款、应付账款、长期借款等负债的解除；还可以表现为劳务的取得，如专业人士或义工为民间非营利组织提供的义务劳动。按照捐赠人是否对捐赠资产附带时间或者用途限制条件，捐赠收入可以区分成限定性捐赠收入和非限定性捐赠收入。其中，限定性捐赠收入是指捐赠人对捐赠资产的使用设置了时间限制或者用途限制条件的捐赠收入。非限定性捐赠收入是指除了限定性捐赠收入外的其他捐赠收入。限定性捐赠收入的限制条件一旦得到满足，即转换成为非限定性捐赠收入。民间非营利组织的董事会或管理层对所接受捐赠的资产施加的限制条件不构成限制性捐赠收入，因为民间非营利组织自己可以随时解除由其自己施加的有关限制条件。

民间非营利组织因受托代理业务而从委托方收到的受托代理资产不属于捐赠收入，而同时属于受托代理资产和受托代理负债。

（二）捐赠收入的确认

在民间非营利组织中，捐赠收入属于非交换性交易收入。即民间非营利组织在取得捐赠资产或者解除相关负债的同时，不需要向捐赠人支付价值相当的现金，或者向捐赠人提供价值相当的物品或服务；或者捐赠人在向民间非营利组织提供捐赠资产或者免除有关负债时，不能从民间非营利组织这里收到价值相当的现金，或者收到价值相当的物品或服务。

民间非营利组织对于包括捐赠收入在内的非交换性交易所形成的收入，应当在同时满足下列条件时予以确认：

（1）与交易相关的含有经济利益或者服务潜力的资源能够流入民间非营利组织并为其所控制，或者相关的债务能够得到解除。

（2）交易能够引起净资产的增加。

（3）收入的金额能够可靠地计量。

一般情况下，民间非营利组织对于取得的无条件捐赠应当在收到捐赠资产或者收到解除相关负债时确认捐赠收入。对于附带限制条件的捐赠，民间非营利组织应当在取得捐赠资产的控制权时确认捐赠收入。也即民间非营利组织对于取得的附带限制条件的捐赠，尽管有关的限制条件尚未满足，也尽管有关的限制条件如果不能满足有可能需要向捐赠人退还所取得的捐赠，也在取得捐赠资产的控制权时确认捐赠收入。当民间非营利组织存在需要偿还全部或者部分捐赠资产或者相应金额的现时义务时，同时确认一项负债和费用。

（三）捐赠收入的核算

为核算捐赠收入业务，民间非营利组织应设置“捐赠收入”总账科目。民间非营利组织接受捐赠时，借记“现金”、“银行存款”、“短期投资”、“存货”、“长期股权投资”、“长期债权投资”、“固定资产”和“无形资产”等科目，贷记该科目。该科目应设置“限定性收入”和“非限定性收入”两个明细科目。限定性捐赠收入的限制条件在确认收入的当期得到解除时，借记“捐赠收入——限定性捐赠收入”科目，贷记“捐赠收入——非限定性捐赠收入”科目。确定无法满足限制条件从而需要向捐赠人退还捐赠款项时，借记“管理费用”科目，贷记“其他应付款”科目。期末将“捐赠收入——限定性收入”科目余额转入净资产科目时，借记“捐赠收入——限定性收入”科目，贷记“限定性净资产”科目；将“捐赠收入——非限定性收入”科目余额转入净资产科目时，借记“捐赠收入——非限定性收入”科目，贷记“非限定性净资产”科目。期末结账后，该科目应无余额。

例 19－1

某民间非营利组织收到捐赠人捐赠银行存款 18 500 元，捐赠人未对捐赠款项的使用提出明确的限制条件。民间非营利组织应编制如下会计分录：

借：银行存款	18 500	
贷：捐赠收入——非限定性收入		18 500

本例中，如果捐赠人对捐赠款项的使用提出了明确的限制条件，例如，该笔捐赠款项应当在次年才能使用，该笔捐赠款项应当用于某项特定的业务如用于对某地发生的自然灾害的援助等，那么，会计分录中的贷方科目应当为“捐赠收入——限定性收入”。

例 19-2

某民间非营利组织在确认捐赠收入的当期按照捐赠人提出的限制条件将捐赠款项用于购买办公设备一台计7 800元，款项已以银行存款支付。民间非营利组织应编制如下会计分录：

借：固定资产　　7 800
　贷：银行存款　　7 800

同时：

借：捐赠收入——限定性收入　　7 800
　贷：捐赠收入——非限定性收入　　7 800

本例中，当民间非营利组织按照捐赠人提出的限制条件使用了捐赠款项时，捐赠人提出的限制条件即得到解除，相应的捐赠收入应当从“限定性收入”转入“非限定性收入”。本例中，假设民间非营利组织在确认限定性捐赠收入的当期即按要求使用了限定性捐赠收入或解除了用途限制条件。如果民间非营利组织确认限定性捐赠收入与使用限定性捐赠收入不在同一会计期间，那么，限定性捐赠收入在期末结转至“限定性净资产”后即无余额。此时，需要在限定性净资产与非限定性净资产之间进行重新分类，或作结转的会计分录。

例 19-3

某民间非营利组织收到捐赠人捐赠一批日常生活用品计4 800元。根据捐赠人提出的要求，该批日常生活用品限制用于某项专业业务活动。民间非营利组织应编制如下会计分录：

借：存货　　4 800
　贷：捐赠收入——限定性收入　　4 800

本例中，民间非营利组织接受的非现金资产，如果捐赠方提供了有关凭据，如购物发票、有关协议等，可以按照凭据上标明的金额作为入账价值；如果凭据上标明的金额与受赠资产公允价值相差较大，应当按公允价值作为入账价值。如果捐赠方没有提供有关的凭据，受赠资产应当以其公允价值作为入账价值。

例 19-4

某民间非营利组织接受义工提供多日的劳务帮助，民间非营利组织不需向义工支付劳务报酬。

民间非营利组织对于接受的劳务捐赠不予确认。但民间非营利组织应当在会计报表附注中对接受劳务捐赠的情况作出相应的披露。

例 19-5

某民间非营利组织年终结账。“捐赠收入”总分类账户的贷方余额为58 400元。“捐赠收入”有关明细分类账户的贷方余额为：“限定性收入”33 400元，“非限定性收入”25 000元。民间非营利组织将捐赠收入账户的贷方余额转入有关净资产账户。民间非营利组织应编制如下会计分录：

借：捐赠收入——限定性收入　　33 400
　贷：限定性净资产　　33 400

同时：

借：捐赠收入——非限定性收入　　25 000

　　贷：非限定性净资产　　25 000

本例中，“捐赠收入——限定性收入”和“捐赠收入——非限定性收入”账户的贷方余额应当分别结转至“限定性净资产”和“非限定性净资产”账户。经过结转，“捐赠收入——限定性收入”和“捐赠收入——非限定性收入”账户的余额应为零。

二、会费收入

（一）会费收入的概念

会费收入是指民间非营利组织根据章程等的规定向会员收取的会费。一般情况下，民间非营利组织的会费收入为非限定性收入，除非相关资产提供者对资产的使用设置了限制条件。

（二）会费收入的确认

在民间非营利组织中，会费收入可能属于交换性交易收入，也可能属于非交换性交易收入。如果会员与民间非营利组织在缴纳会费的业务上存在等价交换关系，如民间非营利组织需要向会员提供相应的服务或物品，那么，这种会费收入属于交换性交易收入。如果会员与民间非营利组织在缴纳会费的业务上不存在等价交换关系，如会员纯粹是为了帮助民间非营利组织实现组织目标，那么，这种会费收入属于非交换性交易收入。属于交换性交易收入的会费收入，可以参照提供服务收入或商品销售收入的收入确认方法进行确认。属于非交换性交易的会费收入，可以参照捐赠收入的收入确认方法进行确认。

（三）会费收入的核算

为核算会费收入业务，民间非营利组织应设置“会费收入”总账科目。民间非营利组织确认会费收入时，借记“现金”、“银行存款”和“应收账款”等科目，贷记“会费收入——非限定性收入”科目。期末将该科目余额转入净资产科目时，借记“会费收入——非限定性收入”科目，贷记“非限定性净资产”科目。如果存在限定性会费收入，民间非营利组织确认会费收入时，借记“现金”、“银行存款”和“应收账款”等科目，贷记“会费收入——限定性收入”科目。期末将该科目余额转入净资产账户时，借记“会费收入——限定性收入”科目，贷记“限定性净资产”科目。期末结账后，该科目应无余额。该科目应按会费种类如团体会费、个人会费等设置明细账，进行明细核算。

例 19－6

某民间非营利组织收到会员以现金缴纳的会费 1 760 元。该会费收入属于非限定性收入，具体为个人会费收入。民间非营利组织应编制如下会计分录：

借：现金　　1 760

　　贷：会费收入——非限定性收入　　1 760

本例中，如果民间非营利组织收到会员以银行存款缴纳的会费，那么，会计分录中的借方科目应为“银行存款”科目。

例 19－7

某民间非营利组织计算应收会员会费 8 560 元。该会费收入属于非限定性收入，具体为团体会费收入。民间非营利组织应编制如下会计分录：

借：应收账款　　8 560

　贷：会费收入——非限定性收入　　8 560

本例中，如果民间非营利组织收到的会费属于限定性收入，那么，会计分录中的贷方科目应为“会费收入——限定性收入”科目。

例 19－8

某民间非营利组织年终结账。“会费收入——非限定性收入”账户的贷方余额为 34 100 元。民间非营利组织应编制如下会计分录：

借：会费收入——非限定性收入　　34 100

　贷：非限定性净资产　　34 100

本例中，如果民间非营利组织年终结账时“会费收入——限定性收入”账户存在贷方余额，应当将其结转至“限定性净资产”账户。

第二节　提供服务收入、政府补助收入与商品销售收入

一、提供服务收入

（一）提供服务收入的概念

提供服务收入是指民间非营利组织根据章程等规定向其服务对象提供服务取得的收入，包括学费收入、医疗费收入、培训收入等。一般情况下，民间非营利组织的提供服务收入为非限定性收入，除非相关资产提供者对资产的使用设置了限制条件。

（二）提供服务收入的确认

在民间非营利组织中，提供服务收入属于交换性交易收入。即民间非营利组织在取得相应收入的同时，需要向其服务对象提供相应的服务；或者民间非营利组织在向其服务对象提供服务的同时，需要向其服务对象收取相应的费用。

对于因交换性交易所形成的提供服务收入，民间非营利组织应当按照如下方法确认：

（1）在同一会计年度内开始并完成的服务，应当在完成服务时确认收入。

（2）如果服务的开始和完成分属于不同的会计年度，可以按完工进度或完成的工作量确认收入。

（三）提供服务收入的核算

为核算提供服务收入业务，民间非营利组织应设置“提供服务收入”总账科目。

民间非营利组织在提供服务取得收入时，借记“现金”、“银行存款”、“应收账款”和“预收账款”等科目，贷记“提供服务收入——非限定性收入”科目。期末将该科目余额转入净资产科目时，借记“提供服务收入——非限定性收入”科目，贷记“非限定性净资产”科目。如果存在限定性提供服务收入，民间非营利组织在提供服务取得收入时，借记“现金”、“银行存款”和“应收账款”等科目，贷记“提供服务收入——限定性收入”科目。期末将该科目余额转入净资产科目时，借记“提供服务收入——限定性收入”科目，贷记“限定性净资产”科目。期末结账后，该科目应无余额。该科目应当按照提供服务的种类设置明细账，进行明细分类核算。

例 19－9

某民间非营利组织已经完成向服务对象提供服务计 14 600 元。该民间非营利组织在向服务对象提供服务前曾向服务对象预收服务费用 4 000 元。服务完成时，其余 10 600 元（14 600－4 000）服务费用收到一张支票，已存入开户银行。服务的开始和完成在同一会计年度。民间非营利组织应编制如下会计分录：

借：银行存款	10 600	
预收账款	4 000	
贷：提供服务收入——非限定性收入		14 600

本例中，如果民间非营利组织提供服务取得的收入大于已经预收的款项，并且差额尚未收到，那么，会计分录中的借方科目应当为“预收账款”和“应收账款”科目。

例 19－10

某民间非营利组织年末尚未完成某项向服务对象提供的服务。该民间非营利组织曾向服务对象预收了该项目的全部服务费用共计 8 400 元。根据已完成的工作量，民间非营利组织已经实现提供服务收入 5 600 元。民间非营利组织应编制如下会计分录：

借：预收账款	5 600	
贷：提供服务收入——非限定性收入		5 600

本例中，民间非营利组织对于跨年度的提供服务项目，应当在年末按完工进度或完成的工作量确认相应部分的提供服务收入。

例 19－11

某民间非营利组织年终结账。“提供服务收入——非限定性收入”账户的贷方余额为 33 400 元。民间非营利组织应编制如下会计分录：

借：提供服务收入——非限定性收入	33 400	
贷：非限定性净资产		33 400

本例中，如果民间非营利组织年终结账时“提供服务收入——限定性收入”账户存在贷方余额，应当将其结转至“限定性净资产”账户。

二、政府补助收入

（一）政府补助收入的概念

政府补助收入是指民间非营利组织接受政府拨款或者政府机构给予的补助而取得

的收入。民间非营利组织应当按照政府是否对其提供的补助在使用上提出限制条件，将政府补助收入区分成非限定性政府补助收入和限定性政府补助收入两个种类。如果政府对其提供的补助在使用上提出时间或者用途等限制条件，那么，这种政府补助收入为限定性政府补助收入。如果政府对其提供的补助在使用上没有提出明确的限制条件，那么，这种政府补助收入为非限定性政府补助收入。

（二）政府补助收入的确认

在民间非营利组织中，政府补助收入如同捐赠收入，它们都属于非交换性交易收入。只不过政府补助收入来源于政府拨款或者政府机构给予的补助，而捐赠收入来源于其他单位或者个人给予的资助。政府补助收入和捐赠收入都需要区分成限定性收入和非限定性收入两个种类。政府补助收入的确认方法如同捐赠收入的确认方法。

（三）政府补助收入的核算

为核算政府补助收入业务，民间非营利组织应设置“政府补助收入”总账科目。民间非营利组织确认政府补助收入时，借记“现金”“银行存款”等科目，贷记“政府补助收入——非限定性收入”“政府补助收入——限定性收入”科目。限定性政府补助收入的限制条件在确认收入当期得到满足时，借记“政府补助收入——限定性收入”科目，贷记“政府补助收入——非限定性收入”科目。确定无法满足限制条件从而需要向政府退还补助款项时，借记“管理费用”科目，贷记“其他应付款”科目。期末结账时，借记“政府补助收入——非限定性收入”科目，贷记“非限定性净资产”科目；同时，借记“政府补助收入——限定性收入”科目，贷记“限定性净资产”科目。

例 19－12

某民间非营利组织收到政府补助收入 27 500 元，款项已存入银行。政府在向民间非营利组织提供补助时，提出了有关的使用限制条件。民间非营利组织应编制如下会计分录：

借：银行存款　　27 500

　　贷：政府补助收入——限定性收入　　27 500

本例中，如果政府在向民间非营利组织提供补助时没有提出使用限制条件，包括使用时间限制条件和使用用途限制条件等，那么，会计分录中的贷方科目应为“政府补助收入——非限定性收入”科目。

例 19－13

某民间非营利组织按照政府提出的使用时间限制条件，已经到达限制可以使用政府补助收入 14 200 元的时间。民间非营利组织从收到政府的时间限制补助收入至到达可以使用政府补助收入的时间处在同一个会计期间。民间非营利组织应编制如下会计分录：

借：政府补助收入——限定性收入　　14 200

　　贷：政府补助收入——非限定性收入　　14 200

本例中，民间非营利组织解除附带使用时间限制条件的政府补助收入。如果民间非营利组织从收到时间限制政府补助收入至到达可以使用政府补助收入的时间跨越两个会计期间或两个会计年度，那么，期末“政府补助收入——限定性收入”科目余额转入“限定性净资产”科目后无余额。此时，需要在“限定性净资产”科目与“非限定性净资产”科目之间进行重新分类或进行转账。

本例中，如果政府在向民间非营利组织提供补助时同时提出了时间限制条件和用途限制条件，如同时提出了所提供的补助应当在第二年用于购买办公设备等，那么，民间非营利组织在仅到达限制可以使用补助的时间时，或者在仅满足时间限制条件时，还不能将限定性收入转入非限定性收入。主要原因是尽管时间限制条件已经解除，但用途限制条件尚未解除。民间非营利组织应当在所有限定条件都已经解除时，才能将限定性收入转入非限定性收入。

例 19－14

某民间非营利组织由于无法满足政府补助所附带的限制条件，因此，确定向政府退还 2 200 元的政府补助收入款项。民间非营利组织应编制如下会计分录：

借：管理费用　　2 200
　贷：其他应付款　　2 200

本例中，如果民间非营利组织直接向政府退还补助款项，那么，会计分录中的贷方科目为“银行存款”科目。

例 19－15

某民间非营利组织年终结账。“政府补助收入”总分类账户的贷方余额为 29 000 元；“政府补助收入”有关明细分类账户的贷方余额为：“限定性收入”22 500 元，“非限定性收入”6 500 元。民间非营利组织应编制如下会计分录：

借：政府补助收入——限定性收入　　22 500
　贷：限定性净资产　　22 500

同时：

借：政府补助收入——非限定性收入　　6 500
　贷：非限定性净资产　　6 500

本例中，“政府补助收入——限定性收入”和“政府补助收入——非限定性收入”账户的贷方余额应当分别结转至“限定性净资产”和“非限定性净资产”账户。经过结转，“政府补助收入——限定性收入”和“政府补助收入——非限定性收入”账户的余额应为零。

三、商品销售收入

（一）商品销售收入的概念

商品销售收入是指民间非营利组织销售商品如出版物、药品等所形成的收入。一般情况下，民间非营利组织的商品销售收入为非限定性收入，除非相关资产提供者对资产的使用设置了限制条件。

（二）商品销售收入的确认

在民间非营利组织中，商品销售收入如同提供服务收入，它们都属于交换性交易收入。即民间非营利组织在取得相应收入的同时，需要向其服务对象提供相应的商品；或者民间非营利组织在向其服务对象提供商品的同时，需要向其服务对象收取相应的费用。

对于因交换性交易所形成的商品销售收入，民间非营利组织应当在下列条件同时满足时予以确认：

（1）已将商品所有权上的主要风险和报酬转移给了购货方。

（2）既没有保留通常与所有权相联系的继续管理权，也没有对已售出的商品实施控制。

（3）与交易相关的经济利益能够流入民间非营利组织。

（4）相关的收入和成本能够可靠地计量。

（三）商品销售收入的核算

为核算商品销售收入业务，民间非营利组织应设置“商品销售收入”总账科目。民间非营利组织销售商品取得收入时，借记“现金”、“银行存款”、“应收票据”和“应收账款”等科目，贷记“商品销售收入——非限定性收入”科目。民间非营利组织因商品质量等原因发生的销售退回作为冲减商品销售收入处理，借记“商品销售收入——非限定性收入”科目，贷记“银行存款”、“应收账款”和“应收票据”等科目；同时，借记“存货”科目，贷记“业务活动成本”科目。在资产负债表日后、财务报告批准报出前发生的销售退回作为资产负债表日后事项的调整事项处理，借记“非限定性净资产”科目，贷记“银行存款”、“应收账款”和“应收票据”等科目；同时，借记“存货”科目，贷记“非限定性净资产”科目。民间非营利组织因尽快回笼资金的原因而发生的现金折扣作为筹资费用处理，借记“银行存款”“筹资费用”等科目，贷记“应收账款”“应收票据”等科目。民间非营利组织因商品质量等原因发生的销售折让作为冲减商品销售收入处理，借记“商品销售收入——非限定性收入”“银行存款”等科目，贷记“应收账款”“应收票据”等科目。期末结转该科目余额时，借记“商品销售收入——非限定性收入”科目，贷记“非限定性净资产”科目。如果民间非营利组织存在限定性商品销售收入业务，那么，应当在“商品销售收入——限定性收入”科目中核算。期末将“商品销售收入——限定性收入”科目的余额转入“限定性净资产”科目。期末结转后，该科目应无余额。该科目应按照商品的种类设置明细账，进行明细核算。

例 19－16

某民间非营利组织销售商品一批，售价为6 860元，款项尚未收到。民间非营利组织应编制如下会计分录：

借：应收账款	6 860	
贷：商品销售收入——非限定性收入		6 860

本例中，如果民间非营利组织收到相应的商业汇票一张，那么，会计分录中的借

方科目为“应收票据”科目。

例 19－17

某民间非营利组织因产品品种的原因发生销售退回商品一批。该批商品的售价为 1 450 元，相应的成本为 1 120 元。款项以银行存款支付。民间非营利组织应编制如下会计分录：

借：商品销售收入——非限定性收入	1 450	
贷：银行存款		1 450
同时：		
借：存货	1 120	
贷：业务活动成本		1 120

本例中，如果民间非营利组织在资产负债表日后、财务报告批准报出日前发生销售退回，那么，会计分录中的借方科目“商品销售收入——非限定性收入”科目和贷方科目“业务活动成本”科目都应改为“非限定性净资产”科目。

例 19－18

某民间非营利组织年终结账。“商品销售收入——非限定性收入”账户的贷方余额为 23 200 元。民间非营利组织应编制如下会计分录：

借：商品销售收入——非限定性收入	23 200	
贷：非限定性净资产		23 200

本例中，如果民间非营利组织年终结账时“商品销售收入——限定性收入”账户存在贷方余额，应当将其结转至“限定性净资产”账户。

第三节　投资收益与其他收入

一、投资收益

（一）投资收益的概念

投资收益是指民间非营利组织因对外投资取得的投资净损益。一般情况下，民间非营利组织的投资收益为非限定性收入，除非相关资产提供者对资产的使用设置了限制条件。

（二）投资收益的确认

投资收益属于交换性交易收入。投资收益应当在同时满足下列条件时予以确认：

（1）与交易相关的经济利益能够流入民间非营利组织。

（2）收入的金额能够可靠地计量。

（三）投资收益的核算

为核算投资收益业务，民间非营利组织应设置“投资收益”总账科目。民间非营利组织出售短期投资或到期收回债券本息时，按实际收到的款项和已计提的短期投资跌价准备分别借记“银行存款”“短期投资跌价准备”科目，按短期投资的账面余额和尚未领取的现金股利或利息分别贷记“短期投资”“其他应收款”科目，按借贷差额借记或贷记该科目。采用成本法核算长期股权投资的民间非营利组织，被投资单位宣告发放现金股利或利润时，按相应份额借记“其他应收款”科目，贷记该科目。采用权益法核算长期股权投资的民间非营利组织，期末被投资单位实现净利润时，按相应份额借记“长期股权投资”科目，贷记该科目；被投资单位发生净亏损时，按相应份额借记该科目，贷记“长期股权投资”科目。民间非营利组织处置长期股权投资时，按实际收到的价款和已计提的长期投资减值准备分别借记“银行存款”“长期投资减值准备”科目，按长期股权投资的账面余额和尚未领取的现金股利分别贷记“长期股权投资”“其他应收款”科目，按借贷差额借记或贷记该科目。民间非营利组织按期应计持有的到期一次还本付息债券利息时，借记“长期债权投资——债券投资（应收利息）”科目，贷记该科目；按期应计持有的分期付息、到期还本债券利息时，借记“其他应收款”科目，贷记该科目。民间非营利组织在按期应计债券利息的同时，应按直线法摊销债券溢价，借记该科目，贷记“长期债权投资——债券投资（溢价）”科目；或按直线法摊销债券折价，借记“长期债权投资——债券投资（折价）”科目，贷记该科目。民间非营利组织处置长期债券投资时，按实际取得的价款和已计提的减值准备分别借记“银行存款”“长期投资减值准备”科目，按长期债券投资的账面余额和尚未领取的债券利息分别贷记“长期债权投资”、“其他应收款”或“长期债权投资——债券投资（应收利息）”科目，按借贷差额借记或贷记该科目。期末将该科目余额转入净资产科目时，借记该科目，贷记“非限定性净资产”科目。如果存在限定性投资收益，期末结账时，借记该科目，贷记“限定性净资产”科目。期末结账后，该科目应无余额。

例 19-19

某民间非营利组织出售短期投资，实际收到款项 1 800 元。该短期投资账面余额 1 600 元，已计提减值准备 300 元，没有尚未领取的利息。民间非营利组织应编制如下会计分录：

借：银行存款	1 800	
短期投资跌价准备	300	
贷：短期投资		1 600
投资收益		500

本例中，如果短期投资的账面余额减去短期投资跌价准备后的余额大于实际收到的款项，其差额应借记“投资收益”科目。

例 19-20

某民间非营利组织采用成本法核算长期股权投资，被投资单位宣告发放现金股利 3 000 元，民间非营利组织按股权比例可获得其中的 600 元。民间非营利组织应编制如下会计分录：

借：其他应收款	600	
贷：投资收益		600

本例中，由于民间非营利组织拥有被投资单位的股份较少，因此，不能对被投资单位实施控制或产生重大影响。由此，民间非营利组织对相应的长期股权投资采用成本法进行核算。如果民间非营利组织拥有被投资单位的股份较多，并且已经达到能够对被投资单位实施控制或产生重大影响的程度，那么，民间非营利组织对相应的长期股权投资应当采用权益法进行核算。

例 19－21

某民间非营利组织年终结账，"投资收益"账户的贷方余额为 19 150 元。民间非营利组织应编制如下会计分录：

借：投资收益　　19 150

　贷：非限定性净资产　　1 9150

本例中，如果民间非营利组织年终结账时存在限制性投资收益账户余额，那么，应当将其结转至"限定性净资产"账户。

二、其他收入

（一）其他收入的概念

其他收入是指民间非营利组织除了捐赠收入、会费收入、提供服务收入、商品销售收入、政府补助收入、投资收益等主要业务活动收入以外的其他杂项收入。其他收入的例子如确实无法支付的应付款项、存货盘盈、固定资产盘盈、固定资产处置净收入、无形资产处置净收入等。一般情况下，民间非营利组织的其他收入为非限定性收入，除非相关资产提供者对资产的使用设置了限制条件。

（二）其他收入的核算

为核算其他收入业务，民间非营利组织应设置"其他收入"总账科目。民间非营利组织取得其他收入时，借记"现金"、"存货"、"固定资产"、"文物文化资产"和"固定资产清理"等科目，贷记该科目。期末将该科目贷方余额转入净资产科目时，借记该科目，贷记"非限定性净资产"科目。民间非营利组织如果存在限定性其他收入，期末应当将限定性其他收入的余额结转至"限定性净资产"科目。期末结账后，该科目应无余额。该科目应按其他收入的种类设置明细账，进行明细分类核算。

例 19－22

某民间非营利组织对存货进行盘点，结果盘盈存货 250 元。经批准，该存货盘盈作为其他收入处理。民间非营利组织应编制如下会计分录：

借：存货　　250

　贷：其他收入　　250

本例中，民间非营利组织每年至少应当对存货盘点一次。盘盈的存货应当按照其公允价值入账。

例 19－23

某民间非营利组织处置一项不需用的固定资产。该项固定资产的原值为 8 700

元，累计折旧为6 200元，以现金支付清理过程中发生清理费用100元，残料出售获得银行存款收入2 900元。此次固定资产处置获得净收入300元［2 900－（8 700－6 200＋100)］。民间非营利组织应编制如下会计分录：

借：累计折旧　　6 200
　　固定资产清理　　2 500
　贷：固定资产　　8 700

同时：

借：固定资产清理　　100
　贷：现金　　100

同时：

借：银行存款　　2 900
　贷：固定资产清理　　2 900

同时：

借：固定资产清理　　300
　贷：其他收入　　300

本例中，固定资产的清理过程应当通过“固定资产清理”科目核算。固定资产清理结束后，“固定资产清理”科目的贷方余额转入“其他收入”科目。

例19－24

某民间非营利组织年终结账。“其他收入”账户的贷方余额为760元。民间非营利组织应编制如下会计分录：

借：其他收入　　760
　贷：非限定性净资产　　760

本例中，如果民间非营利组织年终结账时存在限制性其他收入账户余额，那么，应当将其结转至“限定性净资产”账户。

思考题

1. 什么是民间非营利组织的收入？民间非营利组织的收入主要有哪些种类？

2. 什么是民间非营利组织的捐赠收入？捐赠收入可以表现为哪些形式？按捐赠人是否对捐赠资产附带限制条件，捐赠收入可以分为哪两个种类？将捐赠收入分为这两个种类有什么意义？

3. 民间非营利组织应当如何确认捐赠收入？

4. 民间非营利组织在按照捐赠人提出的限制条件使用捐赠财产时，如果确认捐赠收入和按限制条件使用捐赠财产在同一个会计期间，那么，会计核算上应当如何反映限制条件的解除？如果确认捐赠收入和按限制条件使用捐赠财产不在同一个会计期间，那么，会计核算上应当如何反映限制条件的解除？

5. 什么是民间非营利组织的会费收入？会费收入一般属于非限定性收入还是限定性收入？

6. 什么是民间非营利组织的提供服务收入？提供服务收入应当如何确认？什么是民间非营利组织的商品销售收入？商品销售收入应当如何确认？民间非营利组织的提供服务收入和商品销售收入有什么共同特征？

7. 什么是民间非营利组织的政府补助收入？政府补助收入应当如何确认？民间非营利组织的政府补助收入与捐赠收入有什么共同特征？

8. 什么是民间非营利组织的投资收益？投资收益应当如何确认？

练习题

练习一

一、目的：练习民间非营利组织捐赠收入的核算。

二、资料：某民间非营利组织 20×4 年发生如下经济业务：

(1) 收到捐赠人捐赠一笔款项 4 600 元，款项已存入开户银行。捐赠人未对捐赠款项的使用提出明确的限制条件。

(2) 收到捐赠人捐赠一笔款项 9 500 元，款项已存入开户银行。按照捐赠人的要求，该笔款项应当用于本组织设置的某项专业业务活动。

(3) 按照捐赠人的要求，将收到的捐赠款项 9 500 元用于本组织设置的某项专业业务活动。

(4) 收到捐赠人捐赠一批日常生活用品计 6 350 元。按照捐赠人的要求，该批日常生活用品限制用于本组织设置的某项专业业务活动。

(5) 收到捐赠人捐赠一台办公设备，价值 14 500 元。捐赠人未对设备的使用提出明确的限制条件。

(6) 年终结账。"捐赠收入"总分类账户的贷方余额为 87 900 元。"捐赠收入"有关明细分类账户的贷方余额为："限定性收入" 48 500 元，"非限定性收入" 39 400 元。将捐赠收入账户的贷方余额转入有关净资产账户。

三、要求：根据以上资料，为该民间非营利组织编制有关的会计分录。

练习二

一、目的：练习民间非营利组织提供服务收入和商品销售收入的核算。

二、资料：某民间非营利组织 20×4 年发生如下经济业务：

(1) 完成向服务对象提供某项专业服务，收到相应的服务收费 8 800 元，款项存入开户银行。

(2) 销售商品一批，售价为 2 200 元，款项尚未收到。

(3) 年末，某项对外服务尚未完成，按已完成的工作量，已经实现提供服务收入 1 450元。

(4) 年终结账。"提供服务收入"总账科目的贷方余额为 16 200 元，"商品销售收入"总账科目的贷方余额为 9 600 元。"提供服务收入"有关明细账科目的贷方余额为："非限定性收入" 16 200 元。"商品销售收入"有关明细账科目的贷方余额为："非限定性收入" 9 600 元。

三、要求：根据以上资料，为该民间非营利组织编制有关的会计分录。

练习三

一、目的：练习民间非营利组织政府补助收入和投资收益的核算。

二、资料：某民间非营利组织20×4年发生如下经济业务：

(1) 收到政府补助收入26 500元，款项已存入银行。按照政府的要求，该笔补助款项中的16 500元应当用于购买业务部门使用的办公设备；其余10 000元由民间非营利组织自主安排用于组织的相应运行目的。

(2) 将收到的政府补助收入16 500元，按照政府的要求，为业务部门购买办公设备。款项以银行存款支付。

(3) 收到债券投资利息2 620元，款项存入开户银行。该债券投资利息没有限定用途。

(4) 年终结账。“政府补助收入”总分类账户的贷方余额为38 800元。“政府补助收入”有关明细分类账户的贷方余额为：“限定性收入”2 300元，“非限定性收入”36 500元。“投资收益”总分类账户的贷方余额为2 980元。“投资收益”有关明细分类账户的贷方余额为：“限定性收入”2 980元。

三、要求：根据以上资料，为该民间非营利组织编制有关的会计分录。

第二十章

民间非营利组织的费用

民间非营利组织的费用是指民间非营利组织为开展业务活动所发生的、导致本期净资产减少的经济利益或者服务潜力的流出。民间非营利组织的费用按照其功能可以分为业务活动成本、管理费用、筹资费用和其他费用等种类。

第一节 业务活动成本

一、业务活动成本的概念和确认

业务活动成本是指民间非营利组织为了实现其业务活动目标、开展其项目活动或者提供服务所发生的费用。与管理费用相比，业务活动成本的特点是民间非营利组织直接为服务对象发生的费用；而管理费用是民间非营利组织为组织和管理业务活动而发生的费用。例如，慈善基金会的业务活动项目可能会有儿童康复项目、安老服务项目、慈善培训服务项目等；红十字会的业务活动项目可能会有赈济活动项目、社区活动项目、中小学活动项目等。如果民间非营利组织从事的业务活动项目或开展的业务活动种类比较单一，那么，业务活动成本下就不需要设置相应的项目。

民间非营利组织的业务活动成本应当在实际发生时按其发生额计入当期费用。

二、业务活动成本的核算

为核算业务活动成本业务，民间非营利组织应设置“业务活动成本”总账科目。民间非营利组织发生业务活动成本时，借记该科目，贷记“现金”、“银行存款”、“存货”和“应付账款”等科目。期末将该科目借方余额转入净资产科目时，借记“非限定性净资产”科目，贷记该科目。期末结账后，该科目应无余额。该科目应根据民间非营利组织从事的业务活动的项目或开展的业务活动的种类设置明细账。如果民间非营利组织从事的业务活动的项目或开展的业务活动的种类比较单一，那么，相关费用可以全部归集在该科目下进行核算。

例 20－1

某民间非营利组织为开展甲项目业务活动以银行存款支付相关费用 2 320 元。民间非营利组织应编制如下会计分录：

借：业务活动成本——甲项目　　2 320

　贷：银行存款　　2 320

本例中，民间非营利组织发生的业务活动成本如果同时属于多项专业业务活动，并且不能直接确定归属于某一类专业业务活动的数额，那么，应当将这些费用按照合理的方法在各项专业业务活动中进行分配。

例 20－2

某民间非营利组织按月计提乙项目业务活动使用的固定资产折旧计 1 930 元。民间非营利组织应编制如下会计分录：

借：业务活动成本——乙项目　　1 930

　贷：累计折旧　　1 930

本例中，民间非营利组织应当正确区分由行政管理部门使用的固定资产和由专业业务部门使用的固定资产。在此基础上，对各部门使用的固定资产分别计提固定资产折旧。

例 20－3

某民间非营利组织按照捐赠人的要求将接受捐赠的一批存货计 820 元使用在限定的丙项目业务活动上。民间非营利组织应编制如下会计分录：

借：业务活动成本——丙项目　　820

　贷：存货　　820

同时：

借：捐赠收入——限定性收入　　820

　贷：捐赠收入——非限定性收入　　820

本例中，民间非营利组织按照捐赠人的要求将接受捐赠的存货使用在专业业务活动项目上。因此，在确认业务活动成本的同时，还需要解除限定性捐赠收入至非限定性捐赠收入。“捐赠收入——非限定性收入”与“业务活动成本——丙项目”相抵后，净资产不增不减。

例 20－4

某民间非营利组织年终结账。“业务活动成本”账户的借方余额为 26 500 元。民间非营利组织应编制如下会计分录：

借：非限定性净资产　　26 500

　贷：业务活动成本　　26 500

本例中，民间非营利组织年终“业务活动成本”账户的余额应转入“非限定性净资产”账户。在非限定性净资产的增减变动中，可以包括捐赠收入、会费收入等收入，还可以包括业务活动成本、管理费用等费用。在限定性净资产的增加变动中，只包括捐赠收入、政府补助收入等收入，不包括业务活动成本、管理费用等费用。民间非营利组织使用限定性资产或净资产时，减少限定性收入，增加非限定性收入；费用计入非限定性净资产中，不计入限定性净资产中。

第二节　管理费用

一、管理费用的概念和确认

管理费用是指民间非营利组织为组织和管理其业务活动所发生的费用，包括民间非营利组织董事会或理事会或类似权力机构经费和行政管理人员的工资、奖金、福利费、住房公积金、住房补贴、社会保障费、离退休人员工资与补助，以及办公费、水电费、邮电费、物业管理费、差旅费、折旧费、修理费、租赁费、无形资产摊销费、资产盘亏损失、资产减值损失、因预计负债所产生的损失、聘请中介机构费和应偿还的受赠资产等。

民间非营利组织的管理费用应当在实际发生时按其发生额计入当期费用。

二、管理费用的核算

为核算管理费用业务，民间非营利组织应设置“管理费用”总账科目。民间非营利组织以现金、银行存款支付管理费用时，借记该科目，贷记“现金”“银行存款”科目。发生应归属于管理费用的应付工资、应交税金等时，借记该科目，贷记“应付工资”“应交税金”等科目。提取行政管理用固定资产折旧时，借记该科目，贷记“累计折旧”科目。计提长期投资减值准备时，借记该科目，贷记“长期投资减值准备”科目。无形资产摊销时，借记该科目，贷记“无形资产”科目。存货盘亏并经批准时，借记该科目，贷记“存货”科目。期末将该科目借方余额转入非限定性净资产科目时，借记“非限定性净资产”科目，贷记该科目。期末结账后，该科目应无余额。该科目应当按照管理费用的种类设置明细账，进行明细分类核算。

例 20－5

某民间非营利组织以银行存款支付管理费用750元。民间非营利组织应编制如下会计分录：

借：管理费用	750	
贷：银行存款		750

本例中，借方“管理费用”科目应根据银行存款支付的内容设置相应的明细账，如水电费、邮电费、物业管理费、修理费等。

例 20－6

某民间非营利组织计算应支付给管理部门工作人员的工资计3 500元。民间非营利组织应编制如下会计分录：

借：管理费用	3 500	
贷：应付工资		3 500

本例中，民间非营利组织在计算工作人员的工资时，可以区分专业业务部门、管理部门、筹资部门等的工作人员分别计算，从而分别记入“业务活动成本”、“管理费用”和“筹资费用”等科目。

例 20－7

某民间非营利组织定期对长期债权投资是否发生了减值进行检查，结果发现长期债权投资可收回金额低于账面价值，差额为1 600元。民间非营利组织应编制如下会计分录：

借：管理费用　　　　1 600

　贷：长期投资减值准备　　　　1 600

本例中，如果发现长期债权投资以前期间计提的减值准备在当期得到恢复，那么，民间非营利组织应当在原计提减值准备的范围内，借记“长期投资减值准备”科目，贷记“管理费用”科目。

例 20－8

某民间非营利组织年终结账。“管理费用”账户的借方余额为14 350元。民间非营利组织应编制如下会计分录：

借：非限定性净资产　　　　14 350

　贷：管理费用　　　　14 350

本例中，“管理费用”科目年终结账时应当将余额结转至“非限定性净资产”科目。

第三节　筹资费用

一、筹资费用的概念和确认

筹资费用是指民间非营利组织为筹集业务活动所需资金而发生的费用，包括民间非营利组织为了获得捐赠资产而发生的费用以及应当计入当期费用的借款费用、汇兑损失（减汇总收益）等。民间非营利组织为了获得捐赠资产而发生的费用包括举办募款活动费，准备、印刷和发放募款宣传资料费以及其他与募款或者争取捐赠资产有关的费用。

民间非营利组织的筹资费用应当在实际发生时按其发生额计入当期费用。

二、筹资费用的核算

为核算筹资费用业务，民间非营利组织应设置“筹资费用”总账科目。民间非营利组织发生筹资费用时，借记该科目，贷记“银行存款”、“预提费用”和“长期借款”等科目。期末将该科目借方余额转入非限定性净资产科目时，借记“非限定性净资产”科目，贷记该科目。期末结账后，该科目应无余额。该科目应当按照筹资费用的种类设置明细账，进行明细分类核算。

例 20－9

某民间非营利组织以银行存款支付募款活动费用2 500元。民间非营利组织应编制如下会计分录：

借：筹资费用　　　　2 500

　贷：银行存款　　　　2 500

本例中，社会慈善民间非营利组织通常通过举办专门的募款活动筹集开展业务活动所需要的资金。

例 20－10

某民间非营利组织发生应当计入筹资费用的长期借款费用 1 640 元。民间非营利组织应编制如下会计分录：

借：筹资费用	1 640	
贷：长期借款		1 640

本例中，如果民间非营利组织专门为购建固定资产而进行长期借款，那么，该类长期借款的借款费用在规定的允许资本化的期间内，应当计入在建工程成本，而不能计入筹资费用。

例 20－11

某民间非营利组织年终结账。“筹资费用”账户的借方余额为 5 560 元。民间非营利组织应编制如下会计分录：

借：非限定性净资产	5 560	
贷：筹资费用		5 560

本例中，“筹资费用”科目年终结账时应当将余额结转至“非限定性净资产”科目。

第四节　其他费用

一、其他费用的概念和确认

其他费用是指民间非营利组织发生的无法归属到业务活动成本、管理费用和筹资费用中的费用，包括固定资产处置净损失、无形资产处置净损失等。

民间非营利组织的其他费用应当在实际发生时按其发生额计入当期费用。

二、其他费用的核算

为核算其他费用业务，民间非营利组织应设置“其他费用”总账科目。民间非营利组织发生处置固定资产净损失时，借记该科目，贷记“固定资产清理”科目。发生处置无形资产净损失时，借记该科目、“银行存款”科目，贷记“无形资产”科目。期末将该科目借方余额转入非限定性净资产科目时，借记“非限定性净资产”科目，贷记该科目。期末结账后，该科目应无余额。该科目应当按照其他费用的种类设置明细账，进行明细分类核算。

例 20－12

某民间非营利组织处置一项无形资产。该项无形资产的账面余额为 4 580 元，出售取得实际价款 4 220 元，处置损失为 360 元（4 580－4 220）。民间非营利组织应编制如下会计分录：

借：银行存款　　　　　　　　　　　　　　　　　　4 220
　　其他费用　　　　　　　　　　　　　　　　　　　360
　贷：无形资产　　　　　　　　　　　　　　　　　　　4 580

例 20-13

某民间非营利组织年终结账。“其他费用”账户的借方余额为 1 840 元。民间非营利组织应编制如下会计分录：

借：非限定性净资产　　　　　　　　　　　　　　　1 840
　贷：其他费用　　　　　　　　　　　　　　　　　　　1 840

本例中，“其他费用”科目年终结账时应当将余额结转至“非限定性净资产”科目。

思考题

1. 什么是民间非营利组织的费用？民间非营利组织的费用一般可以分为哪几个种类？

2. 什么是民间非营利组织的业务活动成本？民间非营利组织的业务活动成本应当如何核算？

3. 什么是民间非营利组织的管理费用？民间非营利组织为什么需要将业务活动成本与管理费用进行区分？

4. 什么是民间非营利组织的筹资费用？民间非营利组织为什么需要将筹资费用与管理费用进行区分？

5. 什么是民间非营利组织的其他费用？民间非营利组织的其他费用应当如何核算？

练习题

练习一

一、练习民间非营利组织业务活动成本的核算。

二、某民间非营利组织 20×4 年发生如下经济业务：

(1) 儿童重大疾病慈善医疗援助项目开支 3 800 元，以援助有关儿童重大疾病的治疗。款项以银行存款支付给有关医疗机构。

(2) 贫困母亲慈善生活援助项目开支 2 900 元，以援助有关贫困母亲及其孩子对基本日常生活品的需要。款项以现金支付给有关贫困母亲。

(3) 自然灾害慈善救助项目开支 15 200 元，以援助某地因发生自然灾害而给受灾群众的日常生活带来的严重影响。援助的方式是实物援助，实物已经向有关受灾人员发放。

(4) 自然灾害慈善救助项目办公室发生日常办公费用计 850 元。款项以银行存款支付。

(5) 儿童重大疾病慈善医疗援助项目办公室固定资产计提折旧 1 420 元。

(6) 年终结账。“业务活动成本”总账科目的借方余额为 105 000 元。“业务活动成本”有关明细账科目的借方余额为：“儿童重大疾病慈善医疗援助项目”46 000 元，“贫困母亲慈善生活援助项目”31 000 元，“自然灾害慈善救助项目”28 000 元。

三、要求：根据以上资料，为该民间非营利组织编制有关的会计分录。

练习二

一、练习民间非营利组织筹资费用的核算。

二、某民间非营利组织 20×4 年发生如下经济业务：

(1) 以银行存款支付募款活动费用 3 500 元。

(2) 募款部门发生日常办公费用 260 元，款项以现金支付。

(3) 应计募款部门工作人员工资 1 780 元。

(4) 召开专项募款联谊晚会。募得捐赠款项 5 600 元，款项存入开户银行。同时，专项募款联谊晚会发生相关费用 300 元，款项以银行存款支付。根据要求，募款活动的捐赠收入应当以捐赠实际收入减去相关募款费用后的净额确认。

(5) 年终结账。“筹资费用”账户的借方余额为 15 800 元。

三、要求：根据以上资料，为该民间非营利组织编制有关的会计分录。

练习三

一、练习民间非营利组织管理费用的核算。

二、某民间非营利组织 20×4 年发生如下经济业务：

(1) 以银行存款支付管理部门的日常办公费用 2 300 元。

(2) 应计管理部门工作人员的工资计 4 630 元。

(3) 管理部门从仓库领用办公用品 850 元。

(4) 对管理部门使用的固定资产计提折旧 3 940 元。

(5) 对应收账款计提坏账准备 320 元。

(6) 年终结账。“管理费用”账户的借方余额为 26 500 元。

三、要求：根据以上资料，为该民间非营利组织编制有关的会计分录。

第二十一章

民间非营利组织的净资产

民间非营利组织的净资产是指民间非营利组织资产减去负债后的余额。民间非营利组织的净资产应当按照其是否受到条件限制，区分为限定性净资产和非限定性净资产两个种类。

第一节　限定性净资产

一、限定性净资产的概念

在民间非营利组织中，如果资产或者资产所产生的经济利益如投资收益等的使用受到资产提供者或者国家有关法律、行政法规所设置的时间限制或用途限制，那么，由此形成的净资产为限定性净资产。国家有关法律、行政法规对净资产的使用直接设置限制的，该受限制的净资产也为限定性净资产。

限定性净资产中的时间限制，是指资产提供者或者国家有关法律、行政法规要求民间非营利组织在收到资产后的特定时期之内或特定日期之后使用该项资产，或者对资产的使用设置了永久限制。限定性净资产中的用途限制，是指资产提供者或者国家有关法律、行政法规要求民间非营利组织将收到的资产用于某一特定的用途。民间非营利组织的董事会、理事会或类似权力机构对净资产的使用所作的限定性政策、决议或拨款限额等，属于民间非营利组织内部管理上对资产使用所作的限制，不属于限定性净资产的概念。

如果限定性净资产的限制条件已经解除，应当对净资产进行重新分类，将限定性净资产转为非限定性净资产。民间非营利组织存在下列情况之一时，可以认为限定性净资产的限制条件已经解除：（1）限定净资产的限制时间已经到期；（2）限定净资产规定的用途已经实现，或者规定的目的已经达到；（3）资产提供者或者国家有关法律、行政法规撤销了所设置的限制条件。如果限定性净资产受到两项或两项以上条件的限制，那么，民间非营利组织应当在最后一项限制条件解除时，才能认为该项限定性净资产的限制条件已经解除。否则，该项净资产仍然属于限定性净资产。

二、限定性净资产的核算

为核算限定性净资产业务，民间非营利组织应设置“限定性净资产”总账科目。

民间非营利组织期末结转各收入科目中属于“限定性收入”明细科目的余额时，借记“捐赠收入——限定性收入”“政府补助收入——限定性收入”等科目，贷记该科目。限定性净资产的限制条件解除时，借记该科目，贷记“非限定性净资产”科目。因调整以前期间收入或费用项目从而需要调整限定性净资产时，借记或贷记有关科目，贷记或借记该科目。该科目贷方余额表示民间非营利组织历年积存的限定性净资产。

例 21－1

某民间非营利组织按照政府提出的使用时间限制条件，已经到达限制可以使用政府补助收入 26 300 元的时间。民间非营利组织从确认政府的时间限制性补助收入至解除政府补助收入的时间限制条件跨越两个会计年度。民间非营利组织应编制如下会计分录：

借：限定性净资产　　26 300

　贷：非限定性净资产　　26 300

本例中，由于民间非营利组织限定性政府补助收入在期末已经结转至“限定性净资产”科目，因此，在限制条件解除时直接在净资产类科目之间进行重新分类，而不在收入类科目之间进行重新分类。

例 21－2

某民间非营利组织年终结转限定性收入科目贷方余额。其中，“捐赠收入——限定性收入”75 500 元，“政府补助收入——限定性收入”42 000 元。民间非营利组织应编制如下会计分录：

借：捐赠收入——限定性收入　　75 500

　　政府补助收入——限定性收入　　42 000

　贷：限定性净资产　　117 500

本例中，限定性收入通常在捐赠收入、政府补助收入等这样的非交换性交易收入中存在。如果会费收入、提供服务收入、商品销售收入、投资收益、其他收入中也存在限定性收入，那么，这些限定性收入也应当在年终结转至“限定性净资产”科目。限定性净资产是民间非营利组织受资产提供者直接而又明确的使用限制的净资产，民间非营利组织对此承担直接而又明确的财务受托责任。因此，限定性净资产有必要单独核算。

民间非营利组织的费用类科目期末结转至“非限定性净资产”科目，不结转至“限定性净资产”科目。

第二节　非限定性净资产

一、非限定性净资产的概念

在民间非营利组织中，非限定性净资产是指除了限定性净资产之外的其他净资产。尽管非限定性净资产没有明确或直接的使用限制条件，但非限定性净资产的使用仍然需要与民间非营利组织的使命或运行目的或总体目标相符合，而不能随意使用在不符合民间非营利组织运行目的的活动上。

二、非限定性净资产的核算

为核算非限定性净资产业务，民间非营利组织应设置“非限定性净资产”总账科目。民间非营利组织期末结转各收入科目中属于“非限定性收入”明细科目的余额时，借记“捐赠收入——非限定性收入”、“会费收入——非限定性收入”、“提供服务收入——非限定性收入”、“政府补助收入——非限定性收入”、“商品销售收入——非限定性收入”、“投资收益——非限定性收入”和“其他收入——非限定性收入”等科目，贷记该科目。期末结转各费用类科目的余额时，借记该科目，贷记“业务活动成本”、“管理费用”、“筹资费用”和“其他费用”等科目。限定性净资产的限制条件解除时，借记“限定性净资产”科目，贷记该科目。因调整以前期间收入或费用项目从而需要调整非限定性净资产时，借记或贷记有关科目，贷记或借记该科目。该科目贷方余额表示民间非营利组织历年积存的非限定性净资产。

例 21-3

某民间非营利组织在确认捐赠收入的次年按照捐赠人提出的限制条件将捐赠款项用于购买办公设备一台计 15 400 元，款项已以银行存款支付。民间非营利组织应编制如下会计分录：

借：固定资产	15 400	
贷：银行存款		15 400

同时：

借：限定性净资产	15 400	
贷：非限定性净资产		15 400

本例中，民间非营利组织在去年年终结账时已经将收到的限定性捐赠收入由“捐赠收入——限定性收入”科目转入“限定性净资产”科目。因此，在次年按照要求使用限定性捐赠款项时，将“限定性净资产”科目转入“非限定性净资产”科目，而不是将“捐赠收入——限定性收入”科目转入“捐赠收入——非限定性收入”科目。

例 21-4

某民间非营利组织年终结转非限定性收入科目贷方余额。其中，“捐赠收入——非限定性收入”56 840 元，“会费收入——非限定性收入”7 540 元，“提供服务收入——非限定性收入”14 750 元，“政府补助收入——非限定性收入”39 740 元，“商品销售收入——非限定性收入”6 580 元，“投资收益——非限定性收入”4 650 元，“其他收入——非限定性收入”800 元。民间非营利组织应编制如下会计分录：

借：捐赠收入——非限定性收入	56 840	
会费收入——非限定性收入	7 540	
提供服务收入——非限定性收入	14 750	
政府补助收入——非限定性收入	39 740	
商品销售收入——非限定性收入	6 580	
投资收益——非限定性收入	4 650	
其他收入——非限定性收入	800	
贷：非限定性净资产		130 900

本例中，由提供服务、销售商品等这样的交换性交易产生的收入一般为非限定性收入。会费收入、投资收益和其他收入一般也为非限定性收入。由非交换性交易产生的捐赠收入、政府补助收入等通常比较明显的会存在限定性收入和非限定性收入的区分。

例 21－5

某民间非营利组织年终结转费用类科目借方余额。其中，“业务活动成本”88 420元，“管理费用”22 450 元，“筹资费用”8 960 元，“其他费用”570 元。民间非营利组织应编制如下会计分录：

借：非限定性净资产	120 400	
贷：业务活动成本		88 420
管理费用		22 450
筹资费用		8 960
其他费用		570

本例中，“业务活动成本”、“管理费用”、“筹资费用”和“其他费用”等费用类科目的年终借方余额全部转入“非限定性净资产”科目，不转入“限定性净资产”科目。

思考题

1. 什么是民间非营利组织的净资产？民间非营利组织的净资产可以分为哪两个种类？

2. 民间非营利组织的限定性净资产在什么情况下可以认为限制条件已经解除？

3. 民间非营利组织期末结账时，费用类账户的余额应当转入什么种类的净资产账户？民间非营利组织在使用限定性净资产时，应当如何进行会计核算？

练习题

练习一

一、目的：练习民间非营利组织限定性净资产的核算。

二、资料：某民间非营利组织 20×4 年发生如下经济业务：

(1) 将去年收到的政府补助收入按限定用途购买一项专用设备，价款 24 000 元，款项以银行存款支付。

(2) 年终结账。有关限定性收入科目的贷方余额为：“捐赠收入——限定性收入”9 400 元，“政府补助收入——限定性收入”3 200 元，“投资收益——限定性收入”1 100元。

三、要求：根据以上资料，为该民间非营利组织编制有关的会计分录。

练习二

一、目的：练习民间非营利组织非限定性净资产的核算。

二、资料：某民间非营利组织 20×4 年发生如下经济业务：

（1）按照去年捐赠者在捐赠时提出的使用时间限制条件，已经到达捐赠者提出的可以使用捐赠收入5 600元的时间。

（2）年终结账。有关非限定性收入科目贷方余额为：“捐赠收入——非限定性收入”8 500元，“政府补助收入——非限定性收入”2 300元，“投资收益——非限定性收入”480元，“其他收入——非限定性收入”320元。

（3）年终结账。有关费用类科目借方余额为：“业务活动成本”7 200元，“管理费用”2 300元，“筹资费用”1 200元，“其他费用”400元。

三、要求：根据以上资料，为该民间非营利组织编制有关的会计分录。

第二十二章

民间非营利组织财务报表

民间非营利组织财务报表是反映民间非营利组织财务状况、业务活动情况和现金流量情况等的书面文件，由会计报表及其附注构成。民间非营利组织会计报表至少应当包括资产负债表、业务活动表和现金流量表三张报表。

第一节　资产负债表

一、资产负债表的概念和格式

资产负债表是反映民间非营利组织某一会计期末全部资产、负债和净资产情况的会计报表。民间非营利组织资产负债表的格式可如表 22-1 所示。

表 22-1　　资产负债表

编制单位：某民间非营利组织　　20××年 12 月 31 日　　单位：元

资产	年初数	期末数	负债和净资产	年初数	期末数
流动资产：			流动负债：		
货币资产			短期借款		
短期投资			应付款项		
应收款项			应付工资		
预付账款			应交税金		
存货			预收账款		
待摊费用			预提费用		
一年内到期的长期债权投资			预计负债		
其他流动资产			一年内到期的长期负债		
流动资产合计			其他流动负债		
长期投资：			流动负债合计		
长期股权投资			长期负债：		
长期债权投资			长期借款		
长期投资合计			长期应付款		
固定资产：			其他长期负债		

续前表

资产	年初数	期末数	负债和净资产	年初数	期末数
固定资产原价			长期负债合计		
减：累计折旧			受托代理负债：		
固定资产净值			受托代理负债		
在建工程			负债合计		
文物文化资产					
固定资产清理			净资产：		
固定资产合计			非限定性净资产		
无形资产：			限定性净资产		
无形资产			净资产合计		
受托代理资产：					
受托代理资产					
资产总计			负债和净资产总计		

二、资产负债表的编制方法

资产负债表的编制方法，总体来说是以资产、负债和净资产账户的期末余额为基础，按照报表格式的要求进行分析后填列。其中，有些资产负债表中的项目可以直接根据有关账户的期末余额进行填列，如“待摊费用”、“固定资产原价”、“累计折旧”、“在建工程”、“文物文化资产”、“无形资产”、“短期借款”、“应付工资”、“预收账款”、“预提费用”、“非限定性净资产”和“限定性净资产”等项目。有些资产负债表中的项目需要根据有关账户的期末余额进行相加或相减后填列，如“货币资金”项目需要根据“现金”、“银行存款”和“其他货币资金”账户的期末余额进行相加后填列，“应收款项”项目需要根据“应收票据”、“应收账款”和“其他应收款”账户的期末余额相加后再减去“坏账准备”账户的期末余额填列，“存货”项目需要根据“存货”账户的期末余额减去“存货跌价准备”账户的期末余额后填列。有些资产负债表中的项目需要在对有关账户的期末余额进行分析后填列，如“长期债权投资”项目需要根据“长期债权投资”账户的期末余额减去“长期投资减值准备”账户的期末余额中“长期债权投资减值准备”明细账余额再减去“一年内到期的长期债权投资”后的数额填列，“长期借款”项目需要根据“长期借款”账户的期末余额减去“一年内到期的长期借款”后的数额填列。如果受托代理资产为现金、银行存款或其他货币资金且通过“现金”、“银行存款”和“其他货币资金”账户进行核算，资产负债表中的“货币资金”项目应当根据“现金”、“银行存款”和“其他货币资金”账户的期末余额相加后再减去“现金”、“银行存款”和“其他货币资金”账户中“受托代理资产”明细账的期末余额填列。

在资产负债表中，年初数栏目内各项数字应当根据上年末资产负债表中期末数栏目内的数字填列。如果本年度资产负债表规定的有关项目的名称和内容与上年度不相一致，应对上年末资产负债表中有关项目的名称和数字按照本年度的规定进行调整，然后填入年初数栏目内。

第二节　业务活动表

一、业务活动表的概念和格式

业务活动表是反映民间非营利组织在某一会计期间内开展业务活动取得的收入、发生的费用以及净资产增减变动情况的会计报表。民间非营利组织业务活动表的格式可如表 22－2 所示。

表 22－2　　　　业务活动表

编制单位：某民间非营利组织　　　　20××年×月　　　　单位：元

项目	本月数			本年累计数		
	非限定性	限定性	合计	非限定性	限定性	合计
一、收入						
其中：捐赠收入						
会费收入						
提供服务收入						
商品销售收入						
政府补助收入						
投资收益						
其他收入						
收入合计						
二、费用						
（一）业务活动成本						
其中：						
A 项目						
B 项目						
C 项目						
（二）管理费用						
（三）筹资费用						
（四）其他费用						
费用合计						
三、限定性净资产转为非限定性净资产						
四、净资产变动						
五、期初净资产						
六、期末净资产						

二、业务活动表的编制方法

业务活动表的编制方法，总体来说是以收入、费用和净资产账户的本期发生额为基础，按照报表格式的要求进行分析后填列。其中，业务活动表中的收入和费用项目可以直接根据收入类账户和费用类账户的本期发生填列，如“捐赠收入”、“会费收入”、“提供服务收入”、“商品销售收入”、“政府补助收入”、“投资收益”和“其他收入”项目可以直接根据“捐赠收入”、“会费收入”、“提供服务收入”、“商品销售收入”、“政府补助收入”、“投资收益”和“其他收入”账户的本期发生额填列，“业务活动成本”、“管理费用”、“筹资费用”和“其他费用”项目可以直接根据“业务活动成本”、“管理费用”、“筹资费用”和“其他费用”账户的本期发生额填列。如果民间非营利组织的专业业务活动分成若干个项目，或者民间非营利组织开展若干个种类的专业业务活动，那么，“业务活动成本”项目下可按专业业务活动项目分别列示。业务活动表中的“限定性净资产转为非限定性净资产”项目反映当期从限定性净资产转入非限定性净资产的金额。该项目应当根据“限定性净资产”“非限定性净资产”账户的发生额分析填列。业务活动表中的“净资产变动”项目反映当期净资产变动的数额。该项目应根据“收入合计”项目的金额减去“费用合计”项目的金额，再加上或减去“限定性净资产转为非限定性净资产”项目的金额填列。在业务活动表中，“限定性”栏目没有费用，所有的费用项目都属于“非限定性”栏目。

业务活动表中“期末净资产”栏目的数额与资产负债表中“净资产”栏目的数额存在勾稽关系。

第三节　现金流量表

一、现金流量表的概念和格式

现金流量表是反映民间非营利组织在某一会计期间内现金和现金等价物流入和流出信息的会计报表。民间非营利组织现金流量表的格式可如表22-3所示。

表22-3　现金流量表

编制单位：某民间非营利组织　20××年度　单位：元

项目	金额
一、业务活动产生的现金流量	
接受捐赠收到的现金	
收取会费收到的现金	
提供服务收到的现金	
销售商品收到的现金	
政府补助收到的现金	
收到的其他与业务活动有关的现金	
现金流入小计	
提供捐赠或者资助支付的现金	
支付给员工以及为员工支付的现金	
购买商品、接受服务支付的现金	
支付的其他与业务活动有关的现金	
现金流出小计	
业务活动产生的现金流量净额	
二、投资活动产生的现金流量	
收回投资所收到的现金	
取得投资收益所收到的现金	

续前表

项目	金额
处置固定资产和无形资产所收到的现金	
收到的其他与投资活动有关的现金	
现金流入小计	
购建固定资产和无形资产所支付的现金	
对外投资所支付的现金	
支付的其他与投资活动有关的现金	
现金流出小计	
投资活动产生的现金流量净额	
三、筹资活动产生的现金流量	
借款所收到的现金	
收到的其他与筹资活动有关的现金	
现金流入小计	
偿还借款所支付的现金	
偿付利息所支付的现金	
支付的其他与筹资活动有关的现金	
现金流出小计	
筹资活动产生的现金流量净额	
四、汇率变动对现金的影响额	
五、现金及现金等价物净增加额	

二、现金流量表的编制方法

现金流量表中的现金是指现金和现金等价物。其中，现金是指民间非营利组织的库存现金以及可以随时用于支付的存款，包括现金、可以随时用于支付的银行存款和其他货币资金；现金等价物是指民间非营利组织持有的期限短、流动性强、易于转换为已知金额现金、价值变动风险很小的投资。民间非营利组织应当根据实际情况确定现金等价物的范围，并且一贯地使用确定的划分标准。

民间非营利组织应当采用直接法编制现金流量表。在填列现金流量表的有关项目时，现金流量的信息可以从会计记录中直接获得，也可以通过对业务活动表和资产负债表中的有关数据进行分析和调整后获得，如通过对存货和应收应付款项的变动、固定资产折旧和无形资产摊销等进行分析和调整后获得。

第四节　会计报表附注和财务情况说明书

一、会计报表附注

会计报表附注是对会计报表中的重要内容所作的注释，是会计报表的有机组成部分。民间非营利组织的会计报表附注至少应当披露以下内容：

（1）重要会计政策及其变更情况的说明；

（2）董事会或者理事会或类似权力机构成员和员工的数量、变动情况以及获得的薪金等报酬情况的说明；

（3）会计报表重要项目及其增减变动情况的说明；

（4）资产提供者设置了时间或用途限制的相关资产情况的说明；

（5）受托代理业务情况的说明，包括受托代理资产的构成、计价基础和依据、用途等；

（6）重大资产减值情况的说明；

（7）公允价值无法可靠取得的受赠资产和其他资产的名称、数量、来源和用途等情况的说明；

（8）对外承诺和或有事项情况的说明；

（9）接受劳务捐赠情况的说明；

（10）资产负债表日非调整事项的说明；

（11）有助于理解和分析会计报表需要说明的其他事项。

二、财务情况说明书

财务情况说明书是对财务收支情况及其他重要财务情况所作的书面说明。财务情况说明书可以帮助信息使用者更好地理解会计报表中报告的会计信息。民间非营利组织财务情况说明书至少应当对下列情况做出说明：

（1）民间非营利组织的宗旨、组织结构以及人员配备等情况；

（2）民间非营利组织业务活动基本情况，年度计划和预算完成情况，产生差异的原因分析，下一会计期间业务活动计划和预算等；

（3）对民间非营利组织业务活动有重大影响的其他事项。

第五节 合并财务报表

民间非营利组织对外投资，而且占被投资单位资本总额50%以上，从而对被投资单位具有控制权的，或者虽然占被投资单位资本总额不足50%，但实质上对被投资单位具有控制权的，应当编制合并财务报表。合并财务报表是将投资单位与被投资单位作为一个经济实体或作为一个会计主体而编制的反映整个经济实体或会计主体财务状况、业务活动情况以及现金流量情况的财务报表。

思考题

1. 什么是民间非营利组织的财务报表？民间非营利组织至少应当编制哪几张会计报表？

2. 民间非营利组织应当如何编制资产负债表？又应当如何编制业务活动表？

3. 民间非营利组织现金流量表中的现金流量分成哪几个种类？各种类主要包括哪些具体项目？

4. 民间非营利组织的会计报表附注至少应当披露哪些内容？

5. 民间非营利组织的财务情况说明书至少应当对哪些情况做出说明？

6. 民间非营利组织在怎样的情况下需要编制合并财务报表？

练习题

练习一

一、目的：练习民间非营利组织资产负债表的编制。

二、资料：某民间非营利组织20×4年末的有关资料如下：

(1) 资产类账户的余额为：现金2 680元；银行存款155 160元；短期投资21 890元；短期投资跌价准备470元；应收账款74 560元；其他应收款6 780元；坏账准备2 800元；存货134 560元；存货跌价准备5 820元；待摊费用5 640元；长期债权投资26 210元，其中，4 670元为一年内到期；长期股权投资39 790元；长期投资减值准备（股权投资）1 050元；固定资产574 980元；累计折旧65 470元；在建工程34 720元；文物文化资产8 690元；无形资产7 670元；受托代理资产9 850元。

(2) 负债类账户的余额为：短期借款69 750元；应付账款5 890元；其他应付款460元；应付工资24 870元；应交税金8 450元；预收账款96 870元；预提费用3 740元；长期借款146 840元；长期应付款272 340元，其中，75 890元为一年内到期；受托代理负债9 850元。

(3) 净资产类账户的余额为：非限定性净资产46 420元，限定性净资产374 500元。

三、要求：根据以上资料，为民间非营利组织编制20×4年末的资产负债表。资产负债表中的年初数从略。简要说明资产负债表中数字的勾稽关系。

练习二

一、目的：练习民间非营利组织业务活动表的编制。

二、资料：某民间非营利组织20×4年末的有关资料如下：

(1) 限定性收入科目贷方余额为："捐赠收入——限定性收入"245 700元，"政府补助收入——限定性收入"127 500元。

(2) 非限定性收入科目贷方余额为："捐赠收入——非限定性收入"185 600元，"会费收入——非限定性收入"85 200元，"提供服务收入——非限定性收入"314 500元，"政府补助收入——非限定性收入"98 700元，"商品销售收入——非限定性收入"24 500元，"投资收益——非限定性收入"74 500元，"其他收入——非限定性收入"7 600元。

(3) 年末费用类科目借方余额为："业务活动成本"658 500元，"管理费用"324 700元，"筹资费用"85 400元，"其他费用"14 500元。其中，"业务活动成本——A项目"275 400元，"业务活动成本——B项目"212 300元，"业务活动成本——C项目"170 800元。

(4) 本年由限定性净资产转为非限定性净资产的数额为312 450元。

(5) 年初非限定性净资产的数额为26 470元，限定性净资产的数额为313 750元。

三、要求：根据以上资料，为民间非营利组织编制20×4年的业务活动表。业务活动表中的本月数从略。简要说明业务活动表中数字的勾稽关系。

教师教学服务说明

中国人民大学出版社工商管理分社以出版经典、高品质的工商管理、财务会计、统计、市场营销、人力资源管理、运营管理、物流管理、旅游管理等领域的各层次教材为宗旨。

为了更好地为一线教师服务，近年来工商管理分社着力建设了一批数字化、立体化的网络教学资源。教师可以通过以下方式获得免费下载教学资源的权限：

在中国人民大学出版社网站 www.crup.com.cn 进行注册，注册后进入“会员中心”，在左侧点击“我的教师认证”，填写相关信息，提交后等待审核。我们将在一个工作日内为您开通相关资源的下载权限。

如您急需教学资源或需要其他帮助，请在工作时间与我们联络：

中国人民大学出版社　工商管理分社

联系电话：010-62515735，82501048，62515782，62515987

电子邮箱：rdcbsjg@crup.com.cn

通讯地址：北京市海淀区中关村大街甲 59 号文化大厦 1501 室（100872）